全球重点国家农业发展情况系列研究报告

亚洲·东南亚篇

印度尼西亚

Indonesia

农业农村部对外经济合作中心 编著

中国农业出版社
北 京

图书在版编目（CIP）数据

全球重点国家农业发展情况系列研究报告．亚洲．东南亚篇．印度尼西亚 / 农业农村部对外经济合作中心编著．— 北京：中国农业出版社，2019.12
ISBN 978-7-109-26304-8

Ⅰ．①全… Ⅱ．①农… Ⅲ．①农业发展－研究报告－世界 ②农业发展－研究报告－印度尼西亚 Ⅳ．①F313 ②F334.23

中国版本图书馆CIP数据核字(2019)第284985号

亚洲·东南亚篇　印度尼西亚
YAZHOU·DONGNANYA PIAN　YINDUNIXIYA

中国农业出版社出版
地址：北京市朝阳区麦子店街 18 号楼
邮编：100125
责任编辑：张丽四　黄曦　程燕　张丽　丁瑞华
责任校对：刘飏雨
印刷：中农印务有限公司
版次：2019 年 12 月第 1 版
印次：2019 年 12 月北京第 1 次印刷
发行：新华书店北京发行所
开本：787mm×1092mm　1/16
总印张：55
总字数：1350 千字
总定价：180.00 元（共 8 册）

《亚洲·东南亚篇　印度尼西亚》编写委员会

主　　编: 杨　易

副 主 编: 周　勇　杨　光　陈瑞剑

参编人员: 陈祥新　祁梦超　刘　兰　朱增勇　张玲玲
姜　晔　于　敏　柏　娜　茹　蕾　龙　盾
刘　晴　刘建玲　许　勇　张　琦　肖金明
赵婕羽

摘要

印度尼西亚（以下简称“印尼”）位于亚洲东南部，与巴布亚新几内亚、东帝汶、马来西亚接壤，与泰国、新加坡、菲律宾、澳大利亚等国隔海相望，是最大的东盟国家，也是世界上最大的群岛国家。印尼是东盟最大的经济体，占东盟GDP总量的38%，也是东南亚唯一一个二十国集团（G20）国家。印尼政府积极采取措施吸引外资、发展基础设施建设、整顿金融体系、扶持中小企业发展，取得积极成效，经济保持较快增长。中国与印尼从1990年复交以来经贸关系发展驶入快车道。进入21世纪，中国与印尼关系再上台阶，交流合作向着更广阔的领域延伸。

印尼农业对外合作主要集中在贸易合作、援助合作和投资合作。印尼主要进口农产品为小麦、玉米、大米和大豆等粮食作物和油料作物；主要出口农产品为棕榈油、生胶、可可、咖啡、水果、虾、蟹和胶合板，农产品进出口量都呈增加趋势。外商在印尼农业投资较多，占总体的40%以上，在农业领域以投资种植业为主。

中国与印尼的农业合作基础坚实。2001年中国与印度尼西亚农业部签署了《农业合作谅解备忘录》，中国与印尼农业合作领域包括粮食作物生产、多年生作物培育、农业机械、园林艺术、生物技术、农业企业管理、农业研究与开发、种子业、畜牧业及相关产业。在农业科技交流方面，中国农业农村部为东盟国家举办了多个技术培训班，此外中国还与印尼建立技术合作项目和农业科技示范基地，强化两国农业科技合作。在农业贸易合作方面，自从1985年中国和印尼签署了关于直接贸易的谅解备忘录，恢复中断近20年的直接贸易以来，双方在经贸领域的交往与合作得到了全面恢复和发展。而随着印尼经济的发展、产业不断升级，双方的合作也将进一步深化，合作模式也将更加多样化、高效化。

中国与印尼同是农业大国，印尼盛产水稻、棕榈和橡胶，而中国水稻生产水平世界领先，同时又是主要的棕榈油和橡胶进口国。农业发展的差异性、良好的政策环境、地理和文化上的毗邻都为两国农业合作创造了优越的条件。未来双方合作的空间不仅从单一种植业扩展到林业、牧业等多个产业，还由单一的生产、销售合作渗透到研究、加工等更多环节。结合中国农业优势和印尼合作需求，突破小农业和地域局限，着眼大农业产业链，立足印尼放眼东盟，利用印尼在东盟的重要影响，以种业、油料和橡胶加工为线辐射整个东盟，在更广范围、更高层次开展与印尼的农业合作，提高其农业生产水平，保障中国棕榈油和橡胶需求的同时，改善印尼乃至整个东盟的粮食安全。

摘要

一、印度尼西亚宏观资料

（一）印度尼西亚概况资料

1. 地理及行政区划

印尼是东盟国土面积最大的国家，也是世界上最大的群岛国家，位于亚洲东南部，地跨赤道，与巴布亚新几内亚、东帝汶、马来西亚接壤，与泰国、新加坡、菲律宾、澳大利亚等国隔海相望，由太平洋和印度洋之间约16 056个大小岛屿组成，面积较大的岛屿有加里曼丹岛、苏门答腊岛、伊里安岛、苏拉威西岛和爪哇岛。所辖的海域比陆地大4倍，海岸线总长超过8.4万公里，是除中国之外领土最广泛的亚洲国家。北部的加里曼丹岛与马来西亚接壤，新几内亚岛与巴布亚新几内亚相连。东北部临近菲律宾，东南部是印度洋，西南与澳大利亚相望。

印度尼西亚共和国共分为大雅加达首都特区、日惹特区、亚齐特区和31省，共计34个一级地方行政区。二级行政区有98个市（2018年）。其他的主要经济城市包括泗水、万隆、棉兰、三宝垄和巨港等。首都雅加达，位于爪哇岛西北部海岸，面积664平方公里，人口1 047万，是全国政治、经济、文化中心和海陆空交通枢纽，亚洲南部与大洋洲之间的航运中心。泗水是东爪哇省首府，城市面积为326平方公里，是仅次于雅加达的全国第二大城市，海军主要基地，是印尼重要的制造业、农产品加工业、贸易中心之一及爪哇岛的海、空交通枢纽。棉兰是北苏门答腊省首府，城市面积为342平方公里，是印尼第三大城市，濒临马六甲海峡，是印尼对外贸易的西大门和国内外游客的主要出入境口岸之一。万隆是西爪哇省首府，巽他族文化中心。日惹位于中爪哇，为全国三个省级特区之一，直属中央政府管辖，城市面积32.5平方公里，是印尼重要的文化、教育中心。

2. 历史概要

爪哇猿人约在150万至3.5万年前生活于印度尼西亚群岛。公元3～7世纪建立了一些分散的封建王国，包括控制马六甲海峡的新柯沙里王国（1222—1292年），该国引发了元爪战争，之后其王室借助元军在爪哇建立了印尼历史上最强大的麻喏巴歇封建帝国（1293—1478年）。15世纪，葡萄牙、西班牙和英国先后侵入。1596年荷兰侵入，1602年成立具有政府职权的“东印度公司”，1799年年底改设殖民政府。1942年日本占领印尼，1945年日本投降后，印尼爆发“八月革命”，1945年8月17日宣布独立，成立印度尼西亚共和国。印度尼西亚独立后，先后武装抵抗英国、荷兰的入侵，发动了三次独立战争。1947年后，荷兰与印尼经过多次战争和协商，于1949年11月签订印荷《圆桌会议协定》。根据此协定，印尼于同年12月27日成立联邦共和国，参加荷印联邦。1950年8月印尼联邦议院通过临时宪法，正式宣布成立印度尼西亚共和国，同一年印尼成为联合国第60个成员国。1954年8月脱离荷印联邦。1967年，印尼与马来西亚、菲律宾、新加坡和泰国成立了“东南亚国家联盟”（ASEAN，简称“东盟”），东盟已经拥有10个成员国，印尼是最具影响力的成员之一。

3. 政治制度

印尼是一个总统制共和国，现行宪法为“1945年宪法”，规定建国五基（又称“潘查希拉”，即信仰神道、人道主义、民族主义、民主和社会公正）为立国基础，人民协商会议（以下简称“人协”）为最高权力机构，总统为国家元首、政府首脑和武装部队最高统帅。1999年10月至今，人协对宪法进行了三次修改，主要包括规定总统和副总统只能连选连任一次、每任5年，减少总统权力、强化议会职能等。

政府实行总统制，总统既是国家元首，也是政府首脑，同时掌管三军。总统、副总统均由全民直选产生，任期5年，总统可连任一次。2014年7月22日，印度尼西亚大选委员会宣布，佐科·维多多赢得2014年印尼总统大选，当选新一任总统，任期至2019年10月。

人民协商会议是国家最高权力机关，由人民代表会议（即国会）和地方代表理事会共同组成。主要职能包括制定、修改和颁布宪法；根据大选结果任命总统、副总统；依法对总统、副总统进行弹劾等。每5年选举一次。本届人民协商会议于2019年4月成立，共有议员711名，包括575名人民代表会议议员和136名地方代表理事会成员。人民协商会议设主席1名、副主席4名。现任主席为班邦·苏萨迪约。

国会全称人民代表会议，是国家立法机构，行使除起草和修改宪法、制定国家大政方针之外的一般立法权。国会无权解除总统职务，总统也不能宣布解散国会；但如总统违反宪法或人协决议，国会有权建议人协追究总统责任。本届人民代表会议2019年立法选举产生575名委员，代表来自9个政党。

印尼实行多党制。2019年9个政党获得国会议席，主要大党包括：斗争民主党（Partai Demokrasi Indonesia–Perjuangan）、专业集团党（Partai Golongan Karya）、大印尼运动党（Partai Gerakan Indonesia Raya）、国民民主党（Partai Nasdem）、民族觉醒党（Partai Kebangkitan Bangsa）、建设统一党（Partai Persatuan Pembangunan）、民主党（Partai Demokrat）、繁荣公正党（Partai Keadilan Sejahtera）和国民使命党（Partai Amanat

Nasional)。印尼斗争民主党由原印尼民主党分裂出来的人士组成，1998年10月正式成立，系民族主义政党，印尼世俗政治力量代表。专业集团党1959年组成松散的专业集团联合秘书处，1964年10月由61个群众组织联合成立专业集团，1970年12月扩大为包括291个群众组织的专业组织，1967年至1999年6月成为事实上的执政党，但一直自称为社会政治组织。1999年3月7日正式宣布为政党，为国会第一大党。

司法实行三权分立，最高法院和最高检察院独立于立法和行政机构。最高法院正副院长由国会提名，总统任命。最高检察长由总统任免。

4. 国际关系

印尼奉行独立自主的积极外交政策，在国际事务中坚持不干涉内政、平等协商、和平解决争端等原则。印尼是万隆会议十项原则的重要发起国之一，是二十国集团、亚非新型伙伴关系、七十七国集团、伊斯兰会议组织等国际组织的倡导者和重要成员。印尼坚持以东盟为“贯彻对外关系的基石之一”的原则，在东盟一体化建设和东亚合作中发挥重要作用。同时坚持大国平衡原则，与美国、中国、日本、澳大利亚以及欧盟等世界主要力量保持友好关系。主张多边主义，注重维护发展中国家利益，积极参与千年发展目标、联合国改革、气候变化、粮食能源安全、世贸组织谈判等。借助“民主温和穆斯林”的国家形象，积极与西方世界进行沟通，在一些地区和国际问题上发挥独特作用。

印尼中关系。1950年4月13日两国建交，1967年冻结外交关系，1990年8月8日恢复外交关系，2000年，两国建立长期稳定睦邻互信的全面伙伴关系。2002年，印尼总统梅加瓦蒂访华。2005年4月，中国国家主席胡锦涛访问印尼，与印尼总统苏西洛·班邦·尤多约诺共同签署建立战略伙伴关系的联合宣言；同年7月印尼总统苏西洛正式访华。两国元首实现互访，表明双边关系步入快速、稳定、健康发展新时期。此后，两国高层访问和接触频繁，副总理级对话机制、经贸联委会、防务磋商、海上技术合作委员会等磋商合作机制运行顺畅，经贸合作成果丰硕。2010年，两国签署战略伙伴关系行动计划，为两国关系开启了新的篇章。2011年4月，温家宝总理对印尼进行正式访问，双方发表进一步加强战略伙伴关系的联合公报，同意建立领导人定期会晤机制。2012年3月，苏西洛总统对中国进行国事访问，双方发表联合声明。2012年4月，中共中央政治局常委李长春访问印尼，并在印度尼西亚大学发表了重要演讲。2013年10月，习近平主席对印尼进行国事访问，并赴巴厘岛出席亚太经合组织第二十一次领导人非正式会议。2015年11月，习近平主席在出席二十国集团领导人峰会期间会见印尼总统佐科。2018年11月，习近平主席在出席亚太经合组织第二十六次领导人非正式会议期间同印尼总统佐科举行会晤。两国建有副总理级对话机制以及政府间双边合作联委会（外长牵头）、经贸合作联委会（商务部长牵头）、防务与安全磋商（副总长级）以及航天、农业、科技、国防工业等领域副部级合作机制。双方除互设使馆外，中国在印尼泗水、棉兰、登巴萨设有领事馆，印尼在广州、上海、香港设有领事馆。

印尼美关系。1949年建交。2007年2月，美国参谋长联席会议主席佩斯陆战队上将访问印尼；4月，印尼国防部长尤沃诺访问美国；5月，美国负责东亚和太平洋事务的助理国务卿希尔访问印尼。2008年2月和4月，美国国防部长盖茨和助理国务卿希尔分别访问印尼。2010年11月，美国总统奥巴马对印尼进行国事访问，美国与印尼签署全面伙伴关系协议。

印尼东盟关系。1967年8月，印尼参与发起建立东南亚国家联盟，此后一直把东盟作为“贯彻对外关系的基石之一”，积极发展同东盟其他国家的友好合作关系，巩固东盟的团结，致力于建立东南亚“和平、自由、中立区”的战略构想。近年来，印尼政策内顾，对东盟的关注和投入明显减少。梅加瓦蒂执政后，于2001年8月遍访东盟国家，重申印尼积极参与盟内建设与合作。2002年5月，印尼积极参与东盟内部合作，并与菲律宾、马来西亚签署情报交换及建立联系程序协定，协调区域反恐合作；同年8月，与泰国、马来西亚签署建立“三国橡胶联合公司”协议，联手稳定天然橡胶国际市场价格。

印尼澳关系。1950年建交。2005年4月苏西洛总统访澳大利亚，两国建立全面伙伴关系。2007年3月，两国联合举办次区域部长级反恐会议；7月，澳大利亚总理霍华德访问印尼，两国决定从2007年8月开始对建立自由贸易区进行为期一年的可行性研究；11月，印尼国会批准了两国政府签署的防务协议。2008年6月，澳大利亚总理陆克文访问印尼。2009年1月在澳大利亚印尼部长级会议上，印尼方与澳方对口部长就两国政治、经贸、环境和气候等领域合作进行会谈；10月，澳大利亚总理陆克文赴雅加达出席苏西洛总统的就职典礼。2012年7月，印尼总统苏西洛访澳。2013年7月，陆克文再次当选澳大利亚总理后，首访国家即是印尼。

5. 社会治安

社会治安呈现向好趋势。2002年以来，雅加达和巴厘岛曾发生多起恐怖爆炸案，政府加大反恐力度，严厉打击恐怖组织和个人，社会治安总体良好。首都雅加达治安较好，但由于贫困和失业现象严重，一些老旧街区社会问题仍较为突出，社会闲杂人员群集，经常发生偷窃、抢劫等案件。印度尼西亚近几年没有出现严重的族群、宗教和利益集团冲突。2015—2017年案件数量从35.29万起降至33.67万起，每万人犯罪率从140降至129。

6. 国内政局

2014年大选造成的政治对立趋向缓和，印度尼西亚的政治与社会形势总体可以用

“平稳”来形容，2019年5月21日印尼大选结果正式公布，佐科以55.5%的得票率再次获得胜利，政局更加稳定。影响印尼政治的最大因素是宗教和种族，在佐科第一个任期后，经过5年的执政，权力基础已经进一步巩固。在未来的5年，印尼政局在佐科的领导下应该是比较稳定的。印尼是世界上伊斯兰教人口最多国家，穆斯林人口占总人口的87%，伊斯兰教比较多元化，具有地方色彩，大多数属于温和派。伊斯兰教对凝聚印尼这个多元国家发挥了重要作用，对推动印尼的现代化起了积极的影响。佐科已经得到了大多数温和派的支持。种族问题现在仍然存在，但是在印尼民主化以后，已经有了一定的改善。在政局稳定的前提下，佐科政府发展经济的政策会继续加码，预计2023年印尼会成为全球第六大经济体。

7. 对外关系风险总评

由于国际形势以及印尼内政的多重作用，出现政治风险的可能性也是较高的。印度尼西亚目前的政治风险主要体现在以下方面：

印尼的腐败现象。目前印尼国内的传统家族势力把控了既得利益，这些既得利益集团没有动力也没有足够的魄力去改变这一状况。此外，由于印尼的法律体系目前还不完善，所以政策管理环境并不透明。税收和劳务政策是否能够稳定、目前已有的印尼法律能否有效执行以及在政策实施过程中是否存在腐败问题，都是中资企业面临的问题。

恐怖主义威胁。进入21世纪以来，印尼接连遭到恐怖袭击。2002年10月巴厘岛发生恐怖爆炸，2003年8月雅加达万豪酒店发生恐怖爆炸，2004年9月澳大利亚驻印尼使馆门前发生恐怖爆炸，2009年7月在雅加达发生恐怖袭击，2018年5月13日印度尼西亚东爪哇省泗水市三座教堂发生连环自杀式爆炸袭击。印度尼西亚是全球人口最多的伊斯兰教国家，存在一些宗教极端主义和恐怖主义分子，虽然人数不多，但组织较为严密，破坏力也比较强。目前印度尼西亚是“伊斯兰国（全称为‘伊拉克和大叙利亚伊斯兰国’）”外来战斗人员的最大来源。

（二）社会发展资料

1. 人口规模

印尼是东盟人口最大的国家，人口数居全球第4位。2018年人口2.65亿（表1-1）。人口密度较高，每平方公里138人。人口主要集中在西爪哇省、中爪哇省和东爪哇省，

2018年三省人口占总人口的46.3%，人口密度分别达到每平方公里1 376人、1 052人和826人，这3个省同时也是农产品主产区。

表1-1　2000—2018年印尼人口规模

年份	人口（万人）
2000	20 513.3
2001	20 799.5
2002	21 089.8
2003	21 384.1
2004	21 682.6
2005	22 092.6
2006	22 422.8
2007	22 757.9
2008	23 098
2009	23 443.2
2010	23 764.1
2011	24 199.1
2012	24 542.5
2013	24 881.8
2014	25 216.5
2015	25 546.2
2018	26 501.5

数据来源：印尼统计局。

2. 民族构成

印尼最大的民族是爪哇族（Jawa），占全国人口总数的42%。其次是巽他族(Sunda)，占14%；马都拉族（Madura），占7.5%，这几个民族主要分布在爪哇岛及附近的马都拉岛上。其他较大的民族还有苏门答腊岛上的米南加保族（Minangkabau）、巴达克族（Batak）、亚齐族（Aceh）、巨港族（Palembang）、尼亚斯族（Nias）、门达威族（Mentawai）；加里曼丹岛上的达雅族（Dayak）、班查尔族（Banjar）、布吉斯族（Bugis）；苏拉威西岛上的望加锡族（Makasar）、托拉查族（toraja）、米纳哈沙族(Minahasa)，以及巴厘岛上的巴厘族（Bali），龙目岛上的萨萨克族（Sasak），马鲁古群岛上的马鲁古族（Maluku）。

3. 宗教信仰

印尼无国教，但规定一定要信仰宗教，不然视为共产党（共产主义及其相关活动在印尼为非法）。约87%的人口信奉伊斯兰教，是世界上穆斯林人口最多的国家。6.1%的人口信奉基督教新教，3.6%信奉天主教，其余信奉印度教、佛教和原始拜物教等。

4. 贫困程度

尽管近年印尼经济高速增长，但贫困人口下降速度缓慢。在最近20年中，根据国家贫困线标准，贫困人口比例仅从2000年的19.1%下降到2018年的9.7%。2018年城市贫困人口比重6.89%，农村贫困人口比重13.10%。贫困深度指数1999年为4.33%，2014年降至1.75%后又回升，2016年3月为1.94%，之后开始下降，2018年9月为1.63%。贫困严重指数也同期从0.47%降至0.41%。

5. 教育水平

印尼学制为小学6年，初中、高中各3年，大学3～7年。2000年小学入学率为95.5%，初中入学率为79.6%，高中入学率为51.2%，高中以上学历占10岁以上公民的12.3%，2018年分别提高至99.1%、95.2%、71.8%和24.3%。全国共有小学约15万所，中学3万余所，国立大学77所，私立大学1 300余所。著名大学有雅加达的印度尼西亚大学、日惹的加查马达大学、泗水的艾尔朗卡大学、万隆的班查查兰大学等。

6. 医疗卫生条件

印尼腹泻、肠胃病、伤寒、登革热等热带疾病较多发。根据世界卫生组织统计，2012年印尼全国医疗卫生总支出占GDP的3.0%，按照购买力平价计算，人均医疗健康支出273美元。2005—2012年，平均每万人拥有医院床位6张。2007—2013年，平均每万人拥有医生2人、护理和助产人员14人、牙医1人、药师1人。2013年平均寿命71岁。

（三）宏观经济情况资料

1. 1998年以来经济总量及其变化情况

印尼是东盟最大的经济体，占东盟GDP总量的38%，也是东南亚唯一一个G20成员。1997年受亚洲金融危机重创，经济严重衰退，货币大幅贬值。1999年年底开始缓慢复苏，2000—2004年GDP年均增长4.6%。2004年政府积极采取措施吸引外资、发展基础设施建设、整顿金融体系、扶持中小企业发展，取得积极成效，2005—2009年经济增长速度年均5.64%。2008年以来，面对国际金融危机，印尼政府应对得当，经济仍保持较快增长，2010—2015年年均增速5.63%，2016—2017年为5.05%，失业率也从2005年的10.3%降至2018年的5.3%（表1-2）。GDP总量从2000年的13 897 699亿印尼盾增至2018年的148 373 575亿印尼盾，人均GDP从6 774 986印尼盾增至55 986 900印尼盾（现价）（表1-3）。

表1-2　1998年以来印尼GDP年均增速

年份	年均增长率（%）
1998—1999	–6.65
2000—2004	4.60
2005—2009	5.64
2010—2015	5.63
2016—2017	5.05

数据来源：印尼统计局。

表1-3　2000—2018年印尼GDP总量及增速（现价）

年份	GDP（亿印尼盾）	GDP增速	人均GDP（印尼盾）
2000	13 897 699	4.92	6 774 986.4
2001	16 463 220	3.64	7 905 488.8
2002	18 218 334	4.50	8 617 296.1
2003	20 136 746	4.78	9 382 100.5
2004	22 958 262	5.03	10 536 542.4
2005	27 742 811	5.69	12 541 748.2
2006	33 392 168	5.50	14 869 645.4
2007	39 508 932	6.35	17 333 846.4
2008	49 486 884	6.01	21 381 731.4
2009	56 062 034	4.63	23 859 941.4
2010	68 641 331	6.38	28 778 139.7
2011	78 317 260	6.17	32 363 747.9
2012	86 157 045	6.03	35 105 215.4
2013	95 461 340	5.56	38 365 914.7
2014	105 697 053	5.01	41 915 900.0

（续）

年份	GDP（亿印尼盾）	GDP增速	人均GDP（印尼盾）
2015	115 263 328	4.88	45 119 600.0
2016	124 017 285	5.03	47 937 700.0
2017	135 872 126	5.07	51 881 200.0
2018	148 373 575	5.17	55 986 900.0

数据来源：印尼统计局。

2. 经济结构构成及其变化情况

印尼工业发展的方向是加强外向型的制造业。印度尼西亚产业结构已由原先单一种植业为主转变为制造业、工矿业、农商业和服务业并重的结构，其中，制造业产值比重最高。在国家经济中占有重要地位的对外贸易，已从以前只依靠农产品，以及20世纪70年代中期至80年代前期主要依靠石油出口，逐步实现多元化。2006年开始，农业产值比重由13.0%降至2018年的12.8%，制造业由27.5%降至19.9%，贸易等由15.0%降至13.0%，矿业由11.0%降至8.1%，建筑业则由7.5%提高至10.5%，运输和通讯由6.9%增至9.1%，电水气业由0.9%增至1.2%，金融和房地产由8.1%降至6.9%，服务业由10.1%增至11.6%（表1-4）。

表1-4　2006—2018年印尼经济结构

单位：%

产业类型	年份												
	2006	2007	2008	2009	2010	2011	2012	2013	2014	2015	2016	2017	2018
农业	13.0	13.7	14.5	15.3	15.3	14.7	14.5	14.4	13.3	13.5	13.5	13.2	12.8
矿业	11.0	11.2	10.9	10.6	11.2	11.8	11.8	11.3	9.8	7.7	7.2	7.6	8.1
制造业	27.5	27.0	27.8	26.4	24.8	24.3	24.0	23.7	21.1	21.0	20.5	20.2	19.9
电水气业	0.9	0.9	0.8	0.8	0.8	0.8	0.8	0.8	1.1	1.1	1.2	1.2	1.2
建筑业	7.5	7.7	8.5	9.9	10.3	10.2	10.3	10.0	9.9	10.2	10.4	10.4	10.5
贸易、餐饮	15.0	15.0	14.0	13.3	13.7	13.8	14.0	14.3	13.4	13.3	13.2	13.0	13.0
运输和通讯	6.9	6.7	6.3	6.3	6.6	6.6	6.7	7.0	7.9	8.5	8.8	9.2	9.1
金融、房地产	8.1	7.7	7.4	7.2	7.2	7.2	7.3	7.5	6.7	6.9	7.0	7.0	6.9
服务业	10.1	10.1	9.7	10.2	10.2	10.6	10.8	11.0	11.2	11.6	11.7	11.5	11.6

数据来源：印尼统计局。

3. 通讯能源等基础设施建设情况

通讯业发展迅速。随着互联网和智能手机、平板电脑等上网工具的普及，印尼电子通讯市场潜力巨大。通讯业产值由2000年的182 603亿印尼盾增至2018年的5 590 546亿印尼盾，产值比重由1.2%增至3.8%。近年来，印尼经济连续多年以超过5%以上增速持续增长，中产阶级人数迅速增加，带动电子通讯市场快速发展。目前印尼拥有2.65亿人口，手机普及率62.4%，电脑普及率19.1%，网络普及率达到39.9%。2010—2017年印尼网络用户数量见表1–5。

表1–5　2010—2017年印尼网络用户数量

单位：万人

网络类型	年份							
	2010	2011	2012	2013	2014	2015	2016	2017
有线通讯	935	865	767	1 009	989	1 038	1 075	1 105
无线通讯	24 378	27 977	31 228	33 171	34 192	34 148	38 557	43 519
固定无线电话	3 258	2 997	3 032	1 848	1 634	253		
手机	21 120	24 981	28 196	31 323	32 558	33 895	38 557	43 519
用户总量	25 313	28 842	31 995	34 179	35 181	35 186	39 633	44 625

数据来源：印尼统计局。

印尼有储量丰富的煤炭、天然气、地热以及水力资源，土地也相对宽裕，有良好的建设电站的资源条件。2017年印尼发电量为22.60万兆瓦，较2011年增约42%（表1–6）。但是印尼的工业未成体系，制造业是经济的短板，大型电站设备全部进口。印尼的电力主管部门是印尼国企国家电力公司（PLN），类似于中国原国家电力公司，主管全国的发电、电网以及具体规划。PLN是矿产能源部下属的国有公司，矿产能源部内设电力司。前些年印尼在发电市场上有所开放，一些独立电商（IPP，生产的电能以协议形式出售给PLN）进入发电市场，PLN在发电方面的份额降至85%，但仍占有100%的电网份额。

公路里程稳步增加，印尼公路由2010年487 314公里增至2017年539 353公里，其中沥青路由277 755公里增至321 093公里，分别增加10.7%和15.6%（表1–7）。

铁路货运量持续增加。货运量从2011年的66.43亿吨/公里增至2018年的150.98亿吨/公里，其中爪哇岛增速较快，从19.79亿吨/公里增至49.19亿吨/公里，但苏门答腊岛铁路货运量远高于爪哇岛，从46.64亿吨/公里增至101.79亿吨/公里，占总货运量的67.4%（表1–8）。

表1-6　2011—2017年印尼电力及分布

单位：兆瓦

公司名称	年份					
	2011	2012	2013	2014	2015	2017
Aceh	1 580	1 755	1 815	1 966	2 119	2 409
Sumatera Utara	7 194	7 809	7 917	8 271	8 704	9 671
Sumatera Barat	2 403	2 649	2 713	3 005	3 063	3 415
Riau	2 361	2 724	3 597	3 338	3 586	4 070
Jambi	1 054	860	956	1 037	1 084	1 176
Sumatera Selatan	2 979	3 863	4 162	4 477	4 783	5 239
Bengkulu	494	567	642	730	785	853
Lampung	2 426	2 793	3 182	3 392	3 571	3 998
Bangka Belitung	536	665	721	805	862	979
Kepulauan Riau	2 010	2 190	2 422	2 618	2 695	2 823
DKI Jakarta	35 061	38 169	39 937	41 269	41 329	31 643
Jawa Barat	34 054	36 655	39 093	43 096	44 071	50 791
Jawa Tengah	15 316	16 600	18 205	19 631	20 408	21 057
D.I Yogyakarta	1 870	2 044	2 206	2 370	2 484	2 724
Jawa Timur	24 019	26 910	28 708	30 524	30 825	34 114
Banten	7 956	8 458	9 750	8 563	8 575	22 558
Bali	3 224	3 547	3 914	4 335	4 594	5 070
Nusa Tenggara Barat	837	976	1 133	1 291	1 402	1 678
Nusa Tenggara Timur	487	567	640	702	750	855
Kalimantan Barat	1 435	1 604	1 889	1 862	1 990	2 252
Kalimantan Tengah	650	752	855	970	1 049	1 135
Kalimantan Selatan	1 467	1 688	1 881	2 092	2 188	2 392
Kalimantan Timur	2 277	2 502	2 732	2 816	3 007	3 418
Kalimantan Utara	—	—	181	199	207	181
Sulawesi Utara	987	1 087	1 193	1 210	1 303	1 545
Sulawesi Tengah	575	686	759	866	949	1 069
Sulawesi selatan	3 246	3 640	4 156	4 339	4 479	5 173
Sulawesi tenggara	441	528	622	671	704	851
Gorontalo	237	293	328	366	399	460

（续）

公司名称	年份					
	2011	2012	2013	2014	2015	2017
Sulawesi barat	152	178	208	238	259	313
Maluku	337	397	470	480	510	463
Maluku utara	205	236	259	309	329	237
Papua Barat	305	347	384	431	456	533
Papua	523	601	713	725	763	868
总计	158 695	174 342	188 342	199 028	204 280	226 014

数据来源：印尼统计局《Electricity statistics 2011—2017》。

表1-7　2010—2017年印尼公路总里程

单位：公里

公路类型	年份							
	2010	2011	2012	2013	2014	2015	2016	2017
沥青路	277 755	279 351	285 252	287 926	296 476	317 119	326 629	321 093
非沥青路	209 559	213 047	216 717	220 074	221 772	211 954	211 209	218 260
总计	487 314	492 398	501 969	508 000	518 248	529 073	537 838	539 353

数据来源：印尼统计局《Land Transportation Statistics 2011》《Land Transportation Statistics 2017》。

表1-8　2011—2018年印尼铁路货运周转量

单位：亿吨/公里

地区	年份							
	2011	2012	2013	2014	2015	2016	2017	2018
爪哇岛	19.79	18.21	26.25	35.73	32.93	35.84	40.66	49.19
苏门答腊	46.64	51.30	55.65	63.11	67.64	75.36	93.10	101.79
总计	66.43	69.51	81.90	98.84	100.57	111.20	133.76	150.98

数据来源：印尼统计局《Land Transportation Statistics 2018》。

4. 国际贸易及其变化情况

对外贸易在印尼国民经济中占有重要的地位。近年来，印尼政府采取一系列措施，鼓励和推动非油气产品出口，简化出口手续，降低关税，对外经贸取得了较大的发展。对外贸易额1975年为182亿美元，1997年上升到951亿美元，1997/1998亚洲金融危机后，印尼的贸易进口额大幅下落，贸易出口也下降，1999年进出口总额为727亿美元，2000

年回升至955亿美元，2004年增至1 181亿美元，之后持续增长至2012年3 817亿美元，之后开始下滑，2015年为2 931亿美元，2016年开始恢复性增长，2018年为3 687亿美元。

连续30多年保持贸易顺差后，2015—2017年保持顺差，2012—2014年和2018年再次逆差。1975年出口额为89亿美元，进口额为92.9亿美元，逆差3.9亿美元，之后进出口额均快速增长，但出口增速较快，持续保持顺差，1997年出口和进口额扩大至534亿美元和417亿美元，贸易顺差117亿美元；回落2年后继续增加，2006年出口额达到1 008亿美元，进口额610.7亿美元，贸易顺差创新高，为397.3亿美元；2011年出口额创历史最高水平，为2 035亿美元；2012年出口额回落，但进口大幅增长，贸易逆差16.7亿美元，2013年扩大至40.8亿美元；2015年进出口额均回落，出口为1 504亿美元，进口为1 427亿美元，顺差77亿美元；2016年开始出口增加，2017年出口额1 688亿美元，进口额1 570亿美元，顺差为118亿美元；2018年进出口额均增加，进口额增幅明显，其中出口额1 800亿美元，进口额1 887亿美元，逆差87亿美元（图1-1）。

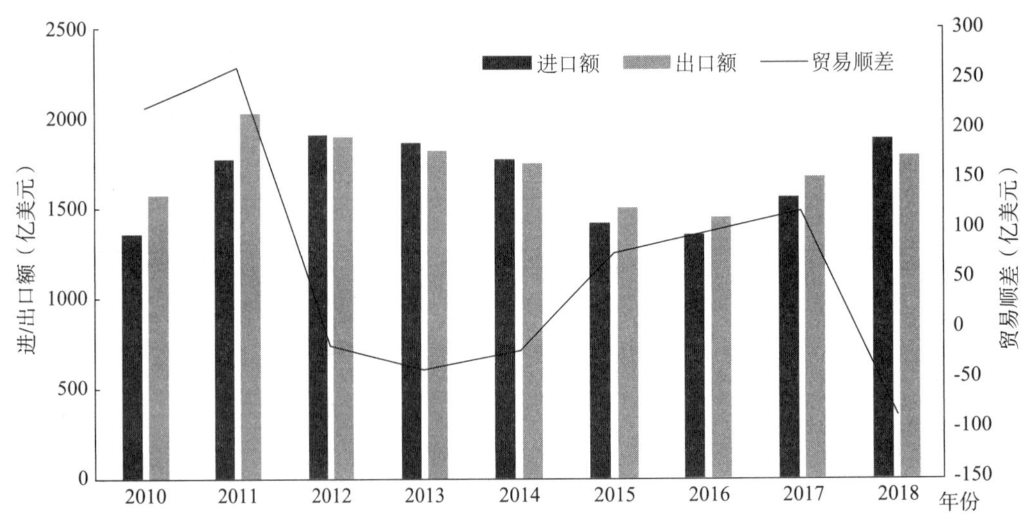

图1-1 2010—2018年印尼国际贸易收支

数据来源：印尼统计局。

进出口产品结构发生很大的变化。1982年以前，出口主要依赖石油和天然气。1982年油气产品出口收入所占比重高达82%。随着工业的发展，工业制成品的出口逐步取代油气产品，成为出口创汇的主要来源。1987年油气出口占出口总收入比例首度降至50%以下，到2018年油气产品出口占出口总收入比例降至9.5%。从2017年出口结构来看，矿物出口额占总出口额比重最高，为21.8%，其次为工业材料、动植物油和机械运输设备，分别为13.2%、13.0%和12.8%，食品和活动物为7.6%。从进口来看，机械和运输设备占进口总额比重最高，为31.4%，其次为工业材料，占16.4%，矿物居第三位，为

16.2%，化学制品占14.4%，食品和活动物为9.4%。

5. 财政和对外债务关系及其变化情况

国家财政收入总体呈增加趋势，但赤字扩大。2007年收入为720.4万亿印尼盾，税收和非税收入分别为509.5万亿印尼盾和210.9万亿印尼盾，捐赠为2.7万亿印尼盾。实际支出763.6万亿印尼盾，赤字40.5万亿印尼盾。2018年收入为1 894.7万亿印尼盾，税收和非税收入分别为1 618.1万亿印尼盾和275.4万亿印尼盾，捐赠为1.2万亿印尼盾。实际支出2 220.7万亿印尼盾，赤字325.9万亿印尼盾。

自从印尼进入改革时期之后，国内生产总值持续上升，债务比率的极限也跟着上升。政府最终在2003年发出关于国家债务比率的第17号条例，限定债务比率不可超过60%。直至2018年年底，政府的债务总额约达3 778亿美元。

6. 国外直接投资及其变化情况

印尼国际直接投资（FDI）2000—2006年总体呈下降趋势，从154亿美元降至2006年的60亿美元，2007年开始连续两年恢复，2008年为149亿美元，受亚洲金融危机影响，2009年降至108亿美元，之后经济恢复推动FDI再次增加，2017年为322亿美元，2018年有所回落，为293亿美元（图1–2）。

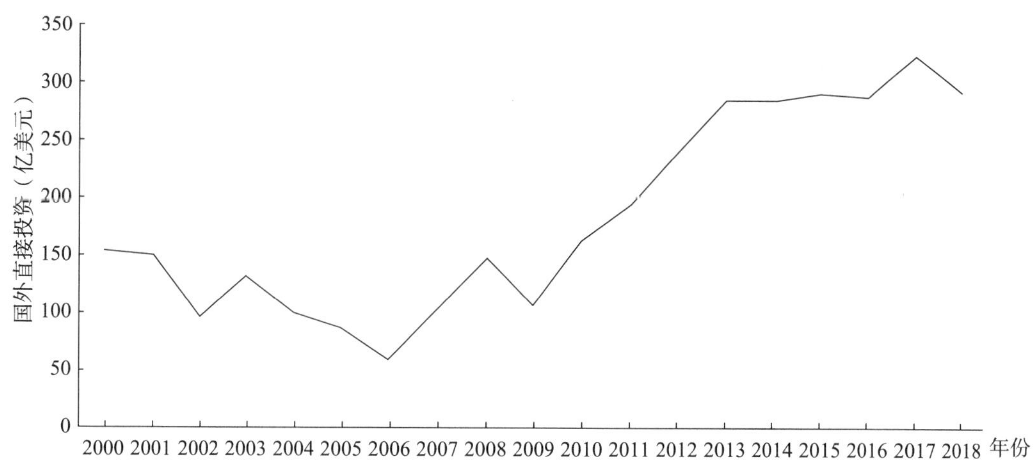

图1–2　2000—2018年印尼国外直接投资变化趋势

数据来源：印尼统计局。

从投资领域看，基础设施投资增加，矿业投资下降。2015年印尼国外直接投资前五大行业依次为：制造业（118亿美元，占总FDI比重为40.1%）、矿业（40亿美元，13.7%）、交通仓储通讯业（33亿美元，11.2%）、水电气供应（30亿美元，10.3%）和房地产及商业服务（24亿美元，8.3%）。农牧业居第六位，总额为22亿美元，占比7.6%。2018年投资前五大行业依次为：制造业（103亿美元，占总FDI比重为35.3%）、水电气供应（43.84亿美元，15%）、房地产及商业服务（43.02亿美元，14.7%），矿业（30.39亿美元，10.4%）和交通仓储通讯业（30.27亿美元，10.3%）。农牧业居第六位，总额为17.89亿美元，占比6.1%。

从投资区域看，投资开始向其他区域转移。2015年国外投资前五大区域依次为：西爪哇省（57.4亿美元，占19.6%）、雅加达特区（36.2亿美元，占12.4%）、东爪哇省（25.9亿美元，8.9%）、万丹省（25.4亿美元，占8.7%）和东加里曼丹省（23.8亿美元，占8.1%）。2018年国外投资前五大区域依次为：西爪哇省（55.7亿美元，占19.0%）、雅加达特区（48.6亿美元，占16.6%）、万丹省（28.3亿美元，占9.6%）、中爪哇省（23.7亿美元，8.1%）和北苏门答腊省（12.3亿美元，占4.2%）。

从投资来源地看，亚洲地区直接投资增加，欧洲投资下降。国外投资主要来自亚洲，2015年占51.4%，前五大来源国（地区）依次为：新加坡（59亿美元，占20.2%）、日本（28.8亿美元，占9.8%）、荷兰（13.1亿美元，占4.5%）、韩国（12.1亿美元，占4.1%）和中国香港（9.4亿美元，占3.2%）。其中，中国内地对印尼投资1.1亿美元，占0.4%。2018年亚洲占77.5%，前五大来源国（地区）依次为：新加坡（92亿美元，占31.4%）、日本（49.5亿美元，占16.9%）、中国内地（23.8亿美元，占8.1%）、中国香港（20.1亿美元，占6.9%）和美国（12.2亿美元，占4.2%）。

7. 经济发展总体风险评价

世界银行最新发布的《印尼经济季度报告》称，印尼2019年第一季度的GDP增长大体稳定在5.1%。该国保持了稳定的经济增长，在过去的14个季度中一直保持在4.9%～5.3%的窄幅波动。2019年第一季度，经济增长的驱动力发生了转变。固定投资增速有所放缓，而私人和政府消费均有所回升。2019年年初，由于投资增长放缓，进口下降速度快于出口，赤字有所减少。自2018年11月以来，印尼的宏观金融状况有所改善。在汇率相对稳定、油价低迷、国内能源价格稳定的情况下，2019年第一季度的平均通胀率降至2.6%，为2009年第四季度以来的最低水平。随着通货膨胀率保持在较低水平和劳动力市场强劲，私人消费的适度加速预计将继续。随着基础设施项目的重启和灾后重建的开始，财政状况有望改善，从而使政府投资得以加强。

商业和投资环境的改善对刺激印尼经济加快增长大有好处。由于企业登记手续、缴税渠道、合同执行、资产和跨境交易管理、电力和信贷支持等方面表现显著改善，政府将改善商业和投资环境作为经济中长期改革的重要举措，提振了国内外投资者在印尼创办企业的信心，特别是私营部门投资有更大的提升作用。

印尼的经济规划遵循了2005—2025年的20年发展计划。它被划分为5年中期计划，称为RPJMN（Rencana Pembangunan Jangka Menengah Nasional），每个计划有不同的发展重点。当前的中期发展计划是长期计划的第三阶段，从2015年到2020年。它侧重于基础设施建设、与教育和医疗保健相关的社会援助项目。长期能源补贴的改革允许对直接影响穷人和准穷人的项目进行更多的投资。

随着全球贸易紧张局势再度升级，印尼经济增长前景面临的风险有所增加，这可能会进一步拖累全球贸易。此外，发达经济体和全球增长放缓也带来了风险。尽管全球不确定性加剧，但印尼经济前景依然乐观，国内需求是经济增长的主要动力。在强劲的投资、稳定的通胀和强劲的就业市场的支持下，印尼的经济增长速度预计继续提升。

（四）农业在国民经济中的地位情况资料

1. 农业人口占总人口规模比重及其变化情况

农业人口总体呈现下降趋势，从2004年的1.21亿人降至2018年的1.19亿人，人口比重从47.4%降至44.7%。

2. 农业产值及其占国民经济比重的变化情况

农业一直在印尼国内经济结构中占有非常重要的地位，20世纪60年代曾占国内生产总值的56%，90年代后期降至20%以下，之后总体在15%左右。2018年农业产值约占国内生产总值的12.8%（表1-9）。印尼的农业相当分散，由14家国有公司、2 000多家大规模私营种植园（公司）以及小农户组成。

表1-9　1961—2018年印尼农业产值占国民经济产值的比重

单位：%

年份	农业产值占国民经济产值的比重
1961—1965	55.8
1966—1970	50.9
1971—1975	37.6
1976—1980	29.9

（续）

年份	农业产值占国民经济产值的比重
1981—1985	25.9
1986—1990	27.3
1991—1995	20.0
1996—1900	17.2
2000	15.6
2001	15.3
2002	15.5
2003	15.2
2004	14.3
2005	13.1
2006	13.0
2007	13.7
2008	14.5
2009	15.3
2010	15.3
2011	14.7
2012	14.5
2013	14.4
2014	13.3
2015	13.5
2016	13.5
2017	13.2
2018	12.8

数据来源：印尼统计局。

二、印度尼西亚农业资源生产与政策制度建设情况资料

（一）农业资源禀赋情况资料

1. 气候条件以及适宜发展的作物

印度尼西亚气候是典型的热带雨林气候，年平均温度25～27℃，无四季分别。北部受北半球季风影响，7～9月降水量丰富；南部受南半球季风影响，12月至翌年2月降水量丰富；根据世界银行数据，印尼年均降水深度约为2 700毫米。

印度尼西亚淡水资源丰富。据世界银行统计，印度尼西亚可再生陆地淡水资源总量达到2.02万亿立方米，人均7 913.64立方米。年度淡水抽取总量超过1 100亿立方米，其中农业年度淡水抽取量占比超过80%。

印度尼西亚农田水利基本设施不配套。大部分水稻田缺乏基本的排灌系统，农业生产基本是“靠天吃饭”。

印尼是世界上生物资源最丰富的国家之一。据不完全统计，印尼有40 000多种植物，其中药用植物最为丰富。拥有许多世界濒临灭绝的动植物，著名的有苏门答腊虎、象、犀牛、巨蜥、黑猴、人猿、鹤望兰、巴布亚虎斑兰和尸臭花等。政府重视保护自然环境，每年的11月15日为全国动植物保护日。

粮食作物。目前印尼粮食作物研究主要集中在水稻、玉米、大豆、花生、木薯、甘薯和绿豆。2013—2017年审定了22、25、13、3和14个作物品种，共77个品种。其中，水稻品种26个，玉米15个，大豆14个。水稻研究又分为灌溉水稻、杂交水稻、沼泽水稻、旱稻。以灌溉水稻为例，2007年发布的新品种为“Munawacita Agritan”“Rindang 2 Agritan”“Tarabas”“Mustaban Agritan”“Inpari 12”“Inpari 13”“Inpari Blas”“Inpari HDB”和“Aek Sibundong”。“Inpari 7 Lanrang”和“Inpari 8”是2009年通过品种审定的，潜在单产可以达到8.7吨/公顷和9.3吨/公顷。杂交稻主要品种为“Hipa Java 1”“Hipa Java 2”“Hipa Java 3”“Hipa 5 Ceva”“Hipa 6 Jete”“Hipa 10”“Hipa 11”“Hipa 12 SBU”“Hipa 13”“Hipa 14 SBU”“Hipa 8 Pioneer”和“Hipa 9”。其中Hipa Java 1是2012年1月审定的杂交稻，由印度尼西亚农业研究和发展局自主研发，其在旱季和雨季单产潜力可以分别达到10吨/公顷和9.7吨/公顷，而12月通过审定的“Hipa Java 2”在旱季和雨季单产潜力可以分别达到10.9吨/公顷和10.7吨/公顷。沼泽水稻主要品种为“Inpara 4”和“Inpara 5”，由印度尼西亚水稻研究中心培育，单产可以分别达到7.6吨/公顷和7.2吨/公顷，生产期分别为135天和115天。旱稻主要有5个品种，分别为“Inpago 4”“Inpago 5”“Inpago 6”“Situ Patenggang”和“Situ Bagendit”。该5个品种也是由印度尼西亚水稻研究所培育的，单产可以分别达到6吨/公顷、6.2吨/公顷、5.81吨/公顷、6吨/公顷和4.0吨/公顷。印尼是东南亚最大的玉米生产国，因此玉米的育种也非常重要，目前主要的品种为“Bima 1 Hybrid”“Bima 2 Bantimurung”“Bima 3 Bantimurung”“Bima 4”“Bima 5”和“Bima 6”等14个品种。其中“Bima 1 Hybrid”是由印度尼西亚谷物研究所培育的，单产潜力可以达到10.4吨/公顷，生产期为100天。大豆品种目前有6个，是由印度尼西亚豆类和块茎作物研究所培育的，主要包括“Detam 1”“Detam 2”“Gema”“Tanggamus”“Seulawan”和“Dering 1”，其中2010年审定的“Detam 1”单产潜力可以达到3.45吨/公顷，生产期为85天。

园艺作物。印尼的主要园艺作物分为水果、蔬菜和观赏园艺。其中水果主要包括葡萄、芒果、甜瓜。以葡萄为例，目前主要有3个品种，包括“Prabu Bestari”“Jestro AG 60”和“Jestro AG 86”，是由印度尼西亚柑橘和亚热带水果研究所培育的，“Jestro AG 86”单株产量能够达到9～16千克，而“Jestro AG 60”则能达到25千克，“Prabu Bestari”单产潜力在10～30千克。蔬菜作物主要侧重于马铃薯、辣椒、番茄和葱。马铃薯品种主要有10个，主要包括“Vernei”“Ping 06”“Gm 08”“Kikondo”“Repita”“Tenggo”“Balsa”等，由印度尼西亚蔬菜研究所培育，其中“Vernei”单产潜力可以达到36吨/公顷，“Ping 06”单产潜力在28.4～40.3吨/公顷。

畜牧业。在肉羊育种方面，由印度尼西亚动物研发研究中心培育的“Sumatra Composite”绵羊，适用于半集中饲养模式，适应热带和潮湿环境；由印度尼西亚山羊研究站培育的“Boerka”山羊，主要适用于出口市场需求。在饲料添加剂方面，由印度尼西亚动物生产研究所研发的一种“Probion”饲料添加剂，通过发酵来改善稻草的品质，一吨稻草用量为2.5千克。此外还研发譬如生物益生菌“Bioplus”和“Rater”等。

渔业。印尼海域广阔，且有一个适合各种鱼类生长的热带气候。渔业资源极为丰富，苏门答腊岛东岸的巴干西亚比亚是世界著名的大渔场。可捕捞的品种有金枪鱼、鲤鱼、鱿鱼、贝壳类和其他鱼类，以及虾、海藻等。

林业。印尼盛产各种热带名贵的树种，如铁木、檀木、乌木和柚木等均驰名世界。

2. 土地资源

印度尼西亚由16 056个岛屿组成的，陆地总占地面积为190.4万平方公里，东西长约5 110公里，南北宽约1 888公里，是东南亚国家中面积最大的国家，主要岛屿有爪哇岛、苏门答腊岛、苏拉威西岛、加里曼丹岛（南部）和伊里安岛（西部）。各岛以山地和高原为主，仅沿海有平原。根据世界银行数据，2016年农业用地面积5 700万公顷，其中耕地面积为2 350万公顷，森林面积有9 032.56万公顷。人均耕地面积总体呈下滑趋势，2016年为0.09公顷/人。

马来群岛地区土壤相当复杂，包括火山带的土壤及其衍生的肥沃冲积层，如中爪哇和东爪哇、苏门答腊部分地区以及西里伯斯的零散地方。

（二）农业生产发展情况资料

1. 农业情况

印尼农业生产以小农生产为主，农业生产主要集中于爪哇岛。近几年经济保持较快增速，农业占GDP比重呈下降趋势，2018年为12.8%。种植业（包括粮食作物、园艺作物和人工林产业）占农业产值比重在60%以上，种植业是农业主导产业，水稻、玉米、木薯等主要粮食作物种植面积和产量居东盟首位，但单产水平不高，经济作物以棕榈和橡胶为主，是世界第一大的棕榈油生产国，第二大橡胶生产国，也是可可和咖啡等高价值商品的全球生产大国。此外林业和渔业资源也非常丰富（表2-1）。

表2-1 2014—2018年印尼农业产值结构

单位：十亿印尼盾（按当前市场价格计算）

产业类型	2014年	2015年	2016年	2017年	2018年
农林牧渔业	1 409 656	1 555 207	1 671 598	1 787 285	1 900 349
其中：粮食作物	343 252.3	397 408.6	425 185.6	438 889.5	449 822.3
园艺作物	160 568.6	174 453.2	187 402.6	197 320.7	218 712.4
人工林产业	398 260.7	405 291.5	428 782.6	471 307.8	489 248.8
畜牧业	167 008	184 151.5	201 123.5	213 306.1	231 710.9
农业服务业	20 460.1	22 663.8	24 371.1	26 043.2	27 580.1
林业	74 618	82 321.8	87 542.4	91 564.1	97 337.6
渔业	245 488	288 916.6	317 190	348 853.8	385 936.4

数据来源：印尼统计局。

种植业是农业主导产业。印尼主要的农作物和农产品有：水稻、玉米、棕榈油、大豆、橡胶以及木薯。在印尼的农业经济中，种植业占主导地位，2013年其产值约占农业总产值的60%，而种植业又以水稻为主。由于粮食作物的举足轻重地位，发展粮食生产，实现大米自给自然是印尼历届政府的首要课题。印尼是世界最大棕榈油生产国和出口国，对世界油籽价格具有举足轻重的影响；是东南亚最大的豆类生产国，但单产较低；是世界上种植面积仅次于巴西的第二大热带作物生产国。经济作物大多在种植园种植，不但品种多，而且有的作物产量在世界上名列前茅，胡椒、奎宁、木棉的产量居世界首位，也盛产香蕉、芒果、菠萝、木瓜、榴莲、山竹等各种热带水果。

森林和渔业资源丰富。根据世界银行数据，2016年印尼全国的森林面积为9 032.56万平方公里，森林覆盖率为49.9%。渔业增加值占农业增加值的比重提升，2014年为17.4%，2018年提高至20.3%。

印度尼西亚的农业布局可按各大岛划分：爪哇岛、苏门答腊岛和努沙登加拉群岛主导了全国主要作物的生产，玉米、水稻、大豆和木薯产量居全国前列，同时也是蔬菜、水果（芒果、榴莲、香蕉、木瓜）的主产区。此外，爪哇岛、苏门答腊岛和努沙登加拉群岛的养羊业、养牛业和养猪业也非常发达，根据印度尼西亚统计局数据，爪哇岛、苏门答腊岛和巴厘岛2018年牛屠宰量占印尼全国的65.9%，山羊占92.6%，生猪占58.8%。加里曼丹岛和苏门答腊岛丘陵起伏，以橡胶、棕榈等经济作物为主，森林覆盖率高；苏拉威西岛多高山深谷，少平原，是印尼山地面积比重最大的岛屿，是最大的可可产区。

2. 粮油作物发展情况

大米是印尼最主要的食用粮食，也是最重要的粮食作物，印尼是东南亚最大的水稻生产国。根据联合国粮食及农业组织（FAO）数据，2017年印尼水稻产量为8 115万吨，占东南亚水稻总产量（21 981.12万吨）的37%。水稻面积和产量呈增加趋势。2017年水稻收获面积约为1 571万公顷，水稻单产和总产量分别约为5.17吨/公顷和8 115万吨。2018年收获面积和产量均出现明显下降，收获面积为1 090万公顷，较上年下降30.6%，产量为5 654万吨，较上年下降30.3%。水稻种植主要集中在东努沙登加拉省、万丹省、马鲁古群岛。根据印尼统计局数据，三地区2018年大米产量分别为1 053.79万吨、953.93万吨和574.07万吨，占印尼大米总产量的45.7%。由于水资源管理水平较低、灌溉设施较差，以及生产成本不断增加，水稻生产遭遇挑战。为了鼓励大米生产，政府采取了多项措施，例如提供特殊贷款、增加肥料和种子补贴、扩大种植面积等（表2-2）。

表2-2 2010—2018年印尼主要粮食作物面积、单产和总产量

主要粮食作物		2010年	2011年	2012年	2013年	2014年	2015年	2016年	2017年	2018年
水稻	面积（万公顷）	1 325	1 320	1 345	1 384	1 380	1 412	1 516	1 571	1 090
	产量（万吨）	6 647	6 576	6 906	7 128	7 085	7 540	7 936	8 115	5 654
	单产（吨/公顷）	5.02	4.98	5.14	5.15	5.13	5.34	5.24	5.17	5.19
玉米	面积（万公顷）	413	386	396	382	384	379	444	538	573
	产量（万吨）	1 833	1 764	1 939	1 851	1 901	1 961	2 358	2 892	3 006
	单产（吨/公顷）	4.44	4.57	4.9	4.84	4.95	5.18	5.31	5.23	5.24
大豆	面积（万公顷）	66	62	57	55	62	61	58	36	68
	产量（万吨）	91	85	84	78	96	96	86	54	98
	单产（吨/公顷）	1.37	1.37	1.49	1.42	1.55	1.57	1.49	1.51	1.44
木薯	面积（万公顷）	118	118	113	107	100	95	87	77	79
	产量（万吨）	2 392	2 404	2 418	2 394	2 344	2 180	2 074	1 905	1 934
	单产（吨/公顷）	20.22	20.3	21.4	22.46	23.35	22.95	24.62	24.65	24.39
甘薯	面积（万公顷）	18	18	18	16	16	14	12	11	11
	产量（万吨）	205	220	248	239	238	230	217	191	202
	单产（吨/公顷）	11.33	12.33	13.93	14.75	15.2	16.05	17.56	18.0	18.4
花生	面积（万公顷）	62	54	56	52	50	45	44	37.4	37.3
	产量（万吨）	130	97	86	70	64	61	57	49.5	51.2
	单产（吨/公顷）	2.1	1.8	1.53	1.35	1.28	1.33	1.31	1.32	1.37

数据来源：FAO。

印尼也是东南亚最大的玉米生产国。根据FAO数据，2017年印尼玉米产量为2 892万吨，占东南亚玉米总产量（4 996.30万吨）的57.9%。由于政府强调自给，近年来国内玉米产量呈增加趋势。玉米收获面积从2010年的413万公顷降至2015年379万公顷，但得益于单产水平从4.44吨/公顷提高至5.18吨/公顷，总产量从1 833万吨增至1 961万吨；2018年玉米收获面积提高至573万公顷，单产水平提高至5.24吨/公顷，推动总产量提高至3 006万吨。东努沙登加拉省是印尼最大的玉米主产省。

印尼是东南亚最大的大豆生产国。根据FAO数据，2017年印尼大豆产量（54万吨）占东南亚大豆总产量（108.50万吨）的50%。大豆收获面积和总产量总体呈现下降趋势，分别从2010年66万公顷和91万吨降至2017年36万公顷和54万吨，2018年再次增加到68万公顷和98万吨。尽管面积波动，但是单产水平有一定提高，从2010年的1.37吨/公顷提高至2017年的1.51吨/公顷，2018年有所下降，为1.44吨/公顷。东努沙登加拉省是印尼最大的大豆生产省。

印尼是东南亚第二大木薯生产国。据FAO数据，2017年印尼木薯产量为1 905万吨，

仅次于泰国3 097.33万吨，占东南亚总产量的24.9%。木薯总产量呈现先增加后下降趋势。收获面积从2010年118万公顷降至2018年79万公顷，总产量从2010年的2 392万吨增至2012年的2 418万吨后下降，2018年为1 934万吨。木薯的主产省为西爪哇省。

花生收获面积和总产量总体呈现下降趋势。花生收获面积和总产量分别从2010年的62万公顷和130万吨降至2018年的37.3万公顷和51.2万吨，近年来单产水平维持在1.3吨/公顷左右。东努沙登加拉省是印尼最大的花生生产省。

3. 经济作物发展情况

印度尼西亚橡胶种植面积居世界首位，是世界第二大橡胶生产国。印尼橡胶种植面积仅次于泰国。根据联合国粮农组织数据，2017年印尼橡胶种植面积为365.91万公顷，占全球总面积的31.2%；橡胶产量为362.95万吨，占全球总产量的25.4%。橡胶种植面积总体保持稳定增长态势（表2-3）。

表2-3　2000—2017年印尼橡胶种植面积

单位：万公顷

年份	橡胶
2000	240.00
2001	259.95
2002	263.47
2003	267.51
2004	267.51
2005	327.94
2006	272.59
2007	277.55
2008	342.42
2009	343.53
2010	344.51
2011	345.61
2012	348.41
2013	355.58
2014	360.62
2015	362.11
2016	363.73
2017	365.91

数据来源：FAO。

2000年以来干胶产量总体呈现增加趋势。2000年产量为150.10万吨，2017年增至368.04万吨，2018年为363.04万吨，其中大型种植园干胶产量62.53万吨，小农户干胶产量为300.50万吨。印尼橡胶种植主要集中在南苏门答腊省、北苏门答腊省、占碑省、廖内省、西加里曼丹省和中加里曼丹省表（表2-4）。

表2-4　2000—2018年印尼主要经济作物产量

单位：万吨

年份	干胶		棕榈油		可可豆	
	种植园	农户	种植园	农户	种植园	农户
2000	37.58	112.52	509.49	197.78	5.77	35.36
2001	39.77	172.33	559.84	280.07	5.79	4.02
2002	40.37	122.66	619.56	342.67	4.83	51.14
2003	39.61	139.62	692.35	351.73	5.66	65.72
2004	40.38	166.20	847.93	384.72	5.49	63.68
2005	43.22	183.87	1 011.91	450.08	5.51	69.37
2006	55.46	208.26	1 096.18	560.82	6.72	70.22
2007	57.85	217.67	1 143.80	581.10	6.86	67.14
2008	58.61	214.87	1 247.78	692.30	6.29	74.07
2009	52.23	191.80	1 387.26	751.77	6.76	74.20
2010	54.15	219.34	1 403.82	845.87	6.52	77.28
2011	63.04	235.98	1 519.81	879.79	6.75	64.47
2012	58.28	242.95	1 681.78	919.77	5.33	68.72
2013	58.15	265.59	1 777.13	1 001.07	5.55	66.54
2014	56.97	258.34	1 907.28	1 020.54	3.00	69.84
2015	57.68	256.86	2 054.22	1 052.78	3.10	56.23
2016	60.32	275.47	1 991.24	1 157.56	2.86	62.98
2017	63.02	305.02	2 174.91	1 319.12	2.64	55.88
2018	62.53	300.50	2 657.64	1 399.98	3.24	56.14

数据来源：印尼统计局。

过去十多年来，印度尼西亚棕榈油产量出现了持续稳定的增长。根据FAO数据，2014年印度尼西亚棕榈油产量占全球产量的51.1%，与马来西亚合计占总产量的85%。

棕榈种植面积和产量持续增加，分别从2000年201.4万公顷和707.27万吨增至2017年的927.77万公顷和3 494万吨，2018年产量为4 057.62万吨。2007年以来，印度尼西亚超过马来西亚成为世界最大的棕榈油生产国。棕榈以大型种植园为主，2018年大型种植园和小农户的棕榈油产量分别为2 657.64万吨和1 399.98万吨。棕榈种植主要集中在廖内省、北苏门答腊省、中加里曼丹省、南苏门答腊省和西加里曼丹省。印尼的棕榈油生产商很多，著名的有SMART、金光集团（Sinar Mas Group）、米南伽奥甘农业公司（PT Perkebunan Minanga Ogan）、金鹰国际集团（RGM International）等，其中金光集团是印尼最大的棕榈种植、棕榈油精炼加工和棕榈油化学品生产商之一，拥有世界上最大的棕榈油精炼厂。上述集团掌握印尼大部分棕榈油市场。SMART是印尼最大的综合性棕榈消费产品上市公司之一，拥有多个专门生产棕榈食用油和食用脂的综合性业务部门。印尼政府计划到2020年将原棕榈油产量提升至4 000万吨。印尼政府为了支持棕榈油行业发展，制定了一系列鼓励政策：如印尼棕榈油出口最高关税从25%下调到22.5%，最低出口税率从1.5%上调到7.5%，以提升印尼的棕榈油加工利润，在长期内赢得更多的市场份额。

印度尼西亚可可豆产量居全球第三位，仅次于科特迪瓦和加纳。根据FAO数据，2017年印尼可可豆产量，占全球产量的12.7%。印尼可可种植面积从2000年的74.99万公顷增至2012年185.29万公顷后有所下降，2017年为173万公顷。尽管面积增大，但受2008年以后单产下降影响，可可产量从2000年的40.8万吨增至2010年83.80万吨后，2011年产量开始下降，2017年为58.52万吨。可可以小农户种植为主，2018年小农户生产可可豆56.14万吨。可可种植主要集中在中苏拉威西省、南苏拉威西省、东南苏拉威西省、西苏拉威西省、西苏门答腊省和亚齐省。

印尼主要蔬菜作物是辣椒、葱、卷心菜、番茄等。2017年，印尼蔬菜收获面积为116.79万公顷，其中辣椒、葱、卷心菜、番茄分别为31.01万公顷、15.82万公顷、9.08万公顷、5.56万公顷；生产蔬菜1 133.57万吨，其中辣椒、葱、卷心菜、番茄分别为235.94万吨、147.02万吨、144.26万吨和96.29万吨。主要蔬菜产区集中在西爪哇省、东爪哇省和中爪哇省。2018年蔬菜产量进一步增长至1 307万吨。

印尼主要水果为香蕉、芒果、橙子、菠萝、榴莲、蛇皮果、番木瓜等。2017年，印尼生产水果1 951.85万吨，2018年进一步增长至2 075.56万吨。其中，香蕉、芒果、橙子、菠萝、榴莲、蛇皮果、番木瓜产量分别为726.44万吨、262.48万吨、240.80万吨、180.55万吨、114.21万吨、89.65和88.76万吨。香蕉主产区是西爪哇省和东爪哇省，芒果主产区是东爪哇省、西爪哇省和中爪哇省，橙子主产区为东爪哇省和北苏门答腊省、巴厘省、西加里曼丹省和南加里曼丹省，榴莲主产区是东爪哇省、北苏门答腊省、西爪哇省、中爪哇省和西苏门答腊省。

4. 畜牧业发展情况

印度尼西亚畜牧业主要由养鸡业和养牛业组成。受益于牛肉自给政策，牛存栏持续增加，牛肉产量稳步增加。肉牛存栏从2000年的1 100.8万头增至2012年的1 598.1万头，经历短暂下滑后，2018年存栏量增至1 705万头，主产区为东爪哇省、西爪哇省、中爪哇省和南苏拉威西省。牛肉产量从2000年的34.0万吨增至2016年的51.8万吨后有所下降。奶牛存栏从2000年的35.4万头增至2012年的61.2万头后下滑，2018年恢复至55.0万头，主产区为东爪哇省、西爪哇省和中爪哇省。牛奶产量从2000年的49.6万吨增至2011年的97.5万吨后下滑，2018年恢复至91.0万吨（表2–5，表2–6）。

表2–5　2000—2018年印尼畜禽存栏

单位：万头、万只、亿只

年份	牛	奶牛	水牛	山羊	绵羊	猪	蛋鸡	肉鸡
2000	1 100.8	35.4	240.5	1 256.6	742.7	535.7	0.69	5.31
2001	1 113.7	34.7	233.3	1 246.4	740.1	536.9	0.70	6.22
2002	1 129.8	35.8	240.3	1 254.9	764.1	592.7	0.78	8.65
2003	1 050.4	37.4	245.9	1 272.2	781.1	615.1	0.79	8.48
2004	1 053.3	36.4	240.3	1 278.1	807.5	598	0.93	7.79
2005	1 056.9	36.1	212.8	1 340.9	832.7	680.1	0.85	8.11
2006	1 087.5	36.9	216.7	1 379.0	898.0	621.8	1.00	7.98
2007	1 151.5	37.4	208.6	1 447.0	951.4	671.1	1.11	8.92
2008	1 225.7	45.8	193.1	1 514.7	960.5	683.8	1.08	9.02
2009	1 276.0	47.5	193.3	1 581.5	1 019.9	697.5	1.11	10.26
2010	1 358.2	48.8	200.0	1 662.0	1 072.5	747.7	1.05	9.87
2011	1 482.4	59.7	130.5	1 694.6	1 179.1	752.5	1.25	11.78
2012	1 598.1	61.2	143.8	1 790.6	1 342.0	790.0	1.39	12.44
2013	1 268.6	44.4	111.0	1 850.0	1 492.6	760.0	1.47	13.44
2014	1 472.7	50.3	133.5	1 864.0	1 609.0	769.0	1.47	14.43
2015	1 542.0	51.9	134.7	1 901.0	1 702.0	780.0	1.55	15.28
2016	1 600.0	53.4	135.5	1 784.7	1 571.7	790.4	1.61	16.33
2017	1 642.0	54.0	132.2	1 820.8	1 714.3	826.1	1.77	18.49
2018	1 705.0	55.0	135.6	1 872.1	1 739.8	854.3	1.82	18.91

数据来源：印尼统计局。

表2-6 2000—2018年印尼畜禽产量

单位：万吨

年份	牛肉	水牛肉	牛奶	山羊肉	绵羊肉	猪肉	鸡蛋	肉鸡肉	蛋鸡肉
2000	34.0	4.6	49.6	3.3	4.5	16.2	50.3	51.5	2.4
2001	33.9	4.4	48.0	4.5	4.9	16.0	53.8	53.7	8.8
2002	33.0	4.2	49.3	6.9	5.8	16.4	61.4	75.2	4.3
2003	37.0	4.1	55.3	8.1	6.4	17.7	61.2	77.1	4.8
2004	44.8	4.0	55.0	6.6	5.7	19.5	76.2	84.6	4.8
2005	35.9	3.8	53.6	4.7	5.1	17.4	68.1	77.9	4.5
2006	39.6	4.4	61.7	7.5	6.5	19.6	81.7	86.1	5.8
2007	33.9	4.2	56.8	5.7	6.4	22.6	94.4	94.3	5.8
2008	39.3	3.9	64.7	4.7	6.6	21.0	95.6	101.9	5.7
2009	40.9	3.5	82.7	5.4	7.4	20.0	91.0	110.2	5.5
2010	43.6	3.6	91.0	4.5	6.9	21.2	94.6	121.4	5.8
2011	48.5	3.5	97.5	4.7	6.6	22.5	102.8	133.8	6.2
2012	50.9	3.7	96.0	4.4	6.5	23.2	114.0	140.0	6.6
2013	50.5	3.8	78.7	4.1	6.5	29.8	122.4	149.8	7.7
2014	49.8	3.5	80.1	4.4	6.5	30.2	124.4	154.4	9.7
2015	50.7	3.5	83.5	4.5	6.5	33.0	137.3	162.8	10.3
2016	51.8	3.2	91.3	4.6	6.8	34.0	148.6	190.5	11.0
2017	48.6	2.9	92.8	5.5	7.0	31.7	150.6	204.7	11.5
2018	49.6	3.2	91.0	4.9	6.7	32.7	164.4	214.4	11.6

数据来源：印尼统计局。

羊存栏持续增加。从2000年的1 999.3万只增至2018年的3 611.9万只。其中，山羊存栏从2000年的1 256.6万只增至2018年的1 872.1万只，主产省为西爪哇省、中爪哇省、东爪哇省和楠榜省；绵羊存栏从742.7万只增至1 739.8万只，主产省为西爪哇省、中爪哇省和东爪哇省。羊肉产量从2000年的7.8万吨提高至2009年的12.8万吨后出现下滑，2013年触底后开始恢复，2017年恢复至12.5万吨，2018年为11.6万吨。

猪存栏总体呈增加趋势。从2000年的535.7万头增至2018年的854.3万头，主产省为东努沙登加拉省、北苏门答腊省、巴厘省、中苏拉威西省、巴布亚省和西加里曼丹省。猪肉产量从2000年的16.2万吨增至2018年的32.7万吨。

家禽业是增长最快的畜牧产业。蛋鸡存栏从2000年的0.69亿只增至2018年的1.82亿只，主产省为东爪哇省、中爪哇省、北苏门答腊省和西爪哇省。鸡蛋产量从50.3万吨增至164.4万吨；肉鸡存栏增长迅速，从2000年的5.31亿只增至2018年的18.91亿只，主产省为西爪哇省、东爪哇省和中爪哇省。鸡肉产量从2000年的53.9万吨增至2018年226.0万吨。

5. 渔业发展情况

作为世界上最大的群岛国家，印尼海岸线5.47万公里，水域面积580万平方公里，包括领海渔业区270万平方公里，专属经济区310万平方公里。渔业资源丰富，海洋鱼类多达7 000种。

渔业产量持续增加。总产量从1999年的489.3万吨持续增至2016年的2 258.3万吨，年均增9.6%，2016年水产养殖和捕捞产量分别占总产量的70.9%和29.1%。水产养殖总产量从1999年的88.3万吨增至2016年的1 600.3万吨，年均增18.6%。主要养殖方式分为海水养殖、咸水塘养殖、淡水塘养殖、笼养、浮笼网养殖和稻田养殖，以海水养殖产量最高，2016年其产量占水产养殖的比重分别为61.1%、18.8%、14.3%、1.3%、3.1%和1.1%。海水养殖产量年均增31.2%，从13.6万吨增至977.3万吨。捕捞渔业以海洋捕捞为主，2016年其产量比重为92.9%。捕捞渔业产量增速较慢，年均增3.0%，从401万吨增至658万吨，其中海洋捕捞产量从368.2万吨增至611.5万吨，年均增3.1%（表2–7）。

表2–7　1999—2016年印尼渔业产量

单位：万吨

年份	水产养殖							捕捞			累计
	海水养殖	咸水塘	淡水塘	笼养	浮笼网	稻田	累计	海洋捕捞	开放水域	累计	
1999	13.6	41.3	17.8	3.2	3.0	9.5	88.3	368.2	32.8	401.0	489.3
2000	19.7	43.0	21.4	2.6	3.5	9.3	99.5	380.7	31.8	412.6	512.0
2001	22.1	45.5	22.3	3.9	4.1	9.8	107.7	396.6	31.0	427.7	535.3
2002	23.5	47.3	25.5	4.1	4.7	8.7	113.7	407.3	30.5	437.8	551.5
2003	24.9	50.2	28.1	4.0	5.8	9.4	122.4	438.3	30.9	469.2	591.6
2004	42.1	56.0	28.6	5.4	6.2	8.6	146.9	432.0	33.1	465.1	612.0
2005	89.0	64.4	33.2	6.8	10.9	12.0	216.3	440.8	29.7	470.5	686.8
2006	136.6	63.0	38.2	5.6	14.3	10.6	268.3	451.2	29.4	480.6	748.9
2007	150.9	93.4	41.0	6.4	19.1	8.5	319.3	473.4	31.0	504.4	823.7
2008	196.6	96.0	47.9	7.6	26.3	11.2	385.5	470.2	49.4	519.6	905.1
2009	282.0	90.7	55.4	10.2	23.9	8.7	470.9	481.2	29.6	510.8	981.7
2010	351.5	141.6	82.0	12.1	30.9	9.7	627.8	503.9	34.5	538.4	1 166.2
2011	460.6	160.3	112.7	13.1	37.5	8.6	792.9	534.6	36.9	571.4	1 364.3

（续）

年份	水产养殖							捕捞			累计
	海水养殖	咸水塘	淡水塘	笼养	浮笼网	稻田	累计	海洋捕捞	开放水域	累计	
2012	577.0	175.7	143.4	17.8	45.5	8.2	967.6	543.6	39.4	582.9	1 550.5
2013	838.6	233.8	177.4	20.0	50.5	9.7	1 330.1	570.7	39.8	610.5	1 940.6
2014	903.5	242.8	196.4	22.1	50.0	14.4	1 433.3	603.8	44.7	648.4	2 081.7
2015	1 017.4	249.9	204.3	19.4	53.6	14.8	1 563.4	620.5	47.3	667.8	2 231.2
2016	977.3	301.2	228.9	20.4	50.2	17.8	1 600.3	611.5	46.5	658.0	2 258.3

数据来源：印尼统计局。

水产养殖主产区是雅加达省、中苏拉威西省、东加里曼丹省和西爪哇省。其水产养殖面积累计占总面积的55.4%。其中，雅加达省是海水养殖主产省，其养殖面积占海水养殖总面积的41.4%；咸水塘养殖以东加里曼丹省和中苏拉威西省为主，其养殖面积占咸水塘养殖总面积的41.6%；淡水塘养殖以雅加达和西爪哇省为主，累计占淡水塘养殖总面积的33.7%；稻田养殖集中在西爪哇省，占稻田养殖总面积的35.5%。

尽管产量持续增加，但从业家庭数持续下降。水产养殖家庭数从2000年的204.8万户降至2016年的159.7万户；捕捞渔业家庭数从2003年的214.5万户降至2016年的96.6万户。

渔业企业数量呈现先减后增趋势。从2000年的143个降至2006年的27个，之后开始增加，2017年为122个，其中外资企业9个，国内投资企业84个，其他类型企业29个（表2-8）。

表2-8　2000—2017年印尼渔业企业

单位：个

年份	国外投资	国内投资	其他	总计
2000	16	52	75	143
2001	16	52	74	142
2002	7	14	9	30
2003	8	17	9	34
2004	10	22	19	51
2005	6	10	15	31
2006	4	3	20	27
2007	7	4	22	33
2008	7	11	25	43
2009	10	17	22	49

（续）

年份	国外投资	国内投资	其他	总计
2010	9	21	25	55
2011	10	24	28	62
2012	9	32	33	74
2013	11	40	33	84
2014	13	24	49	86
2015	13	50	23	86
2016	11	65	19	95
2017	9	84	29	122

数据来源：印尼统计局。

6. 林业发展情况

印尼是世界第三大热带森林国家。根据FAO数据，2016年印尼森林面积约0.9亿公顷，位居亚洲第2位，仅次于中国，占土地面积的47.4%。印尼热带常绿雨林以东南亚有代表性的龙脑香科树种为主，其中树种分布最多的是加里曼丹岛，约有300个树种，主要树种有中脉异翅香木、龙脑香科及柳桉等。

根据不同的经营目的，森林又分为生产林、有限生产林、防护林、保护区和转换林。生产林用于木材生产，有限生产林用于木材生产和水土保持，防护林用于水土保持，保护区用于生物多样性保护，转换林是转变为农田的林地。森林集中分布在加里曼丹、伊里安、苏门答腊、苏拉威西和爪哇五大岛屿。其中加里曼丹森林面积最大，其次是伊里安、苏门答腊、苏拉威西和爪哇岛。森林资源以阔叶林为主，针叶林主要分布在加里曼丹岛。

印尼是世界上最大的热带木材生产国之一。生产的木材主要用于出口。20世纪70年代初期，印度尼西亚成为世界上最大的热带木材出口国。但70年代末期，印度尼西亚政府为发展本国的木材工业，生产出口产品，提供社会就业，开始由原木出口转向木材加工品出口。1979年提高木材出口税，1985年颁布法令，全面禁止原木出口。同时，提供各种优惠政策，发展国内木材加工业。随着国家林产工业政策的转变，国内木材加工业迅速发展，各种木材加工产品出口创汇不断增加，到80年代中期，已由原来的原木出口国转变为热带木材加工品出口国，木材制品出口产值占国民经济的比重不断增大。2017年木浆、胶合板、纸张（家用纸、卫生纸和办公用纸）出口量分别占其产量的53.9%、67.3%、56.3%（表2-9）。

为了推动林业可持续发展，政府对生产林采取了很多限制性的措施，实行发放许可证制度，即森林经营权（HaK PengusalIa Hutan，HPH），规定只有持有政府颁发的准字才能经营木材业。最近几年森林特许地面积呈下降趋势，从2006年的2 842万公顷降至2017年的2 064万公顷。其中，加里曼丹岛、新几内亚岛森林特许地面积最高，2017年分别占印尼森林特许地总面积的40.4%、33.1%；经营单位数量最高，2017年分别为127个、43个，分别占总量的45%、15.2%。

表2-9　2000—2017年印尼木材产量

单位：万立方米

年份	原木	锯木	胶合板
2000	1 379.82	302.09	371.11
2002	900.41	62.35	169.44
2003	1 142.35	76.26	611.06
2004	1 354.89	43.30	451.44
2005	3 196.57	147.16	453.37
2006	3 409.25	67.92	381.18
2007	3 219.70	58.74	345.44
2008	3 200.08	53.07	335.35
2009	3 432.05	71.02	300.50
2010	4 211.48	88.54	332.49
2011	4 742.93	96.73	330.28
2012	4 925.83	110.01	331.09
2013	4 577.05	99.29	326.20
2014	4 496.35	145.86	357.91
2015	3 529.03	176.51	364.06
2016	4 275.61	182.05	363.61
2017	4 869.06	281.28	379.31

数据来源：印尼统计局。

注：印尼统计局暂未公布2001年木材产量数据。

7. 粮食人均占有量及其变化情况

印尼的主要粮食作物有：大米、玉米、大豆等。大米人均占有量最多，玉米其次，大豆最少。大米人均占有量从2009年到2015年在波动中增加，2017年达到最高为

307.51千克/人；玉米人均占有量保持波动增加的趋势，2012年达到79千克/人，2013年减少后恢复，2017年为105.62千克/人；大豆人均占有量在2009年达到峰值后逐步下滑，2010年为3.80千克/人，2017年下滑至为2.05千克/人（表2-10）。

表2-10　2010—2017年印尼主要粮食作物人均占有量

单位：千克/人

年份	大米（稻谷）	玉米	大豆
2010	278.70	76.85	3.80
2011	271.72	72.91	3.52
2012	281.40	79.00	3.44
2013	286.49	74.40	3.14
2014	280.91	75.37	3.79
2015	295.10	76.76	3.77
2016	303.40	90.15	3.29
2017	307.51	105.62	2.05

数据来源：印尼统计局、世界银行。

由于印尼是一个拥有2.5亿人的人口大国，对于大米等粮食的需求量也相对较大，而且，随着近年国家经济快速发展、人口数量急速增长，国内的粮食作物产量已是供不应求，需要从国外大量进口来满足内需。从表面来看，进口粮食无疑会对印尼国内粮食作物的价格产生影响，使民众日常所需的大米等粮食的物价上涨，从而增加国内不稳定因素。从长远来看，作为印尼民众的主食，大米等粮食作物的大量进口将会威胁到印尼的国家安全。因此，印尼政府高度重视粮食依赖进口的问题，也曾多次强调要力争尽早实现粮食自给自足。

8. 农场数量及经营规模变化情况

农业一直在印尼国内经济结构中占有非常重要的地位，20世纪60年代曾占国内生产总值的56%，但随着工业、服务业的发展，农业增加值占GDP比重呈下降趋势，2018年下降为12.8%。农场规模较小，农业生产属于劳动力密集型产业。印尼的农业相当分散，由14家国有公司、2 000多家大规模私营种植园（公司）以及小农户组成。

家禽公司数量总体呈现“增—减—增”的趋势。从2000年2 289个增至2007年4 350个后开始剧减，2015年仅为346个，2016年后有所增加，2017年为396个，2018年为394家，其中国内企业346个，外企为48个（表2-11）。

表2-11　2000—2018年印尼家禽公司数量

年份	外资企业	国内企业	其他	总计
2000	9	204	2 076	2 289
2001	8	260	2 505	2 773
2002	7	192	2 106	2 305
2003	3	170	2 316	2 489
2004	7	183	3 097	3 287
2005	8	191	3 799	3 998
2006	9	157	4 153	4 319
2007	8	157	4 185	4 350
2008	11	80	176	267
2009	11	83	189	283
2010	28	89	216	333
2011	36	112	203	351
2012	119	85	197	401
2013	108	167	124	399
2014	85	213	49	347
2015	59	287	—	346
2016	58	318	—	376
2017	41	355	—	396
2018	48	346	—	394

数据来源：印尼统计局。

家畜公司数量总体呈现下降趋势。从2000年的478个降至2018年的128个，以国内企业为主，2018年国内企业数量为123个，外企仅为5个（表2-12）。

表2-12　2000—2018年印尼家畜公司数量

年份	外资企业	国内企业	其他	总计
2000	2	21	455	478
2001	2	20	472	494
2002	2	28	479	509
2003	2	24	356	382

（续）

年份	外资企业	国内企业	其他	总计
2004	—	23	291	314
2005	—	22	297	319
2006	—	22	286	308
2007	1	20	296	317
2008	1	25	107	133
2009	1	29	112	142
2010	6	38	133	177
2011	7	58	118	183
2012	13	70	98	181
2013	17	113	52	182
2014	9	124	9	142
2015	6	128	—	134
2016	6	133	—	139
2017	5	128	—	133
2018	5	123	—	128

数据来源：印尼统计局。

奶业公司数量总体呈现下降趋势。从2000年的405个降至2018年的33个，主要以国内企业为主，2018年国内企业数量为23个，外企为1个（表2-13）。

表2-13　2000—2018年印尼奶业公司数量

年份	外资企业	国内企业	其他	总计
2000	—	14	391	405
2001	—	13	409	422
2002	—	15	402	417
2003	—	30	355	385
2004	—	18	335	353
2005	1	12	347	360
2006	—	11	479	490
2007	—	10	507	517

（续）

年份	外资企业	国内企业	其他	总计
2008	—	10	89	99
2009	—	9	85	94
2010	—	13	76	89
2011	1	15	75	91
2012	2	20	62	84
2013	2	51	14	67
2014	2	48	9	59
2015	1	34	1	36
2016	1	29	5	35
2017	1	23	10	34
2018	1	23	9	33

数据来源：印尼统计局。

9. 种植业、畜牧业、渔业发展的潜力及限制因素资料

印度尼西亚自然条件优越，农业发展潜力较大。印度尼西亚是传统的农业国家，地跨赤道，属于典型的热带雨林气候，常年高温多雨，适合多种农业作物的生长，这种自然环境为印尼的种植业、畜牧业的发展创造了优越的条件。同时，印尼又是世界上最大的群岛国家，拥有世界第二长的海岸线，其海洋面积为316.6万平方公里（不包括专属经济区），比190.4万平方公里的陆地面积还要大，这也为印尼大力发展渔业奠定了基础。农业作为印尼支柱性产业，在印尼国民经济中占有十分重要的地位。农业收入是印尼国家经济增长的主要动力之一，而近年来，印尼的农业增长速度也都保持在6%以上的水平。

种植业是农业主导产业。主要的农作物和农产品有：水稻、玉米、棕榈油、大豆、橡胶以及木薯。印尼也是全球主要的棕榈和橡胶、可可、咖啡等经济作物出口国，同时农业生产力水平提升空间大，未来食品消费升级为种业、农业技术服务、农产品加工带来巨大的空间。

印尼种植业的发展主要受制于落后的生产技术。印尼的农业中有很多行业的资源都排在世界前列，例如印尼的橡胶种植面积是世界上最大的，但是印尼的天然橡胶产量却要低于泰国，居世界第二；印尼是世界第二大咖啡种植国，种植面积达125万公顷，但咖啡的产量仅排在世界第四位，低于巴西、越南、哥伦比亚；印尼的棕榈种植面积和棕

榈油产量虽然都已经位居世界第一，但单位面积的棕榈油产量却不高。这些都是由于印尼农业生产技术落后所导致的。目前，虽然印尼农业增长相对稳定，发展形势较好，但印尼人口较多，消费需求巨大，很多农产品需要进口才能满足国内市场，尤其像大米等主要粮食依然需要大量进口。粮食过度依赖进口这一问题也被印尼政府提升到了关乎国家安全的高度。由于印尼农业生产技术落后，农产品加工业不够发达，导致印尼的许多农业加工产品需要进口。

印尼畜牧业增加值占农业增加值的12.1%，主要由养鸡业和养牛业组成，近年来畜牧业总体发展形势良好，发展潜力大。2018年畜牧业及其产品的增加值达231.71万亿印尼盾，较上一年增长8.6%。而从印尼中央统计局发布的数据来看，2018年的畜牧业总体发展形势良好，家畜、家禽的数量都呈现出增长态势。

印尼畜牧业面临的问题同种植业类似，也是生产技术、基础设施落后，以及过度依赖进口。虽然畜牧业的各个方面生产情况良好，但随着人口增长迅猛，国内的需求量不断扩大，部分畜牧业产品供不应求，需要通过进口来满足国内市场。

印尼渔业资源具有较大的开发潜力。在其580万平方公里的海域面积中，渔业作业海区仅占1/3。爪哇海大陆架、卡里马塔海峡和马鲁古海峡生产力很高，中上层鱼类得以充分利用，而底层鱼类仍有开发潜力；东部和南部海域蕴藏着丰富的金枪鱼资源，尤其是爪哇、巴厘岛北部、苏门答腊西南部、班达海等海域的大眼金枪鱼资源，目前尚未得到开发。

印尼渔业发展仍存在一定问题，并限制其发展。从渔业生产水平来看，**印尼渔业生产设备较为陈旧，技术水平仍相对落后**。如：印尼渔民多为个体渔民，多采用传统方式捕捞或养殖，资金缺乏常常是渔民面临的最大困难，渔民贷款申请得不到银行批复；政府资助力度较为有限，渔业生产资料的更新较为缓慢；渔港设施及管理状况不佳；由于主要的渔业生产资料和饲料原料依赖进口，印尼的渔业产业结构并不稳定，极易受到全球大环境的影响。印尼的渔业管理也存在一定缺陷。如执法部门着力于对违法行为的制裁和监管，却未能重视如何提高渔民生活水平和收入；对涉案渔船、渔具等生产工具可以拍卖并可用于奖励相关执法人员，容易诱发滥用职权，不利于公共财政体制的建立；印尼社会长期延续军警化执法，渔业执法也不例外。

（三）农产品消费及进出口贸易情况资料

1. 主要农产品的国内消费水平情况资料

2007年以来，大米、玉米以及木薯人均消费量都呈下降趋势，甘薯、鲜鱼、鸡肉和鸡蛋消费明显增加。玉米人均消费量减少最多，从2007年的0.11千克/（人·周）减少到2018年的0.05千克/（人·周），减少55%；木薯人均消费量减少次之，从2007年的0.13千克/（人·周）减少到2018年的0.09千克/（人·周），减少30.8%；大米人均消费量从2007年的1.74千克/（人·周）减少到2018年的1.55千克/（人·周），减少10.9%。甘薯、鲜鱼、鸡肉和鸡蛋消费明显增加。甘薯人均消费量从2007年的0.05千克/（人·周）增加到2018年的0.06千克/（人·周），增加20%；鲜鱼人均消费量从2007年的0.26千克/（人·周）增加到0.32千克/（人·周），增加23.1%；鸡肉人均消费量从2007年的0.08千克/（人·周）增加到2018年的0.12千克/（人·周），增加50%；鸡蛋人均消费量从2007年的0.12千克/（人·周）增加到2018年的2.15千克/（人·周），增加1 691.7%。牛肉消费维持在0.01千克/（人·周）的水平（表2-14）。

表2-14　2007—2018年印尼主要农产品消费情况

单位：千克/（人·周）

年份	大米	玉米	木薯	甘薯	鲜鱼	鸡肉	鸡蛋	牛肉
2007	1.74	0.11	0.13	0.05	0.26	0.08	0.12	0.01
2008	1.80	0.07	0.15	0.05	0.26	0.07	0.12	0.01
2009	1.76	0.05	0.11	0.04	0.25	0.07	0.12	0.01
2010	1.73	0.05	0.10	0.04	0.27	0.08	0.20	0.01
2011	1.72	0.04	0.11	0.06	0.28	0.08	0.20	0.01
2012	1.68	0.04	0.07	0.05	0.26	0.08	0.18	0.01
2013	1.64	0.04	0.07	0.05	0.26	0.08	0.17	0.01
2014	1.63	0.04	0.07	0.05	0.27	0.09	0.17	0.01
2015	1.63	0.05	0.07	0.07	0.30	0.10	1.94	0.01
2016	1.67	0.06	0.07	0.07	0.30	0.11	1.98	0.01
2017	1.57	0.04	0.12	0.07	0.33	0.12	2.12	0.01
2018	1.55	0.05	0.09	0.06	0.32	0.12	2.15	0.01

数据来源：印尼统计局。

2. 主要农产品进出口贸易情况资料

2000年以来印尼贸易额年均增7.8%。贸易总额从956.39亿美元增至2018年的3 689.26亿美元，其中出口额从621.24亿美元增至1 802.15亿美元，年均增6.1%；进口额从335.15亿美元增至1 887.11亿美元，年均增10.1%。顺差额不断减少，2000年为286亿美元，之后连续5年保持250～300亿美元，2006年和2007年顺差增至397亿美元和396亿美元，之后开始下降，2012—2014年连续3年逆差，但均在50亿美元以下，2015—2017年保持顺差，2018年贸易逆差85亿美元（图2-1）。印尼主要进口农产品为小麦、玉米、大米和大豆等粮食作物和油料作物，其中小麦、玉米和大豆进口量趋增，而受国内产量增加影响，大米进口量下降。产量提高的需求带动了农机和化肥进口。棕榈油是最大的出口农产品，其次为生胶，这两种战略性农产品具有不可替代性。受全球需求增加影响，出口稳步增加。水果、木浆以及木材产品出口持续增加。

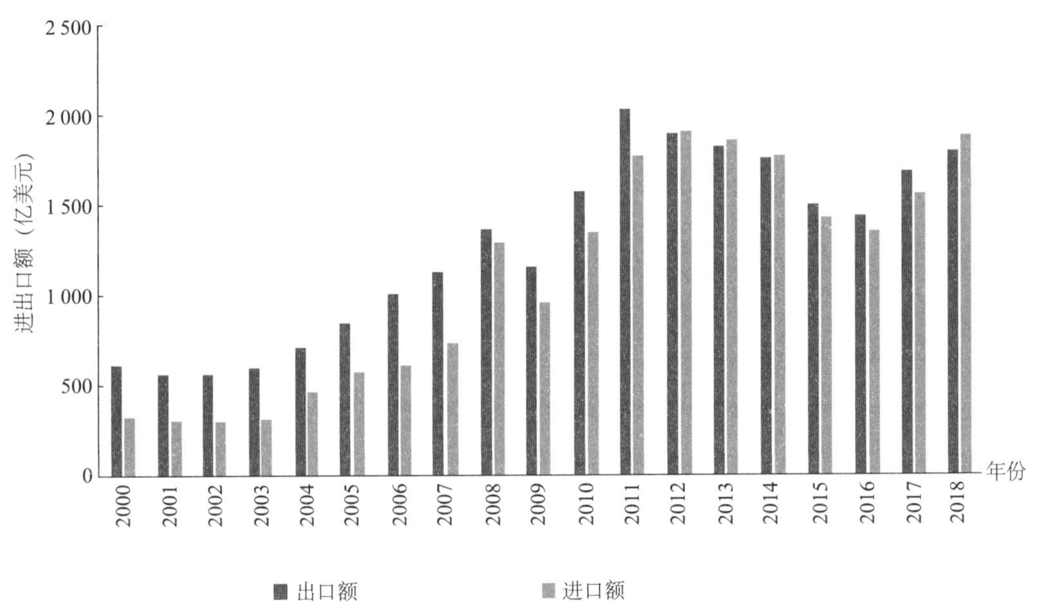

图2-1 2000—2018年印尼进出口贸易变化

数据来源：Comtrade。

印度尼西亚所需小麦全部依靠进口，小麦进口量持续增长。随着经济的稳定增长和收入的不断提高，国内小麦消费量不断增长。由于印尼政府希望将面粉进口量降低到最小，2013年小麦面粉临时进口关税增至20%，限制了小麦面粉的进口，而小麦进口关税为零，因此主要进口小麦。小麦进口量1989年为181万吨，1991年超过200万吨，2011年超过500万吨，2018年达到1 009.63万吨，进口额为25.71亿美元。进口小麦主要来自乌克兰、澳大利亚、加拿大、俄罗斯等国。受国内小麦加工能力提高影响，小麦面粉进口量下降，从2010年的77.5万吨降至2018年的6.17万吨，进口面粉主要来自土耳其和乌克兰，分别占37.7%和33%（表2-15）。

表2-15 1989—2018年印尼主要农产品进口量

单位：亿美元、万吨

年份	小麦		玉米		大米		大豆	
	贸易额	贸易量	贸易额	贸易量	贸易额	贸易量	贸易额	贸易量
1989	2.87	181	0.06	4	0.76	27	1.28	39
1990	2.82	172	0.02	1	0.14	5	1.46	54
1991	3.66	222	0.46	32	0.53	17	1.84	67
1992	4.04	246	0.08	6	1.73	61	1.86	69
1993	4.42	253	0.68	49	0.07	2	1.97	72
1994	5.80	330	1.54	112	1.57	63	2.44	80
1995	8.03	405	1.54	97	5.14	181	1.81	61
1996	10.50	412	1.33	62	7.66	215	2.52	75
1997	7.77	361	1.72	110	1.09	35	2.07	62
1998	6.30	344	0.48	30	8.61	290	0.99	34
1999	4.04	271	0.80	62	13.27	475	3.02	130
2000	5.02	359	1.58	126	3.19	136	2.75	128
2001	4.00	272	1.26	104	1.35	64	2.39	114
2002	6.14	425	1.38	115	3.43	181	2.99	137
2003	5.80	350	1.69	135	2.91	143	3.30	119
2004	8.39	454	1.78	109	0.62	24	4.17	112
2005	7.99	443	0.31	19	0.51	19	3.08	109
2006	8.16	448	2.77	178	1.33	44	3.00	113
2007	11.81	462	1.52	70	4.68	141	4.79	141
2008	19.75	450	0.94	29	1.24	29	6.98	117
2009	13.16	466	0.78	34	1.08	25	6.21	131
2010	14.24	481	3.69	153	3.61	69	8.40	174
2011	21.94	560	10.29	321	15.13	275	12.46	209
2012	22.54	625	5.02	169	9.46	181	12.11	192
2013	24.40	674	9.19	319	2.46	47	11.02	179
2014	23.87	743	8.10	325	3.88	84	11.77	197
2015	20.83	741	6.97	327	3.52	86	10.34	226
2016	24.08	1 053	2.31	114	5.32	128	9.59	226

（续）

年份	小麦		玉米		大米		大豆	
	贸易额	贸易量	贸易额	贸易量	贸易额	贸易量	贸易额	贸易量
2017	26.48	1 144	1.14	52	1.44	31	11.51	267
2018	25.71	1 010	1.60	74	10.37	225	11.03	259

数据来源：Comontrade。

最近几年玉米进口量快速增加。2000年以前，玉米进口量大部分年份不足100万吨，2000年以后进口量总体呈增加趋势，但不同年份间差别较大，2015年进口量达到327万吨，2018年仅为73.72万吨。玉米进口主要来自阿根廷、巴西和美国。

受益于国内生产能力的提高，大米进口量有所下降。1999年大米进口量曾经创475万吨的历史高点。2000年以后进口量开始下降，大部分年份在100万吨以下，其中2011年由于国内产量下降，进口量较高，为275万吨，2013年进口量减为47万吨，2018年为225.38万吨。大米主要进口自越南、泰国、印度和巴基斯坦。

大豆进口量总体平稳增长。1998年之前进口量不足100万吨，1999年进口量增至130万吨，之后总体呈增加趋势，2017年增至267万吨，2018年为259万吨。大豆主要进口自美国，2018年进口252万吨，占总进口量97.5%。

肥料进口增加。1996年以前进口量不足100万吨，之后进口量快速增加，2018年达到808.85万吨，进口额达到19.04亿美元。主要从中国、加拿大、俄罗斯、白俄罗斯和马来西亚进口，2018年进口额分别为5.26亿美元、3.62亿美元、2.98亿美元、2.04亿美元和1.04亿美元，合计占印尼肥料进口总额的78.46%。

印尼出口量最大的农产品为棕榈油，出口量持续增长。从2000年411万吨增至2018年2 789.37万吨，出口额从10.87亿美元增至2012年的176亿美元后，受棕榈油价格波动影响，2015年降至153.85亿美元，2017年恢复至185.13亿美元，2018年受价格影响减少至165.28亿美元。主要出口印度、中国、巴基斯坦、孟加拉国、西班牙、荷兰、马拉西亚等国，2018年出口量分别为634.41万吨、357.68万吨、244.51万吨、140.23万吨、115.87万吨、110.23万吨、106.06万吨，合计占总出口量的61.26%。

生胶出口整体呈增加趋势。出口量从2000年的138万吨增至2017年的299.5万吨，2018年为281.27万吨，出口额从8.89亿美元增至2011年的117.66亿美元后开始下降，2018年为39.51亿美元。主要出口至美国、日本、印度、中国和韩国，2018年出口量分别为60.60万吨、48.38万吨、30.29万吨、25.20万吨和19万吨，合计占总出口量的65.23%。

其他主要出口农产品包括可可、咖啡、水果、木材及制品、木浆等。可可出口量先增后降，出口量从2000年的33.67万吨增至2006年的49.4万吨后开始震荡下降，2018年出口量为3.72万吨；主要出口至马来西亚，2018年出口量为3.42万吨。咖啡出口量从

2000年的33.92万吨增至2013年的53.40万吨后出现下滑，2018年为28万吨，主要出口至美国、马来西亚、日本和埃及。水果出口额稳步增加，从2000年的1.27亿美元增至2017年的9.36亿美元，2018年为8.25亿美元，主要出口至泰国、伊朗、越南、马来西亚、中国等国家。木材及制品出口额由2000年的36.37亿美元逐步下滑至2009年的23.41亿美元最低点后回升，2018年回升至44.83亿美元，主要出口至日本、印度、美国和韩国等国家。木浆出口整体呈现增长趋势，出口额从2000年的7.14亿美元增至2018年的26.49亿美元，主要出口至中国、韩国、孟加拉国、印度等国家（表2-16）。

表2-16　2000—2018年印尼主要农产品出口量

单位：亿美元、万吨

年份	生胶		棕榈油		可可		咖啡	水果	木材及制品	木浆
	出口量	出口额	出口量	出口额	出口量	出口额	出口量	出口额	出口额	出口额
2000	138.00	8.89	411.00	10.87	33.67	2.36	33.92	1.27	36.37	7.14
2001	145.37	7.87	490.32	10.81	30.74	2.77	25.08	1.05	33.54	5.67
2002	149.64	10.38	633.37	20.92	36.77	5.21	32.50	1.32	32.78	7.09
2003	166.20	14.95	638.64	24.55	26.63	4.10	32.39	1.42	31.81	7.94
2004	187.51	21.81	866.16	34.42	27.71	3.70	34.41	1.53	32.71	5.91
2005	202.46	25.84	1 037.62	37.56	36.87	4.68	44.59	2.06	31.11	9.34
2006	228.71	43.22	1 210.09	48.18	49.40	6.20	41.41	2.26	33.56	11.26
2007	240.78	48.71	1 187.54	78.69	38.17	6.23	32.14	2.80	31.28	10.68
2008	229.65	60.58	1 429.07	123.76	38.27	8.56	46.87	3.02	28.80	14.25
2009	199.20	32.44	1 682.92	103.68	44.04	10.88	51.09	2.61	23.41	8.69
2010	235.28	73.29	1 629.19	134.69	43.36	11.91	43.36	2.98	29.36	14.69
2011	255.71	117.66	1 643.62	172.61	21.47	6.17	34.65	4.36	33.75	15.58
2012	244.57	78.65	1 884.50	176.02	17.20	3.88	44.86	4.02	34.49	15.47
2013	270.33	69.11	2 057.80	158.39	20.15	4.50	53.40	4.18	36.35	18.46
2014	262.44	47.45	2 289.24	174.65	7.66	2.01	38.48	6.55	40.71	17.21
2015	263.11	37.01	2 646.76	153.85	5.53	1.18	50.20	7.76	40.06	17.28
2016	257.91	33.72	2 275.93	143.65	3.86	0.86	41.47	7.12	38.65	15.62
2017	299.50	51.05	2 735.33	185.13	3.57	0.56	46.78	9.36	40.04	24.26
2018	281.27	39.51	2 789.37	165.28	3.72	0.74	28.00	8.25	44.83	26.49

数据来源：Comtrade。

3. 中国与印度尼西亚农产品贸易发展情况资料

中国与印尼建交以来，两国经贸关系的发展经历了三个阶段，即1950—1966年的缓慢发展阶段，1967—1984年的经贸中断阶段以及1985年开始到现在的恢复快速发展阶段。自从1985年中国和印尼签署了关于直接贸易的谅解备忘录、恢复中断近20年的直接贸易以来，特别是1990年恢复外交关系后，双方在经贸领域的交往与合作得到了全面恢复和发展。

贸易额呈不断增长的势头。根据联合国贸易发展组织数据，受1998年东南亚金融危机影响，中印尼双边贸易额比上年锐减27%，但1999年双边贸易又大幅回升，全年进出口总额为32.51亿美元。2002年双边贸易额突破50亿美元；2005年突破100亿美元；2008年突破200亿美元，且印尼对中国的出口额、进口额均突破100亿美元；2017年双边贸易额突破200亿美元。2018年，印尼与中国贸易总额726.65亿美元。其中出口至中国271.26亿美元，占印尼商品出口总额的15.1%；自中国进口455.38亿美元，占印尼商品进口总额的24.1%，印尼贸易逆差184.12亿美元。中国为印尼第一大贸易伙伴。

农产品贸易结构存在互补性。印尼对中国的出口产品仍以资源型为主，主要出口农产品为棕榈油、植物油、胶合板、木材及其制品、纸浆、橡胶等。印尼棕榈油主要出口印度、中国和巴基斯坦，2018年出口中国棕榈油357.68万吨，占总出口量的12.8%；2018年向中国出口生胶25.2万吨，占总出口量的9.0%，位于美国、日本和印度之后，居第四位；中国对印尼出口的农产品主要为水果和蔬菜，并出口化肥和农机，双方贸易存在一定的互补性。印尼主要从加拿大和中国进口肥料，2018年印尼自中国进口肥料5.26亿美元，自加拿大进口3.62亿美元，中加合计占46.7%。

（四）农业产业链建设情况资料

1. 农作物种子生产情况资料

2007年以来，印尼水稻种子产量有明显的涨跌波动，从2007年开始增加，2010年达到最大产量193 890.5吨，而后开始减少到2018年的47 017.3吨，较2010年减少75.8%；玉米种子产量于2007年开始波动上涨，2012年达到最大产量62 415.3吨，而后下降至2018年的35 275.2吨，较2012年减少43.5%；大豆种子产量从2007年开始增加，2009年达到最大产量19 889.7吨，而后下降后又上升至2015年的18 348.6吨，之后再次下降，2018年仅7 613.9吨。花生种子产量涨跌幅较为明显，2007年仅164.3吨，而2010年达到6 264.4吨，增加37倍，而后开始下降至2018年仅15吨。肉鸡量基本维持上涨趋势，2017年达到2 639 166只，较2007年增加1.2倍（表2-17）。

表2-17　2007—2018年印尼种子、肉鸡生产情况

单位：吨、只

年份	水稻		玉米		大豆	花生	肉鸡
	自交	杂交	自由授粉	杂交			
2007	147 362.7	517.0	9 230.5	23 541.8	7 172.4	164.3	1 199 844
2008	160 205.2	3 950.0	8 076.0	46 956.0	13 193.5	170.1	1 305 802
2009	180 678.2	5 309.3	2 993.6	48 573.1	19 889.7	737.7	1 317 305
2010	188 116.6	5 773.9	4 844.8	44 903.6	16 939.0	6 264.4	1 403 381
2011	181 190.2	7 568.8	3 487.5	47 617.1	19 443.1	3 659.6	1 386 982
2012	168 573.5	1 234.4	4 433.9	57 981.4	18 570.1	1 072.3	1 965 151
2013	87 094.1	1 316.8	3 220.2	35 795.9	9 460.1	266.1	2 248 587
2014	92 111.6	760.6	145.6	41 402.5	9 756.5	307.2	2 552 572
2015	83 585.1	55.5	1 440.9	41 497.2	18 348.6	213.4	2 518 905
2016	99 173.2	202.2	562.3	45 729.9	14 652.8	114.9	2 665 138
2017	79 199.3	193.9	3 037.1	52 393.2	22 016.1	144.7	2 639 166
2018	46 737.8	279.5	469.9	34 805.3	7 613.9	15.0	—

数据来源：印尼农业部。

对饲料谷物日益增长的需求和国内对园艺产品日益增长的需求推动了印度尼西亚种子市场的发展。印度尼西亚的种子市场是分散的，多年来竞争市场的参与者数量显著增加。在印度尼西亚种子市场上，所有国际和区域参与者都具有高度的竞争优势。杜邦印尼公司、拜耳印尼公司、先正达公司等都是该市场的知名参与者，对饲料谷物需求的增加推动了市场。印尼国内对家禽和牲畜饲料的需求超过了当地的供应，导致政府在南苏拉威西省和苏门答腊岛等国家的非生产区分配奖励措施，以扩大玉米生产。由于政府的最低支持价格以及对肥料和种子的补贴，玉米的收获面积增加了，促进了玉米种子市场的发展。由于对饲料的需求和印尼农业部自2015年以来持续禁止玉米进口，小麦进口也有所增加，从而推动了小麦种子市场。印度尼西亚国内对园艺产品的需求超过了供应，导致从泰国、美国和中国等国的进口增加。从这些国家进口的新鲜水果和蔬菜主要用于满足国内的园艺产品需求，因为与国际竞争对手相比，本地种植的品种缺乏质量竞争力。这种消费的扩大进一步为种子育种者占领未开发的种子市场铺平了道路。印度尼西亚政府的目标是缩短分销渠道，允许农民直接在市场上销售他们的产品，从而提高当地优质水果和蔬菜的产量。此外，中等收入家庭对园艺产品的需求也在增加，从而对国内园艺产品供应和管理设施提出了挑战。

2. 化肥农药生产及使用情况资料

印尼使用的主要化肥为硫酸铵、NPK复合肥和尿素，其中尿素主要为自产，进口量较少，进口量占使用量的比例不超过3%；而硫酸铵进口量较多，从2002年的24.76万吨增至2018年的130.37万吨，大量依靠进口（表2-18，表2-19）。

表2-18　2002—2018年印尼补贴化肥使用情况

单位：万吨

年份	硫酸铵	NPK复合肥	尿素
2002	52.94	8.79	402.24
2003	51.11	11.70	433.67
2004	63.34	22.69	465.67
2005	65.20	31.64	484.25
2006	68.41	40.00	485.19
2007	73.07	63.67	490.07
2008	77.37	117.50	513.32
2009	93.58	166.65	541.15
2010	73.10	180.44	513.13
2011	96.30	212.45	524.55
2012	104.99	247.84	511.91
2013	109.47	244.35	477.11
2014	105	255	410
2015	105	255	410
2016	105	270	410.05
2017	96	279.5	424.5
2018	100	271.4	425

数据来源：印尼统计局。

表2-19　2002—2018年印尼化肥进口情况

单位：万吨

年份	硫酸铵	硝酸铵	尿素
2002	24.76	15.79	1.21
2003	22.71	12.55	0.01
2004	10.68	13.42	0.26
2005	17.21	24.41	0.89
2006	27.94	29.53	0.11
2007	24.22	27.05	0.18
2008	43.86	34.06	1.00
2009	33.84	36.30	3.16
2010	26.85	41.61	3.91
2011	50.34	51.88	5.40
2012	82.03	37.20	14.59
2013	69.56	27.68	6.47
2014	86.45	16.12	12.08
2015	117.02	11.96	9.54
2016	93.07	8.63	62.59
2017	107.05	7.12	8.85
2018	130.37	7.35	11.23

数据来源：Comtrade。

印尼农业投入品的生产极为缺乏，农药基本依赖进口。农药进口量也逐年增加。目前印尼有农药生产企业200多家，农药年产值约5.5亿美元，其中，印尼本土企业占35%（包括中国和印度投资在印尼开设的企业），外国公司占60%，其他占5%。

3. 农业机械投入情况资料

印尼的农业发展水平较低，随着农业现代化的推进，印尼对于农业机械设备的需求与日俱增，政府为了促进农业发展也加大对农业机械的投入。根据印尼农业部的数据，2015年开始印尼政府对农机的投入剧增，2018年投入2轮拖拉机15 185台，水泵18 023台（表2-20）。

表2-20　2008—2018年印尼农机投入情况

单位：台

年份	2轮拖拉机	4轮拖拉机	水泵	插秧机
2008	1 198	9	150	—
2009	3 895	0	95	0
2010	4 365	7	3 818	30
2011	2 131	47	735	174
2012	18 343	80	2 722	0
2013	3 996	141	2 002	153
2014	7 615	0	4 047	279
2015	16 706	1429	17 545	5 879
2016	18 689	2179	7 018	—
2017	16 335	2817	13 531	—
2018	15 185	2791	18 023	—

数据来源：印尼农业部。

4. 市场体系建设情况

农业部下属的国家粮食物流局负责管理全国的粮食价格、进出口和储备事宜。国家粮食物流局设在省级和县级的机构是与农民、商人、乡合作社等联系的主要部门，从而组成全国性的管理网络。它通过向农民购买粮食、进出口调剂、向批发和零售商出售库存粮食等措施，使粮食价格维持在国家调控目标之内。国家粮食物流局同时还负责向政府工作人员和军队提供一定数量的大米。此外，它也规定玉米、大豆、花生等的最低价格。2013年1月20日国家粮食物流局转变为一个国家贸易公司，接受财政部的监督，名称改为“PERUMBULOG”，其职责与以前基本相同。

印尼约有10个面向全国的大型粮食配送商，还有数百个批发商和数百万个零售商。由于国土分散，各地条件极不相同，印尼的粮食流通体系非常复杂。除了大城市和爪哇岛之外，绝大多数地区的基础设施都严重缺乏。据世界银行的调查，缺乏良好的港口设施是粮食流通体系面临的最大难题。此外，东部地区还缺乏足够的运输船只，结果常常造成局部地区发生暂时性粮食短缺和粮食运输公司成本增加。

5. 农产品加工业发展情况

城市中等收入阶层是加工食品的主要消费群体。随着投资自由化法规的出台，国外对该国食品加工业的投资越来越多。在印尼约有4 700家大中型食品加工企业，77 000多家小型食品加工企业和80多万个家庭作坊，从业人数将近300万（表2-21）。大中型食品加工企业包括家族型企业和跨国公司，占食品工业产值的85%，雇工占行业总人数的1/4。印尼的食品加工严重依赖进口原料，大宗进口原料主要有小麦、糖、奶制品、大豆等。

表2-21　印尼重点农产品加工企业名单

公司类型	地理位置
Dairy related products to include cheese，baby and toddler food	
Dairygold Indonesia，PT（cheese）	Cikarang – Bekasi（1）
Danone Dairy Indonesia，PT（+ yogurt）	Cikarang – Bekasi（1）
Diamond Cold Storage，PT（+ice cream，yogurt，cheese，dressing，fruit juice）	Jakarta，Cibitung – Bekasi（2）
Frisian Flag Indonesia，PT	Jakarta
Baked goods	
Marizarasa Sarimurni，PT（+spreads，chili sauces）	Rangkasbitung – Banten
Nippon Indosari Corporindo Tbk，PT	Cikarang（3），Serang（1），Pasuruan（1），Semarang（1），Medan（1），Palembang（1），Makassar（1）
Pangan Rahmat Buana，PT	Bogor
Breakfast Cereals，biscuit，snack food，snack bar	
Amerta Indah Otsuka，PT（snack bar，energy drink）	Sukabumi
Arnott's Indoneia，PT（biscuit）	Bekasi（1）
Dua Kelinci，PT（nuts/snack food）	Pati（1）
Garuda Food Group（+ chocolate confectionery，snack food，dairy，tea，biscuit）	12 owned plants（Pakanbaru，Lampung，Bandung，Tangerang，Bogor，Pati，Surabaya，Banjarmasin，Makassar）; 16 beverage contract manufacturers; 11 food contract manufacturers
Sauces，oils & fats，canned & dried products and noodles，soup and spread	
ABC President Indonesia，PT（instant noodles）	Karawang（1）
Heinz ABC Indonesia，PT（+ sauces，fruit juice）	Tangerang（3）
Perusahaan Industri Ceres，PT（Petrafood Group）（+chocolate confectionery，spread，chocolate powder）	Bekasi（1），Bandung（1）
Frozen，chilled and canned/preserved processed products	
Bumi Menara Internusa，PT	Surabaya（1），Malang（1）
Prima Food International，PT（Charoend Phokphand group）	Cikande – Tangerang（1）

（续）

公司类型	地理位置
Confectionery	
Agel Langgeng，PT（Kapal Api group）（+biscuit）	Bekasi，Pasuruan（2）
Beverages	
Coca－Cola Indonesia，PT（soft drink，fruit juice）	Cibitung–Bekasi，Medan，Padang，Lampung，Bandung，Semarang，Surabaya，Denpasar（8）
Canned fish/beef/vegetable	
Jakarana Tama，PT（+instant noodle，sauces）	Bogor（1），Medan（1），Surabaya（1）
Alcoholic beverages	
Multi Bintang Indonesia Tbk，PT（beer）	Mojokerto（1），Tangerang（1）
Food Ingredients	
Indesso Niagatama，PT（alavor，sweetener，seasoning）	Bogor（1），Purwekerto（1）

数据来源：https://gain.fas.usda.gov/Recent%20GAIN%20Publications/Food%20Processing%20Ingredients_Jakarta_Indonesia_12-8-2015.pdf。

博加萨里制粉公司。皮特耶普是印度尼西亚制粉和博加萨里制粉公司的掌舵人，是东南亚现代制粉工业的先锋，他于1972年创建印度尼西亚第一家制粉公司，有2个日生产能力为650吨的制粉厂；此后的30年，生产能力随着印度尼西亚人均面粉消费量的增长而持续扩展。2003年公司总日生产能力为17 800吨，使得博加萨里制粉公司成为世界上最大制粉公司之一。1996年投产了更大的生产线，包括44台日生产能力为800吨的磨粉机，以及52台日生产能力为1 000吨的磨粉机。

6. 农业技术推广体系建设情况

印尼的农业科研体系是政府主导型，由政府、大学和私人机构组成。尽管印尼农业研发投入占GDP比重较低，但持续增加，由2000年的0.07%提高至2012年的0.81%，同期我国的农业研发投入由0.90%提高至1.98%。

农业研究和发展局是印尼最主要的农业研发机构。在印尼独立以后，政府非常重视农业科技和教育工作，已建立起较为完整的国家农业科研和教育系统。1945年独立时，印度尼西亚经济基础薄弱，结构不合理，生产技术落后，农业发展缓慢。20世纪60年代中期印尼总统苏哈托执政后，吸取了前任的教训，重新评价农业及粮食在国民经济中的地位和作用，重新调整经济发展战略，重新规划农业发展战略。为了发展农业，印尼政府比较重视农业科技队伍的建设，逐步建立了自上而下的农业科研和推广系统，成为推动生产发展不可忽视的力量。1974年，苏哈托发布总统令，创设“农业研究和发展局（Indonesian Agency for Agricultural Research and Development，IAARD）”，根据印尼农业部公布的政策开展农业研究开发工作以及管理农业部内从事农业研究开发的所有机构或单位，协调管理人、财、物，指导所属各个研究所、中心和实验室、试验农场和图书资料馆的工作。这个局现在共有11个研发中心、5个研究所、3个研究站、31个评估机构。11个研究中心主要包括：粮食作物、园艺、庄园作物、动物、土地资源、农业社会经济和政策、农业机械、农业图书馆和技术推广、农业生物技术和遗传资源、收获后技术以及农业技术评估。此外，5个研究所侧重于庄园作物、粮食作物、园艺、畜产品和非农产品，每个研究所又分别设置了相应的研究所和研究站。

农业研究和发展局的设立象征了一个正式的国家农业研究系统在印尼的设立。在1974年以前，印尼的农业研究是分散进行的，各部门的研究资金有限，训练有素的研究人员也不多。农业研究和发展局设立后，几乎所有的农业研究人员都在该局的领导下开展研究工作，农业部的农研工作也几乎都是在该局的领导下进行。虽然，印尼的农研工作也有少量是由其他机构进行的，如种质保护的一些研究工作是由国家生物学会进行的，海洋学的一些研究工作是由印尼海洋和渔业研究局进行的，一些大专院校也进行了一些农业研究工作，一些私营种子公司（如玉米公司）和肥料与杀虫剂制造商也进行一些应用型的研究，但上述由其他公共与私营部门进行的研究活动，也几乎都是在农业研究和发展局的协助下进行的。因此，在印尼，所谓国家农业研究系统，实际上等同于农业研究和发展局及其所属研究机构这一全国性研究系统。

除农业大学外，全国有50所大学设置农业院系。印度尼西亚的茂物农业大学比较著名，学科齐全，基础雄厚；其他如内加拉大学和桑勒杜兰大学的农学院均很有名。印尼有比较完善的林业教育和培训体系，该体系包括高等、中等林业教育和林业培训。印度尼西亚有8所大学设有林学院（系），从事高等林业教育。其中加札马达大学的林学院最大，设有林地管理、造林、森林利用、林产技术、流域管理、自然保护等学科。中等林业教育主要是面向林业生产单位，培养中等技术人员，由2所林业中专和1所地方林业研究所负责。林业培训主要是对在职林业官员的培训，包括更新林业知识、提高林业管理技能及政策和决策水平。印度尼西亚在几个大林区设有8个林业培训中心，负责对各级林业官员进行轮训。

印度尼西亚农业科研的特点：一是分工明确，各研究单位任务分明，基本避免了重复研究的现象；二是加强协作，建立各大学科的研究协作中心，鼓励成立多学科协作研究课题组；三是科研和推广密切结合，科研项目都有推广人员参加，还经常培训推广人员并为他们出版刊物，定期开放研究所欢迎农民参观。

（五）农业生产基本制度情况资料

1. 农地制度

1960年印尼颁布第五号《土地基本法令条例》，进行土地改革。从1960—2000年通过土地改革分配的土地为88.5万公顷，130万农户直接受益。但所分土地仅占全国农田面积不足2%，获得土地的农户仅占全国农户数的7%。印尼的土地改革在发展中国家不算成功之例。

印尼地域辽阔，各地垦殖指数相差悬殊，爪哇高达48%，苏门答腊和苏拉威西10%，加里曼丹3%，伊里安查雅仅0.1%。据估计，印尼全国尚有4 000多万公顷荒地可供开垦，而这些荒地几乎都在爪哇以外的地区。因此，从第一个5年计划（1969—1974年）开始，政府就鼓励人口过于集中的爪哇、巴厘岛的居民向外岛迁移，政府发给每户移民4公顷土地，其中3公顷用于种植橡胶，0.8公顷种粮食，0.2公顷盖住房，移民还可得到政府的优惠贷款。1905—1985年的80年间从爪哇岛迁移出去的人口大约为188万户共365万人，1985—2005年通过移民计划和其他途径迁移出爪哇岛的人口估计也在365万人。通过移民开荒，把相当一部分荒地垦殖成了粮食生产基地，扩大了经济作物种植面积，这是印尼发展农业的一项重要战略措施。印尼棕榈油研究中心最新研究显示，印尼尚有560万公顷的泥炭田有潜力发展为农业用地，这些土地若被合理使用，可发展成为产量在21吨/（年·公顷）以上的棕榈种植园，主要分布在北苏门答腊、廖内、占碑、加里曼丹及巴布亚等地区。尽管受城市化、人口增长、新工业园区发展、道路建设用地增加及环保主义者的反对等因素影响，印尼经济作物种植土地扩大受到了一些限制，但印尼政府为保持年均经济增长6%的目标，将种植园列入国家优先发展产业，计划未来5年新增300万公顷土地用于种植棕榈树、橡胶、可可等经济作物。

印尼全国仍有1 240万公顷土地亟待投资开发，针对2008年国际米价飙升2倍，而世界粮食储存量降至20世纪80年代初期以来的最低点，全球出现粮食危机这一状况，印尼政府开发100万公顷土地用于种植稻米，以满足国内不断增长的稻米需求。此外，政府还在2008—2010年投资5万亿印尼盾资金，将苏拉威西270万公顷荒地改造成玉米种植地，努力把苏拉威西岛发展成为全国玉米生产中心。印尼还从中东国家引进资金，在巴布亚省开垦160万公顷荒地种植粮食作物。

2013年7月印度尼西亚国会通过了《农民保护与赋权法案》，法案中关于土地分配的规定是，自2014年起，每户失地农民将获得由政府分配的2公顷农业用地并在购买生产工具时享受补贴，土地不可更改功能及出租，法案还责成金融机构为农民贷款及融资提供优惠政策。上述条款不仅有利于保证农民有地可耕，不至于成为失业人员，也有利于大力发展农业，实现农产品自给自足。《农民保护与赋权法案》意图在补贴、融资和农产品进口限制等方面对本国农民提供保护，该法案将帮助当地农民获得融资、种植和销售方面的帮助及支持。

2. 农业生产经营制度

政府重视增加农业投入，在“六五”计划期间（1994—1998年）的农业投资超过500亿美元，主要用于农业综合发展，大规模开发南加里曼丹稻田，发展农业企业和提高加工产品的质量等方面。印度尼西亚近年来鼓励发展小型企业，在农村就业方面起着重要作用。为了鼓励农民增加投入，政府制定了一项新的贷款方案，在不超过最高限额时不需要抵押，只需一份简单的书面文件。为了解决落后地区的农业问题，政府鼓励移民开垦，规定移民户可得到土地和优惠贷款。政府还十分重视吸引外资和鼓励私人投资，并给予优惠政策，在大型种植园、畜禽业和水产业等方面，外资和私人投资项目比较多。

3. 乡村治理制度

1979年第5号法令即《乡村法案》是高度集权时期国家过度干预人民生活、国家与社区关系紧张的体现。依据该法案，印尼全国建立起了等级分明、隶属关系明确的行政体系，乡政府作为国家最基层的行政机关，要受到区长的直接领导，乡长的权力完全受到上级机关的制约，其权力的获得需要经过上级机关的授权，权力的行使也要得到上级机关的批准，这种体制下乡长和乡政府基本没有自主权，是执行上级政府和中央命令的工具。严格的等级关系使乡长只需对其上级政府负责，而非对地方民众，这就必然使广大人民的利益得不到关注和考虑。乡政府由乡长和乡协商会议组成，但两者并不是监督与被监督或者决策与执行的关系，它们的权力并不分开，在集权制度下，乡协商会议的职能仅仅是例行公事，批准乡长的决定。

在后苏哈托的民主化改革时期，经过政府有针对性的政治改革，国家与地方基层社区的关系有了很大的转变，地方自主权有了很大的提升，一种充分体现地方群众意愿、可持续均衡发展的新型地方制度正在逐步构建。1999年第22号法令，即《地方政府法令》对地方行政制度进行了很大的民主化改造。各个层级之间的政府不再有直接的集权式的隶属关系，这就把乡村从上级政府和中央的严格控制中解放出来，乡政府新设“乡政务会”取代新秩序时期的乡协商会议，乡政务会的成员由村民在村民中选出，从选举的方式可以看出这是一个民主的乡村机构，不再是只能批准乡长决定的摆设。乡政务会的权限有：监督乡政府的行为和决策；起草乡政府的相关法规；审查和批准乡政府的预算；当乡长出现严重违法或者其他可以免职的情况时有权向上级的县政府提出免去乡长职务的建议等。对广大村民来说更为可喜的是乡长通过乡政务会来向村民负责，改变了以前乡长只盯着上级的情况，乡长需要积极的听取村民的意见并做出回应。乡长每年需要向乡政务会提交一份责任报告，乡政务会有权对其提出质疑。

4. 农业支持保护制度

进入20世纪90年代，随着印尼政府将经济发展重点转向工业部门，特别是1997年旱灾和金融危机后，印尼粮食产量一路下滑，重新开始进口粮食，粮食生产再次成为印尼政府需要解决的头等大事。为增加国家粮食储备和提高粮食安全防御，印尼政府正努力采取粮食多元化，增加农业投入，提供信贷支持，成立专门粮食能源公司等多项措施。政府对农业的投资在2004年为1.9万亿印尼盾，2005年为4.3万亿印尼盾，同比增长110%，2006年为6.7万亿印尼盾，增加102%，2007年进一步增加到8.7万亿印尼盾。印尼农业部在2008年增加2.5万亿印尼盾预算支持农业粮食作物发展，提供优良种子，为农业贷款提供利率津贴及对农民进行培训和辅导。印尼政府向全国农户提供的肥料津贴2008年为14.6万亿印尼盾，2009年为20.6万亿印尼盾；稻种津贴2008年度为33万亿印尼盾，2009年达到35万亿印尼盾。此外，近年来印尼政府对农民提供的无抵押贷款不断增加，2006年为5 000亿印尼盾，2007年为7 450亿印尼盾。

印尼拥有优越的自然条件和肥沃的土地，是个盛产稻谷的国家，但在收获季节和缺粮季节之间，大米和稻谷的差价悬殊，影响农民生产积极性，因此，从1970年开始，政府对大米和稻谷实行基本价格政策。采取这项措施，是为了保证农民的收入，提高农民增产大米的积极性。若粮食市价低于基本价格，政府就按基本价格收购。与此同时，政府还规定大米和稻谷的最高价格，以防止米价上涨而推动物价上升，影响人民生活。如果市场接近规定的最高价格，政府就抛售大米以维持政府规定的最高价格。通过实行基本价格和最高价格的政策，既稳定了农民收入，又保护了广大消费者的利益。印尼的基本价格和最高价格每年根据物价上涨幅度重新规定，基本价格几乎每年都有提高。印尼政府对玉米、豆类等杂粮也规定基本价格，并逐年提高。这项措施对促进印尼粮食生产和稳定粮价起到了积极的作用。为了稳定重要农产品的市场价格，农业部正考虑在全国农产品生产中心建立价格信息体系，对大米、白糖、辣椒、红葱、橘子等农产品进行价格监控管理，以便在产品价格出现过度波动时政府能够给予及时调控。

5. 农业对外开放制度

印度尼西亚对本国投资者和外国投资者采取市场准入政策，其中：

绝对禁止内、外资进入的农业领域包括：①农业领域（种植和加工大麻及同类产品）；②海洋渔业领域（海绵的应用和种植）。

只禁止外资进入的领域：森林和养殖领域（微生物原生质培植、森林砍伐特许）。

满足一定条件才可投资的领域（内、外资）：①海洋和渔业领域包括：对于淡水鱼养殖，外资须和当地小型渔业企业合作并且养殖印尼渔业部所限定的渔业种类；对于捕捞水底鱼，限于大鱼、群鱼和其他海鱼（马六甲海峡和阿拉弗拉海的专署经济区除外）。②工业领域包括：木浆工业（原材料进口或者来自工业用林区、不使用硫酸盐或者氯化物）；纸浆工业（不使用硫酸盐或者氯化物）；红树木料加工或者半加工（原料来自红树林）；牛奶加工（奶粉和浓缩奶，必须加工而不是简单重新包装）；胶合板（只可以在Irian Jaya省生产）；锯木工业（仅限于Irian Jaya省，若在其他省，只能用非自然林的原木）。

2007年7月4日，印度尼西亚颁布第25号《投资法》的衍生规定，即《2007年关于有条件的封闭式和开放式投资行业的标准与条件的第76号总统决定》和《2007年关于有条件的封闭式和开放式行业名单的第77号总统决定》。根据这两个决定，25个行业被宣布为禁止投资行业，仅能由政府从事经营。禁止投资的行业包括：毒品种植交易业、受保护鱼类捕捞业等。

自2007年1月1日起，印度尼西亚政府对6种战略物资豁免增值税，即原装或拆散属机器和工厂工具的资本物资（不包括零部件），禽畜鱼饲料或制造饲料的原材料，农产品，农业、林业、畜牧业和渔业的种苗或种子，通过水管疏导的饮用水，以及电力（供家庭用户6 600瓦以上者例外）。

2007年，为吸引外商进入印度尼西亚，与当地企业合作从事鱼类加工业，印尼政府准备采取多项税收措施，具体包括免除国内加工鱼产品的出口税，减轻渔业加工机械进口税，减免收入税及增值税，在综合经济开发区和东部地区投资的企业还可获得土地建设税减免优惠。

印度尼西亚官方投资统筹机构在2013年12月24日公布了最新修订的投资负面清单，该负面清单放宽了对外资准入的限制。其表现为，一方面扩大了外商投资的领域，开放了部分原先仅限当地投资的行业；另一方面，对外资的持股比例要求放宽，一些行业外商可以控股。修订的主要内容如下：第三类为公私合营的基础设施项目领域，其中机场、港口和陆路交通客站（含铁路）的经营管理外资可持股权分别为49%、95%和49%，供水95%，收费公路95%，10兆瓦以下发电厂49%，10兆瓦以上的100%，输电和配电都为100%。此外，此次修订负面清单还收紧了几个外资可持股比例领域，如货物分销业和仓储业从100%缩减至33%。因农业领域外资可持股比例须与2010年颁布的园艺法规定相配套，从95%缩减至30%。

目前清单中完全禁止类的产业有部分化学品、特殊交通设施和博彩业等，部分禁止类的产业有制糖、矿业和医药等。

6. 农村财税制度

印尼实行中央和地方两级课税制度，税收立法权和征收权主要集中在中央。现行的主要税种有公司所得税、个人所得税、增值税、奢侈品销售税、土地和建筑物税、离境税、印花税、娱乐税、电台与电视税、道路税、机动车税、自行车税、广告税、外国人税和发展税等。为减轻农业企业负担，刺激投资和消费，2003年1月印尼税务总局出台税收优惠政策，对农业、林业、种植业、渔业从业企业所得税征收比率从1.5%降至0.5%。针对农业、林业和渔业产品加工业，印尼财政部可就企业自商业运营开始的5～15年提供10%～100%的应纳企业所得税额减免优惠。如果被认定为国家利益所需行业，其减免时限可延长至20年。

7. 农村金融制度

在微型金融机构繁荣、放松金融管制背景下，印度尼西亚农村金融联结制度开始实施。印尼农村金融联结分为紧密型农村金融联结和松散型农村金融联结。紧密型农村金融联结以商业银行为代表的正规金融作为资金供给方，通过资金流、信息流、服务流对中介机构进行紧密控制，中介机构独立筛选资金需求方，资金需求方仅与中介机构产生联结关系，不与资金提供者发生直接的资金、信息、服务以及控制关系，三方形成联结关系。在松散型农村金融联结中，以商业银行为代表的正规金融作为资金供给方，通过资金流、信息流、服务流与中介机构形成松散的控制关系。

8. 农业农村法律制度

印尼国会在2013年7月正式通过《农民保护与赋权法案》（以下简称《法案》），意图在补贴、融资和农产品进口限制等方面对本国农民提供保护。《法案》中两大内容最受关注。首先是规定政府有义务为农民提供农业保险，减少自然灾害、病虫害和天气变化对农民造成的损失，具体方式是由一家国有保险公司专门负责提供保险服务，但大部分保费由政府承担；其次是规定通过进口调节来保护农民利益，要求印尼政府通过指定进口口岸来保护本地农产品，并规定口岸与印尼农产品主产区必须保持一定距离。

早在2013年年初，印尼西爪哇省已试点实施了一项农民保险计划，由政府与农民分别负担80%和20%的保费。此前，印尼政府仅通过提供种子和化肥等援助的形式弥补农民歉收损失，而《法案》要求政府今后要为农民购买农用工具和种子提供补贴或贴息。印尼农业部在2013年8月初宣布，将从2014年财政预算中拨出约3 500万美元，用于支持一项农业保险项目。据称，该保险项目可覆盖印尼1/5的稻田，目标群体是拥有2公顷以下土地面积的家庭。今后在每个种植期内，农民仅需付3.6美元即可投保，当遭遇自然灾害、病虫害导致欠收时，可获得每公顷600美元的补偿。显然，印尼政府希望通过多种措施有效解除农民的后顾之忧，提升耕作的积极性。另外《法案》还明确规定，违规的进口商将被处以6年监禁和60万美元罚款，并禁止在当地农业丰收季节和国内市场供应充足时进口农产品。与此同时，印尼政府还将为农业提供融资支持，如指定国有银行和农业金融机构为农民提供资金支持，融资要求和程序将进一步简化。

按照《法案》规定，自2014年起每户失地农民将获得由政府分配的2公顷农地，并在购买生产工具时享受补贴。同时，为鼓励农民耕地，土地不可转换功能或出租，政府还将责成金融机构为农民贷款及融资提供优惠政策。

（六）农业政策及发展规划情况资料

1. 农业政策

印尼农业所取得的令人瞩目的成就，与政府对农业采取了较广泛的官方干预政策分不开。独立以后，印尼历届政府基本上都强调要优先发展农业，提出发展国民经济必须以农业、轻工业、重工业为序的总方针，对农业投入了大量人力、物力和财力，并制定许多切实可行的政策措施，这为农业发展创造了有利条件。主要表现在：

逐步增加对农业的投资，增强农业发展后劲。印尼农业首要优先重点是实现稻米（2017年年底）、玉米（2017年年底）、大豆（2017年年底）、食糖（2019年年底）和牛肉（2017年年底）自给自足。为实现这一目标，政府向农民提供了较大数量的市场价格支持［大米价格行动（OSHB）等］、化肥补贴并设置了进口限制措施，实施“济贫大米（RASKIN）”计划、信贷政策以及燃料补贴（已取消）、灌溉设施改造（燃料补贴取消后加大了支持力度）等方式，取得了一定效果。此外，像蔬菜（辣椒、葱、马铃薯）和可可等也都是印尼政府政策支持对象。引进外资发展农业是印尼政府的一项重要举措。由于印尼60%的人口生活在农村，而65%的贫困人口也在农村，印尼政府注重增加扶贫资金，发展农村经济，提高乡镇居民的生活福利。

实施土地改革，移民开荒，增加耕地面积。土地是农民的立身之本，也是能够留住农村人口的关键所在。在这方面，印尼政府从两个方面着手：一是给无地农民分配土地，让他们有地可种；二是鼓励农业发达地区农民到边远地区开垦荒地，扩大“农业疆界”。通过移民开荒，把相当一部分荒地垦殖成了粮食生产基地，亦扩大了经济作物种植面积，这是印尼发展农业的一项重要战略措施。

2. 畜牧业政策

牛业发展政策。印尼政府发展牛业的总体政策是在2010年实现牛肉消费的自给，但是又没有充足的政府资源来支持这一政策。20世纪90年代，印尼政府通过激励措施鼓励饲养场与小农户一起发展核心与拓展项目，饲养进口牛，1997年金融风暴后，这种合作饲养模式崩溃了。2000年，印尼政府开始提倡区域经济的地方分权，地方政府出台了一些法规，影响了畜产品的生产和贸易。其主要原因是，虽然畜牧服务董事局是官方协调机构，但由于每个区都制定了自己的政策和计划，因此缺乏在执行和实施法规上的行政权力。具体政策包括：①贷款补贴计划，印尼政府有一个给农民12%利率补贴的信贷计划，远低于市场利率，贷款期为1年，每个农民的最高贷款限额为500万印尼盾。但此贷款额不够农民购买1头架子牛的，购买1头架子牛需要花费600万印尼盾，且一个农民需要饲养5头才划算。②进口孕母牛回购计划，印尼政府鼓励饲养场从进口的活牛中保留孕母牛，该计划要求购买这些牛来分配给农民，以繁育牛犊。孕母牛的成本大概是700万印尼盾，还要加上饲料和其他饲喂成本大概100万印尼盾，1只牛犊价值150～200万印尼盾。母牛产犊后被送去屠宰或保留下来继续进行繁育。这一回购计划中，由于回购牛太昂贵，政府花去的费用远比市场价购买要高很多，对小农户来说，他们又没有银行贷款维持饲养这些牛。③禁止屠宰母牛计划，印尼政府有一条禁止屠宰生产母牛的法规，政府计划回购屠宰场的这些母牛。据报道，印尼每年仍有17万头的生产母牛（大约占屠宰牛的10%）被宰杀，所以由此看来这项法规似乎并未有效。生产者、贸易商和屠宰商都希望通过以高价出售活畜或肉来获得利益，而不顾政府的法规。同时，政府也缺乏足够的预算来有效执行回购计划。④支持非政府组织（NGO）发展肉牛业，2007年前，印尼政府对所有农产品征收10%的增值税，但由于来自整个行业的压力，被迫于2007年取消。2007年印尼政府开始实施一个向非政府组织（主要是教育机构）分配1 000亿印尼盾的计划。这些NGO的任务是发展肉牛产业，现在看它的成效还为时过早。在2006年，印尼政府曾向各省拨款1 000亿印尼盾以促进牛繁育中心的建立（建设1个育种中心大约需要花费10亿印尼盾），并提供150头巴厘牛或地方品种牛。⑤企业津贴与银行贷款等援助，为满足国内对活母牛、牛肉或者牛奶的需要，印尼趋于从国外进口，使母牛年轻化之后，希望能提高生产率，从而能减少国内对进口母牛的依赖性。印尼农业部目前正尝试为奶牛或者肉牛、种牛企业提供津贴的援助。国家银行也采取提供贷款和种公牛、羊的形式扶持山区及丘陵地区农户发展养殖业。

畜产品贸易政策。为了保护国内牲畜的健康发展，印尼政府于2001年8月初开始实施新的牲畜进出口管理法规，要求进口商必须获取牲畜生产局局长的批准，并且出示进口牲畜产地和健康状况的证明附本。自2009年3月起，印尼禁止从中国进口奶及其制品，蛋白粉以及碳酸铵产品，以及以它们为原料生产的各类产品，以保证本国的食品安全。2009年6月19日，印尼财政部决定对6种全脂奶粉和1种脱脂奶制品征收5%的进口关税，以支持国内奶业的发展。2010年印尼削减了从澳大利亚的牛肉进口，政府从数量和进口许可两方面进行控制，以支持国内发展实现自给。

3. 渔业政策

海洋捕捞渔业管理。印度尼西亚是世界上最大的群岛国，领海实行群岛水域制度。海洋渔业的执法方面，由海军、公安部、海关部、司法部派出成员组成的协调机构，一起负责海洋捕捞渔业执法工作。从渔业管理机构看，印度尼西亚渔业法规主要由海洋事务与渔业部负责，主要包括主张海洋管辖权的法规、海事法规、环保法规、投资及税务法规等。

南海争端海域的捕捞渔业管理与执法。在双边协议下，印度尼西亚对泰国、朝鲜、菲律宾等国和中国台湾地区的渔船进行控制并授以捕捞权。在200海里专属经济区和领海内的执法活动主要由印度尼西亚武装部队的海空军部队进行，执法时由政府部门的专业执法人员参加，保护渔业的执法活动集中在合资企业开展渔业作业的区域。

4. 最新农业发展规划

农业部2015—2019年战略规划是第17号法令（RPJPN）2007年国家长期发展计划（2005—2025年）的第三阶段（2015—2019年），作为阶段2的延续（2010—2014年）。阶段3（2015—2019年）重点强调有竞争力的经济发展基础上的可用资源，合格的人力资源，并掌握科学技术为下一阶段的RPJPN奠定基础，加强统筹发展。

在第三阶段（2015—2019年），农业部门仍然是国家经济发展的重要部门。在农业发展2015—2045年战略（SIPP）中，将未来5年农业部门的发展路线定位为规范式农业发展，包括农业部门的发展转型以及人口、经济、跨部门、空间、制度、治理和发展的转变。该模式下的农业部门涵盖范围广泛，不仅对国家有利益，对于人民也能全面满足其要求。

NAWA CITA（九大优先目标）或内阁指导未来农业发展，实现粮食主权优先议程，使印尼成为一个可以管理主权和养活国民的国家。粮食主权包括：①国内生产的粮食能自给自足；②自主调节粮食政策；③保障和改善农民和农业食品企业人员的生活。换句话说，粮食主权应该逐渐自给自足，农业企业普遍增值以提高农民的福利。

未来农业发展目标需要进行调整，使增加农民收入和福利的有关农业发展的覆盖范围更广，规模更大。通过对过去5年的农业发展进行总结，2015—2019年的农业战略目标设定为：①实现水稻、玉米和大豆自给自足以及糖和肉类产量增加；②提高粮食设备性能多样化；③增加商品附加值以增强出口市场和进口替代竞争力；④加强原料生物产业和生物能源供应；⑤增加农民家庭收入；⑥加强政府官员问责制的实施。

根据战略目标，农业部制定并实施的加强农业发展对粮食主权（P3KP）的七大策略包括：①加强土地的可用性，增加土地使用面积；②加强农业基础设施投入；③开发物流体系，加强种子、苗的贸易；④改善农民机构；⑤发展和加强农业融资；⑥发展和加强生物产业和生物能源；⑦建立农产品营销网络。

政府将摈弃以往错误的公共政策，采取全新方式发展经济，将特别重视以海洋为基础的基础设施建设，将致力于实现大米自给自足，在3年内不再需要进口大米等粮食产品，争取到2019年印尼宏观经济指标将实现显著改善，其中经济增速由2014年的5%提高至6.7%～8.3%，通胀率由7.6%降低至2.5%～4.5%，预算赤字由目前的2.4%降至1%。提高粮食等大宗商品作物产量，2019年实现大米、玉米、大豆、蔗糖、牛肉、鱼类产量分别达到8 200万吨、2 340万吨、102万吨、340万吨、46万吨和4 000万～5 000万吨，较目前产量分别增长17%、25%、14%、21%、16%和60%。在基础设施建设方面，印尼政府计划兴建49座大型水坝，开发24个现代化港口，新建15个机场，新增电力装机总量3 500万千瓦。加大高速公路、铁路等道路交通基础设施建设力度，将新建高速公路1 000公里，铁路里程由现在的5 434公里增加至8 692公里。年工业增长率从目前的4.7%提高至8.8%，工业对经济增长的贡献率由目前的20.7%提高至21.6%。吸引外国游客从目前的每年900万人次提高至2 000万人次，旅游业对经济增长贡献率由现在的4.2%提高至8%。

表2-22 印尼农业相关政策清单

序号	项目政策
1	印度尼西亚主食价格稳定政策
2	印度尼西亚实现粮食安全的自给政策
3	印度尼西亚基于赔偿的水稻作物保险
4	印度尼西亚实现大米自给自足的政策
5	2015—2045年农业发展战略
6	印度尼西亚青年农田政策

（续）

序号	项目政策
7	印度尼西亚仓单制度政策
8	印度尼西亚的种子发展政策
9	印度尼西亚的生物能源发展政策
10	印度尼西亚农业灾害保险政策
11	印度尼西亚肥料补贴政策
12	印度尼西亚畜牧业发展政策
13	印度尼西亚糖发展政策
14	印度尼西亚转基因生物产品政策
15	印度尼西亚园艺进口政策
16	印度尼西亚稻米发展政策
17	印度尼西亚大豆发展政策

数据来源：http://ap.fftc.agnet.org/ap_db.php?id=416&print=1。

三、印度尼西亚农业对外合作政策及发展情况资料

（一）农业对外合作的相关政策及发展情况资料

1. 引进外资的总体态度及相关政策条文

印尼的外来投资增长迅速，主要是因为政府连续发布了一系列振兴经济措施，简化投资和营业方面的许可证，推行3个小时办理准证服务，改善各地基础设施，提高物流运输能力，大大改善了投资环境。

国际直接投资（FDI）最初由《1967年第一号外国投资法》来规范，即*Foreign Capital investment Law No.1 of* 1967，该法于1970年以第11号法令的形式又被修订。迄今为止，它仍被认为是适合印尼现行社会发展的需要，因而一直未做变动。该法规规定了企业的经营形式与经营范围、外资领域、人力资源、土地使用、优惠政策、利润汇回、国有化及补偿、内外资合作等方面的内容。

在1994年的第20号政府条例（*The Government Regulation No.20 of* 1994）对外资的股权作出了规定：总的来说，外资公司是以外方和印尼方合作伙伴成立合营公司的形式建立起来的。这种形式可涉及法人（公司）或自然人，印尼法律规定合营企业要采取有限责任公司的形式，印尼人称之为PT（Perseroan Terbatas）。印尼政府对最低投资（股票+贷款）限额没有规定，投资额由有关方面根据经济规模和商业因素自行决定。

外资公司可以采取单独投资的方式成立，即外方可拥有100%的股权。然而，印尼要求在15年的商业经营期限内，公司可通过直接销售或国内证券交易所非直接方式，把部分股权转让给印尼的个人或法人。通常而言至少转让5%给印尼方。

同时规定外资企业自建立起，准予30年的经营期限，若在此期间增加了投资额（扩大投资项目），对于所扩大的项目另行准予30年的经营期。因此，只要外资公司保持扩大投资项目后重新投资，实际上就一直可以经营下去。

对于印尼规定外资可进入领域方面，在1967年的外资法中规定比较简单，只是规定了禁止外资占全部股份的领域（主要是国计民生领域）：港口、公用电力、海运、电讯、航空、饮用水、公共铁路、原子能开发和大众传媒。同时规定，采矿业领域需要和政府合作。在国防方面的产业如武器、弹药等则绝对禁止外资进入。

印尼政府在1995年第31号总统令中对限制和禁止投资的行业目录作了补充和修订，其后，对2000年96号总统令（*Presidential Decree Number* 96/2000）和2000年第118号总统令（*Presidential Decree Number* 118/2000）又进一步作了修正和完善。

2010年，印尼政府投资协调委员会（BKPM）以总统令的形式颁布了修订后的《禁止和限制投资领域的条例》（以下称《条例》）。这是印尼政府继2007年两次修订该《条例》后的再次修订，旨在使印尼的投资环境更加简明、确定，增强本国的投资吸引力。修订后的《条例》主要变动如下：①除非法律另有规定，对既有投资，若仅是将相同业务经营拓展至与原有投资不同的地域，不再要求其设立新的企业或获取新的许可。②对通过在印尼资本市场实现的非直接投资或资产组合投资，可不受《条例》中有关规定的约束。③对在同一业务领域进行的兼并、收购和合并行为，存续公司受有关外资股权限制规定的约束。④当既有投资在同一业务领域拓展经营而需要增加新的股权投资时，若本地投资方无力增资，外资方有优先增资权。但若增资后外资方所持股权超过法规允许的最高比例，须通过以下方式，在两年内将所持股权降至允许的最高比例之内：向本地投资者出售超出上限的股份，通过本地资本市场出售超出上限的股份，由合资公司回购超出上限的股份。⑤为吸引更多资金促进相关行业发展，以前不对外资开放的糖精工业部门，现改为以特别许可证开放。⑥为与已实施的一些新法令保持一致，或为本地投资者提供更多投资机会，以下行业领域的外资股权比例限制有所调整：根据2009年第41号关于保护农业用地可持续利用的法令，在农业领域，种植主要粮食作物（玉米、大豆、花生、绿豆、大米、木薯和红薯等）面积超过25公顷的，外资股权比例最高不超过49%。

此外，为履行东盟内部关于投资方面的承诺，修订后的《条例》在附件中增加了新的条款，进一步放宽了对东盟其他国家投资者在印尼投资时的股权限制和（或）地域限制。

（1）外国投资者待遇

除了在2014年颁布的总统监管条例第39号的不允许开放清单中所涉及的不允许对外商投资者开放和附条件对外商投资者开放的行业外，印尼的许多行业都对外商投资公司（PMA）开放。每个行业对外资所有权都有一定的限制。印尼外商投资法保证对境外投资者和本土投资者一视同仁，且印尼政府不会利用对外商投资的国有化或吊销其投资资格来控制外商投资，除非是为了维护国家利益并在作出补偿支付的前提下。根据投资协调委员会（BKPM）新主管于2015年10月发布的新规定（Perka），2015年第14号，投资协调委员会正式推出在线系统，称为SPIPISE系统。SPIPISE系统是投资者申请并获得BKPM原则许可的唯一门户。

（2）税收政策

所得税。2008年7月17日印度尼西亚国会通过了新的《所得税法》，个人所得税最高税率从35%降为30%，分为四档：5 000万印尼盾以下，税率5%；5 000万印尼盾至2.5

亿印尼盾，税率15%；2.5亿印尼盾至5亿印尼盾，税率25%；5亿印尼盾以上者，税率30%。企业所得税率，2009年为过渡期，税率28%，2010年后降为25%。印尼对中、小、微型企业还有鼓励措施，减免50%的所得税。为减轻中小企业税务负担，2013年印度尼西亚税务总署向现有的大约100万家印度尼西亚中小企业推行1%税率，即按销售额的1%征税。

增值税。一般情况下，对进口、生产和服务等课征10%的增值税。

印花税。印花税是对一些合同及其他文件的签署征收3 000或6 000印尼盾的象征性税收。投资于印尼某些行业或在全国范围内的优先经济领域的某些欠发达地区的企业纳税人，可按照所得税法的第31A条有权享受所得税优惠，形式如下：对应净收入的额外减少，最高可达有形固定资产（包括土地）投资额的30%，应在每6年收取5%的印花税；加速折旧或分期偿还；延长税收损失结转至10年（如果纳税人符合要求，可给予某些额外年）；以及按照所得税法的第26条，所得税股息为10%，除非相关税收协定的利率较低。

为了申请企业所得税机制，必须符合一定的详细要求。定性标准，如较高的投资价值或出口导向，高吸收劳动力和高本地内容，也必须符合要求。申请开始时间（财政年/月）取决于机制的类型。

有资格获得这些所得税机制的行业包括：食品、纺织品、化学品及其制品、种植业、林业及测井、煤与褐煤开采、石油、天然气及地热开采。

（3）外汇管制政策

印尼盾作为当地货币可自由兑换；兑换并携带出境超过1亿的印尼盾，必须经印尼央行批准。印尼央行的授权一般仅用于测试提款机、海外展览和其他为公众利益提供的服务。

个人携带1亿及以上印尼盾进入印尼，必须经过印尼海关鉴定其资金的真实有效性。从印尼的银行电汇少于或者达到1亿印尼盾，必须附有客户签署的正式声明。向非印尼居民电汇超过10万美金的，必须持有客户做出的交易详细说明。

印尼不限制外汇资金的境内和境外转移，但入境投资资本需要审批。离岸贷款必须在印尼中央银行登记，并每月报告后续资金流动情况，以使央行监督国家的外汇风险。

印尼国内商业银行必须提交月度外汇交易报告给印尼央行。延迟提交月度外汇交易报告的将受到每天500万印尼盾的罚款；未能报告外汇交易的则将受到1亿印尼盾的罚款。如果银行连续6个月未能提交报告，则其执照将被取消。金融机构也必须提交月度外汇交易报告给印尼央行，对延迟提交的惩罚是每天100万印尼盾，而未能提交的则将受到2 000万印尼盾的罚款。

非金融机构必须报告其金融资产（如海外公司的股权和在海外银行的储蓄情况）和

负债（如海外贷款和贸易应付款项），在居民和非居民之间的流动状态，也包括居民之间的海外交易。此要求针对不通过国内银行或金融服务公司所进行的交易，适用于总资产或年销售额不少于1 000亿印尼盾的公司。

2007年颁布的投资法第25号保障了境外投资者能以原始投资货币转让所有税后利润和部分成本，以及在被国有化时获得赔偿的权利。在某些情况下，确保了境外资本回流时的可兑换力。

所有在印尼进行的现金结算交易和其他金融交易必须使用印尼盾进行支付结算；除了有关国家预算的某些交易、离岸补助的接收或发放、国际商业交易、外币银行存款和离岸贷款交易对此规定获得了豁免。

(4) 劳动力政策

依据印度尼西亚政府规定，外国人投资工厂应允许外国人自由筹组工会组织。全国性的工会联盟有全印度尼西亚劳工联盟（SPSI）和印度尼西亚工人福利联盟（SBSI）。

印度尼西亚劳工总政策旨在保护印度尼西亚本国的劳动力，解决本国就业问题。根据这一总政策，印度尼西亚目前只允许引进外籍专业人员，普通劳务人员不许引进。对于印度尼西亚经济建设和国家发展需要的外籍专业人员，在保证优先录用本国专业人员的前提下，允许外籍专业人员依合法途径进入印度尼西亚，并获工作许可。受聘的外国技术人员，可以申请居留签证和工作准证。

(5) 土地政策

土地征用法案。印尼的土地征用法一直被视为实施基础设施项目的主要障碍。2011年12月，印尼国会批准名为《民心工程的土地征用》第2/2 012号法律的土地征用法案，该法案涉及的项目有铁路、港口、机场、道路、水坝和隧道等。该法案明确表示政府会将土地用于基础设施项目的建设，给被征地人更合理的补偿，以获取基础建设用地。根据印尼的法律程序，众议院通过法案后，必须再颁布一条总统法令来明确有关补偿和新法案适用的项目类别等条例实施细则，还需要财政部等其他部门出台进一步的配套条例。

根据公私合作伙伴计划，私营部门投资者可通过与国有企业合作的方式参与。此外，除了设定土地征用程序的完成期限为583天以外，该方案还为项目选址设置了一个两年的最终决议期限，可延长一年。这种时间限制对于推进项目以及为项目流程提供法律确定性而言是至关重要的，因为过去按照之前的条例，监管力度薄弱，导致土地征用工作受到拖延。关于适用范围，新条例不适用于以往项目，因此实施对象只有尚未开始土地征用活动的项目。因此，之前的条例对已经开工的项目仍然有效，但如有需要，这些项目可在2014年年初应用新条例。

土地价格投机和补偿问题在总统条例中也得到了解决。根据该法案，国家机构所需土地可在与权利人协商后征用，而且权利人有权直接向最高法院提出上诉，法院有义务在74日内解决法律纠纷。独立评审小组将对土地进行估价，土地所有人得到的补偿将基于土地价格以及认为因放弃土地而造成的损失，也可进行上诉。

外资企业获得土地的规定。印尼实行土地私有，外国人或外国公司在印尼都不能拥有土地，但外商直接投资企业可以拥有以下3种受限制的权利：建筑权，允许在土地上建筑并拥有该建筑物30年，并可再延期20年；使用权，允许为特定目的使用土地25年，可以再延期20年；开发权，允许为多种目的开发土地，如农业、渔业和畜牧业等，使用期35年，可再延长25年。

2. 接受国际组织或者主要国家农业援助情况

美国国际开发署（USAID）是美国政府独立的机构，它向全球提供人道与建设援助以支持美国的对外政策。自1950年起，美国国际开发署已和印度尼西亚政府及民间组织合作，推动建设及满足民众的需要。印尼金融存贷银行（Danamon Simpan Pinjam）携手美国国际开发署向农业与园林企业提供技术培训，并提供融资渠道。金融存贷银行业务线主要是帮助小型和微型企业发展，包括市场周围的商人、零售商和其他的小社团。2010年年底开始，金融存贷银行已从服务业扩展到农业企业，起先开始是棕榈园和树胶园，未来金融存贷银行将发展到可可园和咖啡园（表3-1）。

表3-1　印尼主要政策变化及原因

	1966—1989年	1990—1996年	1997—1999年	2000年至今
主要关注点	生产扩张	结构调整	结构改革	复兴
政策驱动因素	避免社会不稳定	油价下跌	亚洲金融危机	90年代生产力低
	油价上涨	出口不佳	厄尔尼诺干旱	农业生产者呼声
	绿色革命	贸易协定：URAA, AFTA, APEC		
国内主要农业政策发展	建立并扩大印尼国家食品采购机构Bulog的作用	消减补贴	去除Bulog的市场垄断	重新开始化肥补贴
	补贴农资，如肥料、农药和低息贷款	法律环境变化小	取消化肥补贴	扩大推广服务、研发投入和灌溉开支
	基础设施开支		引入目标水稻分配计划（OPK/RASKIn）	增加开支

（续）

	1966—1989年	1990—1996年	1997—1999年	2000年至今
主要农产品贸易政策变化	提高关税附加税	废除关税附加税	去除Bulog大米贸易的垄断	提高大米和食糖关税
	进出口总量控制	降低关税	关税取代食糖进口许可制度	大米、食糖和牛肉贸易量调控
	初级棕榈油及衍生品出口税	取消但又重新引入棕榈油及衍生品出口税	废除对奶制品和豆类的营养要求	非关税措施更严格
			废除了棕榈油及衍生品出口限制	棕榈油及其衍生品、可可可变出口税

数据来源：《经济合作与发展组织农业政策评估：印度尼西亚（2012）》。

2010年12月中国政府援助印尼杂交水稻技术合作项目启动仪式在印尼农业部隆重举行。中国与印尼共同分享杂交水稻成熟的栽培技术和经验，在互利共赢的基础上进一步开展农业合作和交流，优势互补，共同为提高亚太地区的粮食安全能力、消除贫困、促进世界和平作出新的贡献。

3. 农业吸引外商投资情况

投资数量和投资金额持续增加。2000年外商直接投资总额154亿美元，其中，农林牧渔外商投资数量40个，金额4.44亿美元；2015年，外商在印尼直接投资达到293亿美元，农林牧渔外商直接投资数量868个，约为22.19亿美元；2018年，外商在印尼直接投资达到293亿美元，农林牧渔外商直接投资数量847个，约为17.89亿美元（表3-2）。

表3-2　2000—2018年印尼农林牧渔外商投资情况

单位：个、亿美元

年份	总额	农林牧渔（总）		农业		林业		渔业	
		数量	金额	数量	金额	数量	金额	数量	金额
2000	154	40	4.44	26	3.89	1	0.06	13	0.50
2001	151	33	3.92	22	2.84	3	1.01	8	0.07
2002	98	27	4.59	17	4.46	1	0.09	9	0.04
2003	132	24	1.79	15	0.57	2	0.95	7	0.27
2004	103	31	3.30	19	1.97	0	0.00	12	1.33
2005	89	29	3.49	20	2.24	2	1.19	7	0.06
2006	60	26	4.35	20	3.71	1	0.31	5	0.33
2007	103	28	2.90	23	2.65	—	—	5	0.25

（续）

年份	总额	农林牧渔（总）		农业		林业		渔业	
		数量	金额	数量	金额	数量	金额	数量	金额
2008	149	14	1.54	11	1.52	—	—	3	0.02
2009	108	22	1.59	11	1.26	8	0.28	3	0.05
2010	162	201	—	170	—	12	0.39	19	0.18
2011	195	322	—	278	—	15	—	29	0.10
2012	246	322	16.78	275	16.22	16	0.27	31	0.29
2013	286	647	16.56	539	16.17	39	0.29	69	0.10
2014	285	759	23.26	625	22.38	59	0.53	75	0.35
2015	293	868	22.19	704	21.47	79	0.19	85	0.53
2016	290	1 182	17.60	950	16.38	108	0.78	124	0.43
2017	322	969	17.00	770	15.93	82	0.48	117	0.59
2018	293	847	17.89	660	17.21	82	0.43	105	0.24

数据来源：https://www.bps.go.id/index.php/linkTabelStatis/1318。

在农业领域外商主要投资种植业，2016年，畜牧业外商投资额仅为种植业的3.1%，投资项目也仅为种植业的18.8%（表3–3）。

表3–3　2009—2016年印尼种植业、畜牧业外商投资情况

单位：个、百万美元

年份	种植业		畜牧业	
	投资项目	投资额	投资项目	投资额
2009	7	122.9	4	2.8
2010	159	751	11	25
2011	264	1 222.5	14	21.1
2012	261	1 601.9	14	19.8
2013	520	1 605.3	19	11.3
2014	324	2 206.7	26	30.8
2015	606	2 072	98	75.1
2016	800	1 589	150	48.9

数据来源：印尼农业部2016年农业统计资料。

4. 中国对印度尼西亚的农业投资情况

2014年中国对印尼农业投资流量为4.14亿美元，同比增长160%，占对亚洲农业投资流量38.2%，主要流向种植业（3.3亿美元）和渔业（5.6亿美元）。截至2014年年底，中国对印尼农业投资存量6.42亿美元，占对亚洲农业投资存量21.5%，其中种植业4.41亿美元，渔业1.1亿美元（表3–4）。

表3–4　2014年中国对印尼农业投资情况

行业	企业数（个）	流量（万美元）	存量（万美元）
农业	7	32 952	44 062
林业	1	315.5	5 284
渔业	10	5 624	10 637
农副产品加工	1	1 700	1 700
农林服务业	3	821	2 523
总量	23	41 412	64 206

数据来源：《中国对外农业投资合作分析报告（2015年度总篇）》。

2014年中国与印尼开展农业产业投资合作的企业大约有64家，主要来自天津、辽宁、江苏、浙江、福建、山东和广西等省市，其中投资领域偏向于渔业、种植业（木薯、水稻、橡胶和棕榈）。其中福建省投资企业数量最高，为18家，其次为山东省，为10家，主要领域均为渔业捕捞（表3–5）。中国企业在印尼投资渔业领域，建立渔业加工厂和建造渔船，主要分布于马老奇、德纳德、杜亚儿。其中，大连长海渔业公司于2005年收购印尼材源帝集团（DjayantiGroup）下属PT Daya Guna Samudra的渔产公司，在印尼东部的北马鲁古的亚儿（Tual）、巴布亚的比亚克（Biak）、北苏拉威西的比栋（Bitung）兴建鱼产加工厂。2006年10月，福建远洋渔业集团与印尼AG集团签订福建—印尼远洋渔业合作项目，共同投资2 000万美元在印尼成立合资公司，双方各占50%股份，计划在印尼建立远洋渔业基地，组建300艘渔船规模的渔业捕捞船队，从事渔业捕捞、加工、销售及渔船补给等业务。

涉及种植业的省市主要是天津、湖南、广东，主要投资农产品为橡胶、木薯和棕榈等印尼重要的农产品。除袁隆平印尼种子公司杂交水稻投资合作是基于两国农业科技合作以外，其他产业投资合作均没有与农业科技有效结合，同时企业间缺乏有效合作，同质化严重，未能形成有效的力量，在合作规模和合作层次上都不高。

表3-5　2014年中国主要省区、市对印尼农业投资的数量和领域

省（区、市）	数量	领域
天津	5	棕榈种植、加工
河北	1	农具生产、销售
辽宁	6	渔业、棕榈加工
吉林	1	种植、畜牧业
江苏	5	种植业
浙江	6	远洋捕捞
安徽	1	农药
福建	18	远洋捕捞、水产养殖、棕榈和椰子种植加工
山东	10	渔业捕捞、农产品种植加工
湖南	3	种植和种子繁育
广东	5	橡胶、木薯加工种植
广西	2	木薯种植加工
四川	1	畜禽饲料生产

数据来源：中国商务部。

5. 中国与印度尼西亚签署的涉及农业的多双边协定情况

良好的政治关系是双方开展农业合作的又一基础。1990年复交以来，中国与印尼的经贸关系发展驶入快车道。进入21世纪，中国与印尼关系再上台阶，交流合作向着更广阔的领域延伸。2000年5月，双方签署了《中华人民共和国和印度尼西亚共和国关于未来双边合作的联合声明》，这是新世纪发展两国关系的纲领性文件。此后在两国政府的共同推动下，又签署了一系列具体合作协议，如《中国-印尼避免双重征税协议》《两国中央银行合作备忘录》等。

与此同时在与东盟合作的大范围内，中国与包括印尼在内的东盟国家签署了《农业合作谅解备忘录》，这一系列的措施都将推动中国与印尼农业合作的顺利进行。这也标志着中国与印尼农业合作进入新的发展阶段。备忘录中明确提出了今后开展农业合作的领域，包括粮食作物生产、多年生作物培育、农业机械、园林艺术、生物技术、农业企业管理、农业研究与开发、种业、畜牧业及相关产业。同年，和印度尼西亚共和国海洋事务与渔业部达成关于渔业合作的谅解备忘录，双方共同希望按照以下目标开展工作：①在渔业领域进行开发活动；②联合培训项目，联合考察活动；③在生产方面共同促进建立合资企业，以及水产加工品销售。

（二）农业吸引外资成效的相关资料

印尼有着丰富的自然资源、充足的劳动力和广阔的市场，但是，外国投资者以往对印尼的投资环境并不满意，主要是因为各级政府官僚作风严重，贪污盛行。目前由于印尼政局相对稳定，政府运用法律、税收、行政等手段继续努力营造和改善良好的投资环境，国外投资者对印尼经济的信心逐渐增强，投资开始增长。2007年3月，印尼国会通过的新投资法规定，外国投资者享受“国民待遇”；外资可以进入印尼绝大部分行业；外国投资者在印尼申请商用土地的使用权最长期限增至95年；外国投资者与印尼政府产生纠纷，可诉诸国际法庭仲裁。2007年7月，印尼将把投资审批时间从目前的97天缩短为25天，简化手续，提高服务效率，降低外商在印尼投资所需要的审批时间和成本。这些措施改善了印尼投资环境，刺激了国外投资的增长。

改善农业基础设施。印尼全国有7万多个自然村，其中3.2万个村庄还比较落后，道路、电力、通讯、医疗和饮用水等农村基本设施建设一直是各级政府农村财政投入的重点之一。外资在当地修建水利、道路等基础设施，推动了农村基础设施的更新。

增加农民收入，提高橡胶出口。目前，印尼是世界上天然橡胶种植面积最大的国家，也是仅次于泰国的第二大产胶国，橡胶产量占世界总产量的25%，从1967年至2006年以每年平均5.8%的速度稳定增长，全国有160多万的家庭以橡胶种植为生，橡胶已成为印尼最重要的经济作物之一，在社会经济发展中起着重要作用。印尼国内对天然橡胶需求相对较小，消费量只占其产量的10%，剩余90%出口供应国际市场。由于世界经济整体发展及消费市场不断扩大，在未来较长时间内，全球对橡胶的需求仍将持续走高。为此，印尼将采取一系列措施确保橡胶产业快速发展，进一步吸引投资：继续扩大种植面积，建立更有效率的出口体系；开办培训班，普及现代种植和管理技术；重视优良树种的培育研究，加快老化树木的更新速度；下决心克服私营胶园胶汁收集容器质量低劣的问题，最大限度地保证胶汁质量；学习推广先进技术，提高单位面积的产量。

正在推动传统的农业生产方式向现代化生产方式转变。印尼自然条件优越但农业生产相对落后。全国80%的耕地都是家庭式经营，70%属于个体农民的土地面积不超过1公顷，无法实行机械化操作且缺乏完善的农田水利设施，粮食自给压力较大。在外资带动下，粮食产量稳步增加，以橡胶、棕榈油、可可、咖啡以及水果为主的热带经济作物发展迅速，有效提升了农业生产的综合能力，实现了农业的稳定发展。

四、中国-印度尼西亚农业合作的发展潜力判断

（一）中国-印度尼西亚农业合作的发展前景判断

1. 农业合作基础较好

印尼农业生产条件较好。印度尼西亚气候湿润多雨，水资源丰富，日照充足，拥有得天独厚的农业生产条件。其主要经济作物棕榈油、橡胶、咖啡、可可等产量在全球处于领先水平。印尼是世界第一大的棕榈油生产国，第二大橡胶生产国，也是可可和咖啡等高价值商品的全球生产大国。此外，印尼是东南亚最大的豆类生产国，但单产较低。印尼是世界上种植面积仅次于巴西的第二大热带作物生产国。印尼还是世界第三大热带森林国家，森林资源丰富。印尼海岸线为8.1万公里，水域面积580万平方公里，海洋鱼类多达7 000种，蕴藏量626万吨，已开发的海洋渔业产量占总渔业产量的77.7%，专属经济区的渔业资源还未充分开发。

印尼农业发展水平存在较大的提升空间。印尼农业发展水平相对落后，农业机械化水平、农业基础设施条件、农业科技推广普及程度较低。印尼农机基本上从国外引进，本国农业机械工业体系不完整、配套能力差，农机在实际生产中的应用程度还很低，其机械化程度大大低于亚洲其他发展中国家。印尼农业基础设施、仓储建设水平也较为落后。在科学技术方面，尽管印尼已经建立起自己的农业科技队伍，农业科学研究也取得了一些成果，但科技的推广应用还很不足。首先生产方式未发生转变，多数农民还沿袭传统的粗放生产方式，生产效率低下；其次农作物新品种的推广不足，农业科学技术在病虫害防治中的作用不明显，病虫害是目前影响印尼农作物产量的重要因素。为了推动农业和农村的发展，2014年印尼政府表示，将在未来5年中进行农业改革，至少为450万农户提供新的耕地，开垦100公顷新农田，改善300万公顷农田的灌溉系统并建设25个新水库，成立服务于农民和中小企业的专业银行，加强和改善粮储公共公司的物质供应能力等。

中国-印尼两国农业互补性强。两国不同的自然条件与农业发展历史决定了两国农业的差异性与互补性，而这种差异与互补恰恰是双方合作的重要基础。从农业资源类型来看，印尼地处亚澳两大陆之间，属于典型的热带海洋性气候，盛产热带作物。而中国国土面积辽阔，跨越热带、亚热带、暖温带、温带、寒温带和寒带等，不同气候带的自然资源都很丰富。这种资源的差异性有利于两国推动资源开发，扩大双边贸易。在农业设备与机械制造方面，中国已经拥有体系完整、规模较大的农业机械工业，印尼也是中国农机出口的重要市场，农业机械工业发展的差距为双方合作提供了契机。在农业基础设施建设方面，中国有丰富的建设经验和充足的资金，能够弥补印尼在农业基础设施建设经验和资金上的不足。在农业科技方面，中国农业科技实力自改革开放以来不断增强，一些领域已经达到世界先进水平，中国可以充分发挥优势，加强与印尼在农业科技领域的合作。

区位优势和相似的社会文化也是中国与印尼农业合作的基础之一。中国和印尼同处于亚太地区，地理上的毗邻为两国农业合作提供了便利。华人是印尼经济发展的重要力量，约占印尼总人口3%的华人控制了全国70%以上的私营部门，以及轻工制造业、零售业和对外贸易等。印尼的华人多数还保留着祖辈的风俗习惯，文化上的相似性有利于增加相互之间的信任，这是中国与印尼开展农业合作的天然优势。

双方政治关系良好。1990年复交以来，中国与印尼的经贸关系发展驶入快车道。进入21世纪，中国与印尼关系再上台阶，交流合作向着更广阔的领域延伸，2000年以来双方签署了一系列的合作协议，为两国的农业合作奠定了良好的政治基础。

农业合作基础坚实。2001年中国与印度尼西亚农业部签署了《农业合作谅解备忘录》，明确提出今后开展农业合作的领域，包括粮食作物生产、多年生作物培育、农业机械、园林艺术、生物技术、农业企业管理、农业研究与开发、种子业、畜牧业及相关产业。在农业科技交流方面，中国农业部为东盟国家举办了多个技术培训班，内容涉及动物营养与饲料加工、动物疫病监测控制、马铃薯丰产栽培、农村能源与生态、农业信息化、食用菌生产和种子管理等领域；2012年中国-印尼杂交水稻技术合作项目启动、2014年中国企业与科研院所通过在印尼建立农业科技示范基地进一步促进先进农业技术在印尼的推广与示范，标志着两国农业科技合作进一步得到强化。在农业贸易合作方面，自从1985年中国和印尼签署了关于直接贸易的谅解备忘录、恢复中断近20年的直接贸易以来，双方在经贸领域的交往与合作得到了全面恢复和发展。而为方便中方投资，2016年9月双方农业部表示，中国和印尼两国将建立并强化双方联系机制，并建立和强化民间交流平台，为促进双方企业家交流提供机遇；印尼政府将安排200万公顷土地，与中方开展政府间合作，建立农业园区，发展畜牧业、玉米、蔗糖等作物。而随着印尼经济的发展、产业不断升级，双方的合作也将进一步深化、合作模式也将更加多样化、高效化。

2. 农业合作制约因素

印尼社会经济环境有待提高。作为全球伊斯兰教人口最多的国家，印度尼西亚文化和种族的多样性，以及参差不齐的经济发展程度易激发了地方主义者和分裂主义者的对立情绪。而印尼政府尽管对法律环境不透明、法律条文不一致、执行手续繁琐等问题采取了重大行动，但真正见到成效还需要经过时间的考验。而不合适的货币政策和财政政策，更是加剧了其发展中所面临的经济风险。印尼基础设施的滞后也将阻滞项目有效的推进和项目投资效率的提高。受上述因素影响，在《2016年营商环境报告》中，印尼营商环境仅排名109，处于中等水平。尽管印尼投资环境较差，但为了优化投资环境，2016年印尼政府新修订外商投资负面清单，推出了3个小时投资注册服务，5月还专门开设中国投资窗口（China Desk）提供一站式咨询帮助服务。

中国-印尼双方农业合作组织协调和统筹机制有待完善。农业合作涉及农业、林业、渔业、畜牧业等的科技、产业和贸易等多个领域，而不同领域受到农业部、商务部等不同主管部门管理，如何强化两国政府部门间的协调运作机制，是中国和印尼两国展开农业合作所面临的现实问题。

双方农业合作项目结构性矛盾突出。由于双方合作资源的分散性，双方合作企业规模较小，合作结构单一，合作层次不高，双边农业合作的结构性矛盾突出，双方各自的农业优势未得到充分发挥。目前，中国和印尼已有的农业合作项目多集中于种植业（木薯、水稻、橡胶和棕榈）领域和渔业领域，而种植业领域又局限于育种与栽培技术，农产品加工和物流系统的技术合作较少，没有从产业链的角度全方位布局农业合作区域，各产业链环节的合作机构也缺乏有效的结合，未能形成深层次的合作。

农业科技合作与农业产业合作结合不紧密。2014年中国与印尼展开农业产业投资合作的企业目前大约有64家，主要来自天津、辽宁、江苏、浙江、福建、山东和广西等省市。在这些农业合作项目中，除袁隆平印尼种子公司杂交水稻投资合作是基于两国农业科技合作以外，其余产业投资合作均没有与农业科技有效结合，同时企业间缺乏有效合作，同质化严重，未能形成有效的力量。

有效的合作机制与争端解决机制的缺乏。印尼国家政策存在不连续性、不稳定性，同时还存在政府部门办事效率低下、农民劳动效率不高，信息、物流等基础设施落后等不利因素，给双边农业科技合作带来一些潜在风险。而中国和印尼缺乏健全、有效的合作机制与争端解决机制，将给农业合作带来潜在的不利影响。

3. 农业合作前景广阔

印尼政坛关系复杂，政治风险不可忽视。此外，印尼土地所有权实行私有制，中国企业需要面对由此带来的征地、电力、环境评估等诸多问题。而地方政府办事效率低下、物流等配套设施不够健全、政府腐败等更是加大了双方开展农业合作尤其是在印尼展开农业投资的难度。尽管中国、印尼两国间的农业合作存在着上述诸多制约因素，但良好的政治关系、极强的农业互补性、坚实的农业合作基础、相似的社会文化、印尼巨大的农业发展空间以及印尼政府在优化国内投资环境的持续努力，将为两国间的农业合作提供无限机遇，中国-印尼两国在农业合作领域存在着广阔的发展前景。

（1）粮食作物的开发

以水稻、玉米和木薯为重点产品，包括商品稻、玉米种植基地的建设，提高综合生产能力，加强水稻良种和玉米良种推广与技术合作、综合加工利用，加强粮食仓储物流基础设施建设；以木薯原材料基地建设为载体，进行良种与各种先进技术的实验转化。以木薯干片和木薯淀粉为重点，加快木薯产业链的延伸。

从全产业链的角度，以境外战略性农业和粮食资源综合开发利用以及中国农业具有比较优势的领域为重点，围绕稻谷、玉米、木薯等主要粮食作物，采取产品、技术、设备和人力资本输出等多种方式，基于种植和示范基地建设，侧重粮食加工、种子繁育和投入品贸易以及物流中心建设，建立稻谷深加工、种质研发生产基地、化肥的生产、农药的生产、农机生产和贸易、物流配送中心的粮食作物全产业链投资合作。

合作区域布局于爪哇岛，该地区是粮食作物主产区，同时交通基础设施完备，人口众多，具有极大的消费潜力，生产产品既可以用于满足当地市场需求，也可以销往国际市场。

（2）经济作物资源开发

以棕榈、橡胶为重点产品，积极发展“种植+加工”一体化项目，加强油棕榈种植与开发的技术合作，积极拓展产业链和其他领域合作，把油棕榈产业向深度延伸；加强橡胶园的种植基地建设，挖掘橡胶的种植潜力；加强橡胶种植和加工等技术合作研发和成果的转化；橡胶加工的综合利用。

印度尼西亚的地理位置比较重要，气候适宜油棕榈和可可的种植，社会经济和政局比较稳定，劳动力也丰富，且比较低廉。充分发挥中国人才、资金、市场等方面的优势，以中国乃至世界棕榈油市场需求为导向，以“种植+加工”一体化项目为重点，与合作国积极推行油棕榈全产业链开发，既为发展合作国发展壮大油棕榈产业，促进经济发展做出贡献，又能满足中国油棕榈市场需求，确保粮油安全做出贡献，并且通过油棕榈资源合作开发探索中国与印尼合作的新模式。在油棕榈适宜开发区，系统分析评价可利用土地资源，以种植园建设为基础，规划新建“种植+加工”一体化项目；在现有油棕榈经营区，在系统分析评价现有经营企业的基础上，筛选合作企业，改善提高现有企业的经营水平和规模；按全产业链合作开发的思路，油棕榈合作开发项目不仅包括种植园、初轧厂、精炼厂的建设，还包括种源、肥料、物流及营销一系列相关内容的建设。

合作区域布局于加里曼丹岛，该地区是最大的棕榈种植地区，基础设施较完善，便于原料的运输以及加工产品的销售。

（3）经济林木资源开发

合作发展胶合板、锯材、废材、木工和家居工业、纸浆和造纸等林产工业；投资以农林产品加工为基本内容的制造业；加大山林开发经营力度，合作建设木材加工和林化工企业，开展热带珍稀濒危动植物保护；开发热带水果、花卉等资源。

中国在森林资源可持续利用、木材生产加工、生物质能源培育具有优势，在人才、资金、技术等方面有充足的保障。印尼在其林业对外合作中的政策方面注重木材的深加工，提高附加值，保护本国生产者利益。首先，应加强与印尼在植树造林和森林资源保护方面的合作，帮助印尼大力植树造林和保护尚存的森林资源，培育新的热带经济林，实现森林资源的可持续发展；其次，在保障印尼林业资源可持续发展基础上，选择具有较好的水运、森林资源丰富、地理平坦、适宜开展森林采伐和木材加工的地区，建设面向印尼国内市场的林产品加工基地，从事林产品深加工，提升林化、林板产业，扩大林产品出口，以印尼政府允许的方式建立林业基地和木材加工、家具制造、纸浆、造纸等合资、合作企业，开发利用当地的森林、木材资源，结合中国先进的技术设备、较高的管理水平，优势互补，既可生产国内所需的木材产品返销中国国内市场，又可供应印尼国内市场，满足其对木材产品、纸浆、纸张等的需求，提高生产技术和水平，增加出口、就业和税收，实现一举多得互利双赢之目的。

合作区域布局加里曼丹岛。这个地区森林资源最丰富，同时铁路运输设施较完善，具有投资合作的基础条件。

(4) 渔业资源开发

开展水产养殖技术研发和水产养殖产业合作，兼顾远洋捕捞产业合作；开展渔业加工技术合作交流和产业合作，开发深加工渔产品，提高产业附加值，构筑从种苗到饲料、养殖、加工及销售纵向一体化的水产品产业链。

合作布局印尼爪哇岛的中爪哇。该地区自然形成淡海水混合水系，形成天然的补给水、排水系统，地下水充足，属热带雨林气候，终年水量充沛，气温均匀，无大风大浪，三面临海，水质肥沃，天然饵料丰富，交通便利，是对虾、鱼类生长养殖的最佳场所。

(5) 畜产品

以牛肉和禽肉为重点产品建立种畜禽—饲料—养殖—屠宰加工全产业链。由于收入增长和城市化水平显著提高，对肉类（牛肉和禽肉）、乳制品等畜产品需求增加。印度尼西亚的畜牧饲料的原料只有玉米是当地种植的，其他的原料包括大豆、菜籽粕、肉骨粉、玉米蛋白粉和饲料添加剂都是靠进口的。因此，围绕畜禽良种和服务、饲料和畜产品屠宰加工，建立畜产品全产业链。

合作布局印尼爪哇岛的东爪哇和中爪哇。该地区是最大玉米产区，也是肉牛和家禽主产区，具有丰富的饲料资源和养殖基础。

（二）推进中国–印度尼西亚农业合作的相关建议

明确农业合作的目标。以投资换资源，以项目为载体，以政府支撑为保障，将中印尼农业资源合作开发与国内产业结构和产品结构调整、产品升级换代有机结合起来，促进中国具有比较优势的品种、技术设施及研发资源的转移，逐步建立起可靠的粮食、油料和林木综合开发基地，以产业化单元方式开发为主，构建种植—加工—物流—贸易一体化的资源开发产业链，积极扩大中国在印尼的农业资源利用份额，增强印尼主要农产品供给安全保障能力和话语权，提高国家统筹利用国际国内两个市场、两种资源的能力，全面提升中国农业国际竞争力和在东盟的影响力，实现政治得分、经济得利、操作可行的最终目标。

明确农业合作定位。坚持“以我为主、优势互补、共同发展”的合作方针，在充分尊重印尼需求的前提下，结合中国农业优势，突破小农业和地域局限，着眼大农业产业链，立足印尼、放眼东盟，利用印尼在东盟的重要影响，以产业为线辐射整个东盟，在更广范围、更高层次开展与印尼的农业合作。选择具有农业科技优势和具有良好合作经验的主体，科技搭桥、贸易铺路，建立产学研三位一体的合作主体，鼓励和支持中国企业到印尼进行农业投资，带动中国农业技术、产品和管理进入印尼，提高其农业生产水平，改善印尼乃至整个东盟的粮食安全。

确立农业合作原则。以相互需求为导向，优先考虑双方资源互补性强的产品，优先合作具有互补性的优势行业和产品。以科技合作为桥梁，以贸易带动投资，利用中国优势的技术、产品和人才，做大做强产业链重要环节，提高投资附加值。以农业合作促进中印尼两国粮食安全水平和农业现代化水平，提升投资科技水平，减少高投入低产出的产品，为两国带来实惠的政治、经济和社会效益。以水稻、玉米、大豆、木薯等主要粮食作物为合作重点，开展生物技术、农产品加工、自然资源开发利用等合作，拓展农业合作范围和水平，全面开展农业合作。

建立并强化政府间农业合作协调机制。建立并强化政府间农业合作对话磋商机制，积极就双边关心的重大问题展开交流对话，为两国开展全面农业经济合作营造良好政治氛围，创造更多的机遇，促进形成有利于农业合作开发的政策环境。

加强信息服务建设和金融支持力度。建立中印尼农业合作信息咨询网络，发挥政府引导作用，为参与合作的两国政府和机构提供自然资源、社会经济、政策环境、基础设施、人力资源、财政金融、合作风险分析等信息，增进相互了解，减少合作风险，提高合作的稳定性和可持续性。设立中印尼农业合作专项扶持资金，综合运用规划、投资、产业、财税和金融等政策措施，建立一个良性、面向市场、有利于作物资源合作开发的投融资政策支持体系和环境，形成有效的激励机制。

明确重点合作领域。充分利用区位优势和资源差异性，明确重点合作领域。一是作物种质资源保护与可持续利用领域，根据相互需求，建设作物种质资源保护和利用合作平台，联合开展优异作物种质资源示范与利用，建立水稻、玉米、蔬菜展示基地，通过技术合作，输出具有我国自有知识产权的杂交作物新品种。二是粮食作物开发利用，加强水稻、玉米等种植基地的建设，推广优良品种与技术，提高综合生产能力、粮食综合加工能力，强化粮食仓储物流基础设施建设。三是橡胶资源开发利用，加强橡胶园的种植基地建设，加强橡胶种植和加工等技术合作研发和成果的转化以及橡胶加工的综合利用。四是木薯和棕榈资源的开发，以原材料基地建设为载体，积极发展“种植+加工”一体化项目，加强种植与开发的技术合作，积极拓展产业链和其他领域合作，深度延伸产业链。五是渔业资源开发，开展水产养殖技术研发和水产养殖产业合作，开展渔业加工技术合作交流和产业合作，开发深加工渔产品，提高产业附加值。

依托重点合作项目。在重点合作领域，依托重点合作项目，推进双方农业合作。一是粮食作物综合开发项目，从全产业链的角度，围绕稻谷、玉米、小麦、木薯等主要粮食作物和战略性作物，采取产品、技术、设备和人力资本输出等多种方式，基于种植和示范基地、种子繁育和投入品贸易以及物流中心，建立囊括种质资源开发、物流配送、加工与销售等关键环节的全产业链投资合作机制。二是油料作物综合开发项目，以中国乃至世界棕榈油市场需求为导向，选择优势区域，以“种植+加工”一体化项目为重点，以种植园建设为基础，积极推行从油棕榈种植到加工全产业链开发规划。三是林业综合开发利用项目，强化双方在植树造林和森林资源保护方面的合作，在保障印尼林业资源可持续发展基础上，选择优势区域，建设面向印尼国内市场的林产品加工基地，结合中国先进的技术设备、较高的管理水平，从事林产品深加工。

（三）其他资料

1. 中国驻印度尼西亚和印度尼西亚驻中国的大使馆领事馆信息

中华人民共和国驻印度尼西亚大使馆信息：

大使馆网站：http://id.china–embassy.org/chn/

大使馆地址：Jl.Mega Kuningan No.2, Jakarta Selatan, Indonesia

大使馆电话：0062–21–5761037, 5761038

中华人民共和国驻印度尼西亚登巴萨总领事馆信息：

领事馆网站：http://denpasar.china–consulate.org/chn/

领事馆地址：Jalan Tukad Badung 8X, Renon, Denpasar Selatan, Kota Denpasar, Bali 80226

领事馆电话：0062–361–239001

领事馆邮箱：chinaconsul_dps_id@mfa.gov.cn

中华人民共和国驻印度尼西亚棉兰总领事馆信息：

领事馆网站：http://medan.chineseconsulate.org/chn/

领事馆地址：Jalan Walikota No.9, Medan 20152

领事馆电话：0062–61–4571232

领事馆邮箱：chinaconsul_mdn_id@mfa.gov.cn

中华人民共和国驻印度尼西亚泗水总领事馆信息：

领事馆网站：http://surabaya.china–consulate.org/chn/

领事馆地址：Jalan Mayjend.Sungkono Kav.B1/105, Surabaya

领事馆电话：0062–31–5675825

领事馆邮箱：chinaconsul_sur@mfa.gov.cn

印度尼西亚驻中华人民共和国大使馆信息：

大使馆网站：http://www.kemlu.go.id/beijing/lc/default.aspx

大使馆地址：北京市朝阳区东直门外大街4号 100600

大使馆电话：0086–010–6532–5486, 6532–5488

大使馆电子邮箱：set.beijing.kbri@kemlu.go.id

印度尼西亚驻中华人民共和国上海总领事馆信息：

领事馆地址：上海市延安西路2299号上海世贸商城1607 1608室

领事馆电话：0086–021–52402321

印度尼西亚驻中华人民共和国广州总领事馆信息：

领事馆网站：http://kemlu.go.id/guangzhou/lc/default.aspx

领事馆地址：广州市越秀区流花路120号东方宾馆西座二楼1201–1223室

领事馆电话：0086–020–86018772

领事馆电子邮箱：indonesiaguangzhou@kemlu.go.id

2. 联合国粮农组织驻印度尼西亚代表处信息

粮农组织代表：SMULDERS M A, MR

电子邮件：FAO–ID@fao.org

3. 印度尼西亚农业部组织结构示意图

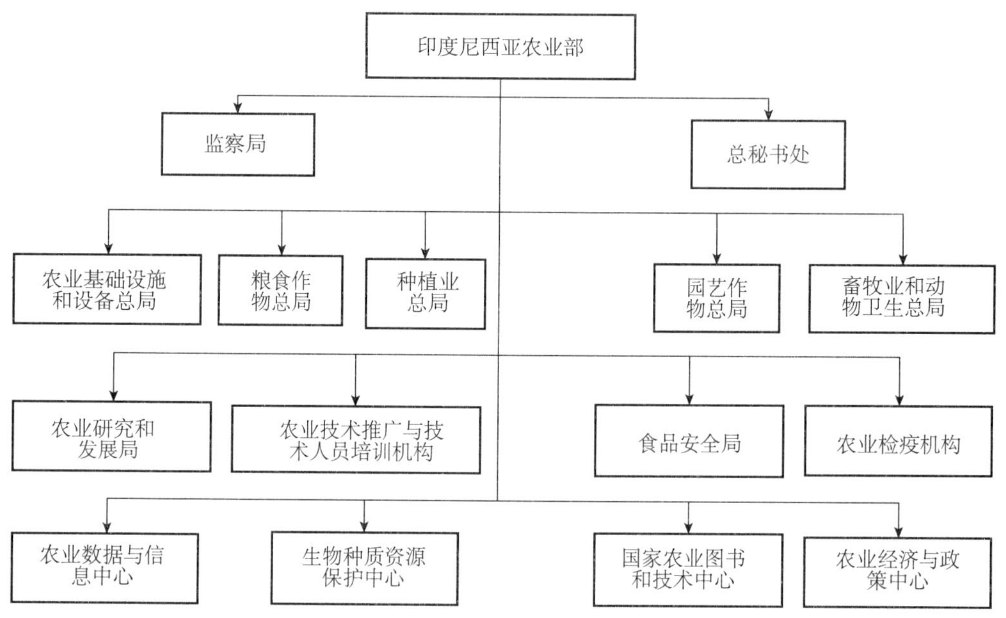

图4–1 印度尼西亚农业部结构图

资料来源：印尼农业部 http://www.pertanian.go.id/struk_organisasi/index_org.htm。

4. 印度尼西亚主要涉农外资企业投资及项目清单

见表4–1。

表4–1 涉农企业在印尼涉农项目清单

企业	投资项目/行业	投资金额	项目所在地
嘉吉	加纳咖啡项目	1亿美元	特马自贸区
新加坡奥兰国际有限公司	咖啡加工项目	6 100万美元	—
雀巢	牛奶生产项目	1亿美元	东爪哇
金光集团农业综合企业	棕榈油行业	—	—
印多福农业资源有限公司	棕榈油行业	—	—
新加坡丰益国际集团	棕榈油行业	—	—
菲利浦·莫里斯烟草国际公司	并购HM SAMPOERNA烟草公司	—	—

数据来源：Kompas（2011）。

5. 印度尼西亚主要国际组织清单及主要涉农项目清单

见表4-2。

表4-2　亚洲开发银行（ADB）在印尼涉农项目清单

支持组织	项目名称	时间/状态
ADB	High-Value Horticulture Development Project: Initial Poverty and Social Analysis	2016
ADB	High-Value Horticulture Development Project: Faster Approach to Small Nonsovereign Transactions（FAST）Report	2016
ADB	Loan Agreement（Ordinary Operations）for Loan 3455-INO: Accelerating Infrastructure Delivery through Better Engineering Services Project	2016
ADB	Loan Agreement（Ordinary Operations）for Loan 3440-INO: Flood Management in Selected River Basins Sector Project	2016
ADB	Grant Agreement（Strategic Climate Fund）for Grant 0501-INO: Community-Focused Investments to Address Deforestation and Forest Degradation Project	2016
ADB	Accelerating Infrastructure Delivery through Better Engineering Services Project: Report and Recommendation of the President	2016
ADB	Flood Management in Selected River Basins Sector Project: Project Administration Manual	2016
ADB	Community-Focused Investments to Address Deforestation and Forest Degradation Project: Project Administration Manual	2016
ADB	Community-Focused Investments to Address Deforestation and Forest Degradation Project: Grant Assistance Report	2016
ADB	Community-Focused Investments to Address Deforestation and Forest Degradation Project: Gender Action Plan	2016
ADB	Accelerating Infrastructure Delivery through Better Engineering Services Project: Project Administration Manual	2016
ADB	Accelerating Infrastructure Delivery through Better Engineering Services Project: Procurement Plan	2016
ADB	Flood Management in Selected River Basins Sector Project: Report and Recommendation of the President	2016
ADB	Flood Management in Selected River Basins Sector Project: Gender Action Plan	2016
ADB	Community-Focused Investments to Address Deforestation and Forest Degradation Project: Procurement Plan	2016
ADB	Neighborhood Upgrading and Shelter Project（Phase 2）: Audited Project Financial Statements（January-December 2015）	2016
ADB	Water Resources and River Basin Management: Technical Assistance Completion Report	2016
ADB	Integrated Participatory Development and Management of Irrigation Program: Detailed Safeguard Assessment and Program Action Plan	2016

（续）

支持组织	项目名称	时间/状态
ADB	Integrated Participatory Development and Management of Irrigation Program: Program Safeguard Systems Assessment	2016
ADB	Community-focused Investments to Address Deforestation and Forest Degradation: Environmental Assessment and Review Framework	2016
ADB	Community-focused Investments to Address Deforestation and Forest Degradation: Initial Environmental Examination	2016
ADB	Community-focused Investments to Address Deforestation and Forest Degradation: Indigenous Peoples Planning Framework	2016
ADB	Community-focused Investments to Address Deforestation and Forest Degradation: Resettlement Framework	2016
ADB	Improving Water Planning, Management, and Development: Technical Assistance Completion Report	2016
ADB	Integrated Participatory Development and Management of Irrigation Program: Initial Poverty and Social Analysis	2016
ADB	Flood Management in Selected River Basins Sector Project: Procurement Plan	2016
ADB	Integrated Citarum Water Resources Management Program – Project 1: West Tarum Canal Rehabilitation Internal Resettlement Monitoring Report（October–December 2015）	2016
ADB	Integrated Citarum Water Resources Management Program – Project 1: West Tarum Canal Rehabilitation Internal Resettlement Monitoring Report（July–September 2015）	2015
ADB	Strengthening Sound Environmental Management in the Brunei Darussalam, Indonesia, Malaysia, and Philippines East ASEAN Growth Area: Technical Assistance Completion Report	2015
ADB	Sustainable Aquaculture Development for Food Security and Poverty Reduction: Project Completion Report	2015
ADB	Coral Reef Rehabilitation and Management Program–Coral Triangle Initiative Project: Audited Project Financial Statements（January–December 2014）	2015
ADB	Integrated Citarum Water Resources Management Investment Program – Project 1: Rehabilitation of West Tarum Canal Package 1 – Environmental Monitoring Report（January–June 2015）	2015
ADB	Integrated Citarum Water Resources Management Program – Project 1: West Tarum Canal Rehabilitation Internal Resettlement Monitoring Report（April–June 2015）	2015
ADB	Flood Management in Selected River Basins Sector Project: Ciujung Dyke Construction Subproject Resettlement Plan	2015
ADB	Flood Management in Selected River Basins Sector Project: Environmental Assessment and Review Framework	2015
ADB	Flood Management in Selected River Basins Sector Project: Initial Environmental Examination – Ciujung Core Subproject	2015

（续）

支持组织	项目名称	时间/状态
ADB	Flood Management in Selected River Basins Sector Project: Land Acquisition and Resettlement Framework	2015
ADB	Preparation of the Forest Investment Strategy: Technical Assistance Completion Report	2015
ADB	Integrated Citarum Water Resources Management Program – Project 1: West Tarum Canal Rehabilitation Internal Resettlement Monitoring Report（January–March 2015）	2015
ADB	Integrated Citarum Water Resources Management Investment Program – Project 1: Rehabilitation of West Tarum Canal Package 2 – Environmental Monitoring Report（July 2014–January 2015）	2015
ADB	Measuring the Development Effectiveness of Private Sector Operations: Technical Assistance Report	2014
ADB	Integrated Citarum Water Resources Management Program – Project 1: West Tarum Canal Rehabilitation Internal Resettlement Monitoring Report（October–December 2014）	2014
ADB	Integrated Citarum Water Resources Management Investment Program – Project 1: Rehabilitation of West Tarum Canal Package 1 – Environmental Monitoring Report（June–December 2014）	2014
ADB	Preparation of the Forest Investment Strategy: Indonesia Forest Investment Plan（November 2014）	2014
ADB	Integrated Citarum Water Resources Management Program – Project 1: West Tarum Canal Rehabilitation Internal Resettlement Monitoring Report（July–September 2014）	2014
ADB	Rural Infrastructure Support to the PNPM Mandiri Project II: Project Completion Report	2014
ADB	Institutional Strengthening for the Water Resources Sector	2014
ADB	Integrated Citarum Water Resources Management Program – Project 1: West Tarum Canal Rehabilitation Internal Resettlement Monitoring Report（April–June 2014）	2014
ADB	Participatory Irrigation Sector Project	2014
ADB	Community–focused Investments to Address Deforestation and Forest Degradation	2014
ADB	Community–Focused Investments to Address Deforestation and Forest Degradation	2014
ADB	Proyek Inisiatif Segitiga Karang–Program Rehabilitasi dan Manajemen Terumbu Karang	2014
ADB	Integrated Citarum Water Resources Management Program – Project 1: West Tarum Canal Rehabilitation Internal Resettlement Monitoring Report（January–March 2014）	2014
ADB	Indonesia Irrigation Sector Project	2014
ADB	Integrated Participatory Development and Management of Irrigation Project for Western Indonesia Phase 1 and Integrated Participatory Development and Management of Irrigation Project for Eastern Indonesia Phase 1	2014
ADB	Loan Agreement for Coral Reef Rehabilitation and Management Program–Coral Triangle Initiative Project	2013

（续）

支持组织	项目名称	时间/状态
ADB	Grant Agreement for Coral Reef Rehabilitation and Management Program–Coral Triangle Initiative Project	2013
ADB	Coral Reef Rehabilitation and Management Program–Coral Triangle Initiative Project	2013
ADB	Coral Reef Rehabilitation and Management Program–Coral Triangle Initiative Project	2013
ADB	Coral Reef Rehabilitation and Management Program – Coral Triangle Initiative Project	2013
ADB	Integrated Citarum Water Resources Management Investment Program – Project 1: West Tarum Canal Rehabilitation	2013
ADB	IKK Water Supply Sector Project: Initial Poverty and Social Analysis	2013
ADB	IKK Water Supply Sector Project: Project Preparatory Technical Assistance Report	2013
ADB	Integrated Citarum Water Resources Management Program – Project 1: Social Safeguard Monitoring Report	2013
ADB	Coral Reef Rehabilitation and Management–Coral Triangle Initiative Project	2013
ADB	Flood Management in Selected River Basins Project	2013
ADB	Improving Water Planning, Management, and Development	2013
ADB	Coral Reef Rehabilitation and Management Program–Coral Triangle Initiative Project: Procurement Plan	2013
ADB	Coral Reef Rehabilitation and Management–Coral Triangle Initiative Project	2013
ADB	Coral Reef Rehabilitation and Management–Coral Triangle Initiative Project	2013
ADB	Coral Reef Rehabilitation and Management–Coral Triangle Initiative Project	2013
ADB	Coral Reef Rehabilitation and Management–Coral Triangle Initiative Project	2013
ADB	Supporting Investments in Water–Related Disaster Management: Technical Assistance Partner's Report	2013
ADB	Integrated Citarum Water Resources Management Investment Program	2013
ADB	Sustainable Forest and Biodiversity Management in Borneo	2013
ADB	Integrated Citarum Water Resources Management Investment Program – Project 1: Watershed Management and Biodiversity Conservation Sub Component（Grant Component）	2013
ADB	Coral Reef Rehabilitation and Management Project Phase II	2012
ADB	Integrated Citarum Water Resources Management Program – Project 1: Inception Report of External Monitoring Agency	2012
ADB	Poor Farmers' Income Improvement Through Innovation Project	2011

（续）

支持组织	项目名称	时间/状态
ADB	Update on Resettlement Information: Booklet Informasi Publik Rehabilitasi Saluran Tarum Barat	2011
ADB	Developing Sustainable Alternative Livelihoods in Coastal Fishing Communities in the Coral Triangle – Indonesia and Philippines: Grant Assistance Report	2011
ADB	Loan Agreement for Urban Sanitation and Rural Infrastructure Support to PNPM Mandiri Project between Republic of Indonesia and Asian Development Bank dated 30 September 2011	2011
ADB	Preparing the Integrated Citarum Water Resources Management Investment Program Periodic Financing Request 2	2011
ADB	Water Resources and River Basin Management	2011
ADB	Capacity Building in Water Resources in a Decentralized Environment	2010
ADB	Institutional Strengthening for the Water Resources Sector	2010
ADB	Tangguh Liquefied Natural Gas Project Operator’ s Environmental	2010
ADB	Rice Fortification for the Poor	2010
ADB	Urban Sanitation and Rural Infrastructure Support to PNPM Mandiri Project: Resettlement Framework（as of Board approval）	2010
ADB	Supporting Investments in Water Security in River Basins	2010
ADB	Rural Infrastructure Support to the PNPM Mandiri Project II	2010
ADB	Empowering the Poor through Increasing Access to Energy	2010
ADB	Rural Infrastructure Support Project	2009
ADB	Integrated Citarum Water Resources Management Investment Program	2009
ADB	Rural Infrastructure Support to the PNPM Mandiri Project II	2009
ADB	Loan Agreement for Integrated Citarum Water Resources Management Investment Program – Project 1 between Republic of Indonesia and Asian Development Bank dated 22 April 2009	2009
ADB	Loan Agreement for Integrated Citarum Water Resources Management Investment Program – Project 1 between Republic of Indonesia and Asian Development Bank dated 22 April 2009	2009
ADB	Community Empowerment for Rural Development Project	2009
ADB	Rural Income Generation Project	2008
ADB	Integrated Citarum Water Resources Management Investment Program	2008
ADB	Loan Agreement for Rural Infrastructure Support to PNPM Mandiri Project between Republic of Indonesia and Asian Development Bank dated 26 November 2008	2008

（续）

支持组织	项目名称	时间/状态
ADB	Integrated Pest Management for Smallholder Estate Crops Project	2008
ADB	Central Sulawesi Integrated Area Development and Conservation Project	2008
ADB	Rural Infrastructure Support to the PNPM Mandiri Project	2008
ADB	Rural Infrastructure Support to the PNPM Mandiri Project	2008
ADB	Integrated Citarum Water Resources Management Investment Program – Project 1	2008
ADB	Integrated Citarum Water Resources Management Investment Program	2008
ADB	Integrated Citarum Water Resources Management Investment Program	2008
ADB	Integrated Citarum Water Resources Management Investment Program: Resettlement Framework	2008
ADB	Coastal Community Development and Fisheries Resources Management Project	2008
ADB	Natural Resources Management in a Decentralized Framework	2008
ADB	Participatory Development of Agricultural Technology Project	2008
ADB	Rural Infrastructure Support to PNPM Mandiri Project	2008
ADB	Rural Infrastructure Support for PNPM Mandiri	2008
ADB	Participatory Irrigation Sector Project	2008
ADB	Integrated Citarum Water Resources Management Project	2007
ADB	Capacity Building in Water Resources in a Decentralized Environment	2007
ADB	Poor Farmers' Income Improvement through Innovation Project	2007
ADB	South Java Flood Control Sector Project	2007
ADB	Carbon Sequestration through the Clean Development Mechanism（CDM）	2007
ADB	Marine and Fisheries Sector Strategy Study	2007
ADB	Natural Resources Management in a Decentralized Framework	2007
ADB	Amendment to the Loan Agreement for Sustainable Aquaculture Development for Food Security and Poverty Reduction Project（12 July 2007）	2007
ADB	Sustainable Aquaculture Development for Food Security and Poverty Reduction Project	2007
ADB	Northern Sumatra Irrigated Agriculture Sector Project	2007
ADB	Tangguh Liquefied Natural Gas Project	2007
ADB	Tangguh Liquefied Natural Gas Project	2007
ADB	Tangguh Liquefied Natural Gas Project: Environmental Monitoring Report（March 2007）	2007

（续）

支持组织	项目名称	时间/状态
ADB	Loan Agreement for Sustainable Aquaculture Development for Food Security and Poverty Reduction Project between Republic of Indonesia and Asian Development Bank dated 15 March 2007	2007
ADB	Integrated Citarum Water Resources Management Project（Financed by the Technical Assistance Special Fund	2007
ADB	Integrated Citarum Water Resources Management: Initial Environmental Examination	2006
ADB	Integrated Citarum Water Resources Management: Summary Initial Environmental Examination	2006
ADB	Sustainable Aquaculture Development for Food Security and Poverty Reduction Project	2006
ADB	Segara Anakan Conservation and Development Project	2006
ADB	Loan Agreement for Rural Infrastructure Support Project between Republic of Indonesia and ADB dated 29 March 2006	2006
ADB	Progress Report on Indonesia: Aceh–Nias Rehabilitation and Reconstruction	2006
ADB	Second Nucleus Estate and Smallholder Oil Palm Project	2005
ADB	Natural Resources Management in a Decentralized Framework	2005
ADB	Sustainable Aquaculture Development for Food Security and Poverty Reduction Project	2005
ADB	Rural Infrastructure Support Project	2005
ADB	BAPEDAL Regional Network Project	2005
ADB	Rehabilitation of Coral Reef and Mangrove Resources in the Special Province of Nanggroe Aceh Darussalam Project	2005
ADB	Sustainable Livelihood Development for Coastal Communities in the Special Province of Nanggroe Aceh Darussalam Project	2005
ADB	Seismically Upgraded Housing in Nanggroe Aceh Darussalam and North Sumatera	2005
ADB	Agriculture and Rural Development Strategy Study	2005
ADB	Preparing the Community–Based Land Rehabilitation and Management Project Revised Amount	2005
ADB	Participatory Irrigation Sector Project: Compensation Policy Framework and Procedural Guidelines	2005
ADB	Sustainable Management System for Tree Crops Development Project	2005
ADB	Marine and Fisheries Sector Strategy Study	2005
ADB	Sulawesi Rainfed Agriculture Development Project	2004
ADB	Preparing the Integrated Coastal Fisheries Resource Management Project（Financed by the Government of the United Kingdom）	2004

（续）

支持组织	项目名称	时间/状态
ADB	Coral Reef Rehabilitation and Management Project Phase II: Indigenous Peoples Development Framework	2004
ADB	Central Sulawesi Integrated Area Development and Conservation: Indigenous Peoples Plan	2004
ADB	Upland Farmer Development Project	2004
ADB	Sustainable Livelihood Development for Poor Coastal and Small Island Communities	2004
ADB	Gas Generation from Waste Project	2004
ADB	Sustainable Agriculture Development Project in Irian Jaya	2004
ADB	Participatory Irrigation Sector Project	2003
ADB	Preparing the Productivity Enhancement for Tree Crops Project	2003
ADB	Preparing the Sustainable Aquaculture Development for Food Security and Poverty Reduction Project	2003
ADB	Integrated River Basin Development Project in Maluku and in East Nusa Tenggara	2003
ADB	South Java Flood Control Project: Compensation Policy Framework and Procedural Guidelines	2003
ADB	Coral Reef Rehabilitation and Management Project, Phase II	2002
ADB	Preparing the Community–Based Land Rehabilitation and Management Project	2002
ADB	Second Integrated Irrigation Sector Project	2002
ADB	Second Land Resource Evaluation and Planning Project（Loan 1099–INO）	2002
ADB	Poor Farmers' Income Improvement Through Innovation Project	2002
ADB	Agriculture and Rural Development Strategy Study（ACCSF）	2002
ADB	Integrated Irrigation Sector Project（Loans 1017/1018–INO[SF]）	2001
ADB	Agricultural Technology Schools Project（Loan 1050–INO）	2001
ADB	Participatory Irrigation Sector Project	2001
ADB	Central Java Groundwater Irrigation Development Project	2001
ADB	Biodiversity Conservation in Flores and Siberut	2001
ADB	Marine Resource Evaluation and Planning Project	2001
ADB	Poor Farmers' Income Improvement	2000
ADB	Community Empowerment for Rural Development Project	2000
ADB	Nusa Tenggara Agricultural Development Project	1999
ADB	Second Brackishwater Aquaculture Development Project	1999
ADB	Timber Plantation Project	1998

（续）

支持组织	项目名称	时间/状态
ADB	Flores Emergency Reconstruction Project	1998
ADB	Irrigated Command Area Development Project（Loan 818-INO）	1998
ADB	Agriculture Sector Strategy Review	1998
ADB	Fisheries Infrastructure（Sector）Project（Loan 693-INO）	1997
ADB	Food Crop Sector Program（Loans 1014/1015-INO[SF]）	1997
ADB	Coastal Community Development and Fisheries Resource Management Project	1997
ADB	Northern Sumatra Irrigated Agriculture Sector Project	1997
ADB	Northern Sumatra Irrigated Agriculture Sector Project	1997
ADB	Coastal Community Development and Fisheries Resources Management Project – SEIA	1997
ADB	Participatory Development of Agricultural Technology Project	1997
ADB	Central Sulawesi Integrated Area Development and Conservation Project – SEIA	1997
ADB	Nusa Tenggara Agricultural Development Project	1997
ADB	Land Resource Evaluation and Planning Project（Loan 730-INO）	1996
ADB	Agriculture Sector Strategy Review	1996
ADB	South Java Flood Control Sector Project	1996
ADB	Irrigation Package Project（Loan 581-INO）	1996
ADB	South Java Flood Control Sector Project – SEIA	1996
ADB	P.T.Banjarmasin Agrojaya Mandiri Project	1996
ADB	Agro-Industries Credit Project（Loan 881-INO）	1996
ADB	Third Irrigation Sector Project	1995
ADB	Remote Sensing Applications for Natural Resource Management	1995
ADB	Farmer Managed Irrigation Systems Project	1995
ADB	North Java Flood Control Sector Project	1995
ADB	Third Irrigation Package Project	1995
ADB	Irrigation Package Project	1995
ADB	Second Irrigation Package Project（Loan 627-INO）	1995
ADB	Sustainable Agriculture Development Project in Irian Jaya	1993
ADB	Mangrove Rehabilitation and Management Project in Sulawesi	1993
ADB	Bali Irrigation Sector Project	1992

（续）

支持组织	项目名称	时间/状态
ADB	Brackishwater Aquaculture Development Project	1992
ADB	Bali Irrigation Sector Project	1990
ADB	East Java Sugar Project	1981
ADB	Bali Irrigation Sector Project	1981

资料来源：亚洲开发银行https://www.adb.org/。

表4-3 其他国际组织在印尼涉农项目清单

支持组织	项目名称	时间/状态
IFAD	Integrated Participatory Development and Management of the Irrigation Sector Project	进行中
IFAD	Smallholder Livelihood Development Project in Eastern Indonesia	进行中
IFAD	Rural Empowerment and Agricultural Development Programme in Central Sulawesi	完结
IFAD	Eastern Islands Smallholder Farming Systems and Livestock Development Project	完结
IFAD	Eastern Islands Smallholder Cashew Development Project	完结
IFAD	South Sumatera Smallholder Tree Crops Development Project	完结
IFAD	East Java Rainfed Agriculture Project	完结
IFAD	Second Smallholder Cattle Development Project	完结
IFAD	Seventeenth Irrigation（East Java Province）Project	完结
IFAD	Sulawesi Paddy Land Development Project	完结
IFAD	Smallholder Cattle Development Project	完结
IFPRI	Pro-poor HPAI Risk Reduction Strategies	-
IFPRI	Markets for High-Value Commodities in Indonesia	-

资料来源：IFAD https://www.ifad.org/、IFPRI http://www.ifpri.org/。

6. 中资企业和他国企业在印度尼西亚农业投资案例

（1）天津聚龙集团投资印度尼西亚棕榈油产业

聚龙集团成立于1993年，是一家以使用棕榈油为主业的民营企业集团，已形成集油料作物种植、油脂加工、港口物流、粮油贸易、油脂产品研发、品牌包装油推广与粮油产业金融服务为一体的棕榈油产业链。聚龙集团在天津市、江苏省和印度尼西亚共和国设有多个企业实体，截至2013年11月底，拥有海内外员工7 160人，其中外籍员工5 745人。目前，聚龙集团在中国棕榈油贸易领域市场份额最大，是全球第一家通过绿色食品认证棕榈油加工企业。在2014年中国粮油财富论坛中，聚龙集团连续四年荣获“中国百佳粮油企业”称号。

聚龙集团依托印度尼西亚、马来西亚等国的土地与环境资源，在稳固棕榈油加工贸易的基础上，加大包装棕榈油市场推广与产品研发力度。2005年，积极响应国家有关支持企业走出去的号召，聚龙集团派出专门团队赴东南亚对该地区的棕榈种植业进行了长达一年多的综合考察。2006年，聚龙开始在印度尼西亚建成了中国在海外的第一个棕榈种植园，并于2007年推出了国内市场上第一款小包装棕榈油，填补了中国国内小包装食用油的市场空白。2011年年初，聚龙集团建成了棕榈油压榨厂，建立了有效的上游原料供应保障体系，为维护国家粮油安全做出了贡献。根据《商务部财政部关于印发〈境外经济贸易合作区确认考核办法〉的通知》，聚龙集团旗下天津市邦柱贸易有限责任公司投资建设的中国·印尼聚龙农业产业合作区符合境外经济贸易合作区确认考核要求，确认为国家级境外经济贸易合作区。

聚龙印尼产业园以棕榈油产业链为主导，集油棕种植开发、棕榈油初加工、精炼与分提、品牌包装油生产、油脂化工及生物柴油提炼于一体，同时积极发展仓储、物流、公共服务等配套产业。合作区项目按照“一区多园、合作开发、全产业链构建”模式开发建设，总体规划年限8年（2015—2022年），规划面积4.21平方公里，项目建设投资约12.45亿美元，包括中加里曼丹园区、南加里曼丹园区、西加里曼丹园区、北加里曼丹园区与楠榜港园区五大园区。目前，聚龙在印尼已经拥有总面积近20万公顷的棕榈种植园，配套建有3个压榨厂、2处河港物流仓储基地和1处海港深加工基地。企业拥有境外员工近万人，不仅为当地创造了大量就业机会，促进了当地经济的增长，也响应了国家的农业国际合作战略，增强中国农业企业国际竞争力。截至2016年6月，示范区累计完成投资近1.2亿美元。主要营销产品包括棕榈果、毛棕榈油、小包装油等。棕榈种植企业将新鲜采摘棕榈果直接供应给园区压榨厂企业，生产出毛油通过物流企业运输到印尼当地企业和包装油企业，小包装油主要销往印尼当地和非洲等国家，已经形成了完善的集油棕种植、加工、运输、仓储等为一体的上下游产业链体系。聚龙集团投资印尼具有以下一些成功经验：

一是瞄准棕榈油市场。中国是棕榈油主要消费国之一，20世纪90年代棕榈油刚开始进入中国市场时以其价低、量大等特点获得了国内油脂贸易商的青睐，但受制于植物油脂的进口政策，棕榈油进口量一直处于低位徘徊，进入21世纪随着中国逐渐解禁植物油进口限制政策，国内棕榈油进口量逐年攀升，而与此同时国内棕榈油工业消费量也稳步增加，由2000年的不足30万吨/年的消费量增至2015年200万吨/年。近几年棕榈油价格的持续上涨及国内经济改善，市场小包装调和油市场前景好。

二是定位棕榈油全产业链。2006年，聚龙公司正式启动对外农业产业投资，在印度尼西亚布局以棕榈种植园开发为主要标志的油棕上游产业。在布局棕榈种植园的同时，并配套建有3个压榨厂，2处河港物流仓储基地，1处海港深加工基地，研发品牌棕榈油产品，提升投资价值。

三是吸引国内农业企业形成群聚效应。在原有农业开发的基础上，聚龙公司从2013年开始建设中国·印尼聚龙农业产业合作区，积极打造服务海外农业投资的平台。合作区累计吸引各类入区企业14家。

四是国内走出去政策支持。中国·印度尼西亚聚龙农业产业农村合作区项目在2015年被农村部列为全国农业国际合作首批试点项目，并纳入国家农业部农业走出去重点项目储备库。同年，被天津市委确定为天津市“十三五”规划建议建设的重点项目。2016年8月，示范区已通过国家商务部、财政部考核，顺利成为国家级境外经贸合作区。按国家规定获得了一定的资金支持，为合作区的建设打下了良好的基础。

(2) 嘉吉公司投资印尼农业

嘉吉公司（Cargill）首次在印尼投资是在1974年，当时在西爪省茂物县的Gunung Putri设立规模不大的畜牧场，营业产品包括可可、谷类、营养食品、白糖、棕榈油和生物油脂等。

动物饲料。1974年最先开始的业务便是动物饲料，在印尼西爪哇茂物建立小型的饲料加工厂，现在已经拥有6家饲料厂，制造超过100种饲料。这6家加工厂分别位于北苏门答腊省的Deli Serdang、万丹省的Serang、西爪哇省的Gunung Putri、中爪哇省的Semarang、东爪哇省的Pasuruan和南苏拉威西省的Makassar。

可可。印尼是世界上可可豆第三大生产国。1995年嘉吉开始在苏拉威西岛的Makassar建立可可业务，该地区具有重要的可可出口港口。雇佣当地劳动力300人，年加工3.5万吨可可豆，出口东南亚、拉美、欧洲和美国。可可豆以小农生产为主，嘉吉为种植户提供培训项目，提高可可品质和价值，同时实施了如兴建学校等公益服务项目。

谷物和油料。1999年嘉吉在印尼开始大豆进口业务，逐步扩大到谷物和油料供应产业链，进入食品和饲料产业，例如食用大豆、生产豆粕及饲料营养，制造可可油等。

棕榈油。1996年开始投资位于南苏门答腊省的Hindoli责任有限公司的棕榈种植园，分别于2005年收购西加里曼丹省的Harapan Sawit Lestari和Indo Sawit Kekal公司、2014年收购Pliplant集团，拥有了该集团5家种植园。嘉吉一共在印尼拥有7.6万公顷种植园，雇佣18 000人，与2.1万户种植户合作。为树立良好形象，在南苏门答腊省和西加里曼丹省的农村社区兴建了21所学校，提供了健康诊断项目等等。

糖料。2010年嘉吉公司以3亿美元，或等于2.72万亿盾的资金，收购印尼糖料龙头企业梭利尼（Sorini Agro Asia Cor-porindo）农园公司的85.01%股份，开始了进军印尼农园市场的战略。嘉吉公司通过梭利尼公司两个大股东，即印尼爱凯尔股份有限公司

（AKR Corporindo）和大华继显控股（UOB Kay Hian），收购该企业的股份，每股价值为3 500印尼盾。经过上述收购，嘉吉公司以85.01%股权成为印尼棱利尼农园公司最大股东，该美企还将继续由瑞士信贷集团（Credit Suisse）担任财政咨询顾问，根据印尼现行法律分期收购棱利尼公司所剩下的股份，作为该美企在印尼的投资战略步骤。

嘉吉在印尼以大宗粮食贸易为依托，重点围绕印尼优势农产品资源（粮食、棕榈油和可可），产业链上已经覆盖了从物流、贸易到深加工等各个环节。初期以绿地投资为主，后期主要通过收购印尼企业来扩大市场份额。在进行农业开发同时，注意社会责任，通过农民培训、修建道路、兴建学校等公益服务等提升社会对嘉吉的认可。

参考文献

单宝君, 2012. 印度尼西亚地方制度研究[D]. 济南：山东大学.

韩杨, 张玉强, 刘维, 等, 2016. 中国南海周边国家和地区海洋捕捞渔业发展趋势与政策：基于中国与印度尼西亚、菲律宾、越南、马来西亚、文莱、中国台湾地区的比较[J]. 世界农业(1): 102–107.

华生, 2000. 印尼近期出台和即将出台的几项政策[J]. 东南亚南亚信息(5): 5–6.

纪炜炜, 阮雯, 方海, 等, 2013. 印度尼西亚渔业发展概况[J]. 渔业信息与战略(4): 13.

李延敏, 焦倩雯, 2015. 印度尼西亚农村金融联结制度的实践及启示[J]. 世界农业(8): 32–37.

刘静, 周婧, 2013. 中国企业对印度尼西亚投资现状与前景的探究[J]. 东方企业文化(17): 87.

刘新山, 姚智慧, 赵希波, 2010. 印尼渔业行政管理机构及其渔业法律制度[J]. 中国渔业经济(4): 58–65.

马汝骏, 1981. 印度尼西亚农业[J]. 世界农业(12): 1–4.

季普托赫里杨托, 谧谷, 1994. 印度尼西亚的宏观经济政策和促进出口政策[J]. 南洋资料议从(Z2): 31–37.

王正立, 2012. 印度尼西亚土地征用制度研究[J]. 国土资源情报(7): 29–32.

吴崇伯, 2009. 印尼农业发展成就、政府扶助农业的主要政策措施及存在的问题[J]. 南洋问题研究(1): 1–11.

吴崇伯, 2012. 印尼内需主导型经济发展及其政策启示[J]. 亚太经济(6): 81–85.

尹必健, 2011. 印度尼西亚农业发展概述[J]. 粮食流通技术(6): 38–40.

印度尼西亚《商报》, 2014. 印尼养殖渔业发展潜力大[J]. 世界热带农业信息(11): 22.

印度尼西亚共和国. 投资法[Z], 2007年第25号.

印度尼西亚国会. 农业保护与赋税法案[Z], 2013.

印度尼西亚推出惠农法案支持农业发展[N]. 中国新闻网, 2013–08–09.

张洁, 2005. 中国与印度尼西亚农业合作问题的思考[J]. 世界农业(7): 18–20.

张莉, 2011. 印度尼西亚畜牧业政策及畜产品贸易分析[J]. 黑龙江畜牧兽医(24): 23–25.

朱增勇, 曲春红, 2015. 印度尼西亚种植业及其与中国合作研究[J]. 世界农业(10): 64–68.

MAR K, WOO J, 2009. 新兴国家土地管理畅谈系列之六印度尼西亚的土地行政管理[J]. 哲伦, 编译. 实行天下资源(21): 39–42.

Buku Statistik Makro 2016. http://epublikasi.setjen.pertanian.go.id/arsip–perstatistikan/407–statistik–pertanian–2016.

Indikator Pertanian 2015/2016.https://www.bps.go.id/index.php/publikasi/index?Publikasi_page=16.

Renstra Pertanian 2015–2019V1.http://www.pertanian.go.id/sakip/admin/file/RENSTRA%20PERTANIAN%202015–2019V1.pdf.

Statistik Pertanian 2016.http://epublikasi.setjen.pertanian.go.id/arsip–perstatistikan/407–statistik–pertanian–2016.

Statistik Prasarana dan Sarana Pertanian Tahun 2011–2015.http://psp.pertanian.go.id/assets/file/2017/BUKU%20STATISTIK–DITJEN%20PSP–2011–2015.pdf.

全球重点国家农业发展情况系列研究报告

亚洲 · 东南亚篇

柬埔寨

Cambodia

农业农村部对外经济合作中心　编著

中国农业出版社
北　京

图书在版编目（CIP）数据

全球重点国家农业发展情况系列研究报告．亚洲．东南亚篇．柬埔寨/农业农村部对外经济合作中心编著．—北京：中国农业出版社，2019.12

ISBN 978-7-109-26304-8

Ⅰ．①全… Ⅱ．①农… Ⅲ．①农业发展-研究报告-世界 ②农业发展-研究报告-柬埔寨 Ⅳ．①F313 ②F333.53

中国版本图书馆CIP数据核字（2019）第284972号

亚洲·东南亚篇　柬埔寨

YAZHOU·DONGNANYA PIAN　JIANPUZHAI

中国农业出版社出版

地址：北京市朝阳区麦子店街 18 号楼

邮编：100125

责任编辑：张丽四　黄曦　程燕　张丽　丁瑞华

责任校对：沙凯霖

印刷：中农印务有限公司

版次：2019 年 12 月第 1 版

印次：2019 年 12 月北京第 1 次印刷

发行：新华书店北京发行所

开本：787mm×1092mm　1/16

总印张：55

总字数：1350 千字

总定价：180.00 元（共 8 册）

《亚洲·东南亚篇　柬埔寨》编写委员会

主　　编：杨　易

副 主 编：周　勇　杨　光　陈瑞剑

参编人员：祁梦超　陈祥新　刘　兰　尹　豪　张玲玲
姜　晔　于　敏　柏　娜　茹　蕾　龙　盾
刘　晴　刘建玲　许　勇　张　琦　肖金明
赵婕羽　宁攸凉

摘要

柬埔寨位于中南半岛南部，国土面积18.1万平方公里，海岸线长460公里。2018年，柬埔寨人口约1 625万人，其中农村人口1 245万人，约占76.6%，城市人口约23.4%。柬埔寨有20多个民族，其中高棉族为主体民族，占总人口的80%，高棉语为通用语言，与英语、法语均为官方语言。柬埔寨是亚洲最不发达的国家之一，农业、服装和建筑业、旅游业以及外国直接投资是国家四大经济支柱，2018年柬国内生产总值达245.7亿美元，实际增长7.52%，人均国内生产总值1 512美元。柬埔寨第五届政府于2013年9月成立，洪森为首相。

柬埔寨农作物品种丰富，有水稻、木薯、玉米、天然橡胶等，还盛产各种热带水果，其中水稻是柬埔寨最主要的农作物，产量占农产品总产量的90%以上，产值占全国农业总产值的70%以上，木薯是柬埔寨的第二大经济作物。柬埔寨畜牧业至今尚未形成规模，而仅仅是作为农民的一种家庭副业而存在；淡水渔业资源丰富，成为整个国民经济的支柱产业，渔业及其加工业提供了大约330万个岗位；林业资源丰富，森林面积约890万公顷，盛产柚木、铁木、紫檀、卯木、观丹木等贵重的热带木材，木材出口在国民经济中占有重要地位。农业对柬埔寨的经济起着重要作用，大约80%的高棉人都依靠农业作为收入来源，2018年农业增加值54.1亿美元，占GDP的22.01%。

近年来，中柬经贸关系发展较快，农业成为两国重点合作领域之一，双方先后签署了多份农业合作文件。中国有许多比较成熟的农业实用技术，长期以来，积极对柬埔寨提供农业领域援助，支持柬埔寨的农产品研究和农业技术推广、农业人才培训等，主要对稻谷、木薯、天然橡胶等农作物，畜牧、水产等养殖业，农机具、农药、化肥等农用物资进行研究、培训，旨在保证柬埔寨农业可持续发展，开拓柬埔寨农产品国际市场。同时，柬埔寨农产品可返销中国，满足中国国内过大的农产品需求。

随着农业的发展，柬埔寨对农机、农药、化肥等农资的需求日益增长，双方应加强境外农业投资的公共服务，建立数据库和动态联系制度等，搞好服务平台建设，建立农产品龙头企业对接合作机制和农业投资信息服务渠道；加强政府部门协作，提升管理和服务水平，组建柬埔寨农产品出口、对外投资、劳务输出等农业投资行业协会，为企业实施境外农业投资保驾护航。

目 录

CONTENTS

摘要

一、柬埔寨国别宏观情况

（一）国家概况

柬埔寨，全称柬埔寨王国，位于中南半岛南部，北接老挝，西北部与泰国为邻，东部和东南部与越南接壤，西南濒临泰国湾。国土面积18.1万平方公里，与中国广东省（18.0万平方公里）面积相当，海岸线长460公里。据统计，2018年年底柬埔寨人口1 625万人，有20多个民族，其中高棉族占总人口的80%。高棉语为通用语言，与英语、法语均为官方语言。国教为佛教。2018年，国内生产总值为245.7亿美元，人均国内生产总值1 512美元，柬埔寨是亚洲最不发达的国家之一。中柬两国始终保持着友好关系，为双方政治、经济、社会、文化等全方位合作创造了良好的环境。

表1-1　2018年柬埔寨国家基本情况及与中南半岛其他国家情况比较

指标	柬埔寨	老挝	缅甸	越南	泰国
国土（万平方公里）	18.1	23.7	67.7	33.0	51.3
GDP（亿美元）	245.7	181.3	712.2	2 449.5	5 049.9
人口（万人）	1 625	706.2	5 370.8	9 554.0	6 942.9
人均GDP（美元）	1 512.1	2 567.6	1 326.0	2 563.8	7 273.6
农业GDP占比（%）	22.0	15.7	24.6	14.6	8.1

数据来源：世界银行数据库。

1. 地理和行政区划

柬埔寨中部和南部是平原，东部、北部和西部被山地、高原环绕，大部分地区被森林覆盖。奥拉山为境内最高峰，海拔1 813米。湄公河在境内长约500公里，流贯东部。洞里萨湖是中南半岛的最大湖泊，旱季低水位时，面积达2 500多平方公里，雨季湖面达1万平方公里。柬埔寨海岸线长约460公里，沿海多岛屿，主要有戈公岛、隆岛等。

柬埔寨分为20个省和4个直辖市（括号内为首府）：班迭棉吉省（诗梳风）、马德望省（马德望）、磅湛省（磅湛）、磅清扬省（磅清扬）、磅士卑省（磅士卑）、磅同省（磅同）、贡布省（贡布）、干丹省（达克茂）、戈公省（戈公）、白马市（直辖市）、桔井省（桔井）、蒙多基里省（森莫诺隆）、奥多棉吉省（松朗）、拜林（直辖市）、金边（直辖市）、西哈努克市（直辖市）、柏威夏省（柏威夏）、菩萨省（菩萨）、波萝勉省（波萝勉）、腊塔纳基里省（Banlung）、暹粒省（暹粒）、上丁省（上丁）、柴桢省（柴桢）、茶胶省（茶胶）。

首都金边（Phnom Penh）面积678.5平方公里，人口约300万（2018年）。金边地处洞里萨河与湄公河交汇处，是柬埔寨政治、经济、文化和宗教中心。

2. 历史概要

柬埔寨建国于公元1世纪下半叶，历经扶南、真腊、吴哥等时期。9世纪至14世纪吴哥王朝为鼎盛时期，国力强盛，文化发达，创造了举世闻名的吴哥文明，13世纪中叶起至1434年由于泰国的素可泰王朝入侵而衰落。

1863年沦为法国保护国。1940年被日本占领。1945年日本投降后再次被法国殖民者占领。1953年11月9日，柬埔寨王国宣布独立。1954年7月，法国被迫同意撤军。1970年3月18日，朗诺在美国策动下发动政变，23日西哈努克亲王宣布成立柬埔寨民族统一阵线，5月5日成立以宾努亲王为首相的柬埔寨国民族团结政府，柬共领导人乔森潘担任副首相。

1975年4月17日，全国解放。在1975年至1979年，红色高棉获得柬埔寨执政权。1976年1月颁布新宪法，改名为民主柬埔寨。4月，西哈努克亲王、宾努亲王宣布退休。乔森潘任国家主席团主席，柬共（红色高棉）总书记波尔布特任总理。红色高棉执政期间，多达200万人因饥饿、过劳、被折磨而死亡或遭到处决。

1978年年底越南出兵侵占柬埔寨，扶植柬埔寨人民共和国政权。1979年12月，民柬决定终止宪法，改组政府。1982年7月9日，西哈努克亲王、宋双、乔森潘三派抵抗力量实现联合，组成民主柬埔寨联合政府。1990年9月，柬埔寨抵抗力量三方同金边方面的代表在雅加达会晤后宣布组成柬埔寨全国最高委员会。

1991年7月，西哈努克被推举为柬埔寨全国最高委员会主席。10月23日，柬埔寨问题国际会议在巴黎召开，签署了《柬埔寨冲突全面政治解决协定》（通称《巴黎协定》）。11月，西哈努克亲王返回祖国，全国最高委员会在金边设立总部。1993年5月23～28日，柬埔寨在联合国驻柬埔寨临时权力机构的组织和监督下举行大选，选举产生制宪会议。9月21日。制宪会议通过新宪法，决定恢复君主立宪制。9月24日，西哈努克亲王签署新宪法，制宪会议转为国民议会。9月26日，联柬机构宣布结束在柬埔寨的使命。11月2日，柬埔寨王国政府正式成立。11月15日，联合国驻柬埔寨维持和平部队全部撤离，柬埔寨王国进入和平重建历史新时期。

1993年5月，柬埔寨在联合国主持下举行首次全国大选。9月，颁布新宪法，改国名为柬埔寨王国，西哈努克重登王位。11月，柬埔寨王国政府成立，拉纳烈和洪森分别任第一、二首相。1994年柬埔寨国会通过立法宣布民柬为非法组织。1997年7月，联合执政的人民党（以下简称“人党”）和奉辛比克党（以下简称“奉党”）爆发军事冲突，拉纳烈被废黜第一首相，流亡国外。1998年7月26日，柬埔寨举行第二次全国大选，人党获胜成为第一大党，11月30日成立以洪森为首相的第二届联合政府，奉党国会议席居次，拉纳烈出任国会主席。12月，前民柬领导人乔森潘、农谢归顺政府，柬埔寨民族和解取得重大进展，进入和平与发展的新时期。

2003年7月，柬埔寨举行第三届全国大选，人党获胜。人、奉、森三党在权利分配上分歧严重，组阁陷入僵局。2004年7月15日，组阁僵局被打破，人党和奉党就联合执政达成协议，拉那烈和洪森分别任国会主席和政府首相，第三届王国政府正式成立。

2004年10月6日，西哈努克国王在北京宣布退位。14日，柬埔寨王位委员会9名成员一致推选西哈莫尼为新国王。29日，西哈莫尼在王宫登基即位。

3. 政治制度

柬埔寨实行君主立宪制，国王是国家最高元首，国会是最高权力和立法机构，参议院有权审议国会通过的法案。政府首相由赢得国会议席50%+1简单多数的政党候选人担任。现任国王为诺罗敦·西哈莫尼，参议院主席赛冲，国会主席韩桑林，首相洪森。

柬埔寨现行宪法1993年9月21日经柬制宪会议通过，由西哈努克国王于同年9月24日签署生效。宪法规定，柬埔寨的国体是君主立宪制，实行多党制和自由市场经济，立法、行政、司法三权分立。国王是终身制国家元首、武装力量最高统帅、国家统一和永存的象征，有权宣布大赦，在首相建议并征得国会主席同意后有权解散国会。国王因故不能理政或不在国内期间由参议院主席代理国家元首职务。王位不能世袭。国王去世、退休或退位后，由首相、佛教两派僧王、参议院和国会正副主席共9人组成的王位委员会在7日内从安东、诺罗敦和西索瓦三支王族后裔中遴选产生新国王。

国会是柬埔寨国家最高权力机构和立法机构，每届任期5年。首届国会成立于1993年，由120名议员组成，其中奉辛比克党58人，人民党51人，佛教自由民主党10人，莫里纳卡党1人。人民党主席谢辛任国会主席。国会下设10个专门委员会。第二届国会成立于1998年9月，由122名议员组成，其中人民党64人，奉辛比克党43人，森朗西党15人。人、奉两党联合执政，森党拒绝入阁，成为国会合法的反对党。奉党主席诺罗敦·拉纳烈任国会主席。第三届国会成立于2004年7月，由123名议员组成，其中人民党73人，奉辛比克党26人，森朗西党24人。拉纳烈连任国会主席。2006年3月，拉纳烈辞去国会主席。3月21日，柬埔寨国会举行全体会议，投票选举原第一副主席、人民党名誉主席韩桑林为国会主席，人民党中央常委阮涅为第一副主席，奉辛比克党成员尤霍格里为第二副主席。12月27日，国会投票表决通过奉党成员洪逊霍为国会第二副主席。第四届国会成立于2008年9月，由123名议员组成，其中人民党90人，森朗西党26人，人权党3人，拉纳烈党和奉辛比克党各2人。韩桑林任国会主席，阮涅为第一副主席，人民党赛冲为第二副主席。赛冲于2012年3月24日转任柬参议院第一副主席并辞去国会第二副主席。2012年4月25日，国会召开第四届第八次全体会议，投票选举人民党昆索达丽为国会第二副主席。第五届国会成立于2013年9月，由123名议员组成，人民党68席，救国党55席。人民党韩桑林任国会主席，救国党金索卡任第一副主席，人民党阮涅任第二副主席。2015年10月，金索卡被撤销国会第一副主席职务。

首届参议院成立于1999年3月25日，任期6年。柬埔寨宪法规定，法案须经国会、参议院、宪法理事会逐级审议通过，最后呈国王签署生效。参议院主席礼宾顺序排在国王之后、国会主席和政府首相之前，属国家第二号领导人，在国王因故不能视事或不在国内时代理国家元首。首届参议院由61名参议员组成，其中人民党31人，奉辛比克党21人，森朗西党7人，其他2人由国王任命。人民党主席谢辛任参议院主席，奉党成员西索瓦·吉万莫尼拉和包本斯瑞分别任第一、第二副主席。

2012年1月29日，参议院换届选举，产生第三届参议院61名参议员，其中人民党46名，森朗西党11名，2人由国王直接任命，2人由国会委任。3月24日，柬埔寨第三届参议院举行首次全体会议，投票选举产生领导班子，人民党主席谢辛连任主席，人民党成员赛冲和迪翁分别当选第一、第二副主席。2015年6月8日，谢辛亲王逝世，由赛冲接任参议院主席。人民党成员奈本纳和迪翁当选第一、第二副主席。

柬埔寨第五届政府于2013年9月成立，洪森为首相。现设8个副首相，18个国务大臣，27个部和1个国务秘书处。

1993年大选时，柬埔寨共有40多个政党参选。1998年大选时有39个政党参选。2003年大选时有23个政党参选。2008年大选有11个政党参选。2013年大选有8个政党参选。主要党派有柬埔寨人民党、奉辛比克党和救国党。

4. 外交关系

柬埔寨奉行独立、和平、永久中立和不结盟的外交政策，迄今已经同107个国家建交。柬埔寨政府加强同周边国家的睦邻友好合作，重视发展同日本、法国、美国等国关系。

（1）同中国的关系

1955年4月周恩来总理和柬埔寨国家元首西哈努克亲王在万隆亚非会议上结识，成为中柬友好关系的新开端。1958年7月19日两国正式建交。20世纪五六十年代，周恩来总理、刘少奇主席访柬，西哈努克亲王六次访华，并两次在华领导柬人民争取国家独立、民族解放的斗争，得到中国政府和人民大力支持。

柬新政府成立以来，中柬高层互访频繁。2006年4月，国务院总理温家宝对柬埔寨进行正式访问。双方发表了《中华人民共和国政府与柬埔寨王国政府联合公报》，宣布建立全面合作伙伴关系。2009年10月柬埔寨太皇西哈努克出席新中国成立60周年国庆招待会和天安门观礼活动。12月，习近平主席（时任国家副主席）访柬。2010年12月，柬埔寨首相洪森访华，两国建立全面战略合作伙伴关系。2012年3月30日至4月2日，国家主席胡锦涛对柬埔寨进行国事访问，双方发表联合声明。10月15日，柬埔寨太皇西哈努克在京去世，中国领导人分别在京吊唁西哈努克，并派专机运送西哈努克灵柩返回金边。11月，国务院总理温家宝出席东亚领导人系列会议并对柬埔寨进行正式访问。2013年2月，中共中央政治局常委、全国政协主席贾庆林赴柬埔寨出席西哈努克太皇葬礼。4月，柬埔寨首相洪森出席博鳌亚洲论坛2013年年会并访华。8月，王毅外长访柬。9月，洪森首相来华出席第十届中国－东盟博览会，中共中央政治局常委、中央书记处书记刘云山访柬。2014年之后，洪森首相来华出席亚信峰会。

（2）同东盟国家的关系

柬埔寨于1999年4月30日加入东盟，成为东盟第10个成员国。入盟后，柬积极参与东盟政治合作机制和经济一体化进程，坚持成员国协商一致和不干涉内政等原则，主张加强合作，缩小新老成员差距。重视国际反恐合作，积极支持建立东亚经济共同体和安全共同体。柬埔寨重视加强东盟内部和大湄公河次区域经济合作，积极推动柬越老经济三角区、柬泰老经济三角区和柬泰老缅四国经济合作。2008年2月，柬埔寨国会通过《东盟宪章》。2012年，柬埔寨担任东盟轮值主席国，举办东亚峰会、东盟峰会、东盟外长会等多次国际会议。

（3）同泰国的关系

柬泰两国1950年建交。2009年6月，泰国总理阿披实访柬。7月，泰国国会主席猜·奇触访柬。8月，柬埔寨国会主席韩桑林访泰。11月，柬埔寨任命泰国前总理他信为柬政府经济顾问，双方召回驻对方国家大使。2010年8月，他信辞去经济顾问职务，双方恢复大使级外交关系。9月，柬埔寨首相洪森与泰国总理阿披实在出席在美国举行的东盟－美国领导人峰会和在比利时举行的亚欧首脑会议期间举行会见。

2011年2月和4月，柬泰两国在边境地区两度交火，造成较大人员伤亡和财产损失。柬埔寨提请国际法院就该院1962年将位于柬泰边境的柏威夏寺做出解释。2012年11月11日，国际法院判决柬埔寨对柏威夏寺周边区域拥有主权，泰国有义务从该区域撤出军警等所有力量。柬泰两国政府表示将共同维护边境地区的和平稳定。

2011年8月，泰国总理英拉上台后，柬泰两国关系转圜。9月，泰国总理英拉访柬。2012年4月，泰国总理英拉赴柬埔寨出席东盟峰会。双方各部门、各领域往来频繁。

（4）同越南的关系

柬越两国1967年建交。双方高层往来频繁。2009年6月，柬埔寨副首相盖金延访越。7月，越南副总理张永仲访柬。12月，越共中央总书记农德孟访柬。同月，柬埔寨首相洪森访越。2010年6月，柬埔寨国王西哈莫尼、太皇西哈努克访越。8月，越南国家主席阮明哲访柬。11月，越南总理阮晋勇访柬。2011年4月，越南总理阮晋勇访柬。9月，越南国家主席阮生雄访柬。12月，越共中央总书记阮富仲访柬，双方发表联合声明。2012年1月，柬埔寨首相洪森访越。7月，柬埔寨国会主席韩桑林访越。9月，柬埔寨国王西哈莫尼访越。2014年1月，越南总理阮晋勇访问柬埔寨，双方表示愿继续深化两国在各个领域的合作。

(5) 同美国的关系

柬美两国1950年建交。2006年，美国驻柬埔寨使馆宣布恢复为柬民众办理赴美签证。美参议院宣布撤销对柬军事援助的禁令，承诺向柬提供100万美元援助。2007年向柬提供5 580万美元直接援助。2009年7月，副首相兼外交国际合作部大臣贺南洪出席东盟区域论坛等相关会议期间会见美国务卿克林顿。9月，美国总统特使访柬。同月，柬埔寨副首相兼外交国际合作大臣贺南洪访美。2010年9月，柬埔寨首相洪森访美并出席第二次东盟与美国领导人峰会。11月，美国务卿克林顿访柬。2012年6月，柬埔寨副首相兼外交国际合作部大臣贺南洪访美。美军方频繁访柬，双方多次举行军演。2012年，美国总统奥巴马出席在金边举行的东亚峰会，这是有史以来在任美国总统首次访柬。

(6) 同日本的关系

日本是柬埔寨最大援助国，从1992年起，年均向柬埔寨提供1亿美元援助，占外国援柬总额的20%，涉及公路桥梁、水电基础设施及农业、农村发展、医疗保健、教育、人才培训、环保、古迹保护和司法等领域。2009年7月，柬埔寨副首相兼外交国际合作大臣贺南洪与日本代表签署3 305万美元援助协议。8月，柬埔寨副首相兼外交国际合作大臣贺南洪与日本代表签署8 200万美元援助协议。11月，柬埔寨首相洪森访日。2010年5月，柬埔寨国王西哈莫尼访日。2012年2~3月，日本向柬埔寨提供各类援助和优惠贷款总计超过1亿美元。

(7) 同法国的关系

柬埔寨曾遭受法国殖民统治长达 90年，两国有较深的传统关系。双方均重视加强双边往来。法对柬援助领域涉及文化教育、法律、宗教、警察宪兵培训、农业、卫生等。2009年7月，柬埔寨首相洪森访法并出席法国国庆阅兵式。10月，柬埔寨副首相兼内阁办公厅大臣索安访法。2010年3月，柬埔寨国王西哈莫尼访法。2011年7月，法国总理菲永访柬。

5. 国内政局

柬埔寨种族单一，政府对军队、农村选民和官僚机构的强硬控制，使柬埔寨政局一直保持相对稳定。但是社会治安状况不佳，常有抢劫和偷盗案件发生。

（二）社会发展情况

1. 人口规模和民族构成

2018年，柬埔寨人口约1 625万人，其中农村人口1 245万人，约占76.6%，城市人口约23.4%。柬埔寨有20多个民族，其中高棉族为主体民族，占总人口的80%，还有占族、普农族、老族、傣族和斯丁族等少数民族。华人、华侨约70万。自2010年以来，人口的年均增长率始终维持在1.5%左右。

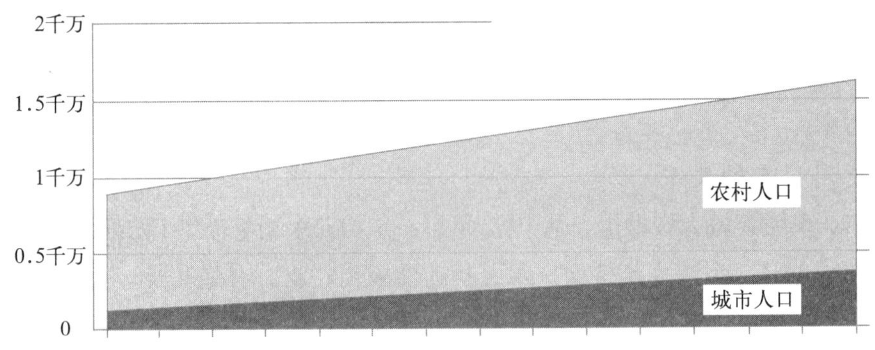

图1-1 1990至2018年柬埔寨农村和城市人口规模变化情况

数据来源：FAO数据库。

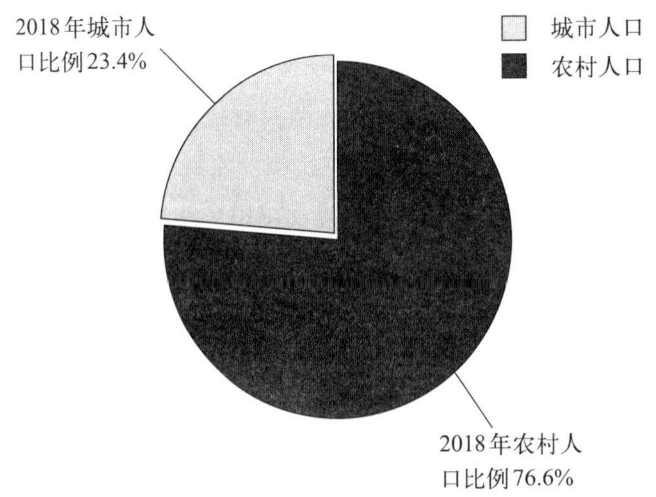

图1-2 2018年柬埔寨人口构成情况

数据来源：FAO数据库。

2. 宗教信仰

佛教为柬埔寨国教，95%以上的居民信奉佛教。伊斯兰教徒占人口的2%，其他占3%。

3. 贫困程度

尽管柬埔寨的经济发展近年来取得了巨大的成就，但总的来说这里仍然是一个极端贫困的国家。柬埔寨有1.34万个村庄，有超过一半的村庄并未得到开发，柬埔寨要提高人民的生活水平还有很长的一段路要走。柬埔寨三分之一的人口生活在贫困线以下，主要是农村人口。

4. 教育水平

柬埔寨共有华文学校70多间(包括公校和私立学校)，学生近5万人，其中金边公私立华校最多，潮州会馆兴办的端华学校规模最大，分为正校和分校，共开200个班，教职员工有230多人，学生有11 000多名，其中华裔学生约占80%，其余20%是柬人子女及个别越南裔子女(有的华文学校华人学生与柬埔寨学生甚至是各占50%，如菩萨省的华侨学校)。客属会馆兴办的崇正学校、海南会馆兴办的集成学校均有2 000名左右学生。其他省、市的华校学生人数由几十名至几百名不等。在70多所学校当中，有15所设有初中班，只有端华学校开办了相等于高中程度的专修班，该班主要是定向培养幼儿、小学教师。除金边大部分华校开设初中班外，其他省大都只办至小学6年级，如继续学习中文，则需到金边华校学习。

华文教育出现的这种欣欣向荣局面，与柬埔寨政府对华教采取的开放政策及柬华社团的大力推动、强烈的民族情感有着密切的关系。同时，由于柬埔寨的经济开放政策、外商大量涌入，尤其是中国的企业到柬投资的增加，掌握华语的人，有助于就业谋生，所以学习和掌握华文不仅仅是留根的问题，而且为华人在柬埔寨生存发展增添了新技能、新手段，这都为华教的发展营造了很好的社会氛围。

尽管华校数量与1970年全柬埔寨的200多所华校比较起来，未及三分之一，但学生人数却能与30年前相比。时下，在柬埔寨学习华文已不再是华侨华人后代的“专利”，而成为越来越多当地年轻人的追求。走进一所所华文学校，看到的已不再是清一色的华人后代，当中也有柬埔寨人，甚至出家人也到华文学校学习华文。这说明，掌握华文不仅仅是民族传统传承的问题，也是文化交流、促进事业发展的媒介。华文不仅具有“文化性”，同时也具有“实用性”“世界性”。华文学校在柬埔寨星罗棋布，既是文化教育的阵地，又是人们投以热情和关注的热点，获得社会的广泛支持，因而呈现出蓬勃发展的局面。

5. 医疗卫生条件

柬埔寨国内医疗行业的发展非常缓慢，大部分医疗设备和制药产品无法满足本国国民的需求。30%的柬埔寨人生活在极贫困没有先进卫生和健康保健设施中，婴儿死亡率居高不下，平均每1 000个婴儿中24个死亡（2018年）。尽管柬埔寨是一个迅速发展的国家，年经济增长幅度为8%～11%，但柬埔寨公共医疗系统效率低下，私有健康保健机构得到一定程度的发展。柬埔寨85%的医疗消费都是来自那些在全国最顶尖的私人医疗机构和医院看病的病人。每年医疗、医药类产品占进口总额的37%～38%。柬埔寨政府正在采取一系列改革来处理健康保健系统长期存在的不平衡性。

（三）宏观经济情况

1. 经济总量及其变化情况

柬埔寨保持了相对稳定的政治环境，深化实施四角战略第三阶段既定方针，深化改革，加大对外交往力度，积极融入区域一体化和东盟一体化建设，农业、制衣制鞋和建筑业为主导的工业、旅游业为主导的服务业以及外国直接投资四大经济支柱继续稳步拉动宏观经济前行，保持了宏观经济的稳定增长。2018年，柬埔寨国内生产总值（GDP）达995 440亿瑞尔，约合245.72亿美元，实际增长7.52%；人均GDP1 512美元，同比增长9.1%。通货膨胀率3%；瑞尔与美元汇率4 031：1，继续保持稳定；外汇储备可满足4.5个月产品和服务进口需要；全年国家预算收支结余18 723.44亿瑞尔，约合4.62亿美元；预算执行收入118 125.3亿瑞尔，约合29.16亿美元，同比增长12.1%，占GDP的15.76%；预算执行支出156 995.29亿瑞尔，约合38.76亿美元，同比增长10.8%；财政赤字38 869.99亿瑞尔，约合9.6亿美元，占GDP5.19%。农业占经济总量的29%，主要农产品有稻米、橡胶、玉米、木薯等；工业占26.2%，主要行业是出口导向的成衣服装业；服务业占39.4%，旅游相关产业为主导产业。

2. 经济结构及其变化情况

产业结构不断优化。2012年以来，农林渔牧业产值年均增长2.5%，占GDP比重从

2012年的33.5%下降至2018年的22.0%，农业比重下降到11.5%。

2012年以来，工业产值年均增长23.7%，占GDP的比重从2012年的23.3%提高到2018年的32.3%，工业比重增加9%。其中，制造业占比从64.7%降至50.6%。

2012以来，服务业产值年均增长14.2%，占GDP的比重从2012年的43.2%提高到2018年的45.7%，服务业比重增加2.5%。制衣制鞋业继续壮大，建筑业快速回升。2015年共有160家工业企业在工业与手工业部注册，企业总数达到1 450家，共创造85.95万个就业岗位，工业总产值达到88.73亿美元。其中，制衣制鞋业新增72个项目，企业数量达到1 007家，同比增长10%，创造75.42万个就业岗位，同比增长10.4%，出口额达到71.7亿美元，同比增长18%。欧盟仍是柬制衣制鞋业最重要的出口市场，全年柬埔寨对欧盟出口总额达32.7亿美元，增长39%，占比达到45.6%；美国出口份额下降至30%左右。

旅游业增速放缓，中国游客增加显著。2017年，全柬埔寨共接待外国游客560.2万人次，同比增长11.8%，增速较2016年回升6.8个百分点；出境游客175.2万人次，增长22.2%。旅游收入40.2亿美元，占GDP的18.1%。2015年，通过空港入境游客247.6万人次，其中，金边机场入境游客106.1万人次，同比增长15.6%，占22.2%；暹粒机场入境游客141.5万人次，增长4.4%，占29.6%。越南、中国、老挝、韩国和泰国为前五大游客来源国，其中，中国游客69.5万，同比增长24%，仅次于越南的98.8万，后者的增速是9.1%；老挝、韩国分别下降11.9%、6.9%，泰国增长25.2%。

3. 交通通信等基础设施建设情况

根据世界银行数据库，全国截至2006年的铁路总长为650公里。

4. 国际贸易及其变化情况

对外贸易保持增长，大米出口猛增。2015年，柬埔寨对外贸易总额达205.34亿美元，同比增长12.6%。其中，出口89.9亿美元，同比增长16.7%；进口115.44亿美元，同比增长9.6%。主要出口产品为服装、鞋类、大米、橡胶和木薯等，其中服装鞋类出口71.7亿美元，同比增长18%，出口占比接近八成；引人注目的大米出口54.48万吨，较2014年增长17.7万吨，增幅达48.1%；橡胶出口12.87万吨，增长31.6%；木薯出口36.4万吨，增长29.1%。主要进口产品为服装原材料、建材、汽车、燃油、机械、食品、饮料、药品和化妆品等，主要贸易伙伴为美国、欧盟、中国、日本、韩国、泰国、越南和马来西亚等。中国作为柬埔寨重要的贸易伙伴和投资来源地，对推动柬埔寨对外贸易增长作出了重要贡献。根据中方统计，2015年，中柬双边贸易额44.3亿美元，增长18%，其中，柬埔寨向中国出口6.7美元，增长38.1%。

5. 财政和对外债务及其变化情况

据柬埔寨财经部数据，截至2019年上半年，柬埔寨的公共国外债务达72.6亿美元，其中来自中国的贷款近50%。柬埔寨财经部本着高度谨慎的精神管理公共国外债务，在向国外申请贷款之前坚持4个基本原则，包括：一、向国外贷款的数额要符合柬埔寨财政状况和经济可以支撑的情况下；二、只向国外具有优惠条件进行申请贷款；三、所有的贷款必须用于支持优先领域和经济生产率永久性增长；四、确保利用所有的贷款具有高度地透明度和高效率。柬埔寨政府国外债务已被国际金融机构，如国际货币基金组织（IMF）、世界银行（WB）、亚洲开发银行（ADB）评估和认可是具有“永久性”和“低风险”。

柬埔寨王国政府于2019年10月25日审议和通过了《2020年财政管理法》草案。该法案允许政府在32个项目中，可以向友好国家和发展伙伴贷款落实最重要的29个项目。因此，柬埔寨将向中国申请贷款，落实其中的8个项目。该草案还指出，2020年，允许政府向外国申请多达近20亿美元，用于落实以上的发展项目。

6. 外商投资及其变化情况

柬埔寨实行自由经济政策，所有行业都对外开放，鼓励外商投资。1994年柬埔寨国会通过投资法。外商投资方式有独资、合资、合作和租赁四种，生产性企业可由外商独资，贸易性企业不允许外商独资。柬埔寨政府还出台了一系列法规，同投资商建立了定期磋商和对话机制。2013年，外国投资16.47亿美元，占总投资33.2%，同比增长19.3%。农业领域投资11.3亿美元，同比增长102.79%；工业和手工业领域投资11.1亿美元，同比下降25.71%；旅游领域投资1.06亿美元，同比下降84.67%；基础设施建设领域投资26.2亿美元，同比增长10倍多。前五大外资来源国分别为中国、越南、泰国、韩国和日本，投资额分别为4.36亿、1.01亿、0.72亿、0.29亿和0.26亿美元，分别占柬埔寨吸引外资总额的26.6%、6.1%、4.37%、1.76%和1.59%。2018年，柬埔寨的外国直接投资总额达31亿美元，增长11.3%，外国投资者对柬埔寨的汽车装配、汽车配件和电气设备生产业的投资有所增长，前三大外资来源国分别为中国、日本和越南。

7. 经济发展总体评价

虽然制约柬埔寨经济发展速度的外部因素开始增多，但世界银行发布报告认为，2018年柬埔寨经济增长速度达到7.5%，继续保持高速增长态势。世界银行报告认为，尽管大宗商品价格普遍下跌，柬埔寨农业产出没有起色，入境游客数量有所下降，但是成衣加工业依然表现出色，为GDP增速贡献2%的份额。

二、农业资源、生产与政策制度建设情况

（一）农业资源禀赋情况

1. 气候条件适合多种农作物生长

柬埔寨属热带季风气候，全年分两季，5～10月为雨季，11月至次年4月为旱季。年平均气温29～30℃，4月最热，最高温度达40℃。受地形和季风影响，各地降水量差异较大，年均降水量为2 000毫米，其中90%集中在5～10月。象山南端最小降水量可达5 400毫米，金边以东最大降水量约为1 000毫米。气候环境适合多种农作物生产，光照、降雨充足，水稻、玉米等粮食作物可种三季，木薯可种植两季。

2. 土地资源人均占有水平较高，待开发潜力巨大

据世界银行统计，2016年，柬埔寨农用地面积5.5万平方公里，居中南半岛五国第四位；农用地占比30.13%，居中南半岛五国中等水平；耕地面积380万公顷，仅高于老挝；人均耕地面积居五国的第二位，为0.24公顷，是同年度中国人均耕地面积（0.086公顷）的2.8倍。总体看来，柬埔寨农业土地资源居于中南半岛五国中等偏上水平，人均占有水平较高。由于基础设施建设等投入不足，柬埔寨的耕地开发利用水平较低，待开发空间较大（表2-1）。

表2-1　柬埔寨土地资源情况及与中南半岛其他国家比较

主要指标	柬埔寨	泰国	缅甸	老挝	越南
农用地面积（万平方公里）	5.50	22.10	12.70	2.30	12.10
农用地占比（%）	30.13	43.28	19.53	10.26	39.27
耕地总量（万公顷）	380.00	1 681.00	1 090.80	152.50	699.80
人均耕地（公顷/人）	0.24	0.25	0.20	0.23	0.07
耕地占比（%）	21.53	32.90	16.70	6.60	22.57

数据来源：世界银行数据库（2016）。

3. 水资源丰富，为灌溉和水产养殖提供较好条件

柬埔寨境内有湄公河、洞里萨河等，有东南亚最大的洞里萨湖，地表水750亿立方

米（不包括积蓄雨水），地下水176亿立方米，湄公河每年流经柬埔寨的流量4 750亿立方米。据世界银行2014年统计，柬埔寨淡水抽取总量为22.0亿立方米，农业占年度淡水抽取量比例为94%。人均可再生内陆淡水资源为7 867.9立方米。总体来看，水资源较为丰富，为农业灌溉和水产养殖提供了较好的条件，但全国绝大部分地区农田水利基础设施薄弱。近年来，柬埔寨政府加强了农田灌排水利设施建设，但由于财政拮据，且缺乏相应的技术、人才，水资源尚未得到合理开发和利用。水资源开发利用尚面临诸多问题：①水资源年内分配不均，年降水80%集中在雨季。②该地区农田水利基础设施薄弱，仅有不到20%的水利设施可以正常运行。③水利工程设施缺失，雨季时大量水资源无法蓄积，地表水利用率极低，而旱季缺水严重，难以保障供水需求。④地表拦蓄工程匮乏，雨季大量洪水流往下游，增加了下游河道的防洪压力，引发了不同程度的涝害。⑤区域地下水资源丰富，地下水补给、排泄及径流条件相对良好，赋水条件优越，但缺乏科学的开发规划，地下水资源尚未得到充分利用，含水层无法发挥多年调蓄功能（表2–2）。

表2-2　柬埔寨水资源及与中南半岛其他国家情况比较

主要指标	柬埔寨	泰国	缅甸	老挝	越南
淡水抽取总量（10亿立方米）	2.2	57.3	33.2	3.5	82.0
农业淡水抽取量占比（%）	94.0	90.4	89.0	91.4	94.8
人均可再生内陆淡水资源（立方米/人）	7 867.9	3 314.8	18 769.7	28 463.4	3 961.3

数据来源：世界银行数据库（已是最新数据）。

4. 生物资源丰富，为满足多样化需求提供基础

柬埔寨农作物品种丰富，有水稻、玉米、天然橡胶、胡椒、棉花、棕糖、咖啡、椰子、豆蔻、花生、大豆、芝麻、蓖麻、黄麻、烟草等。还盛产各种热带水果，如香蕉、柑橘、芒果、菠萝、木瓜、榴莲、红毛丹、山竹等。可见，农作物品种资源非常丰富。此外，柬埔寨森林覆盖率较高，野生动植物种质资源也较为丰富，为动植物品种资源开发奠定了基础。

5. 劳动力资源充裕廉价，是吸引投资的较大优势

柬埔寨劳动力资源比较充裕，2018年，柬埔寨劳动力总量为906.9万人，占人口比重的55.8%。劳动力就业的最大领域为农业、成衣业、服务业。柬埔寨雇用劳动力的成本较低，这已经成为柬埔寨吸引外商投资的较大优势。

（二）农业生产情况

1. 水稻产业是柬埔寨农业支柱产业

水稻是柬埔寨最重要的农产品，产量占农产品总产量的90%以上，产值占全国农业总产值的70%以上。水稻按季节可分为雨季稻和旱季稻，雨季稻约占全国水稻种植总面积的85%，旱季稻约占15%。[①]按品种可以分为香稻和非香稻，由于香稻种植成本更高，约90%的农户种植非香稻，10%的农户种植香稻。水稻一年可两熟或者三熟。

（1）总产量不断提升，位列世界第八位

2003年，洪森首相提出了农业发展十年计划，提出多项举措大力发展农业，在政策的引导和鼓励下，水稻种植面积不断扩大，产量随之不断攀升。自2012年起，水稻总产量跃升900万吨以上。2017年，产量为1 035万吨，比2000年增长1.44倍，2000年以来的年均增长率达到2.6%，2010年以后，产量增长速度放缓，年均增长率为2.2%。2017年，柬埔寨水稻产量次于印度、中国、印度尼西亚、泰国、越南、缅甸和菲律宾，位居世界第八位。考虑到柬埔寨耕地资源开发程度较低，生产方式较为粗放等因素，柬埔寨水稻产量随着生产投入的增加和条件的改善，呈现继续增长的态势，逐渐成为世界水稻生产大国。

专栏1：柬埔寨农业发展十年计划

2003年，柬埔寨洪森首相提出了农业发展十年计划，重点包括以下十项内容：

1．加强和扩大农村基础设施建设和水利工程建设；

2．向农业提供优惠贷款；

3．加强农村生产技术研究和优良选种，提高产量和推动农业现代化；

4．使用和引进先进的农业生产机械；

5．重视发展农产品加工业，为农民寻找农产品销售市场；

6．加强土地管理，确定土地使用权，鼓励农民投资；

7．推进渔业改革；

8．阻止非法的林木经营；

9．推进一村一产品的改革；

① 数据引自“一带一路”国家农业合作研究国别报告，中国农业科学院农业信息研究所，2015年。

10. 加强特色农业建设。

表2-3　2000年以来柬埔寨水稻生产情况统计

年份	收获面积（万公顷）	单产（吨/公顷）	总产量（万吨）
2000	190.32	2.12	402.61
2005	241.45	2.48	598.62
2010	277.65	2.97	824.53
2011	296.85	2.96	877.90
2012	300.75	3.09	929.09
2013	296.29	3.03	939.00
2014	285.83	3.01	932.40
2015	279.84	3.33	933.50
2016	290.86	3.42	995.20
2017	295.09	3.51	1 035.00

数据来源：FAO数据库。

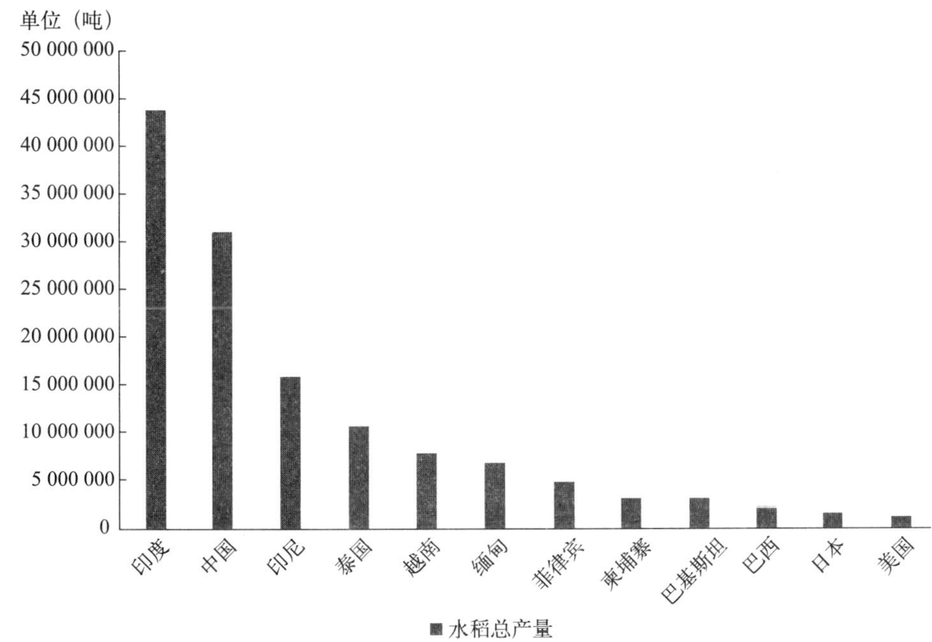

图2-1　2017年世界水稻生产大国产量情况

数据来源：FAO数据库。

（2）种植区域集中在洞里萨湖区和湄公河下游

柬埔寨主要有两大稻谷生产区域，一个是集中于洞里萨湖区，靠近泰国的班迭棉吉、马德望、暹粒三个省份，这一区域主要生产香稻（与国内的泰国香米属于同一类型），该区域香稻产量约占全国产量的50%。另一个集中区域是靠近湄公河下游的平原地区，包括茶胶、干丹、菠萝绵、磅湛、柴桢、磅同、贡布等省份。以上两个水稻种植集中区域的产量约占全国总产量的80%。

（3）单产有所增长，但仍然处于较低水平

与20世纪初相比，柬水稻种植单产水平明显提高，从约2吨/公顷提升到2017年的超过3.5吨/公顷，增长了约75%。但与中南半岛其他国家相比，仍然处于最低水平，如按2017年水平来看，比缅甸、老挝和越南分别低7.9%、16.7%和36.4%，接近中国水稻单产水平的一半，比世界平均谷类单产（3.9吨/公顷）还低22.9%。水稻单产水平处于较低水平是由包括水稻品种、基础设施、田间种植管理技术等多个方面的因素共同影响的。可见，一旦生产条件得以改善，单产水平还有较大的提升空间。

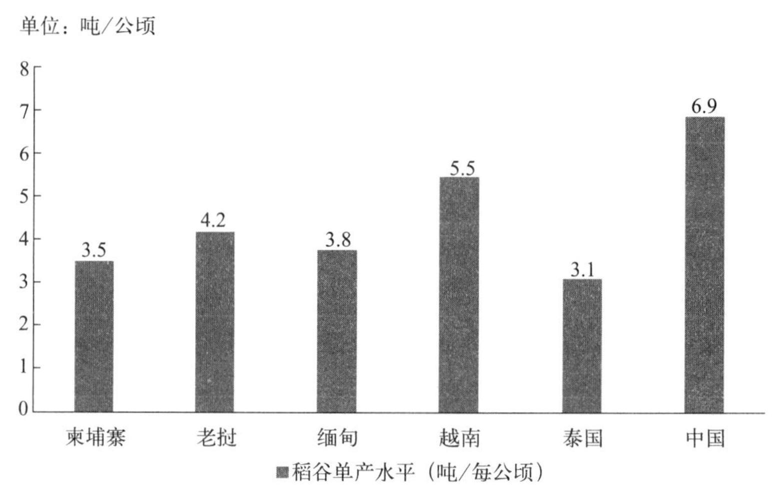

图2-2　2017年柬埔寨与其他国家稻谷单产水平情况对比

数据来源：FAO数据库。

（4）正在成为世界主要大米出口国

2011年，柬埔寨成为大米净出口国家，且出口量逐年增加。2016年，柬埔寨大米出口增长到了53万吨，2016年第一季度，出口大米已经超过16万吨，比2015年同期增长了8.5%。总体来看，柬埔寨大米出口保持迅猛增长态势。按每年柬埔寨生产约900万吨稻米（约合580万吨成品米），扣除国内消费后，可供出口约为300万吨，但实际出口量却与之相距甚远。大量未加工的稻谷以各种方式流入越南和泰国。仓储、物流基础设施落后、稻谷加工能力不足、本地加工厂稻谷收购资金短缺等成为阻碍稻谷出口增长的主要因素。

表2-4　柬埔寨水稻进出口情况

年份	进口量（万吨）	出口量（万吨）	净出口（万吨）
2000	3.73	0.62	3.11
2005	3.20	0.88	−2.32
2010	0.87	5.12	4.25
2011	0.93	17.45	16.52
2012	11.63	19.66	8.03
2013	4.13	35.21	31.08
2014	2.48	34.73	32.25
2015	6.76	46.58	39.82
2016	2.70	53.08	50.38

数据来源：UN Comtrade数据库。

（5）品种和种植技术较为落后

柬埔寨主要以种植常规稻为主，一般集中种植3～5个传统稻种和推广种植2～3个外来稻种，更新速度较慢，且由于连年种植，出现一定的退化和分离，表现为田间不整齐、易倒伏和生物产量低等。栽培多采用直播（撒播），施肥少或者不施肥，除草剂和杀虫剂等农药使用较少甚至不使用。种植密度偏高，个体发育不良，播种后粗放管理，基本处于靠天吃饭的状态。

（6）加工业发展缓慢

柬埔寨稻米加工企业很多，但一般规模较小，设备落后，发展缓慢，部分仍停留在家庭作坊式的加工阶段，大多数每小时产能不超过5吨。据柬方的125家稻谷生产企业资料，每小时加工能力在10吨以上的约有10家，每小时加工能力在5～10吨的有12家，其余均在5吨以下。①此外，大型大米加工厂（企业）较少，稻谷多采用异地加工和包装，没有稻谷深加工技术，缺少米糠油加工厂，稻壳、稻糠只能做饲料。加工业发展缓慢使整个稻米产业的利益受损，不能对产业发展提供高附加值的回报，产生了非常不利的影响。近年来，周边各国都已经意识到柬埔寨稻米加工产业的广阔前景，已经有包括中国、马来西亚、越南、泰国、法国和韩国等多国投资者赴柬埔寨或者准备在柬埔寨开设稻谷加工厂。

（7）市场前景广阔

稻谷是世界上最主要的粮食作物，是全世界75亿多人赖以生存的口粮。据专家估计，随着全球人口的增长，大米消费呈缓慢上升态势，消费量每年约增加600万～1 000万吨。主要消费国家集中在亚洲，中国、印度、印尼三国基本占了全球大米消费量的约60%。柬埔寨稻谷生产自然资源丰富，可开发潜力较大，已经与世界约50个国家建立大

① 郭志涛，中国企业在柬埔寨建设稻米加工厂的必要性分析[J]，粮食科技与经济，2013（3）。

米贸易联系，加之柬埔寨大米产品质量较高，柬埔寨香米多次获世界大米比赛第一名，世界知名度不断提升，市场销售前景广阔。

小结： 世界各国水稻种植都以满足自主性口粮消费为主，全球贸易量占总产量的比重低于10%。中国是世界第一大稻谷生产国和消费国，需要在境外建立品种调剂和遇到自然灾害等特殊情况下的保障渠道。与柬埔寨相比，中国杂交水稻种子技术全球领先，水稻种植技术、加工、仓储和物流体系建设水平具有明显优势。2010年，中柬两国就签署了关于柬大米对华输出的检验检疫议定书，扫清了柬埔寨大米直接出口中国的障碍，大米贸易已经成为两国经贸合作新的增长点。中国自2012年开始进口柬埔寨大米，已成为其最主要的出口市场，约占全部出口量的25%。可见，两国在水稻产业开展合作有较大发展空间，符合互利共赢的发展原则，有助于柬方提升生产能力，扩大出口规模，改变大而不强的产业发展局面，有助于中方在境外周边国家建立较为稳定的口粮生产基地，对于特殊年份的供给保障、正常年份下的品种调剂都有较强的现实意义。

2. 玉米产业是柬埔寨增产潜力巨大的粮食产业

玉米是柬埔寨第二大粮食作物，有白玉米和黄玉米两种，其中黄玉米种植面积更大，主要出口用于做饲料，白玉米则供当地人食用。每年可种植三季。柬玉米种植很普遍，几乎遍布所有省区，在平原区和洞里萨湖区较为集中，平原区约占总产量的40%，洞里萨湖区产量约占总产量的30%以上。

(1) 玉米生产处于波动增长状态

2017年总产量为75万吨，比2000年增长4.8倍，但是比历史最高的2012年低21.1%。可见，柬埔寨玉米生产规模处于波动幅度较大的状态。这主要是受到品种退化，生产模式较为粗放，农业基础设施建设较为落后和自然灾害等因素的共同影响造成的。

表2-5 柬埔寨玉米生产情况

年份	收获面积（万公顷）	单产（吨/公顷）	产量（万吨）
2000	5.74	2.73	15.69
2005	7.05	3.52	24.78
2010	21.40	3.61	77.33
2011	17.43	4.11	71.70
2012	21.54	4.41	95.09
2013	20.78	4.46	92.70
2014	12.00	4.58	55.00

（续）

年份	收获面积（万公顷）	单产（吨/公顷）	产量（万吨）
2015	8.86	4.52	40.00
2016	14.38	4.61	66.30
2017	15.94	4.70	75.00

数据来源：FAO数据库。

(2) 单产水平较低

柬埔寨玉米单产水平的变化幅度也较大，如2000年为2.7吨/公顷，到2017年达到了4.7吨/公顷，增长了74.1%。与周边国家相比，柬埔寨的玉米单产水平处于中等水平。这主要是由于玉米生产受到的重视程度提高，畜牧业发展步入正轨，需求拉动作用较强以及加大生产投入等原因导致的。

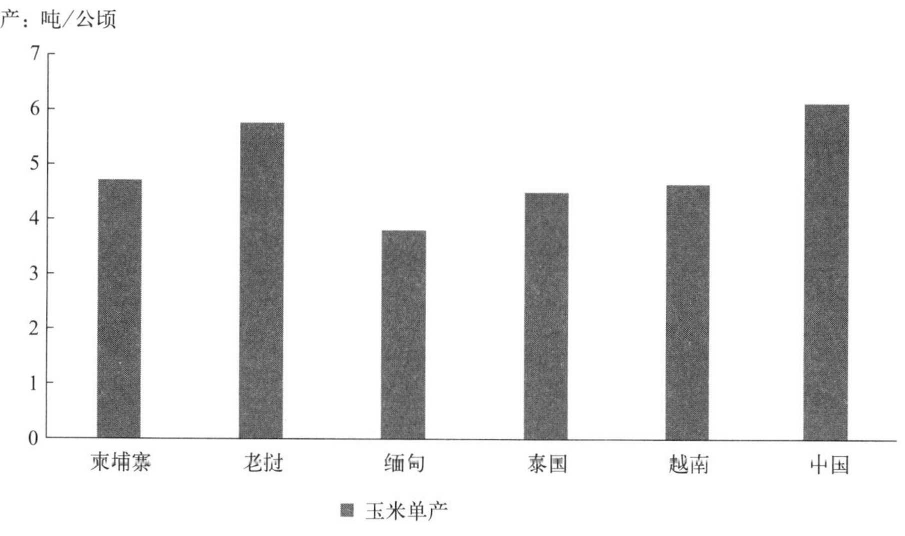

图2-3　2017年柬埔寨与其他国家玉米单产情况比较

数据来源：FAO数据库。

(3) 加工业发展严重滞后

柬埔寨玉米加工产业规模很小，仅有简单的玉米饲料加工，深加工基本没有。整个产业链条主要集中在生产环节，后续的加工、流通等建设都严重滞后，这也是导致玉米生产波动较大的原因，后续投资空间较大。

(4) 国内外市场潜力较大

柬埔寨玉米出口市场规模较小，即使历史出口量最高年份（2010年）的出口规模也仅为3.12万吨，但是从国内外市场情况来看，其市场前景十分乐观。柬埔寨畜牧业发展缓慢，玉米需求量不大。随着经济发展水平的不断提升，居民对动物性产品的需求量会不断增长，随之对玉米等饲料粮的市场需求将不断增长。此外，从周边国家的情况来看，泰国畜禽饲养量较大，对饲料粮有较大的市场需求，泰国每年国内平均产量450万～480万吨，而国内禽畜饲料生产需要用量为500万～550万吨，国内生产的玉米不能满足其需求，缺口部分须从邻国进口[①]。柬埔寨玉米出口的80%是销往泰国市场。另外一个相邻国家，越南玉米市场供给相当紧张，长期依赖进口[②]。总体来看，柬埔寨国内外玉米市场需求都在不断增长。

表2-6 柬埔寨玉米进出口情况（吨）

年份	进口量	出口量	净出口
2000	199.94	63.73	−136.21
2003	298.76	764.05	465.29
2005	411.32	13 564.00	13 152.68
2010	663.42	31 221.18	30 557.76
2011	1 380.42	7 915.36	6 354.94
2012	977.70	1 333.78	356.08
2013	1 026.31	13 131.04	12 104.73
2014	361.77	2 249.51	1 887.74
2015	319.04	1 975.00	1 655.96
2016	7 728.25	1 587.55	−6 140.70

数据来源：UN Comtrade数据库。

小结：柬埔寨玉米产业生产规模和出口规模都比较小，这主要是由于饲料加工、畜牧业发展缓慢，市场拉动力量不强等因素造成的。但是从未来的发展趋势看，国内外玉米的市场需求都保持了增长态势，柬埔寨政府应重视玉米生产，扩大玉米播种面积，提升种植和加工技术水平，推动畜牧业发展，做大玉米产业，这也是中国与柬埔寨开展玉米产业投资合作的重要方向。

3. 天然橡胶产业是柬埔寨农业经济的重要增长点

（1）生产条件优越，后续开发潜力巨大

天然橡胶对气候和土壤等生长环境要求较为苛刻，产地主要分布在赤道以南10°到赤道以北15度之间。柬埔寨地处其中，属热带西南季风性气候，日温差小，干湿季节明显，无台风不利影响，其东部、东北部近1/3的国土为倾斜平缓的高原（属越南长山山

① 数据来源：泰国《世界日报》，2013年9月11日。

② 数据来源：越南《经济时报》，2016年2月20日。

脉的西坡），具有发展天然橡胶业独特的天然条件，全国适宜种植橡胶的红土及灰土有86万公顷[①]，产业发展具有很强的资源潜力。

（2）橡胶种植园分布广泛，私营橡胶园占较大比重

柬埔寨橡胶园分布在全国至少18个省，包括腊塔纳基里省、上丁省、桔井省、蒙多基里省、磅湛省、磅同省、柏威夏省、马德望省、拜林省、菩萨省、班迭棉吉省、暹粒省、奥多棉吉省、戈公省、西哈努克省、贡布省、波萝勉省和柴桢省，以上省份的植胶面积约为32.6万公顷。预计到2020年，柬埔寨橡胶种植面积将增加到45万公顷，届时一年可收获40万~50万吨橡胶。柬埔寨橡胶园有三类，分别为大型橡胶园（国营橡胶园），私营橡胶园和家庭式橡胶园。2012年，三类橡胶园面积占比分别为19.3%，42.3%和38.4%，私营橡胶园正在发挥越来越重要的作用。

专栏2：橡胶产业核心战略目标

国家四角战略第二阶段（2008年9月起）中，指出国家橡胶产业发展的六大目标。包括：

1．保障橡胶种植的质量和数量；

2．研究改良红土地，增加橡胶种植面积；

3．鼓励家庭种植橡胶；

4．加强农工业橡胶；

5．加强和保留橡胶营销链的价格稳定；

6．加强能力导引总理事会的橡胶治理及相关部门的工作能力。

（3）政府大力支持橡胶产业发展

近年来，为了不断扩大橡胶的种植面积，支持橡胶产业发展，柬埔寨政府积极出台相关政策，如《国家四角战略》《2009—2013国家发展计划》及《橡胶生产及出口推动政策》等都对橡胶产业给予了高度关注，大力推动家庭种植橡胶树工程，成立橡胶种植户合作社，通过提供贷款鼓励农民种植橡胶树，无偿提供橡胶种植咨询帮助和管理技能培训。

（4）正逐步成长为世界橡胶主要出口国

柬埔寨工业化程度较低，国内天然橡胶国内消费量微乎其微，主要用于出口创汇。随着种植橡胶面积的增长，出口量迅猛增长，2013年出口8.6万吨，同比增长43.3%。柬埔寨橡胶主要出口越南、马来西亚、印尼、新加坡和中国等。柬埔寨正积极努力成为世界橡胶生产出口的主要国家。

① 据FAO统计，2017年全球植胶面积为1 539.2公顷。

表2-7 近年柬埔寨橡胶出口情况

指标	2007年	2008年	2009年	2010年	2011年	2012年	2013年
出口量（万吨）	3.30	3.60	3.70	4.20	4.50	6.00	8.60
价格（百万美元）	60.50	58.32	65.96	111.50	192.30	174.80	189.50

数据来源：柬埔寨LS橡胶出口公司策略研究，蒙伟波（柬），硕士论文，2015年4月。

（5）发展面临种植技术落后等制约因素

柬埔寨橡胶业发展面临的主要问题是橡胶质量比较差、割胶技术和设备落后、出口市场狭小、缺乏专业人才、缺乏培育和研究适应气候变化的技术、小的橡胶种植户缺乏资金支持、使用肥料和收割橡胶都未达国际标准等，亟须向泰国、越南和中国学习，引进最新技术促进橡胶种植发展。

（6）欢迎外国投资者加入柬埔寨橡胶产业

柬埔寨政府积极争取外国资本注入本国天然橡胶产业，为投资者提供各方面的条件，包括适宜的土地、水资源和劳动力等。从1999年开始，法国政府通过法国开发署向柬埔寨家庭式橡胶种植业提供了540万欧元的援助，通过该项援助，柬埔寨胶农获得了技术与贷款。2009年，柬埔寨与越南橡胶集团签署了关于橡胶业的合作协议，该协议规定，由14家越南公司组成的联盟在柬埔寨天然橡胶业完成6亿美元的投资。在柬埔寨政府的积极呼吁下，越南、泰国、日本、韩国以及中国等国的企业都纷纷加入柬埔寨天然橡胶行业。

小结：作为一种重要的战略物资，天然橡胶在全球的分布主要集中在东南亚地区。柬埔寨适宜植胶区域广泛，自然资源优势明显。中国是全球天然橡胶消费第一大国，自给率较低，且随着工业化水平的提升，天然橡胶的对外依存度仍将提升。中国应借助柬埔寨大力发展橡胶产业的历史机遇，借助中柬两国源远流长的政治友好关系，引导和鼓励中国企业投资柬天然橡胶产业，加强现有种植园的改造提升，扩大植胶面积，助推产业壮大，丰富国内天然橡胶来源渠道。

4. 木薯产业是柬埔寨出口增值潜力巨大的产业

柬埔寨土质多属沙壤土、沙土，适宜种植木薯。柬埔寨木薯一般种植于平地，每年可种植2次，雨季于3～6月种植，旱季于10～11月种植。近年来，柬埔寨木薯种植业发展迅速，已经成为仅次于天然橡胶的第二大经济作物产业，受到国际瞩目，许多泰国、越南、马来西亚和中国的投资者纷纷来柬埔寨投资种植木薯和开设加工厂，抢占柬埔寨具有巨大发展潜力的木薯市场。

（1）木薯生产规模井喷式增长

受国际市场木薯需求增长的拉动，柬埔寨木薯的生产规模迅猛增长。收获面积从

2000年的1.5万公顷增加到2017年的39万公顷，年均增长率高达14.7%，单产水平从2000年的9.6吨/公顷增加到2017年的27吨/公顷，增长了1.8倍，年均增长率达10.6%。产量由2000年的14.8万吨，迅猛增长到2017年的1 057.8万吨，年均增产达61.4万吨。从单产情况来看，柬埔寨木薯种植的单产水平较高，在中南半岛国家中仅次于老挝（2017年为32.1吨/公顷）。

表2-8　柬埔寨木薯生产情况

年份	收获面积（万公顷）	单产（吨/公顷）	产量（万吨）
2000	1.54	9.61	14.78
2005	3.00	17.87	53.56
2010	20.23	21.0	424.74
2011	36.95	21.74	803.38
2012	33.71	22.59	761.37
2013	30.96	24.39	755.01
2014	32.58	25.55	832.46
2015	35.75	25.43	909.06
2016	37.52	26.20	983.07
2017	39.21	26.98	1057.78

数据来源：FAO数据库。

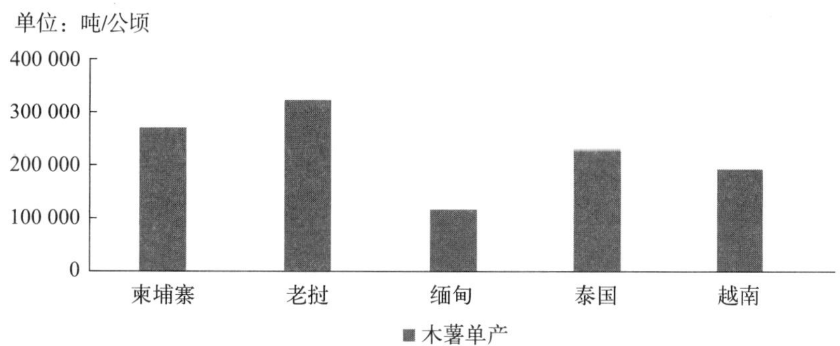

图2-4　2017柬埔寨与其他中南半岛国家木薯单产情况对比

数据来源：FAO数据库。

（2）木薯种植区域不断拓展

过去柬埔寨木薯种植区主要分布在东北部的腊塔纳基里、磅湛、桔井省，但现在班迭棉吉、马德旺、磅同、拜林、柏威夏和奥多棉吉省等正变成新的木薯种植区。可见，柬埔寨适宜木薯生产的土地资源正在被不断开发，未来木薯生产规模会呈继续增长态势。

(3) 加工业发展滞后

柬埔寨的木薯产品主要以鲜薯、干片、淀粉等形式直接出口到越南和泰国，部分作为食用淀粉在本国消化。严重缺乏木薯加工企业，如淀粉、变性淀粉以及深加工企业，在很大程度上制约了柬埔寨木薯产业的发展。

(4) 出口增值有较大空间

据柬埔寨农林渔业部资料，2015年柬埔寨木薯出口量达到290万吨，同比增长44%。泰国和越南是最大的进口国。而泰国和越南同时是较大的木薯出口国家，这主要是由于柬埔寨与很多国家没有签署木薯双边检验检疫协定，出口受到限制，泰国和越南利用更具优势的贸易条件进行了大量的转口贸易。随着柬埔寨木薯产业规模的扩大，与其他国家之间的双边检验检疫协定的签署，柬埔寨木薯出口增值将显著增加。

小结：柬埔寨大部分土地均可种植木薯，种植面积扩大的潜力很大。而中国是世界进口木薯最多的国家，每年都从越南和泰国进口大批木薯干片。据农林渔业部报告，2015 年柬埔寨出口226万吨木薯干片，其中泰国进口178 万吨、中国进口15万吨和越南进口33 万吨。柬埔寨应大力发展生产，减少泰国和越南的转口贸易，扩大出口增值。考虑到中柬双方就中柬木薯科技合作及木薯产品外贸出口零关税等已经达成协议，2012年柬埔寨木薯干已经顺利进入中国市场，中柬合作发展木薯产业潜力巨大。

5. 畜牧业是柬埔寨农业经济的潜在增长点

柬埔寨荒山荒坡资源丰富，可利用的饲草料生产潜力较大，具有发展畜禽养殖的良好天然条件。畜禽品种主要包括牛、羊、猪、鸡等。

(1) 作为家庭副业，发展规模较小

柬埔寨畜牧业至今尚未形成规模，而是仅仅作为农民的一种家庭副业而存在，全国约90%的家庭从事畜牧业生产，但是整体来讲零碎、规模小，抗风险能力差，创造的产值较低。根据FAO数据，2013年，柬牛存栏287.5万头，生猪饲养量为217万头，鸡饲养量为1 300万只，畜牧业产值占农业总产值的比重约为10%，低于其他中南半岛国家。总体来看，柬埔寨畜牧业发展规模偏小，与发展畜牧业的良好条件形成了巨大反差。

(2) 畜产品人均占有量极小，市场潜力很大

柬埔寨居民猪肉消费量约占全部肉类消费量的50%。2017年，柬猪肉产量仅9.84万吨，鸡蛋产量1.95万吨，人均占有量均极小。据调查，直到2012年，柬埔寨还没有成型的乳品行业，国内的鲜牛奶基本都是靠邻国（泰国和越南）供应。外商直接投资饲料加工也在逐步填补养殖业空白，截至2012年年底，已建成规模年产能力10万吨以上的饲料厂有中国新希望集团、泰国正大集团、韩国SCF及当地人和越南人开办的6家公司。另外，截至2012年年底，柬埔寨还没有自动化屠宰场，都是在一般地面直接屠宰，卫生

条件较差，由于电力缺口较大，没有成规模的冷链仓储物流体系，选择当天宰杀的鲜猪肉是当地人唯一的选择。

专栏3：生猪养殖场案例

华侨钟先生生猪养殖场

该养殖场位于金边附近，在4号公路附近，占地面积30公顷。钟先生采用农渔牧混合经营的模式，经营养猪场多年。猪场采用简易式猪舍，简单搭一个铁皮屋，围铁栏杆圈住，挖空部分地板，架设高床，牵引水管，即可进猪饲养，当地气候几乎都属夏天气候，因此无需装设防寒设备。该场饲养800头经产母猪，每年约可上市16 000头毛猪，产仔率高，该场养猪成本约为1.8美元/千克，柬埔寨市场猪肉售价，2011年最高时为3.5美元/千克，利润明显。

韩国人生猪养殖场

首都金边附近有两家韩国人所开的种猪场，占地面积分别为5公顷和30公顷。农场平均年出栏1万头左右，为他们所提供饲料的是韩国SCF饲料场。这两家养殖场同时供应当地农民猪仔供家庭散养，由于当地农民缺乏科学的饲养技术，难以应付猪仔在9～12周的环状病毒发病期，一般购买的仔猪是从60千克开始，而不是正常18～20千克保育结束期仔猪，但饲养到60千克以上后期猪，利润有限，所以农民饲养的积极性不大。①

小结：柬埔寨畜产品国内产量严重不足，加之外汇短缺，进口量较小，居民消费水平仍然处于较低水平。肉、蛋、奶等行业，以及疫病防控、饲料加工、饲养技术、屠宰仓储等环节都处于发展的起步阶段，市场前景乐观，投资潜力很大。与柬埔寨相比，中国畜禽规模化养殖技术、饲料加工业、畜禽屠宰业、兽药产业都具有显著的领先地位，这些都是中国企业赴柬埔寨投资畜牧业的重要领域。

① 数据来源：柬埔寨农牧业资料汇编，2013年。

三、柬埔寨农业生产现状

（一）种植业

1. 粮食作物、经济作物总体发展情况

农业对柬埔寨的经济起着重要作用，大约80%的高棉人都依靠农业作为收入来源。大米是农产品的主要商品，每年总产量大约增长8%，这样的增长对于整个国家的经济至关重要。

虽然，柬埔寨农业主要生产的还是水稻。但是，过去十年已经呈现转变趋势，开始生产蔬菜，木薯和玉米等其他有利可图的农作物。产品的多样化有助于转变农业的不乐观局势。例如2016年全球大米价格下滑。为了保障农民生计，建立农业副业（增加生产原料）变得越来越普遍。

尽管政府鼓励农业投资，但仍然存在重大的预算限制。例如农业基础设施建设，灌溉系统需要重大升级。以便保持在全球范围内的竞争力，特别是稻米价格，因此解决这些问题至关重要。

据柬埔寨财经部统计，2018年，柬埔寨三大产业占GDP的比重为农业占22%，工业占32.3%，服务业占45.7%（图3-1）。

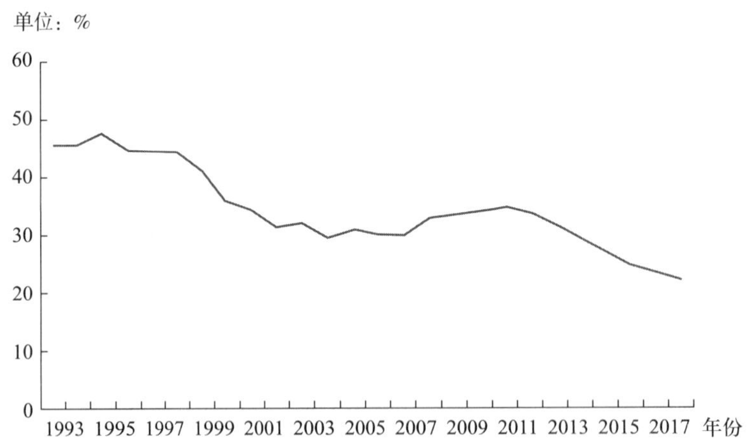

图3-1 农业增加值（占GDP百分比）

数据来源：世界银行数据库

农业在柬埔寨国民经济中具有举足轻重的地位。尽管存在基础设施和技术落后、资

金和人才匮乏等制约因素，但柬埔寨农业资源丰富、自然条件优越、劳动力充足、市场潜力较大。柬埔寨政府将农业列为优先发展的领域，竭力改善农业生产及其投资环境，充分挖掘潜力，发挥优势，开拓市场。

柬埔寨气候环境适合多种农作物生产，光照、降雨充足，农作物品种丰富，有水稻、玉米、天然橡胶、胡椒、棉花、棕糖、咖啡、椰子、豆蔻、花生、大豆、芝麻、蓖麻、黄麻、烟草等。还盛产各种热带水果，如香蕉、柑橘、芒果、菠萝、木瓜、榴莲、红毛丹、山竹等。柬埔寨主要农作物为水稻、玉米、黄豆、绿豆和木薯等。其中水稻是柬埔寨最主要的农作物，木薯是柬埔寨的第二大经济作物。水稻、玉米等粮食作物可种三季，木薯可种植两季（图3–2）。

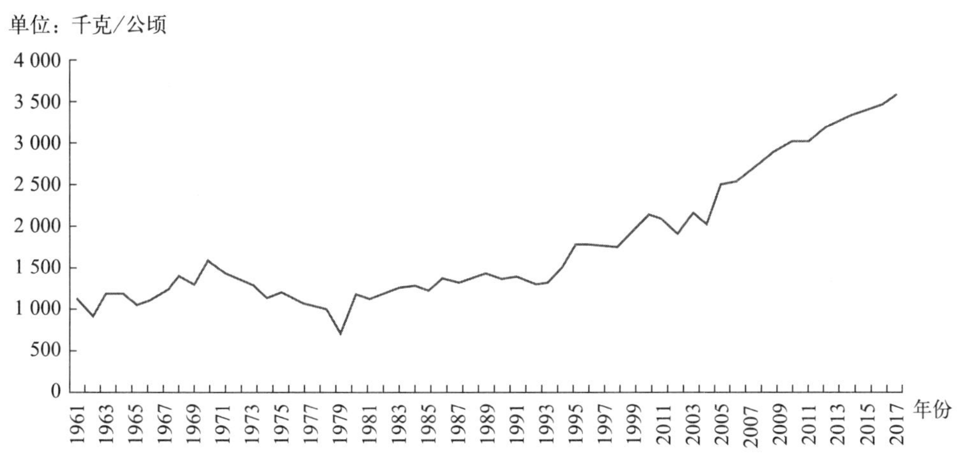

图3-2　谷类产量

数据来源：世界银行数据库

柬埔寨谷类产量呈逐年上升趋势。2017年，谷类产量为每公顷3 568.8千克。截至2017年年底，柬埔寨全国天然橡胶种植面积1.54万公顷，橡胶产量15.84万吨，同比分别下降4.7%和4.9%。①

2016年5月，洪森总理对发展国家农业提出了十点方案，其中内容包括改进生产技术，提高农产品的质量和产量；提高农业研究和宣传工作，适应国际、区域和国内粮食需求增加趋势；改善水利系统，增加多季农作物种植能力；巩固组建农业社区运作，加强私人领域合作发展农业；大力推广香米稻种；打击非法砍伐森林、打击非法捕猎野生动物等犯罪活动等。据柬埔寨农业部的数据报告，2017年柬埔寨出口中国有近20万吨大

① 谷类产量按照收获土地每公顷千克数来计量，包括小麦、水稻、玉米、大麦、燕麦、黑麦、小米、高粱、荞麦和杂粮。谷类生产数据与收获后仅用作干燥谷物的作物相关。收获后用作干草或未成熟时收割用作食物、饲料或青贮饲料或作牧草用的谷类作物除外。

米、5.8万吨干木薯、3 340吨干橡胶、14 940吨甘蔗糖和其他部分农产品。

2. 水稻产业

（1）水稻生产情况

水稻是柬埔寨最重要的农产品，产量占农产品总产量的90%以上，产值占全国农业总产值的70%以上。柬埔寨80%的耕地用于种植水稻，主要有两大稻谷生产区域，一是集中于洞里萨湖区，靠近泰国的班迭棉吉、马德望、暹粒三个省份，这一区域主要生产香稻（与泰国香米属于同一类型），该区域香稻产量约占全国产量的50%。另一个集中区域是靠近湄公河下游的平原地区，包括茶胶、干丹、菠萝绵、磅湛、柴桢、磅同、贡布等省份。以上两个水稻种植集中区域的产量约占全国产量的80%。其中，菩萨省是柬埔寨的主要省份之一，该省具有许多的发展潜力领域，尤其是旅游业和农业。萨省面积126.9万公顷，其中农业的耕种面积有345 922公顷。菩萨省的优势是具有发展潜力的农作物，包括稻谷（年产量42万吨）、木薯（年产量120万吨）、玉米（年产量愈1万吨）、胡椒（年产量300吨）、甘蔗（年产量1.7万吨）、橙子（又称菩萨橙，年产量2.8万吨）等。

水稻按季节可分为雨季稻和旱季稻，雨季稻约占全国水稻种植总面积的85%，旱季稻约占15%。按品种可以分为香稻和非香稻，由于香稻种植成本更高，约90%的农户种植非香稻，10%的农户种植香稻。水稻一年可两熟或者三熟。

2015年，柬埔寨全国水稻种植面积305.1万公顷，2016年，稻谷总产量近1 000万吨，除满足国内粮食需求和收割过程中损失外，剩余511万吨。柬埔寨政府高度重视稻谷生产和大米出口，2015年农产品出口415.7万吨，其中大米出口54.48万吨，增长48.1%。

2018年1~3月柬埔寨大米出口超过16万吨，较2017年同期微降3.4%，中国仍名列柬埔寨大米出口国之首。在第一季度出口16万吨大米中，柬埔寨香米出口逾12万吨，占78.03%；其次为长谷米，出口2万吨，占17.15%；蒸谷米出口7 764吨，占4.82%。中国第一季度从柬埔寨大米进口41 412吨，占柬埔寨总出口量的25.7%。法国位居第二位，第一季度从柬埔寨购进大米21 581吨。马来西亚第一季度从柬埔寨购买了13 074吨大米，首次超越了波兰，成为第三大买家。欧盟仍是柬埔寨大米出口的重要市场之一，第一季度柬埔寨对欧盟25个国家出口大米近8万吨。

据柬埔寨大米出口协会公布的最新数据显示，2018年前5个月柬埔寨出口大米24万多吨，出口大米近70个国家，比2017年同期下降6.8%。近70个国家的进口大米中，中国以进口61 578吨大米数量位居榜首，法国以33 077吨排名第二位。中国也是柬埔寨出口大米重要国家之一。柬埔寨政府公布的报告称，2018年，中国政府进口柬埔寨大米配额从2017年的20万吨提高至30万吨。

（2）水稻加工

柬埔寨加工企业很多，但一般规模较小，设备落后，发展缓慢，部分仍停留在家庭作坊式的加工阶段，大多数每小时产能不超过5吨。据柬方的125家稻谷生产企业资料，每小时加工能力在10吨以上的约有10家，每小时加工能力在5～10吨的有12家，其余均在5吨以下。此外，大型大米加工厂（企业）较少，稻谷多采用异地加工和包装，没有稻谷深加工技术，缺少米糠油加工厂，稻壳、稻糠只能做饲料。加工业发展缓慢使整个稻米产业的利益受损，不能对产业发展提供高附加值的回报，产生了非常不利的影响。近年来，周边各国都已经意识到柬埔寨稻米加工产业的广阔前景，已经有包括中国、马来西亚、越南、泰国、法国和韩国等多国投资者赴柬埔寨或者准备在柬埔寨开设稻谷加工厂（图3-3和表3-1）。

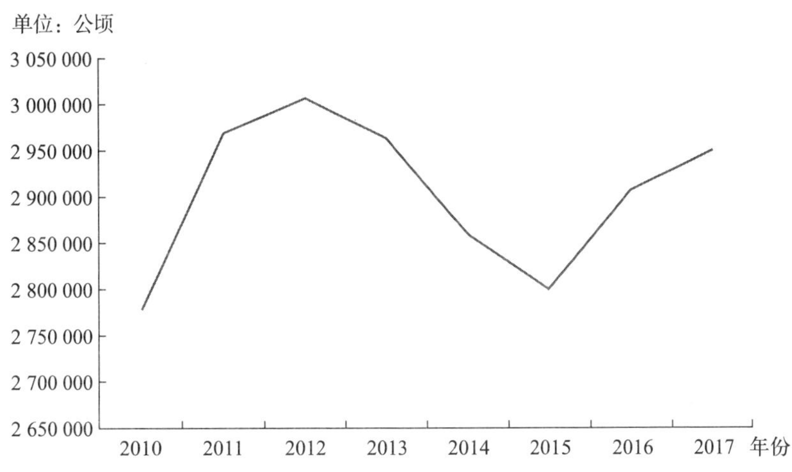

图3-3　柬埔寨稻谷收获面积

数据来源：FAO数据库

表3-1　柬埔寨稻谷生产情况

年份	收获面积（公顷）	单产（吨/公顷）	产量（吨）
2010	2 776 507	2.969 7	8 245 320
2011	2 968 529	2.957 4	8 779 000
2012	3 007 545	3.089 2	9 290 940
2013	2 964 477	3.167 5	9 390 000
2014	2 856 703	3.263 9	9 324 000
2015	2 795 063	3.339 8	9 335 000
2016	2 866 973	3.427 7	9 827 001

数据来源：FAO数据库

3. 橡胶产业

从数据上看，2010—2016年，无论是橡胶生产总量，单产以及收获面积都呈下降趋势，但近两年有所提升。

2016年，天然橡胶种植面积38.8万公顷，产量约12.68万吨，同比增长30.7%。据柬埔寨农林渔业部橡胶总局的最新报告显示，2017年柬埔寨共出口干橡胶188 832吨，平均每吨价格为1 586美元，共创汇2.99亿美元。柬埔寨共有436 339公顷橡胶园，其中可割胶的为170 230公顷，占39%。柬埔寨橡胶主要出口到中国、越南、新加坡和马来西亚等。

据柬埔寨农林渔业部橡胶总局的报告显示，2018年的前8个月，柬埔寨共出口12万余吨橡胶，同比增长了21 238吨橡胶，平均每吨橡胶的价格为1 383美元，而橡胶出口额为1.66亿美元。据报告，柬埔寨橡胶总种植面积达43万余公顷，其中可割胶面积达17.3万公顷，相当于39%，而橡胶保护面积达26万余公顷，相当于61%（图3–4）。

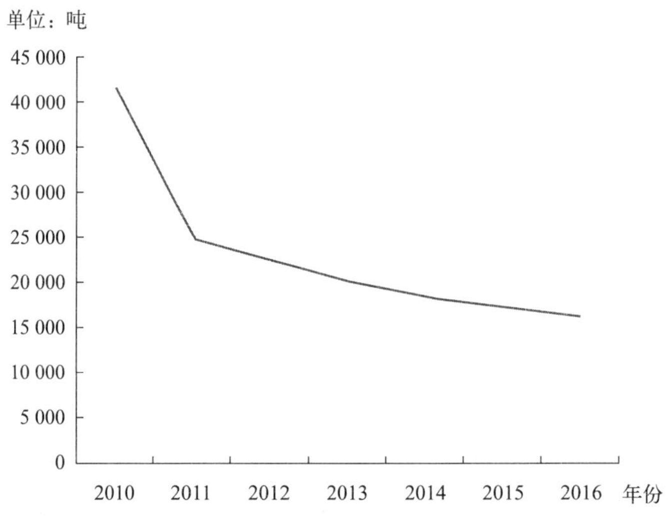

图3-4　柬埔寨橡胶生产情况

数据来源：FAO数据库

表3-2　柬埔寨橡胶生产情况

年份	收获面积（公顷）	单产（吨/公顷）	产量（吨）
2010	37 807	1.100 1	41 591
2011	23 775	1.049 7	24 956
2012	21 327	1.039 5	22 169
2013	19 346	1.037 5	20 072

（续）

年份	收获面积（公顷）	单产（吨/公顷）	产量（吨）
2014	17 800	1.035 5	18 433
2015	16 584	1.033 6	17 141
2016	15 618	1.031 6	16 112

数据来源：FAO数据库。

4. 木薯

（1）木薯生产情况

柬埔寨土质多属沙壤土、沙土，适宜种植木薯。柬埔寨木薯一般种植于平地，每年可种植2次，雨季于3～6月种植，旱季于10～11月种植。柬埔寨木薯种植区主要分布在东北部的拉达纳基里省、磅湛省、桔井省，卜迭棉芷省、马德望省、磅通省、拜灵省、柏威夏省、奥多棉芷省、暹粒、柴桢省等木薯种植面积日益增加。马德望省是柬埔寨最大的木薯产地，种植面积155 424公顷。

木薯是柬埔寨农民最喜欢种植的主要农作物之一，木薯种植面积的增长率排在第二位，排在第一位的是水稻。农林渔业部的年度报告显示，虽然木薯的价格不断下降，或者缺乏市场，但是柬埔寨木薯的种植面积仍然保持增加的态势。

2015年，柬埔寨木薯的种植面积为57.4万公顷，同比增长了10%。截至2016年年底，柬埔寨全国木薯的种植面积增至77.1万公顷。据农林渔业部报告，柬埔寨木薯种植面积达67.5万公顷。据国际热带农业中心（CIAT）调查报告，柬埔寨是世界第8大和东南亚第4大木薯生产国家。2017年，柬埔寨木薯产量1 480万吨。

依据农业部出口数据，柬埔寨木薯出口国从2014年的4个国家(中国、泰国、法国和越南)，增至2016年的16个国家与地区，即中国、泰国、法国、越南、加拿大、英国、芬兰、立陶宛、印度、意大利、韩国、马来西亚、缅甸、荷兰、新西兰、美国和中国台湾。柬埔寨木薯出口量居世界第8名，同时居区域第4名。柬埔寨木薯出口从2012年的22万吨，增至2016年的360万吨。2017年前9个月共出口180万吨木薯。据农林渔业部报告，2015年柬埔寨出口226万吨木薯干片，其中泰国进口178万吨、中国进口15万吨和越南进口33万吨。从2017年1~9月，柬埔寨共出口干木薯230万吨，而鲜木薯的出口量则约为75万吨。

（2）木薯加工

在联合国支持和援助下，柬埔寨制定《国家木薯业发展政策》，欲发展成为全球主要木薯加工业中心和可信赖木薯产品供应商；除了致力开拓和丰富国际市场外，柬埔寨政府鼓励本地农民利用木薯产品和副产品作为廉价动物饲料。商业部通过三项策略来达成上述目标，即把柬埔寨木薯业“商业化”、支持加工厂商和吸引外资和提高产业竞争力。

联合国开发署（UNDP）与绿领集团（Green Leader）签署成本分摊协议，共同推动“加速包容性木薯市场开发项目”。根据协议，“加速包容性木薯市场开发项目”共耗资200万美元，联合国开发署和绿领集团承诺分别承担30万美元和50万美元，剩余则由商业部承担。本项目是《国家木薯业发展政策》下首个“私人和政府伙伴项目”（Private Public Partnership），通过政府和私人合作融资发展木薯价值链。该模式将把木薯生产、加工和出口活动融合在一起，让农民和价值链相关方互惠互利。

柬埔寨全国只有7家木薯淀粉厂，大部分已停止操作，剩余则是小规模生产，这使得柬埔寨农民被迫把木薯卖给中间商，再出口至越南和泰国。

柬埔寨将在2020年之前完成20家木薯加工厂的建设，实现柬埔寨木薯每年本地购买1 000万吨的目标。香港的上市公司绿领集团，已于2018年1月29日与柬埔寨农林渔业部签署了合作协议，计划在未来5年内，集团致力于在柬埔寨重要的木薯产区投资建设至少20家木薯加工厂，于2018年建成5家、2019年7家和2020年8家。届时每家公司至少种植1万公顷木薯，同时，公司将从当地农民收购大量木薯。与农民建立紧密合作关系，是该集团大规模在柬埔寨投资木薯加工厂计划的成功关键。该集团在部分具有潜力的省份建木薯加工厂，分别是特本克蒙省、桔井省、蒙多基里省、上丁省、菩萨省、马德望省、卜迭棉芷省、奥多棉芷省和柏威夏省。中国公司在9个省份各投建1~2家木薯加工厂，每家加工厂预测耗资100万～200万美元。该集团在桔井省建设的木薯淀粉厂于2018年12月正式投产，淀粉年产量可达到13万吨，或相等于60万吨鲜木薯。2016年与2017年，柬埔寨木薯产量高达1 400万吨，中国公司的20家加工厂一旦建成，可以

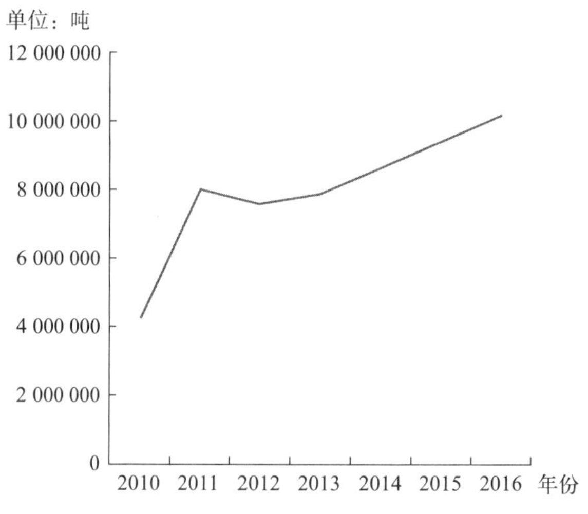

图3-5 柬埔寨木薯生产量

数据来源：FAO数据库。

收购全国1 000万余吨的木薯用于加工出口。

柬埔寨王国政府的木薯政策把柬埔寨变为世界认可的木薯加工与供应工业的基地，该政策为制定木薯生产链提供发展视野和前景，确保木薯种植获得高产量和高价格，满足国内外市场需求。

柬埔寨的《木薯政策》将提高木薯产量，并为柬埔寨农民带来高收入，同时让木薯服务于柬埔寨工业发展（图3–5和表3–3）。

表3-3 柬埔寨木薯生产情况

年份	收获面积（公顷）	单产（吨/公顷）	产量（吨）
2010	202 303	20.995 3	4 247 419
2011	369 518	21.741 4	8 033 843
2012	337 065	22.588 2	7 613 697
2013	325 832	24.204 5	7 886 604
2014	332 937	25.784 5	8 584 605
2015	368 532	25.535 6	9 410 691
2016	387 636	26.330 2	10 206 514

数据来源：FAO数据库。

5. 热带水果产业

近几年，柬埔寨各类热带水果的收获面积及产量都较为平稳。其中，香蕉、芒果及菠萝所占比重较大。香蕉每年产量约14万吨，芒果产量约为6万吨，菠萝约为23 000吨。柬埔寨在3个省共有3个大型香蕉农场，占地5 000公顷，分别在拉达那基里、桔井和贡不省。柬埔寨还计划扩大香蕉种植面积。

柬埔寨与中国签署《柬埔寨香蕉输华植物检验检疫要求协定书》，标志着柬埔寨香蕉完成了对中国的检疫准入，成为柬埔寨首个输华水果品种，协定书的签订为柬埔寨每年向中国出口30万吨香蕉铺路。协定书规定，出口中国的香蕉不可残留超标的可影响人体健康的农药。除此之外，柬埔寨正在继续和加快与中国谈判，出口芒果、龙眼、火龙果、胡椒、椰子和燕窝到中国。

对于丰富中柬农产品贸易，柬埔寨和中国合资投入3 200万美元在柬埔寨贡不省速富县1 000公顷土地种植“安奔香蕉”（Chek Ambong）项目的“Longmate Agriculture”公司计划于2019年初出口数万吨香蕉到中国市场。

由农民种植的高拉棉芒果还没有直接出口到中国和韩国市场，因种植技术不符合中国和韩国卫生标准。柬埔寨农林渔业部和柬埔寨数字化农业交易所于2018年1月15日签署《农业合作谅解备忘录》，通过该协议，柬埔寨数字化农业交易所在实居省建设国际标准化“芒果加工基地”“农业研究基地”和“柬埔寨农业专业银行”等多个项目（表3–4至表3–10）。

表3-4　柬埔寨香蕉生产情况

年份	收获面积（公顷）	单产（吨/公顷）	产量（吨）
2010	24 726	4.54	157 753
2011	31 968	4.45	142 130
2012	31 075	4.49	139 616
2013	30 792	4.49	138 489
2014	30 610	4.50	137 816
2015	30 512	4.50	137 520
2016	30 475	4.51	137 499
2017	30 478	4.51	137 660

数据来源：FAO数据库。

表3-5　柬埔寨西柚生产情况

年份	收获面积（公顷）	单产（吨/公顷）	产量（吨）
2010	314	9.92	3 116
2011	315	9.97	3 141
2012	316	10.02	3 166
2013	317	10.07	3 191
2014	318	10.12	3 216
2015	319	10.17	3 241
2016	319	10.22	3 266
2017	320	10.27	3 291

数据来源：FAO数据库。

表3-6　柬埔寨柠檬与青柠生产情况

年份	收获面积（公顷）	单产（吨/公顷）	产量（吨）
2010	302	8.74	2 643
2011	303	8.86	2 684
2012	304	8.97	2 725
2013	304	9.08	2 766
2014	305	9.20	2 808
2015	306	9.32	2 849
2016	306	9.43	2 890
2017	307	9.55	2 931

数据来源：FAO数据库。

表3-7　柬埔寨芒果生产情况

年份	收获面积（公顷）	单产（吨/公顷）	产量（吨）
2010	4 429	12.88	57 087
2011	4 545	13.07	59 391
2012	4 504	13.30	59 890
2013	4 581	13.46	61 646
2014	4 657	13.61	63 402
2015	4 731	13.77	65 158
2016	4 804	13.93	66 915
2017	4 874	14.09	68 671

数据来源：FAO数据库。

表3-8　柬埔寨菠萝生产情况

年份	收获面积（公顷）	单产（吨/公顷）	产量（吨）
2010	2 142	10.52	22 536
2011	2 155	10.46	22 544
2012	2 170	10.46	22 706
2013	2 204	10.47	23 072
2014	2 238	10.47	23 439
2015	2 272	10.48	23 806
2016	2 306	10.48	24 172
2017	2 340	10.49	24 539

数据来源：FAO数据库。

表3-9　柬埔寨初果（Fruit Primary）生产情况

年份	收获面积（公顷）	单产（吨/公顷）	产量（吨）
2010	65 213	5.903 2	384 965
2011	62 937	5.891 2	370 778
2012	62 304	5.904 5	367 873
2013	62 282	5.927 4	369 172
2014	62 322	5.986 0	373 054
2015	62 457	6.000 0	374 744
2016	62 732	6.014 3	377 293

数据来源：FAO数据库。

表3-10 柬埔寨新鲜水果生产情况

年份	收获面积（公顷）	单产（吨/公顷）	产量（吨）
2010	11 911	6.33	75 364
2011	11 906	6.25	74 418
2012	12 000	6.08	73 000
2013	11 783	6.11	72 044
2014	11 821	6.34	74 909
2015	11 738	6.34	74 358
2016	11 756	6.34	74 510
2017	11 788	6.34	74 749

数据来源：FAO数据库。

6. 化肥与农药

2010年以来，柬埔寨进口农药出现剧增趋势，其中2010年共进口杀虫剂约630万美元，2015年则达到约4 500万美元；2016年略有下降，进口农药约为3 800万美元。而化肥的消费量依然逐步上升，但是磷酸盐（P205）的使用量每年都有较大幅度的下降，即化肥的使用也趋于科学，尽可能地降低对生态的破坏。

有关农药与化肥的数据显示，柬埔寨种植业正按照政府发展农业政策和策略，逐步朝向现代化。政府通过一系列宣传活动，教育农民关于正确使用农药知识，确保农药可以真正发挥作用，同时避免危害农民健康和破坏环境（图3−6、图3−7和表3−11）。

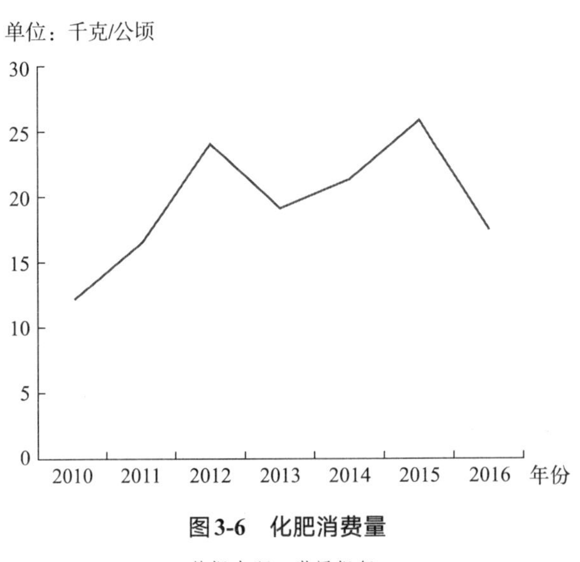

图3-6 化肥消费量

数据来源：世界银行。

表3-11 柬埔寨化肥成分情况

年份	N	P_2O_5	K_2O
2010	21 022.00	23 998.00	1 028.00
2011	33 388.00	26 782.00	1 710.00
2012	57 218.23	29 569.39	4 748.72
2013	51 502.27	16 723.36	2 786.51
2014	64 664.41	12 010.93	4 128.07
2015	81 751.85	10 143.50	4 040.73
2016	55 901.84	5 867.00	4 326.83

数据来源：FAO数据库。

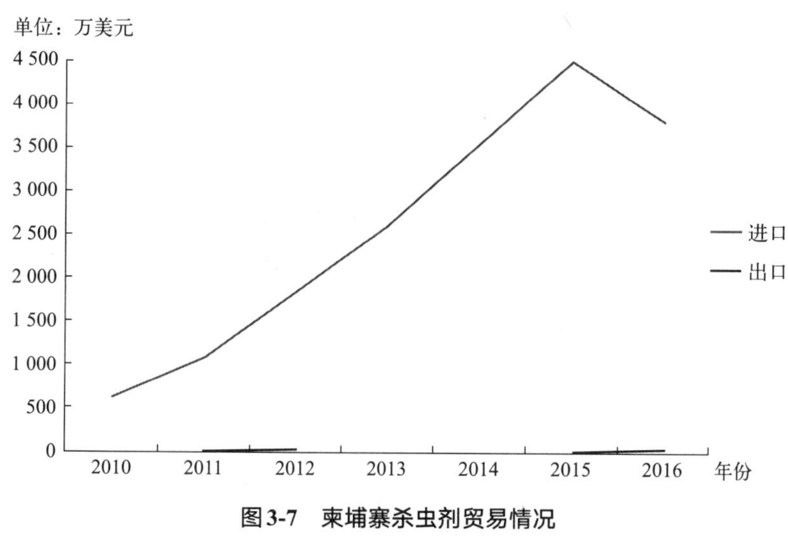

图3-7 柬埔寨杀虫剂贸易情况

数据来源：FAO数据库。

7. 农业机械情况

柬埔寨大部分地区依然采用传统落后的农耕方式，比如牛拉犁耙、手工收割、依赖自然降水来浇灌作物，完全是靠天吃饭。因此，希望引入美式的农业设备、杂交种子和化肥等，用于改进柬埔寨农业的落后状况。柬埔寨政府计划推动农业现代化，从传统落后的农耕方式中摆脱出来，并建立现代化农业经济。

除了从美国进口农机设备之外，柬埔寨还利用法国经济援助从巴西进口农业技术和设备。这些技术和设备减少了人工投入并提高了大米产出。农业部向农民展示了一种无须使用犁耙的水稻种植设备，这一设备大大节省了时间并提高了产量。柬埔寨从巴西进口的设备每台约为11 000美元。专家表示，这一设备不仅可以节省时间和提高产量，还可以保持土地质量。

在一个试验种植项目中，农民们发现这种设备可以供农民全年使用，同时无须使用传统的灌溉系统。在柬埔寨石旁湛省丹贝尔地区，如果农民使用传统方式种植，每公顷产出仅2～3吨，而使用这一新设备种植之后，产量可达6吨。

8. 市场和农产品物流体系建设情况

受柬埔寨欠发达的交通和公用基础设施的影响，在柬埔寨的投资者面临着巨大的运营风险。数十年的冲突破坏了柬埔寨的公路和铁路网，在冲突结束后，柬埔寨试图为境内基础设施建设寻找大型投资，不过要建成全面发达的基础设施仍有待时日。因此，受残缺的道路和铁路网的影响，商业活动面临供应链延期、水质量低下和互联网受限等重大风险。此外，由于依赖进口导致高额的燃料和电力成本，输电供电线路老化、断电问题频发。

（二）畜牧业

柬埔寨荒山荒坡资源丰富，可利用的饲草料生产潜力较大，具有发展畜禽养殖的良好天然条件。畜禽品种主要包括牛、羊、猪、鸡等。

1. 作为家庭副业，发展规模小

柬埔寨畜牧业至今尚未形成气候，而是仅仅作为农民的一种家庭副业而存在，全国约90%的家庭从事畜牧业生产，但是整体来讲零碎、规模小，抗风险能力差，创造的产值较低。根据FAO数据，2017年，柬埔寨牛存栏296.2万头，生猪饲养量为192.6万头，鸡饲养量为1 382.7万只，畜牧业产值占农业总产值的比重约为10%，低于其他中南半岛国家。总体来看，柬埔寨畜牧业发展规模偏小，与发展畜牧业的良好条件形成了巨大反差。

2. 畜产品人均占有量极小，市场潜力大

柬埔寨居民猪肉消费量约占全部肉类消费量的50%。2017年，柬埔寨猪肉产量仅9.844万吨，鸡蛋产量1.95万吨，人均占有量均极小。直到2012年，柬埔寨还没有成型的乳品行业，国内的鲜牛奶基本都是靠邻国（泰国和越南）供应。外商直接投资饲料加工也在逐步填补养殖业空白，截至2012年年底，已建成规模年产能力10万吨以上的饲料厂有中国新希望集团、泰国正大集团、韩国SCF及当地人和越南人开办的6家公司。截至2012年年底，柬埔寨还没有自动化屠宰场，都是在一般地面直接屠宰，卫生条件较差，由于电力缺口较大，没有成规模的冷链仓储物流体系，当天宰杀的鲜猪肉是当地人唯一的选择。

（三）渔业

1. 渔业总体情况

柬埔寨中部是由低地构成的一片湄公河三角洲大平原，平原上的洞里萨湖东面与湄公河相通，长约150千米、宽约30千米，低水位时面积2 500多平方公里，雨季湖面达1万平方公里是中南半岛上最大的湖泊，也是世界上淡水渔业资源最丰富的渔区。洞里萨因湄公河洪水泛滥引起的季节性变化以及区域生态多样性而成为世界上产鱼最高的水域之一，被誉为“柬埔寨的鱼仓”。雨季是洞里萨湖各种鱼类的繁殖生长期，到了11月，进入旱季，鱼类已经长大，便进入了柬埔寨渔业收获季节。

柬埔寨海域有460千米长的海岸线，平均水深不及80米，专属经济区范围与大陆架面相当，是渔业生产力相当高的海区。泰国湾是一个高生产力海洋渔场，渔业资源分为两部分：中上层鱼类和底层鱼类。中上层鱼类主要是沙丁鱼、鲐鱼、鳀鱼、鲳鱼和小型金枪鱼等经济鱼类，其中沙丁鱼产量最高；底层鱼类主要有金线鱼种、石首鱼科、留鲷科、大眼鲷科、狗母鱼科、鲽形目、蛇鲭科、板鳃亚纲、康吉鳗科。近年来，杂鱼在总渔获物量中有所上升，而高价鱼不断减少，这意味着所捕捞的都是处于食物链底层的品种，柬埔寨的海洋渔业资源正在衰退。

2. 渔业生产情况

柬埔寨淡水渔业资源丰富，淡水渔业成为整个国民经济的支柱产业。湄公河及其支流构成了全国的主要河系，具有发展淡水渔业的良好自然条件，全国渔业总产量的90%来自洞里萨湖和湄公河沿岸的淡水区域。据联合国粮农组织和柬埔寨渔业部的统计，洞里萨湖淡水渔业资源居世界首位，总渔获量居第四位。柬埔寨淡水鱼类年总产量在29万～43万吨，仅洞里萨湖年产量就有约23.5万吨。

海洋渔业在柬埔寨渔业中占比较小，主要集中在泰国湾东岸。柬埔寨的海洋渔业属于小型和个体渔业性质，以多鱼种为捕捞对象，是商业渔民的主要收入来源。2015年，共捕获了约75万吨鱼，比2014年增加了6 236吨。在总产量中，来自淡水湖泊的鱼约有48.8万吨（占65%），来自咸水湖泊的鱼约有12万吨（占16%），其余来自养鱼场的鱼约14.3万吨（占19%）。

（1）捕捞渔业

柬埔寨大约有100万人以捕鱼为生，渔业的生产、加工及销售为该国230万人创造了就业机会。近几年来，柬埔寨捕捞渔业实现了稳步增长，产量从2012年的68.2万吨增长到2016年的80.25万吨(图3-8)。

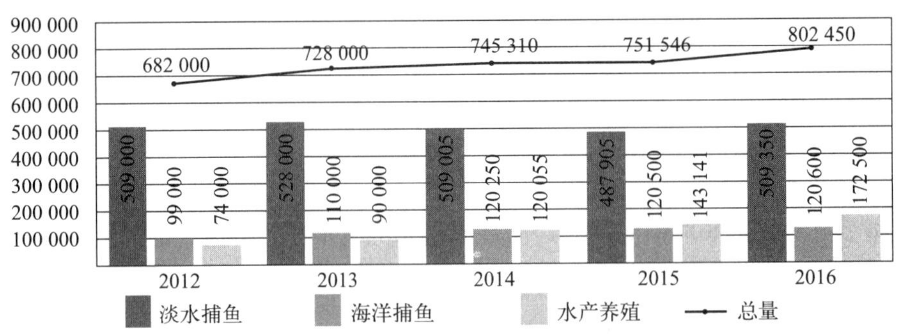

图3-8　柬埔寨渔业生产情况

数据来源：柬埔寨农业、林业、渔业2016—2017年度报告和2017—2018发展规划。

(2) 养殖渔业

网箱养鱼是柬埔寨一种传统的养殖类型，湄公河下游是国际网箱养鱼的发源地。与捕捞渔业的迅猛发展相似，柬埔寨水产养殖业的发展也可用日新月异来形容。1997年柬埔寨的养殖产量只有1.18万吨，产值2595.68万美元，2007年则分别增长到5.02万吨、7 063.8万美元，分别增长了4.25倍和2.72倍。柬埔寨养殖渔业规模不大，但发展势头良好。柬埔寨全国至少有网箱1 300个以上，产量占水产养殖总产量的80%左右。

栏网养殖是柬埔寨大湖部分地区和首都周围河流湖泊中惯用的养殖技术。一般是在水位低时把幼鱼放入竹栏中，在养成后出售或当水位升高时移入浮式网箱。栏网养殖面积一般为500～5000立方米，在河流中小些，湖泊中大些，栏网养殖产量一般每年不超过1 500吨。

池塘养殖是柬埔寨近些年才开始使用的方式。最初时主要集中在金边周围，主要生产芒鲶鱼类，后来也在一些种植园或花园的池塘开始中国鲤鱼和罗非鱼的池塘试养。柬埔寨池塘养殖的主要品种有白鲢、鳙、草鱼、鲤以及最盛行的本地印尼须鲃，仅印尼须鲤就占全国水产养殖总产量(约1.5万吨)的1／3。

柬埔寨海岸线具有较大的发展沿海养殖的潜力。20世纪80年代后期，与泰国接壤的沿海地区戈公、贡布和磅逊三省开始了虾类养殖，大多数虾养殖集中在戈公省，以养殖斑节对虾为主，也有一些养殖场养殖墨吉对虾。

3. 渔业加工与流通

柬埔寨人喜吃鲜鱼，但仍有大量的淡水鱼和少量海水鱼被加工成食品或动物饲料，大多数的加工产品在国内消费。主要加工种类为淡水鱼、海水鱼、虾类(干制、盐制和冻品)、鱿鱼、章鱼等，传统的干制鱼、鱼露等产品的生产量很大，在当地人的消费中占有重要地位，成为日常消费的食物。

由于内陆渔业有季节性、生产规模不同，沿河岸和大湖边主要是家庭式和小规模作业加工。大规模加工一般由卸鱼处的承包人进行，主要由妇女在1～2月、5～6月进行加工，大多数作业在竹筏上进行，加工的下脚料投入网箱，加工的鱼一般7月在金边销售。优质高价鱼类出口加工主要在金边和西哈努克市，主要出口至泰国、越南、中国、新加坡、沙特阿拉伯、日本等国，实际出口量由于有相当数量未列入"国境贸易"等通关统计，因此很难掌握。

柬埔寨国内市场对海产品需求量很低，绝大部分海产品出口到国外。柬埔寨水产品流通途中的保藏技术有多种，包括冰冻、盐渍、鱼箱或渔船活养。这些技术也被运用于出口到邻国的水产品运输上。

4. 渔业法律与政策

由于《渔业管理和行政部门法》(1987)主要对象为捕捞渔业，柬埔寨没有关于水产养殖的特别法律框架。但新的《渔业法草案》(2001)有完整的一章是关于水产养殖的，涉及对内陆水产养殖和海水养殖的批准、水质和污水排放、活鱼或新鲜鱼进出口、运输以及加工的鱼类产品。新的渔业法草案要求建立内陆水产养殖场、海水养殖设施且观赏鱼养殖活动要获得渔业行政管理部门发放的许可。该法律考虑了特别的水生动物(例如鳄鱼、蟒蛇、龟、淡水龟和无毒蛇、青蛙或鳗鱼以及海龟)、监测区域的规模或网箱，或发放许可证需要的样本数量。

新的渔业法草案就活鱼或鲜鱼以及加工鱼产品的进出口和运输做出规定，并禁止进口、出口、交易、运输和加工濒危物种。进口非本土物种需要得到渔业管理人员发放的物种许可证。运输活或新鲜鱼和加工的鱼产品必须在渔业行政管理实验室的监督下进行。

《渔业产品运输分法》(1988年)对活鱼或鲜鱼以及加工的鱼产品的运输确立了许可系统。要求对运输下列数量的鱼进行许可：①超过200千克海洋鱼类；②在渔季超过200千克淡水鱼(渔季外为60千克)；③在渔季超过60千克的加工鱼产品(渔季外为20千克)；④准备出口2千克的海洋鱼类、淡水鱼类或加工的鱼产品。取决于来源和产品的目的地，申请人应向分区渔业局、省、市渔业局申请许可。活鱼或鲜鱼和加工的鱼产品出口的许可证由商务部发放。

鉴于海洋开放捕鱼政策是造成资源衰退的主要因素之一，柬埔寨政府把注意力集中在渔业养殖上。柬埔寨渔业保持可持续发展的理想情况是淡水鱼的最佳年产量维持在40万吨左右。同时，湄公河上水坝造成的供水问题、农业生产的化肥农药造成的污染问题以及地价上涨和土地被大量占用等问题，都给柬埔寨淡水渔业的发展带来了重重困难。柬埔寨未来水产养殖和渔业的发展还有很长的一段路要走。

（四）林业

1. 柬埔寨森林资源状况

柬埔寨林业资源丰富，森林面积约890万公顷，全国森林覆盖率约为60%。木材种类达200多种，储量在10亿立方米以上。盛产柚木、铁木、紫檀、卯木、观丹木等贵重的热带木材，并有多种竹类。其次，林副产品和药用植物也很丰富，如豆蔻、胖大海、马钱子、沉香、藤黄、桂皮、檀香和树脂、樟脑、藤、桐油等。

据柬埔寨政府有关资料显示，20世纪60年代末期，柬埔寨森林覆盖率高达73%，森林面积达1 317万公顷。但是，人口的增加、20多年国内的战争、农业的毁林开荒、过度的樵采和乱砍滥伐，森林资源遭受了巨大破坏。

柬埔寨林木树种分布有着明显的地区差别，木材种类多达200余种，盛产贵重的柚木、铁木、紫檀等热带林木，并有多种竹类，丰富的野生药用植物资源以及各种野生水果资源。

柬埔寨森林所有制形式分为国有和私有。联合国粮农组织发表的《全球森林资源2005年评估报告》中指出，如果包括改良的森林和种植园，柬埔寨的森林面积为1 044万公顷，森林总蓄积量约为9.98亿立方米，国土森林覆盖率59.2%，在亚太地区乃至世界范围内仍然属于高森林覆盖率国家。

2. 柬埔寨林业管理

（1）林业管理机构

柬埔寨林业实行的是垂直管理体制。国家设立农林渔业部，下设中央森林管理局，其主要职责是制定林业政策和执法监督，承担全国森林资源管理，确定采伐限额、林地的审批工作，为林业系统提供服务。农林渔业部以省为单位设立若干省级森林管理局，归属中央森林管理局直接领导和管理，省级森林管理局官员由国家农林渔牧业部任命，在中央森林管理局的直接领导下开展工作。全国各级林业管理经费统一纳入财政预算，全部由国家财政承担。

（2）主要林业法规及其特点

1994年，柬埔寨政府颁布法令只允许木材加工品出口。1995年，政府颁布了一条禁令，禁止所有种类的木材出口。1996年，政府制定并公布了关于禁止刚刚砍伐的木材出口的禁令，10月批准了一个旨在对非法采伐者进行处罚的《森林法》草案，但由于各方面原因，该法律没有得到有效执行。1997年，柬埔寨发展委员会提出：政府要建立一个对全国森林开发和木材林产品贸易行之有效的控制和监督系统；成立一个林业政策改革筹划指导委员会，来制定、执行和评价国家林业政策，以便更有效地经营国家森林资源。2001年，在亚洲开发银行和世界银行的资助下，柬埔寨政府再次通过了《森林法》草案。法律草案明确规定，对森林的开发必须有计划地、持久地进行。政府还作出决定，严禁在国家设立的森林公园和野生动物保护区内伐木。2002年，柬埔寨颁布了森林禁伐令，全面停止了对天然林的采伐。政府要求企业必须制定森林可持续经营方案，获得批准后才能进行森林采伐。

综观1993年以来柬埔寨政府关于林业的法律和规定可以看出，基本上只与木材的采伐和税收有关。由于经济发展落后，贪污腐败盛行，以及缺乏有效的监督和制约机制，造成政府的许多林业管理政策被束之高阁，没有得到有效执行。

（3）林木采伐

柬埔寨的林木采伐已经有多年的历史。据联合国有关统计资料显示，自独立以来，柬埔寨的木材采伐量年均约20万立方米，最高年份达40多万立方米。

柬埔寨大部分森林已经被划归为森林公园和自然保护区，这些森林受到国际社会及环保组织的严密监视，禁止一切采伐。

柬埔寨现行的法律允许特许土地开发，原则是国家通过这样的开发使所在地人民的生活得到改善，以可持续发展的种植、养殖及农副产品深加工项目改善自然环境、社会环境、经济环境和人文环境，通过对特许土地开发过程中所收集到的木材资源的加工利用使国家获得税收，创造更多的就业机会并以此鼓励长期的投资行为。在柬埔寨商业部合法注册的投资企业，向农林渔业部提出申请，获得首相批准后，经过林业主管部门确认，获得特许土地开发资格。林业主管部门根据首相的批准令，为申请公司划拨一定面积的土地，申请公司编制详细的森林经营方案和投资规划报告，委托有资质的环境评估机构对土地开发做环境评估报告，相关主管部门审批合格后，获得林木采伐资格和税收等方面的优惠照顾。

柬埔寨境内有几十家特许土地开发经营企业，市场上流通的商品木材都是特许土地开发过程中收集到的木材缴纳资源税后的加工品，除此之外，市场上流通的一切木材都被视作非法。

薪柴的采伐也是柬埔寨林业生产的一个重要方面。由于柬埔寨基础能源短缺，居民的生活燃料基本上全部使用薪柴，甚至有些工业企业也使用薪柴进行生产。随着人口的快速增长，薪柴的砍伐量也与日俱增。据统计，近10年来，每年柬埔寨的薪柴采伐量都在百万立方米以上。

(4) 木材加工和出口

柬埔寨木材加工水平和能力还比较低，只能进行简单加工，而且产能有限。木材加工企业主要分布在金边、茶胶、磅同等交通比较便利的省市。同时，这些木材加工企业也只有从特许土地开发公司购买依法缴纳资源税的木材，才能进行生产，并以此获得合法销售许可。

柬埔寨木材出口在国民经济中占有重要地位。政府规定，只有特许土地开发企业有资格向政府申请木材出口许可，出口或国内销售的木材直径或者厚度不得超过25厘米，长度不限，原木无法成为商品销售或出口。

四、柬埔寨农产品贸易情况

多年来，柬埔寨政府把发展经济、消除贫困作为首要任务，开始实行对外开放的自由市场经济政策，推行经济私有化和贸易自由化，积极促进国内市场的发展。2017年柬埔寨农产品出口额为10.7亿美元，进口额30.5亿美元，贸易逆差29.8亿美元。柬埔寨农产品贸易伙伴主要为东盟国家，其农产品主要出口到美国、欧盟、中国、日本、韩国等，进口国主要为中国、美国、日本、泰国、越南等。主要出口农产品为大米、木薯、玉米、天然橡胶和水产品，主要进口产品为化肥、橡胶制品、肉制品、乳制品和油料等（表4–1）。

表4-1 2010—2017年柬埔寨农产品出口贸易总额[①]（千美元）

类别	产品	2010年	2011年	2012年	2013年	2014年	2015年	2016年	2017年
活动物；动物产品	水产品	2 841	3 133	1 692	1 154	721	465	676	17 789
	其他产品	121	546	385	269	374	656	3 785	13 208
植物产品	谷物	37 284	107 880	139 863	252 730	232 160	285 643	306 520	353 034
	其他产品	6 178	10 660	15 370	20 642	34 768	44 016	41 659	342 819
动、植物油、脂及其分解产品；精制的食用油脂；动、植物蜡	动、植物油、脂及其分解产品；精制的食用油脂；动、植物蜡	10 034	17 227	16 032	17 333	15 528	11 507	14 754	25 795
食品；饮料、酒及醋；烟草、烟草及烟草代用品的制品	糖及糖食	5 144	12 580	10 575	52 093	34 845	26 151	46 481	22 159
	可可及可可制品	0	0	0	0	0	602	754	720
	其他产品	30 133	28 118	39 255	59 820	43 281	54 809	59 486	80 040
化学工业及其相关工业的产品	化肥	155	115	12	21	0	0	69	
塑料及其制品；橡胶及其制品	橡胶及其制品	86 864	192 218	167 759	173 985	142 931	163 341	167 400	78 459
生皮、皮革、毛皮及其制品；鞍具及挽具；旅游用品、手提包及类似容器；动物肠线（蚕胶丝除外）制品	生皮（毛皮除外）及皮革	462	490	874	1 864	559	9 669	2 494	5 526
木及木制品；木炭；软木及软木制品；稻草、秸秆、针茅或其他编结材料制品；篮筐及柳条编织品	木及木制品；木炭	37 904	52 214	21 016	62 926	111 550	15 813	41 774	132 624
纺织原料及纺织制品	棉花	673	396	785	1 298	650	1 143	1 413	1 875
总量		217 793	425 577	413 618	644 135	617 367	613 815	687 265	1 074 048

数据来源：联合国贸易数据库。

① 表中农产品分类依据“2018中国海关HS编码目录”进行分类，以下表采用同样的分类方法。

柬埔寨的商品市场正处于在恢复和发展中，进出口总额增长较快。2017年，柬埔寨向泰国出口农产品共有17种，总量超过300万吨，而对越南出口农产品共有27种，总量就超过100万吨。

表4-2　2010—2017年柬埔寨农产品进口贸易总额（千美元）

类别	产品	2010年	2011年	2012年	2013年	2014年	2015年	2016年	2017年
活动物；动物产品	水产品	1 447	1 370	744	991	2 044	2 562	4 143	12 939
	其他产品	7 164	14 837	20 562	20 302	28 486	36 052	40 163	136 681
植物产品	谷物	7 065	9 894	24 413	14 005	16 821	20 050	21 032	10 360
	其他产品	32 679	39 676	54 727	64 634	83 433	67 742	75 071	81 899
动、植物油、脂及其分解产品；精致的食用油脂；动、植物蜡	动、植物油、脂及其分解产品；精致的食用油脂；动、植物蜡	6 290	7 900	6 239	11 607	15 345	14 861	14 934	25 336
食品；饮料、酒及醋；烟草、烟草及烟草代用品的制品	糖及糖食	20 484	18 473	24 100	25 981	28 930	24 272	36 968	311 524
	可可及可可制品	1 206	1 525	1 602	693	1 868	1 205	1 409	4 269
	其他产品	272 802	311 346	395 512	434 863	605 694	684 835	693 223	1 317 955
化学工业及其相关工业的产品	化肥	38 417	53 315	79 849	104 362	131 653	140 732	118 102	62 123
塑料及其制品；橡胶及其制品	橡胶及其制品	56 952	60 533	77 023	83 041	116 072	120 567	143 967	157 687
生皮、皮革、毛皮及其制品；鞍具及挽具；旅游用品、手提包及类似容器；动物肠线（蚕胶丝除外）制品	生皮（毛皮除外）及皮革	39 130	52 591	64 628	73 552	119 729	133 705	133 277	145 810
木及木制品；木炭；软木及软木制品；稻草、秸秆、针茅或其他编结材料制品；篮筐及柳条编织品	木及木制品；木炭	5 111	3 557	3 833	6 925	22 978	27 447	63 806	101 304
纺织原料及纺织制品	棉花	124 980	151 288	166 539	166 249	313 531	380 962	445 508	682 328
总量		613 727	726 305	919 771	1 007 205	1 486 584	1 654 992	1 791 603	3 050 215

数据来源：联合国贸易数据库。

（一）主要品种

水稻。2011年，柬埔寨成为大米净出口国家，且出口量逐年增加。2015年，柬埔寨大米出口增长到50万吨，2016年第一季度，出口大米已经超过16万吨，比2015年同期增长了8.5%。总体来看，柬埔寨大米出口保持迅猛增长态势。按每年柬埔寨生产约900万吨稻米（约合580万吨成品米）计算，扣除国内消费后，可供出口约为300万吨，但实际出口量却与之相距甚远。大量未加工的稻谷以各种方式流入越南和泰国。仓储、物流基础设施落后、稻谷加工能力不足、本地加工厂稻谷收购资金短缺等成为阻碍稻谷出口增长的主要因素。

表4-3 柬埔寨水稻进出口情况（万吨）

年份	进口量	出口量	净出口
2000	6.3	0.6	−5.6
2005	4.0	0.2	−3.8
2010	7.1	5.1	−2.0
2011	1.9	17.4	15.5
2012	11.6	19.7	8.1
2013	4.1	36.1	32.0

数据来源：FAO数据库。

玉米。柬埔寨玉米出口的80%是销往泰国市场。另外一个相邻国家，越南玉米市场供给相当紧张，长期依赖进口。2015年，越南玉米产量为550万吨，虽然同比增产20万吨，却进口了700万吨。总体来看，柬埔寨国内外玉米市场需求都将不断增长（表4−4）。

表4-4 柬埔寨玉米进出口情况（吨）

年份	进口量	出口量	净出口
2000	200	64	−136
2003	299	764	465
2005	1 525	22 788	21 263
2010	663	226 481	225 818

（续）

年份	进口量	出口量	净出口
2011	1 380	29 945	28 565
2012	1 074	45 654	44 580
2013	1 026	14 551	13 525

数据来源：FAO数据库。

橡胶。柬埔寨工业化程度较低，国内天然橡胶国内消费量微乎其微，主要用于出口创汇。随着植胶面积的增加，出口量迅猛增长，2013年出口8.6万吨，同比增长43.3%。柬埔寨橡胶主要出口越南、马来西亚、印尼、新加坡和中国等。柬埔寨正积极努力成为世界橡胶生产出口的主要国家（表4-5）。

表4-5　近年柬埔寨橡胶出口情况

指标	2007年	2008年	2009年	2010年	2011年	2012年	2013年
出口量（万吨）	3.30	3.60	3.70	4.20	4.50	6.00	8.60
价格（百万美元）	60.50	58.32	65.96	111.50	192.30	174.80	189.50

数据来源：柬埔寨LS橡胶出口公司策略研究，蒙伟波（柬），硕士论文，2015年4月。

木薯。据柬埔寨农林渔业部资料，2015年柬埔寨木薯出口量达到290万吨，同比增长44%。泰国和越南是最大的进口国。而泰国和越南同时是较大的木薯出口国家，这主要是由于柬埔寨与很多国家没有签署木薯双边检验检疫协定，出口受到限制，泰国和越南利用更具优势的贸易条件进行了大量的转口贸易。随着柬埔寨木薯产业规模的扩大，与其他国家之间的双边检验检疫协定的签署，柬埔寨木薯出口增值将显著增加。

（二）中国－柬埔寨农产品贸易

随着"一带一路"建设与中国与东盟的联系不断紧密，柬埔寨与中国的双边贸易逐渐加强，柬埔寨对中国的出口贸易额逐年上升，2010—2016年柬埔寨对中国的出口总额由大约0.65亿美元上升到6.09亿美元，进口总额由11.9亿美元上升到45.5亿美元。从出口产品结构来看，柬埔寨对中国出口商品主要包括木制品、针织服装、非针织服装、电子和谷物等。其中农产品贸易额较小，2016年柬埔寨对中国的出口额为1.11万美元，进口额为3.66亿美元。其中，鱼类和甲壳类动物、油籽和油果；杂粮、种子等占总出口额比重较大，化肥占进口额比重最大（表4-6）。

表4-6 2010—2016年柬埔寨出口到中国农产品贸易额（千美元）

类别	产品	2010年	2011年	2012年	2013年	2014年	2015年	2016年
活动物；动物产品	水产品	510	693	619	496	469	329	564
	其他产品	73	40	45	0	0	16	15
植物产品	谷物	33	207	5 821	24 800	30 600	41 698	71 526
	其他产品	218	254	6 230	12 083	25 004	19 859	19 221
动、植物油、脂及其分解产品；精致的食用油脂；动、植物蜡	动、植物油、脂及其分解产品；精致的食用油脂；动、植物蜡	0	0	0	0	8	0	970
食品；饮料、酒及醋；烟草、烟草及烟草代用品的制品	糖及糖食	0	0	0	11	1 758	0	2 082
	可可及可可制品	0	0	0	0	0	459	754
	其他产品	105	102	34	30	229	156	357
化学工业及其相关工业的产品	化肥	0	0	0	0	0	0	69
塑料及其制品；橡胶及其制品	橡胶及其制品	6 968	39 828	37 988	76 899	48 930	6 033	10 542
生皮、皮革、毛皮及其制品；鞍具及挽具；旅游用品、手提包及类似容器；动物肠线（蚕胶丝除外）制品	生皮（毛皮除外）及皮革	15	49	12	11	0	8 233	1 137
木及木制品；木炭；软木及软木制品；稻草、秸秆、针茅或其他编结材料制品；篮筐及柳条编织品	木及木制品；木炭	32 856	48 237	17 496	52 996	103 805	4 552	3 167
纺织原料及纺织制品	棉花	367	113	174	72	457	864	672
总量		41 145	89 523	68 419	167 398	211 260	82 199	111 076

数据来源：联合国贸易数据库。

表4-7 2010—2016年柬埔寨从中国进口的农产品贸易额（千美元）

类别	产品	2010年	2011年	2012年	2013年	2014年	2015年	2016年
活动物；动物产品	水产品	4	0	0	7	172	123	111
	其他产品	262	322	256	1 025	1 101	562	1 111
植物产品	谷物	9	34	0	3	52	0	120
	其他产品	4 754	1 154	10 143	16 958	23 379	8 152	8 802
动、植物油、脂及其分解产品；精致的食用油脂；动、植物蜡	动植物油、脂及其分解产品；精致的食用油脂；动、植物蜡	13	14	98	481	367	387	276
食品；饮料、酒及醋；烟草、烟草及烟草代用品的制品	糖及糖食	645	808	1 188	1 808	6 296	2 972	1 367
	可可及可可制品	0	0	0	39	13	5	54
	其他产品	4 651	4 490	8 521	9 198	24 064	17 322	12 060
化学工业及其相关工业的产品	化肥	251	2 174	9 607	7 841	9 368	20 634	31 286
塑料及其制品；橡胶及其制品	橡胶及其制品	6 774	11 573	13 650	19 540	37 866	42 267	45 173
生皮、皮革、毛皮及其制品；鞍具及挽具；旅游用品、手提包及类似容器；动物肠线（蚕胶丝除外）制品	生皮（毛皮除外）及皮革	3 444	4 125	9 974	16 325	29 316	34 025	38 967
木及木制品；木炭；软木及软木制品；稻草、秸秆、针茅或其他编结材料制品；篮筐及柳条编织品	木及木制品；木炭	1 121	2 018	2 051	2 543	12 289	16 112	44 060
纺织原料及纺织制品	棉花	54 314	80 446	95 799	99 056	235 168	302 166	365 843
总量		76 242	107 158	151 287	174 824	379 451	444 727	549 230

数据来源：联合国贸易数据库。

柬中出口贸易渠道不流畅，出口运输成本高。中国每年需要进口大量木薯用于提炼乙醇，制造清洁能源，柬埔寨是木薯生产大国，而与中国、柬埔寨相近的泰国却是世界上第一大木薯出口国，主要面向中国出口，这是因为，由于运输、检疫等问题，柬埔寨生产的木薯绝大部分出口到泰国，而泰国以低价从柬埔寨进口来的木薯再以一定差价出口到中国，获得较大的贸易利益。仓储、物流基础设施落后、稻谷加工能力不足、本地加工厂稻谷收购资金短缺等成为阻碍稻谷出口增长的主要因素。越南等国家经济社会发展快速，很容易挤占柬埔寨对中国出口产品的份额。

（三）柬埔寨—泰国农产品贸易

2017年柬埔寨与泰国双边贸易约60亿美元，较2016年56.09亿美元，增长10%。2016年，柬泰双边贸易55.95亿美元，同比略降0.04%。2016年柬埔寨对泰国的农产品出口额为0.20万美元，进口额为2.88亿美元。柬埔寨出口到泰国的主要产品是农产品，如玉米、木薯、豆类等。柬埔寨进口泰国商品主要有机械、电器、燃油、建材、日用品、食品、化妆品等（表4–8）。

表4-8 柬埔寨从泰国进口的农产品贸易额（千美元）

类别	产品	2010年	2011年	2012年	2013年	2014年	2015年	2016年
活动物；动物产品	水产品	435	125	26	86	144	106	54
	其他产品	3 220	9 800	15 059	11 927	15 351	22 598	21 587
植物产品	谷物	2 112	2 991	2 776	2 081	1 638	1 608	3 624
	其他产品	1 925	2 218	3 497	5 339	3 102	4 306	4 771
动、植物油、脂及其分解产品；精致的食用油脂；动、植物蜡	动植物油、脂及其分解产品；精致的食用油脂；动、植物蜡	652	609	491	1 484	1 523	1 545	2 119
食品；饮料、酒及醋；烟草、烟草及烟草代用品的制品	糖及糖食	10 046	8 699	9 697	15 307	17 644	17 380	30 058
	可可及可可制品	66	12	46	57	125	107	48
	其他产品	48 749	61 767	86 773	70 927	90 891	141 387	175 111
化学工业及其相关工业的产品	化肥	14 812	13 367	15 545	13 420	13 580	16 588	16 166
塑料及其制品；橡胶及其制品	橡胶及其制品	2 536	2 563	2 098	4 517	7 750	10 645	13 375
生皮、皮革、毛皮及其制品；鞍具及挽具；旅游用品、手提包及类似容器；动物肠线（蚕胶丝除外）制品	生皮（毛皮除外）及皮革	6 051	9 101	9 668	9 446	15 538	12 981	14 452
木及木制品；木炭；软木及软木制品；稻草、秸秆、针茅或其他编结材料制品；篮筐及柳条编织品	木及木制品；木炭	1 391	239	145	363	1 164	1 018	2 318
纺织原料及纺织制品	棉花	919	508	1 027	2 551	1 789	3 608	4 058
总量		92 914	111 999	146 848	137 505	170 239	233 877	287 741

数据来源：联合国贸易数据库。

柬埔寨是泰国水果主要出口国之一，每年销售的红毛丹40%都是出口柬埔寨，而山竹则有30%是出口柬埔寨。泰国水果进入柬埔寨主要是通过波比口岸，由于与柬埔寨接壤的泰国东部是泰国水果的主产区，因此泰国水果出口柬埔寨非常方便，新鲜的泰国水果可在一天之内就运抵金边。泰国政府已定下要在2020年双边贸易总额达到150亿美元的目标（表4–9）。

表4-9　柬埔寨向泰国出口的农产品贸易额（千美元）

类别	产品	2013年	2014年	2015年	2016年
活动物；动物产品	水产品	107	102	24	0
	其他产品	0	5	27	45
植物产品	谷物	632	0	0	0
	其他产品	2 032	0	18 431	12 942
动、植物油、脂及其分解产品；精致的食用油脂；动、植物蜡	动、植物油、脂及其分解产品；精致的食用油脂；动、植物蜡	0	153	784	851
食品；饮料、酒及醋；烟草、烟草及烟草代用品的制品	糖及糖食	6 188	4 257	2 538	0
	其他产品	6 973	5 953	4 545	3 183
化学工业及其相关工业的产品	化肥	21	0	0	0
塑料及其制品；橡胶及其制品	橡胶及其制品	65	1	1 596	2 232
生皮、皮革、毛皮及其制品；鞍具及挽具；旅游用品、手提包及类似容器；动物肠线（蚕胶丝除外）制品	生皮（毛皮除外）及皮革	86	151	437	323
木及木制品；木炭；软木及软木制品；稻草、秸秆、针茅或其他编结材料制品；篮筐及柳条编织品	木及木制品；木炭	540	12	275	23
纺织原料及纺织制品	棉花	0	0	12	0
总量		16 644	10 634	28 669	19 599

数据来源：联合国贸易数据库。

（四）柬埔寨—越南农产品贸易

2017年，越南是柬埔寨第三大贸易伙伴和第五大投资来源国。2001年越柬贸易额仅达1.84亿美元，到2015年该数字已突破30.5亿美元。2016年柬埔寨从越南进口的农产品额为2.50亿美元，主要为咖啡、调料、水果和鱼类；柬埔寨向越南出口的农产品总额为1.54亿美元，主要为橡胶、大米和水产品（表4–10）。

表4-10 柬埔寨从越南进口的农产品贸易额（千美元）

类别	产品	2013年	2014年	2015年	2016年
活动物；动物产品	水产品	605	1 302	2 139	3 452
	其他产品	2 634	1 378	2 670	2 093
植物产品	谷物	5 765	1 128	8 898	5 082
	其他产品	8 904	6 329	4 473	7 520
动、植物油、脂及其分解产品；精致的食用油脂；动、植物蜡	动、植物油、脂及其分解产品；精致的食用油脂；动、植物蜡	5 765	3 969	4 999	6 175
食品；饮料、酒及醋；烟草、烟草及烟草代用品的制品	糖及糖食	2 259	1 104	636	2 780
	可可及可可制品	331	643	10	192
	其他产品	45 643	54 655	99 453	84 333
化学工业及其相关工业的产品	化肥	76 335	103 223	92 096	64 409
塑料及其制品；橡胶及其制品	橡胶及其制品	3 964	4 690	10 482	18 124
生皮、皮革、毛皮及其制品；鞍具及挽具；旅游用品、手提包及类似容器；动物肠线（蚕胶丝除外）制品	生皮（毛皮除外）及皮革	9 874	11 341	19 765	20 984
木及木制品；木炭；软木及软木制品；稻草、秸秆、针茅或其他编结材料制品；篮筐及柳条编织品	木及木制品；木炭	2 891	6 282	6 930	9 033
纺织原料及纺织制品	棉花	3 720	5 976	13 876	26 026
总量		168 690	202 020	266 427	250 203

数据来源：联合国贸易数据库。

按照越柬双边协定，零关税适用于主要农产品的进口，而通过设有常驻海关的渠道出口也很多，因此没有关于出口柬埔寨蔬菜水果的准确数据，但据说柬埔寨的蔬菜水果需求量有70%从越南进口，可见通过边境的蔬菜水果交易的规模之大及其重要性。与供应方“采购后拿到边境”对中出口不同，对柬埔寨出口是需求方来边境采购，或直接来越南国内的蔬菜产地（大叻）和集散市场（胡志明市）采购，在边境倒装后运往金边。交易基本上都是用越南盾进行现金结算（表4−11）。

表4-11 柬埔寨向越南出口的农产品贸易额（千美元）

类别	产品	2013年	2014年	2015年	2016年
活动物；动物产品	水产品	355	42	35	80
	其他产品	0	0	10	578
植物产品	谷物	49	86	121	26
	其他产品	803	427	845	1 605
食品；饮料、酒及醋；烟草、烟草及烟草代用品的制品	糖及糖食	47	19 532	22 214	36 195
	可可及可可制品	0	0	143	0
	其他产品	15 069	11 971	14 480	12 207
塑料及其制品；橡胶及其制品	橡胶及其制品	44 953	42 891	88 055	102 264

（续）

类别	产品	2013年	2014年	2015年	2016年
生皮、皮革、毛皮及其制品；鞍具及挽具；旅游用品、手提包及类似容器；动物肠线（蚕胶丝除外）制品	生皮（毛皮除外）及皮革	1 559	298	365	489
木及木制品；木炭；软木及软木制品；稻草、秸秆、针茅或其他编结材料制品；篮筐及柳条编织品	木及木制品；木炭	3 221	3 501	2 434	685
纺织原料及纺织制品	棉花	531	8	87	58
总量		66 587	78 756	128 789	154 187

数据来源：联合国贸易数据库。

（五）小结

柬埔寨对进口依赖度高，一方面是因为柬埔寨大部分农产品产量低、质量差，需要大量进口，另一方面，由于近几年柬埔寨国内的消费不断增长，消费水平有所提高，各种食品的需求量逐年增加。市场状况有以下特点：①作物：水稻品种单一，产量低。玉米种植粗放，一旦遇到旱涝，只能依靠进口，因此粮食仍是进口的主要商品。②蔬菜：由于蔬菜种植不采用新技术和农药，蔬菜的种植成本高、产量低、质量差，自产蔬菜难以销售，柬埔寨农民基本不购买蔬菜，主要是自产自用。③水果：新鲜水果基本能满足本国需要，且价格低廉，但水果加工业落后，只有少量的未形成规模的水果加工厂，因此加工类水果需求量较大。

由于柬埔寨的农产品加工技术和设备落后，食品加工业很少形成规模生产，因此，无论是粮食加工产品还是水果加工产品都需要进口。此外，柬埔寨每年的用糖量很大，但国内却不能生产食糖，每年需要大量进口。

柬埔寨的原盐产量大、品质上乘，在东南亚地区有一定声誉，但国内市场缺少原盐加工设备，制盐业处于空白，需要将原盐出口到国外加工再进口国内。柬埔寨的农用物资工业发展滞后，国内农用物资生产厂商少，农药、化肥主要依靠进口，市场潜力较大。

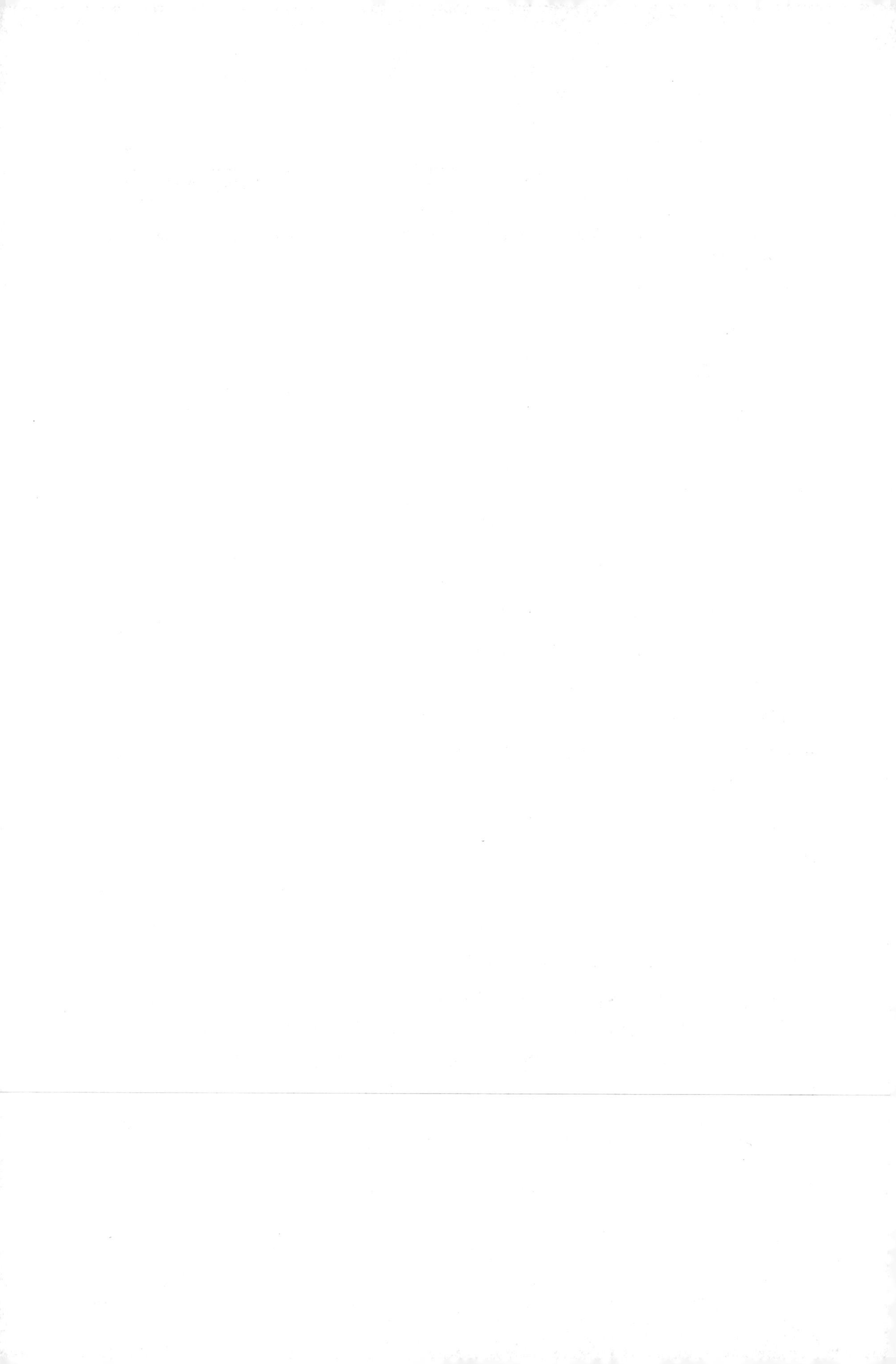

五、农业对外合作政策及发展情况

(一)投资者国民待遇

柬埔寨政府给予外资与内资基本同等的待遇，《投资法》及其修正法为外国投资提供了保障和相对优惠的税收、土地租赁政策。此外，外国投资同样可享受美、欧、日等28个国家/地区给予柬的普惠制待遇（GSP）。

中国－东盟自由贸易区《服务贸易协议》中柬埔寨水平承诺：

①市场准入限制

既得权利：对于设立或审批现有外国服务提供者从事经营或提供服务的许可证或其他形式中所列所有权、管理、经营、法律形式和活动范围的条件，将不会使之比柬埔寨加入WTO之日时更具限制性。

投资激励：在商业存在方面，根据《投资法》规定，寻求激励的投资者有义务为柬埔寨人员提供充分和持续的培训，包括提升至高级职位的机会。

自然人移动：一是商务旅行者入境签证有效期为90天，初始居留期限为30天并可延期；二是负责建立商业存在的人员不受最高居留期限限制；三是公司内部流动人员（含高级管理人员、经理、专家）需要提供临时居留和工作许可，许可证的年限为两年并可每年进行延期，最高累计年限为五年。

②国民待遇限制

补贴：在商业存在和自然人移动方面对补贴不做承诺，包括与研究和开发有关的补贴。

税收措施：在跨境交付、境外消费、商业存在方面没有限制。

土地：在商业存在方面，非柬埔寨籍自然人和法人可以租赁但不能拥有土地。

投资激励：在商业存在方面没有限制。

自然人移动：在自然人移动方面，除与市场准入方面所指类别的自然人入境和临时居留有关的措施外，不做承诺。

（二）土地政策

在柬埔寨18万余平方公里的国土中，农用地面积占31.5%，截至2009年，已用于耕种面积只占农用地面积2.8%，平原和草原占27%，而占70.2%的是尚未开垦的土地。柬埔寨农业主要集中于粮食作物、渔业、畜牧业和林业，如表5-1所示。

表5-1　2002—2009年柬埔寨农业中各二级产业所占份额

年份	2002	2003	2004	2005	2006	2007	2008	2009
粮食作物（%）	42.4	46.8	46.1	50.9	50.8	52.2	52.7	52.9
渔业（%）	31.6	29.1	28.2	26.3	25.9	24.8	25.0	25.2
畜牧业（%）	16.8	16.1	16.9	15.4	15.8	15.6	15.5	15.3
林业（%）	9.1	8.0	8.1	7.4	7.5	7.3	6.9	6.6

数据来源：MAFF（柬埔寨农业、林业、渔业部）统计。

柬埔寨，主要粮食作物为水稻，种植水稻的区域可以大致分为三类：以洞里萨湖为中心的7个省份，每公顷大米净产量可超过1吨；泰国湾附近的戈公等两省，每公顷产量达0.8吨；以及山林地区的蒙多基里等4个省份，每公顷产量仅有0.6吨。柬埔寨每年产两季水稻——雨季稻和旱季稻，雨季稻5～7月种植，2013年播种面积达256万公顷，旱季稻11月种植，面积47.2万公顷。除盆地区域大量种植水稻外，柬埔寨丘陵地区还盛产玉米、木薯、橡胶等多种作物。柬埔寨地势低洼，雨水丰沛，森林茂密，57%的国土面积为树林，不仅木材充足，还为优良的草药提供了生长环境。

在拥有良好自然环境的同时，柬埔寨的农业生产率却不尽如人意。水稻每公顷平均毛产量3.2吨，远低于越南的5.5吨和中国的6.5吨，而世界上产量最高的澳大利亚旱地稻已经开始种植，甚至可以达到每公顷9吨。与此同时，由于只有4%的雨季稻播种两季，且旱季稻播种不超过总面积17%，大多数农民能否达到平均产量时而要看运气。据国际水稻研究会（IRRI）的估算，每年柬埔寨因气候、害虫、储藏、运输等客观原因导致的农作物产量损失高达30%～50%。

在生产方面，柬埔寨农业生产率低下的原因也是多重的。首当其冲的是缺乏灌溉和相应的管理，尤其是对于山区地区。湄公河和洞里萨湖附近的省份雨水丰富，实居省（Kampong Speu）、干拉省（Kandal），茶胶省（Takeo）和波罗勉省（Prey Veng）等省份尚能有充足的灌溉。而远离盆地地区的据估计只种植了不足可耕种面积一半的水稻，有当地民众表示，可供应的水只能够满足1/4～1/3的灌溉需求。

另一个降低产量的原因是缺乏市场销售农作物。很多柬埔寨小农家庭只种植稍超过足够自给的粮食量，因为他过剩的产量很难找到买家。影响粮食竞争力的主要问题在于虽然柬埔寨国内粮价在亚洲范围内几乎最低，但其出口标价（Freight On board，FOB）却远高于泰国和越南。某柬埔寨政府高级幕僚的说法是，“非官方的买卖必要的提价”。因此，柬埔寨粮食出口因价格问题在国际上竞争力不足。

第三个问题在于缺乏资本。从农民角度，资金匮乏导致必要的农业生产工具如优质种子、化肥、农药以及农用机械严重不足。在已经具备机械化操作的地区，因为没有资金支持设备和燃料，也没有其他社会组织支持，大量的农民依然依靠人力劳作，无法社会化生产。从社会角度，柬埔寨几乎没有大型的稻谷烘干和研磨企业，而仅存的企业也因为没有资金在收获季大量采购优质的稻谷，以至于无法以最高产量生产。由此，大量柬埔寨生产的过剩粮食被越南和泰国企业以低价购买然后运回本国再生产，最后甚至贴上“越南大米”的标签在国际上售卖。

另外，教育水平低下、缺乏维权意识也是农民再遇到涉及土地权益和经济纠纷的问题时，没有维权意识。同时，由于国内法制尚不健全，农民没有规范的渠道反映自己的诉求和解决出现的问题，也没有有效的社会组织担负维权责任。

综合以上的现状，不难发现，通过特许经营用地的方式开放解除投资限制，开放土地利用的种类，是解决现有问题的较好途径。一方面，土地开垦潜力巨大，大量土地亟待引进资金进行开发利用；另一方面，要实现农业的规模化生产，解决生产中的灌溉、机械使用等技术性问题，提升农业生产率，增强竞争力，甚至解决就业问题，都需要在保护国家基本权益的基础上对外来投资持更加开放的态度。同时，广泛的对外开放不仅提升双边甚至多边贸易，增强国家经济发展动力，更为地区性、全球性睦邻友好和共同发展做出积极贡献。

1. 农业资源、土地价格

农业资源。柬埔寨盛产柚木、铁木、紫檀、黑檀、白卯等高级木材，并有多种竹类。木材储量约11亿多立方米。森林覆盖率61.4%，主要分布在东、北和西部山区。柬埔寨水资源丰富，洞里萨湖为东南亚最大的天然淡水湖，素有“鱼湖”之称。西南沿海多产鱼虾。

农业是柬埔寨国民经济第一大支柱，处于举足轻重的地位。尽管存在基础设施和技术落后、资金和人才匮乏、土地私有制问题等制约发展的因素，但柬农业资源丰富、自然条件优越、劳动力充足、市场潜力较大、农业经济效益良好。此外，柬历届政府都高度重视农业发展，将农业列为优先发展的领域，竭力改善农业生产及其投资环境，充分挖掘潜力，发挥优势，开拓市场。柬埔寨可耕地面积680万公顷，其中可灌溉面积为37万公顷，占16%。柬埔寨主要农产品有稻谷、玉米、豆类、薯类等。水稻种植面积480万公顷，占总耕地面积80%①。湄公河、洞里萨河、巴萨河沿岸为主要产稻区。另外还有大量的土地适合种植橡胶、胡椒、棕榈糖、烟草、麻类、棉花等经济作物。虽然柬埔寨的农业资源丰富，但开垦的耕地面积仅为260万公顷左右②，全国尚有2/3的土地未被开发，加上农业生产水平落后，土地单产极低，国内粮食尚不能完全满足自给，基本处在传统农业阶段。

土地价格。2006年柬埔寨土地价格如表5–2所示。

表5-2　2006年柬埔寨土地价格

地点	地价（美元/平方米）
金边	
商业用地	700～1000
开发用地	4～30
暹粒	60～130
西哈努克	20～65

数据来源：CFN房地产、柬埔寨房地产。

办公用房成本。金边办公用房平均月租金为：黄金地段9～11美元/平方米，普通地段6～8美元/平方米。

厂房成本。柬厂房租赁、购买价格如表5–3所示。

表5-3　厂房租赁购买成本

厂房类型	地点	平均租金（平方米/月）	售价（美元/平方米）
标准厂房	黄金地段	1.50～2.00美元	150
	其他地段	1.00～1.80美元	

数据来源：CFN房地产。

2. 土地投资政策

柬埔寨宪法中有关土地所有权的规定外，所有的投资者，不分国籍和种族，在法律面前一律平等。

根据宪法和其他法规的规定，土地所有权及其使用应遵循以下原则：①用于投资的

① 柬埔寨王国概况，中国东盟商贸网，2005-8-20，http://www.gxpl.com/cn/jianbusai/detail.aspx?id=2877。

② 姜利行，柬埔寨农业现状及对开展中柬农业合作的思考，国际商报/中国-东盟商务周刊，中国-东盟博览会官方网站，2006-5-8，http://www.caexpo.org/gb/news/hotnews/t20050913_49604.html。

土地所有权，必须交由柬籍的自然人或法人投资者所有。柬籍法人是指柬籍个人或法人在投资总额中占51%以上股份的法人。②投资者可通过长期租赁的方式使用土地，最长租期为70年，期满可申请继续租赁。土地的使用记载土地上的其他所有权的行使，必须符合律规定。

《柬埔寨王国投资法修正法实施细则》中对外国人土地利用做出了具体规定：

①所有权。投资活动所用土地，其所有权，依据现行法律，应为柬埔寨籍自然人或法人所有。

②所有权登记。投资人登记土地所有权的，应填写全部表格，并在不动产所在辖区的地籍办公室办理登记手续。

③所有权权利。根据柬埔寨王国宪法，外籍自然人或法人不得拥有柬埔寨王国土地。

④土地使用。

柬埔寨法人：除所有权权利外，允许柬埔寨投资人以多种方式使用土地，包括特许、租赁、转让或抵押。

外籍法人：允许外籍法人以多种方式使用土地，包括特许、十五年或以上长期租赁及可展期短期租赁。土地使用权包括承租人在合同规定期限内对建筑物、装备及土地改良所拥有的权利。使用土地方式需符合现行法律规定。

国有土地租赁：自然人或法人租赁国有土地的，应依据国有资产管理有关规定办理。

⑤转租。自然人或法人租赁国有土地的，经主管部门明确批准，可转租给第三方。

2010年，柬埔寨《外国人房屋产权法》获得国王正式签署批准。该法规定，外国公民可以在柬埔寨拥有二楼及以上房屋产权，并可以自己的名义购买、出售和出租这些房屋，但土地产权仍不能为外国公民拥有。

（三）税收政策

1. 税收制度和主要税率

税收制度。柬埔寨实行全国统一的税收制度，并采取属地税制。1997年颁布的《税法》和2003年颁布的《税法修正法》为柬埔寨税收制度提供法律依据。

主要税赋和税率。

现行赋税体系包括的主要税种是：利润税、最低税、预扣税、工资税、增值税、财产转移税、土地闲置税、专利税、进口税、出口税、特种税等。柬对私人投资企业所征收的主要税种和税率分别是：利润税9%、增值税10%、营业税2%。

①利润税。利润税应税对象是居民纳税人来源于柬埔寨或国外的收入，及非居民纳税人来源于柬埔寨的收入。税额按照纳税人公司类型、业务类型、营业水平而确定使用实际税制、简化税制或预估税制计算。除0%和9%的投资优惠税率外，一般税率为20%，自然资源和油气资源类税率为30%。

②最低税。最低税是与利润税不同的独立税种，采用实际税制的纳税人应缴纳最低税，合格投资项目除外。最低税税率为年营业额的1%，包含除增值税外的全部赋税，应于年度利润清算时缴纳。利润税达到年度营业额1%以上的，纳税人仅缴纳利润税。

③预扣税。居民纳税人以现金或实物方式支付居民的，按适用于未预扣税前支付金额的一定税率预扣，并缴纳税款。税率15%、10%、6%和4%四种。从业居民纳税人向非居民纳税人支付利息、专利费、租金、提供管理或服务的报酬、红利等款项的，应按支付金额的14%预扣，并缴纳税款。

④工资税。工资税是对履行工作职责获得工资按月征收的赋税。柬埔寨居民源于境内及境外的工资，及非居民源于柬埔寨境内的工资应缴纳工资税，由雇主根据以下分段累进税率表预扣（表5-4）。

表5-4　柬埔寨工资税税率表

月应税工资（瑞尔）	税率（%）
0～500 000	0
500 001～1 250 000	5
1 250 001～8 500 000	10
8 500 001～12 500 000	15
12 500 000以上	20

数据来源：柬埔寨发展理事会。

⑤增值税。增值税按照应税供应品应税价值的10%税率征收。应税供应品包括：柬埔寨纳税人提供的商品或服务；纳税人划拨自用品；以低于成本价格赠予或提供的商品或服务；进口至柬埔寨的商品。对于出口至柬埔寨境外的货物，或在柬埔寨境外提供的服务，不征收增值税。

⑥其他税赋。柬埔寨其他税种及税率如表5-5所示。

表5-5 柬埔寨其他税种及税率

税种	税率
针对特定商品或服务征收的特种税	
国内及国际航空机票	10%
国内及国际电信	3%
饮料	20%
烟草、娱乐、大型车辆、排气量125cc以上摩托	10%
石油产品、排气量2000cc以上汽车	30%
财产转移税：不动产和某些类型车辆的所有权转让	转让价值的4%
土地闲置税（超过1200平方米以上的部分征收）	评估价值的2%
专利税（企业年度注册时缴纳）	300美元
房屋土地租赁税	租金的10%

2. 关税政策

柬埔寨政府近年来不断改进海关管理制度，致力于实现简洁、高效、透明和可预测的海关管理。2006年，柬埔寨起草完成并通过《关于通过风险管理实施贸易便利化的次法令》，准备实施基于贸易商档案数据的风险管理系统，即通过利用电脑系统分析贸易商档案数据、商品和/或原产地进行海关监管。为此，柬政府还采用了计算机化海关清关综合系统－自动海关数据系统。

此外，为简化海关程序，政府决定推行使用“海关一站式服务系统”，并计划在西哈努克港安装自动海关数据系统终端。柬政府希望借此减轻贸易活动的行政负担，并减少腐败滋生的机会。

关税税率。除天然橡胶、宝石、半成品或成品木材、海产品、沙石等5类产品外，一般出口货物不需缴纳关税。所有货物在进入柬埔寨时均应缴纳进口税，投资法或其他特殊法规规定享受免税待遇的除外。进口关税主要有四种税率：7%、15%、35%和50%。

在东盟自由贸易协定的共同有效关税体制下，从东盟其他成员国进口满足原产地规则规定的产品可享受较低的关税税率。按照整体关税减让时间表规定，2010年后，除少数特例商品外，柬埔寨关税税率降至0～5%。

3. 投资税收优惠政策

经柬埔寨发展理事会批准的合格投资项目可取得的投资优惠包括：①免征投资生产企业的生产设备、建筑材料、零配件和原材料等的进口关税；②企业投资后可享受3～8年的免税期（经济特区最长可达9年），免税期后按税法交纳税率为9%的利润税；③利润用于再投资，免征利润税；分配红利不征税；④产品出口，免征出口税。

投资保障。柬埔寨政府对投资者提供的投资保障包括：①对外资与内资基本给予同等待遇，所有的投资者，不分国籍和种族，在法律面前一律平等；②柬政府不实行损害投资者财产的国有化政策；③已获批准的投资项目，柬政府不对其产品价格和服务价格进行管制；④不实行外汇管制，允许投资者从银行系统购买外汇转往国外，用以清算其与投资活动有关的财政债务。

行业鼓励政策。柬埔寨行业鼓励政策主要体现在农业和旅游业两个方面。

特别经济区政策。2005年12月，《关于特别经济区设立和管理的148号次法令》颁布，特别经济区体制在柬埔寨开始施行。柬埔寨发展理事会下设的柬埔寨特别经济区委员会是负责特别经济区开发、管理和监督的一站式服务机构，特别经济区管委会是在特别经济区现场执行一站式服务机制的国家行政管理单位，由柬埔寨特别经济区委员会设立，并在各特别经济区常驻。截至2008年年底，斯登豪、曼哈顿、柴柴、欧宁、金边和西哈努克六个特别经济区已获政府正式批准，另有五家也已取得特别经济区委员会许可。

特别经济区次法令规定特别经济委员会应向全部特别经济区提供优惠政策；《投资法修正法》规定，位于特别经济区的合格投资项目有权享受与其他合格投资项目相同的法定优惠政策和待遇。经济区开发商和区内投资企业可享受的优惠投资政策见表5-6。

表5-6 投资优惠政策

受益人	优惠政策
经济区开发商	1. 利润税免税期最长可达9年 2. 经济区内基础设施建设使用设备和建材进口免征进口税和其他赋税 3. 经济区开发商可根据《土地法》取得国家土地特许，在边境地区或独立区域设立特别经济区，并将土地租赁给投资企业
区内投资企业	1. 与其他合格投资项目同等享受关税和税收优惠 2. 产品出口国外市场的，免征增值税。产品进入国内市场的，应根据数量缴纳相应增值税
全体	1. 经济区开发商、投资人或外籍雇员有权将税后投资收入和工资转账至境外银行 2. 外国人非歧视性待遇、不实行国有化政策、不设定价格

（四）投资政策

1. 投资主管部门及相关法规

投资主管部门。柬埔寨发展理事会是唯一负责重建、发展和投资监管事务的一站式服务机构，由柬埔寨重建和发展委员会和柬埔寨投资委员会组成。该机构负责对全部重建、发展工作和投资项目活动进行评估和决策，批准投资人注册申请的合格投资项目，并颁发最终注册证书。

但对于下列条件的投资项目，需提交内阁办公厅批准：①投资额超过5 000万美元；②涉及政治敏感问题；③矿产及自然资源的勘探与开发；④可能对环境产生不利影响；⑤基础设施项目，包括BOT，BOOT，BOO和BLT项目；⑥长期开发战略。

投资合作相关法律。

《投资法》制约所有柬埔寨人和外国人在柬埔寨境内的投资活动，对投资主管部门、投资程序、投资保障、鼓励政策、土地所有权及其使用、劳动力使用、纠纷解决等作出明确的规定。

《投资法修正法》是对《投资法》的补充和修正。在投资申请、投资项目购进与合并、合资经营、税收、土地所有权及其使用、劳动力、惩罚等方面给出相关定义，并作出明确规定。

《关于柬埔寨发展理事会组织与运作法令》规定了柬埔寨投资主管部门——柬埔寨发展理事会的组织结构、职权任务和运作方式。

《关于特别经济区设立和管理的第148号法令》，规定了建立经济特区的法律程序，经济特区的管理框架与任务、对经济特区的鼓励措施、对出口加工生产区的特别措施、劳动力管理与使用、职业培训、侵权与纠纷的解决。

《商业管理与商业注册法》，对商业公司的成立、组织、运作、解散、转让和变更做出了规定，对公司的类型进行了划分。

《商业合同法》，规定了所有类型合同的成立、履行、解释和执行。它也进一步详细地描述了某些类型的合同，比如销售合同、租赁合同、借贷合同、个人财产抵押和担保。

2. 投资行业规定

柬埔寨政府视外国直接投资为经济发展的主要动力。柬埔寨无专门的外商投资法，对外资与内资基本给予同等待遇，其政策主要体现在《投资法》及其《修正法》等相关法律规定中。

鼓励投资的领域。《投资法》十二条规定，柬埔寨政府鼓励投资的重点领域包括创新和高科技产业；创造就业机会；出口导向型；旅游业；农工业及加工业；基础设施及能源；各省及农村发展；环境保护；在依法设立的特别开发区投资。投资优惠包括免征全部或部分关税和赋税。

限制投资的领域。《投资法修正法实施细则》列出了禁止柬埔寨和外籍实体从事的投资活动，包括神经及麻醉物质生产及加工；使用国际规则或世界卫生组织禁止使用、影响公众健康及环境的化学物质生产有毒化学品、农药、杀虫剂及其他产品；使用外国进口废料加工发电；森林法禁止的森林开发业务；法律禁止的其他投资活动。

此外，该细则还列出了“不享受投资优惠的投资活动”和“可享受免缴关税，但不享受免缴利润税的特定投资活动”。

3. 投资方式及出资额度限制

外国直接投资。在柬进行投资活动比较宽松，不受国籍限制（土地法有关土地产权的规定除外）。除禁止或限制外国人介入的领域外，外国投资人可以个人、合伙、公司等商业组织形式在商业部注册并取得相关营业许可，即可自由实施投资项目。但拟享受投资优惠的项目，需向柬埔寨发展理事会申请投资注册并获得最终注册证书后方可实施。获投资许可的投资项目称为“合格投资项目”。

合资企业。合格投资项目可以合资企业形式设立。合资企业可由柬埔寨实体、柬埔寨及外籍实体或外籍实体组成。王国政府机构亦可作为合资方。股东国籍或持股比例不受限制，但合资企业拥有或拟拥有柬埔寨土地或土地权益的除外。在此情况下，非柬埔寨籍实体的自然人或法人合计最高持股比例不得超过49%。

合格投资项目合并。两个或以上投资人，或投资人与其他自然人或法人约定合并组成新实体，且新实体拟实施投资人合格投资项目，并享受合格投资项目最终注册证书规定投资优惠及投资保障的，新实体需向投资委员会书面申请注册为投资人，并申请将合格投资项目最终注册证书转让新实体。

收购合格投资项目。投资人或其他自然人或法人收购合格投资项目所有权，且拟享受合格投资项目最终注册证书规定投资优惠及投资保障的，应向投资委员会提出收购申请，将合格投资项目最终注册证书转让新实体。收购人为未注册自然人或法人的，需先申请注册为投资人。

投资人股份转让造成受让方取得投资人控制权的，投资人须向投资委员会提出转让申请，并提供受让人名称和地址。

4. 外资企业的利润及汇出限制

根据柬埔寨《外汇法》规定：允许居民自由持有外汇。通过授权银行进行的外汇业务不受管制，但单笔转账金额在1万美元（含）以上的，授权银行应向国家银行报告。只要在柬埔寨商业主管部门注册的企业均可开立外汇账户。

（五）融资政策

1. 外汇管理

柬埔寨货币为瑞尔。1993年，柬政府通过并实施《外汇法》，规定汇率由市场调节，美元被允许在市场上流通。近十多年来，美元成为柬社会的主要交换媒介，流通量占市场货币流通总量的85%以上。人民币与瑞尔不可直接兑换，与瑞尔进行结算需以美元搭桥。

2. 银行机构

柬银行体系由国家银行和商业银行构成。国家银行的主要职能是：建立金融体系的法律框架，维持稳定的价格体系，为制定金融政策提供依据，增加国家资本、承担政府间的财务清算和管理本国货币，管理外汇储备，监督和调控商业银行、专门金融机构等依法运营。截至2007年，国家银行拥有19家分行。

商业银行18家，包括15家本地银行和3家外资银行分行。另外，还有2家外资银行代表处。加华银行、外贸银行等五大商业银行集中了全国商业银行总资产的60%，储蓄存款的70%和提供贷款的70%。柬埔寨政府实施的宽松外汇政策，使外资商业银行获得了较快的发展。2007年，外资商业银行吸纳存款7亿美元，比2005年多2亿美元。

3. 融资条件

柬商业银行业务范围相对较窄，尽管能够提供海外资本划拨、信用证开立及外汇服务，但是提供不动产抵押、贷款等服务仍很困难，且借款期限较短，利率较高。

（六）劳工政策

1. 劳动力供求状况

柬埔寨人口年轻化特点明显，10～35岁的人口超过总人口的一半，劳动力资源比较充沛。劳动力人口750万，且年增长率2.7%。劳动力就业最大领域为农业、成衣业、服务业。政府为创造更多就业机会，还向马来西亚、韩国等其他国家劳工市场输出劳工。劳动者权益受《宪法》和《劳工法》保护。

柬埔寨实行低工资制，近几年来政府公务员、军警月工资为20～40美元。服装加工业最低工资标准为月薪45美元，中国在柬技术劳工和管理人员月薪一般在300～600美元。政府对在私营企业或非官方组织的柬埔寨籍或外籍雇员征收“工资税”，但对工资以外的福利不征税。

外籍人士在柬埔寨就业，需满足以下条件：①雇主预先获得在柬工作的合法就业证、工作许可证；②合法进入柬埔寨王国；③持有有效护照；④持有有效居留证；⑤无传染性疾病（卫计委规定相关条件，劳动主管部门批准）。就业证有效期为1年，并可延期，但延期后的有效期不得超过其居留证有效期。柬埔寨需要外籍劳务的主要岗位是专业技术人员和管理人员等。

2. 劳动就业规定

1997年颁布的柬埔寨《劳工法》，是完全参照西方发达国家劳动标准制定的，要求较为严格，现实执行中更强调保护劳工权益。该法规反映出柬政府劳工政策的原则思路：积极实施技术人才本地化战略，千方百计地解决其国内劳动力大量过剩的问题，努力寻找国外就业市场。严格控制外劳输入，只有柬缺乏的技术、管理人才，才能获准在柬工作。

原则规定。《劳工法》为劳动者权益提供全面保护。该法主要原则性规定如下：①严格禁止强迫或强制劳动；②雇主雇佣或解雇工人时，应在雇用或解雇之日起15日内向劳动主管部门书面申报；③雇主用工人数超过8个的，应制定企业内部规章制度；④允许就业的最低年龄为15岁，工作性质涉及危害健康、安全或道德的，最低就业年龄为18岁。

签订劳动合同。劳工与雇主通过劳动合同建立工作关系。劳动合同受普通法管辖，以书面或口头形式订立。雇主签订或存续雇佣合同时，不得要求交纳抵押金或任何形式保证金。工作合同分为试用（一般雇员不得超过3个月，专业工人不得超过2个月，非专业工人不得超过1个月），定期（不得超过2年，可一次或多次续签，续签期限也不得超过2年）和不定期三种。

终止劳动合同。固定期限劳动合同通常在指定截止日终止。但经双方达成协议，也可提前终止合同。该协议需以书面形式订立，劳动监察员在场见证，由合同双方签署。合同双方未达成协议的，除非因严重不当行为或不可抗力，不得提前终止。合同一方以上述以外原因提前终止合同的，另一方有权获得至少与其合同终止日期应得报酬或遭受损失相当的赔偿金。合同一方拟不予续签时，应提前通知另一方（合同期限超过6个月的，提前10天；合同期限超过1年的，提前7天），未提前通知的，合同应按其原始合同相等期限予以延期。不定期劳动合同可由合同任一方自由中止（例外情况除外）。拟终止合同的一方应书面提前通知另一方。

劳工报酬。《劳动法》对劳动者工资作出如下规定：劳动主管部门制定最低保障工资标准，劳工工资至少应与最低保障工资相同。工资应以硬币或纸币形式直接支付工人本人，工人同意以其他方式支付的除外。工人工资每月应至少支付2次，间隔最多不得超过16天，雇员工资每月至少支付1次。

工作时间。工人工作时间（不论性别）每天不得超过8小时，或每周不得超过48小时，严禁安排同一劳工每周工作六天以上。因特殊和紧急工作需工人加班的，加班工资应为正常工资的150%，在夜间或每周休息日加班的，加班工资为正常工资的200%。工作计划需进行轮班的，正常情况下企业仅可安排两班（早班和下午班），夜间工作须按照上述加班工资标准支付(“夜间”是指包含22点至凌晨5点，且至少连续11小时的一段时间)。

假期。同一工人每周工作时间不得超过6天，周歇班应至少持续24小时，且原则上安排在星期日。全部工人均有权享受带薪假，按每连续工作1个月休假1天半计算，在此基础上劳工资历每增加3年，带薪假增加1天。发生直接影响工人直系亲属的事件，雇主应准予该工人特别假（最多不超过7天）。女工有权享受90天产假，产假期间，应发放其一半的工资和津贴；产假后返厂工作的2个月内，应指派其从事轻微劳动。

工会。无论劳工或雇主均有权不需预先核准，自主组建专业组织，以集体或个人方式研究、促进组织章程所涉及人员的权益、保护其精神和物质利益。劳工组建的专业组织称为“劳工工会”，雇主组建的专业组织称为“雇主协会”。禁止组建雇主及劳工同为会员的行业工会或协会。

3. 外籍人员工作的规定

根据柬有关劳工法规，任何企业雇用外国劳工必须向柬劳工部申请，并遵守以下规定：

（1）需要雇佣外籍专业技术和管理人员的企业，必须在每年11月底前向劳工部申请下一年度雇佣外劳的指标，每个企业所雇佣的外劳不得超过企业职工总数的10%。未申请年度用工指标，将不被允许雇佣外劳。

（2）雇佣外劳必须满足以下条件：雇主必须提前取得在柬工作的合法就业证；必须合法进入柬埔寨王国；必须持有有效护照；必须持有有效的居留许可证；必须有足够的适应企业需要的技能，且无传染病。

4. 工作证办理

主管部门。柬埔寨劳工部负责外国人工作许可管理。

工作许可制度。外国劳工必须持有劳工部颁发的工作许可证，该工作许可证的有效期为1年，可以延期，但延期不得超过居留许可证确定的期限。外国人的工作合同每次期限不超过2年。工作合同可以用外文，但应附有一份柬文。工作合同应明确规定符合劳动法的主要雇佣条件。外国人在合同工作期满后要在柬继续工作应重新报批。

申请程序。根据劳工法的规定：需要雇佣外国专业技术和管理人员的企业，必须在每年11月底前向劳工部申请下一年度雇佣外劳的指标，每个企业所雇佣的外劳不得超过企业职工总数的10%。未申请年度用工指标，将不被允许雇佣外劳。

提供资料包括。①雇主预先获得在柬工作的合法就业证；②雇主的聘用证书；③有效护照；④有效签证；⑤健康证明。

（七）农业保险和外商农业投资保险政策

柬埔寨保险业正处于起步时期，现有的保险业对很多保险业务都未能涉及或涉及不深，如建筑保险、火灾水灾保险、汽车及摩托车保险、医疗保险、人寿保险等业务需要开发或进一步开发。

（八）我国与柬埔寨签署的双边投资保护协定

1996年7月，中国与柬埔寨签署《中华人民共和国政府和柬埔寨王国政府关于促进和保护投资协定》。

中国与柬埔寨签署的其他协定，包括：《中柬贸易协定》（1996年7月）；《中柬文化协定》（1999年2月）；《中柬旅游合作协定》（1999年2月）；《中柬关于成立经济贸易合作委员会协定》（2000年11月）；《中柬农业合作谅解备忘录》（2000年11月）；《中柬关于旅游规划合作的谅解备忘录》（2004年4月）等。

（九）有关农业生产、收储、加工、流通的其他鼓励或限制政策

鼓励政策。

在吸引外商投资农业产业上，柬埔寨政府依据投资法对开发种植1 000公顷以上的稻谷、500公顷以上的经济作物、50公顷以上的蔬菜种植项目；对畜牧业存栏在1 000头以上、饲养100头以上的乳牛项目、饲养家禽1万只以上项目；以及占地5公顷以上的淡水养殖、占地10公顷以上的海水养殖项目均给予支持和优惠待遇。主要鼓励措施是：①项目在实施后，从第一次获得盈利的年份算起，可免征盈利税的时间最长为8年。如连续亏损则被准许免征税。如果投资者将其盈利用于再投资，可免征其盈利税；②政府只征收纯盈利税，税率为9%；③分配投资盈利，不管是转移到国外，还是在柬国内分配，均不征税；④对投资项目需进口的建筑材料、生产资料、各种物资、半成品、原材料及所需零配件，均可获得100%免征其关税及他赋税，但该项目必须是产品的80%供出口的投资项目。

在柬埔寨，出口商应重视普惠制的原产地规则要求。普惠制下出口至美国的产品，原产地规则对当地含量的最低要求为35%（符合条件的东盟成员国，即柬埔寨、泰国、印尼和菲律宾，在原产地规则要求中视为同一国家）。在“除军火外所有商品倡议”下，原产地规则要求出口产品至少有40%的含量出自出口国。

根据投资法修正法，由柬埔寨投资委员会批准的出口型合格投资项目可享受免税期或特别折旧。其出口产品增值税享受退税或贷记出口产品的原材料。

限制政策。

禁止或严格限制出口的产品包括文物、麻醉品和有毒物质、原木、贵重金属和宝石、武器等。半成品或成品木材制品、橡胶、生皮或熟皮、鱼类（生鲜、冷冻或切片）及动物活体需交纳10%出口税。

以下农业项目不享受投资优惠：1 000公顷以下的水稻种植项目；500公顷以下的经济作物种植项目；50公顷以下的蔬菜种植项目；1 000头以下的家畜养殖项目；100头奶牛以下的牛奶场；1万只以下的家禽养殖项目；5公顷以下的淡水养殖项目；10公顷以下的海水养殖项目；1 000公顷以下人工林；200公顷以下林场；100头以下野生哺乳动物养殖；500只以下野生鸟类养殖；1 000头以下野生爬行动物养殖；投资额在50万美元以下的水产冷冻及加工出口项目；投资额在50万美元以下的谷物及农作物加工出口项目。

六、中柬农业合作的现状、潜力、重点领域和途径

（一）现状分析与潜力判断

近年来，中柬两国全面战略合作伙伴关系不断深化，农业合作已经成为两国合作的重点领域之一，受到双方政府的关注，发展势头良好，多方面合作取得成效。

1. 合作机制不断升级完善

柬埔寨是中国周边友好国家，1958年，两国正式建交，1996年，两国签订了《贸易、促进和投资保护协定》，并于2000年成立两国经济贸易合作委员会。近年来，两国经贸关系发展较快，合作领域不断拓宽，农业成为两国重点合作的三大领域之一，受到高层领导的高度重视，双方先后签署了多份农业合作文件。2010年，两国签署《加强中柬农业合作的协议》，中柬农业合作联合工作组成立；2014年，改名为中柬农业合作指导委员会，由司局级提升为副部级（表6-1）。

表6-1　中柬两国合作文件汇总

序号	时间	文件名称
1	1996年	《贸易、促进和投资保护协定》
2	2000年	《中柬农业合作谅解备忘录》
3	2002年	《中国－东盟全面经济合作框架协议》
4	2002年	《农业合作谅解备忘录》
5	2005年	《中柬种猪生产示范项目合作备忘录》
6	2010年	《加强中柬农业合作的协议》
7	2013年	《柬埔寨农林渔业部与中国广西关于农业合作谅解备忘录》《中国广西农业厅仪器设备捐赠协议书》和《中国广西农业职业技术学院与柬埔寨波雷烈农业学院合作备忘录》
8	2015年	《中柬天然橡胶合作谅解备忘录》
9	2016年	《中柬两国政府经济技术合作协定》《免除柬埔寨政府到期债务的协议》《关于编制共同推进“一带一路”建设合作规划纲要的谅解备忘录》

数据来源：作者根据相关资料整理。

2. 农产品贸易增长迅速

2010年10月底，中国与柬埔寨签署《实施动植物卫生检疫措施的协议》，该协议为柬埔寨农产品对中国直接出口铺平了道路。在中国－东盟自由贸易区框架下，从2004年

1月1日起，中国政府给予柬埔寨297种商品（主要是农、林、牧、渔产品）进口零关税优惠待遇。近年来，中柬农产品贸易合作持续、健康发展。2010—2015年，中柬双边农产品贸易总额呈持续增长态势，年均增长44%，2015年，中柬双边农产品贸易总额1.6424亿美元，其中，中国自柬埔寨进口1.1264亿美元，同比增长60.90%，进口较多的是谷物；对柬埔寨出口0.5160亿美元，同比下降8.95%，出口产品主要是水果。

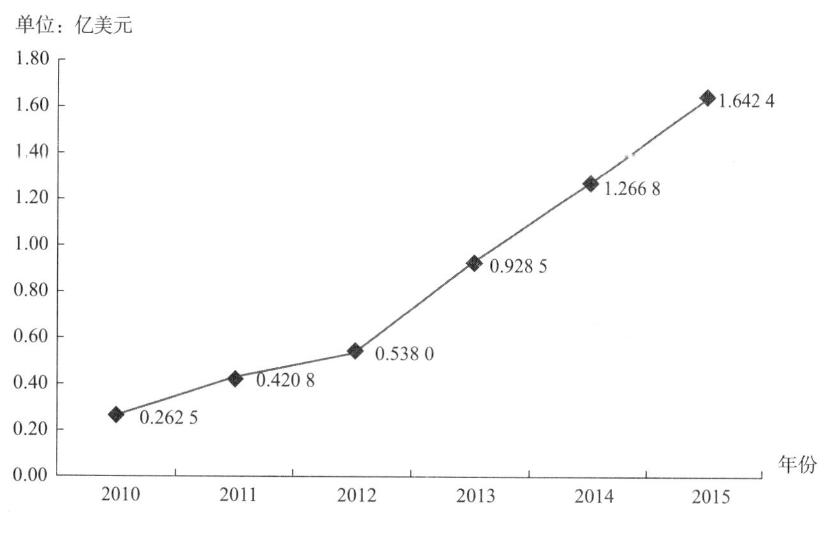

图6-1　2010—2015年中柬农产品贸易总额

数据来源：农产品监测预警数据库。

3. 农业投资合作进展良好

根据农业对外合作信息采集数据，柬埔寨是中国对柬埔寨农业投资规模的第二大国家，截至2014年年底，中国对柬埔寨投资存量4.13亿美元，仅次于印度尼西亚。2014年的投资流量为2.82亿美元。在柬埔寨企业数量达29家，仅次于老挝和缅甸。主要投资领域为水稻、天然橡胶、薯类等作物种植，以及畜牧养殖，投资企业主要来自广东、山东、广西、云南等省份。

4. 农业科技合作取得一定进展

中国农业农村部曾组织有关省区与柬埔寨政府合作开展了种猪示范推广项目、农村户用沼气技术试验示范项目。通过农户的沼气示范项目，为柬埔寨建设了8～10立方米的户用沼气池30座，并进行了相应的实用技术培训。广西福沃得公司实施在柬埔寨农作物示范项目，共建有43公顷水稻、蔬菜示范基地。南五指山集团、中国热科院联合在柬埔寨开展木薯种植试验示范，推广面积已超过2万多公顷，有效带动了当地农民增产增收。

5. 农业援助合作取得较好成效

长期以来，中国积极对柬埔寨提供农业领域援助，帮助柬埔寨发展农业。2014年，中柬双方签署了《物资援助交接》文件，根据柬方提供的资料，中方援助的物资价值410万人民币，包括森林消防用的灭火车、巡逻车以及手持GPS定位仪等8类设备。2014年，中国政府援助柬埔寨的最大型农业项目——“中柬农业促进中心”项目签约。通过该项目，中方支持了柬埔寨的农产品研究和农业技术推广、农业人才培训等。主要对稻谷、木薯、蔬菜等农作物进行研究、培训农业官员及传授农业技术给农民，旨在保证柬埔寨农业可持续发展，还有助于为柬埔寨农产品开拓国际市场。依托该援助项目，中方帮助优化柬埔寨农业种子资源；帮助柬埔寨培训农业技术人员，在3年的援助期和15年的可持续发展期内培训技术人员2万多人次，示范推广面积数万公顷。

（二）中柬农业合作的主要领域

1. 粮食作物种植领域的合作

中国是一个人口大国，人多地少的矛盾将会长期存在。今后随着人口的增加，城市化进程的加快，水资源的短缺和退耕还林、还草等改善生态措施的实施，农业用地不足的矛盾还将更加突出。根据国务院发展研究中心的预测，中国粮食进口量将由1997年的416万吨增加到2020年的2 224万吨。据估计，到2020年，中国每年的粮食进口量在5 000万～2亿吨，成为世界上最大的粮食进口国。[①]而柬埔寨粮食生产潜力巨大，可成为今后中国粮食进口的一个重要来源，开发农业投资合作潜力巨大。

在粮食领域的具体合作包括种植及其产品加工，中方以专家、种子、技术作为投入，帮助外方进行农作物示范种植、推广和产品加工，其产品可返销中国或在当地销售。此外，还可以采用租用土地的方式，购租宜农土地，进行种植业的开发合作，建立各种示范农场或农业中心，通过培育水稻等良种、推广现代农业技术提高稻谷等粮食作物的单位面积产量。

优质稻米加工。柬埔寨耕地多、水稻资源丰富，生产的稻米品质优良。但是，由于在大米精深加工方面投资较少，产业链条短，产品的附加值不高，加工水平的落后制约了大米产品的出口，阻碍了产业的发展。为了满足国内以及出口市场的需求，粮食加

① 彭茵，中国东盟农产品贸易问题研究，华东师范大学硕士学位论文，2006年。

工业都需要逐渐向精深加工转变，但由于自身经济实力和技术水平限制，需要吸引大量外资来促进本国稻米加工业的发展，以帮助提高国内自给水平，促进出口，增加农民收入。此外，稻米精深加工的副产品，如碎米、米糠、稻壳等，经过深加工可以获得淀粉糖类、蛋白粉类和米糠油类产品等。这些产品市场处于成长期，市场前景广阔。中国在稻米精深加工技术上有较大优势，且是稻米精深加工制品的需求大国，在此方面合作可以有较大作为，实现双赢。

良种研发与推广。根据联合国粮农组织的估计，种子对农业生产的贡献率可高达30%。中国农作物品种资源相当丰富，拥有亚洲最大的种质资源库，而且中国具有较高的良种繁育与作物栽培技术，尤其是杂交水稻技术已经居于世界领先的水平，为解决世界粮食安全问题做出了巨大的贡献。而柬埔寨虽然具有得天独厚的水稻种植自然条件，但良种等优良技术的使用程度较低，如果中国企业到柬埔寨开展水稻种植，通过选育推广良种、扩大播种面积，提高复种指数，增加单位面积产量等方式，不但能够帮助东道国消除贫困，也会获得极大的利润空间。

2. 经济作物种植领域合作

天然橡胶。中国成为世界上第一大天然橡胶消费国，全年进口橡胶100万吨，总价值7亿多美元，中国天然橡胶的供给严重不足，自给率不足20%，80%以上需要国外进口。而柬埔寨是世界上天然橡胶种植面积前十位的国家。为了建立稳定的境外天然橡胶供应源头，中国与柬埔寨合作开发天然橡胶资源应该依托当地资源，以发展橡胶种植园建设为重点，规划建设“种植+加工一体化”项目，以产业化发展为途径，以产业链延伸为驱动力，促进了当地天然胶产业发展，并且融入了橡胶行业的源头——橡胶种植。这项合作把全球主要天然橡胶出产地、全球天然橡胶第一大消费国有机地组合，打造中国在该地区打造重要的天然橡胶境外保障基地。

木薯。据有关专家统计，中国是世界上进口最多的国家，主要是从泰国和越南进口大量的木薯干片，而柬埔寨的木薯主要从泰国和越南转口进入中国市场。中国要在柬埔寨国家建立木薯基地，重点包括木薯原料基地、木薯加工与木薯仓储流通等三大领域。

糖类。总体来看，中国是糖料的净进口国家，而甘蔗等糖料作物是柬埔寨主要经济作物。为了满足中国糖料市场需求，中国需要与柬埔寨通过糖料项目建立合作，提高合作国糖料开发科技水平和开发规模，促进合作国糖料产业发展的基础上，建立中国糖类原料的稳定来源基地。

热带水果。柬埔寨有大量的宜林荒山荒地，可组织有实力的农业企业到这些国家购租宜林荒山，规模化开发种植香蕉、西柚、荔枝、龙眼、柑橘等热带水果，满足中标国市场需求。

3. 养殖业领域的合作

中国有许多比较成熟的农业实用技术，尤其是进行农业结构调整以来，畜牧业和渔业发展较快，相应的畜牧和水产养殖技术也有了较大程度的提高。由于畜牧业和渔业属于资源集约型产业，近年来中国土地沙漠化现象严重、水资源短缺严重，对畜牧业和渔业的发展造成了较为严重的影响，难以满足人们日益增长的消费水平对高质量畜牧、水产品的需求。

畜牧养殖业的合作。柬埔寨具有大面积的荒山荒地，是发展畜牧业的良好环境。可考虑由中国企业向其提供养殖能繁良种、提供养殖方面的技术，形成技术较为先进，实现一定规模的畜禽业养殖基地。

水产品养殖业的合作。柬埔寨海洋渔业资源丰富，但每年实际捕捞量较少，主要原因是水产养殖技术、捕捞技术和设备较为落后。而中国拥有大规模远洋船队，捕捞能力较强，捕捞设备较为先进，生产的渔船型号也适合在该地区作业。双方取长补短，合作投资开发海洋渔业资源的潜能巨大。中国的相关企业可以在柬埔寨国家设立水产品加工厂，充分利用中国的技术来开发这些国家丰富的渔业资源。

4. 农用物资等领域的合作

农用物资主要包括农机具、农药、化肥等，这是一个特别适合中国企业在柬埔寨投资的行业。随着农业的发展，柬埔寨对农机、农药、化肥等农资的需求日益增长。

农机。柬埔寨与中国同属小规模经营方式，中国的小型农业机械非常适合于这类国家，且相对于欧美农业机械，中国农业机械还具有质优及价格低廉的优势。柬埔寨的农业机械化程度很低，农业生产对拖拉机、柴油机、水泵、播种机、烘干机、收割机、碾米机等农机有很大的需求。中国的农业机械产品具有制造成本低、质量好、技术水平适中的特点。柬埔寨与中国地理位置相近，农业生产地块、品种、农艺和中国相近。因此，中国农机产品在该地区具有较好的适应性和互补性，价位也适合这些国家农民的经济水平，较容易被接受。

农药、化肥。中国化肥也已经在柬埔寨打开市场，共同开发当地丰富的钾盐资源。近年来，来自苏浙地区的农药、喷雾器、薄膜、柴油机，来自广东、广西的拖拉机、尿素、农药等产品，在柬埔寨有着很好的销路。

5. 基础设施及其他配套服务领域

水利水电等基础设施项目。柬埔寨水利资源丰富，水电开发潜力巨大。中国有较多规模大、实力强的水利水电建设企业，可通过多种合作模式，进一步参与国家水电资源的开发和水利水电建设工程项目的实施。

批发市场、保鲜、加工、物流和仓储等产业链重点环节建设。柬埔寨是农业国，农产品加工业的资源和原材料非常丰富，但食品加工以初级产品为主，食品工业几乎是空白，加工食品依赖进口，这为中国食品业进军提供了绝好的机会。中国食品工业门类齐全，企业规模大，科技实力雄厚，加工能力强，中国农产品加工企业有较强能力与其进行合作开发。充分利用原料市场，在初级农产品产地因地制宜地发展具有区域特色的食品加工业，建立农产品加工基地。要投资农产品加工领域，应培育扶植合资、独资农产品加工龙头企业，推进高新技术在农产品加工上的应用，开发和深化各类专用粮油产品和营养、经济、方便食品加工，畜禽产品深加工，优质水产品精深加工，有机果蔬产品的分级、包装，保鲜、储藏及精深加工以及储藏和运输一体化的产业链条。

（三）企业赴柬埔寨开展农业投资的主要途径

对于寻求投资柬埔寨农业资源的企业来说，要根据企业自身的规模、资金、技术等，选择合适的途径，实现企业投资的目标。企业可选择利用的途径包括政府主导实施项目的带动途径，政府引导性项目的推动途径，政府间多双边合作机制项下的引导途径。

中国政府在东南亚国家的农业援助有多种形式，包括成套项目、技术合作项目和人力资源开发项目等。其中成套项目有援建的农业技术示范中心，如中老示范中心等，技术合作项目以派遣专家进行当地适应性农业管理经验和技术传授，人力资源开发项目包括多双边农业管理和技术人才培训班等。据统计，2002—2010年，中国政府根据东盟合作需求，结合中国农业发展优势，累计投入资金3 055.43万元，为柬埔寨举办了80个培训班，培训农业技术和管理人员1 154人次。[①]企业可以借助援外农业项目的途径，积极参与成套项目的执行，为技术合作项目提供种子等农用生产资料的支持，积极成为援外人力资源培训项目的考察参观基地甚至成为协办或者联办单位，借助援外渠道，搭建参与柬埔寨农业产业发展的途径，为后续资源开发做准备。

在中国与柬埔寨的农业国际合作与交流方面，中国为帮助东盟及其他亚洲国家提高粮食综合生产能力并推动中国农业种子和技术进入东盟市场，建设亚洲（东盟）国家优良农作物品种试验站和优质高产农作物试验示范推广，支持多家国内种子企业在亚洲的多个国家建设农作物高产育种站/示范基地等。企业可以积极争取参与农业国际合作与交流项目，积极跟进，在政府搭建的平台基础上进行东盟农业资源开发，展示中国先进

① 《卢肖平副司长在亚洲区域农业合作十年总结会上的讲话》，2010年12月20日，四川攀枝花。

适用的农业技术，带动当地生产力水平的提高，并不断延长产业链条，提升农业投资合作的水平，开发柬埔寨农业资源的同时实现中国农业产业的“走出去”。

借助政府间多双边合作机制

中国与柬埔寨之间开展农业合作已经形成了多层次、多主体参与的机制基础。在双边合作机制下，成立了农业合作联合工作委员会/工作组，签署双边农业合作备忘录、协议、协定。双边加强了农业合作政策的制定和农业技术交流，并实施了包括优质饲料加工、种猪生产、户用沼气等一系列科技示范项目。根据协议，双边农业工作组或联委会，定期召开会议，确定农业合作重点领域，制定双边农业交流计划。在多边机制下，一是由东盟主导的10+1农业合作，中国对柬埔寨主要开展了人员培训、技术交流与合作、农产品贸易促进、境外小型合作示范项目四种形式的农业合作；二是东盟主导的10+3农业合作，合作国家包括东盟十国和中、日、韩三国。在此机制下，东盟粮食安全信息系统（AFSIS）和东盟与中日韩大米紧急储备（APTERR）项目取得较好进展；三是由亚行主导、GMS国家积极参与的GMS农业合作。2011年《大湄公河次区域经济合作新十年（2012—2022）战略框架》签署，为次区域未来十年合作发展确定了大方向。这些多双边合作机制的签署和执行为企业的投资行为指明了方向，企业可积极争取将本身的投资行为纳入政府间多双边合作机制，发挥集合争取投资优惠政策和获得投资政策的保护，解决企业投资过程中的困难和问题，争取更加宽松的农业投资支持政策。

可考虑参加中国－东盟博览会以及广西、云南等地组织的相关地方性的论坛和展览等，向柬埔寨展示中国先进农业生产技术和农用机械等，创造合作可能。

（四）企业赴柬埔寨开展农业投资前期准备

1. 全面掌握情况，在合作经营活动中争取主动，并做好项目后续工作，完善售后服务保障

某些企业海外经营项目不成功的教训，主要原因之一是不完全了解当地情况，对问题和困难估计不够，应对措施不足，轻信代理，盲目决策。建议企业在开展业务和实施项目前进行深入的调研，以减少决策失误。同时，在项目设计时应考虑，项目实施的后续工作，完善售后服务保障体系，从而使项目链条完整，提高项目的竞争力和知名度。

2. 遵守当地法律法规

企业应遵纪守法，避免不必要的纠纷。应派会外语懂业务的人员负责项目管理，出了问题要及时同中国驻外经商机构联络，直接同该国政府主管部门联系。不能完全依赖代理，以免延误问题解决。

3. 尽量与当地有一定背景、实力和信誉的公司建立合作关系，掌握在当地打通关系的主动权

东盟各国政府中普遍存在办事效率低，政策执行过程中受人为影响大的问题，因此寻找有实力和有公关能力的合作伙伴十分重要。

4. 选准项目

认真做好可行性研究，将投资风险降到最小。比如农业机械、化肥等农业生产资料，远洋捕捞技术及设备，良种栽培技术，林业资源开发及木材加工等方面。

5. 充分重视外派人员尤其是一把手的选拔，避免由于用人不当带来的风险

中方人员力求少而精，实行雇员本地化，注重回馈社会和企业社会形象的树立。加强境外企业现代管理制度化建设，建立一套行之有效的约束和激励机制。

七、政策建议

（一）加强规划指导，统筹协调，健全机制

1. 加强统一规划和科学指导

在国家发布《农业“走出去”战略规划（2014—2020）》基础上，进一步抓紧研究编制投资开发柬埔寨农业资源的区域规划、重点产品规划和包括柬埔寨在内的重点国别规划，强化企业投资开发柬埔寨农业资源的战略意义，统筹协调，形成合力，实现双赢。积极整合各方资源，有效把握合作全局，促进中国与柬埔寨农业合作有序、健康发展。

2. 建立职能更加明确的协调机制

在现有农业“走出去”部际协调机制的基础上，成立由重点省份组成的投资开发柬埔寨农业资源领导小组，并下设办公室。每年定期举行领导小组会议，研究企业对外农业投资合作的总体思路和政策措施，切实解决企业对外农业投资合作过程中出现的问题，形成政府部门统筹领导、综合部门协调扶持、重点行业协会行业指导、重点企业牵头实施的柬埔寨农业资源开发的“走出去”工作协调机制。

3. 健全国内重点省份与东盟重点国家间的互惠投资机制

按照国内重点省份对柬埔寨农业资源的投资合作开发布局和产业导向，建议广西、云南等重点省份安排专门资金，在柬埔寨设立联络处，推动建立友好省—国（州或地区）关系，积极推动上述国家和地区官方机构来华举办农业投资合作促进活动。

（二）增强政府部门的服务水平

1. 加强境外农业投资的公共服务

为保证中国有效开展与柬埔寨的农业投资与合作，中国政府部门应开展以下几项境

外农业投资的公共服务。

搞好服务平台建设。基于中国大多企业对东盟市场、法律法规尚不了解的现状，建议由政府出资设立专门的信息服务中心，介绍柬埔寨的投资环境和合作项目，举办促进农业经贸合作的研讨会、展销会、洽谈会、招商会、论坛，通过为农业企业提供商务信息和中介服务等方式，鼓励中国农业企业利用农产品种植业、养殖业以及种子等农业生产资料等方面的优势与柬埔寨的自然资源优势相结合，到柬埔寨去合作开发农业资源，大力推行“走出去”战略。

建立农产品龙头企业对接合作机制。中国应引导龙头企业采取合资、合作方式在柬埔寨设立农业企业，通过提供农机具、化肥、农药和农业技术服务以及预付款等方式，积极与当地农民和农场开展“订单农业”合作，建立收购、运输、仓储和加工体系，降低在境外大规模购买或租赁土地的敏感性和投资风险。

建立农业投资的信息服务渠道。由政府部门牵头，逐步建立起政府主管部门、行业商会、协会、企业间顺畅的信息与服务渠道。在柬埔寨加强驻外农业机构的力量，参照美国驻华大使馆农业处的模式，在驻外使馆设立专门的负责部门，派驻农业参赞。这类机构应从多方搜集整理各国吸引农业外资的优惠政策，建立优惠政策信息服务网络，向国内产业界公开这些优惠政策，主动为中国企业赴该地区农业投资牵线搭桥，提供投资渠道，以便中国企业充分利用东盟各国引进农业外资的优惠政策。

2. 培育境外农业投资主体

积极培育大型农业企业集团，作为境外农业投资合作的排头兵和主力军，增强整体对外农业投资能力。建议政府实行优势先行的主体发展战略，从农垦企业、产业化龙头企业、农业专业合作社为主的跨国投资经营队伍中选择一批竞争力较强的予以重点培育。通过强化重点农业企业高端跨国经营人才培训，为这部分企业拓展国际市场，境外资源开发和技术研发合作、农产品加工等提供智力支持，增强其跨国经营能力。

对于中国现阶段规模小、经营水平低的农业经营主体，政府应鼓励企业构建战略联盟，积极促进农业组织资源整合，通过合资、重组和兼并的方式有针对性地培育几家以境外农业投资合作为重要业务的中央企业。同时，应鼓励非农企业和农业企业联合，引导非公企业和中小企业合作，探索集群式“走出去”模式，不断壮大投资主体队伍。

政府还应调动社会各方力量，培养具有跨国经营才能的复合型人才。与柬埔寨进行农业资源投资合作涉及面广、专业性强，需要一大批有较高外语水平、技术水平和管理能力的人才。因此，必须重视和加强对跨国农业生产经营人才的培养，建立一支高素质的跨国农业经营专业队伍。建议政府部门和有关高校加强对小语种人才、通关人员、中介机构人员和农业专业技术人员的培训，为企业输送合格的跨国农业经营人才。要大力引进具有跨国经营管理经验的高级人才，有关部门要积极创造条件，为企业引进人才牵线搭桥，搞好服务。通过多渠道的培训与引进，全力构筑适应加强农业资源投资合作需要的人才高地。

3. 加强政府部门协作，提升管理和服务水平

首先，从强化职能和加强部门协作入手，在全国建立起上下结合、分工合作、运转高效的联动机制，提升政府管理和服务水平，增强农业国际合作和国际化发展的凝聚力和战斗力。第二，积极组建柬埔寨农产品出口、对外投资、劳务输出等农业投资行业协会，加强行业协会在行业自律、价格协调、应对贸易纠纷、抵御海外风险等方面的作用，为企业实施境外农业投资保驾护航。第三，通过增设驻外服务机构，建立数据库和动态联系制度等方式，强化农业境外投资信息服务能力建设。

（三）加强保险和金融等支持

1. 完善投资风险防范机制

中国－东盟自由贸易区所签订的多边协议虽然为双边的投资提供了一定的法律保护，但其规定并不明晰、适用存在局限性且缺乏实践操作性。因此，中国政府应充分发挥政策性保险的主导作用，有效结合商业保险的灵活性，逐步建立境外投资保险制度，建议成立全国性的海外投资保险机构，可考虑在中国人民保险公司内部设立一个新的独立机构，专门负责中国海外投资保险的经营。

2. 完善财税支持体系

政府应采取财政、税收、金融三方面的政策支持措施，鼓励国内各类有条件的农业企业参与柬埔寨农业的投资与合作。

进一步完善财政政策。首先，政府需结合农业境外投资项目特点，建立农业“走出去”专项基金，主要用于农业企业开拓国际市场、建立境外加工生产基地、开发利用境外资源、技术合作等的各种补贴、贴息和紧急援助等。对保障中国战略性、稀缺性农产品供应的贡献，拟定对农业投资企业的补贴政策。政府可对此类农产品出口商无偿给予资金补助，给予出口价格返还，以弥补出口商因国内市场价与东盟市场价之间的差额而造成的经营亏损，降低出口农产品的价格，提高其在国际市场上的竞争能力。第二，借

鉴西方许多国家设立专项基金向对外投资者提供资助的办法，在设立规模100亿美元的“中国—东盟投资合作基金”基础上，再设立中国—柬埔寨农业投资专项基金进行财政支持，主要包括企业资本金、企业境外投资亏损、企业开拓市场前期费用、重点产品及资源性农产品回运费等。

进一步完善税收优惠政策。第一，避免双重征税，境外农业投资企业在还没有签订避免双重征税协定的国家和地区已缴纳所得税的，在国内应对其已缴纳税额予以扣除。第二，建议政府通过制定关税、所得税和增值税等各方面符合国际惯例和WTO规则的优惠财税政策进行支持。

3. 完善金融支持体系

进一步加强农业“走出去”金融支持。第一，政府应进一步提高国内金融机构支持农业企业“走出去”的能力，探索企业以境外资产、股权、土地等作抵押，由境外银行出具保函，为境外企业在国内取得贷款提供担保的“外保内贷”的融资模式。第二，充分发挥政策性银行的引导作用，积极提供贷款支持，对于境外农业投资建设，特别是企业自建或并购码头、仓储、加工等物流设施，在贷款利率、期限、额度上给予重点倾斜。第三，鼓励和支持商业投资公司对境外农产品基地建设企业提供担保，帮助涉外农业企业解决融资困难；鼓励具备条件的企业在境外上市和发行股票、债券，直接进行国际资本市场融资。第四，在企业急需的融资方面，央行和银保监会应考虑到海外农业投资企业的特殊性，在抵质押、银行风险金提取等方面区别性地制定此类企业的融资政策。中国农行、中国农业发展银行、国家开发银行、中国进出口银行、中国银行等金融机构应在优惠贷款的基础上，增加对这些企业融资需求的供给，积极设计业务品种和模式，支持对各类企业尤其是对中小企业贷款，为海外农业投资企业提供全方位的金融服务。第五，探索通过委托贷款等多种方式使用国家外汇储备支持境外重大农业投资项目。中国国家主权基金可以和世界银行等国际机构合作，可利用其成熟的国际管理经验，为中国海外农业投资开发开辟渠道及提供保障。

全球重点国家农业发展情况系列研究报告

亚洲·东南亚篇

马来西亚

Malaysia

农业农村部对外经济合作中心 编著

中国农业出版社
北 京

图书在版编目（CIP）数据

全球重点国家农业发展情况系列研究报告．亚洲．东南亚篇．马来西亚 / 农业农村部对外经济合作中心编著．— 北京：中国农业出版社，2019.12

ISBN 978-7-109-26304-8

Ⅰ．①全… Ⅱ．①农… Ⅲ．①农业发展－研究报告－世界 ②农业发展－研究报告－马来西亚 Ⅳ．①F313 ②F333.83

中国版本图书馆CIP数据核字(2019)第284987号

亚洲·东南亚篇　马来西亚

YAZHOU·DONGNANYA PIAN　MALAIXIYA

中国农业出版社出版

地址：北京市朝阳区麦子店街 18 号楼

邮编：100125

责任编辑：张丽四　黄曦　程燕　张丽　丁瑞华

责任校对：刘飏雨

印刷：中农印务有限公司

版次：2019 年 12 月第 1 版

印次：2019 年 12 月北京第 1 次印刷

发行：新华书店北京发行所

开本：787mm×1092mm　1/16

总印张：55

总字数：1350 千字

总定价：180.00 元（共 8 册）

《亚洲·东南亚篇　马来西亚》编写委员会

主　　编：杨　易

副 主 编：周　勇　杨　光　陈瑞剑

参编人员：陈祥新　祁梦超　刘　兰　吴建寨　张　晶
张玲玲　姜　晔　于　敏　柏　娜　茹　蕾
龙　盾　刘　晴　刘建玲　许　勇　张　琦
肖金明　赵婕羽

摘要

长期以来，农业部门一直是马来西亚最为重要的经济部门之一。20世纪80年代后随着国家经济发展水平不断提高，国家逐步向以制造业为主的工业化转型，农业发展速度开始放缓。1980—1990年，10年间，马来西亚年均经济增长6.4%，而农业平均经济增长只有3.6%。在20世纪90年代的前5年，马来西亚经济年均增长率8.0%，但农业几乎没有增长。其后，马政府实施新政并长期保持对农业的高投入以支持农业产业发展，在政策和资金的双重利好下，马来西亚农业发展态势在趋于好转后获得了长足发展。2000年后，农业增加值稳定在国内生产总值的10%左右，近5年在8%左右。

马来西亚农业生产区域性明显，境内北部各州是农业生产重点区域，其中沙巴州是全球第三大棕榈油生产基地。农产品以经济作物为主，主要产品有棕榈油、橡胶、可可、稻米、胡椒、烟草、菠萝和茶叶等。畜牧业和水产业也是马来西亚农业生产的主要组成部分，畜牧业以肉类生产为主，禽蛋和奶类为辅；水产业虽资源丰富但淡水产品产量和海水产品的捕捞量却逐年减少。马来西亚是出口导向型国家，其农产品出口金额和数量相对于进口来说，占据一定顺差优势。马来西亚出口农产品主要以食用植物油为主，进口农产品主要以谷物、饮品和畜产品为主。

中马两国在农业领域合作广泛，前景广阔。建议政府在法律保障体系、企业扶持、农业技术创新、争议解决和基础设施建设等方面强化政策支持力度，以促进中国和马来西亚农业合作更好的发展。具体来说，以清真食品等领域为起点，开展长期战略合作；加强农业技术创新合作，深挖马来西亚市场需求；推进合作平台建设，形成政府间良性互动局面；提供法律和经营服务保障，为企业合作保驾护航。

目 录
CONTENTS

摘要

一、国别宏观资料

（一）国家概况

1. 地理

马来西亚位于东南亚，地处北纬1°～7°，东经100°～119°，由马来半岛南部的马来亚和位于加里曼丹岛北部的沙捞越、沙巴组成，其国土分为东马和西马两部分，国土面积约为33万平方公里，海岸线总长约为4 192公里。东马位于世界第三大岛的加里曼丹岛北部，与印度尼西亚、菲律宾和文莱等国家相邻；西马则位于马来半岛南部，北临泰国，南至柔佛海峡，与新加坡隔海相望，东临南中国海，西临马六甲海峡。马来半岛地形北高南低，山脉由北向南纵贯，将半岛分成东海岸和西海岸两部分，沿海为冲积平原，中部为山地。东马主要是森林覆盖的丘陵和山地。马来西亚属东8时区，与北京无时差，无夏令时。

2. 行政区划

马来西亚于1957年宣布独立。独立后，全国共分为13个州以及3个联邦直辖区。其中，13个州是东马的沙巴、沙捞越以及西马的柔佛、吉打、吉兰丹、马六甲、森美兰、彭亨、槟城、霹雳、玻璃市、雪兰莪、登嘉楼，3个联邦直辖区分别是首都吉隆坡、布城和纳闽。马来西亚其他主要的经济中心城市包括：乔治市（槟城州首府）、新山（柔佛州首府）、关丹（彭亨州首府）和古晋（沙捞越州首府）。由于历史原因，东马的沙捞越和沙巴两州在政治和经济上拥有较大自治权。

3. 历史概要

人类在马来西亚这个区域栖息的最古老的证据可追溯到始于史前时代距今约4万年前的旧石器时代。当时马来半岛和北婆罗洲都曾经出现过石器时代的人类活动遗迹。印度文明对马来群岛的影响可以追溯到公元前3世纪。公元初期，马来半岛先后出现了布秧谷、狼牙修、丹丹、盘盘、赤土等许多以印度文化为基础的邦国。印度人带来了宗教和制度，中国商人带来了器皿和农作物，使马来半岛成为当时的国际贸易中心。汉代以后，这些邦国与中国的交往日益增多，并建立了官方关系。公元5—7世纪初，这些邦国都曾多次派使臣到中国，与中国保持友好往来。公元7世纪，马来半岛被苏门答腊的室利佛逝王朝统治，13世纪又被满者伯夷王朝掌控。

1403年的马六甲王朝是马来西亚历史上第一个有历史记载的王国。马六甲王朝共传位7位苏丹，历时108年。马六甲王朝在全盛时期是闻名于世的港口和经贸中心，吸引了许多中国、印度、阿拉伯和欧洲等国家和地区的商人，使其成为东西方贸易枢纽和多种文化相互交融之地。中国明朝郑和七下西洋，五次驻扎在马六甲。1509年，葡萄牙商船首次抵达马六甲港口寻求开展贸易被拒绝。1511年7月，葡萄牙再次被拒后，双方进入战争状态。16世纪后，马来半岛先后沦为葡萄牙、荷兰和英国的殖民地。二战期间，马来半岛被日本占领。1957年8月31日，马来亚联邦脱离英国独立。1963年9月16日，马来亚联邦与新加坡、沙巴和沙捞越共同组成马来西亚（1965年8月9日，新加坡脱离马来西亚独立）。马来西亚成立之初，即经历了马印冲突、1965年新加坡独立以及1969年的“五一三”种族冲突事件。此后，总理拉扎克开始推行颇受争议的“新经济政策”，目标是通过配额制，提高土著的经济权益比例。此后，马来西亚维持一套精心规划的族群政治平衡，政府体系试图将整体的经济发展与政治经济政策相结合，以提倡所有民族的平等参与。1981—2003年，马哈蒂尔担任总理期间，马来西亚经历了快速的经济成长。由原先以农业为基础的经济，转变为以制造业与工业为主的经济。马来西亚的地理景观也因多项大型计划而改变，包括国家石油公司的双峰塔（曾经是世界最高建筑物，目前仍是世界最高的双子星大楼）、吉隆坡国际机场、南北大道、雪邦国际赛道、多媒体超级走廊、沙捞越巴贡水坝以及新的联邦行政首都布城。

马来西亚是东盟的创始国之一，环印度洋区域合作联盟、亚洲太平洋经济合作组织、英联邦、不结盟运动和伊斯兰会议组织的成员国。

4. 政治制度

马来西亚是君主立宪议会民主制的联邦国家，君主立宪制又分为二元君主制和议会君主制，马来西亚属于议会君主制，其政治体制是沿袭自英国的西敏寺制度。因历史原因，沙捞越州和沙巴州拥有较大自治权。

政体。马来西亚最高立法机构国会由最高元首、上议院、下议院组成。最高元首由9个州的世袭苏丹轮流担任，任期5年，不得连任。最高元首委任下议院多数党领袖为总理，并根据总理提名任命国家重要管理人员。最高元首在行使其各项权力时，也需要考虑内阁总理的建议和决定。2016年12月13日，马来西亚吉兰丹州苏丹穆罕默德五世在吉隆坡国家王宫宣誓就任马来西亚第15任国家元首。统治者会议由柔佛、彭亨、雪兰莪、森美兰、霹雳、登嘉楼、吉兰丹、吉打、玻璃市扑州的世袭苏丹和马六甲、槟城、沙捞越、沙巴4个州的州元首组成，其主要职能是：在世袭苏丹中轮流选举产生最高元首和最高副元首；审议并颁布国家法律、法规；对全国性的伊斯兰教问题有最终裁决权；审议涉及马来族和沙巴、沙捞越土著民族的特权地位等重大问题。

上议院共有70名议员，由全国13个州议会各选举产生2名，其余44名由最高元首根据内阁推荐委任（其中吉隆坡联邦直辖区2名，纳闽、布城联邦直辖区各1名），任期3年，可连任两届，且不受国会解散与否的影响。上议院设议长1名和副议长1名。现任上议院议长维尼斯瓦兰（SA Vigneswaran），2016年4月26日就任。下议院由222位民选议员组成，通过每五年一届的大选产生，可连任，下议院获得多数席位的政党获得组阁权。下议院议长从下议院议员中选举产生。现任下议院议长莫哈末·阿里夫（Mohamad Arif），副议长是倪可敏和莫哈末·拉昔（Mohamad Rashid），2018年7月16日就任。

政府。内阁是马来西亚最高行政机构。内阁由总理领导，所有内阁成员必须是国会议员，最高元首根据总理建议委任内阁部长和副部长。内阁向国会负责。本届内阁产生于2018年5月，前任总理马哈蒂尔·穆罕穆德（Mahathir Mohamad）（根据马来西亚政府官网，现任总理穆希丁·亚辛Muhyiddin Yassin已于2020年3月1日上任）。

宪法和最高法院。根据1957年7月2日正式颁布的《马来亚联合邦宪法》，马来西亚为君主立宪制国家，沿袭英国的政治传统。1963年马来西亚成立后，将1957年的宪法改名为马来西亚联邦宪法，继续沿用。马来西亚最高法院于1985年1月1日成立，1994年6月改名为联邦法院，设有马来亚高级法院（负责西马）和婆罗州高级法院（负责东马），吉隆坡高级法院分设知识产权厅、建筑厅、海事厅、网络厅等审理专门事务。各州设有地方法院和推事庭。另外还有特别军事法庭和伊斯兰教法庭（受伊斯兰教法令管制）。联邦法院首席大法官丹斯里·劳勿斯·沙里夫（Tan Sri MD RAUS SHARIF），2017年4月1日就任。

政党。马来西亚根据宪法实行多党制的政党制度，但实际的却并非典型的多党制，而是一种由几个政党联合组成政党联盟执政的制度。两大联盟分别为执政党希望联盟和反对党国民阵线（国阵）。执政党联盟：希望联盟（马来语：Pakatan Harapan，简称PH），由民主行动党、人民公正党、土著团结党和国家诚信党组成。2015年9月22日，人民公正党、民主行动党及国家诚信党宣布成立新的政治联盟——希望联盟。2017年3月14日，土著团结党正式加入希望联盟成为成员党。反对党联盟：国民阵线（马来文：Barisan Nasional，简称BN）以马来民族统一机构、马来西亚华人公会和马来西亚印度国民大会为主体，自独立以来长期执政至2018年，现有13个成员党。其中，马来民族统一机构（马来语：Pertubuhan Kebangsaan Melayu Bersatu，简称巫统UMNO），成立于1946年5月11日，是马来西亚最大的政党。马来西亚华人公会（马来语：Persatuan Cina Malaysia，简称马华公会MCA）是最大的华人政党，现任总会长廖中莱，署理总会长魏家祥。

5. 国际关系

马来西亚是东盟核心成员之一，也是77国集团和不结盟组织的创始成员国，奉行独立自主、中立、不结盟的外交政策。作为东盟创始国，视东盟为外交政策基石，优先发展同东盟国家的关系，重视发展同大国的关系。马来西亚大力发展经济外交，积极推进东亚合作、南南合作，反对西方国家贸易保护主义。重视东亚合作，倡导建立东亚共同体。致力于东盟自由贸易区建设。目前已同131个国家建交，在83个国家设有105个使领馆。马来西亚积极发展同伊斯兰国家和不结盟国家关系，关注伊斯兰事务，是伊斯兰会议组织的创始国。曾担任伊斯兰会议组织轮值主席国，在伊斯兰国家中拥有较高声望。马来西亚是英联邦成员国，与英国关系密切，与其他成员国交往较多。20世纪90年代与美国关系一度紧张，现已得到较大改善。

同英国的关系。英国一直都和马来西亚有着千丝万缕的联系，在马来西亚的外交中处于相对特殊的地位。在马来西亚独立初期，其防务较大程度上依赖于英国的安全保障。同时，英国还是马来西亚早期的主要外资来源和外贸对象，因此两国一直保持着一种特别亲密的关系。

同美国的关系。建国初期，马美关系是马来西亚外交的重要方面，其中尤以经贸和军事安全，然而到进入马哈蒂尔执政时期，两国的纠纷日渐增多。随着时间的推移，马美关系得到了一定程度的修复和改善，马来西亚对美政策是采取了努力降低马美关系中的地缘战略意义，积极推进与美国的经济合作，而尽量避免美国在政治上的指责与批评。与冷战时期相比，当前马来西亚与美国、俄国、印度尼西亚、澳大利亚、英国等大国的关系少了一些战略意义，多了一些经济外交的内容。纳吉布总理迄今两次访美，均把加强与美国的经济合作置于首要位置。

同中国的关系。马来西亚与中国有着长期友好的外交关系和传统友谊。1974年5月31日两国建立外交关系，马来西亚是第一个与中国建交的东盟国家，第一个邀请中国加入“10+1”的国家，第一个邀请中国参加东亚峰会的国家。近年来，两国高层往来频繁，各领域友好合作不断深化。1999年，两国政府签署关于双边合作发展方向的《联合声明》，宣布建立“全方位的睦邻友好合作关系”。2004年，两国总理宣布“积极推进两国战略合作”。2009年6月，马来西亚总理纳吉布访华，11月胡锦涛主席访马，中马友好合作进入了新的历史时期。2011年4月，温家宝总理访马，中马双方共签署了包括《中华人民共和国政府和马来西亚政府关于扩大和深化经济贸易合作的协定》在内的8项经贸、教育等领域的合作协议，双边政治、经贸关系进入历史最好时期。2012年，时任全国政协主席贾庆林、中央纪委书记贺国强、全国人大常委会委员长吴邦国、国务委员孟建柱等国家领导人先后访马，双边友好合作关系得到进一步提升。2013年2月，时任全国政协主席贾庆林再度访马，专程前往彭亨州与马来西亚总理纳吉布共同出席了中马两国标志性经贸合作项目马中关丹产业园的启动仪式，并见证了园区投资主体、入园项目以及周边设施开发等经贸协议的交换。2013年10月，习近平主席访马，中马双方共同签署了包括《中华人民共和国政府和马来西亚政府经贸合作五年规划》在内的6项经贸、文化、金融等领域合作协议。2014年5月，马来西亚总理纳吉布访华，双方签署中马建交40周年联合公报，指明了中马关系未来40年的发展方向，将两国友好合作关系推向新的高度。2014年9月，国家主席习近平在人民大会堂会见马来西亚总理纳吉布。2014年9月，国家主席习近平在北京人民大会堂会见马来西亚最高元首哈利姆夫妇。2015年2月，马来西亚总理纳吉布在吉隆坡会见习近平主席特使、中共中央政治局委员、中央政法委书记孟建柱。2015年3月，国家主席习近平会见来华出席博鳌亚洲论坛年会的马来西亚总理纳吉布。2015年11月，中国总理李克强对马来西亚进行正式访问，两国就增进高层交往、共建“一带一路”、推进产能合作、加强区域互联互通达成一系列共识，为深化合作带来多重利好，掀开了中马关系发展的新篇章。2016年12月，纳吉布总理访华，双方签署了30项政府间协议和商业协议，达成多个重大合作项目，合作金额高达1 400多亿林吉特[①]。2017年5月，纳吉布总理赴华参加“一带一路”国际合作高峰论坛。

同东盟的关系。马来西亚是东盟重要成员，同其他东盟国家政治、经济、文化关系密切，高层互访频繁，并注意在重大国际地区问题上相互协调立场。马来西亚是东盟内部贸易的重要一员，重视地区安全合作。2004年7月，马来西亚开始与印度尼西亚、新加坡在马六甲海峡进行协同巡逻，共同打击海盗、走私和恐怖活动。2015年12月31日，以政治安全、经济及社会文化为三大支柱的东盟共同体成立，标志着东盟一体化进程取得重大进展。

6. 国内政局与对外风险总评

马来西亚国内政治局势基本稳定，民族关系融洽，三大种族和谐相处，政治动荡风险低。世界经济论坛《2017—2018年全球竞争力报告》显示，马来西亚的竞争力在全球137个经济体中排名第23位，位列东盟国家第2位，亚太地区第9位。世界银行《2018年全球营商环境报告》显示，马来西亚2018年营商环境在全球190个经济体中排名第24位。经济学人智库发表最新“2018年全球宜居城市排名”，马来西亚吉隆坡在全球140个城市中排名第78位，在亚太城市排名第16位。

① 1马来西亚林吉特可兑换1.6～1.8元人民币。——编者注

（二）社会发展

1. 人口规模

截至2018年，马来西亚人口总数为3 238.2万，其中马来人约占61.3%，华人约占20.7%，印度人约占6.2%，其他种族约占1.1%，非马来西亚公民约占10.4%。马来西亚人口最多的州为雪兰莪州，人口约占总人口数的20%，沙巴州人口约占总人口数的12%，柔佛人口约占总人口数的11.5%。马来西亚男性人口数多于女性，男女比例约为1.06 : 1。华人人口总量持续增长，从2012年的651万增长至2018年的668.8万。

表1-1　2000—2018年马来西亚人口及构成情况

年份	人口数量（万人）	增长率（%）	城镇人口占比（%）	农村人口占比（%）
2000	2 318.6	2.3	62.0	38.0
2001	2 369.9	2.2	62.9	37.1
2002	2 419.9	2.1	63.9	36.1
2003	2 468.9	2.0	64.8	35.2
2004	2 517.4	2.0	65.7	34.3
2005	2 565.9	1.9	66.6	33.4
2006	2 614.4	1.9	67.5	32.5
2007	2 662.6	1.8	68.4	31.6
2008	2 711.1	1.8	69.2	30.8
2009	2 760.5	1.8	70.1	29.9
2010	2 858.9	3.6	91.9	8.1
2011	2 906.2	1.7	91.6	8.4
2012	2 951.0	1.5	91.4	8.6
2013	3 021.4	2.4	90.4	9.6
2014	3 070.9	1.6	90.2	9.8
2015	3 118.6	1.6	90.0	10.0
2016	3 163.4	1.4	89.8	10.2
2017	3 202.3	1.2	89.7	10.3
2018	3 238.2	1.1	89.7	10.3

资料来源：马来西亚统计局。

2. 民族构成

马来西亚是个多民族的国家，全国有32个民族。马来半岛以马来人、华人、印度人为主；沙捞越以达雅克人、马来人、华人为主；沙巴以卡达山人、华人、马来人为主。

3. 宗教信仰

伊斯兰教是马来西亚的国教，主要属逊尼派。还有佛教、道教、印度教、基督教、锡克教等。一般说来，马来人信奉伊斯兰教，华人信奉佛教和道教，印度人信奉印度教；小部分华人、欧亚混血人和沙巴、沙捞越的少数民族信奉基督教或天主教。由于多民族的长期共同生活，形成一种多元的文化特色。主要宗教节日有开斋节、哈芝节、屠妖节、大宝森节、圣诞节、卫塞节等。

4. 贫困程度

2016年，马来西亚贫困人口约占总人口数的0.4%，其中华人和印度人的贫困发生率最低，约为0.1%，马来人贫困发生率为0.5%。贫困发生率也有城乡区别，城市人口贫困发生率为0.2%，农村人口贫困发生率为1.0%。

5. 教育水平

马来西亚教育沿袭英国及欧美教育体系。近年来，发展迅速，教育水平被欧美等国知名学府所承认。在马来西亚，马来人、华人、印度人各族都有自己独特的文化。政府努力塑造以马来文化为基础的国家文化，推行国民教育政策，重视马来语的普及教育。华文教育也比较普遍。马来西亚致力发展教育领域的努力获得认同，使马来西亚素质教育排名在全球排名第14位，在东南亚国家排名第2位，仅落后于排名第一的新加坡。基础教育的入学率为97.2%，中学入学率为90.0%。马来西亚的正规教育学制，可以概括为6·3·2·2制，即小学6年、初中3年、高中2年和高中后教育2年（亦称中学后教育，即大学预备班），然后，考取大专或大学。

目前，马来西亚有10所政府公立大学和学院，其中包括马来亚大学、理科大学、国民大学、博特拉大学、工艺大学、国际伊斯兰大学、北方大学、沙捞越大学、沙巴大学和苏丹依德利斯师范大学等。这10所大学的入学录取工作基本上实行的是上述的固打制，优先照顾土著民族，所以校园里大多为马来民族的学生。大多数公立院校以招收本地学生为主，仅少数研究生课程对外国留学生开放，但私立学校一般都向留学生开放。高等教育已日渐成为马来西亚一项重要的出口产业，尤其是马来西亚实行的“双联教育”体制，吸引了越来越多的海外学子。

6. 医疗卫生条件

自1957年建国以来，马来西亚一直维持二元化的医疗福利服务体系，即以政府医院为主的低收费医疗服务体系，以及以商业机构为主的高收费私立医疗服务体系。全球188个国家的健康指数排名马来西亚为第46名。根据世界卫生组织统计，按照购买力评价计算，2015年马来西亚人均医疗健康支出386美元。马来西亚人均期望寿命男性为73岁，女性为77岁。

（三）宏观经济情况

1. 经济总量及其变化情况

马来西亚经济发展状况在东南亚地区总体较好，但年均经济增长速度在逐渐变慢。根据世界银行公布的数据可以看出，除2009年受到美国次贷危机等因素影响出现GDP和人均GDP的负增长外，按马来西亚现价货币计算的GDP和人均GDP在2013—2018年期间一直保持增长态势。2018年国民生产总值为12 298亿林吉特，人均GDP为37 974林吉特。

表1-2　2013—2018年马来西亚经济发展情况

年份	GDP（亿林吉特）	GDP增长率（%）	人均GDP（林吉特）
2013	9 550.80	4.7	31 942.47
2014	10 125.06	6.0	33 088.43
2015	10 628.04	5.0	34 064.23
2016	11 079.00	4.2	34 994.00
2017	11 736.00	5.9	36 618.00
2018	12 298.00	4.7	37 974.00

数据来源：马来西亚国家银行（按2010年不变价格计算）。

2. 经济结构构成及其变化情况

马来西亚以服务业和制造业为主要产业。据马来西亚国家银行数据显示，2018年，马来西亚服务业产值占GDP比重为56.2%，制造业为23.3%。2000年以来，马来西亚农业产值在GDP中的比重均未超过10%。

表1-3 2018年马来西亚经济产业结构

行业	产值（亿林吉特）	GDP占比（%）	同比增长（%）
农业	955.8	7.9	−0.4
采矿业	969.7	8.0	−1.5
制造业	2833.4	23.3	5.0
建筑业	558.4	4.6	4.2
服务业	6830.8	56.2	6.8

资料来源：马来西亚国家银行。

表1-4 2012—2017年马来西亚经济结构变化

单位：亿吉林特

行业	2012年	2013年	2014年	2015年	2016年	2017年
农业	951.2	928.3	981.8	979.5	1 064.7	958.9
采矿和挖掘	1 014.7	1 034.8	1 090.6	1 037.2	1 047.0	986.0
制造业	2 247.3	2 326.6	2 530.9	2 633.7	2 639.0	2 699.7
建筑业	379.1	426.9	486.5	541.4	597.9	534.4
服务业	5 018.3	5 361.9	5 855.2	6 238.6	6 687.4	6 387.5

资料来源：马来西亚统计年鉴2018。

3. 交通设施建设情况

马来西亚高速公路网络比较发达，主要城市中心、港口和重要工业区都有高速公路连接沟通。高速公路分政府建设和民营开发两部分，但设计、建造、管理统一由国家大道局负责。截至2016年年底，马来西亚公路总长约为23.7万公里。相较于西马，沙巴与沙捞越的公路系统较不发达，品质也较差。目前，马来西亚高速公路网络由贯穿南北的大道为中心构成。截至2017年6月，马来西亚机动车数量为2 818.1万辆，平均每人0.88辆。马来西亚铁路网贯穿半岛南北，负责运营的是马来西亚铁道公司（KTMB），该公司具备运送多种货物的能力。2017年，马来西亚铁路共运载旅客359.6万人次，货物562.3万吨。马来西亚是东南亚重要的空中枢纽之一，2017年空运旅客9 910万人次，同比增长8.1%。目前，马来西亚共有8个国际机场，即吉隆坡国际机场、槟城国际机场、兰卡威国际机场、亚庇国际机场、古晋国际机场、马六甲国际机场（无国内航线）、柔佛士乃国际机场以及瓜拉登嘉楼苏丹马穆德机场（2014年4月开通飞新加坡航线），这些机场与其他国内航线机场构成了马来西亚空运的主干网络。马来西亚内河运输不发达，95%的贸易通过海运完成，主要国际港口包括巴生港、槟城港、柔佛港、丹绒柏勒巴斯港、关丹港、甘马挽港以及民都鲁港等。2016年，马来西亚水运5.69亿吨。巴生港濒临马六甲海峡，为马来西亚最大的港口，集装箱年处理能力约500万标准箱，是东南亚集装箱的重要转运中心，其西港有良好的深水码头，可以停靠世界最大吨位的货船。2017年，马来西亚和中国的5个港口已成为“马中港口联盟”（CMPA）的一分子。马中港口联盟的成员已从16个增至21个，即马来西亚原本6个增加9个，中国则从现有的10个增加至12个。马中港口联盟旨在提升各方面的合作，包括港口研究、培训实习、技术支持、交换信息及交通发展，以及推广港口之间的贸易服务。

4. 通信设施基本情况

电话。截至2017年年底，马来西亚住宅固定电话用户数为657.8万。固定电话运营商是马来西亚电信公司（TM）。马来西亚移动电话网络覆盖全国大部分地区，移动电话用户数达到4 233.9万，主要移动电话运营商是Celcom、Maxis以及DiGi。

互联网。截至2017年年底，马来西亚共有固定宽带互联网用户260万。2016年互联网普及率99.8%。

邮政。根据马来西亚统计局数据，截至2017年年底，马来西亚共有1 028个邮政局。2017年，马来西亚国内邮寄包裹数量7.38亿件，国际包裹数量2 964.6万件。

5. 能源

马来西亚的电力由公共能源公司[占98%，包括国家能源公司（TNB）和州立能源公司]和独立的私人发电厂（占2%）提供，发电量约1 560.0亿千瓦时。其中，燃气机组占43.5%、燃煤机组占42.5%、水电机组占13%、柴油机组占0.4%、其他约0.6%。

马来西亚的电力供应紧缺，国内电力市场呈现供不应求的状态，并且马来西亚的电力供应存在地区性不均衡，比如马来西亚半岛（西马来西亚）的供电危机比较明显，短缺的电力需求只能依靠进口来弥补。目前，新加坡与马来西亚、印度尼西亚与马来西亚已经局部实现了小范围的电力互联互通。

6. 国际贸易及其变化情况

马来西亚国际贸易与工业部统计显示，2017年，马来西亚对外贸易总额达1.774万亿马币，创历史新高，比2016年增长19.4%，其中出口总额达9 353.9亿马币，进口总额达8 381.4亿马币，分别比2016年增长18.9%和19.9%。按2017年平均汇率1美元兑4.0620马币换算，2017年马来西亚对外贸易总额约为4 366.07亿美元，同比增长31.8%。

2017年，马来西亚出口市场前五名分别是中国、新加坡、美国、日本和泰国；进口来源地前五名分别是中国及中国台湾、新加坡、日本和美国。2017年，马来西亚与东盟其他国家的贸易额4 874.2亿林吉特，同比增长21%，占马来西亚对外贸易总额的27.5%。

2017年，马来西亚出口前五大类产品分别是电子电器、石油产品、化学及化工产品、棕油及其制品和液化天然气；进口产品前五大类产品分别是电子电器、化学及化工产品、机械设备及零部件、石油产品和金属制品。

表1-5　马来西亚主要出口产品

单位：亿林吉特

产品	2016年	2017年
总额	7 859.3	9 353.9
电子电器	2 877.2	3 430.0
化学及化工产品	589.9	685.8
石油产品	545.0	719.9
棕油及棕油制品	482.7	538.5
机械设备及零部件	376.9	402.1
金属制品	333.9	380.0
液化天然气	321.2	404.6
光学及科学设备	287.5	324.2
原油	222.7	279.7
橡胶产品	202.5	263.1

资料来源：马来西亚国际贸易与工业部。

表1-6　马来西亚主要出口市场

单位：亿林吉特

市场	2016年	2017年
总额	7 859.3	9 353.9
新加坡	1 144.4	1 355.9

（续）

市场	2016年	2017年
中国	1 362.0	1 738.6
美国	802.3	886.9
日本	632.8	748.9
泰国	441.0	505.3
印度	320.1	345.5
印度尼西亚	276.6	347.8
澳大利亚	267.4	324.0
韩国	229.1	285.9

资料来源：马来西亚国际贸易与工业部。

表1-7　马来西亚主要进口产品

单位：亿林吉特

产品	2016年	2017年
总额	6 986.6	8 381.4
电子电器	2 099.4	2 529.1
化学及化工产品	680.1	798.8
机械设备及零部件	650.5	785.9
石油产品	524.0	755.2
交通设备	413.5	429.4
金属制品	392.2	436.4
钢铁产品	230.0	273.5
光学及科学设备	219.3	248.4
加工食品	186.6	207.2
纺织、成衣及鞋类	181.3	176.7

资料来源：马来西亚国际贸易与工业部。

辐射市场。马来西亚位于东南亚的中心位置，其主要辐射的市场范围是东盟其他国家、中东伊斯兰国家以及主要的贸易伙伴美国、日本、中国、欧盟、韩国、澳大利亚和印度等。同时，马来西亚石油天然气、棕油、橡胶等资源丰富，电子电器行业比较发达，上述资源和产品需求较大的市场也在其辐射范围之内。

马来西亚于1957年加入《关税和贸易总协定》，是世界贸易组织（WTO）的创始成员国。马来西亚是东南亚国家联盟（东盟，ASEAN，1967年8月8日成立）的创始成员国，2012年11月，在第21届东盟峰会上，东盟10国及其6个自由贸易区伙伴（澳大利亚、中国、印度、日本、韩国和新西兰）签署了东南亚区域全面经济伙伴协定（RCEP）并且宣布谈判开始。2019年11月4日，第三次RCEP领导人会议在泰国曼谷举行。马来西亚已在东盟项下及双边项下签署了多项自贸协定，截至2018年3月，马来西亚已与澳大利亚、日本、新西兰、印度、智利、巴基斯坦及土耳其签署了双边自由贸易协定（FTA），为推动马来西亚商品和服务走向国际市场发挥了重要作用。据统计，2017年，马来西亚与双边自贸协定伙伴的贸易总额达到11 230亿林吉特，同比增长19.9%，其中马来西亚向自贸伙伴出口5 901.5亿林吉特，占马来西亚对外出口总量的63.1%；自贸伙伴进口5 325.7亿林吉特，占进口总额的63.5%。

中马双边贸易。马来西亚统计局公布的数据显示，2017年，马来西亚和中国的双边货物贸易额为677.5亿美元，同比增长16.6%。其中，马来西亚对中国出口294.2亿美元，增长23.8%；马来西亚自中国进口383.3亿美元，增长11.6%。马方逆差89.2亿美元，较2016年缩小16.7亿美元。

2017年，马来西亚对中国出口最多的商品为机电产品、矿产品、塑料橡胶，上述三大类商品的出口额依次为130.1亿美元、59.0亿美元、32.3亿美元，占马来西亚对中国出口总额的44.2%、20.1%、11.0%。马来西亚从中国进口的商品主要有机电产品、贱金属及制品和化工产品，上述三类商品进口额依次为189.2亿美元、40.8亿美元、26.4亿美元。除上述产品外，马来西亚自中国进口的主要商品还有钢铁制品、光学仪器设备、运输设备、矿物燃料、杂项化学品、家具等。

中国为马来西亚最大贸易伙伴国、第一大进口来源地及第二大出口目的地。在马来西亚的十大类进口商品中，中国出口的电子电器、机械设备和钢铁处于较明显的优势地位；但中国出口的塑料制品、光学仪器、运输设备和矿物燃料等仍面临着来自日本、美国、德国、泰国和新加坡等国家的竞争。

马来西亚对华投资始于1984年。据中国商务部统计，2017年马来西亚对华直接投资项目329个，实际投资金额1.08亿美元；截至2017年年底，马来西亚累计在华投资项目6 362个，实际投资金额75.75亿美元。

据中国商务部统计，2017年中国对马来西亚直接投资流量17.22亿美元。截至2017年年底，中国对马来西亚直接投资存量49.15亿美元。根据马来西亚投资发展局（MIDA）公布的数据，2017年批准的中国企业在马制造业投资总额是39亿林吉特（约合9.8亿美元）。

2009年2月，马来西亚与中国达成双边互换协议。当时，这项协议规模为800亿人民币或400亿林吉特，为期3年；2012年两国续签该协议。协议签署后，马来西亚国家银行被批准在北京设立代表处，使两国可以用人民币和林吉特作为双边商贸结算，同时也使以本币作为融资的过程更为顺畅。

中马重要合作项目。中国在马来西亚投资的重点项目和企业主要有马中关丹产业园、广西北部湾国际港务集团关丹港项目、中国广核集团有限公司Edra电站项目、中国银行马来西亚分行、中国工商银行马来西亚分行、华为技术有限公司、中兴通讯马来西亚有限公司、山东岱银纺织马来西亚有限公司、山东恒源收购壳牌炼油厂项目、中车轨道交通装备东盟制造中心项目、晶科太阳能、晶澳太阳能、旗滨玻璃、信义玻璃、广垦橡胶种植培育项目等。

马来西亚大型承包工程在建项目主要有吉隆坡捷运地铁2号线、捷运地铁1号线、厦门大学马来西亚分校、马来西亚炼化一体化（RAPID）、巴林基安电站、沐若水电站等，相关工程进展顺利。此外，中资企业还积极参与马新高铁、吉隆坡轻轨巴勒水电站、泛婆罗洲大道高速公路等马来西亚重点基础设施建设项目。

中国交建承建的马来西亚东海岸铁路合同总额约550亿林吉特，是中国企业境外在建的最大工程，是未来几年马来西亚乃至东南亚最受关注的超级工程，也是“一带一路”倡议下最大的单体项目。

7. 财政和对外债务关系

截至2017年12月6日，国际评级机构标普对马来西亚主权信用评级为A−，展望为稳定。截至2018年2月20日，国际评级机构穆迪对马来西亚主权信用评级为A3，展望为稳定。据马来西亚财政部报告，2016年马来西亚财政赤字降为3.1%，在2017年的上半年，经济增长率为5.7%。2017年，马来西亚国家税收总计2 252.27亿林吉特，国家支出2 199.10亿林吉特。扣除利息支出后国家结余为−397.9亿林吉特。据马来西亚财政部2018年最新发布年度报告显示，截至2017年6月，马来西亚债务余额为6 850亿林吉特，GDP占比为55%，其中内债6 623亿林吉特，外债227.03亿林吉特。据马来西亚财政部报告截至2017年，核心通胀率为3.7%，失业率为3.4%。

8. 外国直接投资及其变化情况

据联合国贸发会议发布的2018年《世界投资报告》显示，2017年，马来西亚吸收外资流量为95.43亿美元；截至2017年年底，马来西亚吸收外资存量为1 395.4亿美元。根据马来西亚投资发展局（MIDA）公布的数据，2017年总投资额1 971亿林吉特，同比减少7.4%。其中，本地投资额（DDI）1 424亿林吉特（占比72.2%）；外国直接投资额（FDI）547亿林吉特（占比27.8%），同比减少7.3%。马政府2017年共批准投资项目

5 466个，预计可创造14万个就业机会。从投资领域看，服务业投资1 211亿林吉特（占比61.4%），同比下降17.2%；制造业投资637亿林吉特（占比32.3%），同比增长8.9%；原产业投资124亿林吉特（占比6.3%），同比增长51.2%。

马来西亚政府鼓励外商在制造业领域的投资，目前外商投资已成为推动马来西亚经济发展的重要因素。2017年，外商在马来西亚制造业领域的投资主要集中在石油产品、电子电器、基本金属、交通装备等行业。

表1-8 马来西亚批准的制造业投资总体情况

	2015年		2016年	
	亿林吉特	亿美元	亿林吉特	亿美元
投资总额	585	130	637	157
内资	311	69	421	104
外资	274	61	216	53

资料来源：马来西亚投资发展局。

从投资国别看，中国是马来西亚2017年制造业领域批准的最大外资来源地，投资额达39亿马币，第二是瑞士，第三是新加坡，荷兰和德国分列第四和第五位。前五位制造业领域外资来源国的投资金额占马制造业吸引外资总额的56%。

9. 经济发展总体风险评价

马来西亚社会发展较稳定，民族关系较为融洽。在东南亚各国中，马来西亚对华人华侨相对友好。马来西亚社会虽偶有发生冲突事件，但总体来说冲突的烈度不大，能够维持一种长期基本稳定的社会秩序。

（四）农业在国民经济中的地位

长期以来，农业一直是马来西亚最为重要的经济部门之一。自20世纪90年代后期以来，马来西亚政府实施新政并长期保持对农业的高投入以支持农业产业发展，在政策和资金的双重利好下，马来西亚农业获得了长足发展。

1. 农业人口

马来西亚农业人口缓慢减少，占总人口的比例也一直在缓慢减少，从2013年的

27.07%下降至2018年的23.96%。

表1-9　2013—2018年马来西亚农业人口及其占总人口比例

年份	农业人口（人）	占总人口比重（%）	总人口（万人）
2013	797.72	26.40	3 021.4
2014	789.16	25.70	3 070.9
2015	780.60	25.03	3 118.6
2016	772.03	24.41	3 163.4
2017	763.72	23.85	3 202.3
2018	755.55	23.33	3 238.2

资料来源：马来西亚统计局，世界银行数据库。

2. 农业产值

马来西亚的农业是其经济的重要支柱。但是自独立以来，马来西亚经济快速发展，农业增加值占国民经济总产值的比例逐年下降。自2000年后，农业增加值稳定在国内生产总值的10%。

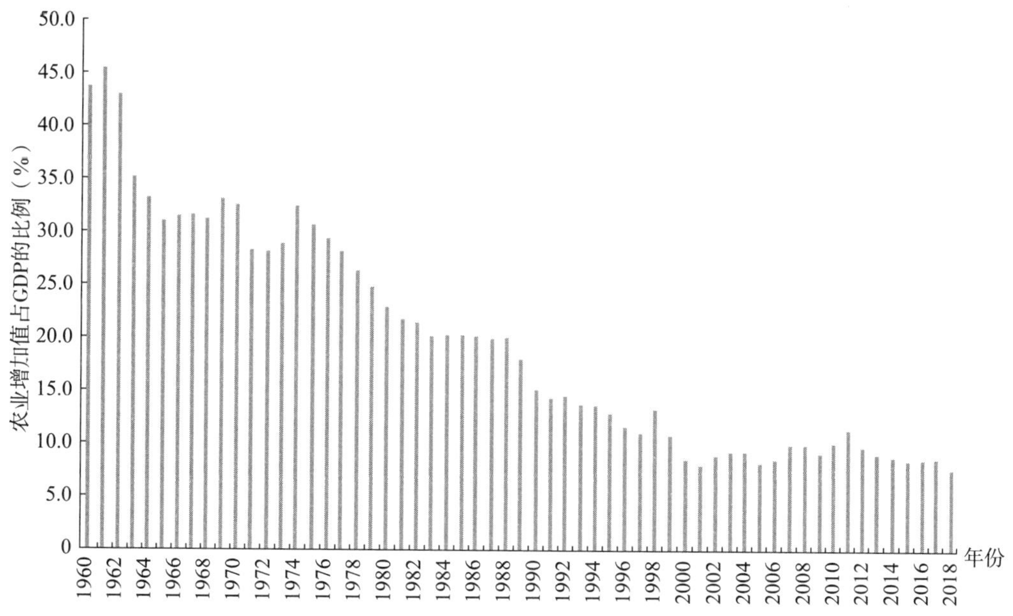

图1-1　1960—2018年马来西亚农业增加值占GDP的比例

资料来源：FAOSTAT。

表1-10　2013—2018年马来西亚农业GDP及其占GDP的比重

年份	农业GDP（亿林吉特）	占GDP比重（%）
2013	928.3	9.1
2014	981.77	8.87
2015	979.46	8.46
2016	1 064.71	8.65
2017	958.9	8.17
2018	955.8	7.77

资料来源：马来西亚国家统计局。

二、农业资源生产与政策制度建设情况

（一）农业资源禀赋情况资料

1. 气候条件以及适宜发展的作物

马来西亚地处热带，具有鲜明的热带气候和热带雨林气候特征。内地山区年均气温22～28℃，沿海平原为25～30℃，年降水量在2 000～2 500毫米，每年10月至次年3月为雨季，4月至9月为旱季。从温湿度情况来看，国内适宜热带、亚热带经济作物的种植。马来西亚是东南亚岛国，降水量较大，因而农作物生长所需的淡水资源较为充足，但人均淡水拥有量在不断下降。2014年，人均可再生内陆淡水资源为19 187.50立方米。马来西亚非常适宜水稻、热带水果、油棕、橡胶、可可、檀香等热带作物的生长。气候凉爽的金马仑和昆达山，有利于温带水果，蔬菜和茶叶的生长；排水良好的丘陵地区是油棕和橡胶等林木资源的主要产区。

2. 土地资源情况

马来西亚土地面积约为32.9万平方公里，境内多山地丘陵，可耕地资源有限，人均耕地面积较少，森林覆盖率较高，森林资源丰富。马亚西亚农业用地面积2000年为702.13万公顷，之后小幅波动，2016年增加至862.70万公顷，同期的耕地面积则由2000年的95.13万公顷小幅降至88.20万公顷（表2–1）。

表2–1　2000—2016年马来西亚土地资源情况

年份	农业用地（万公顷）	农业用地占比（%）	耕地面积（万公顷）	人均耕地面积（公顷）	森林面积（公顷）	森林占比（%）
2000	702.13	21.4	95.13	0.04	2 159.10	65.7
2001	698.39	21.3	91.39	0.04	2 145.08	65.3
2002	699.21	21.3	92.21	0.04	2 131.06	64.9
2003	708.19	21.6	91.19	0.04	2 117.04	64.4
2004	710.30	21.6	91.80	0.04	2 103.02	64.0
2005	714.26	21.7	95.76	0.04	2 089.00	63.6
2006	711.17	21.7	92.67	0.04	2 113.68	64.3

（续）

年份	农业用地（万公顷）	农业用地占比（%）	耕地面积（万公顷）	人均耕地面积（公顷）	森林面积（公顷）	森林占比（%）
2007	721.55	22.0	93.55	0.04	2 138.36	65.1
2008	720.09	21.9	92.09	0.03	2 163.04	65.8
2009	730.30	22.2	92.80	0.03	2 187.72	66.6
2010	746.60	22.7	93.10	0.03	2 212.40	67.3
2011	761.90	23.2	95.40	0.03	2 213.82	67.4
2012	773.50	23.5	95.00	0.03	2 215.24	67.4
2013	783.90	23.9	95.40	0.03	2 216.66	67.5
2014	783.90	23.9	95.40	0.03	2 218.08	67.5
2015	N/A	23.9	N/A	0.03	2 219.50	67.6
2016	862.70	26.3	88.20	0.03	2 220.92	67.6

数据来源：世界银行。

3. 气温、光照、湿度情况

因位于赤道附近，属于热带雨林气候和热带季风气候，无明显的四季之分，一年之中的温差变化极小，平均温度在26～30℃、全年雨量充沛，3—6月及10月至次年2月是雨季。马来西亚湿度大，平均湿度为80%左右。内地山区年均气温22～28℃，沿海平原为25～30℃。日照时间长，首都吉隆坡日照时间为4.95小时。

4. 水资源情况、降水量、河流分布及农田水利设施建设情况

马来西亚位于赤道附近，水资源丰富，雨量充沛，多为暴雨，2016年最高降水量为5 423.0毫米，最低1 397.8毫米。东部马来西亚的降水量（年均3 000毫米以上）高于西部（年均2 000～3 000毫米）。

马来西亚河流密布。年地表径流总量为5 660亿立方米，入渗到地下的地下水量约为640亿立方米，每年可以获得的水资源总量约为5 800亿立方米。马来西亚的水资源主要来源于其国内的150多个河流流域，满足全国98%的用水需求。但是，这种水供应受季节和气候的影响较大，这意味着在干旱和温度较高的时候，也往往是用水的高峰时期，可以获得的水供应却很小。

西马来西亚全境河流以吉保山脉为分水岭，分别向东西两侧流入太平洋和印度洋。东侧河流又称南海水系，第一大河是彭亨河，全长434公里，流域面积29 137平方公里。

西侧河流又称为马六甲海峡水系，以霹雳河为最长，也是西马来西亚第二条大河，全长约350公里，流域面积15 151平方公里。东南亚最大的明歌水坝和历史较长的珍德罗水坝就建在该河上游。东马地势以伊班山脉和克罗克山脉为中心，从内地往沿海逐渐降低。东马河流非常多，水深量大，极具通航价值。东马来西亚的第一条大河是拉让河，也是全马来西亚第一条大河，全长592公里，流域面积3.9万平方公里，该河最显著的特征是支流多而长，特别是河流下游，岔流如网，有4个较大的河口。第二条大河是基里巴甘河，全长560公里，流域面积10 400平方公里，通航320公里。卢帕河是全国最宽的河流，河口以上50公里一段，河面宽度达4～5公里，再向上溯20公里，还可以行驶吃水2米深的轮船。

马来西亚的水稻灌溉历史悠久。1932年，马来西亚排灌事业局成立。水稻田，尤其是沿海的水稻田排出大量降水，引发土壤营养流失。1957年独立后，马来西亚的水稻种植由一季稻改为两季稻，第二季水稻种植需要灌溉设施。1975年，马来西亚水稻主产区通过兴建储水库、河坝、水泵站和对既有设施的升级实现灌溉设施全覆盖，包括Muda、Krian、Sg. Manik、Tg. Karang、Besut和Kemubu 地区，总面积达19万公顷。灌溉所用水资源主要来自河流和降水。根据世界银行的报告，马来西亚的排灌系统面临一些挑战。如Muda模式过度依赖抽水，对不需要抽水灌溉的地区过渡灌溉，成本较高。Krian模式设计过于依赖降水，而未对降水不足的情况有备案措施。NWSP模式面临的主要问题是灌溉是为缓解水资源的分配不均衡，并无力应对每4到5年出现的干旱问题[①]。在马来西亚，农业用水占总用水的68%，但灌溉效率最高的是大型灌溉计划，灌溉效率大约为50%，而在较小的灌溉项目中，灌溉效率则不到40%，也没有循环灌溉用水。所有这些因素都在挑战水资源的可持续性[②]。

根据粮农组织的估计，马来西亚的农田水利覆盖率属于中等水平。自20世纪90年代开始，马来西亚可耕土地水利设施覆盖率一直在40%左右，水利设施覆盖面积也变化不大，1982年的全部水利设施覆盖面积约为32.9万公顷，2017年约为44.2万公顷。

① http://lnweb90.worldbank.org/oed/oeddoclib.nsf/DocUNIDViewForJavaSearch/3E0F21EFD9FFDA28852567F5005D82AA。

② Toriman M E, Mokhtar M. Irrigation: Types, Sources and Problems in Malaysia[M]// Irrigation Systems and Practices in Challenging Environments. InTech, 2012. https://www.researchgate.net/publication/224829390_Irrigation_Types_Sources_and_Problems_in_Malaysia。

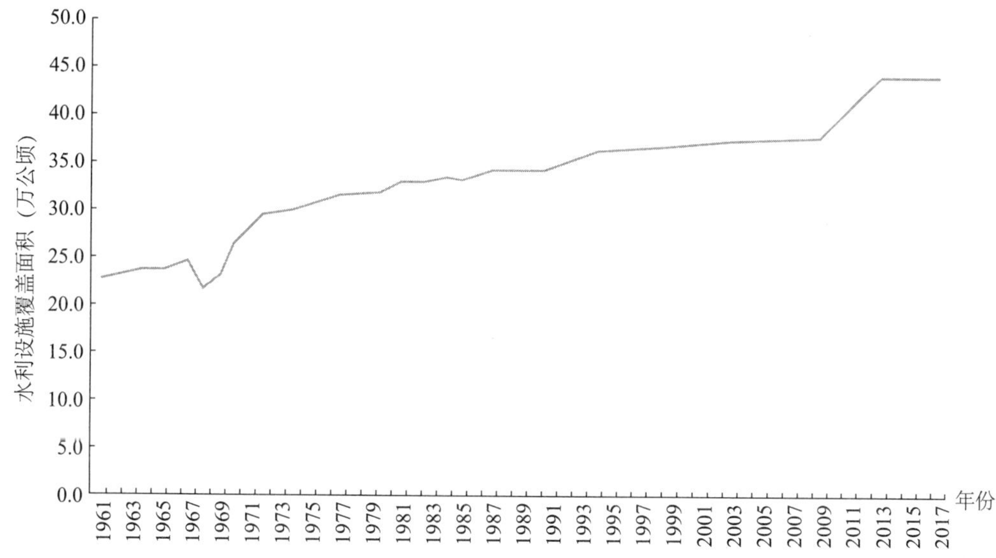

图2-1 1961—2017年马来西亚水利设施覆盖面积

资料来源：FAOSTAT。

5. 种质资源情况

水稻：高产稻MR211、MR219、MR220、MR232，优质稻MRQ50、MRQ74、Mas Wangi。

木薯：零食加工品种Sri Pontian，淀粉品种 Sri Kanji1 和Sri Kanji 2。

红薯：Telong和Jalomas、Gendut、VitAto。

甜玉米：Masmadu。

咖啡：MKL 1、MKL 2、MKL 3、MKL 4、MKR 1、MKR 2、MKR 3、MKR 4 和MKR 5。

水果品种：木瓜Eksotika Ⅰ & Eksotika Ⅱ，波罗Josapine、N36 & Maspine，柚子Melomas，人参果Subang & Jantung，榴梿MDUR 78、MDUR 79、MDUR 88、D 24、D 99、D 145、D168 & D 197，阳桃B 10 & B 17，芒果Chokanan、Harumanis、Epal & Kuini，红毛丹R 191（Anak Sekolah）、R 156（Gading）& R 134（Gula batu），山荔枝P 28，番石榴With seeds & seedless，蒲桃Green & red，香蕉Mas、Berangan、Tanduk & Nangka。

蔬菜品种：辣椒MC 11和Kulai，Bird chilli- Semerah，长茄MTE 1，圆茄MTE 2，番茄MT 1，秋葵MKBe 1。

棕榈树品种：Tenera。

椰子品种：Pandan。

天然橡胶品种：Hevea brasiliensis。

6. 主要农作物、畜产品和水产品生产概况

棕油。马来西亚是世界上最主要的棕油及相关制品的生产国和出口国，产量和出口量占全球总量的45%左右，油棕的主要品种是TENERA，种植三年后就可收获，经济寿命25年。19世纪末，马来半岛已经开始尝试种植油棕，并于1917年开始实行商业种植。1997年，马来西亚油棕种植面积达到289万公顷，年产约1 000万吨棕榈油，其中超过90%的棕榈油出口国外，当年马来西亚的棕榈油出口占全世界产量的51.9%，成为全球最大的棕榈油出口国。2005年，马来西亚棕榈油产量达1 500万吨。2007年，由于处于生物产量下降期，同时也因为年初西马南部区域的洪水泛滥，天然棕榈油产量出现21世纪以来的首次下滑。2017年，马来西亚油棕种植面积达到581万公顷，棕榈油产量达到1 992万吨。

橡胶。马来西亚是东南亚老牌天然橡胶生产国，橡胶种植业曾是农业种植两大支柱产业之一。从20世纪开始，橡胶种植就受到政府的关注。20世纪80年代以来，马来西亚橡胶种植范围不断扩大，出口量也持续增大，国家也逐渐加大在技术方面的革新以保证天然橡胶业的发展。1990年以前，马来西亚曾是世界上最大的天然橡胶生产国。但随着马来西亚工业化进程加快和油棕种植业发展，橡胶种植与生产逐年萎缩。2017年，马来西亚天然橡胶产量74万吨，进口量为109.5万吨，其中40.3%来自泰国；出口119.4万吨，其中73.3%出口到中国。马来西亚橡胶研究所成立于1952年，曾广泛推出橡胶高产品种RRIM600、PR107和GT1等。后继续大规模推广胶木兼优的品种主要有：PRIM900系列908、911、921、936、PB260、PB350、PB355、BP359共8个。其中PRIM936（由GT1和PR107组合），割胶10年后平均亩产143千克。

可可。20世纪70年代以后，马来西亚政府开始发展可可种植，可可逐步成为继棕油、橡胶之后的第三大农作物，在马来西亚传统经济中占有比较重要的位置。可可产量在20世纪80年代末期快速增长，根据联合国粮食及农业组织数据，可可产量在1989年达到峰值24.3万吨，播种面积为26.4万公顷。但是20世纪90年代后期，国际市场可可价格大跌，马来西亚大量可可种植园改种油棕和橡胶等，2000以来，可可种植面积急剧减少至2万公顷以下，受此影响，可可产量也急剧下跌。2018年，马来西亚可可面积1.8万公顷，产量1 505吨。马来西亚可可种植品种主要为佛拉斯特罗（forastero），产量较高，该品种约占全球产量的80%。

水稻。马来西亚全国水稻面积只能满足需求的65%，每年从泰国、越南进口大米。种子业处于萌芽状态，育有MR219、MR220、MR211、MR232和Mas Wangi，90%的面

积种植MR219，并且为政府垄断，排挤外来品种。

热带水果。马来西亚盛产热带水果，2016年，水果种植面积194 970公顷，产量1 664 793.3吨。种植面积前十的水果为（降序）：榴梿、香蕉、红毛丹、凤梨、西瓜、小木波罗蜜、Dokong、芒果、Duku、波罗蜜。马来西亚农业发展研究所研发出许多优质水果种子：木瓜品种Eksotika Ⅰ & Eksotika Ⅱ，波罗品种 Josapine、N36 & Maspine，柚子品种 Melomas，人参果品种Subang & Jantung，榴梿品种 MDUR 78、MDUR 79、MDUR 88、D 24、D 99、D 145、D168 & D 197，阳桃品种 B 10 & B 17，芒果品种Chokanan、Harumanis、Epal & Kuini。

牛。马来西亚的养牛业以发展肉牛为主，肉牛占70%，水牛占16.8%，奶牛占13.2%。马来西亚的黄牛一直呈上升趋势，水牛一直呈下降趋势。黄牛主要分布在吉打、吉兰丹两州，数量均在10万头以上，分别占黄牛存栏总数的17.6%、18.3%；5万头以上的有3个州霹雳、彭亨、丁甲奴，分别占黄牛存栏总数的10%、12.6%、12%。水牛主要分布在吉打州有3万头，占水牛存栏总数的22%；吉兰丹州2.37万头，占水牛存栏总数的16.5%；霹雳州2.23万头，占水牛存栏总数的16%。

羊。马来西亚以其特有的气候和自然资源，发展养羊业，山绵羊主要饲养在吉兰丹州，占总量的1/3；吉打州占11%左右。地方种山羊平均成羊体重20～25千克，出生重平均为1.5千克，最大出生重2.2千克，改良羊3月龄时体重可达16.6千克，12月龄时体重达到55千克，出肉率为44%～55%。杂交山羊的平均出生重为2.1千克，比当地品种增加0.6千克，公羊1岁为36千克，母羊成年体重为30千克。绵羊的品种有无角道赛特、萨福克、罗姆尼、有角威特夏、边区莱斯特、美利奴及中国云南绵羊等。山羊品种有安哥拉努比、阿尔卑斯、莎能和土根堡。

家禽。家禽养殖业在马来西亚的畜牧业中是发展最快的行业，肉鸡品种主要是：AA占55.1%、安拉克ANAK占8.3%、HYBRO占6.4%、ORGA占4.9%、皮尔奇占4.3%。蛋鸡品种主要有：海赛克斯占33%、巴布考克占24.1%、海佩科占19.8%、迪卡布占14.6%等。

7. 流行的病虫害情况

2006年，人们在马来西亚沙捞越州发现油棕新病害，这种病害由真菌引起，导致马来西亚与印尼接壤的南部地区和北部地区大部分油棕均受到影响。Moko或Ralstonia solanacearum细菌是一个影响世界香蕉产量的细菌，2007年一场主要洪水侵袭马来西亚柔佛州之后该细菌经常在马来西亚发生，并传到马来西亚半岛的其他地区，商业产业化的香蕉产量已经减少。2016年，马来西亚吉打州大面积稻田受褐飞虱侵害，减产60%左右。

（二）农业生产发展情况

当前，马来西亚农业产业发展稳定，逐渐形成了以种植业为主，畜牧业和渔业为辅的农业生产格局。

1. 农业生产规模及构成

据马来西亚国家统计局公布数据显示，2017年马来西亚农业总产值为958.9亿林吉特，同比增长7.2%，约占国民生产总值的8.17%。另据世界银行公布的数据显示（图2-2），除2009年前后，2000—2018年马来西亚农业增加值总体呈上升趋势，但2013年、2015年、2018年均较上一年有所下降，农业增加值占国民生产总值的比重波动较为显著，总体保持在7%～12%，占比最低（占7.74%）的年份为2018年，占比最高（占11.45%）年份则是2011年。

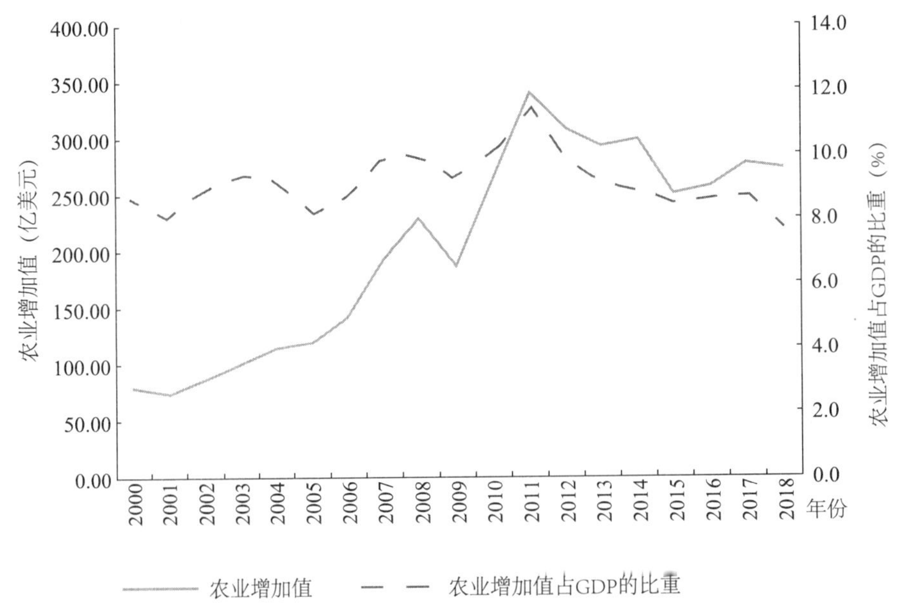

图2-2　2000—2018年马来西亚农业增加值及其占GDP的比重

数据来源：世界银行。

马来西亚农业生产区域性明显，境内北部各州是农业生产重点区域，其中沙巴州是全球第三大棕榈油生产基地。农产品以生产经济作物为主，种植业产品是农业的核心，主要产品油棕榈油、橡胶、可可、稻米、胡椒、烟草、菠萝和茶叶等，畜牧业和水产业也是马来西亚农业生产的主要组成部分，畜牧业以肉类生产为主，禽蛋和奶类为辅；渔业虽然资源丰富但淡水产品产量和海水产品的捕捞量却逐年减少。

2. 种植业

种植业是马来西亚农业的基础和核心，主要包括以谷物为主的粮食作物、以棕榈为主的油料作物、热带经济作物橡胶、热带水果和蔬菜等，棕榈油和橡胶是马来西亚两大最主要种植业产品。

从面积上看，以油棕榈为主的油料作物的收获面积最大，不同作物收获面积的增减情况不一。详细来看，根据FAO的年度统计数据，2000—2014年马来西亚的蔬菜的收获面积有相对较大幅度的增加，由2000年2.82万公顷增加到2014年的5.71万公顷，但2014—2017年有所降低，由2014年的5.71万公顷降低到2017年的5.12万公顷。2000—2013年油料作物面积有所增加，由2000年369.47万公顷增加到2013年的547万公顷，但2014年有所降低。2000—2011年橡胶面积有所下降，但2012—2017年有所回升。谷类的收获面积整体略有下降，2014年下降最多（表2-2）。

表2-2　2000—2017年马来西亚种植业作物收获面积

单位：万公顷

年份	谷物面积	油料面积	橡胶面积	水果面积	蔬菜面积
2000	72.57	369.47	143.07	9.73	2.82
2001	69.56	381.28	138.93	9.47	2.79
2002	70.15	398.58	134.88	10.08	2.93
2003	69.58	412.00	132.56	10.55	3.14
2004	70.47	419.52	127.88	10.73	3.43
2005	70.12	437.67	127.13	10.36	3.56
2006	67.00	442.62	126.36	9.70	3.70
2007	67.98	457.11	124.80	9.26	3.83
2008	66.29	474.67	124.70	9.11	3.91
2009	68.21	493.89	102.82	9.51	4.16
2010	68.65	509.96	102.04	9.23	4.79
2011	69.73	525.51	102.70	11.30	5.00
2012	69.39	532.30	104.12	10.34	5.09
2013	68.14	547.00	105.73	9.83	5.65
2014	62.43	493.75	106.56	9.76	5.71

（续）

年份	谷物面积	油料面积	橡胶面积	水果面积	蔬菜面积
2015	69.16	—	107.44	8.78	5.57
2016	69.88	—	107.80	8.69	5.17
2017	69.97	—	108.19	9.05	5.12

数据来源：FAOSTA。

从产量上看，各种植业品种的产量涨跌情况不一。2000—2017年，马来西亚以水稻为主的谷物产量稳定增加，但2014年产量有所降低。以油棕榈为主的油料作物以及蔬菜的产量增加幅度大于谷物产量增加幅度；而作为马来西亚支柱产业之一的橡胶产量则经历了由升转跌的过程，在2006年达到峰值的128.36万吨后逐渐震荡下降，2014年马来西亚橡胶产量66.86万吨，为2000年以来的最低值；同时，水果产量也呈现下降趋势，但2015年产量较高（表2–3）。

表2–3　2000—2017年马来西亚种植业作物产量

单位：万吨

年份	谷类	油料	橡胶	水果	蔬菜
2000	220.58	1 243.21	92.76	133.39	39.88
2001	216.20	1 348.63	88.20	135.35	38.50
2002	226.74	1 354.75	88.98	137.61	40.89
2003	232.90	1 514.21	98.56	144.05	44.07
2004	233.60	1 578.63	116.87	139.91	49.72
2005	238.90	1 690.48	112.60	132.21	52.19
2006	226.70	1 789.19	128.36	120.12	58.08
2007	240.71	1 782.54	119.96	105.95	61.89
2008	238.60	1 996.15	107.24	118.78	63.95
2009	254.74	1 974.54	85.73	117.78	71.52
2010	251.24	1 909.08	93.92	120.29	84.80
2011	263.58	2 120.24	99.63	118.04	94.14
2012	268.30	2 108.51	92.30	116.71	105.56
2013	269.02	2 158.81	82.64	108.03	119.99
2014	189.40	2 205.06	66.86	117.40	125.61
2015	280.39	—	72.21	132.47	123.27
2016	280.45	—	67.35	127.84	113.10
2017	297.45	—	74.01	127.81	103.86

数据来源：FAOSTA。

3. 畜牧业

畜牧业是马来西亚农业的重要产业。随着国内清真食品加工等行业的迅猛发展，马来西亚畜牧业得到了快速发展。尤其是进入21世纪以后，马来西亚的畜牧业生产，包括肉类、禽蛋和奶类等的生产，均一直保持着较快的增长速度，畜牧业已经逐渐成为带动马来西亚农业发展的中坚力量，有着较好的发展前景。

具体来看，根据FAO的统计数据，可以看出：自2000年以来，马来西亚的畜牧业发展整体处于上升趋势，其中无论是肉类、禽蛋类还是奶类产品，产量均保持着较快的连续增长势头。牛奶为其中主要奶类产品，2000—2014年，产量增长最快，从2.95万吨增至7.53万吨，增幅为155.25%，但2014—2017年牛奶急剧下降，2017年牛奶产量为3.79万吨。鸡蛋产量占禽蛋类绝大部分，整体呈上升趋势，产量自673.4百万枚增至1 429.31百万枚，增幅为112.3%；猪肉占肉类绝大部分，呈现增长趋势，但2016年、2017年变化不大，猪肉产量则自15.98万吨增至19.44万吨，增幅为21.62%（表2-4）。

表2-4　2000—2017年马来西亚畜牧业主要产品产量

年份	牛肉（万吨）	猪肉（万吨）	羊肉（万吨）	鸡蛋（百万枚）	牛奶（万吨）
2000	1.47	15.98	0.037	673.40	2.95
2001	1.71	18.47	0.034	685.90	3.02
2002	2.02	19.29	0.039	710.00	3.60
2003	2.19	19.09	0.040	726.40	3.66
2004	2.43	20.02	0.042	743.10	3.88
2005	2.63	20.83	0.044	762.10	4.11
2006	2.62	21.67	0.048	781.60	4.55
2007	2.87	20.01	0.053	820.10	5.11
2008	3.14	19.51	0.059	871.50	5.65
2009	3.46	20.60	0.065	927.00	6.23
2010	3.81	23.40	0.072	1 048.29	6.70
2011	4.00	21.43	0.082	1 129.96	7.09
2012	4.23	21.85	0.116	1 168.36	7.24
2013	4.40	21.74	0.143	1 139.93	7.40
2014	4.59	21.76	0.155	1 212.71	7.53
2015	4.37	22.26	0.148	1 298.64	3.65
2016	4.11	19.52	0.180	1 367.86	3.67
2017	4.22	19.44	0.150	1 429.31	3.79

数据来源：FAOSTA。

4. 渔业

作为岛国，马来西亚拥有优越的渔业自然条件和丰富的渔业资源，渔业产业尤其是海洋渔业产业一直是其农业产业的重要组成部分，海产品深加工业也是马来西亚的优势产业之一。马来西亚海洋渔业资源丰富，但是渔业捕捞和资源开发能力却不足够。2007年，马来西亚国内海域中有600余艘深海捕捞船只开展渔业作业，而其中本国深海作业船只却不足100艘，数量较少。据马来西亚国家统计局公报数据显示，2015年，渔业分部门涉及的企业数量为1 229家。总产值为22.26亿林吉特，占农业部门总总产值的3.0%，增加值为7.48亿林吉特。该子行业还为15 690人提供了就业机会，工资和薪金总额为3.15亿林吉特。①

5. 粮食安全水平情况

大米。20世纪80年代前，马来西亚的政策目标是实现粮食自给。1979年，马来西亚大米的自给率达到历史最高点85%，20世纪80年代中期仍达到75.6%。但从80年代后期开始，政府不主张粮食完全自给，加上人口增长迅速，而国内集中主要粮食作物的产量又未见明显提高，粮食供应缺口很大，1995年大米进口值为71亿林吉特，1997年升至100亿吉林特以上。从1986年开始，马来西亚大米生产量一直徘徊在100万～110万吨，大米的自给率降至65%。大米进口量1995年升至42.76万吨，成为大米净进口国。马来西亚2010年稻米产量为160万吨，而稻米消费量为230万吨，近30%需从泰国、越南等国进口。2010年，马来西亚粮食出口增加15%，达181亿林吉特，马来西亚粮食贸易赤字于2010年扩大到121亿林吉特。

糖。马来西亚是糖净进口国，每年需进口160万吨粗糖和9.1万吨精制糖以满足人民日常需求。主要从巴西、澳大利亚和泰国进口。78.1%的马来西亚家庭每天用糖。25%的家庭用精制糖，1.4%的家庭用红糖。家用日常消费糖水平为每月3.19千克，花费大约10.14林吉特。

食用油。马来西亚盛产棕榈油。约89.5%的马来西亚家庭使用棕榈油，2.7%的家庭使用葵花油，2.1%的家庭使用菜油，1.6%的家庭使用花生油、椰油和玉米油的家庭，0.7%的家庭使用橄榄油，0.2%的家庭使用豆油。每户月均使用4.84千克食用油。

小麦粉。马来西亚每年进口约170万吨小麦和大约23.3万吨面粉。每年马来西亚人大约消耗145万吨小麦粉。

① 资料来源：马来西亚联邦统计局。

表2-5 1995—2017年马来西亚食品自给率

单位：%

食品类型	1995年	2000年	2005年	2010年	2017年
大米	76	70	72	90	70
水果	89	94	117	138	103
蔬菜	72	95	74	108	97
鱼类	92	86	91	104	96
牛肉	19	15	23	28	25.5
羊肉	6	6	8	10	10.7
禽类	111	113	121	122	98.2
蛋类	110	116	113	115	113.7
猪肉	104	100	107	132	92.1
牛奶	3	3	5	5	

资料来源：马来西亚农业和资源经济局及马来西亚统计局。

6. 农场数量及经营规模变化情况

马来西亚的农业分为两种模式，即农业集团和小型农场主。农业集团由主要为私人所有的农场组成。耕地在400公顷以上的为大种植园，400公顷以下的为中小种植园。小种植园中70%为自耕农场。这些农场使用雇工和现代化的农业技术，绝大多数农场还拥有必要的加工或精炼设施，许多农场的所有权可以通过上市公司进行交易。小型农场主则由拥有自己的土地，或者参加政府土地发展计划，或者租赁他人土地的独立生产人组成。小型农场主通常将从事农业作为补贴收入的一种渠道，当价格低落时就减少农业种植面积或干脆弃耕。马来西亚大农场模式起源于19世纪，大农场主要种植棕榈树、橡胶和可可，拥有全国70%农用地。马来西亚独立后大农场经历了“马来西亚化”。

表2-6 马来西亚农场数量

单位：个

农场类型	2010年	2015年
农作物农场	6 348	8 105
畜牧场	1 089	1 612
渔场	855	1 234
林场	537	786

资料来源：马来西亚统计局。

以棕榈为例，2005年，马来西亚共有3 736个油棕种植园，油棕种植面积404.9万公顷，比2004年增加了4.5%，占全球油棕种植总面积的33.75%，占马来西亚全国农耕面积的50%。其中沙巴州种植面积最大，达120万公顷，占马来西亚油棕种植总面积的30%。油棕种植园以大企业为主，FELDA、IOI、SIME DARBY、FELCRA、ASIATIC、KULIN、GOLDEN HOPE 等大企业的种植面积约占全马种植总面积的60%。2017年，马来西亚共有55.5万个棕榈小农户，其中23.5万个是独立小农户。大农场拥有61.3%的棕榈种植土地。

（三）农产品消费及进出口贸易情况资料

进出口贸易是马来西亚农业发展的重心。一直以来，马来西亚倾向于外向型经济发展方式，政府非常重视本国农产品的进出口贸易，出口农产品多为附加值较高的经济作物和制品，而对粮食、饲料作物等农产品和农资产品则在一定程度上依赖进口。

1. 主要农产品的国内消费水平情况资料

2017年，农业部门为国内生产总值（GDP）贡献了8.2%（960亿林吉特）。油棕对农业部门GDP的贡献率最高为46.6%，其次是其他农业（18.6%）、牲畜（11.4%）、渔业（10.5%）、橡胶（7.3%）和林业与伐木业（5.6%）。

根据马来西亚统计局数据显示，2017年，水果类的农产品中椰子的人均消费量最高，为19.4千克/年，其次是香蕉（10.0千克/年）、菠萝（7.6千克/年）和榴梿（6.4千克/年）。蔬菜类的农产品中圆白菜的人均消费量最高，为5.4千克/年，其次是芥菜（4.4千克/年）、番茄（3.9千克/年）和黄瓜（2.3千克/年）。家畜肉类的农产品中人均消费最高的是家禽肉，为52.02千克/年，其次是鸡肉/鸭蛋（22.2千克/年）和猪肉（16.3千克/年）。鱼类消费中，鲭鱼的人均消费5.2千克/年在渔业中最高，其次是虾（3.9千克/年）和金枪鱼（2.5千克/年）。螃蟹的人均消费最低，为每年0.4千克。

2. 农产品贸易总体规模

在政府不断出台鼓励农产品进出口政策等利好因素影响下，马来西亚农产品进出口贸易规模较大，并在国际贸易中一直保持顺差优势，但近年来顺差优势有所收窄，出口额有所下降。据国际农产品贸易统计年鉴中的统计数据显示，2000—2011年，除受美国次贷危机等突发事件影响使2009年进出口双降外，马来西亚农产品国际进出口贸易总额总体呈现上升趋势。其中，农产品进口总额自2000年的38.09亿美元增至2011年的174.90亿美元；同期农产品出口总额自53.35亿美元增至313.34亿美元（图2-3）。自2011年起，马来西亚农产品出口额开始出现较为明显的下降趋势，2015年，马来西亚农产品出口金额降至213.3亿美元，同比下降16.1%，降幅明显，2017年有所增加，出口额达237.78亿美元；同时期的农产品进口额变化则相对比较平稳，使得马来西亚农产品对外贸易顺差在不断收窄。

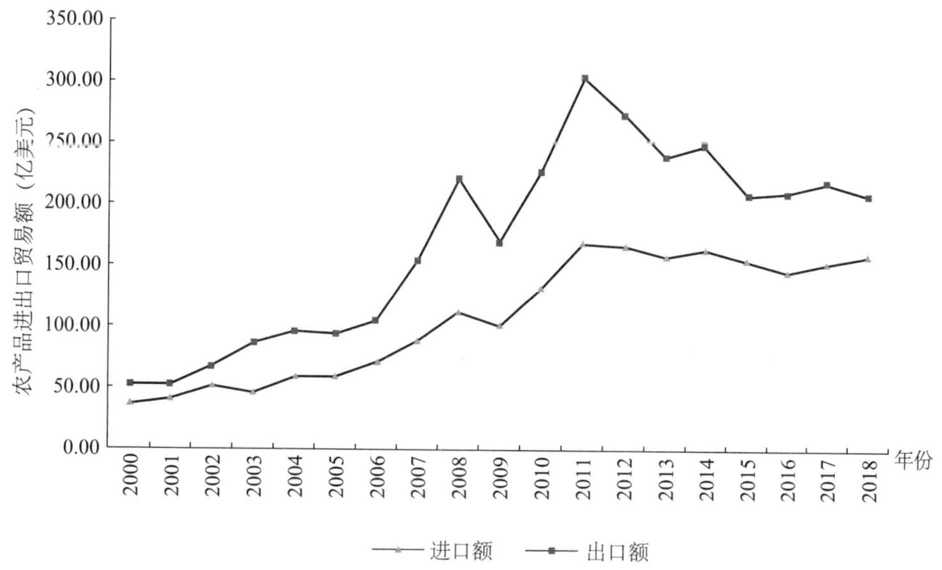

图2-3　2000—2018年马来西亚农产品进出口贸易走势

数据来源：UNCOMTRADE（2019）。

3. 主要农产品贸易规模

马来西亚是出口导向型国家，其农产品出口金额和数量相对于进口来说，占据一定顺差优势。马来西亚出口农产品以食用植物油为主，进口农产品种类则相对丰富。

从主要进口农产品贸易情况来看：马来西亚的进口农产品种类丰富，主要以谷物、饮品和畜产品为主，其中进口谷物以玉米为主，稻谷制品和小麦制品为辅。此外，还进口水果、蔬菜、水产品、食用植物油、食用糖等。五类主要进口产品的进口额均总体上升，但谷物、饮品和畜产品的进口额在2015年均出现了比较明显的下降，分别下降9.7%、3.3%和15.8%（表2-7）。同时，水果和蔬菜进口则保持上升，但上升幅度不大，这与马来西亚国内农业生产发展不无联系。

表2-7　2000—2018年马来西亚主要农产品进口额

单位：百万美元

年份	谷物	饮品	畜产品	水果	蔬菜
2000	626.13	54.97	556.72	112.44	244.48
2001	567.07	57.97	654.62	118.04	266.86
2002	609.27	163.44	671.15	128.87	290.22
2003	554.86	112.46	593.76	118.90	281.64
2004	776.60	163.97	706.83	126.30	353.33
2005	854.92	162.96	770.19	134.49	397.21
2006	966.60	185.40	788.68	144.51	451.28
2007	1 302.38	252.40	1 107.98	176.80	467.90
2008	1 953.72	305.36	1 229.51	237.70	435.31
2009	1 465.30	295.96	931.42	252.42	530.97
2010	1 604.36	373.70	1 239.37	302.98	719.60
2011	1 988.40	584.39	1 563.54	363.32	735.36
2012	1 913.38	682.80	1 652.22	414.75	708.86
2013	1 808.17	778.21	1 922.68	502.63	824.40
2014	1 876.63	717.79	2 187.81	526.28	759.88
2015	1 694.52	694.01	1 843.06	639.55	897.16
2016	1 442.71	708.15	1 628.94	700.56	997.38
2017	1 439.93	627.28	1 906.08	717.87	937.61
2018	1 636.26	726.27	1 942.14	762.51	874.00

数据来源：UNCOMTRADE（2019）。

需要特别指出的是，马来西亚水稻生产能力并不高。据FAO最新数据显示，2017年马来西亚稻谷单产为4.21吨/公顷，与世界主要水稻主产国相比，其单产并不占据优势。如图2-3所示，马来西亚水稻单产明显低于中国、日本等国家，仅与印度相当，本国产量并不尽如人意，粮食自给率不足70%。加之马来西亚主要以种植经济作物为主，因此通过大量进口粮食来满足国内需求。据FAO数据显示，2003—2016年，马来西亚水稻及制品的进口量由36.9万吨增长到82.19万吨，尤其是2008年之前，进口量增速迅猛，虽然2008—2014年进口量有所回落，增长趋势也有所放缓，但本国粮食供给仍然存在较大缺口。马来西亚曾大量进口中国谷物，但受两国粮食政策等因素的影响，目前马来西亚已主要从泰国、越南和巴基斯坦等国家进口水稻，自中国进口的水稻量非常有限，下一步与马来西亚进行粮食进出口贸易和水稻种植技术合作，可能成为中马农业合作的一个重要领域。

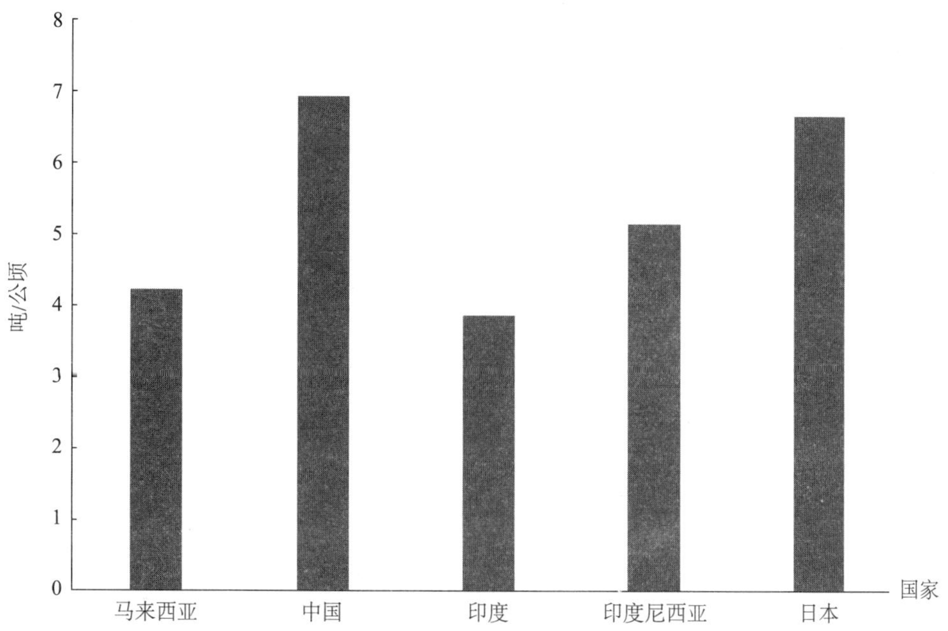

图2-4　2017年马来西亚与主要水稻主产国稻谷单产比较情况

数据来源：FAOSTA。

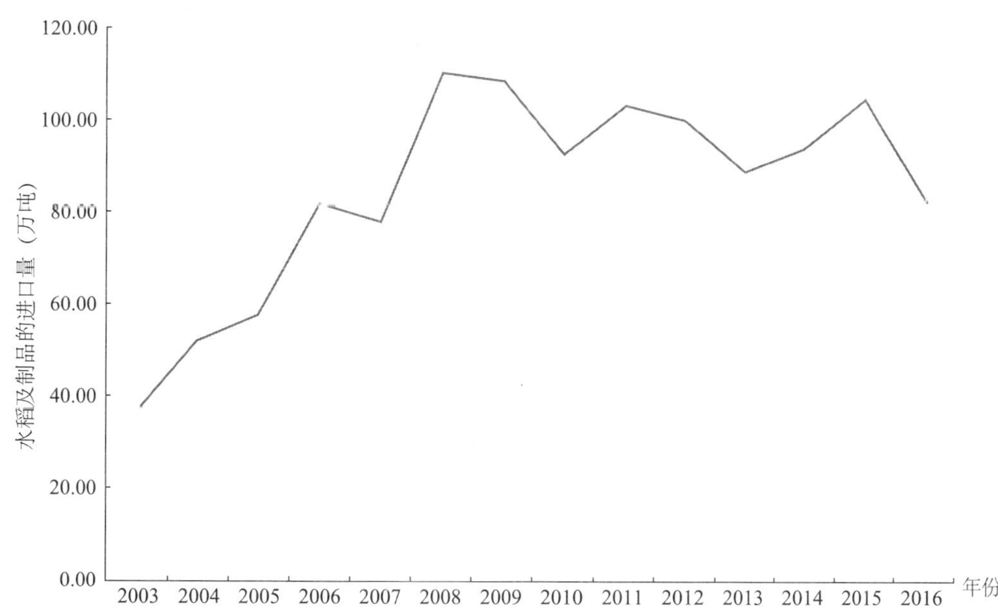

图2-5　2003—2016马来西亚水稻及制品的进口量走势

数据来源：FAOSTAT。

从主要出口农产品贸易规模来看，马来西亚对外出口的农产品种类主要是食用植物油，其中绝大多数都是棕榈油。此外，马来西亚还对外出口天然橡胶，果蔬汁、畜产品、水果、水产品、蔬菜等农产品。2000—2018年，马来西亚主要出口农产品情况如表2-8，可以看出：以棕榈油为主的食用植物油是马来西亚最大的农产品出口品类，其出口量和出口金额均远大于其他农产品品类。但值得注意的是，食用植物油出口并不稳定，自2012年起更是连续4年都出现下滑，考虑到马来西亚近年来总体贸易顺差的收窄趋势，食用植物油出口的回落是其中的重要影响因素之一。

表2-8 2000—2018年马来西亚主要农产品出口额

单位：百万美元

年份	食用植物油	果蔬汁	畜产品
2000	2 663.23	117.70	216.64
2001	2 587.98	130.28	217.08
2002	3 763.02	125.33	225.92
2003	5 077.92	165.49	259.25
2004	5 338.37	208.98	252.59
2005	4 871.28	241.91	287.04
2006	5 735.21	287.38	312.39
2007	9 064.33	390.72	466.88
2008	13 910.58	416.09	611.81
2009	10 021.44	419.16	440.54
2010	13 613.14	557.17	503.46
2011	19 328.63	683.02	647.83
2012	16 732.37	699.97	668.24
2013	13 440.49	849.98	702.09
2014	13 362.74	870.43	820.67
2015	10 620.05	814.93	751.86
2016	10 342.82	816.65	678.28
2017	11 045.72	780.70	697.45
2018	9 775.65	743.51	792.62

数据来源：UNCOMTRADE（2019）。

橡胶也是马来西亚农业国际贸易的重要组成部分之一。近年来马来西亚的橡胶进口总体呈增长趋势，出口波动幅度较大，2016年出现较大程度滑坡后，正处于恢复期（见

表2-9）。

表2-9　2010—2018年马来西亚橡胶进出口额

单位：百万美元

年份	进口额	出口额
2010	3 160.188	7 862.196
2011	4 201.116	10 289.64
2012	4 568.609	9 081.894
2013	4 374.791	8 285.965
2014	3 586.226	6 941.897
2015	3 096.392	6 237.041
2016	2 880.895	5 760.531
2017	3 882.098	7 235.604
2018	3 708.353	7 486.194

数据来源：UNCOMTRADE（2019）。

需要指出的是，清真食品也是马来西亚具有一定优势的一类出口农产品类型。根据有关资料的统计数据，2013年马来西亚清真食品及加工产品的出口总额已经达到了99.30亿美元。马来西亚清真食品及加工产品每年出口到全球70多个国家和地区，主要出口市场除美国外，大都是亚洲邻国，包括邻近的中国，以及中亚、东南亚的部分国家。其中，中国是其清真食品最大出口市场。近年来，中国与马来西亚在清真食品领域的合作愈加密切。未来，清真食品相关产业可能成为中马农业合作的重要领域。

4. 主要农产品贸易伙伴

马来西亚地处亚洲，地缘因素决定了其进出口贸易伙伴主要分布于亚洲各邻国，包括中国、印度尼西亚、新加坡、印度、泰国等国家。此外，马来西亚还与美洲、欧洲、大洋洲的部分国家保持着较好的贸易伙伴关系。分别从主要进口来源地、出口市场来看：

农产品主要进口来源地。马来西亚农产品进口来源地分布较广，但主要是亚洲国家。除了作为主要进口来源的亚洲各国外，还包括美洲、大洋洲、欧洲的一些国家如美国、阿根廷、澳大利亚、新西兰、法国和荷兰等国家。从进口额上来看，2017年，马来西亚农产品进口来源地排名前五的国家分别是印度尼西亚、中国、泰国、澳大利亚和阿根廷，进口额分别为18.79亿美元、16.02亿美元、11.72亿美元、9.56亿美元、5.88亿美元（图2-6）。

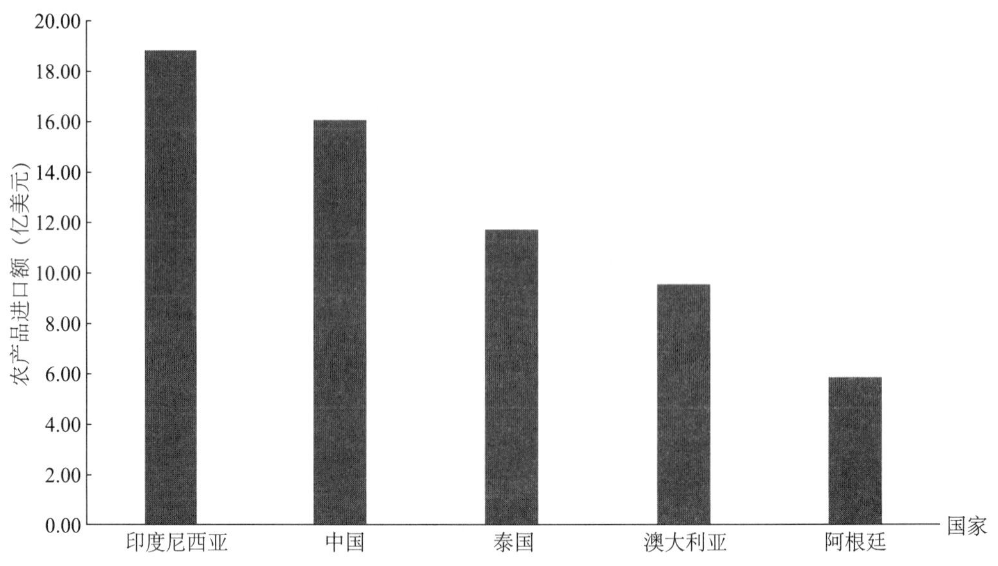

图2-6　2017年马来西亚农产品进口来源地进口额排名前五位的国家

数据来源：UNCOMTRADE（2019）。

农产品主要出口市场。马来西亚农产品出口市场分布较广，与进口来源地类似，主要分布于亚洲，此外美国、荷兰、澳大利亚、土耳其等国家也是其主要出口贸易伙伴。从出口额上来看，2017年，马来西亚农产品主要出口市场排名前五的国家分别为新加坡、中国、印度、荷兰和美国，其出口额分别为21.89亿美元、20.08亿美元、14.39亿美元、10.06亿美元、7.75亿美元（图2-7）。

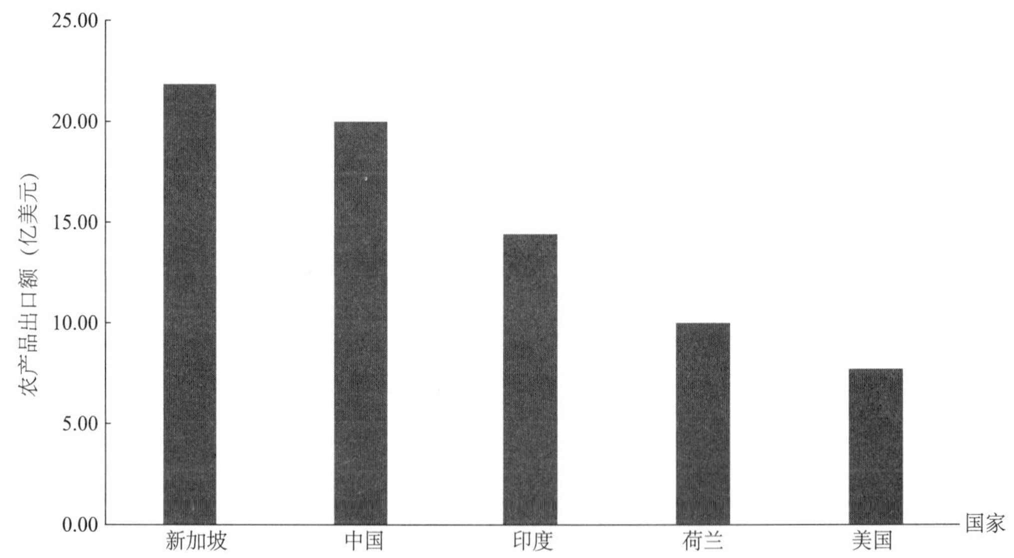

图2-7　2017年马来西亚农产品出口市场出口额排名前五位的国家

数据来源：UNCOMTRADE（2019）。

5. 中马农产品贸易现状

中马两国于1974年建交，起初两国官方和民间交流并不多，直到1990年马来西亚取消公民访华限制后，两国交往逐渐活跃。多年来，中马双方农产品贸易总量不断增加，马来西亚已逐渐成为中国在东南亚地区最大的农产品贸易伙伴。2013年，中马双边贸易额首次突破1 000亿美元大关，达到1 060.8亿美元创下历史新高，马来西亚成为除日本、韩国之外第三个与中国贸易额超过1 000亿美元的亚洲国家。2018年，马来西亚与中国贸易额再创历史新高，达1 086亿美元。按照中国海关统计，2018年中国与马来西亚的双边贸易额达到了7 166.6亿元人民币，同比增长10.1%。其中，中国对马来西亚的出口总额为2 995.8亿元，增长6%；中国从马来西亚进口总额是4 170.8亿元，增长13.2%。马来西亚是中国苹果、玉米、大蒜等作物的最大进口国。

从农产品进出口贸易总额来看，2000年以来，马来西亚农产品贸易处于顺差状态，但自2011年起，贸易顺差不断收窄，中国对马来西亚的农产品出口额稳定增长，显示出贸易向好的趋向。

（1）中国自马来西亚进口农产品金额随年份波动明显，总体呈现先增后减趋势。2000—2017年，来自马来西亚的农产品进口额从4.29亿美元增至23.28亿美元，总体上升。其中，2000年，中马两国农产品贸易往来相当，其后中国农产品自马来西亚的进口额逐渐大于对其出口额，中国处于不断增加的农产品贸易逆差状态，但贸易逆差自2011年起不断减少，2015年以后，进出口额已经基本相等。

（2）中国向马来西亚的农产品出口额呈现小幅稳定增长的态势。2000—2017年，除少数年份外，中国对马来西亚的农产品出口额稳定提升，2000—2017年农产品出口额从4.48亿美元增至24.08亿美元

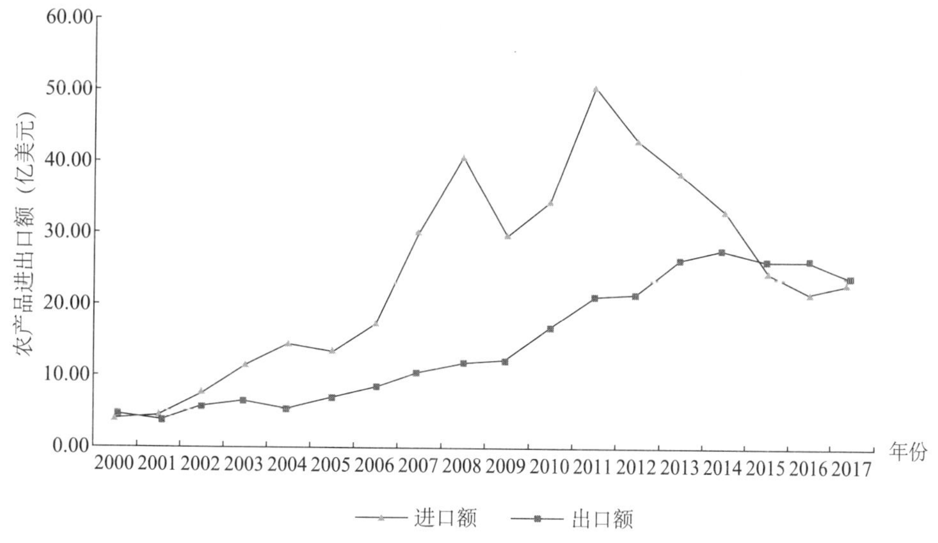

图2-8　2000—2017年中国对马来西亚农产品进出口走势

数据来源：UNCOMTRADE（2019）。

从中马农产品贸易的具体品种来看，中国出口马来西亚的农产品品种变化较大，据国内学者的研究表明，中国出口马来西亚的农产品原以谷物居多，现逐渐变为以蔬菜、水产、肉类和水果为主；中国自马来西亚进口的农产品则一直以油脂为主，主要是以棕榈油为代表的食用植物油，但其占比随年份递进而不断下降，进口农产品结构更加多元。根据UNCOMTRADE（2019）显示，2001—2017年，中国出口马来西亚的谷物出口额从1.50亿美元降到15.75万美元；蔬菜、水果出口额分别从302.73万美元、308.52万美元增加到6.73亿美元、2.28亿美元。

中国与马来西亚在农产品进出口贸易方面的交流和合作主要是基于2010年建立的"中国-东盟自由贸易区"这一国际合作平台来开展的。平台建立之后，经过多年友好合作，中马农产品贸易得到了健康快速的发展，两国农产品贸易往来正在健康发展的道路上前行。在平台合作的基础上，近年来，中马通过社会组织和企业间的友好交流合作，使清真食品等农产品的合作得到进一步深化，开始由科研合作拓展到贸易合作。2017年，在中国甘肃和马来西亚在清真食品产品科研合作的基础上，甘肃省兰州新区综合保税区在吉隆坡举行合作企业入区签约仪式，来自马来西亚的6家清真食品加工企业签名入区，并与兰州综保区签署合作项目8项。

（四）农业生产链建设情况资料

1. 农作物种子生产情况资料

马来西亚种子业的进出口量非常低（进口值380万美元，出口值70万美元），对于世界种子业来说只是很少的一部分。马来西亚种子业产量很低，大部分杂交种子从中国、泰国、日本等国家进口。马来西亚的现代种子业始于国家种子计划（National Seed Project）的执行，一系列政策从1984年将一直延续到2020年。这些政策的主要目的是为了增加产量，减少进口值，加大出口活动。

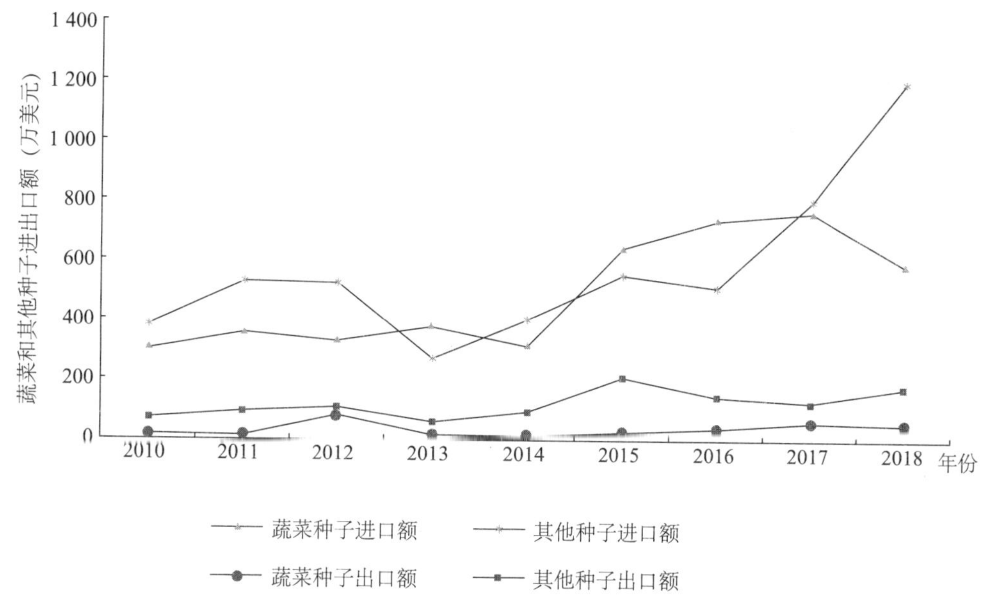

图2-9 2000—2018年马来西亚蔬菜和其他种子进出口额

数据来源：UNCOMTRADE（2019）。

马来西亚早期的农业发展主要集中在如香蕉、油棕和可可豆这类的经济作物，它们一直是重要的出口商品，并且显著地为国民收入做出贡献。因此马来西亚经济作物的种子业是相当成熟的。出于食品安全的考虑，食品和其他园艺作物日益增加的重要性推动着马来西亚的种子业进一步发展，尽管仍面临着优质种子在现阶段仍主要依赖进口等种种巨大问题。马来西亚政府强调政府-企业合作关系，通过执行大量商业农业计划来增加种子需求和提高优质种子的产量。

种子生产企业名单：http://www.mida.gov.my/home/what-investors-say/posts/。

2. 化肥农药生产及使用情况资料

（1）农业化肥使用和进出口量情况

化肥在马来西亚农业系统使用中占90%以上。主要有尿素、硫酸铵、硝酸铵钙、磷块岩、超磷酸盐、磷酸铵和复合肥料（氮磷钾、氮磷、磷钾）（见表2-10）。由于作物产量特别是种植园作物（橡胶、油棕和可可豆）产量的快速扩张，化肥使用也相应增长。在有机化肥方面，马来西亚政府目前正在大力促进和普及有机化肥的使用，以降低对化学肥料的依赖。

表2-10 2005—2011年马来西亚农业化肥使用量情况

单位：吨

化肥种类	2005年	2006年	2007年	2008年	2009年	2010年	2011年
硝酸铵	—	77 368.41	102 089.65	112 035.24	85 922	38 559	103 923
硫酸铵	763 152	917 573.01	763 131.9	741 978.67	674 619	610 093	799 096
硝酸铵钙及其他碳酸钙混合化肥	155 742	344.25	1 209.96	4 836.34	4 497	3 818	6 036
磷酸氢二铵	30 776	35 560.85	36 840.43	21 510.77	26 179	54 693	55 082
磷酸一铵	—	10 417.9	22 336.46	12 232.95	19 190	41 014	23 970
氮磷钾化肥	190 874	89 166.93	164 343.16	149 467.44	161 831	3 79 327	337 535
其他氮磷混合物	43	12.61	10 729.04	810.01	—	—	7 143
磷钾混合物	2 064	—	—	—	—	43	38
氯化钾（MOP）	1 088 010	1 436 079.87	1 524 931.02	1 443 560.59	543 957	1 355 387	1 508 321
硝酸钾	10 337	—	—	—	—	—	—
硫酸钾（SOP）	2 146	2 947.51	6 380.06	11 372.26	3 502	46 144	51 906
超过35%的过硫酸盐	407 522	82 129.59	63 326.35	56 243.31	19 317	9 391	20 220
过硫酸盐，其他	—	—	—	6 458.42	2 348	147	1786
尿素	672	750 354.81	1 000 200.82	—	—	—	—
尿素和硝酸铵溶液（UAN）	3 375	—	—	131.88	4 237	116	3

资料来源：FAOSTAT。

表2-11 马来西亚各州有机化肥供应商的数量和面积（2011年）

州名	个数	面积（公顷）
雪兰莪	4	10.8
森美兰	10	90
马六甲	2	1.1
柔佛	2	3.5
彭亨	6	11.6
沙巴	2	12
沙捞越	1	2
总数	27	131

资料来源：FAOSTAT。

马来西亚使用的大部分化肥都产自国外。尿素、硫酸铵和有机肥料均有大量产出，但是由于马来西亚产的颗粒尿素在国际市场中能卖出高价，马来西亚农业使用的尿素并不是本国出产的，因此本国出产的尿素都倾向于出口。大部分涉及化肥生产领域的公司都从事将不同化肥混合为复合化肥的相关工作。马来西亚的化肥产业竞争相当激烈，有超过50个公司参与到名牌化肥贸易中，围绕超过350个品牌的各式肥料做生意（表2-12，表2-13，表2-14）。

表2-12　2002—2017年马来西亚化肥的进口量（1）

单位：吨

年份	硝酸铵（AN）	硫酸铵	无水氨	硝酸铵（CAN）和其他碳酸钙	磷酸二铵（DAP）	其他化肥
2002	173 161.27	349 837.31	22 883.69	959.93	22 285.73	47 531.6
2003	243 214.8	734 551.78	40 072.92	1 325.75	32 338.21	53 387.7
2004	214 342.42	809 137.7	25 112.47	4 939.29	36 628.1	19 782.6
2005	168 560.97	766 206.14	45 622.11	1 180.74	31 020.77	47 215
2006	105 908.55	1 037 246.98	46 490.55	444.06	35 693.3	40 276.4
2007	114 775.11	771 586.85	46 443.05	4 698.3	37 378.03	44 209.2
2008	127 066.39	754 627.04	31 623.98	8 544.14	21 875.52	47 889.7
2009	134 556.34	682 630.94	9 526.52	4 689.78	26 463.5	54 117.7
2010	140 004.7	1 000 191.45	12 731.27	4 222.78	52 052.81	94 169.2
2011	141 509.22	777 304.49	8 285.75	6 753.06	56 989.63	110 207
2012	192 649.17	663 456.81	5 366.09	6 121.69	58 472.18	110 669
2013	213 194.99	667 857.49	5 561.65	10 570.43	64 260.08	95 780.2
2014	198 600.72	753 787.36	7 188.4	4 567.66	80 971.04	58 690.3
2015	75 491.15	665 564.44	8 548.15	10 215.11	60 724.02	113 599
2016	50 105.11	729 906	7 624.89	6 451.01	50 072.66	163 554
2017	54 435.51	739 773.76	11 027.04	6 903.31	67 917.5	149 627

资料来源：FAOSTAT。

表2-13　2002—2017年马来西亚化肥的进口量（2）

单位：吨

年份	磷酸一铵（MAP）	其他氮磷混合物	氮磷钾肥料	其他氮肥	其他磷肥	其他钾肥	磷矿	磷钾混合物
2002	2 634.7	5 977	200 766	102 130	20 084.37	45 011.9	194 594	98.15
2003	6 733.5	142.03	255 612	94 960.1	93 665.05	43 152.8	205 696	174.8
2004	5 434.8	16 528	271 078	261 755	283 363.1	175 230	550 269	30.8
2005	4 368.3	660.51	273 751	191 184	326 327.9	133 351	407 648	5 028

（续）

年份	磷酸一铵（MAP）	其他氮磷混合物	氮磷钾肥料	其他氮肥	其他磷肥	其他钾肥	磷矿	磷钾混合物
2006	11 154	17 032	244 800	326 913	245 715	136 462	428 088	44.94
2007	28 859	14 198	369 513	346 310	337 499.1	195 033	613 069	187.4
2008	17 459	13 757	350 823	354 010	381 642.4	199 412	517 813	104.2
2009	19 197	19 977	257 455	136 044	198 719.6	150 389	184 183	50.16
2010	42 357	4 141.5	522 987	192 710	416 136.4	297 181	364 199	56.75
2011	24 270	12 804	441 512	255 033	299 935.8	241 104	326 492	147.7
2012	45 103	18 806	461 535	448 016	289 387.6	235 367	376 990	1 514
2013	63 505	81 567	336 876	298 008	332 932.8	213 753	378 616	11 119
2014	51 150	162 424	331 141	289 221	284 427.5	264 921	404 400	15 452
2015	35 590	118 226	336 995	661 770	364 536.1	123 966	378 241	9 135
2016	44 205	84 967	289 369	728 869	403 501.3	142 563	315 938	1 661
2017	74 470	175 629	341 389	730 420	422 295.9	159 072	376 213	456.3

资料来源：FAOSTAT。

表2-14　2002—2017年马来西亚化肥的进口量（3）

单位：吨

年份	氯化钾（MOP）	硝酸钾	硫酸钾（SOP）	硝酸钠	超过35%的过硫酸盐	尿素	尿素和硝酸铵溶液（UAN）
2002	878 178	4 769.93	1 251.56	158.03	4 321.92	106 099	174.2
2003	713 710	2 413.35	2 688.2	66.07	4 695.91	214 599	—
2004	1 459 945	12 813.9	1 930.85	448.5	26 003.7	353 892	5 868
2005	1 103 357	10 445.3	2 523.82	380.94	79 889.8	298 335	3 480
2006	1 478 040	9 458.4	2 972.51	6 406.16	84 984.6	271 244	2 782
2007	1 539 850	7 691.81	6 391.81	688.46	68 705.6	363 737	22.35
2008	1 464 138	8 524.48	12 502.6	1 224.02	67 303.7	420 622	131.9
2009	641 507	5 233.02	3 526.38	2 210.36	27 308.8	204 170	4 239
2010	1 433 782	9 417.77	46 217.2	2 231.55	47 109.7	338 810	117.2
2011	1 553 254	6 551.14	55 068.5	924.65	24 363.2	318 916	3.15
2012	1 148 676	6 063.33	25 598	1 007.92	25 237.3	316 014	608.5
2013	1 265 883	6 586.38	52 302.5	1 858.54	26 009.2	394 609	401.5
2014	1 631 368	12 985.7	44 041.7	1 811.16	36 168.9	430 928	26.53
2015	1 362 288	6 890.47	70 119.4	975.89	36 893.8	362 128	71.02

（续）

年份	氯化钾（MOP）	硝酸钾	硫酸钾（SOP）	硝酸钠	超过35%的过硫酸盐	尿素	尿素和硝酸铵溶液（UAN）
2016	1 477 059	7 713.95	86 114.9	2 177.7	49 283.8	389 575	11.62
2017	1 602 349	9 556.06	38 989.2	5 356.02	15 980.7	386 571	4.62

资料来源：FAOSTAT。

（2）农药使用和进出口量情况

马来西亚的农药使用量持续缓慢增长。主要产品为除草剂，占农药总量的2/3以上。除草剂主要用于棕榈、橡胶、可可、水稻、谷类、蔬菜和水果种植。

表2-15　马来西亚农药使用情况

单位：百万林吉特

年份	除草剂	杀虫剂	杀真菌剂	杀鼠剂	合计
1995	220	43	15	11	289
2000	275	76	25	18	394
2005	256	75	23	18	372
2008	278	82	26	17	403

数据来源：引自Bakar, B.B.（2009）。[①]

表2-16　2006—2014年马来西亚农药使用情况

单位：吨

项目	2006年	2007年	2008年	2009年	2010年	2011年	2012年	2013年	2014年
总使用量	39 406.48	46 868.35	54 821.91	52 464.19	60 194.83	41 562.16	49 810.48	61 445.6	49 199.43
杀虫剂	6074	8 147.91	8 398.69	16 607.77	21 636.26	3 532.83	4 098.35	4 902.41	4 053.45
氯化烃（杀虫剂）	—	—	—	—	—	—	0.16	0.15	1.58
有机磷酸酯类	2 504.11	2 883.8	3 181.84	1 345.62	2 272.37	1 955.04	2 220.29	3 417.18	2 815.06
氨基甲酸酯杀虫剂	2 263.23	2 940.38	3 137.96	99.02	116.95	237.41	134.12	188.29	154.76
拟除虫菊酯	458.89	1 170.54	869.92	303.56	225.07	277.05	448.15	531.66	499.7
其他杀虫剂	543.13	826.39	858.12	628.78	713.72	1 011.28	1 250.34	750.13	561.43
除草剂	30 427.41	34 835.22	41 742.04	34 084.4	36 132.04	36 322.56	42 937.7	53 514.96	41 060.98
苯氧基激素产品	1 098.9	1 771.85	1 827.22	1 535.68	2 158.56	1 785.84	1 269.88	2 496.09	2 635.82
三嗪	425.1	504.86	659.31	243.31	480.83	279.67	976.51	1 408.06	2 956.62

① Bakar, B.B.（2009）The Malaysian agricultural industry in the new millennium: issues and challenges. In: International Conference on Malaysia: Malaysia in Global Perspective, 27–28 September 2 009, Cairo University, Egypt。

（续）

项目	2006年	2007年	2008年	2009年	2010年	2011年	2012年	2013年	2014年
酰胺	176.51	91.92	296.7	55.63	109.69	450.24	1 633.67	217.41	207.99
氨基甲酸盐除草剂	46.2	18.04	105.16	61.37	68.59	327.05	364.05	33.63	16.92
硝基苯胺	102.61	80.04	133.04	15.85	29.83	1.36	1.5	1.36	—
尿素衍生物	639.12	600.94	911.98	316.33	195.74	114.19	142.47	121.7	30.5
磺脲类	314.37	449	522.65	91.44	142.13	156.04	176.75	161.22	157.46
联吡啶	1 146.6	3 477.41	7 111.58	2 935.6	3 844.07	3 126.75	5 016.56	5 605.23	3 788.34
尿嘧啶	14.2	0.8	4.64	4.16	4	2.32	5.28	—	—
其他除草剂	26 478	27 826.96	30 174.4	28 828.39	29 097.96	30 078.62	33 352.41	43 467.8	31 260.69
杀菌剂	2 483.77	3 173.73	3 986.68	1 591.98	2 176.57	1 514.56	2 638.17	2 906.96	4 041.06
无机物	224.04	296.86	205.68	83.94	82.83	101.79	66.65	117.82	111.42
二硫代氨基甲酸盐类	1 442.23	1 730.51	1 848.73	1 120.91	1 665.76	1 140.33	1 949.95	2 092.29	3 093.84
苯并咪唑	511.69	758.19	1 221.68	202.13	177.12	89.54	185.01	165.03	124.42
氮杂四唑、二唑	106.46	183.98	345.44	66.92	81.93	43.53	62.16	130.85	280.28
二嗪，吗啉	—	—	53	3.56	3.56	8.33	5.55	8.94	7.99
其他杀菌剂	199.35	204.19	312.15	114.52	165.37	131.01	368.85	392.03	423.11
种子杀菌剂	—	9.02	35.64	0.68	0.96	176	112	80.14	32.21
灭鼠剂	267.52	372.32	383.48	49.85	23.11	16.21	24.26	33.23	2.33
抗药剂	229.56	264.62	354.61	3.01	1.1	0.21	0.26	1.23	2.33

资料来源：FAOSTAT。

马来西亚国内2012年农药制品销售额为11.1亿林吉特，在接下来的4年内呈现小范围波动，2018年，马来西亚制成的农药和农用化工产品的销售额约为14.7亿林吉特[①]。2000年以前，马来西亚是农药净进口国，之后，马来西亚逐渐成为农药净出口国。

① https://www.statista.com/statistics/643277/sales-value-manufactured-pesticides-agrochemical-products-malaysia/。

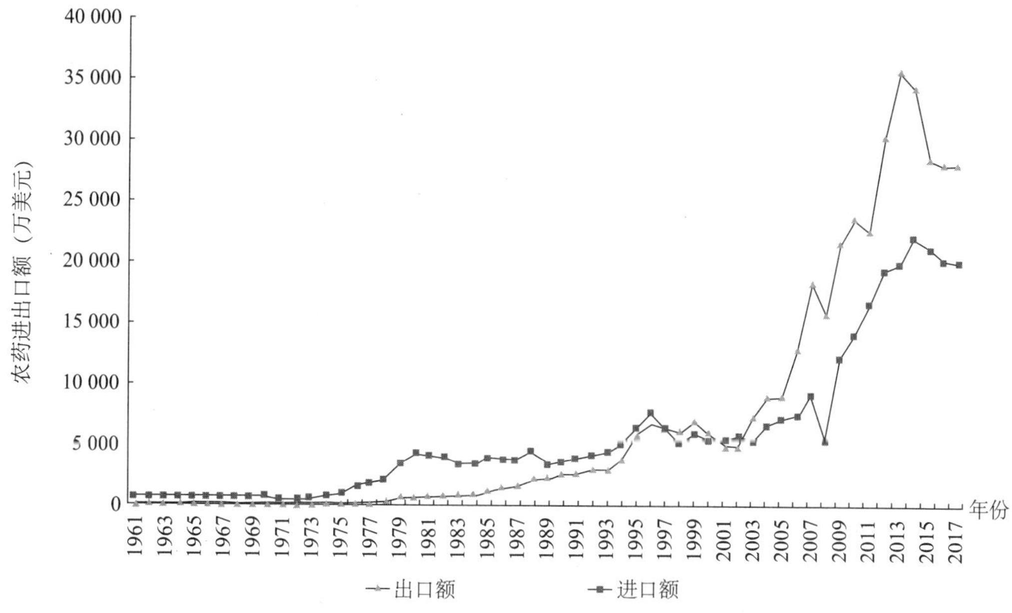

图2-10　1961—2017年马来西亚农药进出口额

资料来源：FAOSTAT。

表2-17　2009—2017年马来西亚危险农药进出口值

单位：万美元

年份	进口值	出口值
2009	5 790.4	10 710.6
2010	6 849.0	14 872.2
2011	8 191.0	10 365.1
2012	9 027.9	15 272.6
2013	7 867.3	12 336.8
2014	7 467.9	7 435.4
2015	4 670.0	6 302.9
2016	3 997.6	6 842.5
2017	3 712.6	4 352.5

资料来源：FAOSTAT。

（3）马来西亚农化生产企业名单

马来西亚农业化学市场被当地企业所主导。企业积极投资研发，以便占据更多市场份额。马来西亚农业化学市场的一些知名企业包括：

Agricultural Chemicals（M）Sdn. Bhd.（ACM）

Halex Group

Agri Fert

Hextar Group

Crop Protection（M）Sdn. Bhd.

Nufarm Ltd

Farmcochem Group

化肥：

SKBIO Resources（M）Sdn. Bhd.

SERVPRO（M）SDN. BHD.

Nosktahco Holdings Sdn. Bhd.

Tekno Integrated Farm Sdn. Bhd.

CERTEX（a subsidiary of FMS GROUP）

INTIRAJAYA SDN. BHD.

Fimavest Sdn. Bhd.

Lighthouse DC Sdn. Bhd.（Co Reg: 972596A）

Paratus Sdn. Bhd.

Green Station Network

AGROBIO SOLUTIONS

Sriq Selvis Enterprise

Agrotek BK Entp.

Wfa Bakti Enterprise

Ghadeer Inc（M）Sdn. Bhd.

Vtzom Enterprise

Nexus Technology Consultancy Sdn. Bhd.

Proline Trading

Khidmat Nusantara

Paramount Enterprise Sdn. Bhd.

Paradise Palace Sdn. Bhd.

Runduk Dagang Sdn. Bhd.

Rich & Rowers Sdn. Bhd.

Olympic Food Oil Snd. Bhd.

Waste Recycling Integration Sdn. Bhd.

Lembah Emas Corporation

Books Rental Network

Mts Raj Enterprise

West Morlin Enterprise

Adam–Haris Corporation Sdn. Bhd.

INSPIRASI BUMI ENTERPRISE

Happybiz Enterprise

VersaLynx Enterprises Sdn. Bhd.

Turf Chemicals Sdn. Bhd.

Organica Biotech Sdn. Bhd.

Ritz Star Sdn. Bhd.

Sejuta Niaga Ent.

DRT Building Material

Intirajaya Sdn. Bhd.

Pro Vedic （M） Sdn. Bhd.

FAHIM AGRIBAZE （001787086–V）

A&I Trading And Consulting Sdn. Bhd.

Rras Bakti Sdn. Bhd.

Shama Fertilizer Trading Company

SHAMA FERTERLIZER TRADING COMPANY

Mimizu Agro Enterprise

SR Global Trading Services

Instafuel Asia Sdn. Bhd.

Agri Nature Sdn. Bhd.

Nantin Trading Pty Ltd.

Oli Twenty One Enterprise

Cyc Maju Sctia Trading

E W GLOBAL AGRO MANUFACTURERS

Lumut Aquaculture Sdn. Bhd.

GNB Solutions Sdn. Bhd.

F & F HERBS ENTERPRISE

WORLD GARAGE RESOURCES OBJECTIVE

Multitrade Supplies

MB Plus Sdn. Bhd.

Santatradingcompany

M.B.Trading Enterprise

M.B.TRADING ENTERPRISE

Global Quest Spectrum Pte Ltd.

F&S SYSTEMS ENTERPRISE SDN. BHD.

Ibramas Commodities & Petroleum Trading Sdn. Bhd.

United Global Lines

Microblend Fertilizer

Neu–Bio Sdn. Bhd.

STH Crop Care Sdn. Bhd.

Hien Huat Seeds （Sabah） Sdn.Bhd.

Gemilang Agro Bio Tech

Eco Compost Biotech S/B

Sumber Zouma Resources

Century Bio–Mass Enterprise

HR Agency & Marketing

Sarawak Organic.

Geoland Fertilizer

SUN TONG FATT AGRIBUSINESS

农药：

Kuala Lumpur Pesticide Manufacturer

Penang Pesticide Manufacturer

Kudamas Trading Corporation Sdn. Bhd.

Mobedco–Vet

Hextar Chemicals Sdn. Bhd.

Sisco Research Laboratories Pvt. Ltd.

Halex（M）Sdn. Bhd.

Skbio Resources Sdn. Bhd.

Fumakilla Malaysia Berhad[①]

① 更多有执照的生产商请参考：http://www.doa.gov.my/index.php/pages/view/391?mid=237。

3. 农业机械投入情况资料

马来西亚政府大力发展农业机械化生产以提高农业生产率。2001年马来西亚政府宣布农业发展计划，大力引进国外的农机技术，发展农机制造业。因此，2000年后，马来西亚的农业机械进口量翻倍。

表2-18　1961—1995年马来西亚农用拖拉机使用情况

单位：万美元

年份	价值
1961	160
1965	240
1970	427.4
1975	513.6
1980	743
1985	1 200
1986	1 450
1990	2 600
1991	2 900
1992	3 120
1993	3 372.5
1994	3 892.6
1995	4 329.5

资料来源：FAOSTAT。

表2-19　1966—2008年马来西亚农业机械进出口情况

年份	总进口值（万美元）	总出口值（万美元）	拖拉机进口		拖拉机出口	
			进口量（架）	进口值（万美元）	出口量（架）	出口值（万美元）
1966	130	23	688	200	2 600	24
1970	28.1	3.2	1 868	515.9	4 274	62.9
1975	287.4	1.7	3 591	1 318.7	5 136	188
1980	170.4	24.1	2 893	2 872.3	7 888	18.9
1985	414.6	19.8	2 302	1 172.9	10 211	124.2

（续）

年份	总进口值（万美元）	总出口值（万美元）	拖拉机进口		拖拉机出口	
			进口量（架）	进口值（万美元）	出口量（架）	出口值（万美元）
1990	725.8	40.8	4 830	2 438.1	23 000	72.5
1995	1 922	264.4	7 100	3 882.1	38 926	147.6
2000	2 668.6	892.2	6 502	3 092.6	355	172.8
2001	3 159.9	954.6	3 188	1 550.4	100	68.8
2002	2 353.5	925.7	3 359	1 719.1	70	57.7
2003	2 000.8	1 191.4	3 731	2 474.7	142	91.7
2004	2 388.9	1 441.5	4 702	3 102.2	210	198.3
2005	3 535.9	2 521.3	4 596	3 454.7	178	163.7
2006	2 760.5	2 892.8	4 951	3 336	311	296.6
2007	2 960.8	3 637.6	12 252	5 185.8	244	290.7
2008	3 569.9	3 924.2	11 208	9 032.4	359	386.3

资料来源：FAOSTAT。

表2-20 1966—2008年马来西亚农用机械进出口值

单位：万美元

年份	进口值	出口值
1966	130	23
1970	28.1	3.2
1975	287.4	1.7
1980	170.4	24.1
1985	414.6	19.8
1990	725.8	40.8
1995	1 922	264.4
2000	2 668.6	892.2
2005	3 535.9	2 521.3
2006	2 760.5	2 892.8
2007	2 960.8	3 637.6
2008	3 569.9	3 924.2

资料来源：FAOSTAT。

4. 市场体系建设情况

1986年后，大量外资进入马来西亚，改变了马来西亚农产品销售终端生态，大量超市出现。超市和大规模超级市场占农产品终端市场的比例激增，从1986年的36.8%到2008年的51%。与此同时小食品库和传统市场从90.2%下降至2008年的79.8%。超市和大规模超级市场一定程度上改变了农产品市场体系，农产品可以直接卖给超市而不用经过大量中间商。1993年，马来西亚共有食品杂货店55 869家，到2001年下降至44 990家，销售额为69亿林吉特。大型零售链条包括超市等2001年共有4 946家，销售额132亿林吉特。2016年马来西亚国内食品销售仍有56%通过传统小经销商销售，超市和大规模超级市场占43%。

马来西亚大力发展物流业，专门颁布了综合物流服务激励计划，物流业得到长足发展。（表2-21）在2016年，物流业注册用机动车65 579辆。2014年，马来西亚在世界银行物流表现指数上在160个国家中排第25位，整体基础设施建设排名第20位。

表2-21　2010—2014年马来西亚物流业发展情况

		2010年	2011年	2012年	2013年	2014年	增长率（%）
铁路货运（万吨）		543.1	591.4	609.6	662.2	713.6	7.1
铁路集装箱（万吨）		23 825.1	28 235.2	33 187.0	34 339.5	31 803.3	7.5
公路货运（万吨）		34 859.4	38 108.4	38 127.1	38 720.0	40 639.2	3.9
港口	总量（万吨）	44 860.6	49 502.3	49 784.3	50 819.6	53 923.2	4.7
	出口货物（万吨）	18 296.1	19 829.0	19 787.8	20 306.3	21 029.5	3.5
	进口货物（万吨）	17 025.3	18 799.7	18 865.6	18 986.8	20 226.0	4.4
	转运货物（万吨）	9 539.2	10 873.6	11 130.9	11 526.5	12 667.7	7.3
空运货物（万吨）		92 617.9	90 526.5	89 010.5	94 077.5	101 239.7	2.3

大型水果批发商：

Ban Huat Agri. Eng.

Biz Villa Hi-Tech S/B

Jun Chong Sdn. Bhd.

Kang Sang Enterprise

MBM Distributors S/B

Moh Hin

Mycrop Sdn. Bhd.

NS Nada Sdn. Bhd.

Pertubuhan Peladang Kebangsaan

Pertubuhan Peladang Kebangsaan（Nafas）

Recycle Solutions S/B

Sykt Chop Hock Hoe Hin

Sykt Lian Seng Auto Parts Suppliers

TBMC Marketing Sdn. Bhd.

Teck Seng Agricultural Machinery Sdn. Bhd.

为满足食品工业的发展需求，马来西亚的包装行业和冷链物流设施得到了良好的发展。冷链设施基本上是为加工、冷藏和冷冻产品而设立。政府鼓励发展冷链设施，为冷冻食品行业增长提供支持。马来西亚的道路、海上和航空的综合交通网络，使得食品产品能够更为便捷的运输，并且使运输成本更具竞争力。一些代理机构为农产品加工提供营销支持，比如马来西亚对外贸易发展公司和联邦农业营销局。

5. 农产品加工业发展情况

食品加工业是马来西亚较具活力的产业，是制造业的重要组成部分，常年占制造业总产出的10%以上，年增长率约为5%。所加工生产的食品出口到超过200个国家，2013年，食品加工业出口额为142亿林吉特。不过马来西亚仍为食品净进口国。加工技术的进步扩大了当地原材料的使用，同时因为马来西亚是自由贸易成员国，可以进口其他国家的原材料进行加工，使得食品产品的范围变得更大，并增加了它在食品工业上的投资吸引力。食品加工业所进口原材料包括小麦、大豆、土豆、玉米和其他豆类，半加工原材料包括干粉、水果干、坚果、腌制蔬菜等[①]。马来西亚是全球第五大可可加工中心，也是亚洲最大的可可加工国家。每年可可相关出口额超过28亿林吉特。同时马来西亚也大力发展具有潜力的优质加工食品，如海藻养殖、金丝燕养殖、草药产品、水果和蔬菜等。

① http://www.agr.gc.ca/eng/industry-markets-and-trade/international-agri-food-market-intelligence/asia/market-intelligence/agriculture-food-and-beverage-sector-profile-kuala-lumpur-malaysia/?id=1484683535149。

表2-22　2000—2014年马来西亚加工作物生产值

单位：吨

加工作物	2000年	2001年	2002年	2003年	2004年	2005年	2006年	2007年	2008年	2009年	2010年	2011年	2012年	2013年	2014年
啤酒大麦	135 000	146 000	140 000	125 000	141 500	140 000	150 000	180 000	165 000	160 000	253 000	260 000	284 000	299 000	295 000
人造奶油	274 000	315 000	337 000	257 850	372 000	339 125	403 100	577 200	41 520	34 530	33 495	30 779	39 500	43 000	44 924
糖浆	42 000	43 000	32 500	26 500	25 000	23 500	16 000	11 500	10 000	14 000	15 000	15 500	17 000	10 000	12 000
椰子油	53 600	46 000	45 000	39 800	41 800	42 400	45 700	47 300	43 000	43 800	45 000	51 000	45 400	52 900	58 240
棕榈油	10 842 095	11 804 000	11 909 300	13 354 800	13 976 200	14 961 700	15 880 700	15 823 745	17 734 440	17 564 936	16 993 716	18 911 520	18 785 030	19 216 460	19 667 016
棕榈仁油	1 385 400	1 532 000	1 473 000	1 644 100	1 644 400	1 842 600	1 956 000	1 907 713	2 131 000	2 097 096	2 014 900	2 144 700	2 164 024	2 269 822	2 277 382
油菜籽	12 376	3 111	4 311	39	1 379	40	33	4	11	20	35	153	379	5 303	5 303
芝麻油	3 601	2 995	3 344	3 146	3 522	3 780	3 670	3 917	3 372	3 580	3 756	4 002	4 985	9 295	9 295
大豆油	108 366	130 545	126 [illegible]50	112 165	205 552	159 600	74 067	95 658	95 843	92 015	123 035	121 123	112 157	107 793	107 793
葵花油	3 010	2 026	603	1 738	795	365	1 067	550	315	361	509	591	1 346	783	783
棕榈仁	3 162 760	3 367 710	3 268 635	3 627 235	3 661 500	3 964 000	4 125 000	4 097 000	4 577 000	4 504 000	4 292 000	4 706 603	4 705 900	4 859 302	4 888 756
原糖	108 000	110 000	79 000	78 000	71 000	62 000	38 000	27 000	22 000	39 219	44 730	43 433	47 843	28 072	28 149

资料来源：FAOSTAT。

表2-23　2000—2014年马来西亚牲畜产品加工生产量

单位：吨

	2000年	2001年	2002年	2003年	2004年	2005年	2006年
鲜奶油	202	197	233	233	249	279	305
猪油	1 081	1 253	1 293	1 338	1 418	1 429	1 465
脱脂牛奶	3 095	3 023	3 579	3 576	3 825	4 278	4 676
全脂炼乳	156 766	149 878	137 859	143 566	123 187	141 839	154 901
全脂淡奶	22 000	22 000	22 000	22 000	22 000	22 000	22 000
牛油	546	595	685	738	798	808	930

	2007年	2008年	2009年	2010年	2011年	2012年	2013年	2014年
鲜奶油	338	374	409	434	440	462	565	572
猪油	1 350	1 334	1 416	1 558	1 535	1 541	1 548	1 532
脱脂牛奶	5 184	5 739	6 271	6 660	6 752	7 090	8 660	8 778
全脂炼乳	170 135	173 234	233 865	232 000	248 000	242 000	185 000	185 000
全脂淡奶	22 000	22 000	16 500	16 500	22 000	22 000	22 000	22 000
牛油	881	886	934	1 006	922	936	1 062	1 076

资料来源：FAOSTAT。

表2-24　2012—2016年主要食品加工产品出口额及其占总出口额的比例

年份	食品（百万林吉特）	烟酒（百万林吉特）	动植物油脂（百万林吉特）	总出口（百万林吉特）	三类主要食品加工产品出口额占总出口额的比例（%）
2012年	20 691.9	20 609.7	63 393.7	702 641.2	14.90
2013年	22 100.5	19 491.6	49 019.2	719 992.4	12.59
2014年	25 646.7	17 164.3	50 490.6	765 416.9	12.19
2015年	27 369.9	21 210	47 863.5	777 355.1	12.41
2016年	30 218	22 513.6	50 637.1	786 964.2	13.14

资料来源：根据马来西亚统计年鉴2016相关数据计算。

主要食品加工企业：

- Hup Seng Perusahaan Makanan（M）Sdn. Bhd.
  14 Jalan Kilang,
  Kawasan Perindustrian Tongkang Pecah,
  83010 Batu Pahat, Johor Bahru Malaysia
- Nestlé（Malaysia）Berhad
  22–1, 22nd Floor, Menara Surian
  No. 1, Jalan PJU 7/3 Mutiara Damansara
  47810 Petaling Jaya Selangor, Malaysia
  Telephone: 03 – 7965 6000
- Mondelez International
  2638, Jalan Perusahaan, 13600 Perai,
  Pulau Pinang, Malaysia
  Telephone: +60 4–390 7699
- Campbell Cheong Chan（M）Sdn. Bhd.（Campbell’s Soup）
  36 Jalan Penchala,
  46050 Petaling Jaya
  Selangor, Malaysia
  Telephone: +60–3–7787–6288
- Dewina Food Industries Sdn. Bhd.
  Lot 11, Jalan P/98, Kawasan Perindustrian Bangi,
  43650 Bandar Baru Bangi, Selangor, Malaysia
  Telephone: +60–3–8925–6351
- Khee San Food Industries Sdn. Bhd.
  Lot 1819–1824 Jalan Kolej,
  43300 Seri Kembangan
  Selangor, Malaysia
  Telephone: +60–3–8943–1390
- Saudi Cold Storage Sdn. Bhd.
  Plot 331, Taman Perindustrian Sungai Petani Fasa 3,
  08000 Sungai Petani, Kedah Darul Aman,
  Malaysia
  Telephone: +60–4–442–6800

- Ramly Food Processing Sdn. Bhd.
  No. 1–4, Jalan 37/10A
  Taman Perindustrian IKS Mukim Batu,
  68100 Kuala Lumpur, Malaysia
  Telephone: +60–3–6184–2972
- Soon Soon Oilmills Sdn. Bhd.
  2448 Lorong Perusahaan 2,
  Prai Industrial Estate, 13600 Prai,
  Penang, Malaysia
  Telephone: +60–4–382–8288
- Yeo Hiap Seng
  7, Jalan Tandang 204a, Seksyen 51,
  46050 Petaling Jaya, Selangor, Malaysia
  Telephone: +60 3–7787 3888
- Hwa Tai Industries Berhad
  No. 8, Jalan 1/1
  Taman Industri Selesa Jaya,
  43300 Balakong,
  Selangor, Malaysia
  Telephone: +60–3–8961–0900
- F&N Beverages Marketing Sdn. Bhd.
  1, Jalan Bukit Belimbing 26/38
  Persiaran Kuala Selangor, Section 26,
  40400 Shah Alam, Selangor, Malaysia
  Telephone: +60–3–5101–4230

6. 农业技术推广体系建设情况

马来西亚的农业科研机构有超过40个。官方机构主要由马来西亚农业研究和发展组织（MARDI）来负责粮食作物的研究，私有机构负责经济作物的研究。马来西亚农业研究和发展组织是马来西亚最重要的农业研究组织，成立于1969年，隶属于农业和农业工业部门（MOA），拥有全马来西亚1/3的农业科研人员，2002年，马来西亚用于农业研究发展经费的1/4都拨给了MARDI。MARDI的研究主要集中在与生产、加工、食物作物利用（除可可、橡胶和油棕外）和牲畜相关的科学、技术、经济和社会学议题。

MARDI有3个主要的分支：科研、技术转化和商业化、经营。科研分支有7个研究中心，主要研究领域为园艺、大米和经济作物、食品技术、牲畜、战略资源、生物技术、自动化和机械化。技术转化和商业化分支有4个中心和2个单位，主要负责机构研究成果的传播，同时另一个研究中心，经济和技术管理研究中心为其提供支持性服务。所有的研究中心都设在MARDI总部，除了总部外，MARDI还有29个地区性的科研站。

除此之外还有3个比较重要的政府组织是马来西亚的商品局：马来西亚油棕局（MPOB）、马来西亚橡胶局（MRB）和马来西亚可可局（MCB）。它们主要在种植企业和商品部（MPEC）下负责对马来西亚最主要的出口商品进行研究。有10所高校组织也参与到马来西亚的农业研究中，其中包括University of Putra Malaysia（UPM）的4个系所，分别为农业系、兽医学、林业、食物科学和生物技术，共有77个全职工作人员；University Kebangsaan Malaysia（UKM）的科技系共有41个全职工作人员；这两所学校的研究人员的研究重点为作物（烟草、油棕、蔬菜和水果）及自然资源和牲畜。生物技术是UPM的重点研究方向。在私人领域，有16个私人组织积极参与到马来西亚的农业研究中，最大的为Golden Hope Research Sdn.Bhd.（GHRSB），主要的农业技术推广机构为MARDI下的技术转化和商业化分局。

（五）农业生产基本制度情况资料

1. 农地制度

马来西亚的农村土地制度形成于19世纪，发展于20世纪50年代。英国殖民下的马来西亚土地问题复杂。一方面需要考虑保护马来人对土地享受特权，另一方面又要兼顾所有人、实际占有人及其流转问题。1965年，马来西亚颁布国家土地法典，规定了联邦政府与州政府对于土地的权限。1976年，颁布171地方政府法令，以规范马来西亚半岛所有地方政府的权限。1960年，颁布土地征用法令，将土地征用权限置于州政府，州政府有权征用任何私人的土地，但土地征用必须符合公共目的的需要，其中包括农业公共目的。该法令规定政府部门、企业或个人不得随意征用土地，只有州政府有权征用州内土地及改变土地使用性质，联邦政府征用土地也要通过州政府进行，并向后者支付费用。凡征用土地，必须公布征用理由和确定补偿标准。“马来人保留地法”将土地总面积约1/4划为“马来人保留地”，并规定除非获得州政府批准，否则不能出售、出租或抵押给非马来人。1976年，马来西亚颁布城镇与乡村规划法令（172法案）及1995年修正案（993法案），规定申请取得土地，以及更改土地用途的方案必须呈报审批，只有在不违反地方政府规划原则与目标的情况下，方可获得批准。马来西亚宪法规定土地事务属于州务管辖范畴，各州均设有土地局，各州在联邦政府监督下，可制定本州的土地政策。宪法和国家土地法均规定，马来西亚土地可以作为私有财产受法律保护，可自由买卖。马来西亚将土地分为农业地、屋地、工业地等。农业地只许种植农作物如橡胶、棕榈、叶子咖啡等。不过《国家土地法典》允许一块农业地上建起一间或多间房屋，以供土地所有者或者耕种者居住。农业地如果坐落在发展区域内，可以向政府申请将它转为屋地或者工业地，但是必须经过市容局、水利局、电火局、工程局、卫生局等批准，然后由土地局呈到州行政议会批准并交地契费及转换条件的费用。

多年来，马来西亚一直把土地发展作为农村发展的重要内容之一。鼓励合理利用土地、多种经营、发展经济。1956年，马来西亚在许多地方设立联邦土地发展机构（FELDA），作为土地发展的领导机关。1960年，马来西亚颁布土地法令鼓励地方采取合作社形式的集体土地所有制，改变以种植橡胶为主的单一经济作物为多种经济作物，鼓励利用土地、发展经济。

另外，根据种族对农村土地的居住和占有进行了特别规定，以保证马来人对土地的权利。明确规定允许马来人拥有土地并对土地开发利用，但是非马来人不得从事土地交易。在财政上给享有土地的马来人提供支持。现在政府并不直接将土地发给小业主，而是先把土地交给联邦土地发展机构开发后，再分配给无地的农民（5～10亩[①]/户）。但非马来人受到土地法律制度的歧视，往往享受不到这些土地发展的实惠。在马来西亚，非马来人实际所有土地仅仅占国家土地总数的4%。

马来西亚同时实施土地保护制度。如果导致马来人保留地闲置，荒芜或者建筑房屋，政府会告知并改变土地所有人权属，同时马来西亚宪法规定没有任何人的合法产业（包括土地）可以被他人侵占。另外，除马来人保留地外，地方政府还划定了“公共用途保留地”，“森林保留地”“禽兽保留地”等，归政府永久使用，不得租借或者处理给他人。马来人保留地只能将保留地抵押给马来西亚银行、土著银行、合众银行，不过如果经过州行政议会批准，也可以将保留地抵押给其他银行。

2. 农业生产经营制度

马来西亚的农产品市场运行采取市场经济模式，农产品贸易均采取市场运作为主、政府职能为辅的模式。马来西亚独立初期，农业管理体制曾经历过一系列的变化，目前与农业相关的主要主管部门是：马来西亚农业与农基产业部（Ministry of Agriculture

① 亩为非法定计量单位，1亩≈667米²。——编者注

and Agro-Based Industry）、马来西亚自然资源与环境部（Ministry of Natural Resources and Environment）和马来西亚种植业与原产品部（Ministry of Plantation Industries and Commodities）[①]。其中，农业与农基产业部是主要管理部门，负责对农业的统一管理，其下设农基产业部门（Agro-based Industry Division）、农业排水和灌溉部门（Agriculture Drainage and Irrigation Division）、农作物、畜产品和水产品工业部门（Crops，Livestock and Fishery Industry Division）、信息管理部门（Information Management Division）、稻谷和大米工业部门（Paddy and Rice Industry Division）以及农业政策规划部门（Policy and Strategic Planning Division）[②]等相关部门，共同管理和发展本国农业。此外，马来西亚还设有国家农业培训委员会（National Agriculture Training Council，NATC），协助国家培养高素质农业人才。

3. 乡村治理制度

马来西亚行政区划从上到下为联邦政府、州政府和联邦直辖区政府、省政府、县政府和乡村。其中省政府因为东马和西马的历史地理种族差异，在州以下有不同的行政划分。县是最接近乡村的行政区划单位，主要机构包括县署、土地局和地方政府。县署规划和协调县内建设发展，主要负责马来保留区的规划事宜。地方政府负责城市发展区的发展规划和协调。乡村为最低一级的行政管理区划单位，乡村设有不同的类型，有传统甘榜、渔村、重组村、新村、原住民部落、水上部落、非法木屋区、垦殖区。相应的，不同的乡村类型有着不同的行政归属。其中传统甘榜、渔村、重组村、新村、水上部落、非法木屋区、垦殖区行政上属于州政府，同时在传统甘榜、渔村、重组村、新村设有乡村发展及安全委员会，其职责在于对乡村发展做出规划和协调。同时，当反对党执掌州的行政大权时，马来西亚联邦政府专门设有联邦发展协调委员会，通过其管理和发展规划达到牵制乡村发展及其安全委员会的目的。

马来西亚联邦的州一级政权中，除槟城、马六甲、沙巴州和沙捞越州外，各州均有一位马来人统治者，即苏丹，现在苏丹大多拥有虚权。因为马来西亚是宗教国家，在乡村，宗教的力量也会影响村民的选举倾向。

农村发展政策是马来西亚发展计划和乡村治理的重要部分，也是各政党都十分重视的部分。因为种族间的冲突和历史政治因素，殖民时期马来西亚的农村发展和治理并不容易实施，因此马来西亚政府采取‘Operations Room Technique’ORT战略。在1948—1960年，此项战略下，整个村庄被重新安置的情况也经常发生。此时期，马来西亚制定详细的农村发展政策（RED），包括修建最低限度的道路和桥梁、土地开发、水供给

① 来源：中华人民共和国商务部网站http://my.mofcom.gov.cn/。

② 来源：马来西亚联邦农业与农基产业部网站http://www.moa.gov.my/。

工程、提供加工和市场设施建设、灌溉系统建设、清理河道等一系列发展项目。ORT和RED在农村被广泛传播和接受，取得了良好的预期效果。1966—1970年的马来西亚第一个发展计划时期，农村发展的目标为农村现代化，并成立农村发展委员会。

4. 农村市场制度

马来西亚联邦农业市场局（FAMA）负责国内农产品市场体系建设，包括协调农产品市场、推进农产品市场建设、提高农产品市场交易效率、协助农产品市场建设和市场推广、收集农产品市场信息、推动和监管合同农业项目。FAMA在马来西亚各地建立农产品集散中心91个。集散中心配备再包装、储存、发酵和物流服务。集散中心也配备建设信息集散中心。

5. 农业支持保护制度

马来西亚鼓励本国粮食产业和清真食品的生产。一是鼓励企业投资粮食生产。投资于粮食生产公司的企业，可享受与投资额相等的扣税额或10年内农业投资收入100%的免税，而且免税期间的亏损可转至免税期后，由免税收入产生的股息，被视为股东的免税收入。种植至少10%的橡胶树的非橡胶种植公司可以享受加速农业税赋抵减，投入的资本支出可以从2年减至1年内注销。二是鼓励清真食品领域的发展。马来西亚政府出台政策支持国内外企业在马从事清真食品加工等行业，相关从业公司在成功取得马来西亚政府的清真食品加工相关认证之后，自符合规定的第一笔资本支出之日起，5年内所发生的符合规定资本支出的支出费用可享受100%的投资税赋抵减。

6. 农业生态补偿制度

马来西亚目前并未建立农业生态补偿制度。东盟内只有越南建立该制度。但是马来西亚实施环境友好和环境保护制度：可持续消费和生产战略（SCP）。①

7. 农业对外开放制度

马来西亚政府鼓励外资进入本国农业，带动本国农业发展。为利于本国农业的出口导向型发展政策，马来西亚政府出台政策规定外资在农业生产、农产品加工、橡胶、木浆制品、食品加工、生物能源科技、冷链物流等领域都可享受政策优惠，在马来西亚投资的国外企业首先享有最惠国待遇。

---

① 资料来源：China-ASEAN Environmental Cooperation，“China-ASEAN Environment Outlook 1（CAEO-1）：Towards Green Development”。

8. 农村财税制度

涉及农村的税种有：个人税、雇佣所得税、公司所得税（20%，相关农业产业如橡胶、木材生产享受资本补贴）、进口税（基础食品进口享受减免）、产品和服务税（GST，当地农业生产产品适用于该税种，不过一些农产品享受免税待遇，如大米和水稻、新鲜蔬菜、新鲜洋葱、青葱、蒜、新鲜香料、辣椒、新鲜土豆、红薯、木薯等）。如果农民/渔民营业额低于50万林吉特则不使用于该税种。

马来西亚财政部颁布了一系列针对农业发展的税收鼓励政策：

① 新兴工业（Pioneer Status）和投资税务优惠：新兴工业情况下五年内可免法定所得70%，如果情况符合规定，可以延长享受该优惠。投资税务优惠可最高享受减免60%符合规定支出的税费。此优惠也适用于生产冷链设备及为当地生鲜食品生产提供服务的行业。

② 基础设施建设税务优惠。

③ 再投资税务优惠。

④ 一次性减免前期运营培训费用。

⑤ 已批准农业项目的资本支出税收减免。

⑥ 研究和开发项目双倍减免激励。

⑦ 培训支出双倍减免激励。

⑧ 促进出口双倍减免。

⑨ 出口信用保险费双倍减免。

⑩ 出口增加值免税，农业产品享受10%补贴。

⑪ 为生产制造业产品、科研活动、培训活动和环境保护所用机械、器材、原材料和部件免税。

⑫ 因清真食品质量检验和获得资格所产生费用减免税收。

农业补贴主要有以下情况，符合条件的农业支出，补贴50%；开垦土地，补贴50%；在新开垦土地上耕种，补贴50%；在农场内修建道路桥梁，补贴50%；为农场务工人员修建住处，补贴20%，其他建筑补贴10%。

9. 农村金融制度

马来西亚的农业金融主要由商业银行、金融公司、投资银行、马来西亚沙巴发展银行、马来西亚农业银行（BPM）以及农民、渔民和其他农业组织提供。1998年，由这些组织发放的贷款数额为127亿林吉特。因为农业生产的高风险，较难获得贷款。因此政府时常提供项目资金和贷款给农业部门。

10. 农业农村法律制度

除与农村相关程度较高的土地法律体系以外，马来西亚重视农村发展。发展农村合作经济，促进农产品流通和农村就业也是政府为扶持农业发展采取的有力措施。1948年，马来西亚颁布《合作社法》，从法律上鼓励和保护合作社的发展。1986年，《投资促进法》对与农业有关的公司，包括以农业为基础的各种合作社、以农业为基础的各种协会、独资及合伙企业享受税收优惠。

（六）农业政策及发展规划情况资料

1. 农业、畜牧业、渔业发展的国内政策情况资料

投资税务补贴（Investment Tax Allowance，ITA）：获得投资税务补贴的企业，可享受为期5年合格资本支出60%的投资税务补贴。该补贴可用于冲抵其纳税年法定收入的70%，其余30%按规定纳税，未用完的补贴可转至下一年使用，直至用完为止。享受新兴工业地位或投资税务补贴的资格是以企业具备的某方面优势为基础的，包括较高的产品附加值、先进的技术水平以及产业关联等。符合这些条件的投资被称为“促进行动”（Promoted Activities）或“促进产品”（Promoted Products）。马政府专门制定了有关制造业的《促进行动及产品列表》。

再投资补贴（Reinvestment Allowance，RA）：再投资补贴主要适用于制造业与农业。运营12个月以上的制造类企业因扩充产能需要，进行生产设备现代化或产品多样化升级改造的开销，可申请再投资补贴。合格资本支出额60%的补贴可用于冲抵其纳税年法定收入的70%，其余30%按规定纳税。

加速资本补贴（Accelerated Capital Allowance，ACA）：使用了15年的再投资补贴后，再投资在“促进产品”的企业可申请加速资本补贴，为期3年，第一年享受合格资本支出40%的初期补贴，之后两年补贴均为20%。

农业补贴（Agricultural Allowance，AA）：马来西亚的农业企业与合作社/社团除了可申请农业《促进行动及产品列表》外，也可申请新兴工业地位或投资税务补贴的优惠。《1967年所得税法》规定，投资者在土地开垦、农作物种植、农用道路开辟及农用建筑等项目的支出均可申请资本补贴和建筑补贴。考虑到农业投资计划开始到农产品加工的自然时间间隔，大型综合农业投资项目在农产品加工或制造过程中的资本支出还可

单独享受为期5年的投资税务补贴。

清真食品加工及认证：凡生产清真食品的公司，自符合规定的第一笔资本支出之日起5年内所发生符合规定资本支出的100%可享受投资税赋抵减。

2. 最新农业发展规划、农业产业发展规划、现行农业政策体系情况资料

马来西亚政府一直以发展出口导向型经济为主，国际贸易是其经济发展的重要途径。近年来，受农业产值占比持续下滑、粮食安全问题日益突出等因素影响，马政府为提振本国农业产业发展采取了许多措施规划农业发展：

①“五大经济走廊”规划。2011年起，政府开始实施本国第十个五年计划，并且提出“五大经济走廊”建设规划。五大走廊中，有四大走廊（包括北部经济走廊、东海岸经济区、沙巴发展走廊和沙捞越再生能源走廊）都有农业项目和农业服务政策出台。

②“大吉隆坡”计划。该计划是2010年起实行的马来西亚经济转型计划（Economic Transformation Program）的一部分，政府通过“大吉隆坡计划”等区域性规划，积极发展大型基础设施建设和民生工程，意在改善投资环境、鼓励外商投资，其中包括对农业基础设施投资项目的鼓励政策。

③“国家关键性经济项目”规划。目前，马来西亚政府正在实行的“国家关键性经济项目”规划中，提出了未来着力发展的51个重要领域，其中便包含了农业科技发展、农业信息化服务等相关内容，鼓励国外企业向这些领域进行投资。

此外，马来西亚于2016年起开始了“第十一个马来西亚计划”的实施过程，在今后一段时期，马来西亚会于农业领域开展农产品深加工、农业科技和信息化建设等重大项目，中国应该抓住此有利契机，积极拓展马来西亚农产品市场，并在食品加工业和农业高新技术产业方面加强与马进行深入的交流与合作。

在第十一个马来西亚计划中，计划农业部门预计每年增长3.5%，到2020年占GDP的7.8%。工业品和农业食品将在2020年占农业总产值的57%和42.4%。政府工作重点将放在确保粮食安全，提高生产力，增加农民、渔民和小农的技能，加强支持和交付服务，加强供应链，并确保符合国际市场要求。农业的发展也会考虑可持续发展。还将特别关注工业商品小农，通过注入现代生物技术进一步提高生产力，减少对劳动力的依赖。具体分为7个战略：

战略1：通过加速采用信息通信技术和农业技术，保护和优化农用土地，加强优先领域的研发活动，提高农民、渔民和小农的生产力和收入。

战略2：通过各机构和私营部门的合作，促进培训和青年农业发展，使农业技术现代化，并培育农业初创企业。

战略3：通过简化推广服务，鼓励行业和学术界的咨询服务，加强体制支持和推广

服务。

战略4：通过垂直整合选定作物的供应链，提高管理技能，为促进和出口汇集资源，提高供应链上农业合作社和协会的能力。

战略5：通过加强物流和加强进入国内和国际市场，改善市场准入和物流支持。

战略6：通过重组扩大农业融资机会，并提供更灵活的支付机制，并提高补充计划融资机制的可持续性。

战略7：通过鼓励农民获得认证，强化基于绩效的奖励和认证计划，并优先考虑认证农场以获得奖励和支持。

三、农业对外合作政策及发展情况资料

（一）引进外资的总体态度及相关政策

1. 商业环境

马来西亚商业环境在东南亚地区总体相对较好，主要体现在其拥有较好的营商环境和利于商业投资的政策氛围两个方面。

（1）营商环境较好

2018年，马来西亚全球经济竞争力排名第25位，商业活力排名第19位，宏观经济稳定排名第一；世界经济论坛（World Economic Forum）最新发布的《2018年全球竞争力报告》中将马来西亚排在全球最具竞争力的140个国家和地区的第25位；世界银行2018年发布的《2018年营商环境报告》中，马来西亚营商效率排在全球190个国家和地区中的第24位，DTF评分为78.43分，比2017年下降1个位次。尽管排名下跌，但马来西亚经商环境的评分有所改善，有三个项目的全球排名靠前，分别为保护少数投资者（第4位）、取得供电（第8位）和申请建筑准证（第11位）。同时，马来西亚在经商信誉和税费方面存在着一定优势。

（2）有利于商业投资的政策氛围

一直以来，马来西亚政府非常重视利用境外商业投资带动本国发展，在政策层面上不断发力助推来自境外的贸易投资行为。在农业方面，马政府鼓励内资和外资进行农业基础设施建设投资，并对投资者施以税收优惠。首先，鼓励对农业基础设施建设的投资行为。在马来西亚投资农业项目的，其固定资产投入的60%，可于5年内抵消其应缴纳所得税的70%；在马来西亚从事农业领域再投资的，其用于土地开垦和改良、修改排灌、改造道路和桥梁投入的60%，可在15年内抵消其应缴纳所得税的70%。其次，对投资农业的个人和单位，享有税收优惠政策。在马来西亚，投资农业可获得新兴工业地位和投资税赋抵减的优惠。包括土地的开垦、农作物种植、农用道路开辟、农用建筑建造等方面的支出费用，马来西亚政府还规定，大型综合农业投资项目中，农产品加工或制造过程产生的资本支出，可以享受5年单独的投资税赋抵减。

马来西亚政府利于商业投资的政策取向在一定程度上与目前中国所大力提倡的通过共建“一带一路”加强区域间经贸往来，实现共同繁荣的政策取向存在一致性，在这一点上，有利于中国和马来西亚进行深入合作。

2. 投资者国民待遇

马来西亚的外国投资者在除了资产限制以外的各方面享有国民待遇。外国证券投资者也可以在当地的股票交易所自由买卖股票和债券，并可以购买刚上市公司的新股。但有一个例外是有关商业银行，外资在商业银行中最多只能拥有20%的股份。实际上，所有上市公司的股票中，只有一小部分是经常交易的，其余的大部分则都掌握在大股东手中。马来西亚目前在积极地进行私有化改造，欢迎外资充分参与。外资企业还可以参与由政府资助的研究发展项目。

2010年1月1日，中国－东盟自由贸易区如期建成。根据2009年8月15日签署的《中国—东盟自由贸易区投资协议》规定，各方相互给予投资者国民待遇和最惠国待遇。

行业鼓励政策

清真食品加工及认证包括：凡生产清真食品的公司，自符合规定的第一笔资本支出之日起5年内所发生符合规定资本支出的100%可享受投资税赋抵减。

鼓励发展生物科技，马来西亚2007年财政预算报告宣布了一系列新举措，鼓励在生物科技领域的投资，推动生物科技的发展。投资鼓励政策包括：第一，生物科技公司从首年盈利开始，免交10年所得税；第二，从第11年开始缴纳20%的所得税，优惠期仍为10年；第三，在生物科技领域进行投资的个人和公司，将减去与其原始资本投资相等的税收，并获得前期的融资支持；第四，生物科技公司在进行兼并或收购时，可免征印花税，并免交5年的不动产收益税；第五，用于生物科技研究的建筑物可获得有关的工业建筑物津贴。

鼓励电商，马来西亚在2017年财政预算案中公布数码自贸区计划，积极推动各项活动，如电子商务生态系统、数码创客运动，并推出新地标，如马来西亚数码枢纽。

3. 土地

工业用地价格。由于经济发展情况和地域位置不同，马来西亚土地价格差异较大。经济比较发达的槟城每平方英尺[①]为18～65林吉特（约合5.6～20.8美元），雪兰莪每平方英尺为8.5～70林吉特（约合2.7～22.0美元），柔佛每平方英尺为8～38林吉特（约合2.5～12.2美元），经济欠发达的登嘉楼每平方英尺为2.0～60林吉特（约合0.6～19.2美元）。另外，每年还要加入数额不等的土地税和产业税。

土地法的主要内容。1966年1月1日起生效的《1965年国家土地法》（The National Land Code 1965）是马来西亚最主要的土地法律框架。此外，马来西亚现行的主要土地法律还包括：《1976年地方政府法》（171号法令）、《1960年土地征用法》（Land

① 英尺为非法定计量单位，1英尺≈0.3米。——编者注

Acquisition Act 1960）和《1976年城镇与乡村规划法》（172号法令）及其1995年修正案（993法案）。之后各州又颁布了自己的“马来人保留地法”（Malay Reserve Enactment）等法律法规。《1965年国家土地法》确定了联邦政府与州政府的权限、土地用途的分类、土地所有权转移、土地的买卖、没收、划分及抵押等内容。同时，无论何种用途的土地，必须在地契注明的规定时间内开发，如果违反，将无条件收回土地。《1976年城镇与乡村规划法》及其1995年修正案规定，申请取得土地以及更改土地用途的方案必须呈报审批，只有在不违反地方政府规划原则与目标的情况下，方可获得批准。《1960年土地征用法》规定政府部门、企业或个人不得随意征用土地，只有州政府有权征用州内土地及改变土地使用性质，联邦政府征用土地也要通过州政府进行，并向后者支付费用。凡征用土地，必须公布征用理由和按市价补偿。“马来人保留地法”将土地总面积约1/4划为“马来人保留地”，并规定除非获得州政府批准，否则不能出售、出租或抵押给非马来人。

外资企业获得土地的规定。马来西亚总理府经济计划署（EPU）公布的2010年1月1日生效的《产业购置准则》（Guildelineon the Acquisition of Properties）是马来西亚对外资最主要的产业规定，明确了各机构在外资购置产业申请事宜的审批权限。

要报EPU审批的产业购置包括：①直接购置价值超过2 000万林吉特的非住宅产业，降低当地土著企业或政府机构的股份比例；②通过并购控股方式，间接购置土著企业或政府机构的价值超过2 000万林吉特的非住宅产业。这两种购置申请，均有强制的30%土著股权限制，且外资企业缴纳的资本不得低于25万林吉特。

无须EPU批准，但要报相关部门审核的产业购置包括：①购置价值超过100万林吉特的商业房屋；②价值超过100万林吉特或购置面积为5英亩（1英亩约为6.07亩）以上的农业用地，用于农业投资、高新技术的商业投资、农业旅游项目开发或开展出口型农产品加工；③购置价值超过100万林吉特的工业用地；④购置价值超过100万林吉特住宅。但是，各州按情况制定最低限购价，如槟城和雪兰莪均限制外资只能购置200万林吉特以上的住宅。

禁止外资购置的产业有：①价值100万林吉特以下的产业；②州政府划分的中/低成本住宅；③“马来人保留地”上的产业；④州政府分给土著企业开发项目的产业。

无须EPU批准的产业购置包括：购置马来西亚“第二家园计划”的住宅；多媒体超级走廊（MSC）区域内具MSC地位的公司，为了企业运营或员工住宿所购置的产业、在马来西亚任一发展走廊由政府相关机构批准的公司购置的产业；获得马来西亚国际伊斯兰金融中心（MFC）秘书处颁发执照的公司购置的产业；公司的员工宿舍（外资控股的公司需购置10万林吉特以上的住宅），该业务由州政府批准；遗嘱或法院判决书要求转移给外资的产权；制造业公司购置的产业；联邦/州政府、州务大臣/首席部长公司及其他政府关联公司（GLCs）购置的产业；私有化转型机制下的产业；获得财政部、贸工部等相关部门颁发的国际采购中心、运营总部、代表处、区域办事处、纳闵离岸公司以及生物科技公司等特殊地位公司所购置的产业。

外资企业参与当地农业/林业投资合作的规定。马来西亚国家土地法433B条款：外资购买土地（除了工业用途）须得到有关州政府的批准。土地属于州当局的权限，所以不同的州有不同的规定。不少州政府规定外资不可以购买农业耕地和林业用地，但可以租赁，一般租赁期限是30～60年，可以续租。

4. 税收

税收体系和制度。马来西亚联邦政府和各州政府实行分税制。联邦财政部统一管理全国税务，负责制定税收政策，由其下属的内陆税务局（征收直接税）和皇家关税局（征收间接税）负责实施。直接税包括所得税和石油税等；间接税包括国产税、关税和进出口税、销售税、服务税和印花税等。各州政府征收土地税、矿产税、森林税、执照税、娱乐税和酒店税、门牌税等。外国公司和外国人与马来西亚企业和公民一样同等纳税。

主要税负和税率

公司税。税率为24%。从2017纳税年起，对于在马来西亚成立的中小型居民企业（实收资本不高于250万林吉特，且不属于拥有超过该限额的公司的企业集团），其取得的首次50万林吉特以内的所得可以适用18%的税率，超过部分适用24%的税率。在2017年和2018纳税年中，如果企业的应纳税所得相较于上一纳税年增长了5%或更多，税率将下降1%～4%，降低的税率适用于应纳税所得增加的部分。

石油所得税。税率为38%，征收对象为在马来西亚从事石油领域上游行业的企业，包括马来西亚国家石油公司（Petronas）或马来西亚-泰国联合发展机构签署石油行业相关协议的纳税个体。

个人所得税。马来西亚所得税法规定，不管是马来西亚公民或外国人，只要一年内居住在马来西亚超过182天，并拥有收入，就有报税的义务。马来西亚公民税率为1%～28%，5 000林吉特以内的税率为0%，超过100万林吉特部分的税率为28%。外国公民的税率固定为28%。

预扣税。预扣税是非居民收款人收入的一部分，由马来西亚的付款人直接向税务局代扣代缴。非本地公司或个人应缴纳预扣税：特殊所得（动产的使用、技术服务、提供厂房及机械安装服务等）为10%；利息为15%。依照合同获得承包费用：承包商缴纳10%、雇员缴纳3%；佣金、保证金、中介费等缴纳10%。2016年，预算案扩大预扣税范围至马来西亚境外的服务。根据马来西亚政府与收款人所在国之间关于双重征税的税收规定，各国的预扣税税率各不相同。

房地产盈利税。房地产盈利税适用于在马来西亚出售土地和任何产权、选择权或其他与土地相关的权利。包括出售不动产公司股份的利得。税率为：若在购置后3年内出售，税率30%；若在购置后第4年及第5年出售，税率分别为20%和15%；若在购置后第6年或之后出售，税率5%。此外，为了确保"一个马来西亚人民房屋计划"（PR1MA）能永续进行，政府迄今已批准390亿林吉特的拨款，为居民兴建可负担房屋，这些房屋的售价比市价低20%～30%。

进口税。大多数进口货物需缴纳进口税，税率分从价税和特定税。近几年，马来西亚已取消了多种原料、机械与零部件的进口税。马来西亚与东盟国家之间实行特惠关税，工业产品的进口税为0～5%；与日本实行双边自由贸易协定框架下的进口税；与中国和韩国实行中国-东盟自贸区以及韩国-东盟自贸区的区域自由贸易协定框架下的进口税；与澳大利亚签订自由贸易协定，根据协定，马来西亚将减免自澳进口商品97%以上的关税。

出口税。马来西亚对包括原油、原木、锯材和原棕油等在内的资源性产品出口征收出口税。从价征收的出口税的税率范围为0～20%。

国内税。根据《1976年国内税法》规定，本地制造的一些特定产品，包括烟草、酒类、扑克、麻将、汽车、四驱车和摩托车等，须缴纳国产税。

印花税。印花税是以多种文件为对象征收的，适用税率各不相同（固定税率或按价值征收），依据不同类型的文件以及涉及的金额而定。例如，对于财产转让的契约文件，印花税按照应付对价或换让财产的市场价值（以较高者为准）的1%～3%征收。对于股权转让文件，则按照应付对价或股权的价值（以较高者为准）的0.3%征收。

消费税。马来西亚政府2014年6月正式通过《消费税法令》，于2015年4月1日开始对商品和服务征收6%的消费税，取代现有的销售税和服务税。为了防止商家对食品、饮料和日用品牟取暴利，政府出台了《价格控制与反暴利法令》。国内贸易、合作与消费事务部已于2017年1月1日开始实施2016年价格控制及反暴利条例（确定不合理牟取暴利机制），并从饮食产品及家庭用品，包括个人护理产品等开始落实。这项条例概括所有产品，将率先从饮食产品及家庭用品开始落实，并将依据需求及合理性逐步扩大落实该条例的范围。

5. 投资

投资主管部门。马来西亚主管制造业领域投资的政府部门是贸工部下属的马来西亚投资发展局，主要职责是：制定工业发展规划；促进制造业和相关服务业领域的国内外投资；审批制造业执照、外籍员工职位以及企业税务优惠；协助企业落实和执行投资项目。马来西亚其他行业投资由马来西亚总理府经济计划署（EPU）及国内贸易、合作与消费者事务部（MDTCC）等有关政府部门负责，EPU负责审批涉及外资与土著（Bumiputra）持股比例变化的投资申请，而其他相关政府部门则负责业务有关事宜的审批。

投资行业的规定。马来西亚鼓励外商及本地投资者投资于马来西亚的制造业、农业、旅游宾馆服务业、环境保护、科技研究开发、技术培训和转让等，相应给予有关税收优惠政策。

与农业有关的有：

新兴工业。马来西亚将本国亟待和优先发展的制造业列为“新兴工业”。后来，又将农业及服务业内优先发展的行业也列入到“新兴工业”范围内。对于列入“新兴工业”范围内的外商投资项目，马来西亚给予税收、用地和工作准证方面的优惠鼓励措施。

环保项目。马来西亚政府鼓励外商从事植树造林、有毒和危险性废物的储存、处理和清除、节约能源、工农业及生活垃圾和废物的处理及再利用等行业。

农业综合开发。包括耕地和粮食品种改良、农田灌溉、排水及道路桥梁修建、禽畜及水产品养殖、海洋捕鱼等。

旅游会展业（含宾馆服务）。鼓励外商在马设立旅游公司，吸引外国游客来马旅游，鼓励外商开发生态和农业旅游、从事旅馆和度假休闲设施的建设及豪华游艇建造和维修服务等，鼓励外商在马从事专业性及综合性展览及举办国际性会议。

马来西亚政府鼓励外国投资进入其出口导向型的生产企业和高科技领域，可享受优惠政策的行业主要包括：农业生产、农产品加工、橡胶制品、石油化工、医药、木材、纸浆制品、纺织、钢铁、有色金属、机械设备及零部件、电子电器、医疗器械、科学测量仪器制造、塑料制品、防护设备仪器、可再生能源、研发、食品加工、冷链设备、酒店旅游及其他与制造业相关的服务业等。在制造业领域，从2003年6月开始，外商投资者投资新项目可以持有100%的股权。

投资方式的规定。直接投资：外商可直接在马来西亚投资设立各类企业，开展业务。直接投资包括现金投入、设备入股、技术合作以及特许权等。跨国并购：马来西亚允许外资收购本地注册企业股份，并购当地企业。一般而言，在制造业、采矿业、超级多媒体地位公司、伊斯兰银行等领域，以及鼓励外商投资的五大经济发展走廊，外资可获得100%股份；马来西亚政府还先后撤销了27个服务业分支领域和上市公司30%的股权配额限制，进一步开放了服务业和金融业。外资在马来西亚开展并购，不同领域由相关政府主管部门决定，例如制造业由贸工部批准，国内贸消部负责直销、零售批发业，国家银行及财政部负责金融业，包括银行、保险等，通讯及多媒体部负责电讯业。并购价值超过2 000万林吉特的，还需要经过经济计划署（EPU）批准。2012年实施的《竞争法令2010》是马来西亚维护公平竞争、防止垄断的法令，该法令由马来西亚竞争委员会（Malaysia Competition Commission）发布，在马来西亚开展的相关并购活动也受该法律的制约。股权收购：马来西亚股票市场向外国投资者开放，允许外国企业或投资者收购本地上市企业。2009年，马来西亚总理纳吉布宣布取消外资公司在马来西亚上市必须分配30%土著（Bumiputera）股权的限制，变为规定的25%公众认购的股份中，要求有50%分配给土著，即强制分配给土著的股份实际只有12.5%。此外，拥有多媒体超级走廊地位、生物科技公司地位以及主要在海外运营的公司可不受土著股权需占公众股份50%的限制。纳吉布同时废除外资委员会（FIC）的审批权，拟在马上市的外资公司直接将申请递交给马来西亚证券委员会（Security Commission）。自20世纪80年代开始，马来西亚政府鼓励私人资本与政府合作，开展BOT项目建设与运营，降低政府公共开支的负担。此类项目主管部门是马来西亚首相府经济计划署（Economy Planning Unit）主要负责经济发展规划和项目立项；2010年又设立了公私合作署（Public Private Partnership Unit）负责公私合营项目协调。马来西亚政府在政策层面大力支持BOT项目的开展，并积极修订有关法律，使马来西亚国内法律环境与国际接轨。20世纪80年代，马来西亚修订《宪法》并通过《联邦道路法案》，为高速公路项目BOT扫清障碍；20世纪90年代修订《电力供应法案》和《电力管理条例》，为私营电站建设和运营提供法律保障；2005年通过、并于2006年开始实施的《仲裁法案》修订了1952年的《仲裁法》，为外资进入马来西亚本地BOT项目市场打通了最后一个环节。马来西亚公路、轨道交通、港口、电站等BOT项目专营年限一般为30年左右。在马开展BOT的外资企业主要来自美国、日本、韩国及丹麦等。例如A.P穆勒-马士基集团（A.P.Moller-MaBrsk，丹麦）曾与马来西亚政府及柔佛州港务局合作，建设和运营柔佛州丹绒帕拉帕斯港（1995—2025年）。

对农业投资的相关鼓励政策①有：

（1）所得税减免。马来西亚的公司所得税税率为28%，但2006年起的3年内，每年降低所得税1个百分点。（从事石油开采冶炼的公司，所得税税率为38%）。对于获得“新兴工业地位”资格的外商投资企业，从生产之日（指日产达到最高产量的30%当天）起，五年内只对公司30%的营业利润征缴所得税；如投资在东马及“东部走廊”地带，五年内只对公司15%的营业利润征缴所得税。对于投资于财政部核定的粮食生产（包括槿麻、蔬菜、水果、药用植物、香料、水产物及牛羊等牲畜饲养）的企业，10年内免缴企业所得税。对于出口鲜果和干果、鲜花与干花、观赏植物和观赏鱼的，可免缴相当于

① http://caijing.chinadaily.com.cn/2014-05/30/content_17553184.htm。

其营业利润10%的所得税。对于生产清真食品（HALAL），为取得清真食品品质验证和鉴定的支出，可相应从其所得税中扣除。

（2）投资税赋抵减。对投资农业项目的，其用于固定资产（含厂房、机器设备和零部件等）投资额的60%，可于5年内抵消其应缴纳所得税的70%。其中用于农业综合开发中道路桥梁、灌溉排水等基础设施建设支出的60%，可于10年内从其所得税中扣除。

（3）再投资税赋减免。对农业领域再投资的，其用于土地开垦与改良、修建灌溉及排水系统、建造有关道路及桥梁等资本支出的60%，可于15年内抵消其应缴纳所得税的70%。其中用于农业综合开发中道路桥梁、灌溉排水等基础设施建设支出的60%，可于10年内全部从所得税中扣除。

6. 融资

在融资条件方面，马来西亚商业银行根据企业业绩、信用、发展潜力及具体融资项目对内外资企业的融资要求进行审查，以决定是否给予融资或信贷支持。

马来西亚国家央行的资料显示，2017年，马来西亚隔夜利率维持在2.91%的水平，基本贷款利率为6.68%，一年定期存款利息为3.10%。

2017年1月，马来西亚国家银行颁布吉隆坡银行同业拆息率（KUBOR）制定政策文件的增强标准，其中纳入了进一步加强KUBOR参考利率完整性的措施。

2018年1月25日，马来西亚中央银行宣布，将隔夜政策利率提高25个基点至3.25%，这是马来西亚自2014年7月以来首次加息。

7. 外汇管理

马来西亚外汇管制条例规定，在马来西亚注册的外国企业可以在当地商业银行开外汇账户，用于国际商业往来支付。外汇进出马来西亚需要核准。外汇汇出马来西亚不需缴纳特别税金。

马来西亚原则上规定外国公民在入境或离境时携带超过1万美元或等值的其他货币，需向海关申报。

在马来西亚工作的外国人，其合法的税后收入可全部转往国外。

8. 劳工

近年来，马来西亚劳动力市场保持稳定。马来西亚统计局数据显示，2017年，马来西亚劳动力人口增至1 500万人，其中服务业劳动力人口增幅较大，主要是销售行业、住宿和餐饮行业。马来西亚劳动人口参与率由2016年的67.7%增至2017年的68%，2017年失业率3.4%，与2016年持平。2017年，马来西亚平均月工资2 880林吉特，最低月工资2 160林吉特。

2012年5月，马来西亚总理纳吉布公布最低薪金制政策，西马最低薪金为每月900林吉特（或每小时4.33林吉特），东马为每月800林吉特（或每小时3.85林吉特）。除了女佣、园丁等家庭工人，最低薪金制涵盖国内所有经济领域的员工。马来西亚总理纳吉布在公布2016年财政预算案时，宣布于2016年7月1日起实行新标准：西马每月1 000林吉特，东马每月920林吉特。最低薪金制旨在确保员工薪金获得保障以应付日常开销，鼓励雇主转向高科技发展，提高员工技能及生产力。预计该政策能鼓励更多本地人就业，降低对外劳的依赖。2017年1月1日起，马来西亚正式落实“雇主强制责任制”(EMC)，要求雇主必须全额支付外劳人头税，不得再扣减外劳薪水以支付税费。这项政策主要是确保雇主承担起对所聘用外劳自申请来马至归国期间的所有责任。

外籍劳务需求。马来西亚低端的产业工人和服务业劳工比较缺乏。据马来西亚内政部数据，截至2017年7月，在马来西亚合法外籍劳工为175.8万人，其中印度尼西亚、尼泊尔、孟加拉国三国位居外国劳工来源国的前三位。目前，马来西亚政府仅对建筑业、种植业、农业、服务业、制造业5个领域开放外籍劳工，允许引入普通劳务的国家共15个，其中泰国、柬埔寨、尼泊尔、缅甸、老挝、越南、菲律宾（仅限男性）、巴基斯坦、斯里兰卡、土库曼斯坦、乌兹别克斯坦、哈萨克斯坦12个国家对以上5个领域全部开放，印度劳工仅限建筑和服务业部分领域以及农业和种植业，印度尼西亚女性可以从事以上5个领域工作，印度尼西亚男性可在除制造业外其余4个领域工作，孟加拉国劳工可根据政府间协议从事种植业领域工作。马来西亚未对中国全面开放普通劳务市场，只允许在特定条件下引进少量中国技术工人。颁发的工作准证也特别注明务工种类和雇主名称。依合法手续进入马来西亚的劳工，如从事不同工作或为不同雇主工作一律视为非法劳工。拟赴西马半岛的外籍劳工可向马来西亚移民局申请，拟赴东马沙巴和沙捞越两州的外籍劳工则需向当地州政府申请。马来西亚存在一定程度的外籍劳工非法务工现象。2015年以来，马来西亚外籍劳工管理逐渐收紧，马来西亚移民局对于非法外籍劳工的打击力度不断加大。目前，马来西亚政府已启动相关的外劳合法化措施。

9. 保险

2016年，马来西亚财险保费收入160亿林吉特，寿险保费收入316亿林吉特，伊斯兰财险保费收入18亿林吉特，伊斯兰寿险保费收入57亿林吉特。截至2016年年底，马来西亚保险市场共有保险公司44家，包括19家财产险公司、10家寿险公司、4家综合保险公司和11家伊斯兰保险公司，另有7家再保险公司、5家伊斯兰再保险公司、30家保险经纪公司和36家保险公估公司。此外，还有财产险协会、寿险协会、伊斯兰保险协会、本地保险公司协会、经纪人协会和公估人协会6家行业组织。

（二）接受国际组织或者主要国家农业援助情况

1. 规模

自1957年独立以来，马来西亚主要作为受援国，接受来自英国、美国以及日本等经济合作与发展组织发展援助委员会（简称OECD-DAC）成员国家的官方发展援助。20世纪80年代末至90年代中期，马来西亚经济发展迅速，外交政策转变，主要通过引进外商直接投资刺激经济发展。目前，马来西亚作为中高收入国家，接受援助数量很少，接受援助的主要部门是社会基础设施和服务部门。在2013年，马来西亚共接受0.93亿美元援助，其中0.43亿用于社会基础设施和服务部门，生产部门仅0.23亿美元，其中0.92亿美元为政府开发援助赠款。因此农业部门接受援助较少。马来西亚已经由受援国转为援助国，尤其注重南南国家的双边贸易和投资活动，向其他国家提供援助项目。

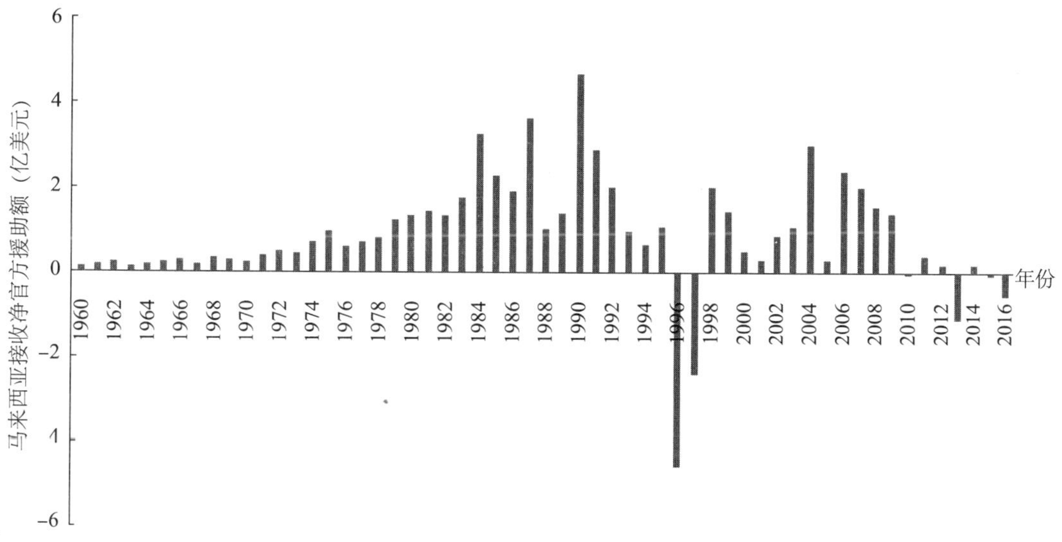

图3-1　1960—2016年马来西亚接受净官方援助额

2. 项目清单

农业部门近年几乎没有接受外援[①]。

3. 典型案例

日本曾是马来西亚在亚洲最大官方发展援助国。从1969年1月到2001年3月，马来西亚获得8 274亿日元（263.9亿林吉特）的双边贷款。为了应对1997—1998年亚洲金融危机的后果，日本迅速向疲软的亚洲经济体提供援助。在最初阶段，日本政府与国际货币基金组织合作，利用其资金来加强基金组织的计划。日本向马来西亚提供20亿美元的货款和贸易保险费用。根据新宫泽倡议的规定，马来西亚将获得以下类型的援助：双边贷款10亿美元；进出口银行贷款总额5亿美元；贸易和投资保险金额达到5亿美元。双方贷款将分为以下七个项目："东看"政策（1.27亿美元），高等教育贷款基金项目Ⅱ（HELP Ⅱ）（7 500万美元），马来西亚沙捞越大学（1.68亿美元），贝里斯水坝（880万美元），彭亨－雪兰莪州原水输水工程（1 000万美元），波德申电厂（4.45亿美元），中小型工业和企业（SMI）发展（1.47亿美元）（1999年日本驻马来西亚大使馆）。其中两项涉及农业基础设施建设。

（三）农业吸引外商投资情况

1. 总体规模及其变化情况

马来西亚农业吸引外资占总吸引外资的2%左右。近年来总量和占比都有缓慢下降的趋势。

表3-1　马来西亚农业吸引外资情况（2012—2016年）

年份	农业（百万林吉特）	总量（百万林吉特）	占比（%）
2012	9 901	405 696	2.44
2013	10 913	446 377	2.44
2014	11 063	474 614	2.33
2015	8 821	501 067	1.76
2016	8 539	546 619	1.56

资料来源：马来西亚统计年鉴2016。

① 来源：https://www.adb.org/projects/45083-012/main/country/mal/sector/anr?terms=MALAYSIA，http://projects.worldbank.org/search?lang=en&searchTerm=&countrycode_exact=MY。

根据马来西亚投资发展局的统计，2016年，马来西亚食品加工业吸引外资6亿林吉特，占当年该产业投资总量的25%。棕榈油业吸引外资13亿林吉特，占该产业投资总量的61.3%。橡胶产业共吸引外资8.64亿林吉特，可创造2 275个工作岗位。木材及加工业行业吸引外资1.51亿林吉特。

表3-2　2016—2017年马来西亚外商投资国别情况

国家和地区	2017年		2016年	
	项目数量（个）	投资额（林吉特）	项目数量（个）	投资额（林吉特）
中国	21	949 383 442	33	1 063 434 047
瑞士	7	601 970 013	6	116 381 922
新加坡	100	568 220 246	96	470 771 843
荷兰	13	500 954 943	18	716 348 269
德国	18	373 628 570	21	589 144 259
香港	10	368 094 310	12	59 074 714
日本	41	322 843 443	53	414 641 209

资料来源：马来西亚投资发展局。

表3-3　2016—2017年马来西亚第一产业吸引投资情况

项目	项目数（个）		可创造工作岗位（个）		国内投资（百万林吉特）		国外投资（百万林吉特）		总投资（百万林吉特）	
	2017年	2016年	2017年	2016年	2017年	2016年	2017年	2016年	2017年	2016年
农业	12	16	305	529	44.9	69.4	0.0	0.0	44.9	69.4
矿业	32	19	243	68	7 332.5	4 289.7	4 368.4	3 303.6	11 700.9	7 593.3
种植园和大宗商品	4	6	382	239	672.0	566.1	0.0	0.0	672.0	566.1
总量	48	41	930	836	8 049.4	4 925.2	4 368.4	3 303.6	12 417.8	8 228.8

资料来源：马来西亚投资发展局。

2. 重点投资产业

马来西亚的农业是其经济的支柱产业，国家也推出大量优惠政策欢迎外来资本投资。可对其重点投资的产业有：

（1）马来西亚传统农业支柱产业：橡胶，棕榈、热带水果和可可种植，以及在种植的基础上开发多元化经营模式，如马来西亚农业部大力推广的农林观光旅游业。农业观光旅游业也在税收上享受较多优惠。

（2）清真食品产业。马来西亚政府正致力把国家打造成全球清真食品中心。马来西亚清真食品出口名列世界第一。

（3）其他食品加工业。包括燕窝加工、海产品深加工、特色农产品加工、食品添加剂以及渔业饲料等方面。

（4）中医药产业合作。在2014年中马共同发布的《中华人民共和国和马来西亚建立外交关系40周年联合公报》中专门重申将加强在医疗领域，特别是中医药领域的合作。双方认识到中医药的潜力，认为两国开展合作和专家交流将使双方共同受益。双方对两国经贸合作稳步发展感到满意，同意将进一步促进双边贸易多元化增长。

3. 典型案例

（1）日本NH Foods公司进军马来西亚清真市场。2017年7月7日，日本食品制造商NH Foods公司宣布与马来西亚鸡肉巨头Lay Hong公司合作，将马来西亚市场作为其清真产品的出口中心。NH Foods不但和Lay Hong组建了合资公司，并且已投资1 000万美元在马来西亚雪兰莪州建造生产工厂，计划在2018年上半年完工。投产后，该厂初期生产能力为每月1 000吨产品，根据需求变化，产量可以调节翻倍。位于吉隆坡主要港口附近的雪兰莪州清真中心工业用地已被确定为该厂厂址。该合资公司在2016年年底已经以Nippon Premium NutriPlus作为品牌商标，推出了5款日本冷冻清真鸡肉产品。目前该合资公司正在开发印尼和泰国市场，以期扩大业务范围，发展成为综合生产商。NH Foods 2016年售额达112亿美元，其中 17%来自海外业务。同时，Lay Hong作为马来西亚较大的家禽生产商之一，年产能达到5亿枚鸡蛋和 3 万吨鸡肉。NH Foods表示，合资公司的建立表明NH Foods在新产品开发和市场渗透方面迈出了重要一步。Lay Hong希望可以充分利用 NH Foods 的物流网络，扩大城市地区这一主要目标市场的份额。同时，Lay Hong也在声明中指出，目前上架的5款肉类产品的初步市场反馈良好。在出口战略指导下，该合资公司还计划生产获得清真认证的即食冷冻食品，包括肉丸、汉堡和煎蛋卷，也会生产方便烹饪的蔬菜和其他中式食品，包括中式点心等。公司希望将40%的产品出口到新加坡、日本和中东地区[①]。

（2）荷兰 Dutch Lady牛奶企业[②]马来西亚投资合作。Dutch Lady牛奶工业有限公司是马来西亚优质品牌乳制品的领导者。该公司在马来西亚的出现始于第二次世界大战后。1963年，荷兰母公司Royal Friesland Foods NV（“RFF”）在Petaling Jaya的一个10英亩土地上建造了第一座工厂，DLMI成为第一家乳制品公司于1968年在当地证券交易所上市。Dutch Lady认为，马来西亚稳定的政府、良好的基础设施、熟练的劳动力和税收友善的政策是其主要吸引力。2005年，RFF将其位于多媒体超级走廊中心Cyberjaya

① http://www.foodnavigator–asia.com/Business/NH–Foods–JV–makes–progress–on–Malaysi a–halal–hub。

② http://www.dutchlady.com.my。

的SAP区域能力中心作为其基地，该中心向亚太地区的5个国家提供技术、开发和项目支持。Dutch Lady为马来西亚经济的发展做出贡献。该公司是最大的本地新鲜牛奶采购商，其产品中使用了大量当地原料，如棕榈油和糖。几十年来，Dutch Lady持续向全国供应优质乳制品。目前，Dutch Lady已成为马来西亚排名前三位的奶制品生产商之一，并且是马来西亚最受信赖的奶制品公司之一。

（3）广东农垦与马来西亚橡胶产业的合作。广东省广垦橡胶集团有限公司成立于2002年。因受到地理环境因素的限制，广垦集团公司国内橡胶产量受到严重制约。所以，广垦在马来西亚建立了天然橡胶基地，广垦橡胶（沙捞越）种植有限公司和广垦橡胶（婆联）有限公司。广垦橡胶（婆联）有限公司位于马来西亚沙巴州，由广垦公司与马来西亚企业合资设立，每年可加工橡胶5万吨。广垦橡胶（沙捞越）有限公司位于马来西亚沙捞越州，2006年与马来西亚方共同投资设立，占地156公顷，投资总额达1 714.55万美元，公司主要从事橡胶种植业务以及橡胶园租赁管理，积极参与当地政府主持的橡胶扶贫大马橡胶小圆丘计划。该公司拥有一座年加工能力标胶4万吨、复合胶3万吨的橡胶加工厂，一个具备年出圃200万株种苗规模的热带农作物种苗培育中心。种植项目自有基地已签约土地6 500公顷，总规划面积达1万公顷。下一步，企业计划以橡胶产业项目为基础，进一步拓展与沙州政府在棕榈油、蔬菜等领域的项目合作。

（四）中国在马来西亚农业投资的重点产业

1. 合作机制

中马农业合作主要依靠两种合作机制。一是政府主导、社会组织合作交流为辅的合作机制。中马两国依托于政府、社会和国际间的贸易组织进行农业合作，并通过签订合作协议等方式，促成合作项目落地。在政府层面，主要依靠两国领导人或部门官员的定期会晤以及政府部门间的定期会议；在民间社会组织层面，1988年双方成立双边经贸联委会，2002年4月成立双边商业理事会。这些民间组织间的交流、互动也是两国农业合作的重要桥梁。二是依托国际平台进行贸易往来的合作机制。稳定而有效的国际间合作平台成为中马两国贸易往来正常化的重要保障。中马农业合作要充分借助中国-东盟自由贸易区和“一带一路”等跨区域多边合作平台，以及中马两国间现有的“两国双园”等双边产业园合作平台，在由中国所倡导的“一带一路”合作框架和区域布局形成之后，中马两国的合作又迎来一个新的战略合作平台。

2. 产业合作

中马在一系列重要项目上有合作关系，包括中国在马投资的广垦集团橡胶种植项目、华为公司通讯项目和首钢集团综合钢厂项目等。马来西亚在中国有金狮集团投资的百盛商场以及郭氏集团投资开办的香格里拉酒店等。中马双方的承包劳务关系也非常密切，据中国商务部统计，2013年，中国公司在马新签承包工程80份，合同总额为24.68亿美元，当年派出各类劳务人员7 807人。“一带一路”无疑将为深化中马全面战略伙伴关系，加强经贸联系，提供重要契机。

中马两国的农业产业合作主要体现在“两国双园”（Two Countries Twin Parks）国际园区合作项目之中。中国与马来西亚两国在中国-东盟自由区升级版的背景下，率先就两国间投资合作新模式做出探索，创造性地提出构建中国-马来西亚“两国双园”国际园区合作的新模式。中马“两国双园”模式，即在中国钦州建立中马钦州产业园和在马来西亚关丹市建立马中关丹产业园，双园共同组成“姊妹园”，该模式较之传统的国际产业园间合作模式不同，“两国双园”更强调两国互相投资，共同招商，协调解决园区开发中遇到的困难，建立在两国密切的战略合作伙伴关系之上。

2012年4月，“中国-马来西亚钦州产业园区”建设项目正式启动。园区位于广西钦州市，为中马两国投资合作旗舰项目。中马钦州产业园园区总规划面积55平方公里，分三期开发建设，其中启动区开发面积7.87平方公里，2013—2016年园区基础设施建设总计投入超过30亿元，基本形成产业和城市配套服务功能，已经具备成片开发和产业项目“即到入园”便利条件。已入园和即将入园项目49个，签约项目总投资估算达423亿元，达产后年产值1 939亿元，税收66.31亿元，预计将占钦州市总产值的一半左右，其中30多个项目已在2016年实现开工总投资约150亿元。至2016年年底中马钦州产业园建成及在建的产业和城市项目近100项，总投资约500亿元，入园项目投资超过280亿元。园区以着力打造“一带一路”智慧走廊为出发点，在农业产业方面针对食品加工、农业生物科技和海洋科技等领域进行合作。其中，食品加工主要包括清真食品加工、燕窝加工、海产品深加工、特色农产品加工、食品添加剂、以及渔业饲料与用药等方面。

同一时期，2012年“马来西亚-中国关丹产业园”也正式开工建设，园区位于彭亨州首府、马来西亚重要港口城市关丹。马中关丹产业园区由中马双方组建的合资公司负责开发建设和运营，园区合资公司总股比按照马方51%，中方49%构成。中方参股企业为广西北部湾国际港务集团和钦州市开发投资有限公司；马方则由马来西亚实达集团、常青集团和彭亨州发展机构（以土地作价入股）共同参股。马中关丹产业园区规划总面积8.18平方公里，在亚洲基础设施投资银行（AIIB）和马来西亚政府的大力支持下，马中关丹产业园基础设施至2016年已累计投入约11亿人民币，园区基础设施，产业项目初具规模。基础设施已基本完成，并计划在关丹新港区建设两个15万吨码头，首个15万吨级泊位工程已经开工在建。

马中关丹产业园也是马来西亚第一个国家级产业园，它持续吸引外来直接投资，尤其是中资。至今，马中关丹产业园已对东海岸经济特区工业发展带来巨大的正面影响，它与进行中的关丹港口扩大计划，迄今一同吸引了135亿林吉特的投资额，并预计制造16 015个就业机会。马中关丹产业园一期规划面积6平方公里，已吸引了7个代表中国优势产能的项目入驻，其中包括年产350万吨的现代化全流程综合性钢铁厂、大型轮胎生产基地、铝型材加工项目、炼油催化剂项目等，投资金额超180亿元。

在产业项目建设方面，关丹产业园紧紧依托当地资源，发展较为成熟的钢铁、铝材深加工、棕榈油加工、石化、汽车装配、橡胶、清真食品加工等传统优势产业，并大力发展信息通信、电器电子和环保等新兴产业和现代服务业。2016年，关丹产业园累积投资额约213亿元，创造工作就5 500个，已签署陶瓷龙头企业仲礼集团30亿元轻工产业园项目、湖南中科恒源科技股份有限公司3亿元绿色产业项目，联合钢铁（大马）有限公司80亿元年产350万吨钢铁等项目。该产业园的第一家投资商，即Alliance钢铁有限公司，也是该特区单一最大的投资企业，已批准投资额达56亿林吉特。有关综合钢铁厂大厦的土地工程已于2016年2月已开始建厂。该钢铁厂料在2017年底投入营运。

产业园与农业相关的领域有棕榈油加工、橡胶、清真食品加工等传统优势加工业项目和农业信息化等战略性新兴产业。除此，还在物流和农业科研开发等领域展开合作。关丹产业园有进出口、市场准入等方面的政策优惠和100%所得税减免等税收优惠。2015年11月20日，李克强总理访马期间，中华人民共和国和马来西亚联合声明，表示双方同意继续推动“两国双园”协调发展，进一步提升两国农业合作水平。

“两国双园”农业项目合作案例之一：

中马钦州产业园园区第一个投产项目——中马粮油加工项目于2015年4月开始试产，到2015年12月止，加工植物油料8万多吨，产值达14.8亿元。公司一期项目建设用地约273亩，总投资约7.8亿元，完全投产后将日精炼棕榈油1 000吨、日分提毛棕榈油1 000吨、日精炼调和油（菜籽油、花生油、大豆油）1 000吨、日加工植物油料5 000吨、日分装调和用油600吨，可实现年均销售收入约98.5亿元，利润约2.2亿元，利税约3.8亿元。

中马粮油加工项目由广西北部湾国际港务集团与马来西亚常青集团合作。合作双方均为颇具实力的集团公司。其中广西北部湾国际港务集团有限公司（以下简称港务集团）由广西壮族自治区人民政府于2007年2月整合广西沿海的防城港、钦州港、北海港三港国有资产重组所成立的直属大型国有独资企业，注册资本20亿元，主营业务包括港口建设与运营、临港工业、综合物流体系、商贸物流、物流地产五大板块。马来西亚常青集团（Rimbunan Hijau Group）创立于1975年5月，是一个业务多元化、在国际上极负盛名，在马来西亚最具有影响力的综合性国际跨国企业集团，世界500强企业之一，总部设于马来西亚沙捞越州拉让江畔的诗巫市。拥有30多条胶合板和三夹板生产线，是马来西亚最大的胶合板生产与出口公司；同时，常青集团主营业务还覆盖油棕种植和加工业，造林、媒体、酒店服务业、信息通信技术、制造业、水产养殖、房地产开发、贸易与零售、人力资本开发、教育、生物科技、银行、船运、征收公路费用、旅游业、石油与天然气和矿业等众多领域。

该项目旨在打造集棕榈油、调和油精炼于一体的粮油加工基地，在关丹产业园区合作打造以棕榈油精炼为核心的深加工基地，依托港务集团自身的港口物流优势，采用国内外行业领先的技术装备，引进专家级人才，在广西钦州中马钦州产业园建设集棕榈油、调和油精炼于一体的粮油加工基地。同时，将充分利用马来西亚的资源优势，搭载北部湾港口的物流优势，承接马来西亚产业转移，拓宽中国油脂产业链；通过资源互补，相互开拓市场，进一步促进中马两国经济技术合作，在取得良好的经济效益的同时，创造出良好的社会效益和环境效益。同时通过资源互补，相互开拓市场，进一步促进中马两国经济技术合作，实现“两国双园”互动发展。

“两国双园”农业项目合作案例之二：

中马钦州产业园中的一个重要农业产业是燕窝。目前入驻园区的燕窝相关公司有4家：精燕（广西）燕窝有限公司、马来西亚关丹钦州燕窝有限公司、广西尚品大马燕窝有限公司、广西团集食品有限公司。这4家公司各具特点，充分发挥中马钦州产业园的优势，利用中马两国在燕窝生产和销售的互补，推进燕窝食品加工业的深度合作。其中精燕（广西）燕窝有限公司是马来西亚股东投资的外资企业，是一家以毛燕窝生产、加工、销售为一体的企业。燕窝原产地在马来西亚，公司有自己的燕屋及加工厂，有一套规范成熟的人工挑毛技术以及专业的管理经验，生产的燕窝产品为无添加剂、无漂白、无刷胶的纯天然健康食品。产品主要销售中国各大区。公司拟在园区建设生产车间。关丹燕窝有限公司是马来西亚关丹市议会合作社下属的子公司，公司具有先进设备和专业技术，专注于燕窝产品的加工和开发。公司进口马来西亚各种等级燕盏、三角燕、大燕条、小燕条、燕饼、燕碎等进行加工，面向中国市场销售。而广西尚品大马燕窝有限公司是尚品源和马来西亚Luann Sdn. Bhd.公司合作，在园区开展毛燕进口、加工和即食燕窝生产业务，生产即食燕窝和加工燕窝汤料。广西团集食品有限公司是中国广州团集食品有限公司的全资子公司，公司拟在园区投资1.5亿元建设毛燕加工工厂、即食燕窝加工厂、燕窝衍生食品加工厂及燕窝衍生化妆品工厂。

此外，中马的部门合作及新框架下的全面合作也在积极展开。如2016年，青岛鲁海丰集团与马来西亚渔业局达成合作意向，拟填海建设长宽各5公里、面积25平方公里

（包括港池）的马来西亚北方渔业国际港和产业园。2017年5月，在“一带一路”国际合作高峰论坛期间，马来西亚首相纳吉见证了中马交换9份涵盖建设、农业、证券交易所、基础设施、港口等领域合作的“企业对企业”深解备忘录及协定，总贸易额达312亿林吉特。

3. 科技合作

中马两国在农业科技领域的合作较为频繁。2013年10月，中马两国政府首脑在马来西亚首都吉隆坡签署了《中华人民共和国政府和马来西亚政府科学技术和创新合作协定》，双方承诺成立科技创新联委会，通过互派专家和学者、研讨培训等方式加深合作交流，并在国家联合实验室、遥感卫星数据共享与服务平台等方面展开务实合作，为两国农业科技创新合作打下了坚实基础。近年来，中马两国在多个农业领域内有多项农业科技开发合作项目，例如2015年的“中国-马来西亚清真食品国家联合实验室”项目。2015年4月，中马合作“中国-马来西亚清真食品国家联合实验室”建设项目正式落户甘肃。清真食品加工是马来西亚传统优势加工业项目，甘肃省充分发挥自身优势，在清真食品检测技术、加工技术、生物材料技术研究以及建立认证标准体系等方面开展长期合作。另外，中国农业科学院哈尔滨畜牧兽医研究所也与马方相关机构合作，共建疫病疫苗研发联合实验室项目。

4. 投资合作

中马两国双向投资合作历史由来已久。马来西亚对华投资开始于1984年。1996年，马来西亚对华投资额达到历史最高的4.60亿美元，此后保持每年大约3.00亿美元的投资规模。在共建“一带一路”框架背景下，中马双向投资金额猛增。据商务部统计数字显示，2015年中国对马来西亚直接投资流量增至4.89亿美元。但需要指出的是，据中国农业农村部国际合作司发布的《中国对外农业投资合作报告》中的相关数据显示，2015年中国涉农企业在马来西亚共有13家，累计投资额为8 162.90万美元，企业数量和投资金额在整个东南亚地区都相对较少，有较大的增长空间。

（五）中国与马来西亚签署的涉及农业的多双边协定情况

中马两国农业合作有着良好基础，主要体现在两国在政府和民间贸易往来中签订了许多友好合作协议，为促进两国农业贸易投资合作起到了重要的支撑作用。中国与马来西亚建交以来，两国政府相继签订了《中马两国政府农业合作协定》《避免双重征税协定》《双边投资保证协定》《贸易协定》《海运协定》和《民用航空协定》等10余项经贸合作协议。1988年成立双边经贸联委会。2002年4月成立双边商业理事会。具体看，多双边经贸合作协议包括：

1985年11月23日，中马双方签署了《中华人民共和国政府和马来西亚政府关于对所得避免双重征税和防止偷漏税的协定》，协定于1987年1月1日起正式生效。

1988年11月21日，中马双方签署了《中华人民共和国政府和马来西亚政府关于相互鼓励和保护投资的协定》。

1999年5月31日，中马双方签署了《中华人民共和国政府和马来西亚政府关于迈向21世纪全方位合作的框架文件》。

2000年4月12日，中马双方签署了《中华人民共和国政府和马来西亚政府就中国加入WTO的双边协议》。

2002年4月24日，中国贸促会与马来西亚亚洲战略及领导精神研究院共同签署成立了中马联合商务理事会。双方定期分别在中国和马来西亚召开联席会议，在促进中马工商界沟通与合作方面发挥重要桥梁作用。同年，中国与东盟签署了《中国-东盟农业合作谅解备忘录》《中国与东盟全面经济合作框架协议》等合作协议，决定于2010年建成中国-东盟自由贸易区，至2007年1月，中国与东盟六国（含马来西亚）60%的商品关税降至5%以下，2010年自贸区建成时除特殊商品外进出口商品基本实现零关税。

2009年2月8日，中马双方签署了《中马双边本币互换协议》。2012年2月8日，中国人民银行与马来西亚国家银行续签了该协议，有效期三年。

2009年6月3日，中马双方签署了《中华人民共和国政府和马来西亚政府关于部分互免持外交、公务（官员）护照人员签证的协定》。

2011年4月28日，中马双方签署了《中华人民共和国政府和马来西亚政府关于扩大和深化经济贸易合作的协定》。

2012年，中国与马来西亚政府共同签署《农业产品营销与推广谅解备忘录》，双方在备忘录中就今后一段时间中马蔬菜、水果等农产品的进出口贸易达成共识，此后两国各自组织成立专门工作小组，积极推进两国市场信息共享，建立农业展示窗口创造商业机会，为农业合作往来提供平台。

2012年6月15日，中马双方签署了《中华人民共和国政府和马来西亚政府关于马中关丹产业园合作的协定》。

2012年9月19日，中马双方正式签署了《马来西亚燕窝输华检验检疫和卫生条件议定书》。

2013年10月4日，中马双方签署了《中马经贸合作发展五年规划（2013—2017

年）》，为两国未来扩大与深化经贸合作奠定了的基础。规划中指出中马两国将在天然橡胶种植和加工、农业机械贸易、渔业捕捞、深水养殖等领域进行务实合作。

2013年10月，李克强总理在中国-东盟领导人会议上倡议启动中国-东盟自贸区升级谈判。2014年8月，中国-东盟经贸部长会议正式宣布启动升级谈判。经过4轮谈判，2015年11月22日，在李克强总理和东盟十国领导人的共同见证下，中国商务部部长高虎城与东盟十国部长分别代表中国政府与东盟十国政府，在马来西亚吉隆坡正式签署中国-东盟自贸区升级谈判成果文件——《中华人民共和国与东南亚国家联盟关于修订〈中国-东盟全面经济合作框架协议〉及项下部分协议的议定书》。

2015年11月23日，中马双方发表《中华人民共和国和马来西亚联合新闻声明》，双方同意进一步提升两国农业合作水平，召开第五次农业联合工作组会议，加强两国棕榈油贸易合作，欢迎签署《关于加强产能与投资合作的协定》《关于进一步推进中马经贸投资发展的合作计划》《关于进一步推进中马经贸投资发展的合作计划》和《马来西亚输华棕榈油质量安全的谅解备忘录》。

2016年11月，中马双方发表《中华人民共和国和马来西亚联合新闻声明》，同意签署《农业合作谅解备忘录》，提升包括农产品贸易在内的农业合作，促进农业投资，加强能力建设和农业科技交流。

2018年8月20日，中马双方发表《中华人民共和国政府和马来西亚政府联合声明》，签署了《中华人民共和国财政部与马来西亚证券监督委员会跨境会计审计执法合作备忘录》《中华人民共和国海关总署与马来西亚农业与农基产业部关于马来西亚冷冻榴莲输华检验检疫要求的议定书》《海南省农垦总局（海南省农垦投资控股集团有限公司）与马来西亚橡胶局关于橡胶沥青路面技术和割胶自动化技术及商业化合作谅解备忘录》《清华大学与马来西亚棕榈油局关于马来西亚棕榈油生物燃料技术发展及促进的谅解备忘录》等合作文件。

（六）总体评价

中国-东盟自由贸易区的建立和“一带一路”共建倡议的提出为中国和马来西亚大力推进农业合作提供了良好的宏观背景。“一带一路”发展倡议中，东南亚是重要腹地，也是突破口。其中，马来西亚位于东南亚的中心，处于东盟的战略核心地带，扼守被誉为“海上十字路口”的马六甲海峡，具有独特的地缘优势和市场辐射力，是21世纪海上丝绸之路的重要枢纽国家。马来西亚是东盟的重要成员国和创始国，也是东盟转口贸易的商品集散地。马来西亚同时也是最早响应“一带一路”倡议的国家，同时中国对马来西亚的投资规模加大，使其成为共建“一带一路”早期收获最丰硕的国家之一，中国与马来西亚共建“一带一路”大有可为。

中国应该抓住此有利契机，完善与马来西亚的农产品贸易政策，进一步深化双边农产品投资合作。马来西亚和中国在农业生产结构和特征上具有一定的互补性。中国地域辽阔，气候多样，种植的蔬菜和水果类型多样。而马来西亚的热带水果也备受中国市场青睐。同时中国与马来西亚海上运输便捷，储运时间较短，进口相关费用较低。中马进行农业投资与贸易合作前景广阔。

总的来看，马来西亚政府在政策上支持农业对外合作活动的开展，国内商业环境较好，交通条件便利，自身农业在热带经济作物种植、清真食品加工等领域内有着比较优势，并在粮食和油料作物生产、农产品贸易等方面有较好的发展潜力。

四、中马农业合作的发展潜力判断

总体看，中马两国加强农业领域的合作利大于弊，有利于实现两国经济共赢。因此，在今后一个时期，中马两国在维护和发展原有合作机制和合作基础上，逐渐开辟新的合作路径，争取在清真食品、农业科技和农产品贸易等领域取得新的突破。中马两国的农业合作需要以两国人民利益和农业经济共同发展为目标，在原有合作定位的基础上，谋求更高层次、更深入的合作。

（一）中马农业合作的发展前景判断

1. 有利方面

（1）气候资源优势

马来西亚地处热带，本国热带雨林气候为农业发展带来充沛的降雨量和适宜的温度条件，雨季和旱季的交替也与棕榈和橡胶等作物的生长周期相符，这些条件使得马来西亚在种植热带经济作物方面有着比较明显的优势。

马来西亚最主要的种植业生产情况走势显示：从粮食作物生产角度看，马来西亚粮食作物的生产在种植面积减少的同时，依靠科技手段有效提高了生产效率。多年来一直维持着产量稳定增加的势头，未来马来西亚粮食生产仍会保持稳定增加，但在今后一个时期里粮食供给问题仍会比较突出，马来西亚粮食供给将在一定程度上依赖进口。

从经济作物生产角度看，对比以油棕榈为主的油料作物和橡胶两大优势农作物的不同走势，可以看出，以油棕为主的油料作物发展趋势将会更加良好，未来可能会保持产量增加势头，棕榈油出口优势应该会得以继续保持。而未来天然橡胶的生产则可能进入持续下降的通道，由于马来西亚是传统的橡胶产销大国，且目前马来西亚逐渐从天然橡胶出口国变为天然橡胶消费国，橡胶产业已不再依靠出口，而是依靠国内以橡胶为原料的工业产业，产出高附加值的工业制品后再进行贸易活动，因此未来橡胶产业在国际社会中的地位可能不会有很大波动。

（2）农业产业优势

棕榈油及橡胶相关制品等产业是马来西亚的传统优势产业。除此之外，完善的认证体系使清真食品加工等衍生产业成为马来西亚具有独特优势的产业。马来西亚的清真标志凭借其独具特色的认证体系得到了世界范围内的一致认可。目前，马来西亚已逐渐成为世界清真食品相关产业的中心。本国清真食品产业有着非常明显的优势，体现在三个方面：第一，马来西亚有着天然的文化和宗教优势。马来西亚国内的穆斯林人口约占其总人口的61.40%，人口聚集带来了穆斯林的宗教理念和文化积淀，为本国清真食品产业的发展奠定了基础。第二，马来西亚清真食品加工产业发展程度高。马来西亚有着大规模的清真食品生产基地，并配有相对完善的基础设施，使得其产品容易获得伊斯兰国家的清真认证资质。马来西亚企业的清真认证平均每年以大约25%的速度增长，清真产业跨越了马来民族及穆斯林商界的范围，在马来西亚已获得清真认证的企业中的70%以上，都是由非穆斯林者所经营的。第三，马来西亚是唯一由政府颁布清真食品认证的国家。2004年，马来西亚研发出本国的清真食品标准和统一的清真标志，政府控制着由马来西亚伊斯兰发展署（JAKIM）所领导的多元机构所支持的系统，JAKIM是马来西亚唯一负责发布清真认证的机构，并给全国企业提供统一和可靠的认证框架，对遵守HALAL标准的企业的HALAL认证事务进行协调、审核并签发证书。马来西亚标准局制定了《清真食品生产、配制、加工和储存的一般准则》（为MS1500:2009标准），标准遵从良好操作规范（GMP）、良好卫生操作规范（GHP）等国际标准，与ISO兼容并获得伊斯兰会议组织（OIC）认可，为马来西亚带来竞争优势。

（3）地理交通优势

优越的地理与交通优势便于农产品国际贸易的开展。马来西亚地处马六甲海峡要道，地理位置得天独厚，国内交通基础设施建设比较完善，电信、互联网和邮政、物流业务在全国范围内亦均得到普及。在马来西亚的交通网络中，水运是最主要的货运通道，95%的货物通过水运完成。目前，马来西亚拥有包括巴生港、关丹港在内的七大国际贸易港口，2013年水运吞吐量已达5.1亿吨。其中，巴生港位于马六甲海峡，是远东至欧洲贸易航线的主要停靠港之一，2014年集装箱吞吐量约1 100万标箱，位列世界第12位。同时，马来西亚共有8个国际机场，是东南亚重要的空中枢纽之一，与中国多家航空公司有定期往返合作，可前往中国各地。陆运方面，马来西亚拥有贯穿各大城市、港口和生产区的高速公路网和年货运量600万吨以上的铁路线路。可见，优越的地理位置和便捷的交通网络非常便于马来西亚与别国进行农产品贸易往来。

（4）农产品国际贸易前景

马来西业一直以来都是以外向型经济为本国经济发展的重点方向。因此有理由认为马来西亚政府会在未来采取相应措施继续扩大本国农产品的出口贸易规模，届时中国同马来西亚之间加深农产品国际贸易往来会有较大空间。

2. 不利方面

（1）制度风险

通常来讲，一国制度的好坏对开展对外合作产生较大影响，而制度又主要体现在国家治安环境、政治稳定、政府是否廉洁和高效等方面。

澳大利亚经济与和平研究所（Institute for Economics and Peace）构建的全球和平指数（Global Peace Index，简称GPI）是世界公认的反映一国和平状况的权威指标，在该机构发布的2016年GPI指数排名中，马来西亚排名第30位，得分为1 648分，低于东南亚地区的平均值1 949分，和平指数排名仅次于新加坡，在东南亚排名第2位，显示出其在东南亚地区的国家环境趋于和平稳定。

由世界银行所构建的一套全球治理指标体系（World Governance Indicators，简称WGI）是世界公认的反映一国政治和法律情况的权威指标体系，其中的腐败控制指数、政治稳定性指数和政府效率指数等量化指标可以有效反映一国政治制度情况，以百分制计算，得分越高，合作风险越低。根据最新发布的数据显示，2016年马来西亚腐败控制指数得分为61.54分，腐败控制较好；政治稳定性指数得分50.00分，稳定程度较高；政府效率指数得分75.96分，政府办事效率较高，三项分数均高于东南亚地区平均水平。

（2）经济风险

国际间的合作往来，尤其是贸易投资合作，容易受到国家经济发展方式制约，对于一个国家来讲，其经济发展越趋向于自由化，越适宜进行合作。美国传统基金会（FRSER）构建的经济自由度指数是全球公认的能够反映一国是否支持经济自由发展的重要指标。其中，贸易自由化指标可以很好地反映一国政府对于对外贸易的支持力度。据该机构发布的最新资料显示，2017年，马来西亚贸易自由化指标得分为81.2分，全球排名第72位，总体来看在东南亚地区属于贸易相对自由的国家。

需要注意的是，企业经营也是不可忽视的经济风险之一。中国企业在马投资的一个不容忽视的问题便是如何在马来西亚进行经营管理。马来西亚的许多大型基建和投资工程运作模式与国内不同，往往会给企业融资、信贷等活动带来风险负担，降低企业运行效率。

（3）法律风险

一国的法律是否完善，法治水平是否高，也是影响本国对外贸易的重要影响因素。采用世界银行的WGI体系中的法治水平指数来对马来西亚法律风险进行考量，指数采取百分制衡量，得分越高，法治程度越高，合作风险就越低。根据世行最新发布的数据显示，2016年马来西亚法治水平得分为71.15分，法治水平较高，在东南亚地区排名总体靠前，次于新加坡，居于第2位。

但需要注意的是，在进行农业合作时，需要注意两国不同的法律口径问题，例如在签订贸易合同和撤销合同时两国法律口径并不一致，在撤销合同时马来西亚法律认为随时可撤销，但中国法律则规定需要满足对方知情等一系列撤销条件方可撤销，双方容易因此造成不必要的误会，这些也是中马合作需要考虑的因素。

3. 总体评价

在全球化高度发展的今天，国家间利用农业优势互补不断拓宽农业合作领域，将会对两国农业产业均有裨益。中马双方农业合作的最终目的是为了充分发挥两国资源、技术、资金优势，取长补短，增强食物安全、经济发展、人民富裕的发展能力，进一步巩固和深化两国战略合作伙伴关系，并通过合作促进两国农业产业在合作领域中的共同发展，强化双方在区域内农产品贸易的话语权。

资源禀赋优势互补是两国推动合作，互利共赢的最主要因素之一，中马两国在这方面的互补优势明显，客观上推动了两国经贸往来的发展。马来西亚地处热带，热带作物如橡胶、棕榈、热带水果等资源丰富，同时国土、气候等因素又对马的粮食作物尤其是饲料粮食的生产带来负面影响；而中国地处温带，又是传统农业大国，粮食、蔬菜等产量世界居首，但热带作物的生产能力和生产空间均受到限制，两国产业结构的差异性产生良好互补，加之两国目前都大力推行农产品市场信息化等新兴战略，为两国农业合作创造了优良条件。

中马两国相距较近，海运、空运便利，中国出口产品运费低、时间短，有利于鲜活农产品储运成本控制，这进一步巩固了中国农产品在此领域的优势地位，如马来西亚的榴莲、中国的富士苹果等在对方市场深受欢迎。随着马来西亚经济不断发展，人民生活不断改善，对农产品数量和质量的需求也会不断增加。届时，中国农产品将会凭借自身竞争优势而占据巨大的市场空间。

中马两国政府均鼓励外资进出本国，马来西亚本国有着较好的营商环境、可与中国形成优势互补的农业产业以及优越的地理区位和交通优势，加之马来西亚政府营造适于投资的环境，出台鼓励投资的政策等有利条件，两国农业合作潜力较大。

（二）中马农业合作的重点方向

双方农业合作领域既要符合现阶段中马两国农业政策发展动态，又要满足两国农业及农民切身利益。据此，在今后一个时期，将中马两国在农业交流合作工作的重点包括清真食品加工、粮食生产科技、农产品贸易等重点领域，通过重点开展食品加工、农业科技研发、农业技术推广等领域的通力合作，在每个领域找到突破口，采取政府牵头、企业管理、市场运作的方式，并通过项目辐射带动各个领域其他项目集群式发展，最终达到两国农业产业共同发展的目的。

1. 重点合作产业

(1) 清真食品

清真食品及相关产品加工是马来西亚农业发展的重要领域之一，马来西亚清真食品出口名列世界第一。马来西亚政府致力于巩固清真食品认证在全球市场的权威，计划将马来西亚发展为全球清真食品市场、验证和参考中心。中国和马来西亚在清真食品研究领域已经共同成立了联合实验室，有着共同合作的科研基础条件。中国清真餐饮、食品行业发展极为迅速。接下来，中国和马来西亚可以将科研领域内的合作拓展到产品合作领域，开展清真食品领域的相互合作。马来西亚的清真食品市场广阔，例如牛的自给率很低。因此马来西亚每年不仅需要进口大量牛肉，还需进口活牛用于品种改良和屠宰。在合作时，首先要了解马来西亚清真食品产业的行业标准和规定《清真食品生产、配制、加工和储存的一般准则》，熟悉监管清真食品行业的部门如马来西亚标准局和马来西亚首相署的伊斯兰教发展局，该局也制定《动物屠宰与清真食品的配制和加工的一般准则》，负责全国清真食品的认证工作。同时，除了马来西亚本国的相关准则和规定，还应考虑通过伊斯兰国家公认的哈拉认证（HALAL）。哈拉认证是伊斯兰教对供本教人所使用和食用的产品进行的一种标准资质的认证。清真产品是符合穆斯林生活习惯和需求的食品、药品、化妆品以及食品、药品、化妆品添加剂。穆斯林不能食用从猪或其他没有经过伊斯兰屠宰方式屠宰的动物身体提取的材料。牛、羊、鹿、驼鹿、鸡、鸭等动物原料也需要是清真的，但是必须使用符合伊斯兰教法的屠宰方式，才能食用（或其他应用）。哈拉认证产品制造过程中不得加入不符合伊斯兰教法的物质；产品储存符合教法规定；哈拉认证生物材料要由有关穆斯林机构（如伊斯兰教协会）认证；穆斯林食品、保健品、化妆品工业在使用这些材料时均需要哈拉认证。因此在与马来西亚进行清真食品和产品的合作时，首先从取得清真食品及与其相关工业制品的相关认证的角度入手，实现产品销售渠道的通畅；其次利用我国现有的优势，如甘肃省的清真产品生产技术，加强合作；再次在合作中积累清真食品的生产、加工、仓储、货运等一系列生产经营流程的经验，掌握和利用先进的技术和标准，以期未来得到更进一步的发展。

(2) 农作物生产科技

农作物生产科技领域内的合作主要体现在水稻等粮食作物的种植技术研发和推广、机械化种植设备开发两方面。水稻是马来西亚的主要粮食作物，虽然当地的气候非常适合水稻种植，但由于当地农业生产基础薄弱，水稻单产较低、效益差，马来西亚长期通过进口的方式补充国内粮食需求。根据中国和马来西亚单产统计数据，中国谷物单产长期都比马来西亚高出50%左右。长期以来，中国在水稻高产栽培、蔬菜设施化栽培，农作物育种，农业生产技术，农业机械化等方面积累了丰富的经验。中国企业可以充分利用中国农业走出去的机遇，以及马来西亚提供的优惠条件，到马来西亚开展粮食生产技术服务推广和机械化生产设备研发等方面的合作。同时，利用中国的生物研究技术，也可参与到马来西亚热带水果的培育中。马来西亚政府鼓励投资出口导向的农业。热带水果是马来西亚优势出口农产品，中国可加强与马来西亚在热带水果种植和培育的合作，并利用马来西亚的地理和区位优势，以及贸易优势促进热带水果从马来西亚出口至其他国家。

(3) 农产品进出口贸易

马来西亚农业以种植经济作物为主，辅以通过进口国内居民生活所必需的粮食、蔬菜和水果的方式满足国内生活和消费需求。与此对应的，中国幅员辽阔、物产丰富，温带和亚热带、热带蔬菜和水果的产量巨大、品种丰富正好能满足马来西亚的需要。中马双方应充分利用"中国-东盟自由贸易区"和"21世纪海上丝绸之路"的平台和框架，进一步拓宽农产品贸易合作领域，在进口方面，可以优先扩大来自马来西亚的热带水果进口品类的范围。目前，中国批准从马来西亚进口的水果包括龙眼、山竹、西瓜、木瓜、红毛丹及冷冻榴莲共6种，今后可根据国内市场需求适当扩展进口范围；同时，出口方面，中国可以向马来西亚直接出口水稻等粮食作物产品，扩大原有水果和蔬菜的出口量及出口品种，继续加深贸易伙伴关系。

(4) 农业机械产业合作

2011年，马来西亚提出全国农业食品政策（2011—2020年）要求解决食品供应安全，食品生产现代化，并大力提高农业机械化。同时推出"国家机械化及自动化计划"，要求完成农业生产高度机械化，专业管理的目标。马来西亚政府认为只有大力发展机械化生产，才能提高农业生产率解决农业劳动力严重短缺的问题。马来西亚政府已经在2014年财政预算案批准了14亿美元用以提升农业科技水准。马来西亚农业粮食政策（NAP4）同时也提出发展和提升农业基础设施。马来西亚现在拥有约43 000台农业机械和拖拉机。马来西亚是东盟农业机械市场新机器需求量第一的国家，也是东盟中购买农业机械能获得政府财政补贴最多的国家。马来西亚农业机械需求每年以6.7%的速度增长，至2020年该产业的投资将达118亿美元，市场缺口大，具有出口和投资价值。马来西亚政府为了鼓励个人采购中小型农用机械，已经相继出台多项政策，其中进口农业机械享受100%免税。马来西亚政府也鼓励引进国外的农机技术，发展农机制造业。因此，与马来西亚的农业合作除了农作物生产和食品加工业，还可以延伸至农业机械的出口和投资。

东盟市场是中国农业机械出口的重要市场，占中国农机出口总额的14.7%，是中国农机出口三大市场之一。其中如收割/采摘机械出口马来西亚430万美元，占马来西亚总进口量的37%。因此应该充分发挥我国农机产品的优势，如性价比高、制造技术基础良好、制造工业体系完备，抓住马来西亚农机市场的缺口，将我国农机产品打入马来西亚市场。

2. 重点合作项目

农业产业投资大、见效慢，因此农业合作要着眼长远，中马两国农业合作要取长补短、互利互惠，形成双方农业合作长效机制，规范合作行为、避免风险和争议。在长期合作中探索一套适于两国国情和利益的长效合作机制，提高合作效率、降低交易成本。因此，中马两国农业合作可采取“四步走”的推进方式，首先，确定优先发展项目。在重点合作领域中发掘一两个适合当前两国国情发展的具体项目开展合作。其次，做好优先发展项目的规划布局。通过对优先发展的合作项目的总体设计，规划合作基地和项目建成后的规模，之后围绕该重点产业项目，进行科学合理布局。再次，打造产业链，形成产业集群。在优先发展的合作项目规划建成后，充分利用其带动效应，逐步在各领域内形成全产业链企业集群式的发展态势。最后，在实践中建立两国农业合作长效机制。现阶段及未来的一段时间里，中国可以从清真食品加工、水稻种植技术开发和天然橡胶种植及加工等多个重点产业入手，开展合作。

（1）清真食品加工

马来西亚清真食品加工产业发展潜力巨大，目前已有多家农业跨国企业与当地企业开展了相关合作。例如，2017年，日本最大食品制造商NH Foods与马来西亚当地企业Lay Hong展开清真鸡肉产品生产销售合作，双方已在马组建合资公司，并开始兴建生产工厂，日方还有意继续与马企业在清真认证等方面进行合作。国内企业可以在借鉴他国大型跨国企业合作模式的基础上，找准合作伙伴和清真食品品种的切入点，利用已有的科研合作基础，进行企业间的贸易合作。

（2）水稻种植

水稻种植的合作主要是科技和机械化装备的合作。中马双方可以从以下两方面进行合作：一方面，中国将本国水稻种质资源研究、育种栽培技术等提质增产先进技术向马来西亚推广使用。例如利用国内的如隆平高科等农业科技型企业的水稻种质、资源等研究优势，与马来西亚粮食生产商进行直接签约合作。另一方面，针对马来西亚当地的特点设计并生产机械化设备，并可从中国国内向马来西亚出口优质的农机产品，既能帮助马来西亚提升本国粮食生产能力，也为中国企业和科研单位提供了新的市场和商机，达到双赢的局面。

（3）天然橡胶种植及加工

马来西亚是东盟所有国家中与中国贸易量最大的国家，而天然橡胶又是两国贸易往来中最主要的产品。全球90%的天然橡胶出口来自亚洲，其中泰国供应天然橡胶占全球比最高，达31%；其次是印度尼西亚、马来西亚和中国，分别占比27%、13%和6%。而中国每年约需450万吨天然橡胶原材料供产业发展，但由于受到自然条件的制约，每年只能产不到20%的天然橡胶，消费的天然橡胶绝大部分依赖进口，且主要集中在泰国、印度尼西亚、马来西亚和越南。贸易方面，马来西亚生产的天然橡胶绝大多数都出口到了中国。根据马来西亚橡胶研究所统计资料显示，2009—2011年马来西亚向中国出口天然橡胶量呈稳固增长态势，年均增长接近3万吨，占其天然橡胶市场总出口量的58%左右。到2012年马来西亚开始向中国销售天然橡胶量显著上升，同比提升了1个百分点。到2013年，中国从马来西亚进口天然橡胶总量占马来西亚天然橡胶总对外销售量的66.2%。但到了2014年、2015年，由于马来西亚国内天然橡胶总产量下降，其出口占比反而在增长。与此同时，为了加强对全球天然橡胶原料市场的垄断，泰国、印度尼西亚和马来西亚于2012年结为国际三方橡胶联盟。自2016年年中，泰国、印度尼西亚和马来西亚三国达成协议，减少对中国天然橡胶的出口，总共减少61.5万吨，三国政府还有意增加国内天然橡胶的消费量，直接导致的结果是天然橡胶的价格持续走高，严重冲击了中国轮胎制造业及其他下游企业。

生产及消费方面，由于近些年马来西亚受到了极端天气的影响，胶园更新换代速度缓慢、再植放缓，大量胶农改种棕榈树等因素的影响，导致天然橡胶产量大幅下跌。2009年开始马来西亚逐渐退出了产胶大国的行列，到2015年，马来西亚天然橡胶产量仅排到全球第六位。由于棕榈树的生产价值略高于橡胶，且棕榈树成熟仅需3年，而橡胶树成熟须7年之久，棕榈树种植周期仅为橡胶种植周期的42.9%，且加工所耗劳动力也不高于天然橡胶树常年割胶所需劳动力，从而使得种植棕榈的生产成本比种植橡胶树低，致使许多胶农放弃种植橡胶树改种棕榈树，橡胶树种植规模不断减小，2000年种植减少至140万公顷，2005年为125万公顷。2009年胶园占地不足100万公顷，2011—2018年种植规模略有恢复，2018年胶园占地110万公顷。与此同时，马来西亚国内天然橡胶的消耗总量已经排在世界前5位，且增长势头不减。马来西亚正在由天然橡胶出口国向天然橡胶消耗国转型，通过出口橡胶制成品和胶木家具为马来西亚带来了高额利润。正是由于政府对马来西亚天然橡胶加工业大力支持，使马来西亚天然橡胶产业显示出了更强的国际竞争力。

综合对比中马在天然橡胶生产和加工产业方面的比较竞争优势，广东农垦“育苗-种植-加工”于一体的全产业链模式值得进一步发展，一方面充分利用马来西亚的自然条件优势，通过投资建立高科技含量的育苗基地和种植园，弥补马来西亚近年来生产能力和生产意愿下降的缺口，建立起我国天然橡胶的“海外基地”，打破三国垄断局面；另一方面通过发展全产业链式的加工业，提升企业加工技术与能力，深入国际橡胶制品市场，提升相关产品的国际竞争力，并通过技术升级与引领带动作用，引领国内橡胶加工企业向国际先进水平看齐，全面提升抵御风险能力，并逐渐增强国际话语权。

3. 重点投资区域

区域发展方面，针对东马地区和马来半岛东部沿海地区工业基础相对薄弱现状，马来西亚鼓励外商和本地投资者在东马的沙巴和沙捞越州及马来西亚半岛“东部走廊”[①]地带投资，在所得税等方面予以特别优惠。

自2006年来，马来西亚政府陆续推出依斯干达特区、北部经济走廊、东海岸经济走廊、沙巴经济走廊以及沙捞越再生能源走廊，力图加快各地经济速度，平衡区域发展。近年来，马来西亚政府鼓励外资政策力度逐步加大，为平衡区域发展，陆续推出五大经济发展走廊，基本涵盖了西马半岛大部分区域以及东马的两个州，凡投资该地区的公司，均可申请5～10年免缴所得税，或5年内合格资本支出全额补贴。这些重点经济开发区都重视发展农业，可以在此些区域内重点投资农业。

伊斯干达开发区（Iskandar Malaysia）：位于马来半岛南端柔佛州，占地面积约2 200平方公里，重点推动服务业成为经济发展的关键动力。鼓励投资行业包括：旅游服务、教育服务、医疗保健、物流运输、创意产业及金融咨询服务等。

北部经济走廊（Northern Corridor Economic Region，NCER）：涵盖了马来半岛北部玻璃市州、吉打州、槟州及霹雳州北部区域，占地面积约1.8万平方公里，重点鼓励投资行业包括农业、制造业、旅游及保健、教育及人力资本和社会发展等。

东海岸经济区（East Coast Economic Region，ECER）：包括东海岸吉兰丹州、登加楼州、彭亨州及柔佛州的丰盛港地区，占地面积约6.7万平方公里，重点鼓励投资行业包括旅游业、油气及石化产业、制造业、农业和教育等。2012年最受关注的项目是中马两国合作开发的马中关丹产业园区。

沙巴发展走廊（Sabah Development Corridor, SDC）：涵盖了东马沙巴州大部分地区，占地面积约7.4万平方公里，重点鼓励投资行业包括旅游业、物流业、农业及制造业等。

沙捞越再生能源走廊（Sarawak Corridor of Renewable Energy，SCORE）：位于东马沙捞越州西北部，占地面积约7.1万平方公里，沙州拥有丰富的能源资源，重点鼓励投资行业包括油气产品、铝业、玻璃、旅游业、棕油、木材、畜牧业、水产养殖、船舶工程和钢铁业等。

① 马来西亚的“东部走廊”包括吉兰丹州、丁加奴州及彭亨州。

（三）推进中马农业合作的政策建议

推动中马两国在重点领域开展长期务实合作，政府的政策支持至关重要。建议政府在法律保障体系、企业扶持、农业技术创新、争议解决和基础设施建设等方面强化政策支持力度，以促进中国和马来西亚农业合作更好的发展。

1. 以清真食品等领域为起点，开展长期战略合作

选准合作领域，是中马农业合作成败的关键。及时掌握马来西亚国内政治动向、消费倾向和其他相关信息对决策者正确制定决策可起到至关重要的作用。根据中马资源、社会、经济因素，以及政治动态、文化习俗、饮食习惯和市场消费需求、消费结构等因素，建议选择以清真食品加工和农作物种植技术研发推广等领域入手，率先展开友好合作，探索形成良好合作机制，为开展长期合作做好充足准备。同时，建议成立专门海外研究机构或依托现有相关单位和机构，组织力量，展开对马来西亚政治、文化、市场等领域的广泛、长期的研究，并及时发布研究成果，供有关企、事业单位和政府部门与马方开展合作时参考。

2. 加强农业技术创新，深挖马来西亚市场需求

为加深中马农产品产业内贸易，中国政府应加强对农产品产业技术等方面的创新支持，大力鼓励农产品深加工，提高中国农产品收购、检验、装箱、包装过程的质量管理，提高产品档次，充分挖掘马来西亚不同地区对农产品的差异要求，提高中国农产品的出口档次，发挥中国农产品在马来西亚市场的水平差异性优势。

3. 抓住马来西亚农机市场机遇，推进我国农业机械出口和投资

首先，政府应该加大出口信贷力度，扶持农机向马来西亚输出。在我国，农机产业制造产能过剩，产业盈利空间小的情况下，国家应该积极鼓励农机企业“走出去”，为农机企业提供有效金融保障。探索实行“以援助带动投资”的策略，给予农机企业一定的资金扶持，提高农机企业的竞争力。其次，相比于国际上其他农业机械大国，我国农机产品虽然性价比高，但是品牌宣传力度不够，品牌意识不强。政府应扶持农机企业树立品牌，保护自己的品牌，同时规范农机生产流程。再次，在树立良好的品牌意识后，

政策应适当向农机企业倾斜，支持其提高知名度，加大宣传力度，为农机企业提供高级别的宣传平台，举办国际专业化大型展览会，助力中国农机企业在马来西亚扩大影响力，提高附加值。①

4. 推进合作平台建设，形成政府间良性互动局面

中马两国的贸易投资往来是以政府间互通合作为重要引导。目前，中马两国在原有的“中国-东盟自由贸易区”合作平台和“两国双园”产业合作平台的建设过程中，已经逐渐形成了良好的政府间互动机制，政府高层间的往来越加密切。今后，建议加强两国在“一带一路”合作框架内进一步促进两国政府高层往来，形成经常性往来机制，为中马两国农业贸易投资合作提供更加便利和稳定的合作环境。

5. 提供法律和经营服务保障，为企业合作保驾护航

中马两国政治、法律、风俗、标准等的不同，容易引起一些不必要的纠纷，建议政府部门为企业在法律、经营管理、人员培训等方面提供全方位的指导和服务，为走出去企业保驾护航。要建立相关保障机制，帮助企业有效预防政治、经济、金融等风险，减少企业走出去的损失。建议政府有关部门：一是加强对马来西亚法律体系的研究，尤其在企业运营管理、投融资、项目建设、合作协议签署等方面的法律法规进行深入研究，切实保护本国企业、投资人在外合法权益；为合作企业、投资人和研究人员进行法律普及和咨询，为中国企业在马投资提供指导。二是建议政府相关部门在现有优惠政策基础上，借鉴与马来西亚各国合作的已有经验，在相关领域成立有一定权威性的行业商会、社会组织，协调两国合作产业的资金、技术投入项目工作，给予企业更多扶持和指导；积极争取给予在马投资企业更多税收和项目申请等方面的优惠政策。

① 叶晓君.我国农机产品的东南亚市场研究[J].管理观察，2012（20）:251-251。

五、补充资料

1. 中国驻马来西亚和马来西亚驻中国的大使馆领事馆信息（2017年11月28日）

中国驻马来西亚大使：白天

公使衔参赞：陈辰

武官：张伟

商务参赞：石资明

领事参赞：刘东源

政务参赞：郁峻

政治处主任：钱珺珺

新公处主任：唐瑭

办公室主任：王楠

文化处参赞：张振

文化处主任：冯军

联系方式：

外国公民签证：

中国签证申请服务中心

（Chinese Visa Application Service Center）

电话：006-03-21760888

传真：006-03-21756888

网址：www.visaforchina.org

邮箱：klcentre@visaforchina.org

中国公民领事保护：

电话：0086-10-12308或0086-10-59913991（24小时）、006-03-21645301

领保邮箱：lingbaokl@gmail.com

中国公民旅行证件/公证/认证：

咨询电话：03-21645250、03-21645272 工作日14：00—17：00

传真：006-03-21636809

咨询邮箱：lingshikl@gmail.com

使馆地址：马来西亚吉隆坡市安邦路229号

邮编：50450

区号：00603

政治处：电话：21443779；传真：21484495

办公室：电话：21428495；传真：21414552

文化处：电话：21416093，21412266（科技）；传真：21429368

经商处：电话：42513555；传真：42513233

电子邮箱：chinaemb_my@mfa.gov.cn

中国驻哥打基纳巴卢总领事馆

地址：Palm Court, Lot 7, No 3, VIP Lot,

Lorong Pokok Palma Rajah, Jalan Lintas,

88000 Kota Kinabalu, Sabah, Malaysia

电话：0060–88385481,88393061；传真：0060–88385491

中国公民领保电话：0060–149857312

中国驻古晋总领事馆

领区：沙巴州、沙捞越州和纳闽联邦直辖区

办公地点：马来西亚沙捞越州古晋市王长水路10段276号

网站：http://kuching.chineseconsulate.org/chn/

电话：0060–82–240344

传真：0060–82–232344

马来西亚驻中国大使馆

地址：北京朝阳区亮马桥北街2号

邮编：100600

电话：（86–10）6532–2531 ext. 200 /（86–10）6532–2532 ext. 200 /

（86–10）6532–2533 ext. 200 /

（86）131 2026 5994（工作时间）/（86）131 2110 1914（非工作时间）

传真：（86–10）6532–5032

邮箱：mwbeijing@kln.gov.my

马来西亚驻广州总领事馆

地址：广州市天河北路233号中信广场商业大楼19楼15–18室，510613

电话：020–87395660/87395661

传真：020–87395669

领区：广东、广西、福建、海南

马来西亚驻上海总领事馆

地址：上海市南京西路1168号中信泰富广场11楼，1101、1110–1112单元

电话：021–52925424

传真：021–52925951

领区：上海、浙江、江苏、安徽、江西、福建

马来西亚驻昆明总领事馆

地址：云南省昆明市东风东路29号樱花酒店401–405

电话：0871–3165888转6241、6242

传真：0871–3113503

领区：云南、广西、贵州、四川、重庆

马来西亚驻香港总领事馆

地址：香港湾仔告士打道47–50号马来西亚大厦24楼

电话：0852–25270921

传真：0852–2865 1628

领区：香港

中国驻马来西亚大使馆经商参处

地址：NO. 39 Jalan Ulu Kelang, 68000 Ampang, Selangor Darul Ehsan, Malaysia

电话：00603–42513555

传真：00603–42513233

网址：my.mofcom.gov.cn

中国驻古晋总领事馆经商室（领区：沙捞越州）

地址：Lot 276, Block 10, Jalan Ong Tiang Swee, 93200 Kuching, Sarawak, Malaysia

电话：006082–239816 传真：006082–414344 网址：kuching.mofcom.gov.cn

中国驻哥打基纳巴卢总领事馆（领区：沙巴州、纳闽联邦直辖区）

地址：Palm Court, Lot 7, No.3, VIP Lot, Lorong Pokok Palma Rajah，Jalan Lintas, 88000 Kota Kinabalu, Sabah, Malaysia

电话：006088–385481

传真：006088–385491

网址：kotakinabalu.china–consulate.org

中国驻槟城总领馆经商室（领区：玻璃市州、霹雳州、吉打州、槟城州）

地址：28 B&C, Jalan Tunku Abdul Rahman, 10350 George Town, Penang, Malaysia

电话：006042–189795

传真：006042–189798

网址：penang.china-consulate.org

马来西亚中资企业协会

电话：00603-2387 8101

传真：00603-2164 4240

网址：www.cenam.com.my

电邮：cenam1449@hotmail.com

马来西亚投资促进机构：

马来西亚投资发展局（MIDA）

地址：No. 5, Jalan Stesen Sentral 5, Kuala Lumpur Sentral，50470 Kuala Lumpur, Malaysia

电话：00603-22673633

传真：00603-22747970 网址：www.mida.gov.my

马来西亚投资发展局上海办事处

地址：上海市静安区南京西路1515号嘉里中心807-809

电话：021-6289 4547/5928 6335

传真：021-6279 4009

电邮：midash@mida.org.cn，maylim@mida.gov.my

马来西亚投资发展局广州办事处

地址：广东省广州市天河北路233号中信广场1804B-05

电话：020-8752 0739

传真：020-8752 0753

电邮: midagz@mida.org.cn

UNDP中国企业海外可持续发展办公室

地址：北京市朝阳区亮马河南路2号联合国开发计划署

电话：010-85320733/85320776

南南合作促进会海外投资项目信息中心

地址：北京市东城区白桥南里甲2号

电话：010-65280465/56765617

网址：www.china-ofdi.org

中国商务部研究院海外投资咨询中心

地址：北京市东城区安外东后巷28号

电话：010-64515042/64226273/64515043

传真：010-64212175

电邮：kgjyb@126.com

网址：www.caitec.org.cn

2. 国际组织驻马来西亚代表处信息

国际组织：

United Nations Malaysia,

Level 10, Menara PjH

No. 2, Jalan Tun Abdul Razak

Precinct 2, 62100 Putrajaya

MALAYSIA

Tel: 603 2107 6000

Fax: 603 8881 0458

United Nations Children's Fund

Menara PJH, Level 10, No. 2,

Jalan Tun Abdul Razak, Precinct 2,

62100 Putrajaya, Malaysia

Tel:(+6.03)2095 9154(+6.03)2107 9154(+6.03)2107 9155

Fax:(+6.03)2093 0582

Email: kualalumpur@unicef.org

UNDP Resident Representative for Malaysia, Singapore and Brunei Darussalam

United Nations Development Programme,

Level 10, Menara PjH, No. 2, Jalan Tun Abdul Razak, Precinct 2, 62100 Putrajaya, Malaysia

Tel: 603 2107 6000

Fax: 603 88810458

Email: registry.my@undp.org

International Organization for Migration(IOM)– Malaysia

570, Jalan Bukit Petaling, 50460 Kuala Lumpur, Malaysia.

Tel: +60 3 9235 5400;

Fax: +60 3 2145 1094;

Website: http://www.iom.int; Email: iomkualalumpur@iom.int

Malaysian National Commission for UNESCO

Ministry of·Education

Policy and International Relations Division

Level 7, Block E8, Complex E

Federal Government Administrative Centre

62604 Putrajaya

Malaysia

Telephone(603)8884 6112(603)8884 6109

Fax(60.3)88 89 54 73(60.3)88 84 61 16

E–mail natcom.unesco(a)yahoo.com.my; natcom(a)UNESCO.org.my; roslinda.mmusa(a)moe.gov.my; hazlan.hamzah(a)moe.gov.my; zaidi.hamid(a)moe.gov.my; natasha.mohamad(a)moe.gov.my

Web site http://www.unesco.org.my

Global Environment Centre

2nd Floor, Wisma Hing

78, Jalan SS2/72

47300 Petaling Jaya, Selangor DE

MALAYSIA

全球重点国家农业发展情况系列研究报告

亚洲·东南亚篇

越南

Vietnam

农业农村部对外经济合作中心　编著

中国农业出版社
北　京

图书在版编目（CIP）数据

全球重点国家农业发展情况系列研究报告．亚洲．东南亚篇．越南/农业农村部对外经济合作中心编著．—北京：中国农业出版社，2019.12
ISBN 978-7-109-26304-8

Ⅰ．①全… Ⅱ．①农… Ⅲ．①农业发展-研究报告-世界 ②农业发展-研究报告-越南 Ⅳ．①F313 ②F333.33

中国版本图书馆CIP数据核字（2019）第284965号

亚洲·东南亚篇　越南
YAZHOU·DONGNANYA PIAN　YUENAN

中国农业出版社出版
地址：北京市朝阳区麦子店街18号楼
邮编：100125
责任编辑：张丽四　黄曦　程燕　张丽　丁瑞华
责任校对：刘飏雨
印刷：中农印务有限公司
版次：2019年12月第1版
印次：2019年12月北京第1次印刷
发行：新华书店北京发行所
开本：787mm×1092mm　1/16
总印张：55
总字数：1350千字
总定价：180.00元（共8册）

《亚洲·东南亚　越南》编写委员会

主　　编：杨　易

副 主 编：周　勇　杨　光　陈瑞剑

参编人员：祁梦超　陈祥新　刘　兰　仇焕广　张玲玲
姜　晔　于　敏　柏　娜　茹　蕾　龙　盾
刘　晴　刘建玲　许　勇　张　琦　肖金明
赵婕羽　宁攸凉

摘要

越南位于中南半岛东部，北与中国广西、云南接壤，中越陆地边界线长1 347公里；西与老挝、柬埔寨交界；东和东南濒临中国南海。陆地面积约33万平方公里。越南奉行全方位、多样化、愿与各国交友的外交路线，保持与传统周边邻邦的友好关系，积极发展与东盟国家的友好合作，重点发展与中国、美国、俄罗斯、日本、印度和欧盟成员国等大国以及世界银行、亚洲开发银行等国际组织的关系，积极参与国际事务，已同180个国家建交，同近200个国家和地区保持经贸往来，并于2007年加入世界贸易组织（WTO）。2010年担任东盟轮值主席。2016年2月4日正式签署参加《跨太平洋伙伴关系协定》（TPP）。中越两国于1950年1月18日建交。近年来，中越关系保持良好发展。两国领导人提出“长期稳定、面向未来、睦邻友好、全面合作”十六字方针和“好邻居、好伙伴、好同志、好朋友”四好精神，在此基础上，发展两国全面战略合作伙伴关系。据越南海关总局统计，2018年中越双边贸易额达到1 067.06亿美元，同比增长12.71%，中国成为与越南有贸易关系的200多个国家和地区中双边贸易额突破1 000亿美元的首个贸易伙伴。其中，越南进口中国商品654.38亿美元，同比增长11.7%；越南出口中国商品412.68亿美元，同比增长16.6%。

越南在从传统农业向现代农业发展的过程中，不断吸引外资，开拓了国际市场，对外贸易逐年发展，农产品出口量也得以增长。越南农业与农村发展部有关数据显示，2018年越南农林水产品出口额约达400亿美元，同比增长9.9%。具体地，主要农产品出口额达200亿美元，增长3.4%；水产品达89亿美元，增长7.4%；畜牧业达5.62亿美元，增长14%；主要林产品达95亿美元，增长18%。中国自20世纪50年代战备时期就开始对越南进行各方面援助。但近年来，中国对越南进行的农业援助相对较少，在农业方面的援助主要是向越南援助建设农业技术示范园区、派遣高级农业专家和农业技术组以及进行农业管理与技术培训。

虽然中国与越南在农业合作方面仍然存在着各种不利因素，双方合作过程中的摩擦时有发生，生产方式落后、市场体系不完善、配套基础设施建设滞后、缺乏统一领导协调机制等问题一直阻碍着农业合作的进一步深入，但是中国与越南在农业方面具有很强的互补性，开展农业合作符合双方的国家利益。随着中国与越南政府对双边关系的重视程度不断提高，对农业领域的资金投入力度逐步加大以及一系列加强合作的政策实施，借助于各类国际组织，搭建多样的合作平台，两国在农业合作方面将会取得更显著的成果。

目录

CONTENTS

一、越南宏观资料

（一）越南国家概况

1. 地理情况

越南位于中南半岛东部，北与中国广西、云南接壤，中越陆地边界线长1 347公里；西与老挝、柬埔寨交界；东和东南濒临中国南海。陆地面积约33万平方公里。越南地形狭长，呈“S”形，南北最长处约1 640公里，东西最宽处约600公里，最窄处仅50公里。地势西北高、东南低，境内3/4为山地和高原。有红河三角洲和湄公河三角洲等两大平原，面积分别为2万平方公里和5万平方公里，是主要农业产区。北部和西北部为高山和高原，中部长山山脉纵贯南北。越南河流密布，其中长度在10公里以上的河流达2 860条，较大的河流有红河、湄公河（九龙江）、沱江（黑水河）、泸江和太平河等。越南海岸线长3 260公里。越南属东7时区，首都河内时间比北京时间晚1个小时，没有夏令时。

2. 行政区划

从越南的一级行政区划来看，越南设有5个直辖市和59个省，按地域划分为8个大区：a.红河平原地区（包括11个省、直辖市），面积1.49万平方公里；b.东北地区（包括11个省），面积6.4万平方公里；c.西北地区（包括4个省），面积3.75万平方公里；d.中部北区（包括6个省），面积5.16万平方公里；e.中部南沿海地区（包括6个省、直辖市），面积3.32万平方公里；f.西原地区（包括5个省），面积5.47万平方公里；g.南部东区（包括8个省、直辖市），面积3.48万平方公里；h.湄公河（九龙江）平原地区（包括13个省、直辖市），面积4.06万平方公里。

从主要的城市来看，越南共有729座城市，包括河内、胡志明市、海防、岘港和芹苴5个直辖市。越南城市共分6类：河内和胡志明市为特别城市，此外，还有15个一类城市、16个二类城市、45个三类城市和66个四类城市，其余为五类城市。

首都河内（Ha Noi），位于红河三角洲平原中部，面积3 344.7平方公里，截至2015年人口达756万人，是全国的政治、文化中心，全国面积最大和人口第二大城市。河内旧称“升龙”，已有千年历史。水陆交通便利，有铁路、公路和航空线与全国主要省市相连。胡志明市是越南最大的港口城市和经济中心，人口数量位全国之首，由原西贡、堤岸、嘉定3市组成，位于湄公河三角洲东北，西贡河右岸，距出海60公里。面积2 090平方公里。据越官方统计，胡志明市有华人约48万人，市内第五郡（原堤岸市）是华人聚居的地区。市区主要建筑有统一宫（原总统府）、天后庙、圣母大教堂等。胡志明市气候终年炎热，温差不大。1月份最冷，月平均气温25℃；4月份最热，月平均气温29℃。

其他主要城市包括海防、岘港、芹苴、下龙、太原、越池、南定、顺化、头顿、大叻、芽庄和河仙等。其中，海防是北方重要港口城市和第三大城市；岘港是中部重要港口城市，旅游资源丰富；下龙市是著名旅游城市，下龙湾为世界自然遗产。

3. 历史概要

公元968年，越南成为独立的封建国家。1884年越南沦为法国“保护国”。1945年9月2日宣布独立，成立越南民主共和国。同年9月，法国再次入侵越南。1954年7月，关于恢复印度支那和平的日内瓦协定签署后，越南北方获得解放，南方仍由法国（后成立由美国扶植的南越政权）统治。20世纪60年代美国陷入越南战争，1973年1月，越美在巴黎签订关于在越南结束战争、恢复和平的协定，美军开始从南方撤走。1975年4月30日，南方全部解放，1976年4月，组建统一的国会，7月宣布越南全国统一，定国名为越南社会主义共和国。1986年，越南实行革新开放政策，经济实现较快发展。

4. 政治制度

越南现行宪法是第四部宪法，于1992年4月15日在第八届国会第十一次会议上通过，是对1946年、1959年、1980年宪法的继承和发展，体现了越共“七大”提出的社会主义目标与国家全面革新路线。宪法规定：越南社会主义共和国国家政权属于人民，越南共产党以马克思列宁主义和胡志明思想为指导思想。2001年第十届国会第十次会议对宪法部分条款作出修改，确定越南要发展“社会主义定向”的市场经济。2016年4月，越南召开第十三届国会第十一次会议，陈大光（Tran Dai Quang）当选国家主席，越共中央委员、越共中央办公厅副主任邓氏玉盛女士当选国家副主席。现行越南宪法由第十三届国会第六次会议于2013年11月28日通过。

国家最高行政机关。议会称国会，是国家最高权力机关，任期5年，通常每年举行两次例会。2016年3月31日，越南召开第十三届国会第十一次会议，选出新一届国会领导人。阮氏金银（Nguyen Thi Kim Ngan）当选国会主席。4月5日杜伯巳、冯国显当选国会副主席，何玉战、武仲越、陈文髓、阮德海、黎氏娥、阮翠英、阮清海当选第十三届国会常委会委员。同年选举产生新一届政府，阮春福（Nguyen Xuan Phuc）新任总理，张和平、范平明、王庭惠、武德担、郑庭勇当选副总理。

司法机构由最高人民法院、最高人民检察院及地方法院、地方检察院和军事法院组成。2016年4月8日，越南第十三届国会第十一次会议，越共中央书记处书记、最高人民检察院检察长阮和平当选为最高人民法院院长；越共中央委员、中央内政部副部长黎明志当选最高人民检察院检察长。政府机构包括国防部，公安部，外交部，内务部，司法部，计划投资部，财政部，工贸部，农业与农村发展部，教育培训部，交通运输部，建设部，资源环境部，通讯传媒部，劳动、伤兵和社会部，文化体育和旅游部，科技部，卫生部，中央银行，民族委员会，监察总署和政府办公厅22部委。

国防部既是越共中央军事党委的办事机构，又是越军的最高军事行政机关，下辖总参谋部、总政治局、总后勤局、总技术局、国防工业总局和情报总局。六大总部（局）分别负责全军的军事指挥、政治思想教育、后勤供应、技术保障、军工及生产经营、情报搜集与服务。公安部是越南政府重要部门，是越南人民公安力量的最高首脑机关，担负维护国家政治稳定和社会治安、打击各类犯罪、保护人民生命财产安全的任务。外交部是负责越南国家对外事务的专门政府机关。

5. 主要党派

越南共产党是唯一政党，1930年2月3日成立，同年10月改名为印度支那共产党，1951年更名为越南劳动党，1976年改用现名。现有党员约360万人，基层组织5.4万多个。在2016年1月27日举行的越南共产党第十二届中央委员会第一次全体会议上，选出新一届越共中央委员会和政治局。新一届越共中央政治局委员19人，中央委员180人，候补委员20人。阮富仲（Nguyen Phu Trong）连任越共中央总书记，梁强、阮文年、阮和平为中央书记处书记，陈国旺为越共十二届中央检查委员会主任。

6. 国际关系

越南奉行全方位、多样化、愿与各国交友的外交路线，保持与传统周边邻邦的友好关系，积极发展与东盟国家的友好合作，重点发展与中国、美国、俄罗斯、日本、印度和欧盟成员国等大国以及世界银行、亚洲开发银行等国际组织的关系，积极参与国际事务，已同180个国家建交，同近200个国家和地区保持经贸往来，并于2006年11月加入世界贸易组织（WTO）。2010年担任东盟轮值主席。2016年2月4日正式签署参加《跨太平洋伙伴关系协定》（TPP）。就越南与不同国家或地区的外交关系分别来看：

越南和美国于1995年7月建立外交关系。1997年5月双方首任大使抵任。2013年7月，双方确定为全面伙伴关系。近年来，越美经济、贸易和投资合作关系发展较快。在对美贸易方面，2015年，美国是越南第一大出口市场和第六大进口来源地。对美进出口金额分别为80亿美元和335亿美元，同比增长27%和17%。进口商品中，电子产品、计算机及零配件增长73.1%，机械设备及零部件增长10.2%。出口商品中，纺织品增长11.7%，鞋类增长23.9%，电话及零配件增长87.4%，电子商品、计算机及零配件增长

35.1%；截至2015年年底，美国对越直接投资项目共735个，投资总额为110.6亿美元，在对越投资的101个国家和地区中排名第7位。2015年，美国共有54个新增项目和20个增资项目，其投资总金额近2.27亿美元。

越南与苏联于1950年1月建交。苏联解体后，俄罗斯联邦继承苏越外交关系。1994年两国签署《友好关系基本原则条约》。2012年两国建立全面战略合作伙伴关系。2015年5月29日，越南与欧亚经济联盟（Eurasian Economic Union，EAEU）在哈萨克斯坦签署双边自贸协定（VEAFTA）。俄罗斯承诺向越南提供约100亿美元贷款，其中约80亿美元用于在越南建设核电站。截至2018年6月，俄罗斯对越直接投资项目117个，协议资金总额近10亿美元；越南对俄投资项目22个，协议资金总额30亿美元。

1995年7月，越南加入东盟，积极参与地区事务。2010年，越南担任东盟轮值主席，并于同年10月在河内举行东亚领导人系列会议。东盟多年来是越南在欧盟和美国之后的第三大出口市场，也是越南在中国之后的第二大贸易伙伴。2015年12月31日东盟共同体正式成立，由政治安全共同体、东盟经济共同体、东盟社会文化共同体组成。2015年，东盟是越南第三大进口来源地和第三大出口市场，对东盟进出口额分别为238亿美元和183亿美元，同比增长3.8%和下降4.2%。进口商品中，成品油增长5.9%、机械设备及零部件增长16.7%。出口商品中，电话及零配件下降11.6%、原油下降23.3%、钢铁下降16%。2015年越南与东盟贸易逆差额为55亿美元，同比增长45%①。

1973年9月越南与日本建交。自1992年至今，日本向越南提供的ODA（政府开发援助，Official Development Assistance）资金累计达2.8万亿日元（合约270亿美元），是越南最大的援助国。2015年，日本对越投资项目299个，协议金额为18.21亿美元。对日贸易方面，2015年日本是越南第四大进口来源地和第五大出口市场，对日进出口金额分别为144亿美元和141亿美元，同比增长11.6%和下降4%。进口商品中，电子产品、计算机及零配件增长23.8%，机械设备及零部件增长26.6%，电话及零配件增长11.5%。出口商品中，水产品出口下降14%、原油下降58%。

1992年12月越南与韩国建交，越南与韩国双边贸易额增长迅猛。2015年，韩国是越南第二大进口来源地和第六大出口市场，对韩进出口额分别为277亿美元和90亿美元，同比增长27.4%和25.2%。进口商品中，电子产品、计算机及零配件增长35%，机械设备及零部件增长64.8%，电话及零配件增长79.5%。出口商品中，电话及零配件增长348%，电子产品、计算机及零配件增长94%。2015年，韩国投资越南项目702个，协议投资额为67.27亿美元。2015年5月5日，两国政府代表在河内签署了《越韩自由贸易协定》，该协定包括货物贸易、服务贸易、投资、知识产权、食品安全措施以及动植物检验检疫

① 资料来源：除特别说明外，本节数据均来源于商务部《对外投资合作国别（地区）指南（越南）（2016年版）》。

（SPS）等方面的规则。该协定还涉及原产地、海关便利化、贸易保护、技术壁垒、电子商务、经济合作等内容。

1950年1月越南与朝鲜建交。

越南与欧盟在经贸、金融、文化、教育和科技等领域的合作全面发展。欧盟是越南重要的贸易伙伴，也是越南重要的援助来源。对越南贸易方面，欧盟是越南第五大进口来源地和第二大出口市场，2015年对欧盟进出口额分别为103亿美元和309亿美元，同比增长16.3%和10.7%。进口商品中，机械设备及零部件增长16.7%、药品增长15.2%、运输工具及零部件增长133.8%。出口商品中，电话及零配件增长17.7%，纺织品增长3.7%，鞋类增长12.6%，电子产品、计算机及零配件增长36.2%。经过越南与欧盟关于双边自由贸易协议（FTA）的谈判，在被暂停享受欧盟普惠制（GSP）待遇5年之后，越南从2014年1月1日起重新享受此项待遇。2015年12月2日，越南与欧盟签署了自由贸易协定，相互取消几乎所有产品的关税。

中越两国于1950年1月18日建交。近年来，中越关系保持良好发展。两国领导人提出"长期稳定、面向未来、睦邻友好、全面合作"十六字方针和"好邻居、好伙伴、好同志、好朋友"四好精神，在此基础上，发展两国全面战略合作伙伴关系。2009年11月，两国完成陆地边界勘定工作。双方在外交、公安、国防和安全等部门的合作不断深化，两党理论交流和青少年交往进展良好。2015年4月7～10日，越共总书记阮富仲访华，双方共同发表《联合公报》，同意共同推进各领域友好合作向前发展。2015年11月5～6日，中共中央总书记、国家主席习近平首次访问越南，两国领导人达成了积极推动中国"一带一路"倡议和越南"两廊一圈"的战略对接等一系列重要共识。两国经贸合作发展迅速，双边贸易连年迈上新台阶。2015年中越双边贸易总额959.66亿美元，同比增长14.74%。其中，中方对越方出口额为661.24亿美元，增长3.75%；自越方进口额为298.42亿美元，增长49.93%。中国连续12年成为越南第一大贸易伙伴，越南是中国在东盟仅次于马来西亚的第二大贸易伙伴。2015年越对华贸易逆差362.82亿美元。据越南工贸部统计，2015年越南边贸总额为275.6亿美元。其中，中越边贸额达234亿美元，占比85%，同比增长10.1%。2014年5月，在越南平阳、同奈、河静、太平等省的部分中资机构遭受越方严重暴力冲击，发生人员伤亡和经济损失，在越南中资机构的正常经营活动受到影响。

7. 社会治安

越南社会治安总体状况良好，没有恐怖袭击事件，但也存在抢盗现象，尤其是胡志明市特别明显，飞车抢劫较为严重。河内市、胡志明市、海防市等主要城市摩托车和汽车拥有量大，交通事故较多。越南法律不允许居民私自持有枪支弹药。

2015年，越南共发生5万多起刑事案件，河内市、海防市、岘港市、胡志明市、芹苴市5个直辖市为高发区。2015年，越南全国范围内交通事故22 404起，致死8 671例；导致5 984人受伤和14 572人轻伤。较2014年交通事故减少了11.5%；死亡人数减少了3.6%；致伤人数减少了4.5%，致轻伤人数减少了19.7%。2015年，全年平均每天发生交通事故61起，致死24人。2014年5月，越南反华暴乱，逾百人受伤。2016年3月，越南首都河内爆发反华游行，对中国在南海问题上的立场妄加指责。

8. 国内政局与对外关系风险总评

越南坚持共产党领导，走社会主义道路，国内政局保持了稳定。2016 年1月27日，越共十二大召开，越共中央总书记阮富仲连任；4月，越南召开第十三届国会第十一次会议，陈大光、阮氏金银、阮春福分别当选国家主席、国会主席和政府总理，越南最高领导层实现权力平稳交接。

1986年以来，越南坚持革新开放，以发展经济为重心，加快融入国际经济。特别2006年11月加入世界贸易组织（WTO）后，越南给予外资企业国民待遇，大力清理国内法律法规，与国际接轨。为加大吸引外资力度，越南第五次修订《投资法》并于2015年7月1日起正式生效，国内市场进一步开放。自2016年1月1日起，越南决定将企业所得税自22%下调至20%。2016年2月，越南同其他11个成员国正式签署《跨太平洋伙伴关系协定》（TPP），越南再次在全国范围内清理法律法规，对外开放步入新的发展阶段。

随着越南市场不断开放，进一步加深融入国际经济，特别是2015年越南与韩国、欧盟、欧亚经济联盟等签订了一系列自贸协定，并于2015年年底最后1天加入东盟共同体。越南事实上已经打通了赴欧美、欧亚等重要经济体的自由贸易通道，这都为越南企业带来巨大发展机遇。

（二）越南社会发展资料

1. 人口规模与分布

截至2018年，越南人口总数9 554.04万人，其中男性人口4 728.49万人，占总人口49.5%；女性人口4 825.55万人，占总人口50.5%。城镇人口占36%，农村人口占64%。劳动人口5 693万人，占总人口的60%。

人口密度最大的是红河平原，平均每平方公里1 217人；人口密度最小的是西北地区，平均每平方公里69人；人口密度最大的省份是北宁省，平均每平方公里1 227人；人口密度最小的省份是莱州省，平均每平方公里仅34人。

在越华人约90万人，主要分布在胡志明市及同奈、平阳、海防、林同、广宁、茶荣、坚江、后江等省。其中，胡志明市第五郡（堤岸）是华人相对集中的地方。

2. 民族、宗教与语言

越南是一个多民族国家，共有54个民族，京族（也称越族）为主要民族。各民族人口所占比例分别是京族86.2%、岱依族1.9%、泰族1.7%、芒族1.5%、高棉族1.4%、汉族1.1%、侬族1.1%、赫蒙族1%、其他民族4.1%。

在越南佛教占主导地位，信徒人数近1 000万人，天主教信徒约550万人，高台教信徒超过240万人，和好教信徒约130万人，信善教信徒约100万人，回教信徒约6万人。

越南语为官方语言，也是通用语言和主要民族语言。部分居民会说英语。

3. 科教及医疗条件

越南的科技水平无论在国际范围还是在东南亚地区都不具备较强竞争力，但科技工作对推动本国经济和社会进步还是做出了一定的贡献。其国内现有近300个科研机构(院、中心)。

越南拥有较完善的教育体系，分为学前教育、基础教育和大学教育三个阶段。著名高等院校有河内国家大学、河内百科大学和胡志明市国家大学等。目前，大学以上学历的人数仅占劳动力总人数的2.3%，总体教育水平还较低。2000年，越南宣布完成扫盲和普及小学义务教育。2001年开始普及9年义务教育。近年来，部分国家政府和国际组织向越南提供援助，支持越南发展教育事业，特别是发展农村和少数民族地区教育。截至2015年，越南63个省、直辖市中，共有37省、直辖市达到普及5岁幼儿园教育水平；63个省、直辖市达标准普及适龄小学教育，其中12个省、直辖市获公认达标准普及适龄小学教育2级。2015—2016年学年度，幼儿园教师为23.1万人，普通教师82.9万人，包括36.5万小学教师、31.3万中学教师和15.1万高中教师。在该学年度，越南全国幼儿园有390万名儿童、770万名小学生、510万名中学生和240万名高中生。截至2015年年底，越南全国有1 467所教授专业知识的机构，包括190所大专学校、280所中专学校、997家专业培训中心和近1 000家的教授专业知识机构，其拥有专业教师为4.06万人。

越南于1947年开始实行社会保障制度，并于1961年、1981年、1985年和1995年陆续进行修改和补充。社会保障制度规定劳动者享有病假、产假和工伤假，可享受退休金、伤残补贴和遗属津贴等。政府为全体国民承担部分检查和治疗费用。自2010年2月1日起，越南6岁以下儿童强制加入医疗保险。截至2014年，越南全国人口的71.6%参加全民医疗保险。8 204家医疗机构实现医疗保险，其中县级医疗机构1 190家，乡镇及私人医疗机构276家，卫生站及单位医疗机构6 178家。

2018年，越南人均寿命76.5岁，男性为71.8岁，女性为81.0岁。越南有7 000多万人参加医保，同比增长5.3%，占人口总数的77.5%。截至2016年第一季度，约7 065万人参加社保、医疗保险、失业保险，达计划的96.3%。

越南常见的疾病有消化道疾病、伤寒、副伤寒、小儿麻痹、甲肝及寄生虫感染等。上述疾病均可能经过不洁食物及饮水感染。2015年统计结果显示，越南全国有5.7万例手足口病患（6例病患死亡），8.14万例登革热病患（52例病患死亡），924例病毒性脑炎病患（26例病患死亡），376例伤寒病患，131例脑膜炎病患（5例病患死亡）。截至2015年12月17日，越南感染HIV病毒现存活人数为23.13万人，其中7.97万例发展为艾滋病，因艾滋病死亡人数为8.01万人。

据越方统计，2015年，平均每万人拥有医生8人、拥有医院床位24张。据世界卫生组织统计，2013年越南全国医疗卫生总支出占国内生产总值（GDP）的6%，按照购买力平价计算，人均医疗健康支出308美元。

4. 贫困程度

按美元计价，2018年越南名义GDP为2 449.48亿美元，人均GDP为2 587美元，世界银行将其划分为中低收入水平国家。联合国官网的数据显示，按照国家制定的贫困线，越南2014年其贫困人口占人口总数的13.5%；2015年越南全国贫困户有22.75万，较2014年减少了27.8%，贫困户占比7.2%，较2014年减少1.4%。

（三）越南宏观经济资料

1. 经济总量及其变化情况

总体来看，2010—2018年，越南的GDP总量实现了稳步增长，至2018年达到2 449.48亿美元（图1-1）。越南是传统农业国，工业基础较薄弱，主要依靠投资拉动增长，科技创新对经济发展贡献不高。自1986年推行革新开放路线以来，越南经济增长的成效较大。2015年，越南经济社会劳动生产率按现价约达7 930万越南盾/人，相当于

3 657美元/人。

图1-1　2010—2018年越南GDP总量

数据来源：世界银行数据库。

2. 经济结构构成及其变化情况

2018年，越南农业、林业和渔业占GDP的14.6%，工业和建筑业占34.3%，服务业占41.2%，产品税减去产品补贴占9.9%。2013年，为抑制通货膨胀、稳定宏观经济和保障社会民生，越南政府实施紧缩的财政政策和从紧、慎重的货币政策，由于受到国企效益低下、银行坏账高发、公共投资压缩以及股市、楼市萧条等影响，财政收支严重失衡，通胀虽有回落但隐忧犹存，企业经营困难，国民经济总体仍处于低位运行。2018年，国内生产总值（GDP）约为2 449.28亿美元，比上一年增长9.36%，人均GDP为2 578美元。其中，农林渔业增长2.6%、工业和建筑业增长9.3%、服务业增长6.04%，分别为GDP增长贡献1.08个、3.2个和2.4个百分点。全社会总投资约621亿美元，增长12%，相当于GDP的32.6%。信贷规模增长17.17%。2015年，新成立企业94 754家，总注册资金约273亿美元，分别比上年增长26.6%和39.1%。

截至2018年12月31日，越南国家财政收入为1 420万亿越南盾，超既定目标103.5万亿越南盾，与既定目标相比增长7.8%。而2018年前三季度越南的财政支出也再创新高，达到了989.3万亿越南盾，相当于年度预算的65%，同比增长9.8%。2018年全年平均居民消费价格指数（CPI）较2017年上涨3.54%，与2017年12月相比增长2.98%。因此，2018年越南已达到抑制通货膨胀率和居民消费价格指数保持在4%以下的目标。2018年，越南国家银行官方报道，为了保障外汇安全，越南一直在金融界持续以硬通货进行外汇买入，将越南的外汇储备提高至价值630亿美元的历史新高。2018年15岁及以上年龄的劳动力总数为5 430万人，比2017年增加579.7万人。2018年全国总体失业率为2%，其中城市失业率为2.95%，农村失业率为1.55%。适龄工人缺乏就业的比例为1.46%，其中市区缺乏就业的比例是0.69%，农村缺乏就业的比例是1.85%。

根据越南财政部数据，2018年越南公共债务占GDP比重由2016年的63.7%降至

2018年的61.4%左右。越南国家预算收入预计超过1 350万亿越南盾（约合579亿美元），较既定预算增加3%左右，较2017年增长5.5%，预算赤字率约达3.67%，超过国会提出的指标。

截至2018年8月29日，国际评级机构标普将越南长期债券的信用等级维持在BB−，展望为“稳定”。截至2018年8月10日，国际评级机构穆迪将越南信用评级从B1提升至Ba3，并将评级展望从“积极”调至“稳定”。另外，穆迪同时将越南长期外币债券评级上限从Ba2升至Ba1，将外币存款评级上限从B2升至B1。截至2016年5月18日，国际评级机构惠誉对越南主权信用评级为BB−/B，展望为“稳定”。

3. 交通运输、通信等基础设施情况

公路运输为越南主要运输方式，总里程约20多万公里，2015年共运送旅客约31亿人次，同比增长7.9%，运输货物约8.7亿吨，增长6.6%。

目前，在建和拟建的高速公路40多条线，全长6 313公里，分为5个路网：一是南北高速路网，含2条线路，全长3 621公里，其中东线长1 753公里，西线长1 868公里；二是北部高速路网，含6条线路，与首都河内市相连，全长1 074公里；三是中部和西原地区高速路网，含4条线路，全长524公里；四是南部高速路网，含8条线路，全长1 094公里；五是河内市和胡志明市环城高速路网，含3条线路，其中河内三环线长56公里，四环线长136公里，胡志明市三环线长83公里。此外，河内市五环线和胡志明市四环线建设在拟议中，其主要职能是连接两个城市的周边卫星城。根据规划，越南高速公路建设共需资金479亿美元，将主要依靠国家财政投资、民间集资、国际组织和外国政府贷款。2015年12月，河内市－海防高速公路正式通车，这条高速公路全长105公里，双向6车道，最高设计时速为120公里，为越南目前最现代化的高速公路。

越南铁路总里程约2 600公里，以米轨为主（2 160公里，占总长的83.18%），共7条干线，其中河内市－胡志明市统一线全长1 726公里，经3次提速后全线行程约29小时。2015年，越南铁路共运送旅客约1 120万人次，同比减少5.3%。

随着廉价航空和高速公路的快速发展，铁路运输业虽然正在改善售票服务、车站质量和服务风格，但运行时速不足90公里的铁路运输正面临激烈竞争。目前，越南铁路客运量占全国旅客交通运输量的比重为1%。比重较低的原因是铁路基础设施落后，与其他交通方式相比，旅客把乘坐火车作为最后的选择。根据《至2020年铁路发展规划》，今后越南将重点发展城市铁路交通及连接城内与郊区的铁路运输，首先在河内市和胡志明市进行建设。

2018年越南当地4家航空共运送旅客超5 000万人次，比2017年增长14%。2018年，通过越南机场的乘客人数增加了12.9%，达到1.06亿人次。越南航空公司拥有160多架

飞机，主要机型包括AIRBUS（320型、321型、330型）、BOEING−777、BOEING−737、BOEING−767、ATR72和FOKKER70等机型，平均机龄约10年，预计2020年达到165架。越南已开通联接国内20个城市和国外26个城市的70条航线，并在各国设立28个办事处和1 000多个代理点；航班延误率为13%，远低于全球平均水平，信誉较好；共有员工1.4万人，其中飞行员422人（含138名国外飞行员）、机组服务员700人、技术工程师283人、技术工人590人。机场建设方面，越南共有17个规模较大的机场，包括河内内排机场、胡志明市新山一机场、岘港机场、芹苴机场4个国际机场。已有45家国际航空公司开通连接越南的55条航线。北京、广州、上海、重庆等地均有飞往越南河内市、胡志明市的航线。越南航空产业目前向越南国内生产总值贡献60亿美元、创造23万个就业岗位。

2008—2013年，越南航空客运量上升96%。越南航空产业发展潜力巨大。其中，国际客运量增长6.9%，国际货运量增长6.6%。2015年东盟共同体成立，越南面向东盟国家开放航空运输业，越南航空旅游需求将得到很大增长。

2016年7月，越南坚江省富国岛县富国国际航空港与中国南方航空正式开通广州直飞富国岛航班。南航广州至富国岛航线于每周三、周五、周日执飞，机型为B737。7月6日下午，该航线在富国国际航空港首次降落，飞机上除中国旅客外还有众多俄罗斯和欧洲旅客。此后，中国东方航空和越捷航空分别增设从中国浙江、昆明至越南富国岛的直飞航班。

内河运输：越南内河运输的货运量与客运量仅次于公路运输，在全国运输业居第二位。现有23个主要的内河装卸码头和若干小码头，年吞吐量约700万吨。主要港口位于胡志明、河内、河北、越池、宁平、和平等省市。船队以5～20吨级到1 000～2 000吨级的船只为主；牵引力较低，约每马力（1马力≈735瓦）4～5吨；速度慢，每小时5～8公里。内河运输是越南普遍使用的运输方式，货物主要包括粮食、煤炭、水泥、石头、沙子等。2015年，越南内河运输旅客量1.5亿人次，同比增长4%，运送货物量1.9亿吨，同比增长4.5%。

海洋运输：近年来，越南海洋运输发展较快。现有海港49个，其中一类港口17个，二类港口23个，三类港口9个。分为六大港口群，自北向南依次为广宁省至宁平省的北部港口群、清化省至河静省的北中部港口群、广平省至广义省的中部港口群、平定省至平顺省的南中部港口群、南部港口群和九龙江平原港口群，吞吐量主要集中在北部港口群和南部港口群，约占总吞吐量的80%。全国海港设计吞吐能力约4亿吨，尚无国际中转港，进出口货物均需经新加坡、中国香港特区等地中转。越南海运船队主要由国内自产新船和国外进口二手船组成，共有海运船只1 600艘，总载重量620万吨，世界排名第31位。越南最大的海运企业为越南航海总公司（VINALINES）。2015年，越南海洋运输旅客量540万人次，比上年增长5.3%，运送货物量5 840万吨，同比增长4%。

越南通讯业发展较快。截至2014年年底，越南共有24家通信企业获准建立通信网络。2015年，越南通信领域营业收入达152亿美元，比上年增长2.1%，利润达25亿美元，比上年增长51.3%；移动业务用户数量达1.27亿，比上年减少7.3%，固定电话用户数达590万，减少7.8%，宽带用户数达1 050万，增长11%。

2015年，越南生产和购买电力1 594亿千瓦时，比上年增长11.23%。2015年，人均用电量达1 536千瓦时，较2010年增长56%。2015年，越南电力集团售电量达1 433.4亿千瓦时，超既定计划的15.4亿千瓦时，较2014年增长11.44%，满足生产经营活动和广大人民生活用电需求。

2011年6月，越南政府出台关于风电发展机制的第37号决定，提出鼓励风电发展的政策措施，包括将风电并网价格提高至7.8美分/千瓦时（火电和水电并网价格约5.5美分/千瓦时），将风力发电列入越南第七个电力发展规划，计划到2020年将风电功率提高至100万千瓦。此外，越南还鼓励利用太阳能、生物质能和地热等可再生能源发电。

2011—2015年，越南国家电网规模和覆盖率持续扩大，电力生产力水平不断提高，满足全国日益增长的用电需求，尤其是南部地区居民生产生活用电需求。5年来，供售电量年均增长率达10.84%。工业、建设领域电力供应年均增长9.6%，贸易服务、农业领域电力供应分别增长14.1%和20.1%。5年间，越南电力集团的投资总额达479.62万亿越南盾（约合228亿美元），是上一个5年的1.37倍，完成计划的95.7%。越南电力集团34台机组已投入运营，总功率达9 852兆瓦；动工兴建10个电力项目，总功率为5 629兆瓦。

2016—2020年，越南电力集团将筹资600多万亿越南盾（约合285亿美元），有针对性地对重点工程项目进行投资，保障工程项目质量和施工进度。按计划，未来5年越南电力集团将建设并投入运营总装机容量达5 819兆瓦的11个电力项目，保障莱州水电站等重点项目的施工进度，为动工兴建越南宁顺省首个核电站做好准备。

越南负责基础设施建设的主要政府部门有交通运输部、工贸部、建设部、农业与农村发展部等。其中，越南交通运输部负责建设项目包括公路、铁路、桥梁、隧道、机场、码头、送人缆车等；越南工贸部负责建设项目包括水电站，火电厂，冶炼厂，氧化铝厂，石化工厂，气体加工厂，汽油、油、液化气仓库及管道，危险化学品厂及仓库，工业爆炸品工厂及仓库等；建设部负责的建设项目包括公寓楼、公共工程、水泥厂等；农业与农村发展部负责的建设项目包括水库、堤坝、水闸（供水、排水）、泵站以及其他水利工程。

近年来，越南在财政困难的情况下仍将加大基础设施投入，以改善投资环境。越南政府计划到2020年投入1 300亿美元改善基础设施现状，年均投入近102亿美元。交通运输方面，按计划，到2020年，越南陆路货运量将增长54.4%，客运量将增长

93.2%。越南将优先发展公共交通和关键交通基础设施。河内到芹苴的1A号国道将于2016年前建成。该计划还将对铁路运输进行结构调整，利用铁路大量进行中远程货运，并发展大城市间的铁路中程客运和公共交通。未来，铁路基础设施管理和铁路运输业务将会分离。现有的南北铁路将进行升级和现代化，此外还将建成南北高铁系统。中部省份将建设连接西原和海港的铁路。越南将研究泛亚铁路。用于进出口的海运船舶市场份额将从25%增长到30%。到2020年，越南海运的市场份额将增至21.25%，满足越南国际货运量的94.3%和国内省际货运的8.55%。越南国家海港系统和关键经济区的国际港口口岸将获得更多投资。在航空领域，越南政府希望增加廉价航空的市场份额，并促进国内航空货运。河内市和胡志明市的私人车辆将受到限制。

铁路运输方面，目前，铁路运输分别占越南客运市场的0.5%和货运市场的1%。越南铁路行业2020年的目标，是将铁路运输占客运和货运市场的比例分别提高到13%和14%。到2030年，铁路运输占客货运比例增至20%。铁路基础设施方面，到2020年，完成将现有铁路改造升级达到一级国家铁路标准。完成连接国家海港、工厂、经济区、采油区一级大型旅游中心的铁路网络。争取完成老街－河内－海防、同登－河内的新铁路路线建设；优先建设南北高速铁路的线路；将现有单线铁路逐步改造扩建为电气化复线铁路。到2030年，完成河内市、胡志明市的城市铁路交通并在其他大城市展开建设；基本建成南北高速铁路网络；展开建设西原铁路、连接北部平原沿海省份铁路、到九龙江平原各省的铁路。到2020年，越南铁路发展资金需求约635亿美元，其中基础设施建设535亿美元；建设土地需求1 268公顷；电量供应需求49.72亿千瓦时/年。

高速公路方面，2016年3月，越南政府总理阮晋勇审批了《至2020年展望2030年越南高速公路网路发展规划》。该规划的目标为尽快形成国家高速公路网，确保将各重点经济中心、主要口岸及运输需求大、高速的重要交通枢纽连接起来。该高速公路网虽独立建设，但需保证与现有的公路网络相连通，确保环境和景观要求，有效缓解全国目前河内、胡志明市等大城市的交通拥堵状况。规划中的各条高速公路均得到完整规划，但在建设过程中将根据车流量和资金到位情况进行分期建设。为达到本地区其他国家高速公路网水平，越南拟建设总长6 000多公里的高速公路。其中，到2020年拟建设高速公路约2 235公里，总投资约170亿美元；2020年以后，拟建设3 518公里，总投资约195亿美元。外资参与方面，越南允许外国投资者参与当地基础设施投资。

4. 特色产业、投资有利与不利因素

越南本国的特色产业主要有农林渔业、工业、服务业、汽车工业、电力工业、油气工业等。就农林渔业来看，与2016年相比，2017年越南的农产品、林业产品和海产品均创下新的出口创汇记录：农业营业额增长15.7%，水产品增加18%，林产品增长9.2%。

另外，2017年的农业盈余达到85.5亿美元，比上一年增加了10多亿美元。2017年，越南大米出口量达到589万吨，收入达到26.6亿美元，比2016年增长22.4%量，价值增长23.2%。出口橡胶139万吨，收入22.6亿美元，比上年增长11%，价值增长35.6%。茶叶出口量达到14万吨，收入2.29亿美元，比2016年增长7.2%，价值增长5.6%。木薯和木薯产品约为395万吨，收入10.4亿美元，同比增长6.9%，价值增长4.2%。值得说明的是，越南的腰果产业是最特色的农业产业之一。过去十年，越南从印度手上赢得“世界腰果加工中心”的地位，并成为世界上最大的出口国。目前。全球每年约有340万吨腰果原料，越南加工160万～170万吨。

就工业来看，2018年工业继续成为经济增长的主要亮点，增长率高达12.98%，尽管低于2017年的增长率，但远远高于2012—2016年的年均增长率，为整体增长贡献了2.55个百分点。与2017年相比，加工制造业生产指数增长12.3%，给水、污水处理生产指数增长6.3%，发电及配电生产指数增长10%。汽油和钢铁是2018年越南高增长的工业品，增长率分别为51%和43.8%。越南是第五大水泥生产国，仅次于中国、印度、伊朗和美国。随着最新的6条水泥生产线投入运营，这一排名或将升至第三或第四。据越南工业与贸易信息中心公布，2017年前7个月，菲律宾已超过孟加拉成为越南水泥第一大出口市场，占越南水泥出口总额的30%。

就服务业来看，2018年服务业增长7.03%，高于2012—2016年的增长率，其中，今年商品零售总额与消费服务收入约达4 395.7万亿越南盾，同比增长11.7%。2017年，越南全年零售和消费服务业营业额约为3 934.2万亿越南盾（约合1 788亿美元），比2016年增长10.9%，排除价格因素实际增长9.46%，高于2016年8.33%的实际增速。其中，零售业收入约2 937.3万亿越南盾（约合1 335亿美元），同比增长10.9%。2018年的越南旅游业再创佳绩，国际游客抵越人数达到创纪录的1 550万人次，比2017年增加了19.9%（游客数量增加超过260万人）。亚洲游客达到1 207.55万人次，比上年增长23.7%；欧洲游客达到203.79万人次，增长8.1%；来自美洲的游客达到90.38万人次，比2017年增长10.6%；来自澳洲的游客达到43.78万人次，增长了4%；来自非洲的游客达到4.28万人，增长了19.2%。

就汽车工业来看，全行业现有12家外资企业和100多家本国企业，其中近20家从事整车组装、近20家生产汽车车身、60多家生产汽车零部件。总体而言，越南汽车企业以进口部件进行组装为主，国产化率较低，仅5%～10%。越南华重商用车有限公司为中方独资企业，也是在越南唯一的中资汽车企业，位于海防市图山工业区，一期总投资1 000万美元，主要生产卡车。

就电力工业来看，2015年越南生产和购买电力总量1 594亿千瓦时，同比增长11.23%。高压电网1.3万多公里。其中，500千伏电网全长1 531公里，220千伏电网全长

3 839公里，110千伏电网全长7 703公里。每年从中国进口电约50亿千瓦时。全国变电站总功率为2 370.9万千瓦。其中，500千伏变电站功率为423.1万千瓦，220千伏变电站功率为847.4万千瓦，110千伏变电站功率为1 100.4万千瓦时。根据越南第七个电力发展规划，到2020年全国电力总需求将达到3 400～3 700亿度。再生能源发电特别是风电将与火电、核电一起成为今后越南电力发展的重点。中资企业在越南电力市场有较强竞争力，已经完成和正在实施的电力项目包括海防一、二期热电项目，锦普一、二期热电项目，广宁一、二期热电项目，山洞电站项目，永新二期热电项目，沿海一、三期热电项目，海阳热电厂，冒溪热电厂和升龙热电厂等。

就油气工业来看，据越方统计，2014年越南原油产量1 706万吨，天然气97.5亿立方米。越南首家炼油厂——容橘炼油厂已于2010年5月30日正式投产，投资总额超过30亿美元，年加工原油650万吨，将满足越南成品油需求量的40%。

越南吸收外资的主要优势：一是劳动力成本相对较低，根据越南国家统计局数据，2018年，越南人均GDP约为2 578美元，约为中国人均GDP的1/4，与中国中西部地区相当；二是地理位置优越，海岸线长达3 260公里，港口众多，运输便利；三是越南《投资法》较为开明，为外国投资者提供了较为全面的基础法律保障和较大力度的优惠政策；四是对外开放程度较高，投资者可利用东盟共同体、TPP等自由贸易平台接近更广阔的国际市场；五是对于基础设施需求有巨大潜力。

影响外资的不利因素：一是宏观经济稳定性不足，越南经济很大程度上依赖出口。受发展程度和经济体量的限制，缺乏定价权和话语权，易受国际经济环境的影响；二是劳动力素质不高，越南共有约5 400万劳动力，但受过良好教育和培训的人员仅占18.4%；三是配套工业较落后，生产所需机械设备和原材料大部分依赖进口；四是外汇管制较为严格，投资者在使用美元时受到一定限制，须面临越南盾汇率不稳定的风险；五是政府部门行政效率较低。

世界银行发布《2016年营商环境报告》显示，越南在全球189个经济体中排名第90位。

5. 国际贸易

2018年，越南对外的货物贸易进出口总额达到了4 822亿美元。其中，越南出口的商品总额约为2 447亿美元，进口的商品总额约为2 375.1亿美元，越南贸易顺差额为71.9亿美元。

在贸易结构方面越南出口结构逐步改善，出口商品技术含量和附加值有所提高，电子产品和普通机械设备出口比重增加。2015年主要出口商品包括电话及零部件（出口301.8亿美元，同比增长27.9%）、纺织品（出口228.1亿美元，同比增长9.1%）、计算机及零配件（156.1亿美元，同比增长36.5%）、鞋类（出口120.1亿美元，同比增长16.3%）、机械设备（出口81.7亿美元，同比增长11.7%）、木制品（出口69亿美元，同比增长10.7%）、水产品（出口65.7亿美元，同比下降16%）、运输设备（出口58.4亿美元，同比增长2.9%）、原油（37.2亿美元，同比下降48.5%）、大米（出口28亿美元，同比下降4.5%）。外资在越南货物出口中占有很大比重，2015年外资企业出口金额达1 105.9亿美元，同比增长17.7%，占总出口额的68%。

进口以机械设备、成套设备、工业原辅料和农用物资为主，2015年主要进口商品包括机械设备及零部件（进口275.9亿美元，同比增长23.1%），电子产品、计算机及零配件（进口231.3亿美元，同比增长23.4%），电话及零配件（进口106亿美元，同比增长24.8%），布料（进口101.6亿美元，同比增长7.8%），钢材（进口74.9亿美元，同比下降2.9%），成品油（进口53.4亿美元，同比下降29.1%），化学原料及半成品（进口63亿美元，同比增长10.5%），纺织品原辅料（进口50亿美元，同比增长6.7%），化工制品（进口34.2亿美元，同比增长6.3%）。

据越南统计数据，2017年中国继续成为越南最大的贸易合作伙伴，双边贸易额达327.6亿美元，同比增长23.6%；韩国超过美国成为越南第二大贸易合作伙伴，双边贸易额达239.4亿美元，同比增长45.2%；美国居第三，双边贸易额达199.6亿美元，同比增长12.9%；欧盟市场（28个国家）居第四，双边贸易额达196.6亿美元，同比增长13.3%。越南对中国多个商品的出口额均保持良好增长，具体为鞋类同比增长29.1%、机械设备工具附件增长84.5%、水产品增长38.1%。

越南主要进口来源地依次为中国（同比增长12.9%，占比29.8%）、韩国（同比增长27.4%，占比16.7%）、东盟其他地区（同比增长3.8%，14.4%）、日本（同比增长11.6%，占比8.7%）、欧盟（同比增长16.3%，占比约6.2%）。

越南于2006年11月加入世界贸易组织（WTO），2007年1月开始履行入世承诺，逐步削减关税，开放服务领域，经商环境较以前改善。越南对外开放从30年前的“加入和参与”发展到21世纪初的“积极参与”，目前已提升到“主动参与并做出建设性贡献和制定共同规则”的高度。截至目前，越南已与15个国家建立战略伙伴关系，与11个国家建立全面伙伴关系，与55个国家建立自由贸易关系（其中15个国家是20国集团成员），59个国家正式承认越南完全市场经济地位，与224个国家和地区建立了经贸关系，特别是与中国、俄罗斯、美国、日本、欧盟等主要经济体的关系进入稳定状态。

截至2014年年底，越南已参加8个自由贸易区，包括6个区域性自贸区和2个双边自贸区，即东盟自贸区、东盟－中国自贸区、东盟－日本自贸区、东盟－韩国自贸区、东盟－澳大利亚－新西兰自贸区、东盟－印度自贸区，以及越南－日本自贸区、越南－智利自贸区。越南参加的自贸区主要位于亚洲，合作内容以商品和服务贸易为主。

2015年，越南共完成或签署了5项自贸协定并加入东盟共同体，具体为签署越－韩自贸协定，签署越－欧亚经济联盟自贸协定，结束《跨太平洋伙伴关系协定》（TPP）谈判，达成东盟－中国自由贸易区（ACFTA）升级版议定书，12月结束越－欧盟自贸协定，12月底加入新成立的东盟共同体。同时，越南还在APEC、RCEP、澜沧江－湄公河流域合作等多边合作舞台上表现活跃。2016年2月，越南同其他11个成员国正式签署了《跨太平洋伙伴关系协定》（TPP）。

6. 吸引外资情况

据越南统计，2017年越南获得的实际外商直接投资比2016年增加了近20亿美元，达到了191亿美元。截至2017年3月20日，越南有效外资项目存量23 071个，协议投资总额3 007亿美元，实际到位资金1 584.5亿美元。

2017年，外资投入越南国民经济21个行业中的19个，其中加工制造业吸收外资1 755.7亿美元，占外资总额的59.3%；其次是房地产业，吸收外资525.8亿美元，占比17.48%；再次是电力生产和输送，吸收外资129亿美元，占比4.29%。116个国家和地区对越投资，其中，韩国以540亿美元协议投资额雄踞首位，占越南外资总额17.9%；日本以424.9亿美元位居第二，占比14.1%；其他依次为新加坡、中国台湾、英属维尔京群岛、中国香港。

越南全国63个省市均有外资落户，其中胡志明市以456.6亿美元位居首位，占外资总额15.1%；其次是平阳省，吸收外资额282亿美元，占比9.4%；巴地头顿省以272亿美元、占比9%位居第三；河内市以260亿美元、占比8.6%位居第四。

7. 经济发展总体风险评价

总体来看，2018年越南经济保持平稳增长，GDP增幅达7.08%，超过国会制定目标近0.5个百分点，人均GDP为2 578美元，较上一年增加212美元，完成了14个社会经济指标中的13个。根据越南国会通过的关于2016—2020年5年经济社会发展规划，今后5年，越南GDP年平均增幅6.5%～7%，到2020年人均GDP达3 200～3 500美元，工业和服务业占GDP比重达85%，全社会总投资占GDP的32%～34%，财政赤字控制在GDP的4%以下，单位GDP能耗年平均下降1%～1.5%，城市失业率控制在4%以下。

然而，2016年越南经受的旱灾对农业收成产生了不良的影响，并且美国新任总统特朗普正式签署文件退出TPP，使得TPP的发展前景蒙上了更多的不确定性，此外全球投资也呈现出逐渐放缓的态势，这些因素都可能成为越南经济发展总体风险的构成因素。

（四）农业在国民经济中的地位

越南是传统农业国，农业人口约占总人口的75%，耕地及林地占总面积的60%。根据越南国家统计局公布的数据显示，2015年越南农林产品出口170亿美元，同比减少1%，占出口总额的10.5%；水产品出口66亿美元，同比减少15.6%，占出口总额的4.1%。部分农林水产品出口数量比上年下降幅度较大，咖啡出口量下降24.3%，胡椒出口量下降14.7%，茶叶出口量下降6%。2016年，越南农林渔业产值483亿美元，比上年增长2.6%。其中，农业产值为350亿美元，较2015年增长40%；林业产值15亿美元，较2015年增长25%；水产业产值118亿美元，较2015年增长32%。全年稻谷产量4 520万吨，增长24万吨，水产品654万吨，增长3.4%。2018年，越南农业产值占国民经济的15%。

二、农业资源、生产与政策制度建设情况资料

（一）农业资源禀赋情况资料

1. 土地资源

越南人均耕地面积约0.073公顷，属于人多地少国家。从1986年开始，越南实行"革新开放"，逐步由高度集中的"包给"制向市场经济体制转变，陆续调整经济政策和法规，推行自上而下的改革，其中土地制度调整幅度较大，对越南经济社会的发展产生了深远的影响。据越南土地规划局2013年7月公布的数据，越南可使用土地资源面积约为3 477.6万公顷，2011—2015年计划开发使用3 099.8万公顷，其中工业用地13万公顷，截止2012年年底，全国累计开发土地资源约8.1万公顷。按照越南的《全国土地利用总体规划（2011—2020年）》，到2020年，全国耕地面积为381万公顷，防护林地面积为584.2万公顷，特种用途林地面积为227.1万公顷，用材林地面积为813.2万公顷。到2020年，工业用地由现在的7.2万公顷增加到20万公顷。到2015年和2020年，城市用地面积分别增加到17.9万公顷和20.2万公顷。到2020年，发展文化、教育、卫生、体育等经济社会基础设施用地面积将比2010年增加1倍。

2. 气候

越南地处北回归线以南，属热带季风气候区。北部四季分明，多数地区年平均气温为23～25℃。南部分为旱季（10月至次年4月）和雨季（5～9月），多数地区空气湿润，雨量充足，全国年平均降水量1 500～2 000毫米。

3. 种植业及渔业特色

越南盛产大米、玉米、橡胶、椰子、胡椒、腰果、咖啡和水果等作物。森林面积约1 000万公顷。越南渔业资源丰富，沿海有1 200种鱼、70种虾，仅北部湾就有900种鱼，盛产红鱼、鲐鱼、鳘鱼等多种鱼类。中部沿海、南部东区沿海和暹罗湾等海域，每年的海鱼产量都可达到数十万吨。

4. 农田水利设施[①]

越南较为注重水利兴修工作，2014年就曾规划：越南中部高地的省份计划到2020年

① 资料来源：http://www.cifnews.com/Article/8103。

兴建950个灌溉工程，其中包括670个水库、250个水坝和30个泵站。除此之外，还会对该地区的590个现有灌溉工程进行升级。越南中部高地指导委员会指出，到2020年，将会投资约79万亿越南盾（约合370万美元）用于该地区灌溉工程的升级和兴建。这些资金来自国家预算、官方发展援助贷款以及部分投资者和当地居民。而工程的升级和兴建，将会在原有的基础上新增80%的灌溉用水供应。截至2013年年底，该地区工程所供应的灌溉用水已经接近满足70%的农业需求。指导委员会指出，截至2014年，该地区共有2 445个灌溉工程，包括1 035个水库、970个水坝和110个泵站。据了解，现有的灌溉工程有助于将该地区的农业用田扩大到190万公顷。这些地区中的56.153 4万公顷用于种植咖啡，其中有23.26万公顷有水利覆盖。然而，这个地区的许多小中型灌溉水利工程年久失修，主要是因为他们维修不当。

5. 病虫害情况

越南在水稻种植方面遭遇的病虫害主要分为常见害虫、细菌性病害、病毒性病害、真菌性病害和稻谷种传病害。①

（1）越南水稻常见害虫有12种

褐飞虱［*Nilaparvata lugens*（Stal）］、白背飞虱［*Sogatella furcifera*（Horvath）］、三化螟［*Scirpophaga incertulas*（Walker）］、二化螟［*Chilo suppressalis*（Walker）］、稻纵卷叶螟（*Cnaphalocrocis medinalis* Guenee）、稻苞虫（*Parnara guttata* Bremer et Grey）、稻瘿蚊［*Pachydiplosis oryzae*（Wood−Mason）］、稻铁甲虫［*Dicladispa armigera*（Olivier）］、中华稻蝗（*Oxya chinensis*）、大稻缘蝽［*Leptocorisa acuta*（Thunberg）］、稻绿蝽［*Nezara viridula*（Linnaeus）］、稻黑蝽［*Scotinophara* lurida（Burmeister）］。

（2）越南水稻常见细菌性病害有1种

白叶枯病菌，病原菌是稻黄单胞菌［*Xanthomonas campestris* pv. *oryzae*（Ishiyama）］。

（3）越南水稻常见病毒性病害有4种

水稻黄叶病毒（RTYV, Rice transitory yellowing virus）、水稻草状矮化病毒（RGSV, Rice grassy stunnt virus）、水稻齿叶矮缩病毒（RRSV，Rice ragged stunt virus）、南方水稻黑条矮缩病毒（SRBSDV，Southern rice black−streaked dwarf virus）。

（4）越南水稻常见真菌性病害有3种

稻瘟病，病菌为稻梨孢菌（*Pyricularia oryzae* Cavara）、立枯病，其病原为立枯丝核菌（*Rhizoctonia solani* Kuhn）、稻曲病菌［*Ustilaginoidea virens*（Cooke）Takaheshi］。

① 参见：曾娟，关瑞峰，吕荣华，等. 越南水稻重大病虫害发生概况及其与中国相关性浅析［J］. 世界农业，2013（7）：123−129. 以及阮成俊，何龙喜，叶建仁. 越南主要森林病害发生现状及防治策略［J］. 林业科技开发，2014（5）：6−11。

(5) 越南常见稻谷种传病害有3种

水稻恶苗病，为串珠镰孢菌（*Fusarium moniliforme*）、水稻叶鞘腐败病菌，为稻帚枝霉菌（*Sarocladium oryzae*）、稻胡麻斑病，为平脐蠕霉菌（*Bipolaris oryzae*）。

越南苗木种植过程中主要遭受的病害有苗木猝倒病、马占相思白粉病、松针叶枯病、松苗叶枯病和桉树紫斑病。

越南的森林所遭受的主要病虫害威胁有竹丛枝病、桉树枝枯病、松落针病、桂花叶枯斑病、煤污病、柚木锈病和思茅松松材线虫病。

（二）农业生产发展情况资料

1. 农业生产发展具体情况

农业产值规模：2006年，越南GDP总额为10 615.65亿越南盾，其中农业GDP为1 987.97亿越南盾，农业产值占总产值的18.73%。之后，农业产值占总产值的比重有小幅上升，在2008年占比达到顶峰，为20.41%。在之后的4年中，农业产值占总产值的比重基本稳定在19%左右。到2013年，占比前所未有地跌至18%以下，之后持续减少。2018年，越南GDP为55 423.32亿越南盾，农业为8 137.24亿越南盾，占比为14.68%。2006—2018年，越南GDP年均增长率为18.73%，农业GDP年均增长率为17.3%。可见农业产值的增加相对较慢（表2-1）。

表2-1 2006—2018年越南GDP及农业GDP

年份	GDP（百万越南盾）	农业GDP（百万越南盾）	占比（%）
2006	1 061 565	198 797	18.73
2007	1 246 769	232 586	18.66
2008	1 616 047	329 886	20.41
2009	1 809 149	346 786	19.17
2010	2 157 828	396 576	18.38
2011	2 779 880	543 960	19.57
2012	3 245 419	623 815	19.22
2013	3 584 262	643 862	17.96

（续）

年份	GDP（百万越南盾）	农业GDP（百万越南盾）	占比（%）
2014	3 937 856	696 969	17.70
2015	4 192 862	712 460	17.00
2016	4 502 733	734 830	16.32
2017	5 005 975	768 161	15.34
2018	5 542 332	813 724	14.68

数据来源：越南国家统计局。

农业产品：越南主要农业产品为水稻、甘蔗、玉米，其余为花生、大豆以及棉花。2006年，越南主要农产品产量合计为57 172.8千吨，其中水稻占比62.7%，产量为35 849.5千吨；其次为甘蔗，占比29.24%，产量为16 719.5千吨；再次为玉米，以3 854.6千吨的产量占比6.74%。其余的棉花、花生、大豆占比均不足1%。至2015年，主要农产品年产量均呈逐步上涨的趋势。2018年主要农产品产量为67 261.3千吨，其中水稻、甘蔗、玉米产量分别为43 979.2千吨、17 836.5千吨、4 905.9千吨，分别占比65.39%、26.52%、7.29%。2006—2018年，水稻、玉米、甘蔗产量年均增长率分别为1.9%、2.3%、0.56%，玉米产量增速最快（表2-2）。

表2-2　2006—2018年越南主要农产品产量及占比

年份	越南主要农产品年产量（千吨）						
	水稻	玉米	甘蔗	棉花	花生	大豆	合计
2006	35 849.5	3 854.6	16 719.5	28.6	462.5	258.1	57 172.8
2008	38 729.8	4 573.1	16 145.5	8.0	530.2	267.6	60 254.2
2010	40 005.6	4 625.7	16 161.7	12.5	487.2	298.6	61 591.3
2012	43 737.8	4 973.6	19 015.4	8.8	468.5	173.5	68 377.6
2014	44 974.6	5 202.3	19 821.6	2.9	453.3	156.5	70 611.2
2015	45 091.0	5 287.2	18 337.3	1.3	454.1	146.4	69 317.3
2016	43 165.1	5 246.5	17 211.2	0.6	427.2	160.7	66 211.3
2017	42 738.9	5 109.6	18 356.4	0.4	459.6	101.7	66 766.6
2018	43 979.2	4 905.9	17 836.5	0.2	458.7	80.8	67 261.3
2006	62.70	6.75	29.24	0.05	0.81	0.45	100
2008	64.28	7.59	26.80	0.01	0.88	0.44	100

（续）

年份	越南主要农产品年产量（千吨）						
	水稻	玉米	甘蔗	棉花	花生	大豆	合计
2010	64.95	7.51	26.24	0.02	0.79	0.49	100
2012	63.97	7.27	27.81	0.01	0.69	0.25	100
2014	63.69	7.37	28.08	0.00	0.64	0.22	100
2015	65.05	7.63	26.45	0.00	0.66	0.21	100
2016	65.19	7.93	25.99	0.00	0.65	0.24	100
2017	64.02	7.65	27.49	0.00	0.69	0.15	100
2018	65.39	7.29	26.52	0.00	0.68	0.12	100

数据来源：越南国家统计局。

畜牧业、林业产品：2006—2018年，越南主要畜牧业产品产量持续增长。除蜂蜜和蚕茧有所下滑之外，其余畜牧业产品都增长迅速，尤其是牛肉、猪肉、禽类、牛奶以及鸡蛋。从表2-3中可以看到，2006年，牛肉、猪肉、禽类产量分别为159.5千吨、2 505千吨、344.4千吨，至2018年，产量急速增长至334.5千吨、3 816.4千吨、1 097.5千吨。而牛奶和鸡蛋产量也分别从216百万升、3 969.5百万个增长至936百万升和11 645.6百万个。在林业方面，产品产量也是持续增加，从2005年木材产量的2 996.4千立方米增长至2017年的14 181.8千立方米，增长超过1.5倍，年均增长率高达11.2%（表2-4）。

表2-3　2006—2018年越南主要畜牧业产品产量

年份	水牛肉（千吨）	牛肉（千吨）	猪肉（千吨）	禽类（千吨）	牛奶（百万升）	鸡蛋（百万个）	蜂蜜（吨）	蚕茧（吨）
2006	64.3	159.5	2 505	344.4	216	3 969.5	16 747	10 413
2008	71.5	226.7	2 782.8	448.2	262.2	4 937.6	9 960	7 746
2010	83.6	278.9	3 036.4	615.2	306.7	6 421.9	11 944.4	7 106.5
2012	88.5	293.9	3 160	729.4	381.7	7 299.9	12 364.7	7 516.8
2014	85.7	293.1	3 351.2	874.5	549.5	8 271.1	14 217.5	6 760.6
2015	85.8	299.7	3 491.6	908.1	723	8 874.3	15 478.1	6 542.9
2016	86.6	308.6	3 664.6	961.6	795.1	9 446.2	16 530.0	6 924.2

（续）

年份	水牛肉（千吨）	牛肉（千吨）	猪肉（千吨）	禽类（千吨）	牛奶（百万升）	鸡蛋（百万个）	蜂蜜（吨）	蚕茧（吨）
2017	88.0	321.7	3 733.3	1 031.9	881.3	10 637.1	18 755.2	7 354.6
2018	92.1	334.5	3 816.4	1 097.5	936.0	11 645.6	20 414.8	8 294.8

数据来源：越南国家统计局。

表2-4　2005—2017年越南木材产量

单位：千立方米

年份	2005	2009	2010	2011	2012	2013	2014	2015	2016	2017
产量	2 996.4	3 766.7	4 042.6	4692	5251	5908	7701.4	8671.6	12 633.2	14 181.8

数据来源：越南国家统计局（2016年以后采用新的统计方法，所以数据有异常）。

渔业产品：越南渔业产品总产量自2006年以来持续增长，以6.5%的年均增长率从2006年的3 721.6千吨增长至2018年的7 768.5千吨。其中，除2006年渔业总产量的大部分都是来自于渔业养殖，2018年养殖量占总产量的比重为53.6%。越南的渔业养殖主要以鱼虾为主，2018年鱼的养殖量为2 918.7千吨，虾的养殖量为809.7千吨，分别占总养殖量的70%和19.5%（表2-5）。

表2-5　2006—2018年越南渔业产品产量

单位：千吨

年份	渔业总产量	捕鱼量	养殖量	鱼	虾
2006	3 721.6	2 026.6	1 695	1 157.1	354.5
2008	4 602	2 136.4	2 465.6	1 863.3	388.4
2010	5 142.7	2 414.4	2 728.3	2 101.6	449.7
2012	5 820.7	2 705.4	3 115.3	2 402.2	473.9
2014	6 333.2	2 920.4	3 412.8	2 458.7	615.2
2015	6 582.1	3 049.9	3 532.2	2 536.8	634.8
2016	6 870.7	3 226.1	3 644.6	2 585.9	656.4
2017	7 313.4	3 420.5	3 892.9	2 734.8	747.3
2018	7 768.5	3 606.7	4 161.8	2 918.7	809.7

粮食人均占有量：越南主要粮食为水稻和玉米。越南人均粮食占有量自2011年起保

持在较为稳定的水平。2011年，越南粮食人均占有量为537.6千克，之后，人均粮食占有量保持缓慢上升的趋势，到2014年，人均粮食占有量上升至553千克。随后在2015—2018年，由于粮食总产量增速慢于人口增长，粮食人均占有量分别下跌至550.6千克、517.0千克、505.8千克和511.7千克（表2-6）。

表2-6 2011—2018年越南粮食人均占有量

年份	粮食总产量（千吨）	总人口数（万人）	粮食人均占有量（千克）
2011	47 234.1	8 786	537.6
2012	48 711.4	8 881	548.5
2013	49 230.3	8 976	548.5
2014	50 176.9	9 073	553.0
2015	50 496.6	9 171	550.6
2016	48 416.2	9 364	517.0
2017	47 852.2	9 460	505.8
2018	48 888.4	9 554	511.7

数据来源：越南国家统计局。

粮食安全：越南通过经济改革和发展农业生产，极大地改善了国家粮食安全状况。从1989年起，越南稻米产量就已超过粮食消费量，目前口粮消费只占稻米产量的54%。越南彻底摆脱了国家粮食短缺问题，实现了国家粮食安全。同时，受粮食安全影响的一系列指标全面得到改善。根据2012年世界银行、联合国粮农组织的数据，越南人均每日热量摄入量达到2 085卡[①]，远高于规定最低摄入量1 810卡路里；营养不良人口比率下降至9.1%；预计人均寿命达到74岁，5岁下儿童死亡率降至2.17%；5岁以下营养不良儿童减少至20%；体质指数低于18.5的成年人口减少26.5%。[②]

农场数量：越南农场数量变化较大。2006年，越南农场共有113 699家，并在接下来的4年中持续增加，至2010年，越南农场数量为145 880家。而在2011年，农场数量锐减至20 078家，之后一直保持稳定增长。2015年，越南农场数量为29 389家。越南农场种类分为种植农场、畜牧农场、渔业农场以及其他农场，其中，在2011年和2012年，种植农场数量最多，畜牧农场其次。2013年以后，畜牧农场发展迅速，数量远超过种植农场。2018年，越南种植农场、畜牧农场和渔业农场数量分别为8 499家、19 639家、2 332家（表2-7、表2-8）。

① 江文国．基于粮食生产能力提升的中越粮食安全区域合作［D］．杭州：浙江工业大学，2014。

② 卡为非法定计量单位，1卡≈4.186焦耳。

表2-7 2006—2018年越南农场数量

单位：家

年份	2006	2008	2010	2012	2014	2015	2016	2017	2018
农场数量	113 699	120 699	145 880	22 655	27 114	29 389	33 477	33 848	31 668

数据来源：越南国家统计局。

表2-8 2011—2018年越南农场分类数量

单位：家

年份	种植农场	畜牧农场	渔业农场	其他农场	合计
2011	8 635	6 267	4 440	736	20 078
2012	8 861	8 133	4 720	941	22 655
2013	8 745	9 206	4 690	1 133	23 774
2014	8 935	12 642	4 644	893	27 114
2015	9 178	15 068	4 175	968	29 389
2016	9 216	20 869	2 350	1 053	33 488
2017	9 099	21 158	2 627	1 164	34 048
2018	8 499	19 639	2 332	1 198	31 668

数据来源：越南国家统计局。

2. 农业、畜牧业、渔业发展的潜力及限制因素

越南农业发展潜力：

具有得天独厚的自然资源。越南位于中南半岛东部，地处北回归线以南，属热带季风气候，适宜农业多样化的发展。并且，越南海岸线长达3 260公里，淡水、咸水、海水湿地众多，水产养殖业发展潜力巨大。

劳动力资源丰富。越南约半数劳动力从事农业相关工作，劳动资源丰富，成本低廉，有利于发展劳动密集型的农业活动。

品种资源丰富，优势品种突出。越南物种资源相对丰富，具有巨大的开发利用潜力。水稻、胡椒、香蕉、芒果等拥有多个优良品种，这为进一步开发优质品种提供了物质基础，也更加有利于越南农产品的出口。

越南农业发展的限制性因素：

越南农产品的国际竞争力仍然较低。由于技术原因，越南的农产品从生产、收获到加工都存在技术标准低、技术不规范等问题。同时，农产品加工的应用标准、技术法

规、卫生和食品安全没有得到认真落实，导致越南农产品在国际市场上给人“质量不高”的印象，国际竞争力仍然不高。

疫病问题比较突出。疫病是影响越南畜牧业、水产业发展乃至农民收入水平的关键问题。畜牧疫病时好时坏，重复发生，口蹄疫、禽流感是主要疫病。

农业灾害年年发生。越南地处台风、热带风暴、暴雨等自然灾害多发区域，暴风带来的暴雨、洪水常使一些地方农作物和水产养殖遭受重大损失。越南中部常常洪水和干旱轮流发生，洪灾和旱灾对农业生产损害严重。

农业生产环境污染增加。农业的精耕细作导致过度使用化肥、农药、生长刺激素，家畜、水产养殖的密集养殖产生大量排泄物污染环境；密集种植的作物，如棉花、蔬菜等农产品有毒残留物超标现象严重；农村地区的环境污染也在增加，目前还没有有效的解决方法。①

（三）农产品消费及进出口贸易情况

1. 主要农产品的国内消费水平情况资料

近年来，越南的主要农产品国内消费量大部分呈增长的趋势。由于在动物饲料和水产饲料方面，小麦比玉米更具有竞争力，因此国内饲料小麦的使用量逐年增加。越南是亚洲纺织业正在逐渐扩大的少数国家之一，无论是国际市场还是国内市场，纺织业的需求都十分巨大，越南国内棉花消费量的增加是为满足不断扩张的纺织业的强劲需求。玉米是越南重要的粮食作物，消费量极大，其中60%用于食用和生产酒精，40%用于生产饲料。大米是越南不可或缺的主食，但随着经济的发展与人均收入的增加，消费者有能力购买其他食物，因此国内大米消费量呈下降趋势。大豆的消费量由国内大豆消费和进口大豆消费组成，国内大豆主要用于食品加工（豆腐、豆浆）和家庭规模的大豆油生产，进口大豆主要用于国内两个工业生产规模的压榨厂生产豆油和豆粕。越南国内的花生主要用于快餐与糖果业，少数用于家庭制造食用油。咖啡消费量的增加源于国际咖啡品牌在越南业务的拓展以及越南国内消费者对咖啡需求的增加（表2-9）。

① 资料来源：《越南农业发展报告（2012—2013）》。

表2-9　2014—2016年越南主要农产品国内消费情况

单位：1000吨

年份	2014	2015	2016
小麦	2 150	2 475	2 500
玉米	9 400	11 900	12 500
水稻	22 100	21 900	22 000
棉花	4 193	5 257	6 297
咖啡	2 217	2 630	2 870
大豆	1 607	1 680	1 770
花生	630	660	690
椰子	254	258	260
豆粕	5 000	5 170	5 290
棕榈油	640	650	680

数据来源：美国农业部（USDA）。

2. 越南主要农产品进出口贸易规模

越南主要的出口农产品有蔬菜、水果、胡椒、咖啡、水稻、茶、腰果等。由于农产品易受到极端气候以及市场供需的影响，所以进出口贸易并不稳定。近年来，越南加大了对农业的扶持，如大力研发和推广良种、加强对农户进行培训、引入先进的农业机械，促使农产品的数量与质量得到了显著提高，在国际市场中的竞争力也有所增强。2010—2015年，越南农产品出口整体呈增长的状态，尤其是蔬菜及水果、胡椒、木材、腰果，这四类农产品的出口额都有大幅度的提升（表2-10）。

表2-10　2010—2015年越南主要农产品出口状况

单位：百万美元

年份	2010	2011	2012	2013	2014	2015
蔬菜及水果	460	623	827	1 073	1 489	1 839
胡椒	422	—	793	890	1 203	1 259
咖啡	1 851	—	3 674	2 717	3 557	2 671
水稻	3 250	—	3 674	2 923	2 935	2 799
茶	—	201	225	229	228	213
腰果	1 137	—	1 470	1 646	1 994	2 398
肉类及肉类制品	40	59	68	53	66	—

（续）

年份	2010	2011	2012	2013	2014	2015
渔业产品	5 017	6 112	6 089	6 693	7 825	6 569
木材	3 445	3 961	4 666	5 592	6 145	6 892
橡胶	2 386	—	2 860	2 487	1 781	1 532
木薯	567	—	1 351	1 102	1 139	1 317

数据来源：越南国家统计局。

根据联合国贸易和发展会议数据库（UNCTADstat）的数据显示，2013—2018年，越南主要进口的农产品有棉花、玉米、水果及干果、油料种子等，其中花生、小麦、棉花的进口量较大。美国农业部的报告显示，越南花生种植面积只有22万公顷左右，每年产量为55万吨，仅能够满足75%的国内市场需求，因此需依赖国际市场。美国农业部海外农业局发布的参赞报告则提出，近年来越南小麦进口量不断增加的主要原因是饲料小麦用量的提高，因此越南从美国、加拿大和澳大利亚等地进口小麦来满足国内市场。同时，作为越南的支柱性产业，纺织业对棉花的需求量极大，但由于近年来越南庄稼种植土地总面积从3万公顷减至1万公顷、农户种植棉花的积极性差导致了棉花产量的大幅下降，国内所生产的棉花只能满足市场1%的生产需求，因此越南的棉花对进口的依赖性也极强（表2-11）。

表2-11　2013—2018年越南主要农产品进口状况

单位：百万美元

年份	2013	2014	2015	2016	2017	2018
蔬菜	287.5	318.7	387.4	431.5	561.0	547.3
棉花	1 170.0	1 439.5	1 619.0	1 658.0	2 363.0	2 651.3
水果及干果	821.8	928.3	1 490.8	2 269.9	3 709.3	2 147.0
牛奶、奶油及乳制品	512.8	628.9	464.3	402.9	470.8	600.9
小麦	619.5	648.8	600.9	1 005.0	994.4	1 365.8
玉米	672.7	1 215.9	1 650.9	1 672.4	1 503.9	1 916.2
糖及蜂蜜	212.4	183.9	249.2	330.8	249.6	287.7
油料种子及含油质果实	805.8	923.7	825.0	717.9	769.7	1 025.3

数据来源：UNCTADstat。

3. 越南主要农产品贸易伙伴关系国家和区域

美国是越南主要的农产品贸易伙伴之一，具有广阔的市场空间，其农产品与越南农产品具有较强的互补性。越南-美国双边贸易协定也为双方农产品贸易往来提供了政策支持，越南主要向美国出口水稻、蔬菜、水果及干果、咖啡等农产品。2013年以来，这几类产品的出口额都在不断增加（表2-12）。

表2-12　2013—2018年越南向美国出口的主要农产品

单位：百万美元

年份	2013	2014	2015	2016	2017	2018
渔业产品	482.1	486.0	495.3	581.7	570.0	781.2
水稻	30.7	35.7	27.7	18.4	12.6	27.9
蔬菜	6.1	7.3	6.8	10.7	12.9	13.1
水果及干果	545.3	631.7	810.1	964.1	1 200.4	1 426.0
咖啡	312.4	361.9	313.5	449.5	407.1	398.5

数据来源：UNCTADstat。

美国主要向越南出口蔬菜、小麦、玉米、水果及坚果、牛奶及奶制品等农产品。但是，由于越南自身生产力的提高、国内需求量有限以及国际农产品价格的变化，大部分农产品的进口额都有所波动（表2-13）。

表2-13　2013—2018年美国向越南出口的主要农产品

单位：百万美元

年份	2013	2014	2015	2016	2017	2018
蔬菜	3.2	4.5	2.8	1.9	2.6	4.4
小麦	32.3	77.9	64.7	52.1	28.8	68.7
玉米	24.8	88.7	2.3	103.0	2.5	355.8
水果及坚果	308.7	387.1	341.3	410.2	395.1	402.3
牛奶及乳制品	210.7	227.2	143.5	91.5	83.3	123.1

数据来源：UNCTADstat。

日本、韩国与中国是越南在亚洲的主要农产品贸易伙伴。日本主要从越南进口渔业产品、蔬菜、水果及干果、咖啡和天然橡胶等农产品。相较于美国，日本由于国内需求量有限，因此与越南之间双边贸易的农产品种类和数额都较少（表2-14）。但日本和越南双方加强了农产品领域的合作，尤其是在关税的减免与农产品科技合作方面。在《2015—2019年越南-日本经济合作协定的特别优惠进口税表》中双方规定有3 234类商品免进口税，另有354类商品将不减免进口税，而采用现行的最惠国待遇（MFN）税率。在农业科技合作方面，越南西南部的城市已逐步引进和推广日本农业生产技术与品牌，同时建立了运输生鲜食品的冷藏运输网络以促进蔬菜、水果的外销。

表2-14　2013—2018年越南向日本出口的主要农产品

单位：百万美元

年份	2013	2014	2015	2016	2017	2018
渔业产品	198.4	230.5	229.1	243.5	268.6	334.9
蔬菜	20.3	27.1	36.1	38.2	45.7	49.4
水果及干果	13.7	36.6	30.6	29.2	33.4	42.8
咖啡	174.6	168.5	169.5	203.0	209.8	189.1
天然橡胶	26.7	23.0	17.1	16.5	22.6	22.4

数据来源：UNCTADstat。

韩国也是越南重要的农产品贸易伙伴。越南主要向韩国出口渔业产品、水稻、蔬菜、咖啡、天然橡胶、木片和木材废料等农产品。近年来，大部分农产品出口额呈增长的趋势（表2-15）。受国内资源短缺的限制，韩国向越南出口的农产品数目较少，主要的贸易农产品为渔业产品、蔬菜等。2010年以来，韩国与越南的农产品贸易伙伴关系得到了进一步加强。尤其是随着2015年5月《越南－韩国自由贸易区协定》（VKFTA）的签署，越南的大蒜、姜、蜂蜜、红薯等高敏感商品获准对韩国出口并降低关税，同时韩国将向越南提供1万吨虾的免税配额，之后逐年增长，直到每年提供1.5万吨的免税配额。

表2-15　2013—2018年越南向韩国出口的主要农产品

单位：百万美元

年份	2013	2014	2015	2016	2017	2018
渔业产品	101.1	101.5	108.4	99.9	106.4	183.0
水稻	2.4	19.1	15.4	6.6	40.2	35.7
蔬菜	71.1	68.5	34.4	32.6	35.0	53.9
咖啡	73.9	70.0	55.9	64.3	82.1	84.3
天然橡胶	80.6	55.0	41.1	53.3	79.1	88.2
木片和木材废料	115.8	211.3	201.6	207.9	230.5	344.4

数据来源：UNCTADstat。

4. 中国与越南农产品贸易状况

2015年，越南已超越马来西亚成为中国在东盟的第一大贸易伙伴，双方的贸易关系逐步稳定。2013—2018年，中国与越南的农产品贸易快速发展，所涉及的农产品范围有所拓展，金额也呈现增加的趋势。2013年，中国向越南出口农产品总额约为23亿美元，2018年则增长至约53亿美元。2013年中国向越南进口农产品总额约为20亿美元，2018年则增长至约32亿美元（表2-16）。无论是出口额还是进口额都体现出双方贸易关系的不断密切。近几年，中国均处于贸易顺差的地位，这不利于两国农产品贸易持续稳定的发展。

表2-16　2013—2018年中国向越南进出口农产品总额

单位：百万美元

年份	2013	2014	2015	2016	2017	2018
出口额	2 342	2 989	3 431	3 870	4 581	5 292
进口额	2 017	2 250	2 718	2 837	2 937	3 243

数据来源：《中国农产品进出口年度统计报告》。

越南是中国第六大农产品出口目的国，第十大农产品进口来源国。近年来，中国向越南出口的主要农产品有大米、大蒜、豆粕、柑橘属水果、棉花、苹果、水煮笋、玉米等（表2-17）。由于越南的气候环境和地理条件，一些农产品的种植受到限制，而中国作为农产品贸易大国，国土面积广阔，农产品种类众多，且两国接壤具有地理优势，能够满足越南对一部分农产品的进口需求。

表2-17　2013—2018年中国向越南出口的主要农产品

单位：百万美元

年份	2013	2014	2015	2016	2017	2018
大米	29.0	25.5	20.0	16.0	13.8	21.8
大蒜	111.1	218.0	202.43	247.1	331.3	305.8
豆粕	50.4	141.3	48.5	—	—	—
柑橘属水果	123.4	157.6	154.1	196.8	274.3	335.9
棉花	5.48	7.07	27.3	2.09	21.0	24.4
苹果	94.7	101.8	122.6	140.0	174.5	148.5
玉米	0.7	0.6	1.1	1.5	1.9	1.9

数据来源：《中国农产品进出口年度统计报告》。

中国从越南进口的主要农产品为水稻、水果及坚果、鱼类产品、蔬菜、咖啡、天然橡胶、糖与蜂蜜等。中国由于人口众多，消费量大，本国生产的农产品不能完全满足市场的需求，且越南的农产品市场与中国的农产品市场互补性较强，两国消费者的农产品消费偏好相近，因此越南农产品在中国市场中具有比较优势。根据越南水果和蔬菜协会的数据显示，中国是越南水果最大的消费国，进口量占越南生产量的35%，同时中国也是越南天然橡胶的最大进口国（表2-18）。

表2-18　2013—2018年中国从越南进口的主要农产品

单位：百万美元

年份	2013	2014	2015	2016	2017	2018
水稻	616.3	626.1	732.4	733.9	1 021.7	1 866.8
水果及坚果	607.7	762.4	923.9	637.8	702.9	1 747.5
鱼类产品	51.1	60.5	65.3	88.9	149.0	226.1
蔬菜	341.9	342.3	386.6	236.9	253.3	601.9
咖啡	61.7	97.9	160.3	576.9	68.1	434.8
天然橡胶	459.0	345.1	255.1	229.8	190.9	457.5
糖与蜂蜜	0.3	0.3	0	0	7.0	5.6

数据来源：UNCTADstat。

（四）农业产业链建设情况资料

1. 农作物种子生产情况

越南主要作物种子生产情况。越南是传统农业国，主要种植水稻、玉米、高粱、豆类、木薯等粮食作物。2013年越南主要作物种子产量为161万吨，其中，稻谷是其主要粮食作物，产量132万吨，占比82%，稻谷主要分布在红河三角洲、湄公河三角洲及沿海平原地区（表2-19）。1992年越南开始生产杂交水稻种子，制种面积逐年增加，产量也不断提高。2012年，杂交水稻种子生产面积约1 700公顷。在一些省份制种面积比较稳定，如广南省约200公顷、河南省约180公顷、南定省约150公顷、海防市约130公顷；另一些省份面积增加较快，如清化省约360公顷、多乐省约95公顷、平定省约80公顷、老街省约55公顷。杂交水稻制种单产水平较高的海防市、多乐省达2.5吨/公顷，在老街、广南、清化等省出现了3.3～4吨/公顷的产量，但在一些大面积制种省份单产水平较低，如河南省的1.6吨/公顷、南定省的2.2吨/公顷。

表2-19　2013年越南主要作物种子生产情况

单位：吨

作物名称	产量
蓖麻油籽	120
棉籽	110
花生（带壳）	12 973
玉米	29 258
小米	34
马铃薯	23 077
稻谷	1 321 179
芝麻籽	428
大豆	4 102
甘蔗	221 442

数据来源：联合国粮农组织（FAO）。

越南主要种子企业情况。越南政府非常重视种子企业的生存与发展，其经济发展经历虽与中国有一定差异，但过去种子企业的设立分布、经营管理及后来的改革、改制跟中国有相似之处。虽然种子企业整体上不如中国，但十分重视自身形象建设，努力与国际接轨。

太平种子股份总公司：太平水稻种子公司成立于1972年1月，1978年改名为太平种子公司，2011年公司更名为太平种子股份总公司，是一个专门研究、筛选、生产、经营、进出口各类农作物种子的公司。公司有近300名员工，在全国有10家分公司，是越南种业界龙头企业之一。该公司科研能力较强，已选育和引进了生育期短、质量高的品种，拥有的8个国审水稻品种中，Duu527、CNR36和太川111均为四川省川农高科种业出口的专利品种。2001年以来，该公司已与川农高科建立战略合作关系，并将中国视为最重要的战略合作国。2002年，该公司成为亚太种协（APSA）会员，目前是越南种子商贸协会的副会长单位。

中央种子股份公司：中央种子股份公司成立于1968年，前身直属越南农业部，1993年更名为中央种子公司，2003年11月更名为中央种子股份公司，目前有11个分公司和1个研究站。每年销售种子20 000吨，其中杂交水稻和玉米种3 000多吨。该公司致力于研究高产、优质、高抗倒新品种，以满足日益增长的市场需求，有专业科研、生产队伍和现代化的种子加工设备。公司在业界有良好的信誉，是越南种业龙头企业和上市公司，也是种业界进出口种子量最大的企业之一，系亚太种协成员。

南方种子股份公司：南方种子股份公司成立于1976年，1993年更名为南方种子公司，2002年3月改制为南方种子股份公司，是越南种业界率先实现股份化的公司，国家控股20%。2005年3月在胡志明证券交易所正式上市交易，是越南第一个率先上市的种子企业，曾经是越南种子商贸协会的会长单位。公司注册资金1 500亿越南盾（约合人民币5 000万元），是越南研究三系杂交水稻的主要单位，杂交水稻制种水平较高，年生产常规水稻种子300吨；其玉米研究居越南领先地位，还从事糯玉米、西瓜、辣椒、黄瓜、苦瓜、番茄等经济作物品种的研究。

2. 化肥农药生产及使用情况

2014年越南化肥需求量约1 100万吨，其中，尿素需求量约220万吨，生物氮肥90万吨，钾肥96万吨，磷酸二铵90万吨，复合肥400万吨，磷肥180万吨。越南本国的化肥生产企业有500家，总产能约800万吨，满足全国需求量的80%。其中，尿素、复合肥和磷肥的产量基本满足国内需求。

2009年，越南全国有42家企业从事农药生产经营，年生产能力4.6万吨。其中10家国营企业生产能力达32 630吨/年，占全国生产能力的70%，9家合资企业占7%，23家非国营企业占23%。在越南农药市场上，一些跨国公司包括巴斯夫、爱利思达、拜耳、越南Fumigation股份有限公司以及HAI农化股份有限公司扮演着非常重要的角色。其他的本土企业也在这个市场中有很好的表现，包括TanThanh生化公司、GoldenRice农化有限公司、ADC、SaiGon植物保护股份有限公司、MAP太平洋有限公司、HopTri农业化学有限公司以及PhuNong有限公司。

3. 农业机械投入情况

近年来，越南农业机械化发展速度加快，但农业机械化总体水平还较低，农机化发展任务还很艰巨。2013年越南拥有各型农用拖拉机60多万台、谷物脱粒机58多万台、家禽家畜饲料加工机械7.2万台套、水稻联合收割机18万多台。九龙江平原的农业机械化程度较高，机收率达35%、机械化烘干达45%。越南农业部官员武英朵表示：当前越南农机只能满足32.6%的市场需求，而农民所使用的机器往往是过时的。以微耕机为例，越南市场上的微耕机主要适合家庭生产，而不是适应大农场的需求。目前，越南机械化水平大约是每公顷1 176～1 617瓦特，比泰国、韩国和中国低得多。

4. 市场体系建设情况

越南消费者普遍存在于传统市场。近几年城市地区的超市数量不断增长，为更广泛的消费者提供了方便。2012年共有421家超市，其中有23家大型超市、19家麦德龙批发站、362家小型便利店，还有数以百计的购物中心和成千上万的传统菜市场和小型私人商店。几乎所有的大型超市都在进一步扩张，不仅在河内市和胡志明市这样的大城市，还包括芹苴市、岘港市、海防市等。杂货零售业仍然高度分散（表2-20）。

表2-20 越南现代化市场和传统市场的数量

单位：家

销售渠道	年份				
	2008	2009	2010	2011	2012
现代化市场	885	1 090	931	726	806
便利店	621	785	568	305	362
大型超市	9	10	16	21	23
超市	255	295	347	400	421
传统市场	596 580	608 269	618 743	623 548	630 402
食品/饮料/烟草专卖店	6 770	7 080	7 380	7 655	7 805
小型独立杂货店	212 200	213 800	215 297	216 393	216 865
其他零售商	377 610	387 389	396 066	399 500	405 732
总计	597 465	609 359	619 674	624 274	631 208

数据来源：欧睿国际（Euromonitor）。

5. 农产品加工业发展情况

越南农产品加工技术落后，商品率低，已成为农业生产效益低下的重要原因。越南有农林水产品加工厂约6 610家，从业人数约150万人，人均月薪约160美元。全行业总体竞争力较弱。为此，越南正在努力发展农产品加工业。越南科技部区域发展中心表示，他们正在积极向国外购买农产品加工设备和技术，其中价格在50万～100万元人民币的小型加工设备最为需要。

水果业：越南果蔬出口至全球50多个国家，果蔬出口额由2003年的1.52亿美元提高到2009年的4.37亿美元。出口市场对产品质量和卫生安全的要求越来越严格，为越南果蔬出口带来挑战。越南方面需加强采后处理，加强其加工业以及提升卫生状况，提高产品质量和商品性，才能提高竞争力，满足愈来愈严格的国际市场标准。

咖啡业：尽管越南中粒种咖啡的产量和出口量处于世界领先地位，但是越南加工业条件的不足依然限制着咖啡附加值的提高。为此，越南农业与农村发展部准备执行2020年咖啡加工系统总体规划，以增加国内咖啡产品附加值。根据此项咖啡加工系统总体规划，咖啡生产部门通过现代技术提高咖啡产量和品质，这样每年可以出口咖啡100万吨。

6. 农业技术推广体系建设情况

越南政府的农业主管部门是农业与农村发展部。2010年越南农业部门实现了2.8%的增长。2006—2010年，越南农业部门的年均增长率为3.36%，超过了3%～3.2%的预定目标，年产值增加了4.93%。

越南在1992年之前没有农业技术推广机构，1992年实行机构改革，在农业部首次设立了推广局（劝农局），同时在53个省的农业厅设立了省级农业技术推广中心，约有1/3的县建立了农业技术推广站，个别乡、镇有农业技术推广员。农业部推广局的业务范围包括种植业和养殖业以及农垦等，其职能上既有行政管理权，也有企事业的工作任务，既负责产前化肥、农药、饲料、种苗、农用机具供应和产中技术培训指导，也负责产后收购、储运、保鲜、加工、销售、出口以及信息服务等。越南各类农业科研机构、大专院校、协会也增设了农业技术推广与开发机构，加快了科研成果的推广与应用，密切了科研与生产及市场的联系。

（五）农业生产基本制度情况

1. 农地制度

经过多年的改革与完善，越南有效发挥土地资源在服务社会经济发展、保证国防安全、社会稳定、国家粮食安全、环境保护等方面的作用，国家的土地管理效果逐渐增强；土地政策、法规日益完善；土地使用者的各种权利得到扩充及国家的保护；不动产市场及土地使用权已形成并迅速发展。通过家庭联产承包责任制、建立土地权属制度，逐步推进土地使用权商品化和土地经营规模化，在农村建立了一个较有活力的正规土地市场。

土地所有权方面，越南的土地属全民所有，国家作为所有权主代表，实际上国家不占有、使用土地，而是交付土地、出租土地，国家对土地收益享有权利，以此服务于国家活动及全社会利益。越南的土地所有权主权归属明晰，土地归国家所有这种单一的土地所有制形式，简单易行，降低了政策的复杂性，有利于国家对全国土地进行统一管理。

土地使用权方面，越南的土地使用权脱离了土地所有权，变成了一种具有相对独立性的权利，“土地法”赋予农民长期稳定使用土地，以及交易、互换、出租、继承、抵押、合资、再出租和赠与的权利，农地使用权内部转让不受社区成员权限制，农地使用权非农转让经过用途变更审批后也可以上市交易。在越南，土地使用权实际上是土地所有权在经济方面的表现，或者说实际上是赋予公民有限制的土地所有权。越南农民的农地使用权较我国更为稳定，亦更丰富。因此，土地在越南更倾向被认为是“私有”。

土地收回方面，强市场化，弱行政化，增强公开透明性，重视协商谈判。越南征地目的中含有大量的经济发展因素。土地收回过程中，政府角色不再是参与者与裁判的复合体，而是逐渐转变为管理者与服务者角色。土地收回程序中给予被收回土地者充分的知情权和参与权，保障其意见的表达渠道。补偿价格趋向于市场化，而不是政府定价。政府对不同类别的土地收回采取不同的介入程度。显然，与我国现行征地补偿工作状况相比，越南的实际土地收回补偿中市场化因素相对更多，行政主导力量较弱。

2. 农业生产经营制度

越南鼓励发展多种经济，推动建立更加合理的农业农村生产关系，注重新型合作社等集体经济的发展，推广庄园经济等新型农业生产模式，平等对待个体经济和私营经济。

越南一贯重视发展新型合作社等集体经济形式，强调应进一步充分认识新型合作社模式的特征，确立和完善发展集体经济的相关机制和政策，为其快速发展创造有利的社会环境；鼓励农民按照“自愿、民主、互利”的原则参加新型农业合作社等合作组织，形成人力、资金等方面的优势，推动农村生产关系的转变；积极推动新型合作社向生产工具、劳动力、技术、资金、产品销售、加工等环节的综合服务功能转变，发挥国有和集体经济在农村公益事业中的主导作用；积极发挥各种农民会、农民组织的作用。目前，越南全国约有10万家合作组织，其中有7 000多家新型合作社，大多数都能实现盈利，经济效益逐步提高，全国已有18家合作社发展成为国家级的大型公司，为越南近年来的经济发展做出了重要贡献。

庄园经济是越南在20世纪90年代初期涌现出来的一种新型生产组织形式。庄园主采取与土地承包者合营、购买农民土地使用权以及承包荒地秃岭等方式，实行土地连片经营。近年来，越南的庄园经济发展很快，目前全国约有13万个庄园，主要经营农业、畜牧业、林业、经济作物、水产养殖等。庄园规模大小不一，占地面积从数公顷、数百公顷甚至上千公顷不等。绝大多数是一庄一主，也有合伙或股份经营。庄园经济成功地解决了越南农村剩余劳动力的就业问题，每年使用劳动力近38万人，其中长期雇工20多万人，每年创造出上亿美元的农业产值，庄园主人均收入也比农村人均收入高出1.5倍以上。为了推动庄园经济的进一步发展，越南共产党明确允许党员和现职领导干部参与或自营庄园经济，并鼓励国内外投资，以进一步形成农业的规模经济。越南认为，庄园经济符合越南国情，具有独特的优越性，因此越南政府于2000年专门作出了关于鼓励和保护庄园经济长期发展的决议，对庄园经济的性质和地位作出了明确规定，并从土地、投资信贷、劳动力、科技环保、市场、保护庄园财产、庄园主应尽义务等方面制定了具体政策。越南把大力发展个体和私营经济作为社会主义定向市场经济的长期战略和必经之路，先后实施了对农村小型企业免税3年、对小型科技企业免税2年、对家庭式小企业和小作坊免税1年等鼓励政策，同时鼓励个体和私营企业实行联营和股份化，使个体和私营经济得到了较大发展，成为当前越南最活跃的经济成分之一，也是推动越南经济发展的主要动力之一。

3. 乡村治理制度

越南政府总理第193号决定（2010年6月4日）关于批准《新农村建设规划项目》指出：新农村建设规划设计是全面的规划设计，要按照新农村的国家指标体系进行。规划的内容包括整体规划和3个具体规划：发展居民点的规划、发展生产的规划（包括农业、工业、商业服务行业）和建设农村经济社会基础设施规划。规划以改善农民生活环境、改善农村面貌、提高农民生活质量为目标，以本地的特殊性为出发点，选准各产业发展的方向、建设基础设施、发展农村公共事业等。

发展农村经济社会基础设施。越南农村的基础建设大多滞后，不能满足农村经济发展的需要，是制约新农村发展的主要原因之一。越南新农村基础设施建设主要包括发展农村生产性的基础设施；改造、建设完善农村水利工程，建设达到越南建设部规定标准的乡级市场，规划、建设农村工业区、商业服务点的基础设施等；发展农村生活和服务性基础设施，建设农村道路交通；改造电网体系；完善乡级服务体育文化的基础设施；完善农村卫生医务的基础设施。完善农村教育基础设施；进行农村信息化建设，达到村村通电话、广播电视和通互联网。

调整经济结构、发展经济、提高农民收入。根据越南党和政府已提出的有关政策，农村经济结构调整的根本目标是为了农业现代化、农村城市化、农民知识化、农业产品市场化、农村运行机制市场化和农民日益增收化。农村经济调整的主要方向是要降低农业的比重，增加工商服务业的比重。在农业生产内部结构，要不断调整降低种植业的比重、推广养殖业和本地有优势的其他产业。注重培育和推广特色产业、形成规模化、专业化、多元化、高质量化的农业生产模式，建设与推广“一村一品”模型。农业经营结构调整的主要方向就是根据市场的需求和地区的比较优势来决定生产问题，克服传统的以产定销模式。在生产过程中，要吸引、鼓励企业和农民共同合作生产，提高经营效益。同时要继续改革与发展农村各种合作经济组织，特别是新型的合作社。该组织的主要职能是以流通和服务环节为主，为农民提供稳定的原料产品和担保销售问题、实现产销的有机衔接。在发展农业产业的同时，鼓励和支持发展农村工业和服务产业。对建设农村工业区、商贸服务区进行规划，注重发展劳动密集型企业和直接服务农业生产的行业。要加快转移农村劳动力，做好职业教育，提高农民就业的能力。

发展农村社会事业，提高村民的物质与精神生活水平。注重发展农村教育。建设达到国家教育标准的各种学校，加快实行农村学校“坚固化、楼房化”项目；鼓励多样化的农村教育类型、多成分参加投资发展农村教育；努力完成农村中小学教育普及工作；不断提高农村教师队伍的质量，实行城市和农村教师之间的轮换工作，选用、安排年轻教师到农村，特别是到比较困难的地方和山区工作。注重开展农村劳动力技能培训。提高农民的整体素质，逐渐培养新型农民，新型农民需要掌握科技、农务技能，学会运用新科技来提高生产效益；加强对农民的培训教育，提高转产转岗就业的能力。除了政府扶助以外，必须要面向市场、实行多元办学的培训机制。繁荣农村文化事业。加强政府的投资资金、发挥社会力量共同参加农村公共文化设施建设。注重恢复和发挥各种优秀的传统文化，推动开展多种形式的民间文化艺术，逐渐满足村民多层次多方面的精神文化需求。加强农村社会保障工作。

提高基层党政机关工作质量，完善建设新农村的乡村治理机制。提高农村基层党组织的领导能力与战斗力。根据新农村建设的任务要求来改革、创新农村基层党政的领导工作，为新农村建设提供政治和组织保障。健全、加强各级新农村建设指导委员会特别是在乡村的指导工作。加强提高基层干部队伍的工作质量。继续改革、完善关于乡级干部队伍的政策制度。其中，提出要逐渐提高公职人员的基本工资和福利待遇等条件。

4. 农村市场制度

农村土地流转市场化的制度。在过去很长一段时期内，越南政府规定了农村土地主要用于生产粮食作物和水产养殖，对于农作之外的经营项目的许可管理比较严格，因此越南的乡镇工业不发达。规定的农村土地使用期限是20～50年，同时规定使用期间没有违法行为的可以续约，也就说农村土地使用权基本上是终身制的，并且是可以继承的，也就说明农民的土地权益是稳定和有保障的。近期，越南正在酝酿将农村土地使用期限统一延长到50年。越南农村土地流转市场化的制度亮点在于实行政府－农民－开发商三方协议机制，让农民个人作为权益主体参与到协商中，反映出政府的民主作风，也因此避免了过激的群体性事件的发生，尽管这样的制度安排使得一些土地流转效率很低，不利于招商引资，但在经济利益和民生福祉的博弈间，立足于民生利益的制度理念无疑是正确的。此外，越南在农村土地流转市场化过程中，还进行了有益的尝试和创新。比如，土地使用权创新以及其他相关制度的创新。越南在农村土地自由流转基础上滋生出土地使用权资本化创新模式，创新的同时也导致农村土地在二级市场上价格成倍上涨，卖掉土地的农民加入到土地炒作中，使得土地市场难免有着投机和贪腐的影子。同时，越南的其他相关制度设计，比如税收制度也更多考虑到一些人性化的因素以兼顾公平，比如个人所得税的制定考虑到个人的附属抚养人状况，以区别对待。这些制度细节上的人文关怀，正体现出了制度本身的人本精神。

5. 农业支持保护制度

越南采取一系列影响农产品进出口的措施对本国农业进行支持保护，包括基于价格的工具（进出口关税）、数量限制（出口禁令、进口限额）、管理要求（许可证和检疫检验安排）以及多双边贸易关系。国际贸易合约与全球农业合作促进越南农产品贸易。1995年越南加入东南亚国家联盟（ASEAN）和2007年越南加入世界贸易组织（WTO）对越南通过外贸政策支持农业构成约束。当前，越南支持保护农业的外贸举措有：①进口关税。越南的最惠国农业关税从2000年的25%降至2013年的16%。虽然农业生产的关税保护力度已经下降，但是依旧高于非农产品的最惠国应用关税（9.5%）。特别是在一些亟需保护的商品（像甘蔗、猪肉和一些果蔬产品）上，关税水平较高。②关税配额。越南对蔗糖、烟草、鸡蛋和盐实施关税配额，由越南工商部决定年度进口配额，由越南财政部决定配额外关税税率。③食品安全和检疫措施。自入世以来，越南已经对从不同国家进口的肉、新鲜水果蔬菜等产品实施不同的动植物检疫标准（SPS）措施。虽然越南已经同意与国外食品安全措施保持同等效力，但是它并没有完全采用国际标准。例如，越南采取更严格的保护性措施以限制疯牛病牛肉的进口。④出口促进。近年来，越南政府出台了许多农业政策来为市场开发和贸易促进提供便利。从2011年起，政府已经向茶、胡椒、腰果、成品果蔬、糖、肉、家禽、咖啡、海产品等的出口商提供贷款帮助。此外，越南还对咖啡等农产品实行增值税出口退税。从2014年1月1日起，政府承担了农产品出口商国外媒体广告费用的50%，获得市场信息和其他来自国家促进机构服务花费的50%。

6. 农业生态补偿制度

为了保护森林、促进林区经济发展、提高林农收入，越南总理于2008年4月30日签署并发布了关于林业环境服务收费政策试点的380号决定，确定在林同（LamDong）省南部同奈（DongNai）河水源地和山萝（Sonla）省北部达河水源地开展森林环境服务收费试点，通过建立融资机制要求林业受益者支付保护和开发费用。除了分别支付给林业保护与发展基金和林业管理局10%的资金外，剩余80%用于林业保护的承包户。林同省森林环境服务付费的资金机制，水力发电厂、供水公司和旅游公司是试点区域森林保护的受益者。水力发电厂、供水公司和旅游业向森林保护与发展基金间接支付服务费用，森林保护与发展基金用10%的资金来支付其管理费用，将90%付给森林所有者；森林所有者将10%用于支付其管理成本，剩余90%拨付给林区群众和社区。森林保护与发展基金的监督机制是为了保证森林保护与发展基金的正常运转，越南对基金管理设置了不同级别的监督机制。省级层面，省人民委员会、农业和农村发展厅、财政厅负责对林业保护与发展基金的监督管理；交费的水力发电厂、供水公司和旅游公司不仅对基金的管理和使用进行监督，而且也对基金的使用人（农村社区和森林保护承包的农户）进行监督；镇级层面，区委会和区森林保护和发展部门对森林所有者和基金的使用人（农村社区和森林保护承包的农户）进行监督。

7. 农业对外开放制度

为实现农业国际化发展，越南政府颁布一系列政策法规来鼓励和规范本国农产品对外贸易。例如，1992年越南颁布《进出口税法》，对征收对象和纳税对象、计税依据、相关货物税率以及组织实施等各方面进行规范。《越南海关法》对越南进出口、过境货物进行管理等。《越南商检法规》对进出口商品国家检查的内容、手续和对进出口商品质量进行检查的有关各方的责任和权限进行了规定，并对检查方式和内容以及检查制度等一系列相关内容进行了规定。一方面，这些法律法规的颁布，是为了顺应越南越来越面向国际市场的各种农产品贸易行为；另一方面，也表明了越南政府为了实现规范化的农产品国际贸易而做出的努力。越南还通过加入国际和区域组织，与其他国家签订相关协定来促进农业国际化发展，为本国与外国进行贸易和经济往来提供有利条件。例如中越之间的《边境贸易协定》《关于鼓励和相互保护投资协定》鼓励中越双边贸易以及投资往来，《民用航空运输协定》为贸易运输提供相关参考政策等。此外，越南在外国投资方面也有相关政策的提出，例如《外国在越南投资法》中就针对吸引外国直接投资作出了相关规定，通过颁布政府政策来支持外国对越南的投资。在外汇管理方面，越南还出台了《越南外汇管理条例》，用来对越南境外组织和个人、越南境内的外国组织和个人的外汇和外汇活动进行管理。越南一方面通过对外贸易的管理形式、计价结算方式、贸易优惠，以及对外投资等相关法律政策，支持和鼓励越南进一步实现农业国际化，拓宽农产品的国际市场；另一方面还积极组织建立相关管理机构和体系，来监管越南的对外贸易活动。

8. 农村财税制度

1993年，越南国会颁布了《农业耕地税收法》，改革农业税制，将以前的农业税改为土地使用税，将以前按产量计征农业税改为按土地等级计征耕地使用税。耕地的评价定级由财政部、农业部、地政局联合评估，按照前5年的平均产量，将全国耕地定为六类，分别确定税基。其中一类耕地税基为每公顷580千克稻谷，从二类到六类依次为460千克、370千克、280千克、108千克、50千克，同时规定税基每10年调整一次（但可以到时不调整）。税基确定后，农民按规定纳税。具体操作规程是：由财政部公布每个季度的粮食市场均价，农民以低于这个价格10%的水平乘以税基得出应当缴纳的税额，向当地税务部门纳税（粮食作物一年分两次缴，经济作物一年一缴）。1995年实施新税制后，实际税率从以前的10%下降到7%，随单产提高。1997年又进一步下降到6%，不仅减轻了农民的税收负担，而且规范了分配关系。据调查，农户土地使用税亩均大约5万～7万越南盾（1元人民币相当于1 800越南盾），相当于每亩缴纳28～39元人民币的税收。但是越南也存在税外负担重的问题，主要是各种收费和摊派，包括浇水费、村社公路建设集资费、学校建设费、农户会员费、农户互助会以及有关节约小组基金、社会保险费等，引起农民的不满，也引起高层的重视。越南国会通过《乡村民主体制法》规定了各种收费的最高限额，限额以下的具体标准由乡人民议会2/3以上票决定。同时给每个乡增加一个管理财务的编制，并要求定期公布开支，接受群众监督。这一系列做法对于规范收入分配、稳定农户家庭经营起到了积极作用。

9. 农村金融制度

2011年6月29日，农业与农村发展部颁布了《执行政府关于对种植、养殖、水产领域试点实施农业保险的第315/QD–TTg号决定实施细则》的第47/2011/TT–BNNPTNT号通知。本部的该实施细则通知有3章8条、9项附录，于2011年7月1日起正式实行。根据该文件，获得保险的风险包括以下两种。

自然灾害风险：台风、暴雨、干旱、冷害、浓雾、洪水。

疫病风险：水稻的疫病有恶苗病、卷叶病、褐飞虱；黄牛、水牛的疫病有口蹄疫；猪的疫病有口蹄疫、链球菌病；家禽的疫病有禽流感；鲶鱼的疫病有肝肾炎；对虾的疫病有白斑病、黄头病、胰腺坏死；南美白对虾的疫病有桃拉综合征病、胰腺坏死。

该文件规定了天灾、疫病的审判权。根据这个规定，天灾、疫病由省人民政府主席审定并宣布，同时也规定了参保人的义务，即发生天灾、疫病的时候，生产人要向社级人民政府汇报以便审定损害，同时要与有关各方协调以便做好损失控制及办理赔偿损失手续。获得保险的损失水准：根据该文件的第三条第二项和第三项规定，如天灾和疫病导致地区的水稻产量低于75%（75%是最近连续三年的平均单位产量）、养殖所受损害为20%产量和水产为30%产量以上便获得保险。第47/2011/TT–BNNPTNT号通知还带有6项附录，包括：参与试点的水稻种植生产流程；参与试点黄牛、水牛、奶牛养殖生产流程；参与试点白对虾集约化生产技术流程。

10. 农业农村法律制度

1987年颁行的《土地法》是越南当代第一部土地立法。该法首次确立了土地由全民所有，政府实施统一管理，并将土地使用权授予特定所有者，政府确定管理机制、土地使用机制、使用者权利以及义务等基本的土地制度。这部土地法的颁行，标志着越南土地治理改革与计划经济时期的土地政策相比迈出了最重要的一步。然而，实施的过程也暴露了一些缺点。由于越南从1986年起实行革新开放，刚刚实行革新开放的越南还无法摆脱计划经济的影响，因此1987年的土地法实际上反映了集中官僚式的管理机制，基本上无法满足实际需求。土地关系已经向市场机制转化，但法律框架却还局限于旧机制；而且该法的条款也太过一般化，无法适应经济发展过程中出现的一些特殊要求。

1993年，越南颁行了第二部《土地法》。这部《土地法》分别于1998年和2001年进行了修改、补充。其中1998年修改的内容进一步规定：直接从事农业、林业、水产养殖以及制盐，并且其主要收入来自于这些活动的农户及个人可以免费获得土地配置，扩大了土地使用者的权利。2001年对土地法的修改和补充内容包括：土地配置以及出租权利非集中化，向地方政府出具土地使用证书；简化土地使用者行使权利的步骤；进一步明确土地价格；制订政府为国家/公共安全之目的而收回土地的有关赔偿和支持条款；关于变更土地使用目的的规定；关于将土地使用权抵押给（本国或外国）在越南经营的机构的规定；允许在越南长期从事活动的海外越南人购买与住房相关的土地使用权。

（六）农业政策及发展规划情况资料

1. 越南农业政策情况

目前，越南农业政策的首要任务是提高产品的质量和竞争力，提高农村人口的收入，发展基础设施建设，强化与国际市场融合的能力，以可持续的方式利用自然资源，提高部门管理效率。越南国内的农业政策包括三大类别，第一类是通过生产者支持估计（PSE，Producer Support Estimate）进行，包括价格支持政策、灾害救助类投入补贴和为生产者提供支持的贸易政策。第二类是通过一般性服务支持估计（GSSE，General Services Support Estimate）进行，包括农业技术推广、农业科技研发和公共基础设施建设。第三类专门针对消费者，通过消费者支持估计（CSE，Consumer Support Estimate）进行，这类农业政策主要用于降低农产品价格。

价格支持政策。越南对涉农产品（包括投入品、产出品和终端消费品）制定价格稳定列表，并定义了价格异常波动的范围。例如，大米的异常波动被设定为30天内市场价格下降15%以上。一旦价格稳定列表上的产品出现异常波动，政府会通过调节国内农产品供需和调控农产品进出口、采购或抛售国家储备、设定最高最低价格等举措来稳定农产品价格。价格支持政策是越南最主要的支农工具。

投入品补贴政策。具体包括对灌溉服务费、种子和动物繁育以及农机购置的补贴等。其中，灌溉服务费减免是主要投入品补贴政策。正常情况下，灌溉公司收取农户作物产量的4%～8%作为灌溉服务费，该费用仅相当于维护和管理灌溉总费用的1/6，剩余部分由政府予以补贴。

优惠信贷政策。越南政府规定，政策性的农业与农村发展银行向“三农”领域的贷款占其贷款总额的比重不低于75%，并制定措施激励商业银行优先向“三农”领域放贷。早在1999年，越南即推出无抵押贷款，并针对不同主体不断增加信贷额度。此外，针对越南产后损失严重（稻米产后损失为11%～12%，玉米产后损失为13%～15%）的状况，自2010年起对受灾农户实施补贴性信贷。

直接补贴政策。自2003年起，减免农民的土地使用税或其他费用。为支持和保护水田发展，保障国家粮食安全，越南自2012年起实施水稻直补，补贴额要保证越南的稻田面积在400万公顷，且农户种植水稻的利润率达到30%。

2. 越南农业发展规划

《越南农业结构调整政策》（2015-8-31）；

《2020—2030年越南咖啡可持续计划》（2016-10-4）。

三、农业对外合作政策及发展情况资料

（一）农业对外合作的相关政策及发展情况

1. 引进外资的总体态度及相关政策条文

（1）投资者国民待遇

越南社会主义共和国鼓励外国投资者在尊重越南独立和国家主权、遵守越南法律、平等互利的基础上来越南投资。

越南政府保护外国投资者在越南的投资资金的所有权和其他合法权益；为外国投资者在越南投资创造有利条件并规定各项简单快捷的手续。

越南属于东盟国家，2009年8月15日，中国和东盟签署《中国－东盟自由贸易区投资协议》，其中各方相互给予投资者国民待遇和最惠国待遇这两个核心条款，在确保给予双方投资者公平公正的非歧视待遇方面将起到关键作用，为双方创造更为有利的投资条件和良好的投资环境。

（2）外资用地有关规定

依据2006年7月1日起生效执行的《越南新投资法》（以下简称《投资法》）规定：外资企业可租赁土地，投资项目的土地使用期限不超过50年，对于投资大而资金回收慢，以及在社会经济条件困难地区投资的项目，其土地使用期限最长不超过70年。土地使用期满后，如果投资商有继续使用土地的要求，且一直遵守《土地法》规定，国家职能部门可考虑根据相关规划延长其土地使用期限。

投资商在鼓励投资的领域和地区投资，可根据《土地法》和有关税法的规定，申请减免土地租金、土地使用费、土地使用税等。

外资企业可以土地使用权和地面资产作为抵押，向在越注册的信贷机构贷款，用以实施投资项目。

（3）税收政策

①税收制度和主要税率。

税收体系和制度：越南实行属地税法，已建立以所得税和增值税为核心的全国统一税收体系。根据越南《投资法》规定，外国投资企业和越南内资企业都采用统一税收标准，对于不同领域的项目实施不同的税率和减免期限。如特别鼓励投资项目所得税率为10%，减免期限为12～15年；鼓励投资项目所得税率为15%，减免期限为8～12年；普通投资项目所得税率为20%～25%，减免期限为3～5年。

越南是以间接税为主的国家，现行税制中的主要税种是公司所得税、个人所得税、增值税、特别销售税、社会保障税、健康保险、进出口税、生产特许权使用费、财产税和预提税。

【公司所得税】居民公司应当就其来源于全世界的经营所得纳税，非居民公司仅就来源于越南的经营所得纳税。从2004年1月1日起，外国投资公司、国内公司、外国公司的分支机构以及不受《外国投资法》管辖的外国承包商适用的标准公司所得税税率为28%。

建设－经营－移交（BOT）企业的标准税率为10%。

国内外石油、天然气企业的标准税率为50%，优惠税率最低为32%。

符合政府规定条件的外国投资公司和国内公司，优惠税率为20%、15%和10%。

外国企业的分支机构目前已允许在越南开业，但有许多限制条件。外国银行、烟草公司和法律公司等分支机构取得的利润，按照28%的税率纳税。

【个人所得税】居民纳税人应当就来源于全世界的所得纳税。非居民外国人仅就来源于越南的所得纳税，第一年适用25%的税率，以后年度适用居民外国人的税率。与越南签订了避免双重征税协定国家的居民个人纳税人，如果是越南的非居民纳税人并符合一定条件，则可以免缴个人所得税。

【增值税】是对商品和服务的增值额征税。在越南设立的本国和外国的所有经营机构都应当缴纳增值税。增值税税率分别为5%、10%，此外还有许多税收减免措施。

【特别销售税】只对部分商品和服务征收，如酒类、进口汽车、汽油、香烟、扑克、迪斯科舞厅、按摩、卡拉OK、赌场、高尔夫球俱乐部、经营赌博和彩票的娱乐场所等。对于商品，只在生产或者进口环节征收特别销售税，税率为15%～100%。从2004年1月1日起，缴纳特别销售税的商品也应当缴纳增值税。因自然灾害引起的损失以及汽车组装商，可以暂时免缴特别销售税。

【社会保障税】雇主和雇员分别按照雇员工资的15%和5%按月缴纳社会保障税。外国人免缴社会保障税。

【健康保险】由雇主和雇员分别按照雇员工资的2%和1%缴纳。外国人免缴健康保险。雇员缴纳的社会保障税和健康保险可以在计算个人所得税时扣除。

【生产特许权使用费】以自然资源税的形式，对开采石油、天然气、其他矿产品、森林、鱼类和矿泉水等自然资源的产业征收，税基为产品价值，税率为0～40%。

【预提税】1998年12月31日之后签订的贷款协定，其利息应缴纳10%的预提税。但外国政府或政府性机构提供的海外贷款，按照双边税收协定的规定，可以免缴预提税。

知识产权按10%的税率纳税。

②关税政策。

管理制度：越南现行关税制度包括4种税率：普通税率、最惠国税率、东盟自由贸易区税率及中国－东盟自由贸易区框架下特别优惠税率。普通税率比最惠国税率高50%，适用于未与越南建立正常贸易关系国家的进口产品。原产于中国的商品享受最惠国税率，其中属于越南海关税则1～8章的商品适用于“早期收获”税率。

关税税率：越南部分商品进口税率见表3-1。

表3-1 越南部分商品进口税率

单位：%

商品名称	关税税率	商品名称	关税税率
香烟	45	纺织原料	5～30
皮革原料	0	成衣	35
皮革制品	30	鞋	35
木材原料	5～10	玻璃	3～5
纸浆	1	钢材	0～10
纸张	5～30	发动机	5～25
农机	5～15	汽车（5座）	83

资料来源：越南海关。

③投资税收优惠政策。

主要税收优惠：越南政府规定，符合某些条件的企业和在鼓励投资的行业或者地区进行投资的企业，其公司所得税可以享受10%、25%和20%的优惠税率，优惠期为开始经营年度起10年之内或在整个项目存续期间。优惠期满后，税率调整回标准税率（28%）。外国投资者还可以享受免税期，即从企业开始赢利（冲抵亏损之前）起的一定时期内可以免缴公司税，并且在以后的一定时期内减半征税。免税期的长短直接与该项目适用的税率有关，最长可以达到8年。

位于出口加工区、工业区和高技术区的外国投资企业和建设－经营－移交项目，如果符合一定条件，还可以享受其他税收优惠。

其他优惠政策：2006年7月1日，越南出台新的《投资法》，对国内和外商投资实行统一管理，取消先行实施的《外国投资法》的诸多限制，进一步开放市场。取消的限制包括：要求优先购买、使用国内商品和服务，或必须购买国内某一生产厂家的产品和服务；要求商品或服务出口必须达到一定比例；限制出口商品和服务的种类、数量和价值；要求商品进口数量和价值与商品出口数量和价值相当或必须通过自身出口来平衡进口所需外汇；要求商品生产要达到一定的国产化比例；要求研发工作要达到一定水平或价值；要求在国内外某一具体地点提供商品及服务；要求总部设在某一具体地点等。

行业鼓励政策：越南鼓励外商直接投资发展高新技术产业，尤其是鼓励到高新技术开发区投资设立企业。越南对该类投资项目提供如下优惠政策。

A.外商投资高新技术产业的项目可长期享受10%的企业所得税（园区外高科技项目为15%，一般性生产项目为20%～25%），并从盈利之时起，享受4年免税和随后9年减半征税的优惠政策。

B.在高新技术企业工作的越南籍员工与外籍员工在缴纳个人所得税方面享受同等纳税标准。

C.外国投资者和越南国内投资者享受统一的租地价格；投资者可以土地使用权价值及与该土地使用面积相关联的财产作抵押，依法向在越南经营的金融机构贷款；对高新技术研发和高科技人才培训的项目，可根据政府规定免缴土地使用租金。

D.在出入境和居留方面，外籍员工及其家属可申请签发与其工作期限相等的多次入境签证；越南政府依据有关法律规定为外籍员工在居留、租房、购房等方面提供便利条件。

E.高新技术项目投资者根据其他投资优惠政策法规文件的规定享受最高的优惠政策待遇。

地区鼓励政策：越南的工业区、出口加工区对外资企业实行优惠税收政策。

工业区：工业区内的外资企业按以下规定缴税。

A.进出口税：a.生产性企业和服务性企业均免征出口税。b.生产性企业进口构成企业固定资产的各种机械设备、专用运输车免征进口税；对用于生产出口商品的物资、原料、零配件和其他原料可暂不缴进口税，企业出口成品时，再按进出口税法补缴进口税。c.服务性企业按进口税法缴税。

B.企业所得税：a.产品出口80%以上的生产性企业从盈利之年起免税4年，接着4年按纯利润的5%缴税，以后每年按纯利润的10%缴税。b.出口50%～80%的生产性企业从盈利之年起免税2年，接着3年按纯利润的7.5%缴税，以后每年按纯利润的15%缴税。c.50%以下的生产性企业从盈利之年起免税1年，随后2年按纯利润的10%缴税，以后每年按纯利润的20%缴税。d.服务性企业从盈利之年起免税1年，随后2年按纯利润的10%缴税，以后每年按纯利润的20%缴税。

出口加工区：出口加工区内的外资企业按以下规定缴税。

A.进出口税：a.生产性企业和服务性企业均免征出口税。b.生产性企业和服务性企业进口构成企业固定资产的各种机械设备、专用运输车辆和各类物资，原料免征进口税。

B.企业所得税：a.产品出口80%以上的生产性企业从盈利之年起免税4年，随后4年按纯利润的5%缴税，以后每年按纯利润的10%缴税。b.服务性企业从盈利之年起免税2年，随后3年按纯利润的7.5%缴税，以后每年按纯利润的15%缴税。

(4) 投资政策

①投资主管部门。

越南主管投资的政府部门是计划投资部，设有26个司局和研究院，主要负责对全国“计划和投资”的管理，为制定全国经济社会发展规划和经济管理政策提供综合参考，负责管理国内外投资，负责管理工业区和出口加工区建设，牵头管理对官方发展援助（ODA）的使用，负责管理部分项目的招投标等。

②投资行业规定。

禁止投资项目：

危害国防、国家安全和公共利益的项目。

危害越南文化历史遗迹、道德和风俗的项目。

危害人民身体健康、破坏资源和环境的项目。

处理从国外输入越南的有毒废弃物、生产有毒化学品或使用国际条约禁用毒素的项目。

限制投资项目：

对国防、国家安全、社会秩序有影响的项目。

财政、金融项目。

影响大众健康的项目。

文化、通信、报纸、出版等项目。

娱乐项目。

房地产项目。

自然资源的考察、寻找、勘探、开采及生态环境项目。

教育和培训项目。

法律规定的其他项目。

鼓励投资项目：

新材料、新能源的生产；高科技产品的生产；生物技术；信息技术；机械制造。

种植、养殖；农林水产品加工；制盐；培育新的植物和畜禽品种。

应用高科技、现代技术；保护生态环境；研究、发展、创造高技术。

劳动密集型。

基础设施项目。

发展教育、培训、医疗、体育和民族文化事业的项目。

传统手工艺项目。

其他需鼓励的生产和服务项目。

③投资方式及出资额度限制。

根据越南《投资法》，外国投资者可选择投资领域、投资形式、筹集资金方式、投资地点和规模、投资伙伴及投资项目活动期限。外国投资者可登记注册经营一个或多个行业；根据法律规定成立企业；自主决定已登记注册的投资经营活动。

直接投资：外商独资企业；成立与当地投资商合资的企业；按BCC（Business Cooperation Contract，商业合作条约）、BOT（Build–Operate–Transfer，建设－经营－移交合同）、BTO（Build–Transfer–Operate，建设－移交－经营合同）和BT（Build–Transfer，建设－移交合同）合同方式进行投资；通过购买股份或融资方式参与投资活动管理；通过合并、并购当地企业的方式投资；其他直接投资方式。

间接投资：购买股份、股票、债券和其他有价证券；通过证券投资基金进行投资；通过其他中介金融机构进行投资；通过对当地企业和个人的股份、股票、债券和其他有价证券进行买卖的方式投资。间接投资的手续根据证券法和其他相关法律的规定办理。

外资并购：越南正在对隶属于70多家集团和总公司的1 600多家国企进行改革，包括银行、航空、通信、造船、汽车、电力、水泥、交通等重要行业，鼓励外商参与，允许外商购买股份和参与管理，仅保留554家与国防、安全等有关的国有全资企业。外商可通过购买上市企业的股票或股份制企业的股权等方式进行并购。

（5）融资政策

①外汇管理。

越南货币为越南盾，不可自由兑换。

②银行机构。

越南国家银行为中央银行，全国有5家国有控股银行（外贸银行、农业与农村发展银行、工商银行、投资发展银行、九龙江房屋发展银行）、1家政策性银行（越南发展银行）、25家城市股份商业银行、11家农村股份商业银行、31家外国银行分行、5家合资银行、44家外国金融组织驻越办事处、6家金融公司、10家金融租赁公司、960家信用社。

③融资条件。

外资企业与当地企业享有同等待遇。外国投资者可根据越南外汇管理规定，在越南金融机构开设越南盾或外汇账户。如需在国外银行开设账户，需经越南国家央行批准。外国投资者可向从事外汇经营的金融机构购买外汇，以满足项目往来交易、资金交易及其他交易的需求。如外汇金融机构不能满足投资者的需要，政府将根据项目情况，解决其外汇平衡问题。

（6）劳工政策

①劳动力供求状况。

越南劳动力素质较高、勤劳能干、工资相对低廉，使越南劳动力市场具有较强的竞争力。截至2017年年底，15岁以上劳动人口为5 480万，同比增长39.5万人，适龄劳动人口为4 820万人，同比增长51.1万人。其中农林水产业劳动人口占40.3%，工业建筑业劳动人口占25.7%，服务业劳动人口占32.8%。

越南将全国分为四个类别区，实施不同的最低工资标准，一类区为河内市和胡志明市，二类区为河内市和胡志明市的农村地区以及芹苴市、岘港市和海防市区，三类区为省级城市及北宁、北江、海阳和永福市区，四类区为其他区域。根据越南政府关于劳动者最低工资标准规定的第141/2017/ND-CP号决定，2018年1月1日起最低工资平均上浮6.5%，即一类地区最低月薪标准为398万越南盾，二类地区为353万越南盾，三类地区为309万越南盾，四类地区为276万越南盾。

为了保障本国劳动力就业，越南对外籍劳务输入设置了较高门槛，严格限制普通劳务输入。据越南官方统计，2017年年底越南全国约有外国劳务人员7.7万人，主要来自中国、韩国、日本、泰国、印尼等国家和中国台湾地区，其中中国劳务人员近1万人，主要从事工程承包项目建设及中国、香港特区和台湾地区投资企业的生产经营技术和管理工作。

②劳动就业规定。

越南《劳动法》规定劳务合同应包括工种、工作时间、工作场所、休息时间、薪资、合同期限、劳动安全、劳动卫生、社会保险等内容。

规定试用期期限：技术性工作的试用期不超过60天，一般性工作的试用期不超过30天，临时性工作的试用期不超过6天。试用期薪资不少于正式录用薪资的70%，试用期内，双方可对合同进行修改和补充。

社会保险：规定工作时间超过3个月和无期限合同，须办理强制性社会保险。劳工因工受伤残，雇主须支付医疗费，如未投保，亦按社会保险条件支付赔偿。

业主终止合同：规定业主单方终止劳务合同时应事先通报劳动者的时间要求。业主单方终止劳务合同时，应事先通报劳动者，通报时间要求如下：无期限合同，提前45天；1～3年合同，提前30天通报；1年以下期限合同，提前3天通报。辞退工人时，业主须按每年半个月工资及奖金支付补偿。

外资企业雇用当地劳务的规定：根据越南《投资法》和《劳动法》有关规定，外资企业可以通过中介机构录用当地劳动力，并可根据生产需要及有关法律规定增减劳动力数量；劳资双方需签署劳动合同。合同内容应包括工作内容、工作地点、工作时间、休息时间、薪水、合同期限、劳动卫生、社会保障、保险等；企业因变更生产经营而裁减已工作12个月以上的工人，应组织相关培训，以便被裁减工人寻求新的工作岗位。如无法安排培训，则应支付不低于两个月薪资的遣散费；若企业被并购，则新的企业主应根据劳动合同继续履行相关义务；在劳动合同执行过程中，任何一方需修改合同内容，应提前3天告知另一方；企业要求员工加班，应根据规定支付加班费；企业应根据生产效益情况给员工发放奖金；员工社会基金来源包括：企业交纳工资总额的15%、员工交纳工资额的5%、政府补贴、基金本身收入及其他来源；劳资双方出现纠纷时，由双方通过协商解决。如无法协商解决，则提交法院处理；企业应为工会的成立创造便利条件。

③外籍人员工作的规定。

在越工作3个月以上外籍劳务人员须办理由省（直辖市）劳动部门颁发的劳动证。

外籍人员在越工作条件：

A.年满18岁。

B.身体状况符合工作要求。

C.具高技术水平、在行业及管理方面具有丰富经验，此类人员的技术水平、管理经验等资质须有该人员所在国职能部门颁发的认证书。

D.无犯罪记录。

E.有越南职能部门颁发的3个月以上工作许可证。

无须办理劳动证的人员：

A.工作期在3个月以下。

B.外籍人员为公司董事会成员、总经理、副总经理、经理、副经理的。

C.在越代表处代表、分公司领导。

D.已取得越司法部颁发行业许可的律师。

④工作证办理。

主管部门：越南工作证的主管部门是越南公安部所属出入境管理机关、各省（直辖市）劳动部门。

工作许可制度：在越工作3个月以上外籍劳务人员须办理由越南省（直辖市）劳动部门颁发的劳动证，劳动证有效期根据合同期定，但不超过3年，依用工单位的要求，劳动证可延长。

居留规定：外国人须申报入境目的、时间及居留地址，入境活动应与申报相符；外国人不得在禁区内居留；外国人在越南公安部所属出入境管理机关办理长期居留手续；越南公安部所属出入境管理机关将为获准在越南居留1年以上的外国人颁发长期居留证；居留证有效期为1～3年；持证人出入境免签证；长期居留越南的外国人须每3年一次定期向越南公安部所属出入境管理机关报告；签证、签证加注、签证变更、居留证及居留许可延期申请将在受理之日起5个工作日内完成。

提供资料：

A.就业申请书。

B.本国职能部门颁发的司法履历，如已在越6个月以上的，需增加由越所在地司法厅发的司法履历。

C.体检表。

D.大学毕业或以上学历证书、工艺技术证等专门技术证书的复印件，如劳工属于具有传统工艺或管理经验的人才，需有该国职能部门的证明。

E.交纳3张近1年内照的彩照（3厘米 ×4厘米，免冠、正面、不戴眼镜）。

所提交的材料须公证，并译成越文。须有复印件与原件、翻译件与原件相符公证。

(7) 农业保险和外商农业投资保险政策

目前，越南的农业保险还很不完善，由于风险较大，越南仅有0.05%～0.3%的作物和牲口进行了农业保险。越南最大的保险公司Bao Viet保险公司仅对橡胶、出口茶叶、鲶鱼等少数作物或动物提供保险，水稻等多数高风险作物没有相应险种。①

一家大型法国保险公司Groupama在越南的分支机构曾经在大湄公河三角洲的15个省份对农业企业进行保险试点。但是由于风险高，收益小，两年以后该计划就终止了。越南的农业保险还处于试点和探索阶段。②

越南《投资法》规定投资商根据保险法的规定，通过与在越南经营保险业务的企业以签订保险合同的方式对自己的财产和其他资产进行保险。

(8) 有关农业生产、收储、加工、流通的其他鼓励或限制政策

鼓励政策：根据《外国在越南投资法实施细则（2003年补充修改版）》规定，使用国内原料从事农产品、林产品（木材除外）、水产品加工，其产品出口在50%以上；农、林、水产之种植与养殖等投资领域属于越南特别鼓励投资领域，该领域可享受10%的企业所得税税率，并且企业所得税优惠税率适用于该投资项目的整个实施期间。

使用国内原料进行农产、林产（国内天然林木除外）、水产加工；食品保管；农产品收获后保管；农机、林机及其设备零件、灌溉设备生产；农林渔业技术服务等领域属于鼓励投资的领域。该领域可享受20%的企业所得税税率。

限制政策：造林（外国投资者用间接方式以资金、种子、技术、化肥形式出资，通过越南的单位和个人获准政府交付、出租的生产林和防护林地并按合同包销产品的投资项目不在此限）属于只许以合作经营合同或联营方式投资领域。

乳制品生产与加工，植物油、蔗糖生产，木材加工（使用进口木材的项目不在此限）等领域属于加工与投资开发原料相联系的领域，其投资受到限制。

从事进口业务、在国内营销业务及远海海产品捕捞、开发的投资项目，按政府总理规定办理。

---

① 资料来源：http://english.vietnamnet.vn/biz/2008/04/778151/。

② 资料来源：http://www.fao.org/ag/Ags///subjects/en/ruralfinance/insurance.html。

2. 接受国际组织或者主要国家农业援助的规模情况、项目清单以及典型案例

越南在发展过程中接受了来自多个国际组织和国家的援助，援助方式主要为资金援助。近25年来，越南接受外来援助发展资金累计高达800亿美元。其中，世界银行是向越南提供援助最多的国际组织，日本则是向越南提供援助最多的国家。此外，联合国粮农组织、亚洲开发银行、欧盟、加拿大、韩国、丹麦等国际组织和国家也向越南提供了不同程度上的国际援助。

相关国际组织和国家对越南进行国际援助多集中在基础设施建设、扶贫减困、建设新农村方面，对农业方面的援助主要集中在农业基础设施、农业技术等方面。

自1994年以来，世界银行共资助越南27个项目，承诺资金24亿美元，其中有11个农业项目，金额为9亿美元，无偿援助近3 000万美元。但截至2003年，世界银行援越农业项目的资金到位率仅有51%，主要原因是越南分级管理机制不合理，一些地方缺乏执行项目的能力，配合不够协调。[①]2004—2006年，世界银行持续为越南农业援助3.5亿美元，以促进越南农业的发展。2016年，世界银行向越南提供700万美元用于安全供水项目，以解决土地盐碱化和干旱问题。为此，越南政府责成建设部主持牵头，梳理和调整《九龙江平原地区到2030年，展望2050年的建设规划和供水规划》。

亚洲开发银行也为越南农业发展提供了许多援助。2011年，越南与亚洲开发银行合作开展农业、农村发展项目。农业与农村发展部向亚行贷款的项目包括：投资额1.15亿美元的达门灌溉渠项目，其中，亚行提供8 000万美元贷款；投资额1.2亿美元的福和湖蓄水项目，亚行提供6 000万美元贷款；红河平原中、东北地区的灌溉系统项目，亚行提供80万美元无偿援助；西原、平福升农村基础设施项目，亚行提供100万美元的无偿援助。[②]

加拿大援助越南农业主要集中在农业可持续发展和农业技术方面。2013年，世界银行成员组织的国际财政组织（IFC）代表和加拿大政府代表在越南首都河内签署了一项合作协议，以协助越南农民提高有关农业可持续发展模式的认识和融资能力。其中，加拿大政府出资760万美元，旨在提高越南后续5年农业收入金额和推动越南农业可持续发展。另外，国际财政组织协助越南政府改善农业法律体系，为越南农产品出口和扩大农民的贸易往来提供便利条件。国际财政组织向越南各家商业银行提供关于增加对农业企业，尤其是小规模生产农户提供的贷款方面的咨询。2015年，加拿大协助越南展开

① 中华人民共和国驻越南社会主义共和国大使馆经济商务参赞处：《世界银行将提供3.5亿美元帮助越南发展农业》http://vn.mofcom.gov.cn/aarticle/jmxw/200311/20031100148233.html。

② 辽宁金农网：《亚行协助越南开展农业、农村发展项目》http://lnjn.gov.cn/edu/foreign/hotdot/2011/2/258325.shtml。

"越南合作社企业发展项目"，帮助越南实现减贫和促进经济增长。[①]加拿大将在2015—2020年为越南提供1 290万美元的援助款项，助力越南农业合作社增强竞争力和提高生产效率，并将加拿大农业合作社善待环境的农业生产工艺技术成功运用到越南农业生产，助推越南农业实现可持续发展和提高越南农民收入水平。

而韩国主要向越南提供农业机械化项目方面的援助。2014—2018年，韩国向九龙江三角洲地区提供总值为2 500万美元的官方发展援助，以开展农业机械化项目。[②]

3. 农业吸引外商投资的总体规模及其变化情况、重点投资产业、典型案例资料

越南是一个发展中国家，农业在越南国民经济中占有重要位置。1986年改革开放以来，越南农业与农村取得了蓬勃发展。2005—2015年，越南的农业生产对国内生产总值的贡献年平均近20%。然而，农业领域对外商直接投资或者国内私人企业投资的吸引力明显较弱，农业投资占越南全国总投资的比重较低，2005—2015年，农业投资所占比重仅为6.7%。与此同时，该比重呈现出持续下降的态势，2000年，农业投资占越南全国总投资的13.8%，2005年、2007年、2009年、2011年和2013年分别大幅度下降为7.5%、6.38%、6.26%、5.98%、5.59%，2015年大幅增加至10.7%。与越南全国总投资额相比，越南农业领域的投资额增加极其缓慢（表3-2）。

表3-2　2005—2013年越南农业投资及其占总投资比重的情况

年份	总投资额（亿美元）	农业投资额（亿美元）	农业投资额占总投资额的比重（%）
2005	164.49	12.34	7.50
2007	255.08	16.27	6.38
2009	339.80	21.27	6.26
2011	443.19	26.50	5.98
2013	523.08	29.24	5.59
2015	241.15	25.80	10.70
年均	327.80	21.90	6.70

数据来源：越南国家统计局。

越南FDI投资者只集中投资少数行业，如畜牧、饲料加工、林业、木材加工、林产品、渔业，其中林业和木材加工占外商直接投资农业总额的78%左右，其他如农产品加工、水产品等都很少。越南农业FDI最具吸引力的是饲料行业。越南现有59家外国饲料

① 资料来源：越南人民报网：《加拿大协助越南发展农业经济》。

② 资料来源：越南画报：《韩国协助越南九龙江三角洲促进农业机械化》。

生产企业，饲料的产量占越南饲料总产量比重的70%，而180家越南饲料企业的饲料产量只占越南饲料总产量的30%。越南饲料市场有非常大的潜能，预计2020年甚至可达到250万～260万吨。目前，许多外商直接投资者都投资该行业。越南现有三大外资饲料加工企业，即美国的Cargill Vietnam公司、泰国的Charoen Pokphand公司和中国的East Hope集团。

4. 中国对越南的农业援助情况、典型案例资料

中国自20世纪50年代战备时期就开始对越南进行各方面援助。但近年来，中国对越南进行的农业援助相对较少，在农业方面的援助主要是向越南援助建设农业技术示范园区、派遣高级农业专家和农业技术组以及进行农业管理与技术培训。2000年5月，中越双方签署“中国农业技术综合示范基地”项目合作合同书。项目从2000年6月正式启动，至2001年4月基本建成一个示范基地，含总面积1.2公顷的作物种植示范田和面积70平方米的展示厅，5个总面积为1 350平方米的温室大棚、630米长的砖混结构挡鼠墙及灌溉用的水井、水池、机房等。建成后，该示范基地从中国引进并试种了西瓜新品种16个、甜瓜新品种16个、蔬菜新品种8个、杂交水稻组合45个。此外，示范基地在越南各地开展各种类型的培训班，向农村干部、农业技术员、农民等提供农业技术培训。

近年来，中国和越南在农业领域，尤其是提高技术和水产培训方面开展了一些合作。并且，中越双方也出台了许多政策，扶持、鼓励企业在生产和加工原木、生产家畜禽水产饲料、种植水果、种植新鲜蔬菜等领域进行投资。2011年9月，由中国四川特驱集团公司投资的大型饲料生产企业——越南特驱希望饲料公司在越南北江省正式投产。越南特驱希望饲料公司是该集团在越南投产的首个大型饲料公司，也是当时越南产能最大的中资饲料生产企业。该公司总投资1 000万美元，年产家畜和水产养殖用高质量饲料40万吨。2015年10月，特驱集团在越南投资的另一家大型饲料生产企业——越南义安特驱希望饲料有限公司在越南中部省份义安省正式投产。该项目总投资1 000万美元，占地面积2.1公顷，设计年产饲料30万吨。此外，特驱集团还将在越南陆续兴建7个饲料生产企业、2家大型种猪场和种禽场，使其在越南的饲料年销量到2020年时达到280万吨，实现年产值30亿美元，并在2020年建成完整的畜禽水产养殖、饲料生产和食品加工产业链。

5. 中国与越南签署的涉及农业的多双边协定情况

（1）双边协定

自20世纪90年代起，中国与越南签订了多项双边经贸协定，早期的双边协定包括《贸易协定》（1991年11月）、《经济合作协定》（1992年2月）、《关于鼓励和相互保护投

资协定》(1992年12月)、《关于货物过境的协定》(1994年4月)、《关于保证进出口商品质量和相互认证的合作协定》(1994年11月)、《关于对所得避免双重征税和防止偷漏税的协定》(1995年5月)和《边贸协定》(1998年10月)。

2000年12月，中国与越南政府签订了《中华人民共和国政府和越南社会主义共和国政府北部湾渔业合作协定》，该协定是中越两国对渔业问题作出的全面安排，协定通过设立共同渔区、过渡性安排水域和小型渔船缓冲区等方式，尽可能减少新海洋制度对双方现有渔业活动的影响。2004年4月，中越双方签署了《中越北部湾渔业合作协定补充议定书》，对过渡性安排水域的范围和管理进行了规定。

2006年11月，中越双方签订了《关于扩大和深化双边经贸合作的协定》，该协议全面规划了两国未来5～10年的经贸合作方向，确定重点合作领域，为促进两国经贸合作发挥积极作用。其中提出要在农业领域开展多种形式的经济合作。

2011年10月，两国签订《2012—2016年阶段中越经贸合作五年发展规划》，该规划中提出未来五年两国将进一步加强在农业和渔业、交通运输、能源、矿业、制造业和配套工业、服务业及“两廊一圈”等领域的互利合作，推动中越经贸关系快速、稳定、健康和可持续发展。[①]2013年5月，双方签署《中越经贸合作五年发展规划重点合作项目清单》。

2017年1月，越南共产党中央委员会总书记阮富仲于访华期间签订了《中国农业部和越南农业与农村发展部关于开展北部湾渔业资源增殖放流与养护合作的谅解备忘录》。

(2) 多边协定

中国与越南签订的关于农业的多边协定主要是于2002年11月签订的《中国－东盟全面经济合作框架协议》，该协议旨在加强各成员国之间经济、贸易和投资活动；促进货物贸易和服务贸易，逐步实现货物和服务贸易自由化，并创造透明、自由和便利的投资机制；为各缔约方之间更紧密的经济合作开辟新领域，制定适当的措施；为东盟新成员国更有效地参与经济一体化提供便利，缩小各缔约方发展水平的差距。其中，货物贸易的相关条款均与农业相关，并提出要有效加强在农业领域的合作。

2015年11月，《中华人民共和国与东南亚国家联盟关于修订〈中国－东盟全面经济合作框架协议〉及项下部分协议的议定书》(以下简称《议定书》)在马来西亚签订。该《议定书》是《中国－东盟全面经济合作框架协议》的升级协议，涵盖货物贸易、服务贸易、投资、经济技术合作等领域，是对原有协定的丰富、完善、补充和提升，体现了各成员国深化和拓展经贸合作关系的共同愿望和现实需求。

① 参见中华人民共和国商务部网站：《中越两国签署经贸合作五年发展规划》http://www.mofcom.gov.cn/aarticle/i/jyjl/j/201110/20111007776229.html。

（二）农业吸引外资成效

1. 农业对外贸易显著提升

越南在从传统农业向现代农业发展的过程中，不断吸引外资，开拓了国际市场，对外贸易逐年发展，农产品出口量也得以增长。数据显示，1987年越南农产品出口额仅5.42亿美元，而这一数据到了1996年已经高达32亿美元，2014年越南农产品出口甚至达到了308亿美元，几乎是27年前的57倍。根据越南农业与农村发展部有关数据统计，2018年越南农林水产品出口额约达400亿美元，比2017年提高了10.5%，贸易顺差额约为90亿美元。

总体而言，近年来，越南的农产品贸易额整体处于上升状态，且每年农产品的出口额均高于进口额。由此可见，越南在农业产业发展进程中，全面开放了农产品市场，对外贸易不断加大，其农业国际化程度也在不断加深。

2. 农产品国际市场日益广阔

随着越南与全球各国家和地区的深入交往，双边和多边贸易不断深化。越南是东盟成员国和WTO成员，并加入了东盟自由贸易区，同时与中国、韩国、印度等国签订了自由贸易协议，其农业产业的国际交流合作范围在逐年扩大。截至2013年，越南已经与165个国家和地区建立了贸易合作关系，其中122个是WTO组织成员。其中已经有11个国家（9个东盟国家与中国和韩国）跟越南签订了特别优惠贸易关系协定。越南在农产品对外交流中表现十分活跃，与全球多个国家在农产品进出口领域都有贸易往来，并主要集中在美国、中国、阿根廷、日本、韩国等国家，遍布欧美、亚洲以及非洲市场。除此之外，越南的瓜果蔬菜等农产品已成功打入美国、欧盟、日本、韩国等高标准要求的国外市场，越南生产的青柚、火龙果也已遍及全球40多个国家和地区。

3. 农产品国际竞争力提高

随着经济一体化的快速发展，各国家以及地区组织之间的经济交往日益密切，国际竞争力已经成为衡量国际社会中个体经济发展程度的一项重要指标。在农业经济发展中，农产品的国际竞争力是我们必须要考虑和讨论的一个因素。农产品竞争力可以理解为一种在某一目标市场上，特定农产品与其他竞争主体比较而言，表现出来一定的农业生产的综合能力。

近些年来，越南农业飞速发展，成为全球稻米出口第二大国，越南本国的咖啡、腰果、胡椒等农产品出口也位居世界前列。越南咖啡的种植面积自2008年开始再次扩大，咖啡产量不断提高。2008年，越南成为仅次于巴西的全球第二大咖啡生产国，同时也是全球第二大咖啡出口国。2013年，世界的胡椒出口总量达到25万吨，其中越南占出口总量的50%。越南2014年的主要农产品出口中，仅稻米等7项就达到了192.65亿美元的出口额。由此可见，越南在一些农产品的国际竞争中占据了一定的优势。[①]

① 朱晗．越南农业国际化问题研究［D］．昆明：云南大学，2015。

四、中越农业合作的发展潜力判断

（一）中越农业合作的发展前景判断

1. 有利方面

农业合作的互补性。土地资源方面，越南地处亚热带气候区，生态条件优越，有大量未开发的土地可供利用，盛产土地密集型农产品；中国由于人口众多对农产品需求量大，导致了土地资源的紧缺，盛产劳动密集型农产品。气候的差异性导致了农产品的差异性，越南位于热带地区，盛产热带农产品，而中国大部分的地区处于温带气候区，盛产温带农产品。棉花、豆粕和苹果等温带农产品是中国向越南出口较多的农产品，稻谷、大米、热带水果及坚果等热带农产品是越南向中国出口较多的农产品，[①]农产品显著的差异性提高了双方农业合作的互补性。

在农产品的生产方面，越南需要进口大量的农业种子，约80%的蔬菜种子需由外国公司提供，国内公司的蔬菜种子仅占20%的市场份额。越南70%的稻种也需要进口，主要进口来源地是中国和印度。[②]而蔬菜和水稻是中国种子出口的主要作物，最有优势的作物是水稻，尤其是杂交稻，具有抗病害能力强、良种覆盖率高、产量高等显著优势。

在农用机械方面，越南技术水平落后，导致农业机械设备更新换代慢、功能单一、生产率低。越南的农业耕作区域多位于南部湄公河平原与中部沿海地区，雨季的降水量大，容易引发洪涝灾害，因此对重建农业发展的机械需求量大。而越南北部地区会进行大面积的播种耕作，场上作业机械、耕整种植机械、植保机械等各类农机具都需从国外进口，中国生产的农业机械设备由于技术成熟、价格低廉、性价比高从而在越南市场中受到欢迎，目前越南超过80%的农业机械需进口，其中从中国进口的机械占60%。[③]

中国与越南政府的政策倾斜。为了促进双边贸易的进一步发展，越南政府和中国政府签署了一系列有利于双方合作的协定。其中涉及农业合作的协定有《边境贸易协定》（1988年10月）、《经济合作协定》（1992年2月）、《关于鼓励和互相保护投资协定》（1992年12月）、《关于对所得税避免双重征税和防止偷漏税的协定》（1995年5月）、《北部湾渔业合作协定》（2000年12月）、《关于新世纪全面合作的联合说明》（2000年12月）、

① 资料来源：由中华人民共和国商务部发布的《中国农产品进出口月度统计报告》数据整理而来。

② 数据来源：中华人民共和国驻胡志明市总领事馆经济商务室。

③ 数据来源：中华人民共和国商务部网站。

《关于扩大和深化双边经贸合作的协定》(2006年11月)、《中越经贸合作五年发展规划》(2011年10月)、《关于动植物检验检疫合作协议》(2013年6月)、《农业合作备忘录》(2015年5月)以及《两国政府边境贸易协定》(2016年修订)。

在《关于新世界全面合作的联合说明》中，中越双方一致认为应积极推动农、林、渔业的互利合作，鼓励和支持两国有关企业和部门在农作物、家畜家禽良种培育、农林产品加工、农业机械制造、海洋捕捞、水产养殖等方面进行合作。在《农业合作备忘录》中双方将合作范围拓展至农业研究、技术、贸易和动植物品种的培育、追踪和疾病防控、农业机械设备的生产、农产品加工、专家交流和信息互通。进一步扩大了农业合作的领域，促使合作进一步深入。

越南投资政策的优惠。越南出台的《投资法》，对国内和外商投资实行统一管理，取消之前《外国投资法》的诸多限制，进一步开放市场。取消的限制包括：要求优先购买、使用国内的产品与服务或必须购买国内某一生产厂家的产品与服务；要求产品或服务的出口必须达到一定的比例；限制出口商品和服务的种类、数量、价值；要求商品进口数量和价值与商品出口数量和价值相当或必须通过自身出口来平衡进口所需外汇；要求商品生产达到一定的国际化比例；要求研发工作达到一定的水平或价值；要求国内外某一具体地点提供商品与服务；要求总部设在某一具体地点。

越南政府实行分区鼓励投资。政府鼓励投资的行政区域分为经济条件特别艰苦区和艰苦地区两大类，分别享受特别鼓励优惠及优惠鼓励政策。所享受优惠政策如下：

企业所得税优惠：经济条件特别艰苦区享受四年免税政策（从产生纯利润起计算，最迟不超过3年)，免税期满后9年征收5%，紧接的6年征收10%，之后按普通项目征税。经济条件艰苦地区享受两年免税政策优惠（从产生纯利润起计算，最迟不超过3年)，免税期满后4年征收7.5%，紧接的8年征15%，之后按普通项目征税。

进出口关税优惠：经济条件特别艰苦区免固定资产进出口关税及从投产之日起免前5年原料、物资或半成品进口关税；属出口产品生产加工可免征出口关税或退税。

减免土地租用费：租用经济条件特别艰苦区土地最长减免15年；经济条件艰苦区最长减免11年。[①]

国际合作平台的搭建。中国与越南可通过全球性组织或区域组织来开展农业合作。双方可借助于世界贸易组织、东南亚国家联盟、亚太经合组织、亚欧会议等平台加强沟通与交流。目前，农业合作成果最显著的是中国与东盟这一平台，中国和越南依托中国－东盟农业培训中心、中国－东盟博览会、中国－东盟现代农业科技合作园等平台开发优良品种，交流先进技术。随着中国－东盟自由贸易区的建设，多种农产品实现了

① 《对外投资合作国别（地区）指南——越南》。

“零关税”，尤其是通过“早期收获计划”，越南取消了547种早期收获产品的关税，而中国取消了593种早期收获产品的关税。[①]农产品关税的降低提升了两国农产品的流动性，贸易壁垒的取消降低了农产品的交易成本，提高了贸易自由化的程度。

借助大湄公河次区域经济合作（GMS）。中国、越南、缅甸、老挝、泰国、柬埔寨六国搭建了大湄公河次区域农业经济合作发展平台，通过生产信息共享、实用技术交流培训、高产栽培技术研究以及开展农产品贸易，推动了中国与越南在粮食安全、跨境动植物疫病防控、农村可再生能源、农业信息应用和农业科技交流等方面的合作。云南和广西作为与越南接壤的省份，可凭借地理优势开展各类农业合作项目。目前，广西已开展了中越边境农作物病虫害监测与防控合作，开展了禽流感防控技术培训、户用沼气示范、水稻生产、蚕桑生产和果蔬新品种试种、新技术应用示范及培训等项目。云南省科技厅、云南省农科院与GMS五国合作，成立了大湄公河次区域农业科技交流合作组，通过科技人员交流、研发良种、培训农户，显著地提高了陆稻、大豆、甘蔗、马铃薯的产量。合作组对稻飞虱、稻瘟病、小菜蛾、外来入侵生物、杂草及其绿色防治技术开展联合研究，并进行技术培训，为建立GMS联合防控机制、提高防控水平、有效制定防控对策与措施奠定了基础。[②]

2. 不利方面

生产方式与交易体系不完善。越南与中国都是发展中国家，农产品生产和交易体系尚不完善。两国的农产品生产单位以农户为主，较为分散、缺乏集中度，不利于优良品种与新兴技术大范围的推广与应用。农产品生产规模小、效率低、标准化程度低、缺乏商标意识与品牌意识，难以形成规模经济，阻碍了双方在农业生产方面展开全面深入的合作。由于越南农用机械设备落后、生产者文化水平不高，导致了农产品的质量不高，缺乏竞争力。同时中国与越南的农产品贸易以小额为主、金融结算服务体系不完善，极大地增加了农产品交易的成本与费用，限制了生产要素在双方市场中的自由流动与优化配置。

跨境基础设施建设滞后。农产品在双边贸易中对通关和跨境基础设施建设有较高的要求。但是越南海关以及检验检疫机构的效率低、手续繁多、程序复杂导致了通关时间长，影响农产品的即时运输，增加了物流成本与时间成本。由于地理环境复杂、边境多以山区为主、双方投入资金不足导致了中国与越南边境的基础设施落后，铁路连接不紧密、公路路况差，运输能力十分有限。农业合作的配套设施落后、贸易便利化程度低导

① 早期收获产品：根据《海关税则》，早期收获产品主要包括活动物、肉及可食用杂碎、鱼、乳品及蛋、其他动物产品、活树及其他活植物、蔬菜、水果八大类产品。

② 资料来源：云南省科技厅《云南省与大湄公河次区域各国多边农业科技交流合作成果丰硕》。

致了双方在开展农业合作时往往会遇到障碍。

缺乏有效的、统一的协调机制。中国与越南政治制度、通关程序、贸易政策等各方面的差异使得两国的利益有所冲突。但目前中国与越南农业合作方面没有统一的协调机构，贸易摩擦和矛盾不能得到行之有效的解决。协调机制的缺乏使得双方在进行合作的过程中由于信息不对称而出现重复建设、分工不明确、资源浪费等现象，同时也容易滋生贸易摩擦、恶性竞争和贸易壁垒等问题，为双方的合作增加了阻力，影响农业合作的稳定性和持续性。

农业投资规模小、地区分散。在对越南进行直接投资的28个主要国家及地区，中国仅位列第五。1995年1月至2015年5月共有856家中国企业获得在越南投资的许可证。就投资行业而言，制造加工业、建筑业及工业生产领域的企业最多，共596家企业，占比约69.63%；其次是服务业领域的企业，共186家，占比约21.73%；最后是农林渔业领域的企业，共有74家，占比8.64%左右。与其他行业相比，农业投资尚未形成规模。对越南农业直接投资主要来源省份为广西壮族自治区与四川省，其余省份的投资较少。农业直接投资往往是各省区、各投资主体自发性的行为，缺乏正确的引导及明确的长期投资规划，表现出随机性的资本投入及盲目性的投资区位选择。

3. 总体评价

虽然中国与越南在农业合作方面仍然存在着各种不利的因素，双方合作过程中的摩擦时有发生，生产方式落后、市场体系不完善、配套基础设施建设滞后、缺乏统一的协调和领导机制、投资规模小且散等问题一直阻碍着农业合作的进一步深入。但是中国与越南在农业方面具有很强的互补性，开展农业合作符合双方的国家利益，随着中国与越南政府对双边关系重视程度不断提高，对农业领域的资金投入力度逐步加大以及一系列加强合作的政策实施，借助于各类国际组织，搭建多样的合作平台，两国在农业合作方面将会取得更显著的成果。

（二）推进中国与越南农业合作的相关建议

1. 加强双边跨境互联互通基础设施建设

完善中越跨境互联互通基础设施是中越跨境农业合作顺利推进的重要条件。重点要从以下方面开展工作。一是要改善陆路运输交通基础设施建设。要进一步改善南宁–河内和昆明－河内的国际高速公路线路交通条件。加快中越快速铁路项目建设，尽快启动河内－老街铁路项目建设以及对靖西－龙邦和南宁－凭祥的铁路线路进行扩能改造，扩大铁路运营能力。二是完善中越边境水利、电力、能源和通信等基础设施建设，为跨境农业发展提供良好的环境。三是建立跨境农业互联互通基础设施中越政府间的合作协调机制。双方政府应从促进跨境农业区域合作的共同利益出发，加强信息沟通，同时构建农业跨境区域基础设施公共物品的成本分摊机制，按照各自的受益大小确定成本分摊的比重，同时也应考虑中越双方经济承受能力。中国与越南应就农业跨境互联互通基础设施共同谋划、共同协商建设规划方案，拓宽跨境互联互通基础设施合作的方式。①

2. 建立统一的协调与领导机制

建立统一的协调与领导机制，促进两国农产品合作关系的稳定发展。首先，双方应建立政府间的对话机制，如跨境农业合作的中越双边政府定期磋商会晤机制、中越跨境农业合作统一管理协调机构的定期联席会议制度、中越跨境农业合作的利益协调与平衡机制，加强双方政府的沟通与交流从而保证合作的稳定性。其次，建立信息共享机制，尤其是农产品生产过程中关于市场供给与需求的相关信息，避免由于信息不对称而导致的重复建设、分工不明确以及农产品价格剧烈波动。最后，中国与越南应建立农产品贸易摩擦解决机制，明确权责，及时解决合作过程中出现的贸易矛盾，避免冲突升级。

3. 提高中国与越南农产品贸易的便利化程度

为了减少农产品在流通过程中产生不必要的时间成本与物流成本，双方应联合开展工作，提高农产品贸易的便利化程度。首先，扩大零关税产品的范围，减少甚至消除农产品贸易壁垒，提高商品的流动性，营造良好的合作环境。其次，简化出入关的手续与流程，提高海关、检验检疫相关部门的效率，开设农产品贸易的绿色通道。最后，建立统一的农产品质量标准，提高农产品市场的标准化程度，促进农产品市场规范有序地运行，减少交易成本和市场的外部性干扰。

4. 发挥中国农业科技优势，引导对越农业直接投资

中国与越南的农业合作具有互补性，应当重视对越南农业的直接投资，加强在农业领域的合作。中越政府可以签订相关的农业合作双边协定，引导农业投资的方向与领域。在我国企业进行农业投资方面，首先，政府应当提供相关的投资信息与咨询，发布越南的相关经济政策，加强网络信息建设，加快信息流通，鼓励我国相关企业参与农业

① 张鑫．中越跨境农业区域经济合作研究［J］．现代经济探讨，2016（12）：87-91。

合作项目。其次，要充分发挥我国农业的技术优势，推动相关企业在越南设厂经营，开拓市场。最后，在保护越南生态环境的前提下，引导我国企业在畜牧、饲料加工、林业、木材加工、林产品、渔业等领域展开活动，加强与当地农户、企业的合作，完善相关的产业链，推动合作的进一步深入 。

5. 鼓励围绕重点产业领域的重点项目合作

中国与越南在农业合作方面已经取得了一定的成果，但仍应加强重点项目以及领域的合作，从而实现双边利益的最大化。农业研究领域，双边政府可设立研究基金，为农业技术的研发提供政策支持。两国的农业研究机构可在政府的引导下开展农作物病虫防治、优种良种的研发以及推广等项目合作，建立农业技术研究中心，促进双方研究人员沟通与交流。在产业选择方面，企业应当加强生产经营方面的合作，尤其是在水果蔬菜种植、粮食加工与饲料生产、木材加工、农药化肥生产、农用机械与林用机械生产等重点领域，充分利用越南的资源禀赋，发挥中国企业的技术优势，挖掘越南的市场潜力。

6. 通过多元化投资方式合理规避投资风险

目前，中国对越南农业领域的投资大部分采用新建企业的方式，并且为现汇输出。为实现农业领域合作的进步与升级，中国企业应当改善投资方式，灵活运用技术输出、设备输出、信息服务与管理等多种资本输出方式，采取合资或者并购等设厂方式，缓解企业的资金压力和投资风险，减少中国企业在进入越南市场时的阻力，利用本土化战略顺利地、渐进地融入当地市场。对于跨境基础设施建设落后的问题，中国企业可以采用BOT方式对越南的相关基础设施进行投资，充分利用双方政府对农业领域的优惠政策，从而减少投资成本，扩大投资利益。

7. 深化两国双边关系，优化农业走出去投资环境

为了扩大中国与越南农业领域合作，深化农业合作深度，双方政府应当营造适合投资的环境，提供政策保障，为双方投资者提供投资者待遇、外资用地优惠、税收减免、融资扶持等多项政策，加强双边投资关系。由于越南农业发展影响因素较多，因此中国应建立农业投资保障机制，通过合理规划对越投资的对象、范围以及种类，减少对越投资的风险，保证投资活动的顺利开展。建立在越农业投资反馈机制，及时反映越南的经济情况与市场变化，提供相关的实时信息与信息咨询，为企业开展投资以及经营活动提供参考。

（三）其他资料

1. 中国驻越南和越南驻中国的大使馆、领事馆信息

中国驻越南大使馆

地址：越南首都河内市巴亭区黄耀大街46号（46 Hoang Dieu Road, Hanoi, Vietnam）

机构设置：政治处、办公室、领事部、武官处、商务处和文化处

电子邮箱：chinaemb_vn@mfa.gov.cn

电话：00844–38453736

传真：00844–38232826

中国驻越南总领事馆

地址：胡志明市第三郡二征夫人路175号（175 Hai Ba Trung Road, District 3, Ho Chi Minh City）

机构设置：办公室、领侨室和经商室

电子邮箱：chinaconsul_hcm_vn@mfa.gov.cn

电话：0084–908002226

传真：0084–8–38295009

越南驻华大使馆

地址：中国北京建国门外光华路32号

电话：0086–10–65321125或65321155

传真：0086–10–65325720

越南驻广州总领事馆

地址：广东广州侨光路8号华厦大酒店B座2楼北部

电话：0086–20–83305910或83305911

传真：0086–20–83305915

越南驻南宁总领事馆

地址：广西南宁市金湖路55号亚航财富中心27层2701室、2703室、2705室、2709室、2711室

电话：0086−771−5510562或5510563

传真：0086−771−5534738

越南驻昆明总领事馆

地址：云南昆明北京路157号佳华广场酒店C座2层

电话：0086−871−3522669

传真：0086−871−3516667

越南驻上海总领事馆

地址：上海市浦东大道900号华辰金融大厦3层

电话：021−68555871

越南驻香港总领事馆

地址：香港湾仔道230号佳诚大厦15层

电话：00852−2591 4510或25914517

传真：00852−2591 4524或25914539

2. 联合国粮农组织驻越南代表处信息

联合国粮农组织从1978年开始在越南开展工作，并向越南政府提供了技术援助与建议，参与了农业可持续发展、粮食安全与营养、林业和渔业领域约400个项目的实施。20世纪80年代，越南政府进行了改革，联合国粮农组织迅速成为越南农业部门技术援助的重要合作伙伴和主要贡献者。这种合作关系的最初目标之一是促进越南农业、林业和渔业的发展。20世纪90年代，为应对新的挑战，联合国粮农组织集中为越南政府提供政策咨询，协助解决国家粮食安全政策的制定、农业支持服务规划的改善和针对农村贫困人口项目的实施。

地址：河内绿一联合国大厦3楼304房（304, 3rd Floor, Green One UN House Building, Hanoi, Vietnam）

电话：00844−38500100或00844−37265520

邮箱：FAO−VN@fao.org

3. 越南农业与农村发展部组织结构示意图（图 4-1）

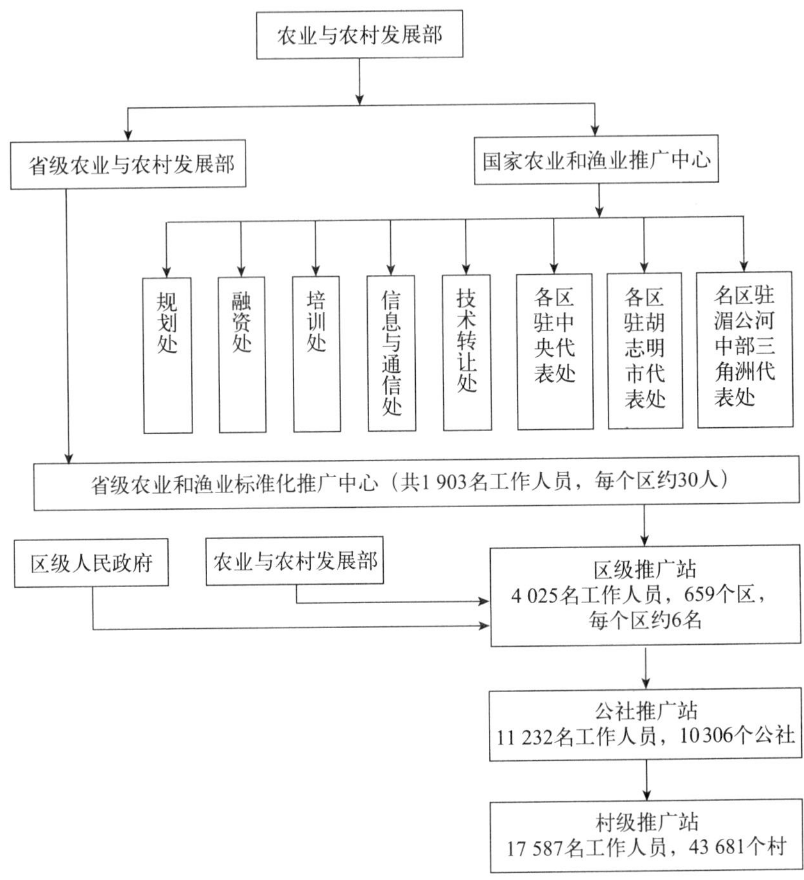

图4-1　越南农业与农村发展部结构示意图

4. 越南主要涉农外资企业投资及项目清单

Charoen Pokphand集团

Charoen Pokphand集团于1921年在泰国曼谷成立，1988年在越南胡志明市成立代表处，1993年成立CP越南畜牧业有限公司。Charoen Pokphand集团在越南的投资主要集中于畜牧业和渔业，由于该公司显著地促进了越南畜牧业的发展，2015年被越南政府评为先进单位。主要的投资项目有：

①畜禽饲料生产。

②水产饲料生产。

③畜禽养殖。

④水产养殖。

⑤食品加工（肉类与水产品）。

⑥食品的分销与零售。

目前，Charoen Pokphand集团在越南已经形成了封闭的多元化生产系统，并形成了完整的供应链（图4-2）。

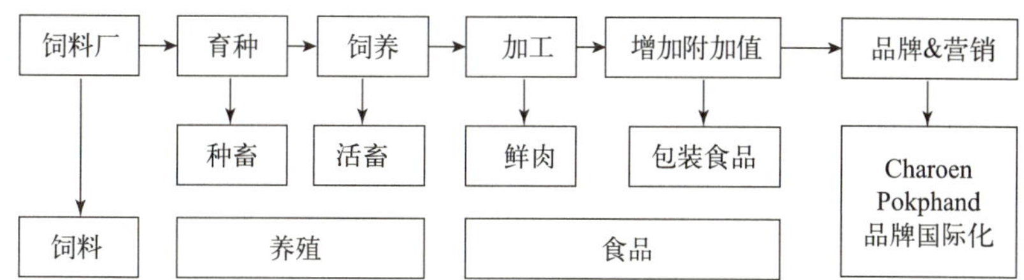

图4-2 Charoen Pokphand集团在越南形成的完整的供应链

富士通公司

富士通公司是世界领先的日本信息通信技术（ICT）企业，提供全方位的技术产品、解决方案和服务。富士通越南有限公司作为富士通有限公司的全资子公司，于1999年2月在越南开始运营。该公司在越南的投资主要集中于以下的智能型农业项目：

富士通和永旺农业创业有限公司开展基于ICT的农业实地试验；

FPT－富士通Akisai农场和蔬菜项目；

基于信息通信技术的粮食和农业云（AkiAya）项目。

邦吉公司（Bunge）

邦吉公司于1818年在荷兰阿姆斯特丹成立，现总部位于美国纽约州。作为全球四大粮商之一，邦吉公司主要开展生产和加工谷物、油料作物等业务，在越南的项目有：

在越南Phu My港建立大豆加工厂；

转基因玉米种植（与越南农业与农村部合作）；

油料加工（与新加坡丰益国际公司合作）。

美国技术公司（American Technologies Inc）

美国技术公司越南分部是越南水产养殖行业最大的外国投资公司。该公司在越南开展了多个养殖项目与研究项目，旨在培育优良品种，扩大水产品的市场。美国技术公司在越南的投资项目主要集中于水产的养殖与加工：

广治省白脚虾的养殖项目（虾苗和鱼苗生产中心、现代化的实验室和加工厂）；

河静省水产养殖和加工基地（养虾场、鱼苗场、出口水产加工区、水产饲料加工区、沙上工业养虾区）。

丰益国际

丰益国际集团是多元化的全球跨国公司，也是世界最大的粮食、食用油及农产品供应商、贸易商之一。作为世界最大的棕榈油加工商以及主要大豆买家，丰益国际在越南收购了邦吉公司油料加工业务的一半股份，并主要开展了以下项目：

包装油生产（油脂精炼、稻米油精炼、特种油脂包装油、面粉加工）；

酱料与调味品生产；

饲料的加工与推广。

Greenyield Berhad公司

Greenyield Berhad于1937年在马来西亚成立，是一家提供农业产品和服务的公司。该公司于2010年在越南进行投资、开展业务。在越南主要推广以下与种植业相关的项目：

橡胶生产的气体刺激系统的推广（RF5G）；

种植园的开发与管理；

种植产品的培育（油棕榈、橡胶树与有机肥料）。

广西万川种业有限公司

广西万川种业有限公司成立于2008年，是一家集“育、繁、推，科、工、贸”于一体的种业公司。依托地理位置的优势，以建设试验站的方式在越南开展中国农作物品种的试种、示范和推广。目前所开展的项目有：

在越南河内建立中国（广西）—越南农作物优良品种试验站；

在越南兴安省建立农作物试验站核心基地；

农业机械（微耕机、精选机、包装机）的推广与销售；

在谅山、北江、永福等省建立水稻、玉米、瓜菜等作物示范点。

除此之外，越南农业与农村发展部针对咖啡、茶叶、果蔬、水产品和植物性饲料5类产品，与17个多边集团、国际公司开展农业PPP合作。多边集团对越南农民的技术培训进行投资，建设市场基础设施，建立了销售渠道，为当地农业的发展提供支持。其中联合利华（Unilever）投资44万欧元，对2.3万多农民进行生产培训，并每年从农民手中收购3.5万吨茶叶；麦德龙公司（Metro Cash & Carry）在越南投资开展供应链项目，培训了2 000多名水产养殖农民和400多个水产品经销商；美国孟山都集团（Monsanto）、瑞士先正达公司（Syngenta）等公司与越南农业与农村部开展合作，进行转基因玉米种植试验，将玉米的产值提高30%。①

5. 越南的主要国际组织清单及主要涉农项目清单

联合国粮农组织

联合国粮农组织根据越南农业发展的实际情况制定了重点计划：

① 资料来源：越南农业与农村发展部。

构建农村生计改善、食品营养安全的有效政策与法律框架。以充分的数据为基础的政策对于政府部门的重新定位是必不可少的，它有助于政府部门构建有效的监管框架，满足政府在经济发展、提高粮食和营养安全、增加农村就业等方面的需求。

南南合作的项目是优先推进的重点，联合国粮农组织支持越南政府和机构在农业方面的改革，为相关政策在农村的实施提供技术与资金的支持，宣传农产品的市场信息从而提高利益相关者的盈利能力。此外，改善民生以及农村居民的收入多元化项目也是联合国粮农组织所关注的。

为支持农村生计的适应气候变化政策。越南被认为是世界上经济发展最受气候变化影响的国家之一。气候变化威胁到国家粮食安全和农村人民的生计。因此联合国粮农组织与国际伙伴合作（联合国开发计划署、国际移民组织、联合国妇女署）对农业与农村发展部适应和减缓气候变化的战略实施提供支持，特别是在应对全球气候变化对农业生产的灾害管理方面提供支持。

为了减缓气候变化对水产养殖和渔业的影响，联合国粮农组织支持预警系统的建设。提高弱势群体的防御意识与技能以预防和适应气候变化对农业生计的影响，并在越南促进气候智能型农业（CSA）的发展。

以可持续的方式改善农业、林业和渔业产品和服务。联合国粮农组织和其他机构（联合国开发计划署、联合国工业发展组织，欧盟、美国国际开发署）将协助越南政府加强提供农产品和服务的能力建设。以创新农业生产领域的新技术为研究的焦点，提高家畜、作物生产、水产养殖、林业、渔业领域的产值，完善价值链，增加农民的知识及技能以减少农产品收货后的损失。在特定区域以社区为基础，生产附加值高、绿色环保以及市场导向型产品。

为农村弱势群体提供更加包容、高效的农业和粮食体系。通过与发展伙伴的合作（国际农业发展基金会，美国国际开发署、联合国开发计划署），联合国粮农组织将协助越南政府为农村弱势群体建立起一个更具包容性的、高效农业和食品体系。该项目的重点是支持农村扶贫政策和方案的实施，提高弱势群体对自然资源和其他生产性资源的利用能力。从增强包容性与社会视角的方面去分析、制定与实施农村扶贫政策，提升国家卫生安全系统的有效管理。

联合国粮农组织主要涉农项目清单

农业可持续发展类：

TCP/VIE/3502（Baby05）——农业结构调整政策的监测与评估；

TCP/VIE/3502（Baby03）——越南东喀斯特高原地质公园农业文化遗产的规划；

UNJP/VIE/038/UNJ——利用绿色生产与贸易来增加农村贫困人口收入和就业机会。

病虫害综合治理类：

TCP/VIE/3203——协助花卉业发展；

UNJP/VIE/041/UNJ——越南削减农药风险的能力建设与政策改革。

林业类：

GCP/VIE/040/GFF——减少持久性有机污染物及杀虫剂的使用；

UNJP/VIE/044/UNJ——旨在解决森林砍伐和森林退化问题的UN-REDD计划；

TCP/VIE/3402——以社区为基础的森林采伐来减少贫困；

GCP/GLO/194/MUL（FIN）——支持国家对森林和越南林木资源评估和长期监测。

渔业类：

增加对未知疾病蔓延的紧急救助以控制其对虾的影响；

GCP/VIE/029/ITA——对潭江农大海湖的综合管理；

GCP/RAS/237/SPA——管理东南亚地区的渔业项目；

TFD 08/VIE/001——顺化省承天镇海田村贫困户通过小规模咸水鱼网箱进行水产养殖。

家畜卫生与畜牧业生产：

OSRO/VIE/801/USA——为H5N1型高致病性禽流感疫苗接种的过渡策略搜集证据；

OSRO/GLO/707/USA——支持联合国粮农组织对外进行的战略性、多学科的高致病性禽流感传播的研究，加强政策倡导与能力建设；

UTF /VIE/034/VIE——越南家禽流感及人类流感防治计划；

OSRO/RAS/604/USA B0（0-9）——在越南增加对高致病性禽流感急救准备的即时技术援助；

OSRO/VIE/701/UNJ——加强越南突发公共卫生事件管理，关注传染力强的流感预防与控制，包括高致病性禽流感；

GCP /RAS/221/JPN——在东南亚加强南洋高致病性禽流感防控监测，构建监测与协调网络。

气候变化与降低灾害风险类：

GCP/INT/139/EC——气候智能型农业：发挥缓解、适应气候变化与食品安全之间的协同作用；

UNJP/VIE/037/UNJ——加强越南北部山区农业协调与综合减灾行动，增加适应气候变化的能力。

联合国开发计划署

联合国开发计划署是提供技术援助的多边机构，在越南以减少贫困、减轻气候变化所带来的影响为愿景来开展涉农项目。目前，联合国计划开发署在越南开展了以下8个涉农项目：

支持越南灾害管理系统的建立；

加强越南应对灾难带来风险的管理能力，包括气候变化所带来的风险；

发展越南绿色产业，加强可持续发展的能力；

支持对促进社会经济发展的土地政策进行分析；

昆仑岛群岛地区海洋生物多样性保护与可持续利用；

建立社区对经常性自然灾害的恢复能力，特别是越南乌普兰地区应对山洪灾害的能力；

联合国REDD越南计划（联合国合作项目，在发展中国家减少毁林和森林退化）；

越南消除农药残留的能力建设。

亚太经合组织

亚太经合组织是亚太地区最具影响的经济合作官方论坛，在促进区域经济发展与提高区域经济依存度方面发挥着重要作用。亚太经合组织在越南主要开展了以下三个涉农项目：

在农产品生产与贸易过程中开发与应用可追溯系统；

从亚太经合组织的食品体系与市场准入角度促进越南有机农业的发展；

提高亚太经合组织农业部门的中小型企业的盈利能力。

东南亚国家联盟

东盟是东南亚地区以经济合作为基础的政治、经济、安全一体化合作组织，在区域内开展了多样的涉农项目。农业和林业东盟部长会议确定了优先合作的项目与领域：

加强区域内的食品安全；

促进农业与林业在东盟区域内部合作以及区域外的合作；

提高农业综合企业的技术来提高生产率、发展企业业务；

建立农村社区、开发人力资源；

在农业领域引入私营部门的参与和投资；

对自然资源进行具有可持续性的管理与保护。

6. 外资企业在越南农业投资案例①

（1）新希望公司

1999年，新希望集团在越南投资兴建第一家饲料公司，这是新希望公司首次走出国门，也自此开始了在越南投资的历程。截至2016年年底，新希望在越南已设有7家饲料生产厂和1家家禽种苗孵化厂。其中越南胡志明市新希望公司和新希望河内有限责任公

① 资料来源：中国驻越南大使馆经济参赞处。

司在越南饲料市场中具有极其重要的地位。

越南胡志明市新希望公司是中国新希望农业股份有限公司在海外投资的第一家海外独资企业，投资资金500万美元，占地面积20 000平方米。公司地处越南胡志明市平新郡永禄工业区，专业生产畜、禽高档饲料，公司现有Newhope和Sun 2个品牌60余个品种规格，年设计生产能力30万吨。产品已覆盖越南北至岘港、南至金瓦38个省市，受到养殖户的高度赞扬和普遍欢迎。胡志明市新希望公司已成为越南饲料市场中的知名企业。

新希望河内有限责任公司位于越南首都河内市龙边郡柴同B工业区，距河内市仅8公里，距越南海港城市海防市90公里，是由河内新希望有限公司和国际财政公司共同投资兴建的海外第二家企业。公司于2000年4月21日获越南工业区管理委员会批准成立。公司总投资496.3万美元，占地面积15 007平方米，以开发、生产和销售猪、鸡、鸭、鹌鹑等高档配合饲料与浓缩饲料为主，总生产设计能力为每年30万吨。

此外，新希望集团正计划在越南永福省投资建设养猪场。养猪场占地约62公顷，投资总额约2亿美元，新希望集团将采用当今最先进的养猪工艺，在保证猪肉质量的同时，也保护当地的土地、水和空气环境。

（2）美国Cargill公司

美国Cargill公司是食品、农业、金融和工业的国际生产者和营销商，目前已在65个国家和地区开展了相关业务。1995年2月，Cargill公司在越南河内和胡志明市成立了办事处。1997年10月，Cargill越南有限公司成立。2009年，Cargill公司成为首个在越南获得分销许可证的美国公司，这代表着Cargill公司能够直接在越南分销产品。目前，该公司在越南15个地区雇佣了900多名员工，业务内容包括预混合饲料、动物营养、可可生产、食品和饮料、谷物和油籽贸易和营销等。2009年，Cargill公司获得越南3级劳动奖章，是唯一一家在越南获得这个最高政府奖项的外国公司。2016年，由于Cargill公司为越南农业发展做出的突出贡献，被授予美国国务院总理优秀奖。

Cargill公司是越南领先的动物饲料公司之一，生产鱼、虾、家禽和猪饲料。1997年建立了第一家饲料厂后，在同塔、芹苴、隆安、同奈、平定、兴安、前江和河南等地建立起了8家饲料厂。Cargill公司通过1 200个经销商的网络服务于越南本地市场，除了直接销售外，还会定期组织技术研讨会，帮助农民提高农业生产力。自1997年以来，Cargill公司为超过150万农民举办了讲习班，以培训和传播动物健康和营养方面的相关知识。

为了确保食品的安全与质量，公司在全球范围内建立了完整的供应链。Cargill公司从泰国的多元化加工工厂进口一系列的熟制鸡肉产品，从美国和加拿大进口各类优质牛肉、猪肉和火鸡产品在越南进行销售，在节约成本的同时也保证了产品的质量。

2004年，Cargill公司开始在越南种植可可，生产高质量的可可豆，逐步形成了稳定的供应链，提高了可可的商品化程度。目前，Cargill公司已在槟知、得乐和平福这三个地区建立了可可收购站。

Cargill公司的谷物和油籽业务连接了粮食和油籽的生产者和消费者。该业务进行全球一体化运作，Cargill公司在全球范围内采购、加工、运输和分销谷物和油籽。主要散装产品包括了小麦、玉米、油籽、大豆等。这项业务促使越南多种农产品能够顺利地融入国际市场，提高了越南农业生产与经营的国际化程度。

目 录
CONTENTS

全球重点国家农业发展情况系列研究报告

亚洲·东南亚篇

老挝

Lao PDR

农业农村部对外经济合作中心　编著

中国农业出版社
北　京

图书在版编目（CIP）数据

全球重点国家农业发展情况系列研究报告．亚洲．东南亚篇．老挝/农业农村部对外经济合作中心编著．—北京：中国农业出版社，2019.12
ISBN 978-7-109-26304-8

Ⅰ．①全… Ⅱ．①农… Ⅲ．①农业发展-研究报告-世界 ②农业发展-研究报告-老挝 Ⅳ．①F313 ②F333.43

中国版本图书馆CIP数据核字（2019）第284964号

亚洲·东南亚篇　老挝
YAZHOU·DONGNANYA PIAN　LAOWO

中国农业出版社出版
地址：北京市朝阳区麦子店街 18 号楼
邮编：100125
责任编辑：张丽四　黄曦　程燕　张丽　丁瑞华
责任校对：刘飕雨
印刷：中农印务有限公司
版次：2019 年 12 月第 1 版
印次：2019 年 12 月北京第 1 次印刷
发行：新华书店北京发行所
开本：787mm×1092mm　1/16
总印张：55
总字数：1350 千字
总定价：180.00 元（共 8 册）

《亚洲·东南亚篇　老挝》编写委员会

主　　编：杨　易

副 主 编：周　勇　杨　光　陈瑞剑

参编人员：祁梦超　陈祥新　刘　兰　孔志坚　张玲玲

姜　晔　于　敏　柏　娜　茹　蕾　龙　盾

刘　晴　刘建玲　许　勇　张　琦　肖金明

赵婕羽　宁攸凉

一、老挝宏观概况

（一）老挝国家概况

1. 地理及行政区划

老挝人民民主共和国国土面积23.68万平方公里，是位于中南半岛北部的内陆国家，北邻中国，南接柬埔寨，东临越南，西北达缅甸，西南毗连泰国，边界线长度分别为508公里、535公里、2 067公里、236公里、1 835公里。

老挝全国行政区域划分为17省和1个直辖市（即首都万象市），17省分别为：丰沙里省、琅南塔省、乌多姆赛省、波乔省、川圹省、华潘省、琅勃拉邦省、沙耶武里省、万象省、波里坎塞省、甘蒙省、沙拉湾省、沙湾拿吉省、色贡省、阿速坡省、占巴塞省和赛宋本省。其中赛宋本省是2013年12月31日才正式设立的，此前属万象省管辖的一个行政特区。

2. 历史概要

因缺乏史料，学术界对14世纪前的老挝历史争议较多，通常认为在现今老挝疆域相继出现过堂明国、南掌国（澜沧国）等国家。1353年，法昂王建立澜沧王国（1353—1707年），定都琅勃拉邦，老挝出现历史上第一个统一的多民族国家。1560年，澜沧王国国王塞塔提腊迁都至万象。1707—1713年，澜沧王国先后分裂为北部琅勃拉邦、中部万象和南部占巴塞三个王国。1778—1893年，三国相继沦为暹罗（今泰国）属国。

1893年，法国与暹罗签订《法暹条约》（又称《曼谷条约》），暹罗割让湄公河东岸的老挝领土给法国，从此老挝由暹罗的附属国变为法国的保护国，被并入“法属印度支那联邦”。1940年，日本强迫法国签订了《关于日军进驻印度支那的决定》，老挝开始处于两个帝国主义国家的共同统治之下。1945年9月15日，琅勃拉邦王国副王兼首相佩差拉在万象宣布老挝（旧称“寮国”）独立。同年10月12日，万象群众举行独立庆典，宣布成立伊沙拉（老挝语意为“自由”）政府。1946年，法国势力卷土重来，导致老挝独立运动失败。1947年4月，在法国扶持下，琅勃拉邦国王西萨旺·冯宣布成立老挝王国，实行君主立宪制。法国对外承认老挝是法兰西联邦内的独立国家，但仍掌握老挝国防、外交大权。为争取国家独立，老挝人民开展广泛的游击战争。1950年，苏发努冯组建新老挝伊沙拉，成立寮国抗战政府。1954年，法国在奠边府战役中失败，被迫签署日内瓦协议，承认老挝独立并撤军。

法国撤军后，美国积极在老挝扶植亲美势力，多次策划政变，唆使政府军进攻寮国战斗部队（即“巴特寮”，英文为Pathet Lao，由1956年成立的老挝爱国阵线领导），力图控制老挝。老挝国内一度存在老挝王国政府军、寮国战斗部队、富米·诺萨万军队三股势力，并先后出现富马为首相的第一次联合政府和萨纳尼空政府、富米政府、文翁政府。1962年，“关于老挝问题的日内瓦协议”签订后，老挝成立以富马亲王（中立）为首相、苏发努冯亲王（左派）与富米（右派）为副首相的第二次联合政府。1964年，美国策动亲美势力破坏联合政府并进攻解放区，老挝内战再起。1973年2月，老挝各方签署了“关于在老挝恢复和平与民族和睦的协定”。1974年4月，以富马为首相的第三次联合政府和以苏发努冯为主席的民族政治联合委员会成立。随着印支三国抗美战争节节胜利，老挝人民自1975年5月开始在全国开展夺权斗争。1975年12月2日，在万象召开的老挝全国人民代表大会宣布废除君主制，成立老挝人民民主共和国，组成以苏发努冯为主席的最高人民议会和以凯山·丰威汉为总理的政府。

3. 政治制度

老挝实行社会主义制度。老挝人民革命党是老挝唯一政党。1991年，老挝党“五大”确定“有原则的全面革新路线”，提出坚持党的领导和社会主义方向等六项基本原则，实行对外开放政策。2001年老挝党“七大”制定了至2010年基本消除贫困，至2020年摆脱不发达状态的奋斗目标。2016年1月18—22日，老挝党“十大”通过了经济社会发展“八五”规划、十年战略和十五年远景规划。当前，老挝政治稳定、社会安宁。

（宪法）1991年8月，老挝最高人民议会第二届六次会议通过了老挝人民民主共和国第一部宪法。宪法明确规定，老挝人民民主共和国是人民民主国家，全部权力属于人民，各族人民在老挝人民革命党领导下行使当家作主的权利。此宪法于2003年第一次修订，2015年12月15日，老挝发布主席令开始实施第二次《宪法》修订。新修订宪法较2003年版宪法由11章98条增加到14章119条，主要增加省级议会、国家审计署和国家选举委员会3章和21条新条款。①

（议会）老挝国会（原称最高人民议会，1992年8月改为现名）是国家最高权力机构和立法机构，负责制定宪法和法律。国会每届任期5年，每年召开两次会议，特别会议由国会常委会决定或由2/3以上的议员提议召开。国会议员由地方直接选举产生。第八届国会于2016年4月选举产生，国会议员149名，主席巴妮·雅陶都（女）。

① 陈定辉：《老挝：2015年回顾与2016年展望》，《东南亚纵横》2016年第1期，P14。

（政府）国家最高行政机关。第八届政府于2016年4月成立，设18个部及3个直属机构（央行、国家主席府、总理府，其中国家主席府设部长一名，总理府设部长5名）。2016年4月20日，老挝国会召开第八届国会第一次会议，选举产生了新一届国家和政府领导班子。名单如下：

国家主席：本扬·沃拉吉（Bounghang Vorachit）

国家副主席：潘坎·维帕万（Phankham Viphavanh）

国家总理：通伦·西苏里（Thongloun Sisoulith）

国家副总理：本通·吉玛尼（Bounthong Chitmany），宋赛·西潘敦（Sonexay Siphandone），宋迪·隆迪（Somdy Douangdy）

国会主席：巴妮·雅陶都（Pany Yathotu）女士

国会副主席：森暖·赛雅拉（Sengnouan Xayalath），宋潘·平坎米（Somphan Phengkhammy），本邦·布达纳翁（Bounpone Bouttanavong），西塞·乐代穆松（Sisay Leudethmounsone）女士

建国阵线主席：赛宋蓬·丰威汉（Saysomphone Phomvihane）

最高人民法院院长：坎潘·西提丹帕（Khamphanh Sitthidampha）

最高人民检察院检察长：坎山·苏冯（Khamsane Souvong）

外交部部长：沙楞赛·贡玛西（Saleumxay Kommasith）

计划投资部部长：苏潘·乔米赛（Souphanh Keomisay）

公共工程与交通运输部部长：本占·西塔翁（Bounkong Sinthavong）

工业与贸易部部长：开玛尼·奔舍那（Khemmani Pholsena）女士

能源与矿产部部长：坎玛尼·英提拉（Khammany Inthirath）

科学与技术部部长：波万坎·翁达拉（Boviengkhan Vongdara）

自然资源与环境部部长：宋马·奔舍那（Sommad Pholsena）

新闻文化旅游部部长：波森坎·翁达拉（Bosengkham Vongdara）

教育与体育部部长：森德昂·拉占塔本（Sengduean Lachanthaboun）女士

农业与林业部部长：连·提乔（Lien Thikeo）

劳动与社会福利部部长：坎彭·赛宋鹏（Khampheng Saysompheng）

邮电与通信部部长：坦萨迈·贡玛西（Thansamay Kommasith）

卫生部部长：本贡·西哈翁（Bounkong Sihavong）

财政部部长：宋迪·隆迪（Somdy Douangdy）（副总理兼任）

国防部部长：占沙蒙·占雅拉（Chansamone Chanyalath）中将

公安部部长：宋乔·希拉翁（Somkeo Silavong）少将

内政部部长：坎曼·舒魏勒（Khammanh Sounvileuth）

司法部部长：塞西・桑迪翁（Xaysy Santivong）

老挝中央银行行长：宋袍・派西（Somphao Phaysith）

主席府办公厅主任：卡蒙・鹏塔迪（Khammeung Phongthady）

政府办公厅部长兼主任：培・蓬皮帕（Phet Phomphiphak）

政府办公厅部长：扎勒・亚宝乐（Chaleun Yiapaoher），本革・桑松萨（Bounkeuth Sangsomsak），阿伦乔・吉迪坤（Alounkeo Kittikhoun），苏万鹏・布帕奴翁（Souvanpheng Bouphanouvong）女士

（政党）老挝人民革命党（The Lao People's Revolutionary Party）：老挝唯一政党和执政党，前身为印度支那共产党老挝支部。1955年3月22日建立，原称"老挝人民党"，1972年召开"二大"时改为现名。现有党员约25万人。其宗旨是：领导全国人民进行革新事业，建设和发展人民民主制度，建设和平、独立、民主、统一和繁荣的老挝，为逐步走上社会主义创造条件。

本届（第十届）中央委员会于2016年1月产生，由69名中央委员和8名中央候补委员组成。本扬・沃拉吉为党中央总书记。中央政治局委员共11人：本扬・沃拉吉（Bounnhang Vorachit）、通伦・西苏里（Thongloun Sisoulith）、巴妮・雅陶都（女）（Pany Yathotu）、本通・吉玛尼（Bounthong Chitmany）、潘坎・维帕万（Phankham Viphavanh）、占西・普西坎（Chansy Phosykha）、赛宋蓬・丰威汉（Saysomphone Phomvihane）、占沙蒙・占雅拉（Chansamone Chanyalath）、坎潘・蓬马塔（Khamphanh Phommathat）、辛拉冯・库派吞（Sinlavong Khoutphaythoune）、宋赛・西潘敦（Sonexay Siphandone）。

4. 国际关系

老挝奉行和平、独立和与各国友好的外交政策，主张在和平共处五项原则基础上同世界各国发展友好关系，重视发展同周边邻国关系，改善和发展同西方国家关系，为国内建设营造良好外部环境。2016年老党"十大"重申继续坚持"少树敌、广交友"外交政策，保持同越南的特殊团结友好关系，加强与中国全面战略合作，加强与东盟国家睦邻友好，积极争取国际经济和技术援助。老挝于1997年7月正式加入东盟，2013年加入WTO，成为第158个成员，目前已同141个国家建交。

老挝与中国的关系：中老于1961年4月25日建交。老挝政府奉行一个中国原则，支持中国和平统一大业。

当前，中老两国步入历史最好时期，两党两国领导人互访频繁。2015年，时任老挝国家主席朱马里访问中国，中国全国人民代表大会常务委员会委员长张德江访问老挝。2016年，老挝人民革命党总书记、国家主席本扬于5月和9月两次来华，对中国进行正式访问并出席20国集团杭州峰会。2017年，老挝国家主席本扬应邀于5月来华出席"一

带一路”国际合作高峰论坛并访华；中国国家主席习近平应邀于同年11月对老挝进行国事访问，这是中国党和国家最高领导人11年来再次访问老挝。2018年5月，老挝国家主席本扬来华进行友好访问，中老双方一致强调要推动中老命运共同体建设取得新成果。2019年4月，老挝国家主席本扬来华访问并出席第二届“一带一路”国际合作高峰论坛，期间两国最高领导人共同签署了《中国共产党和老挝人民革命党关于构建中老命运共同体行动计划》，开启了中老关系新时代。据中国商务部统计，双边贸易方面，2018年中老双边贸易额34.7亿美元，增长14.9%。其中，中方出口14.5亿美元，增长2.5%，进口20.2亿美元，增长25.8%；双向投资方面，截至2017年年底，我国企业对老直接投资存量66.5亿美元。2018年，对老新增非金融类直接投资14.3亿美元，增长3.2%；截至2018年年底，老累计对华实际投资额5 682万美元。①

老挝与东盟的关系：1997年7月，老挝正式加入东盟后，积极参与东盟事务，发展与东盟的友好合作关系，2004年担任东盟轮值主席国，成功主办东盟峰会及东盟与对话国领导人系列会议，在东盟内发挥积极作用。老挝总理出席多届东盟峰会。2016年，老挝再次担任东盟轮值主席国，主办东亚合作系列会议。

老挝与越南的关系：两国于1962年9月建交，多保持特殊团结友好关系。2012年是老越团结友好年，是两国建交50周年暨《老越友好合作条约》签署35周年，老党中央总书记、国家主席朱马里与越共中央总书记阮富仲、越南国家主席张晋创等两党、两国高层领导往来密切，两国举行多项庆祝活动。2016年，老越两国继续保持密切高层来往。4月，老挝党中央总书记、国家主席本扬访越。5月，老挝政府总理通伦访越。6月，越南国家主席陈大光访老。9月，越南政府总理阮春福赴老挝出席东亚合作领导人系列会议。11月，越共中央总书记阮富仲访老。12月，越南副总理兼外长范平明、中央宣教部部长武文赏访老。

老挝与东盟其他国家的关系：老挝与东盟其他国家保持良好关系。2016年5月，时任缅甸总统吴廷觉访问老挝，国务资政昂山素季随同访问。8月，老挝国家主席本扬访问缅甸。9月，文莱苏丹哈桑纳尔、柬埔寨首相洪森、印尼总统佐科、马来西亚总理纳吉布、缅甸国务资政昂山素季、菲律宾总统杜特尔特、新加坡总理李显龙、泰国总理巴育、越南总理阮春福来老挝出席东亚合作领导人系列会议。11月，老挝总理通伦赴柬埔寨出席柬老越发展三角区第9届峰会。

老挝与日本的关系：两国于1952年12月建交。1991—2012年，日本是老挝最大的援助国，年均援助数额超过1亿美元。双方投资领域合作发展迅速。2012年3月，老挝总理通邢访日。2013年11月，日本首相安倍晋三正式访老。2014年8月，日本参议院

① 中国-老挝经贸合作简况，中国商务部亚洲司 http://yzs.mofcom.gov.cn/article/t/201902/20190202833044.shtml。

副议长舆石东访老。2015年3月，老挝总理通邢访问日本并出席老日建交60周年庆祝活动，老日关系提升为战略合作伙伴关系。7月，通邢赴日本出席湄公河－日本峰会。9月，日本首相安倍晋三赴老挝出席东亚合作领导人系列会议。

老挝与美国的关系：两国于1950年建交。1975年，老挝人民民主共和国成立后两国维持代办级外交关系，1991年11月，两国升格为大使级外交关系。1992年8月，双方恢复互派大使。2005年，美国给予老挝正常贸易关系待遇。近年来双方关系进一步发展，美国向老挝禁毒、清除未爆炸弹、民生等领域提供援助。2010年，老挝副总理兼外长通伦访美，成为老挝人民民主共和国成立以来访美的最高级别官员。2012年7月，美国国务卿希拉里对老挝进行正式访问。这是美国国务卿57年来首次访老，也是1975年后访老的美国最高级别官员。2014年2月，老挝－美国第五次双边全面对话会在万象举行，老挝副外长本格和美国务院负责东亚事务的首席助卿帮办马希尔主持。2015年9月，老挝国家主席朱马里在出席联合国大会期间会见美国总统奥巴马。11月，老挝总理通邢在马来西亚出席东亚合作领导人系列会议期间会见美国总统奥巴马。2016年1月，美国国务卿克里访问老挝。9月，美国总统奥巴马赴老挝出席东亚合作领导人系列会议并访问老挝，实现美国总统首次访老。

老挝与俄罗斯的关系：两国于1960年10月建交。1975年，老挝人民民主共和国成立后，苏联一度成为老挝最大的援助国。1991年，苏联解体后，对老援助全部终止。1991年12月，老挝政府正式宣布承认俄罗斯联邦，愿在和平共处五项原则的基础上发展同俄罗斯的友好关系。1992年3月，两国互派大使。1994年，两国签署友好关系原则协定。近年来，双方保持各领域友好交流合作。2011年，老挝国家主席朱马里访问俄罗斯。2013年，老挝国会主席巴妮访问俄罗斯。2014年，俄罗斯联邦委员会主席马特维延科赴老挝出席第35届东盟议会联盟大会。2015年10月，老挝副总理兼外长通伦访俄。2016年9月，俄罗斯总统普京赴老挝出席东亚合作领导人系列会议。

老挝与其他国家关系：2013年7月，老挝国家主席朱马里正式访问白俄罗斯。8月，新西兰总督麦特帕里对老挝进行国事访问。9月，东帝汶总理夏纳纳·古斯芒正式访老。10月，老挝国家主席朱马里访问法国。加拿大外长约翰·贝尔德访老。11月，老挝国家主席朱马里对韩国进行正式访问。2014年3月，新西兰外长麦卡利、白俄罗斯外长弗拉基米尔·马凯访老。7月，澳大利亚外长毕晓普访老。8月，朝鲜外务相李洙墉访老。9月，古巴外长布鲁诺·罗德里格斯·帕里利亚访老。2015年10月，老挝国家主席朱马里对古巴进行国事访问。古共中央政治局委员、国务委员会副主席梅萨访老。老党中组部部长占西赴朝出席朝鲜劳动党成立70周年纪念活动。2016年9月，韩国总统朴槿惠、印度总理莫迪、澳大利亚总理特恩布尔、新西兰总理约翰·基等赴老挝出席东亚合作领导人系列会议。

老挝与欧盟的关系：老挝与各主要欧盟国家保持传统友好关系。其中，德国、瑞典、法国均为老挝主要援助国，援助集中在基础设施建设、文化、人力资源开发、农业、卫生等领域。2011年8月，欧盟表示将放宽原产地规则，包括老挝在内的最不发达国家可以获得普惠制体系的豁免资格，将作为欧盟的优惠贸易伙伴进口原材料、生产成品并出口欧盟市场。

老挝同地区和国际组织的关系：老挝是大湄公河次区域经济合作（GMS）成员，2008年成功举办GMS第三次领导人会议。老挝与联合国、世界银行、亚行等国际机构保持良好合作。2012年10月，第七届亚欧议会伙伴会议在老挝召开。11月，第九届亚欧首脑会议在老挝召开。

5. 社会治安

老挝治安整体较好，但近年来抢劫、贩毒、偷窃等刑事犯罪数目有所上升，交通和火灾事故较多。当前，毒品和社会治安形势较为严峻，无论是破案数量还是抓获的犯罪嫌疑人数均较上年增多。与此同时，老挝刑事治安案件以及各地交通和火灾事故均明显增多。

6. 国内政局与对外关系风险总评

老挝政局稳定发展。老挝与中国、缅甸、越南、泰国、柬埔寨接壤，是中南半岛唯一的内陆国家。1975年12月2日，老挝人民民主共和国成立，1955年成立的老挝人民革命党成为执政党。1986年老挝召开“四大”提出了革新开放政策。1991年老挝党“五大”确定有原则的全面革新路线，提出坚持党的领导和社会主义方向等六项基本原则，对外实行开放政策。2001年，老挝党“七大”制定了至2010年基本消除贫困，至2020年摆脱不发达状态的奋斗目标。2006年老挝党“八大”强调坚持党的领导、社会主义方向和革新路线，继续贯彻落实“七大”制定的中长期经济社会发展目标。2011年，老挝党“九大”强调坚持社会主义道路，坚持全面有原则的革新开放政策，以经济建设为中心。2016年1月18—22日，老挝党“十大”召开，坚持有原则的全面革新路线，捍卫社会主义制度，推动国家可持续发展。老挝“十大”后，以通伦为总理的第八届新政府施政10个月来所取得的政绩在八届国会二次会议上得到了国会议员代表的认可，如颁布第15号总理令禁止圆木及木材半成品出口、停止免除原油进口税并扭转财政收入下滑、成功主办东盟系列峰会及贫困家庭比例进一步下降等。同时，对电力收费混乱、拖欠教师尤其是农村偏僻地区小学教师工资以及偷盗抢劫案件增多等群众普遍关注的社会热点问题进行了治理整顿，取得了一定的成效。通伦还要求领导干部在节俭和反对铺张浪费、廉洁自律方面做表率，从公车使用和招投标等看得见的事情做起。经过30年的革新开放，老挝经济发展迅速、政治稳定，国际地位日益提升，但是随着老挝变陆锁国为陆联国建设的推进，老挝与五国毗邻的地缘优势吸引了区域内外各国的关注，国际社会对老挝的地缘政治博弈日益加剧，但中国这个社会主义大国对老挝影响的优势依然存在，老挝也想借助中国发展本国的经济。

（1）中国对老挝影响的综合优势依然存在

中国与老挝接壤，地缘优势得天独厚，2016年是中老建交55周年，中老关系继续保持着良好的发展势头，高层互访频繁，互信增强，全面战略合作伙伴关系深化发展。中老双方秉承长期稳定、睦邻友好、彼此信赖、全面合作方针和好邻居、好朋友、好同志、好伙伴精神，承前启后、继往开来，推动中老全面战略合作伙伴关系长期稳定健康发展，携手打造牢不可破的中老命运共同体。2016年9月6—9日，李克强总理应邀出席在老挝万象举办的东盟峰会系列活动、访问老挝。中老双方签署了《关于编制共同推进“一带一路”建设合作规划纲要的谅解备忘录》《关于确认并共同推动产能与投资合作重点项目的协议》《关于共同编制老挝电力、中老铁路沿线综合开发、旅游等重点领域经济发展专项规划合作框架协议》《经济和技术合作规划补充协议》《关于开展国内安全执法领域情报信息交流合作的谅解备忘录》《关于修缮和保护在老中国烈士陵园的协定》《2016年至2018年文化合作执行计划》《关于通关便利化合作的安排》《双边银行监管合作谅解备忘录》等合作文件。此外，在经贸合作方面，中国对老挝的贸易、投资已渗入到老挝社会生活的方方面面。中资企业积极参与老挝的农业种植、矿产开发、水电站、交通、电力基础设施以及贸易物流等。截至2015年10月底，中国对老挝的投资总额已经达到57.1亿美元，是老挝第一大外资来源国、第一大援助国和第二大贸易伙伴。总之，老挝“十大”后，中老两国、两党和政府继续保持密切的高层交往，进一步提升合作水平，加强双方战略互信，深化全面战略伙伴关系，打造牢不可破的中老命运共同体。

（2）区域外大国加大了对老挝的援助与投资，旨在制衡中国在老挝的影响力，不容小觑

近年来，区域外国家日本、欧盟、澳大利亚等对老挝的援助与投资逐渐增多，老挝的外交活动空间大大拓展，有了更多的回旋余地。老挝“十大”结束后，美国国务卿克里访问老挝，并高调宣布年内美国总统奥巴马也要访问老挝，这是距离2012年希拉里访问老挝后美国国务卿再度访老，此次克里老挝之行，加大了对其援助，美国表示援助老挝清除未爆炸弹药的资金，从2015年的1 500万美元增加至2016年的1 950万美元，除此之外，还将帮助老挝进一步改善贫困地区民众的营养状况。随后在2月18日，老美两国签署了贸易与投资合作框架协议，内容涉及贸易、投资、知识产权、劳务、环境、能源建设以及有关东盟的问题等多个方面。2016年9月6—8日，美国总统奥巴马访问老挝，出席在万象举办的东盟国家峰会。这是历史上首位美国在任总统访问老挝。美国宣称未来三年将向老挝提供9 000万美元，协助老挝清除境内美国40多年前投下而尚未爆

炸的集束炸弹约8 000万颗。美国表示，美国和老挝本着相互尊重以及“弥合历史创伤的共同愿望”开始双边关系的新纪元。①

长期以来，日本借助亚洲开发银行的平台，加大了对GMS地区的援助，老挝也无一例外地受到了日本的援助。老挝新一届政府成立后，日本便送来了“大礼包”，决定为老挝道路整修和行政官员人才培养提供总计27.75亿日元（约合人民币1.7亿元）的无偿资助。7月，在东盟外长会议召开前夕，日本外相表示为老挝农业等领域提供资金技术援助。12月，日本政府为波乔省的10个中学提供45.038万美元的援助以支持男女平等的性别教育。②

区域外大国加大了对老挝的援助与投资，中国在老挝的投资也面临更多多元化的竞争和挑战。在涉及老挝内政外交的问题上，由于得到美国等其他大国的支持、援助、投资，老挝不再完全依赖中国来帮助其发展经济；在与老挝无关的国际问题上，考虑其他国家对本国的支持或默许，老挝也不再像以前那样坚定地追随中国和越南。为此，应进一步努力提升中老政治互信，加强与老挝“十大”决策层的沟通。

（3）越老“特殊关系”对中老关系有一定的消极影响

老挝的对华政策一直深受越南的影响。越南不仅在地缘上与老挝相邻，有着长达2 067公里的边界线，而且在历史上共同反对殖民主义者和帝国主义者的斗争中有着同老挝并肩作战的经历。越南在20世纪70年代中期至80年代中期，派出大约6 000多名顾问和专家进驻老挝党政部门，当时越南派驻老挝驻军人数甚至超出了老挝军队的总人数，越南还设有专门负责老挝政策制定和人事安排的“西方工作委员会”，由此可见越南对老挝事务的渗透之深。2016年1月，老挝与越南都召开党代会，但老挝“十大”召开早于越南“十二大”2天，比越南“十二大”提前一周结束，从时间节点来看，老越两国党代会的召开“前后脚”，耐人寻味。2016年，老越两党总书记实现了互访，并将首访的第一站锁定为彼此，可见两党、两国对发展越老传统友谊、特殊团结及全面合作关系的重视。老挝很多老一代领导人、现任领导人和许多干部都是越南培养出来的，一直以来老挝人都喜欢到越南留学，接受越南教育，2011—2016年期间，共有13 300名老挝学生在越南留学，同期，在中国留学的是3 289人，在泰国留学的是909人，在日本留学的是258人，在澳大利亚留学的是252人，在越的老挝留学生的人数是在中国学习的4倍之多。③长期以来，老越两国形成和建立了特殊的战友和兄弟关系。

总的来说，近年来，区域外大国力量积极参与对老挝影响力的竞争，老挝也在实

① US Laos open New ties with Desire to ‘Heal Wounds of the Past’, http://www.51voa.com/Voa_English_Learning/us-laos-open-new-ties-with-desire-to-heal-wounds-of-the-past-71420.html。

② Japan supports gender education in Bokeo, http://www.vientianetimes.org.la/FreeContent/FreeConten_Japan.htm.05.Decembe, 2016。

③ Vietnam tops list of destination for Lao students,http://www.vientianetimes.org.la/, 28.November.2016。

施多元务实外交。从老挝党的“十大”《政治报告》和社会经济发展第八个五年计划（2016—2020）、2030年愿景规划来看，以本扬为首的老党高层继续了坎代和朱马里对华友好政策，重视发展对华全面战略合作伙伴关系。主要原因是我国作为全球第二大经济体、世界社会主义大国和老挝周边最大邻国，我国政治、经济与军事影响力与日俱增，已成为老党执政安全的战略大后方及经济社会发展最重要的推动力。老党不会因为与越南的“特殊关系”、越南政治军事施压或者美国西方和日本等国的经济利诱而轻易改弦易辙，甚至回到冷战时期曾追随前苏联和越南反华的老路上去。可以预期，今后较长一段时间，中老关系平稳向前发展的大趋势和总基调不会改变。

（二）老挝社会发展资料

1. 人口及宗教信仰

2018年，老挝全国人口为701.3万人，其中男性为351.4万人，女性为349.9万人。据2015年老挝第四次人口与居住情况普查显示，老挝2005—2015年人口增长率大幅滑落，人口年均增长率仅为1.45%，而1995—2005年人口年均增长率为2.08%。农村人口占老挝人口的2/3，只有1/3人口生活在城镇；人口分布不平衡，首都万象市人口密度最高，达每平方公里209人，几乎是全国平均水平29.8人/平方公里的7倍。老挝25岁以下的人口占全国人口的50%，1/3老挝人口年龄在10～24岁，64%的人口处于劳动年龄，这将为老挝加快经济发展提供有利的人口条件。华侨约3余万人。居民多信奉佛教。

2. 民族构成

老挝实行各民族平等政策。按历史、语言、文化和地理分布状况，全国共有50个民族，分属老－泰语族系、孟－高棉语族系、苗－瑶语族系、汉－藏语族系，统称为老挝民族。

3. 教育水平

老挝学制分为小学五年，初中三年，高中四年。老挝现有四所大学，学生5.4万人。位于首都万象的老挝国立大学前身为东都师范学院，1995年6月，与其他10所高等院校合并设立国立大学，有8个学院。近两年，老挝南部占巴塞省、北部琅勃拉邦省的国立大学分校相继独立，被正式命名为“占巴塞大学”和“苏发努冯大学”。另有直属卫生部的卫生学院。各类专业学院154所（主要为私立学院），学生5.9万人。

4. 医疗卫生条件

老挝医疗卫生事业逐年发展，国家职工和普通居民均享免费医疗。人均预期寿命约67.5岁。截至2013年，医疗网络覆盖面达98%。其中：在偏远地区村庄配置了药箱；在894个村庄集群设立了卫生室；县级甲类医院和乙类医院达129所；省级公立医院12所；区域医院4所；中央医院4所。建立了各级医院质量标准，职业医师要通过考试取得从业资格。2015年，老挝已建立农村卫生站993所，村药箱5 000多个，在102个县设立了贫困者健康基金，在7个省实行免费接生政策。

5. 贫困程度

老挝贫困人口众多，主要集中在广大农村，呈现地域性特点。北部主要集中在丰沙里、华潘、乌多姆塞和琅南塔4省，南部主要是阿速坡、色贡和沙拉湾3个省。1991年老挝“五大”以来，政府致力于消除贫困，成效显著。截至2018年11月，老挝官方减贫进展报告显示，全国贫困家庭由2016年的76 318户下降到2018年的64 593户，贫困家庭比例由6.53%下降到5.34%；完成了老挝2018年社会经济发展计划中，2018年使4 833个家庭摆脱贫困、贫困家庭占比下降至5.67%的目标。[①]2019年，老挝政府拟拨付25 480亿基普的预算，用于发展农村和减贫工作，力争使4 649个家庭脱离贫困。[②]老挝人均GDP从2010年的986美元跃升至2018年的2 585美元。全国18个省市中已有2个省（沙耶武里和川圹省）普及小学，万象市及67个县则普及了初中教育。

（三）老挝的宏观经济情况

1. 2010年以来经济总量及其变化情况

“七五”（2011—2015年）发展规划期间，老挝在五年内都保持了7%以上的高速经济增长，属于全球经济增长速度最快的十个国家之一。2016年财年[③]受制于全球资源产品价格下滑等因素的影响，老挝经济增长率低于2015财年（详见表1-1）。

① Poverty Reduction Fund extends support for rural development, http://www.vientianetimes.org.la/FreeContent/FreeConten_Poverty_132.php。

② Many families believed to be below poverty line: minister, http://www.vientianetimes.org.la/freeContent/FreeConten_Many_271.php。

③ 老挝的财政年度为当年的10月1日至第二年9月30日。

表1-1 老挝2010—2017财年的GDP变化情况

财年	GDP数值（亿美元）	GDP增速（%）	人均GDP（美元）	农林业增速（%）	工业增速（%）	服务业增速（%）
2010	65	7.9	986	4.1	12.6	8.4
2011	75.67	8.1	1 203	3	19	6.5
2012	91.25	8.3	1 355	2.7	13.5	8.1
2013	101.9	8	1 534	3.1	10.9	9.8
2014	113.77	7.6	1 692	2.9	8.7	9.3
2015	128	7.5	1 970	3	8.9	9.1
2016	135.8	6.9	2 027	3	9	8.5
2017	145.1	6.9	2 472	2.78	9.53	6.15

数据来源：陈定辉自2010年始连续8年发表在《东南亚纵横》上的《老挝：回顾与展望》的论文整理所得。

2. 2010年以来经济结构构成及其变化情况

2010年以来，老挝经济增长较快，农业、工业、服务业都有不同程度的增长，农业在GDP中所占比重稳中有降，工业在GDP中所占比例有升有降，服务业在GDP中的比重有升有降（详见表1-2）。

表1-2 老挝2010—2017财年的农业、工业、服务业在GDP所占比重变化情况

财年	农业在GDP中的比例（%）	工业在GDP中的比例（%）	服务业在GDP中的比例（%）
2010	30.4	27.7	37.2
2011	27.7	27.6	44.7
2012	26.5	—	—
2013	25.5	30.3	44.2
2014	24.4	28.4	47.2
2015	23.7	29.1	47.2
2016	23.3	28.8	47.9
2017	16.3	30.0	42.1

数据来源：陈定辉自2010年始连续8年发表在《东南亚纵横》上的《老挝：回顾与展望》的论文整理所得。

3. 2010年以来交通通信能源等基础设施建设情况

交通：老挝交通基础设施落后，全国41个机场中仅有8个铺设柏油跑道。目前全国仅有一条3.5公里的铁路，没有出海港口，运输物流主要依靠公路，且等级低。截至2015年，全国通路里程达到51 597公里。其中钢筋水泥路310公里，高级沥青路814公里，铺设2层沥青路8 272公里，碎石路面19 361公里，红土路面22 838公里，较2012年增加7 996公里。[①]目前已有8条国道（全长2 850公里）作为与东盟联通的公路。鉴于许多道路建设标准尚低于东盟地区基准，老挝政府已制订了公路发展规划，拟投融资近60亿美元用于国内公路123个项目的全面升级改造。河运是老挝第二交通运输方式，主要集中在南部地区，且大部分河道需要疏浚改善。当前，中老铁路正在稳步推进中，全长417公里，客运设计时速 200公里、货运 120 公里，预计2021年建成。中老铁路建成后，物流成本将大大降低，运输更加便利、快捷。老挝万象与泰国廊开隔河相望，2016年年底，老泰两国政府重新启动2011年搁置后的连接万象郊区和市中心的老－泰铁路延长线二期项目，此线路全长约7.5公里，自泰国廊开府抵达老挝万象市哈赛丰县东坡西村塔纳楞火车站，极大地便利了老泰两国民众、企业之间的交往与联系。泰国将为此项目提供超过2 030亿基普[②]（超9亿泰铢[③]）的资金，其中30%为泰国援助，70%为低息贷款。该项目计划2年内完工。

通信：近年来，老挝电信业发展迅速，3G、4G手机业务，互联网及广播电视数字传输等业务发展加快。老挝LTC在2012年即开通了4G通信网络，是东盟地区继新加坡之后第二个开通4G通信网络的国家。国内基本建成全国通信网络，南北和东西走向光缆约长6 000公里。全国有四家大型电信营应商，截至2013年移动电话普及率达90%，国内已开通3G和4G网络。但老挝境内互联网业务发展不平衡，在老挝琅勃拉邦、万象等大城市，互联网及Wi-Fi非常普遍，但网速慢，网络不稳定，其他山区老百姓使用互联网不多。

能源（电力工业）：老挝的能源除了电力外，煤炭、天然气、石油等能源资源都很少。老挝境内水资源丰富，水电资源蕴藏量为3 000万千瓦。开发水电资源是老挝发展经济，消除贫困，实现工业化、现代化的必由之路。为此，老挝政府提出要将老挝建成“中南半岛蓄电池”的目标。2014财年，老挝境内输变电线路全长47 242公里，全国共有1 000千瓦以上电站25座，总装机容量324.4万千瓦。其中，老挝国家电力公司下属电站有10座，装机容量约39万千瓦，占总装机容量的12.02%；私人投资电站有15座，装机容量285.4万千瓦，占总装机容量的87.98%。此外，老挝有在建电站项目12个，输变电线路项目64个。2014财年老挝全年发电量为154.69亿度，发电量比上一年增长10.44%，电力出口124.74亿度（主要出口泰国和柬埔寨），占发电总量的81%，收入约6.1亿美元。[④]近二十年来，老挝电力工业发展迅速，电力装机容量已从1998年的5万千瓦增加到2015年的626.5万千瓦，增加了120多倍。当前老挝政府凭借丰富的水利资源，

① 老挝文，老挝公共工程运输部网站，http://www.mpwt.gov.la/attachments/article/1035。

② 1老挝基普=0.0008元人民币。——编者注

③ 1泰铢=0.2323元人民币。——编者注

④ 《老挝电力行业投资情况简析》，http://www.ynoiec.gov.cn/htmlswt/nobody/2015/0714/news_5_267877.html。

制定了雄心勃勃的电力发展计划，即到2020成为东盟第一大电力出口国，电力装机容量达到2 000万千瓦，力争到2020年实现95%的住户通电。

4. 2010年以来进出口贸易及其变化情况

老挝1997年7月23日加入东盟并于1998年加入东盟自由贸易区，2012年10月26日正式成为世界贸易组织第158位成员，2015年12月31日加入东盟经济共同体。根据入世协议，老挝在货物贸易方面承诺所有进口商品平均税率为18.8%，其中农产品平均税率为19.3%，其余产品平均税率为18.7%。服务贸易方面，老挝承诺开放商业服务、保险、银行和其他金融业务、私人医院服务、旅游和航空运输等10个领域，共涵盖79个行业。在执行东盟自由贸易区协议方面，2013—2015年组织实施消除各种非关税措施（NTM）壁垒，到2015年年底，老挝共开放128个服务业领域，关税税率将降低到0%。2010—2018年，老挝进出口贸易量整体呈增加趋势，但是2011—2015年期间贸易逆差也随着进出口贸易量的增加而加大，2015年后有所缓和（详见表1-3），老挝出口的主要是农产品、矿产品、电力等，进口的主要是日用品、钢材、机械设备等。

表1-3　2010—2018年老挝进出口贸易及其变化情况

年度	进出口总额（亿美元）	出口（亿美元）	进口（亿美元）	贸易逆差（%）
2010	24.8	12.3	12.5	0.2
2011	24.78	12.29	12.49	0.19
2012	49.35	23.32	26.03	2.71
2013	47.12	18.98	28.14	9.16
2014	80	35	45	10
2015	77.05	33.05	47	13.95
2016	87.38	45.23	42.15	−3.08
2017	96.66	48.73	47.93	−0.8
2018	112	54	58	4

数据来源：根据中国商务部网站相关数据整理。

5. 财政和对外债务关系及其变化情况

近几年，因矿产价格和世界原油价格下降等原因，老挝面临预算赤字，且逐年增加（详见表1-4）。国内多数中小企业面临资金来源匮乏及国内外市场激烈竞争导致开工不足或严重亏损，加上偷漏税现象较为普遍及税收监管不严等。这不仅加剧了预算紧张状况，也拖了经济增长的后腿。

表1-4 2010—2018年老挝财政预算及其变化情况

年度	通货膨胀率（%）	财政支出占GDP的比重（%）	财政收入占GDP的比重（%）	财政赤字占GDP的比重（%）
2010	6.0	20.7	15.7	−5.0
2011	7.6	21.4	19.4	−2.0
2012	4.3	25.6	17.7	−7.9
2013	6.4	30.5	18.1	−12.4
2014	4.2	27.6	17.2	−4.2
2015	1.3	26.9	19.3	−4.7
2016	1.6	28.6	20.5	−8.1
2017	0.8	26.2	19.5	−6.7
2018	2.0	22	16.7	−5.3

数据来源：亚洲开发银行。

6. 外国直接投资及其变化情况

1991年老挝召开“五大”，实施有原则的革新开放，进入21世纪后，国际社会加大了对老挝的投资，周边邻国以及欧美国家法国、意大利等都投资于老挝（详见表1-5）。

从表1-5可看出老挝“五五”（2001—2005年）时期，泰国是老挝最大的投资国，其次是法国；老挝“六五”（2006—2010年）时期，越南是老挝最大的投资国，其次是中国；老挝“七五”（2011—2015年）以来，中国成为老挝最大的投资国，截至2018年12月，中方投资老挝国内项目846个，投资额89.6亿美元。云南省是中国唯一与老挝接壤的省区，依托得天独厚的地缘优势，老挝已成为云南重要的贸易伙伴以及云南对外投资的第一大市场。同时，中国也是老挝第一大援助国。

表1-5 老挝“五五”“六五”“七五”以来的外国直接投资

序号	2001—2005（年）		2006—2010（年）		2011—2015（年）		2016—2018（年）	
	国家	投资占比（%）	国家	投资占比（%）	国家	投资占比（%）	国家	投资占比（%）
1	泰国	29.28	越南	29.36	中国	39.13	中国	78.27
2	法国	19.94	中国	27.00	越南	17.47	泰国	7.73
3	意大利	15.15	泰国	23.03	泰国	16.03	荷兰	7.37
4	中国	13.51	韩国	5.00	马来西亚	8.79	瑞典	1.32
5	越南	6.01	日本	4.71	荷兰	6.57		
	其他	16.11	其他	10.91	其他	12.02	其他	5.31

资料来源：老挝投资部。

7. 经济发展总体风险评价

老挝自1986年开始实行革新开放，逐步实现从计划经济向市场经济转变，20世纪90年代加速转型，目前基本属于社会主义市场经济。2010—2016年期间基本保持GDP每年以超过7%的速度的快速增长（详见表1-1）。虽然取得了不错的成绩，但是老挝仍然是世界上最不发达的国家之一，以2013年为例，2013年老挝GDP总量101.9亿美元，不到中国的1/800（以世界银行统计的2013年中国GDP总量9.24万亿美元来计算），在东盟10国中基本属于下游水平，根据世界银行发布的2017年营商环境报告称，老挝营商环境在全球排名第139位。受制于经济发展水平、市场、原材料等多种因素的制约，赴老挝投资面临潜在的诸多经济风险。主要有以下几个方面。

一是老挝银行体系仍然落后。老挝银行是以中央银行为中心、商业银行为主体的两级银行体系，国内现有33家商业银行。央行对商业银行监管较强，2014年6月，央行宣布2014—2016年期间停止审批成立新本土商业银行，只允许外资银行建设新的分支机构。此次“禁批”是因为当前老挝商业银行规模较小，竞争力较弱，央行希望借此机会修订相关政策和法规，完善当前的商业银行环境。

二是财政常年赤字。近年来老挝政府加强税收工作，水电出口增加，财政收入增长较快，但财政支出同样大幅增长。近两年公务员大幅涨薪资，2012—2013财年，公务员工资涨幅达37%，占财政收入的50%和GDP的10%，加之国内连遭自然灾害，以致2012—2013年度老挝财政赤字大幅上升。政府努力减少开支以控制财政赤字，2013年叫停部分投资项目，2014年10月又冻结新财年公务员涨薪计划，2013—2014年度后财政赤字状况得以改善，2016年，通伦就任总理后，对公务员、教师给予涨薪。随着全球矿产品等资源性产品价格的上升，老挝的财政赤字状况将有所改善。

三是存在汇兑限制风险。根据老挝外汇管理规定，老挝货币基普为条件兑换货币，经贸往来中鼓励使用基普结算。事实上老挝市面上流通泰铢、美元，老挝北部地区也流通人民币，这些货币被广泛地应用于工资支付、购物、偿还贷款和交付学费等。老挝央行认为外币广泛流通严重干扰本国货币的稳定，2014年6月，老挝央行宣布将限制外币在本国的流通和交易。2014年12月，老挝第七届国会第八次会议通过《外汇管理法》，但是老挝市场上仍然流通美元、泰铢、人民币等。

四是国际储备水平较低。由于账户经常大幅逆差，汇率又倾向于维持稳定，老挝的国际储备波动较大且总值较低。近两年老挝账户经常赤字大幅上升，FDI流入放缓，国际储备不断下跌。以2014年为例，老挝外汇储备仅8亿美元，应对外部风险能力较差。

五是老挝货币基普有贬值压力。老挝通过中央银行调控，保持基普汇率稳定，并将此作为货币政策的重要目标。近年来FDI和政府融资持续增加，基普汇率不降反升，外界普遍认为基普币值高估。随着老挝贸易赤字增加和美国实行紧缩的货币政策，基普有贬值的压力。

总的来说，老挝经济发展中存在一些经济、金融方面的风险，但是由于老挝市场容量小，地广人稀，老挝的经济风险还是可控的。目前，老挝政府根据国内国际形势制定了未来5年（2016—2020年）的基本路线和任务，将发展经济视为核心任务，强调依法治国，提高行政能力，惩治腐败，并对阻碍经济发展的一些政策措施给予改进落实。随着老挝变陆锁国为陆联国以及中老铁路建设的推进，老挝的基础设施建设将会有较大的改善。老挝“十大”后成立以通伦总理为首的新政府采取了一系列措施发展本国经济，例如，树立中央政府权威和法律法规的严肃性，做到令行禁止并避免政出多门；精简机构，提高办事效率并增加办事透明度；严格实施节俭措施反对铺张浪费并要求领导做表率。例如，2017年2月28日，老挝党和国家领导人高档公务用车在首都万象进行拍卖，老挝党和政府领导人此前决定，为节约开支，将不再使用奔驰、宝马等豪华公务用车，改为更为便宜的车辆。此前配发给高级官员们使用的超级高档车也将尽数收回。在新政府的强有力措施下，老挝国内的政治生态有了一定的好转，老挝的经济风险也随之降低。

（四）农业在老挝国民经济中的地位

1. 农业人口占总人口规模及其变化情况

老挝是一个以农业为基础的国家，其中农业劳动力约占国家总人口数的70%左右（详见图1-1）。

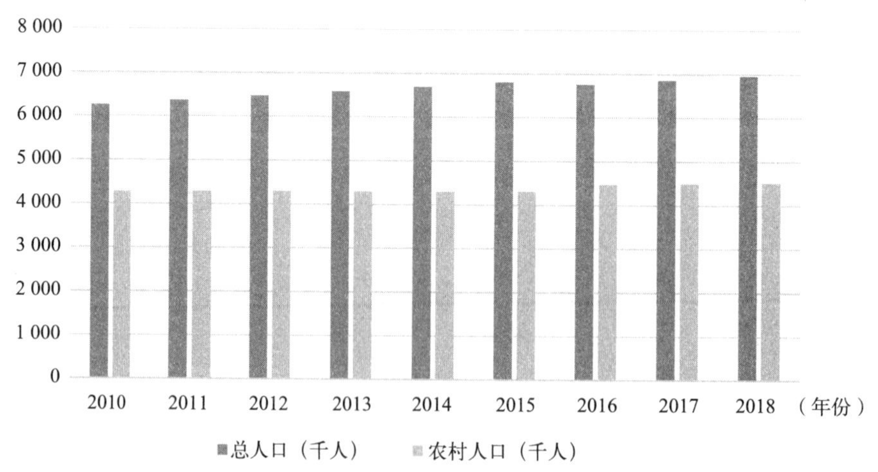

图1-1　2010—2018年老挝总人口、农村人口一览表

数据来源：粮农组织数据库，http://www.fao.org/faostat/zh/#compare，经整理。

2. 农业产值及其占国民经济比重的变化情况

近年来，老挝也在大力发展本国的工业和服务业，农业占GDP的比重逐年下降。2010年老挝农业占GDP的比重是30.4%，2016年所占比例是23.3%（详见表1-2）。虽然老挝是一个农业国，但是农业生产率却较低，而且过去二十年的增长量处于地区内的末端，以2012年为例，老挝的农业人均增长值为476美元，均低于柬埔寨的524美元和泰国的1 136美元。2000—2012年人均每年农业的增长速率只有0.8%，而同期柬埔寨增速为2.8%。[①]

① ADB,Lao Development Report 2014 P28。

二、老挝农业资源生产与政策制度建设情况

（一）老挝农业资源禀赋情况

1. 土地资源

老挝土地资源丰富。全国面积是23.68万平方公里，存有大量未开发的闲地、荒地等。以2014年为例，农业用地面积是236.9万公顷，森林面积是1 857万公顷。[①]相对周边国家而言，地广人稀，人口密度仅29.8人/平方公里，老挝可供开垦的农林用地比较多。

2. 气温、光照、湿度及降水量

老挝属热带、亚热带季风气候，5～10月为雨季，11月～次年4月为旱季，老挝年平均气温26℃，全年光照充足。年降水量1 250～3 750毫米。

3. 河流分布及农田水利设施

老挝境内最主要的河流是湄公河。它发源于西藏，从中国流入老挝，自北向南穿越老挝全境，主干流长达700多公里。旱季时湄公河水量不大，而雨季时水量大增，在某些地段它的水流宽达几十公里。湄公河是老挝交通的大动脉和经济交流的轴心，尤其是与中国和泰国的物资交流轴心。从12月～次年6月，由于河水水位低，湄公河的有些河段不能通航。但琅勃拉邦与沙湾拿吉550公里的河段全年都能通航。老挝境内的主要河流还有北部的琅南塔河、南乌河，中部的南俄河和南部的公河，它们大都汇入湄公河。近年来，老挝政府加强农田水利设施建设并加大投入，逐步改变靠天吃饭的原始耕种生产方式，但是农田灌溉面积仅达到全国种植面积的40%左右，2010年，全国水利灌溉面积仅15万公顷。2013财年，政府又投资800亿基普（1美元=7 800基普）兴修水利，2015年老挝水利灌溉面积是31.5万公顷。[②]近年来政府通过财政资金和低息借款，投入大量资金用于农业灌溉系统的

① FAOSTAT.FAO Estimate 2014.http://www.fao.org/faostat/zh/#compare，http://www.fao.org/countryprofiles/index/en/?iso3=LAO&utm_source=newsletter&utm_m。

② 老挝文，《老挝为了保障粮食安全扩大粮食生产面积》，老挝农林部网站http://www.maf.gov.la/。

改造和升级，目前全国有17%的沟渠升级为水泥沟，另有少部分砖砌沟渠。[①]

4. 土壤情况

根据联合国土壤系统分类（FAO-UNESCO system 1989），老挝的主要土壤有沙性土、冲积土、潜育土、薄层土、粗骨土、雏形土、高活性强酸土、低活性强酸土、低活性淋溶土、盐土、碱土及高活性淋溶土12种土类。其中以低活性强酸土分布面积最大，占老挝土地面积的48.94%；其次是高活性强酸土，占18.77%；再次是高活性淋溶土和雏形土，分别占12.63%和9.94%。这四大类土壤总计占90%以上，广泛分布于老挝境内。

5. 主要农作物种子资源

老挝生物多样性突出，稀有物种较多。据估计，老挝至少有200种农作物物种被农民种植，大约有500种非木材产品树种，接近500个鱼类物种，至少1 600种植物物种具有药用价值。老挝是世界第二重要的糯稻发源中心，有本土稻种超13 000种。[②]老挝的生物多样性对保护本国的粮食安全具有十分重要的意义。[③]

6. 主要的农作物种植分布

老挝地理、气候、水资源、土壤（全境土壤pH在5～7）等农业种植条件相对优越，适宜农作物种植，其高原和低山区是发展经济作物的良好地区，是目前老挝咖啡、烟草、花生和茶叶等出口经济作物的主要生产基地，老挝经济作物种植面积中咖啡居首位，相当于经济作物总面积的1/2。甘蒙高原是老挝大米、玉米等粮食作物和咖啡、烟草等经济作物的综合产区。老挝中南部的湄公河东岸为平原地区，是老挝及中南半岛的重要“渔米之乡”，水稻生产条件十分优越。如沙湾拿吉平原和占巴塞平原，地域宽广、水源丰富、地势平坦，多为冲积土和腐殖土，还有部分沼泽地，是老挝发展水稻生产前景最为广阔的地区。位于老挝中部的万象平原，地势宽阔平坦，小河众多，以冲击土居多，是老挝第三大平原和老挝目前最主要的农业开发区。老挝全国各地一年均可种植两季稻谷，有些地区还可以种植三季，农业潜力大。目前，老挝政府禁止木制产品出口，打击乱砍乱伐，发展生态农业经济，为老挝农业的可持续发展提供强有力的保障。

（1）稻谷生产及出口

稻谷是老挝最主要的粮食作物，其种类主要是糯稻、粳米和旱稻，老挝是世界第二

① Food security is a main government concern,Vientiane Times。

② http://www.vientianetimes.org.la/FreeContent/FreeConten_Food_security.htm。

③ 老挝文，老挝农林部网站http://www.maf.gov.la/。

重要的糯稻发源中心，有本土稻种超过13 000种。[①]得益于得天独厚的地理、气候条件，老挝许多地方都能种植两季稻，甚至有的地区还能种植三季，老挝广大家庭都有种植稻谷的条件与传统，2010—2011年，种植稻谷的家庭比例达到71%。老挝稻谷的种植成为保障本国粮食安全的重要组成部分。在老挝政府及人民的不懈努力下，老挝的稻谷生产面积不断扩大，产量日益增加（详见下表2-1）。

表2-1 老挝2010—2016财年稻谷种植、产量情况

财年	种植面积（万公顷）	农林业增速（%）	稻谷产量（万吨）	人均稻谷产量（千克）
2010	90	4.1	319	500
2011		3		
2012		2.7	360	350
2013	91.65	3.1	343.5	500
2014	98.1	2.9	400	
2015		3	387.2	
2016	100	3	420（计划）	500

数据来源：根据老挝农林部网站数据整理。

从上表可看出，老挝稻谷种植面积、产量以及人均稻谷产量均有所增加并有盈余出口。

（2）玉米生产及出口

玉米是老挝仅次于稻谷的粮食作物，2014财年，老挝甜玉米种植面积27.1万公顷，产量25.6万吨[②]。当前老挝北部（丰沙里、琅南塔、乌多姆赛、波乔、川圹、琅勃拉邦、华潘、沙耶武里和万象省）的玉米出口目标市场为中国。

（3）香蕉种植及出口

老挝得天独厚的地理气候条件适宜种植香蕉，自2010年始老挝香蕉收获面积和香蕉产量都在稳步上升。2012年收获面积是2.37万公顷，比2011年增加了9.9%；2013年老挝香蕉的总产量是40.15万吨，较2011年的23万吨增加了74.6%。同时，香蕉出口数量剧增，老挝香蕉出口额增长了10倍，从2011—2012年的308多亿基普（380万美元）增至2014—2015年的3 248多亿基普（4 000万美元）。老挝香蕉的主要市场为中国和泰国。

（4）咖啡种植及出口

老挝于1893年沦为法国殖民地，随着殖民主义者的入侵也将咖啡和咖啡文化引入老挝，1920年老挝开始大规模种植咖啡。2014年，老挝共种植咖啡91 870公顷，总产量113 580吨，其中南部地区共种植87 150公顷；2015年，老挝共种植咖啡93 385公顷，

① 老挝文，老挝农林部网站http://www.maf.gov.la/。
② 老挝农林部网站，http://www.maf.gov.la/。

总产量135 925吨，其中南部地区共种植88 440公顷，[①]约占全国的95%。老挝南部的占巴塞、沙拉湾和色贡等省是主要的咖啡产区，北部及其他地区产量不足10%。但近年来北部的丰沙里省咖啡种植发展十分迅速，已成为北部重要的咖啡产区。咖啡生产规模总体呈上升态势。老挝咖啡单位面积产量较低，中粒种为500千克/公顷，小粒种为1 500千克/公顷，与我国2 250.55千克/公顷的单产水平相差甚远，说明老挝咖啡尚有巨大增产潜力。老挝咖啡以中粒种为主，占55.16%；小粒种位居第二，占42.67%；大粒种位居第三，占2.17%。老挝具有“印度支那屋脊”之美称，具有海拔高、昼夜温差大、雨量适中等气候特点，境内又属火山岩地质，土壤呈微酸性，因此，老挝南部波罗芬高原及北部山区是世界公认的优质咖啡产区之一。老挝咖啡主要用于出口，2013年出口咖啡30 198吨，创汇7 274.20万美元，其中出口欧洲的咖啡量占55%、亚洲占44%、美国占1%；出口咖啡中，小粒种占42.68%，中粒种占54.66%，大粒种占2.66%。[②]近年来，随着国际农产品价格下滑，老挝咖啡出口量及产值也有所下跌。2014年，老挝咖啡出口量降至2.6万吨，出口额为6 000万美元；2015年老挝咖啡出口量再降至2.3万吨，出口额为5 000万美元。

（5）橡胶种植及出口

橡胶是老挝种植的主要经济作物之一，2003年老挝共有橡胶林900公顷，2007年飙增到2.88万公顷，2010年达到23.4万公顷。2014年种植面积为28.2万公顷。北部地区占59%，中部地区占23%，南部省份占到18%。琅南塔、乌多姆赛、丰沙里、波乔和琅勃拉邦等北部省份的橡胶种植园多为中国公司投资，而占巴塞、阿速坡、色贡和沙拉湾等南部省份的橡胶种植园主要为越南公司投资。[③]近年来，随着全球橡胶价格下跌，老挝许多种植户砍掉橡胶树改种经济作物或者是将橡胶农场出售，老挝橡胶种植面积有所减少，当前，老挝国内的橡胶种植面积是25万公顷，其中6.7万公顷属于当地农民，5.86万公顷是合同化管理，12.18万公顷拥有特许经营权，由外国公司投资管理。[④]在老挝北部投资种植橡胶的公司主要来自中国，例如云南的橡胶投资公司在琅南塔、乌多姆赛、丰沙里、波乔投资种植橡胶6万公顷。中国公司在老挝北部投资种植的橡胶主要是通过中国的罂粟替代种植项目从老挝进口橡胶。

① 《老挝2015年统计年鉴》，老挝国家统计局2016年8月。

② 黄家雄等，《老挝热带资源与咖啡发展前景》，《热带农业科技》，2016,39（3），P29。

③ 老挝橡胶种植有望迎来新一轮种植高峰，http://www.ynoiec.gov.cn/htmlswt/nobody/2017/0118/news_5_302616.html。

④ Authorities houpeful of rebounding rubber price this year, http://vientianetimes.org.la/FreeContent/FreeConten_Authorities.htm. 09 Mar2017。

7. 畜产品和水产品品种

在老挝，畜牧业主要是黄牛和水牛的养殖，黄牛多用于肉类加工，水牛多用于役畜。但是随着农业机械化的发展，水牛役畜的数量在逐渐下降，特别是在南方地区这一现象更为明显。此外还有一些其他养殖业，养猪业多见于丘陵地区，许多家庭还养殖一些鸡或鸭。老挝的渔业种类主要是鲤鱼、鲶鱼、鲻鱼、攀鲈鱼、鳅鱼、巴勒鱼、鳄鱼等。

8. 流行的病虫害情况

老挝是一个农业国，农业资源丰富，农作物品种多，每一种农作物都有易发生的病虫害（表2-2和表2-3），由于老挝农业科学技术落后，境内的病虫害比较多，尤以蝗虫居多。2014年10月，老挝首次于琅勃拉邦省蓬通县发现黄脊竹蝗，此后，该种蝗虫扩散到邻近的华潘和丰沙里。2014年，老挝发现140处黄脊竹蝗虫灾害，2015年，则记录了3个省14个县500多处。为了应对蝗虫灾，老挝政府2016年采取了预防和控制蝗灾措施，并且已经得到中国、泰国和联合国粮农组织的技术支持。2017年，老挝蝗虫灾比上一年提高了20%～30%，如何应对蝗灾已成为老挝政府面临的重要课题。①

表2-2 老挝水稻病虫害一览表

作物	虫害		病害	
水稻	黏虫	粉虱	稻瘟病	水稻黄单胞菌
	褐飞虱	蜗牛	细菌性叶枯病	藤仓赤霉素
	瘿蚊	蝗虫	恶苗病	鞘腐病
			纹枯病	稻顶圆筒菌

数据来源：KhamphouiLouanglath，Pets and pesticide management in Lao PDR, 2nd Asia Plant Protection Forum 11－12 August 2014。

表2-3 老挝蔬菜病虫害一览表

作物	虫害		病害	
蔬菜	蚜虫	棉铃虫	细菌性枯萎病	炭疽病
	黄瓜果蝇	小菜蛾	叶枯病	立枯病
	菱形背蛾	条斑潜蝇	软腐病	
	果树蛀虫	甜菜夜蛾	萎蔫病	
		潜叶蛾		

数据来源：KhamphouiLouanglath，Pets and pesticide management in Lao PDR,2nd Asia Plant Protection Forum 11－12 August 2014。

① 《老挝蝗灾防控形势严峻》，新华网，2017－02－21。

总之，老挝的病虫害种类多，植保技术落后，一旦发生大规模的病虫害，仅靠本国力量难以消灭，通常依靠邻国以及联合国粮农组织的援助。自2014年始，老挝北部地区多次发生大规模的黄脊竹蝗害。老挝请求中国政府给以支援，云南省农业厅分批次派出植保专家携带相应装备赴老挝实地指挥消灭蝗虫灾害，培训当地农户灭虫技术，并邀请老挝植保专家到云南学习研讨。

（二）老挝农业、畜牧业、渔业的发展

老挝地势北高南低，属热带、亚热带季风气候，湄公河从北至南贯穿全境，农业资源丰富，主要的粮食作物有稻谷、玉米、芋头、薯类、豆类。

1. 农业产品产量及其变化

（1）稻谷

稻谷是老挝传统的粮食作物，是保障本国粮食安全的重要组成部分。得益于得天独厚的地理、气候条件，老挝许多地方都能种植两季稻，甚至有的地区还能种植三季，老挝广大家庭都有种植稻谷的条件与传统。老挝稻谷主要分为雨季稻和旱季稻两类，其中雨季稻种植比重占到了稻谷种植总面积的80%，由于老挝地势北高南低，雨季稻中又分为低地雨季稻和丘陵雨季稻，2015—2016年，低地雨季稻的种植面积不断扩大。

在老挝政府及人民的不懈努力下，自2010年后，老挝的稻谷生产面积不断扩大，产量日益增加，按照年人均消费300～350千克的需求计算，老挝的大米除满足国内需求外，并有盈余出口。2010年老挝稻谷种植面积为90万公顷，产量319万吨；2016年稻谷种植面积约为100万公顷，总产量约415万吨；2017年，老挝稻谷种植面积与2016年相比较有所增加，但产量有所下降，当前，在老挝的18个省市中，其中沙湾拿吉省是老挝最大的稻米生产基地，稻谷种植面积是23.61万公顷，稻谷产量占全国产量的25%。[①]

① Laos Myanmar share rice loss-reduction expertise[EB/OL]. 万象时报 http://www.vientianetimes.org.la/sub-new/Current/Curr_Laos291.html，2017-12-14。

(2) 玉米

玉米是仅次于稻谷的粮食作物，老挝全境均可种植玉米，但是种植面积及产量主要集中在老挝丰沙里、琅南塔、乌多姆赛、波乔、琅勃拉邦、华潘、沙耶武里7省。2014年，老挝全境种植玉米24.34万公顷，总产量是141.244万吨，平均产量是5.80吨/公顷；2015年种植面积是25.40万公顷，产量是151.625万吨，平均产量是5.97吨/公顷，[①] 与2014年相比较，种植面积和产量均有提高。老挝种植的玉米主要用于食用和饲料用。

(3) 芋头、薯类

芋头、薯类是老挝主要的粮食作物之一，2016年，老挝全境种植芋头、薯类，面积是18.9万公顷，产量达289.7万吨，2017年，种植面积是8.2万公顷，产量是233.4万吨，南部地区芋头、薯类种植面积、产量高于中部和北部地区。[②]

(4) 豆类

在老挝人民的日常生活中，豆类广受民众欢迎。老挝豆类主要分为大豆和绿豆。2016年，老挝大豆种植面积是1.207万公顷，总产量是1.913万吨，绿豆种植面积是0.3045万公顷，总产量是0.483万吨，与往年相比较，老挝大豆、绿豆种植面积和产量均有所增加。

老挝国内大多数地区均可种植稻谷、玉米、芋头、薯类以及豆类等，但是每个地区还是有所侧重，有的地区是低地雨季稻谷的主产区，有的地区是丘陵雨季水稻、玉米以及大豆的主产区，有的地区是芋头、薯类以及绿豆的主产区。其中一部分种植面积和收购面积数据有所不同，主要是受自然灾害影响所致，譬如洪涝灾害、蝗灾等。

2. 畜牧业、渔业产品产量及其变化

(1) 畜牧业

老挝民间的畜禽养殖历史悠久，几乎家家户户都从事家畜和家禽饲养。其中，老族、泰族主要养殖猪、鸡、鸭、鹅，也有不少家庭养殖水牛、黄牛、绵羊等大牲畜，水牛主要用于耕田，黄牛主要用于耕地，其他畜禽供食用和上市交易。赫蒙（苗）、瑶、倮、佤、佧等民族主要养殖黄牛、山羊、骡、马和驴等大牲畜，也有一些家庭养殖猪、鸡、鹅等。黄牛、骡、马和驴主要用于驮运，其他家畜供食用和上市交易。据老挝官方统计，全国拥有草山面积150万公顷，仅北部地区就可养殖大牲畜400万头以上，例如老挝丰沙里、华潘可开发利用的草山资源很多，有的草场几千公顷连成一片。老挝政府鼓励外国企业到老挝租赁草山、草坡发展畜牧业。租赁国有草山用于养殖活动的，租金按交通等有关条件分为三类区，条件差的为第一区，中等的为第二区，好的为第三区。

① 老挝2015年统计年鉴（老挝文）[EB/OL]. 老挝国家统计局，https://www.lsb.gov.la/lo/，2017-11-31。

② 《老挝2015—2016年芋头、薯类统计》（老挝文）[EB/OL]. 老挝国家统计局https://www.lsb.gov.la/lo/，2018-1-5。

实施革新开放政策以后，老挝政府很重视畜牧业的发展。一是大力鼓励农户从事畜禽的养殖，减免养殖税；二是支持有关单位、企业和公司建立和发展养殖场，如养牛场、养猪场、养鸡场和养鸭场等；三是积极吸引外资、外商与老挝有关单位或私人合作建立和发展畜禽养殖、加工和营销为一体的企业。近年来，老挝畜牧业得到一定的发展，畜牧品种、数量均有所增加。

自2010年以来，老挝养殖山羊、绵羊的数量呈递增趋势，从2010年的36.7万头增加到2017年的58.8万头，从区域分布上来看，北部与中部数量相当，南部地区的数量少，这也与老挝的地理地貌气候有关。

老挝的水牛养殖数量趋于稳定，从2010年以来一直维持在119万头左右，主要是老挝水牛主要用于耕地，随着老挝农业机械化的发展，一部分农户或者农场已不再使用水牛耕地。同时，水牛的养殖数量区域分布也不平衡，中部地区的水牛数量最多，几乎是北部的2倍多。

老挝黄牛的养殖呈现递增趋势，从2010年的147.4万头增加至2017年的198.4万头，其中中部地区是109.3万头，北部地区是50.7万头，南部地区是38.5万头。

老挝猪的养殖数量从2010年的275.3万头增加到2017年的386.9万头，7年期间，增加了111万头左右，其中猪的养殖数量老挝南部最多，2017年达到了145.6万头，中部是106.9万头，北部是134.5万头。

老挝的家禽养殖从2010年的2 407.9万只增加到2017年的3 696万只，其中北部、中部地区养殖家禽数量分别达到了1 000万只左右，南部是1 516.1万只。

总的来说，2010—2017年期间，老挝的畜牧产品数量有所增加。①当前，在老挝民众的食物消费结构中，对鱼类、畜牧产品的消耗达到了40%左右。②老挝政府也在大力发展渔业及畜牧业，不仅满足了国内需求，也出口了部分牲畜。2012年出口水牛8.7万头，黄牛2.3万头；2013年老挝全国养畜场达316个，数量较上年度增长27%；2015年出口黄牛11.4万头、水牛2.6万头。但是老挝的畜牧产品呈现了地区发展不平衡的现象，部分地区畜牧业产品产量无法满足本地需求，供求矛盾突出，以老挝首都万象为例，万象市人口80万，是老挝国内第一大城市，万象养殖户目前仅能生产首都牛肉需求量的50%～60%，③其余的则从邻国泰国进口。

① PM urges agriculture officials to realize Country's Poentinal, http://www.vientianetimes.org.la/FreeContent/FreeConten_PM.htm.28 Dec2016。

② Moving from the strategies to action on fisheries and acquire. http://www.fao.org/laos/news/detail-events/en/c/265826/。

③ 《老挝和越南开展商业肉牛养殖》，中国国际贸易促进委员会网站，2016-03-10。

（2）渔业品种及产量

渔业品是老挝人民食物的主要组成部分。在雨季期间，水产品采捕自各种水体和湿地（稻田），而在旱季则采捕低水位浅水塘的剩余水产品。雨季期间多余的水产品根据养殖者的偏好和当地的条件以各种方式进行保存（腌制、发酵、干制、熏制），然后在食品较少的整个旱季食用这些保存品。老挝的渔业种类主要是鲤鱼、鲶鱼、鲻鱼、攀鲈鱼、鳅鱼、巴勒鱼等。近年来，老挝政府积极促进政府和私人的鱼苗生产。老挝全国政府和私人渔业养殖基地达到199处，其中政府所属的32处，私人所属的共有87处，较过去增加了39处，增幅81.25%。除此之外，全国还共有保护性池塘765处，其中位于7个省份（包括波乔、甘蒙、波里坎赛、沙湾拿吉、占巴塞、色贡和阿速坡）涵盖44个县城308个村的351处池塘已进行了登记。①

3. 粮食人均占有量及其变化

老挝长期饱受战乱，1975年建国，老挝“五大”后确立了以经济建设为中心的发展方向，直到2000年，老挝国内生产的粮食基本满足了国内的需求，但是在许多偏僻的农村地区，老挝人民的生产、生活水平仍然很落后，食不果腹的情况仍然存在。“八大”后，老挝稻谷种植面积、产量以及人均稻谷产量均有所增加并有盈余出口。以2015—2016年财年为例，老挝政府预计稻谷产量是420万吨，其中计划将总产量中的210万吨用以国内消费，100万吨用以国内交易和出口交易，64万吨用以加工，40万吨用作储备粮，6万吨用以育种。②老挝政府计划2020年生产大米500万吨。③

4. 粮食储备、流通现状

粮食储备对粮食安全有至关重要的影响。粮食储备是为保证非农业人口的粮食消费需求，调节国内粮食供求平衡，稳定粮食市场价格，应对重大自然灾害或其他突发事件而建立的一项粮食物资储备制度。联合国粮农组织规定，为了保证粮食安全，其储备规模应不小于当年消费量的17%～18%，其中12%为周转储备，5%～6%为后备储备或称缓冲储备。老挝政府从2008年起开始建立国家储备粮库，2012财年，国家稻谷储备量已达40万～50万吨，能有效应对自然灾害和平抑国内粮价。目前，老挝的粮食储备分为两种，一种由工贸部负责，政府优惠低息贷款，给各个加工厂收购稻谷后加工储备；另一种是由劳工部负责，属于社会保障性质，此储备的粮食很少一部分来自政府拨给，大部分来自外国援助，主要用以救灾等用途。与邻国泰国、越南相比较，老挝政府

① 老挝畜牧渔业司网站http://dlf.maf.gov.la/。

② 老挝巴特寮社，2016/01/05。

③ Rice exports to China sill facing challenges,official says.http://vientianetimes.org.la/FreeContent/FreeConten_Rice.htm33 Mar2017。

的粮食储备制度还有待完善。1997年，老挝加入东盟后，老挝也对东盟地区的国家粮食储备与粮食安全保障承担应有的责任与义务。2011年10月，东盟与中日韩正式签署了“10 + 3”大米紧急储备协定，在东盟“10 + 3”大米紧急储备协议（APTERR）框架下，13个成员国共筹集78.7万吨大米储备，其中文莱、老挝和柬埔寨各3 000吨。①

近年来，老挝的粮食生产得到长足的发展，与粮食生产相比较，老挝的粮食流通空间和流量都比较小，粮食流通市场化程度低。老挝地广人稀，人口密度为29.8人/平方公里（2018年数据），一部分城镇居民都有自己的宅基地和自耕地。国内没有成规模的粮食流通企业，原有的国营粮食公司也因长期亏损而退出了市场，粮食流通设施建设和加工也比较落后。目前国内无粮食期货、电子贸易，全部为现货贸易，且集中于蔬菜、服装等混杂的大棚交易区，无专业性的粮食批发市场，无大型粮食加工企业，现有加工企业多为家庭作坊。虽然老挝粮食流通市场化程度低，但是老挝生产的是绿色生态大米，尤其以糯稻享有盛名，老挝大米在满足国内需求的前提下，向周边邻国出口，但是量不大。以老挝大米出口中国为例，2016年，老挝通过一般贸易向中国出口了7 200吨大米；2017年上半年，出口了近5 000吨大米。②

5. 粮食安全水平

粮食安全包括生产安全、供给安全及消费安全，粮食安全受多种因素的影响，包括贫困、粮食生产、粮食价格、政治稳定、基础设施、自然资源、生态环境、接近市场的有效途径以及获取粮食的能力等。老挝政治稳定、农业资源丰富、生态环境良好。老挝实施革新开放政策后，大力发展经济，扩大农业种植面积，粮食增产丰收，自2000年后，老挝的粮食生产不仅满足了本国民众的需要，而且还略有出口，联合国粮农组织已将老挝从最不发达国家中除名。2016年1月，老挝召开党“十大”会议，指出力争到2020年把贫困人口减少到10%以下，到2030年减少到5%以下，切实提高人民的物质文化生活水平。并在“八五规划”（2010—2020年）年中指出，必须保证老挝粮食安全，使用现代科技并按照永续方向促进商品生产，并与加工工业和国内外市场相联系；明确农业生产区，鼓励清洁和无公害农业生产，重点建设储备粮库，以便在发生各种灾害时能够全面地分发流通，并平衡市场需求。向农业水利化（生产配套）转变。老挝政府计划2020年生产大米500万吨。当前，老挝的粮食种植面积及产量都有较大的提升，并向周边邻国出口一部分粮食，但是老挝基础设施落后，粮食储备、流通能力弱，劳动力素质低，农业科技无法满足本国农业需求，农药、种子、化肥等大部分依靠进口，老

① 吴崇伯.《东南亚各国粮食新政及其与中国的合作分析》[J].《南洋问题研究》2013（1）：47。

② 2017年上半年老挝向中国出口近5 000吨大米[EB/OL].http://la.mofcom.gov.cn/article/ztdy/201709/20170902644017.shtml，2017–9–31。

挝的粮食安全形势严峻。此外，随着老挝人口以及赴老挝旅游的国际游客的增加，老挝对粮食的需求加大，着眼于长远，老挝粮食刚性需求大，粮食供给及粮食安全不容乐观。

6. 农业、畜牧业、渔业发展的潜力及限制因素

（1）潜力因素

老挝丰富的农业、畜牧业、渔业资源为其开放和发展提供了优越的条件，老挝历届政府都将发展农业作为重中之重来考虑。老挝新一届政府成立后，仍然一如既往地大力发展农业，在审议通过的“八五规划”（2016—2020年）和2030年愿景规划中指出：“扩大农业生产规模，使用先进科技工艺并按照永续发展方针，确保粮食安全，满足国内市场及日益增加的游客对食品的需求，并把出口商品生产与加工相联系，重点发展水稻、粮食作物、无公害作物种植，依据各地实际潜力发展运用高科技的畜牧养殖场及经济作物。同时要重点建立储备库和全面的流通体系，确保能应对各种灾害并平衡市场需求。”随着老挝基础设施的改善提高以及从陆锁国变陆联国战略的推进，老挝的农业、畜牧业、渔业发展前景广阔。

（2）限制因素

虽然老挝得天独厚的地理、气候条件适宜种植农作物，发展畜牧业及渔业，先天优势好，但后天不足明显。其限制因素主要有以下几个方面。

一是农业投入不足，农业灌溉基础设施滞后。以种植大米为例，当前，老挝境内共种植了77.8万公顷雨季稻，12.66万公顷旱季稻，但是有22.6万公顷种植在平原地区的稻田依靠天然降水，没有相应的灌溉设施。①

二是农业科技落后，缺乏有效的农业咨询服务。当前，老挝全国只有一所国家级的农林科学院，有员工332人（员工人数不及云南省农科院的1/3），科研设备落后，研究成果不多，即便有科研成果也很难推广应用。省级以下单位基本上不设科研机构，更无科研人员编制。此外，老挝的许多农药、化肥、种子依赖进口，但是当前的农业主管部门以及农资企业经营商没有对农户给以指导、培训，导致部分地区滥用农药，污染了环境。

三是稻米加工技术落后，碎米多，易受潮、发黄。譬如，老挝很多地区的水稻类型为糯稻，价值高，但是受制于落后的加工技术，在邻国消费者中不太受欢迎。

四是农业劳动力不充分，农业生产方式粗放。尤其在老挝北部地区还存在刀耕火种、毁林开荒的游耕方式；即使在传统农作区，大部分农户没有田间管理、施肥和除草

① Rice exports to China sill facing challenges,official says.http://vientianetimes.org.la/FreeContent/FreeConten_Rice.htm33 Mar2017。

等意识，广种薄收，生产效率低下。

五是老挝养殖肉牛的农户不少，但缺乏先进养殖技术，效益不高。由于长期近亲繁殖，牛种退化，个头越养越小，有些养殖户缺乏育肥技术，出售的肉牛瘦弱，重量轻，价位不高。

尽管面临诸多挑战，老挝政府仍非常重视农业生产和粮食安全，采取一系列措施扶持稻米、牲畜养殖等的生产和出口，在全国划定了10个巩固粮食安全和促进粮食出口的重点省份，其中沙湾拿吉省和甘蒙省两个省区是优先发展区域。政府还计划2016—2017财年畜牧业增长率能达到10%～12%，以满足国内肉类制品需求。①

（三）老挝农产品消费及进出口贸易情况

1. 主要农产品国内消费水平情况

（1）肉类、鱼类消费

肉类、鱼制品是老挝民众食物的主要组成部分，民众根据自己的偏好和当地的条件对其进行保存，譬如腌制、发酵、干制、熏制等。随着老挝畜牧、渔业的发展，2010—2015年期间，老挝人均消耗肉、蛋和鱼的数量也在增加。2011年，老挝人均消耗肉、蛋和鱼达47千克，2015年人均消耗肉、蛋和鱼达53千克。

（2）粮食（谷物）消费

谷物是老挝民众主要消费的口粮。近年来，老挝粮食种植面积和产量均有增加，人均稻谷产量从2012年350千克/人增加到2016年的500千克/人，按照老挝年人均消费300～350千克的消费需求计算，老挝的大米除满足国内需求外，还有盈余以供出口。老挝是一个以农业为基础的国家，农业人口占其国家人口总数的70%，农民是粮食生产者，也是消费者。当前，老挝国内共有18.3万公务员，②这也是粮食消费的主力军之一。为了确保2018年的粮食安全，老挝政府计划种植100万公顷稻谷，产量是420万吨，其中210万吨大米确保本国粮食安全，40万吨用于紧急救援，比如洪涝灾害等，50万～60万吨用于国内市场的消费，40万吨用于出口。老挝政府也鼓励农民种植38.69万吨的甜玉

① Food security is a main government concern,Vientiane Times http://www.vientianetimes.org.la/FreeContent/FreeConten_Food_security.htm。

② Vice President calls for reinforced governance, public administration[EB/OL].http://www.vientianetimes.org.la/FreeContent/FreeConten_Vice.php,2018－1－10。

米，38.87万吨芋头，156万吨水果，170万吨蔬菜和其他作物。①

虽然老挝人均消费肉、蛋、鱼数量都在增加，但随着老挝人口以及赴老挝旅游的国际游客的增加，老挝对粮食的需求加大。根据联合国粮农组织、国际农发基金和世界粮食计划署发布的2015年粮食不安全状况报告，老挝人口中有18.5%营养不良，粮食消费不安全状况仍然严峻。

2. 主要农产品进出口贸易规模、主要贸易伙伴关系国家和区域及其变化情况

老挝贸易主管部门为老挝工业与贸易部，与贸易相关的主要法律有《投资促进管理法》《关税法》《企业法》《进出口管理令》《进口关税统一与税率制度商品目录条例》等。老挝所有经济实体享有经营对外经济贸易的同等权利，除少数商品受禁止和许可证限制外，其余商品均可进出口。出口商品主要以矿产品、电力、农产品、手工业产品为主，进口商品主要是工业品、加工制成品、建材、日用品及食品、家用电器等。前四大贸易伙伴依次为泰国、中国、越南、澳大利亚。

老挝北高南低的地形地貌决定了不同地区生产的农产品数量的多少不一，农产品的进出口呈现了多样化的特点，北部地区主要出口的是橡胶，进口的主要是水果、肉类等，以琅勃拉邦为例，该省50%的猪肉依靠进口，大部分水果也是从泰国、中国进口，旅游旺季和节日期间蔬菜也时常短缺。由于农产品少，且依靠进口，所以价格就偏高。而南部地区盛产咖啡、水稻等，出口的主要是当地的特色农产品。总的来说，由于老挝经济落后，生产的主要是附加值低的农产品，老挝出口的农产品贸易量不是很多。以大米为例，自2000年以来，老挝共出口了30万吨大米到越南、泰国、中国以及其他国家。②

3. 中国与老挝农产品贸易

（1）一般贸易

2012年4月，中老双方签署了《关于老挝玉米输往中国植物检疫要求议定书》，老挝玉米获得出口中国的检验检疫资格。2013年9月26日，中国国家质量监督检验检疫总局与老挝农林部共同签署《关于老挝西瓜输华植物检验检疫要求议定书》《关于老挝香蕉输华植物检验检疫要求议定书》《关于老挝木薯干输华植物检验检疫要求议定书》三份协议，标志着老挝西瓜、香蕉和木薯干等农产品完成了输华检验检疫准入，正式获准

① Govt planning to irrigate 160,000 hectares of crops [EB/OL].http://www.vientianetimes.org.la/sub−new/Current/Curr_Govt003.php, 2018−1−4。

② Rice exports to China sill facing challenges,official says. http://vientianetimes.org.la/FreeContent/FreeConten_Rice.htm33Mar2017。

以一般贸易方式进入中国。2015年1月4—6日，老挝农林部与中国国家质量监督检验检疫总局签署了《老挝大米输华检验检疫要求议定书》。2015年10月27日，中国国家质检总局发出通告（2015年第129号），批准炫烨（老挝）有限公司获许老挝大米准入中国市场，出口配额是0.8万吨，2016年1月，30吨老挝香米通过磨憨口岸入境，这是老挝香米首次以一般贸易方式通过陆路口岸出口到中国。[①]由于老挝大米无法满足中国检验检疫的标准及中国消费者的需求，炫烨（老挝）有限公司出口0.4万吨大米到中国。2016年，中国核准炫烨（老挝）有限公司出口配额是0.72万吨，实际进口了0.5万吨；2017年，中国核准该公司的进口配额是2万吨。[②]目前，中老双方农产品以一般贸易开展的品种主要是玉米、西瓜、香蕉、木薯干和大米。

（2）边境贸易

中老边境的粮食贸易主要是边民的互市贸易，在粮食方面，边民每人每天可以携带50千克的粮食进行交易，由于交易是零星的，无法做出确切的统计，但是新民、曼庄等通道上存在一些粮食走私的情况。

（3）罂粟替代种植项目下的农产品进口

从2006年始，在联合国粮农组织开展用粮食作物替代罂粟种植政策框架下，我国在老挝北部开展了用粮食作物、经济作物替代罂粟的毒品的替代种植项目。替代种植项目下的粮食进口免征20%的进口关税和17%的进口环节增值税。以西双版纳为例，截至2011年，西双版纳境外罂粟替代种植面积达88.66万亩，稻谷种植面积81 059亩[③]（其中，老挝77 464亩，缅甸3 595亩）；玉米种植面积65 671亩（其中，老挝62 271亩，缅甸3 400亩）；同时，替代企业在境外（老挝）建有玉米加工厂6座。在西双版纳39家替代企业中，有6家企业在境外开展粮食种植合作。这些替代企业在国家给予的配额范围内，将在老挝境外种植的粮食进口到境内。

总的来说，老挝的农产品受加工水平的制约，农产品附加值不高，但是老挝种植的农产品生态有机，以大米为例，通过一般贸易出口到我国的大米价格较昂贵，一般的老挝香米在我国销售是14元/千克，中高端的老挝香米达到数十元每千克，数量有限，由于老挝大米加工水平落后，碎米含量高，易受潮、发黄，影响口感，加之价格是国内的2倍以上，也导致部分国内消费者望而却步，致使炫烨（老挝）有限公司2015—2016年两年没有完成预期的出口配额指标。

---

① 昆明信息港，2016年1月27日。

② Rice exports to China sill facing challenges,official says.http://vientianetimes.org.la/FreeContent/FreeConten_Rice.htm33 Mar2017。

③ 亩为非法定计量单位，1亩≈667米^2。——编者注

（四）老挝农业产业链建设情况

1. 农作物种子生产情况

目前，老挝的种子研发、生产仍相对滞后，生产品种相对单一，除了老挝国家农林研究院研发的杂交玉米种以外，其他的种子主要依赖进口，进口主要来自泰国、越南、中国等（见表2-4）。

表2-4　老挝种子企业经营种子一览表

序号	单位名称	种子名称	生产商	单位联系方式
1	老挝工农有限公司（万象省）	饲料玉米种Pacific 999 Super 饲料玉米种Pacific 339 甜玉米Hi-brix 3 软质玉米Pacific 271 饲料玉米种Pacific 777 甜玉米Hi-brix 53 甜玉米Hi-brix 58 软质玉米Pacific 321	PACIFIC SEEDS CO., LTD, THAILAND	Tel: 023 390038; 020 2224992
2	老挝国家农林研究院	杂交玉米种	老挝国家农林研究院	Tel：021 770047
3	中老娥格斯批贸易独资有限公司	杂交玉米种	泰国娥斯亚种子有限公司	Tel：021 217425
4	老挝占巴有限公司（首都万象）	杂交玉米种CP 555 杂交玉米种CP 333	CP SEEDS (VIETNAM) CO., LTD	Tel：021 413740
5	云南物产进出口集团股份有限公司（首都万象）	玉米种	中国基跟种子有限公司	Tel：081 212936
6	Charoen Pokphand Produce (Lao) Co.,LTD.（首都万象）	杂交玉米种	CHAROEN POKPHAND PRODUCE CO.,LTD, THAILAND	Tel：020 23549476
7	贸易发展进出口有限公司（川圹省）	杂交玉米种	种子股份公司	Tel：061 312170

（续）

序号	单位名称	种子名称	生产商	单位联系方式
8	囊万坎玉米研磨烘焙私营厂（首都万象）	玉米种30T60 玉米种P4181 玉米种P4296 玉米种P4311 玉米种P4472 玉米种P4546 玉米种4554	泰国派喔讷海贝有限公司	Tel：020 55529422
9	万索贸易独资公司	杂交玉米种	CONHTY CO PHAN GIONG CAY TRON TRUNG UONG（越南）	Tel：020 55562341

数据来源：老挝文，老挝农林部种植司2016年1月发布的农药化肥种子登记在案一览表，老挝农林部网站，http://www.maf.gov.la/。

2. 化肥农药生产及使用情况

随着区域经济一体化及科学技术的发展，越来越多的平原地区老挝农民开始使用化学肥料[①]。当前，老挝国内还没有自主的农药生产厂家，农药还是依赖进口，且进口的农药种类繁多，产地不一，来自越南、中国、以色列、印度、日本、法国、泰国、马来西亚和新加坡等地。老挝农药销售公司的性质有有限责任公司、个人独资公司和外资公司（主要来自泰国和越南），主要分布在首都万象市、占巴塞省以及琅南塔省，其他零星分布于沙拉湾省、沙湾拿吉省、沙耶武里省和乌多姆赛省。在地理位置上，靠近中国的有琅南塔省、乌多姆赛省等省区主要销售来自中国的农药；而老挝的占巴塞省则主要销售来自越南的农药；老挝的万象市、沙耶武里省、沙湾拿吉省、沙拉湾省则农药产地繁多，以销售来自泰国的农药为主外，还销售来自新加坡、日本等其他国家的农药。根据老挝农林部种植司2016年1月发布的农药登记数据显示，现老挝境内经营农药的公司共有32家。随着老挝经济的发展及对外联系的加强，老挝平原地区的农民农药用量日益增加，为了加强对本国农药的管理与使用，早在2010年老挝政府颁布了《控制农药使用条例》以规范农药在本国的使用。2016年2月，老挝环境资源保护部和联合国粮农组织驻老挝办事处为老挝相关部门的官员举办控制农药进出口及使用的培训班。[②]此外，老挝政府在北部地区已采取措施控制新增香蕉园，原因是香蕉种植使用了大量的农药，污染了环境。

当前，老挝国内化肥生产比较薄弱，生产化肥和有机肥的公司共有6家，其他都是依靠进口，目前经销进口化肥的公司共有46家，进口化肥的经销公司性质有独资公

① FAO以及老挝农林部等网站都没有老挝使用化肥的具体数量，但是从相关报道来看，老挝政府正在控制化肥、杀虫剂的使用。

② Officals beef up on pesticide control,http://www.fao.org/laos/news/detail−events/en/c/411255/。

司、有限公司和外资公司3种，主要分布于首都万象、占巴塞省和琅南塔省，其中有一部分公司既经销化肥也经销农药，如科伸促进农业独资有限公司、杂交米种生产有限公司、丁祥明独资有限公司、达恒进出口贸易独资有限公司、老挝克赛一优种子科学独资有限公司、萨东阔农业独资有限公司、通县农贸进出口独资有限公司、素昂赢促进农业发展进出口贸易有限公司、诺乔贸易独资有限公司、潘配农业发展独资有限公司10家公司。

总的来说，老挝本国的农药、化肥生产远远满足不了本国的需求，大部分依赖进口。老挝农业资源丰富，全国70%的人口从事农业，许多农药进口到老挝境内，一些农药经营企业并没有对本地的农户、种植户如何科学使用农药给以培训，导致滥用农药，污染环境，造成了不好的影响。

3. 农业机械投入情况

近年来，老挝农业机械化发展迅速，但也呈现了区域发展不平衡的特点，如今老挝农户中超过1/3的家庭拥有两轮拖拉机，机械化水平最高的地区分布在老挝中部湄公河流域，其中超过 80%的农户在农业生产中使用两轮拖拉机。但老挝北部高山地区农业机具应用较少，例如丰沙里省只有 25%的农户可以使用农机种植。①随着全球科学技术的发展，老挝也购买中国的无人机用于农业植保，2016年9月，贵州天鹰兄弟集团生产的精准农业喷施智能无人机出口老挝。此批出口老挝的农用无人机为当地逾200万亩橡胶、烟叶等农田提供服务。②

4. 市场体系建设情况

目前，老挝国内无粮食期货、电子贸易，全部为现货贸易，且集中于蔬菜、服装等混杂的大棚交易区，无专业性的粮食批发市场，无大型粮食加工企业，现有加工企业多为家庭作坊。

5. 农产品加工业发展情况

当前，老挝国内工业滞后，以2016年为例，老挝工业占国内GDP的28.8%，几乎未有大型的重工业，大部分日常生活用品依赖进口。虽然老挝农业资源丰富，但是由于工业技术落后，农业附加值低，农产品加工企业很少。比较有代表的是老挝的Dao-HEUANG Group 公司，该公司成立于1991年，公司成立之初开展小规模的进出口贸易，

---

① ADB, Laos Development Report 2014。

② 《贵州天鹰植保无人机首次出口国外，正式交付老挝使用》，http://www.chinacqsb.com/xw/sh/2016/09/2310324.html。

目前是老挝最大最具发展潜力的公司之一，公司生产的产品主要是咖啡、茶、矿泉水以及食品等。[①]

6. 农业技术研究体系建设情况

老挝农业技术研究体系相对滞后，其中也按照品种成立了研究所，如老挝国家水稻研究中心、咖啡研究所等，同时，也成立5所农林学院，分别是老挝北部农林学院、波里坎赛农林学院、万象农林学院、沙湾拿吉农林学院、占巴塞农林学院，老挝农业科研机构以老挝农林科学研究院最负盛名。

老挝农林科学研究院（National Agriculture and Forestry Research Institute，简称NAFRI）成立于1999年，主管部门是老挝农林部。现有员工332人，女性97人，25人有博士学位，84个人获得硕士学位，152人获得学士学位，共有14个部门，分别是农业研究中心（Agriculture Research Center）、园艺研究中心（Horticulture Research Centre）、畜牧研究中心（Livestock Research Center）、林业科学研究中心（Forestry Science Research Center）、玉米和经济作物研究中心（Maize and Cash crop Research Center）、农业气候变化动态研究中心（Research Center to Climate Change Resilience in Agriculture）、水生生物资源研究中心（Living Aquatic Resources Research Center）、农林业政策研究中心（Agriculture and Forestry Policy Research Center）、农林业信息交流中心（Center for Agriculture and Forestry Information and Communication）、高地农业研究中心（Upland Agriculture Research Center, 简称UARC）、咖啡研究与繁殖中心（Coffee Research and Multiplication Center）、Thasano农业研究中心（Thasano Agriculture Research Center）、Nong Daeng农业研究中心（Nong Daeng Agriculture Research Center）、Luangnamtha农业研究中心（Luangnamtha Agriculture Research Center）。[②]

老挝北部农林学院：老挝北部农林学院是老挝5所农林学院中规模最大的重点学院，主要为老挝北部7省培养农林等专业技术人才，学制三年，现设有种植、林业、畜禽和水产养殖及农业企业管理4个专业，在校学生625人、教职员工79人，其中教师74人（博士1人，硕士10人，本科55人）。自2009年始，瑞士政府为老挝的5所农林学院提供支持，分为三个阶段，第一阶段是2009—2012年，第二阶段是2013—2016年，第三阶段是2017—2020年。目前，瑞士政府给以第三阶段的费用420万美金旨在支持老挝农林学院改革，目标是加强老挝5所农林学院教学质量和实践技巧，重点改善学院教育、管理、校园基础设施、更新教学设备等方面。项目有助于培养老挝农业和林业部门现代化

① http://www.daoheuanggroup.com/index.php。

② 老挝农林科学研究院网站，http://www.nafri.org.la/?page_id=165&lang=en。

人才，使老挝的传统农业向农业商业化过渡。①

老挝山地农业研究中心：位于老挝琅勃拉邦省。旨在促进老挝北部资金投入少、收益好的有机绿色可持续农业发展，增加农产品的附加产值，提高农业生产技术，提高农产品销售。②

（五）老挝农业生产基本制度

1. 农地制度

老挝宪法将土地国家所有权制度确立为国家唯一的土地所有权制度，即国家对所有的土地依法享有占有、使用、收益和处分的权利。老挝《土地法》（1997年颁布）规定，全国范围内的土地划分为农业用地、林业用地等8种类型。农业土地是指规定用于种养殖、农业试验研究和水利的土地。农林部是农业用地的管理者。农业用地的使用者，一般指农业经营者在土地上长期直接从事耕作、养殖或畜牧等农业活动。

2. 农村财税制度

老挝农业税按粮食的产量和经济作物实际收入征收。粮食征收农业税按产量分类计算：第一类，每年每公顷产稻谷3 501千克以上，每公顷交稻谷140千克。第二类，每年每公顷产稻谷3 001～3 500千克，每公顷交稻谷120千克。第三类，每年每公顷产稻谷2 501～3 000千克，每公顷交稻谷100千克。第四类，每年每公顷产稻谷2 500千克以下，每公顷交稻谷80千克。

3. 农村金融制度

长期以来老挝农业投入不足，减贫和解决农村发展中的资金投入问题一直是老挝政府所面临的挑战。老挝中央银行是老挝金融业的主管部门，为一级金融机构，中央银行附属的银行和非银行金融机构为二级金融机构。银行体系里有国有商业银行、合资合作银行、私营商业银行、农村金融和微型金融机构、国外银行分支机构。非银行金融机构有保险公司、租赁公司、典当行。老挝农村金融机构是金融体系中的子体系。老挝涉农金融机构主要有老挝促进农业银行、政策银行和微型金融机构；非银行金融机构是指保

① Switerland supports agriculture and forest college reform in laos。

② 老挝文，《老挝山地研究中心》，http://www.nafri.org.la/?p=409&lang=lo。

险公司、信贷公司、典当行、民间金融（放债者，Money Lender）等，这些金融组织组成了老挝农村金融机构的主体。

老挝促进农业银行是唯一提供农林、畜牧养殖业等有关农业服务的国有商业银行金融机构，金融服务对象包括农作物生产、手工业和农村从事农业的中小企业。此外，老挝促进农业银行还参与双边和多边的国际合作项目，这些项目都在农村地区开展。

老挝政策银行于2007年成立，是老挝政府委托财政部联合中央银行成立的专门为老挝消除和摆脱贫困计划的金融机构。老挝政策银行所涉及的服务业务是提供农村扶贫信贷金融服务，对农村经济社会发展提供资金资源的金融机构，政策银行是老挝唯一不接受公众储蓄存款的金融机构。

老挝微型金融机构是老挝政府部门或实体组织接受外国援助在老挝农村地区设立的合作发展项目，包括资助农村地区建立和发展农村银行、农村发展基金的小额信贷等微型金融机构，主要面对贫困低收入家庭的金融机构，是银行金融机构之外对城市和农村地区提供金融信贷服务的金融机构。[①]微型金融机构在农村的服务起步很晚，具有服务面广、金融服务渗透到农村地区较强和较为灵活的服务等特点，是老挝政府很重视的金融行业之一。

老挝“六五”期间，老挝的农业金融支持力度不大，参与农业信贷的农户数量少，截止到2011年3月，参与农业信贷的农户有10.4万，占全部农户的13%。以乌多姆赛省为例，其是信贷比例最高的省份，该省超过1/4的农户参与了农业信贷。此外，老挝全国农业信贷中半数以上是没有担保的，仅有30%的信贷农户用土地作抵押。总体来说，农户获取农业信贷的渠道是非常有限的，55%通过商业银行（主要是老挝促进农业银行），40%通过其他涉农金融银行。农户获取信贷的目的主要是增加农业投入和购买家畜、家禽，二者所占的比例分别是51%和30%，只有16%的信贷资金用来购买农机具。在老挝北部，信贷更可能被用于购买家畜、家禽，如琅勃拉邦省59%的信用贷款购买了家畜，25%用于作物投入和14%用于畜牧业投入。在老挝，农场规模与信用水平成正比，大型农场更容易从老挝促进农业银行获得贷款，而规模较小的农场主大多从其他涉农金融机构获取所需资金。

老挝“七五”时期，随着老挝金融业的发展，老挝农村地区银行业务和银行活期存款业务深受百姓欢迎，规模和利润逐年增加。[②]

4. 农业农村法律制度

《老挝人民民主共和国农业法》于1998年颁布并施行，共分为八章，分别是：第一

① 康未来，《老挝农村金融研究》，吉林大学2012年度博士论文。

② 《农村地区信用社业务和银行活期利润不断增加》，中国驻老挝使馆经济商务参赞处网站，2017-02-28。

章，农业法（农业事务）概述；第二章，农业经营，主要对农业用地、水利、种子与动物种苗、化肥与饲料、杀虫剂与动物用药、仓库、农产品的加工、市场、与国外的农业合作九个方面进行了介绍；第三章，农业经营的投资，主要阐述了农业投资的方向和方式；第四章，促进农业生产，分别从资金、种子与动物种苗、化肥与饲料、杀虫剂与动物用药、工具和运输、水利、农业数据统计、研究中心与试验站、务农人员培训、仓储保温冷藏和加工工厂、动植物储备、市场、价格、保护务农人员利益等15个方面进行了介绍；第五章，农业环境的保护，就保护种植环境、保护养殖环境和在环境保护中的义务3个方面进行了介绍；第六章，农业经营的管理与检查，就管理与检查两个方面，阐述了各级管理部门的职责与权力，以及检查的机构、检查的内容及方法；第七章，对贡献者的政策以及对违规者的惩罚措施，介绍了在农业生产中有突出贡献的机构或个人国家的相应政策，及无论机构还是个人有违规行为有何惩处和措施；第八章，简述了农业法具有法律效力，其他与该法相违背的内容不再施行。①

该法在农业事务中规定从事农业者享有以下权利：

依法得到保护；

收益和财产享有产权；

得到农林部门专业技术的帮助和指导；

享有转让和继承权。

同时，也规定从事农业者具有以下义务：

按规定依法使用土地；

不对他人的生活环境和自然生态造成损害；

报告灾情和疫情；

履行必须做到的各项条款；

执行专业安全措施；

履行纳税义务和其他相关义务；

按合同报告开展农业活动的成果；

与农业管理监督部门进行合作。

关于农业开展和建设投资，农业法规定了如下投资方式：

家庭单位投资；

群众合资；

政府投资；

政府与国内外企业合作投资；

① 老挝文《老挝农业法》，参见老挝农林部网站http://www.maf.gov.la/。

国内私人单独投资。

农业法规定由农林部及其下属省、市、特区、县、村有关部门实施农业事务检查，检查内容如下：

计划实施情况；

生产目标实施情况；

生产的产量；

法规的执行情况；

生产任务的完成情况；

生产安全措施的执行情况；

环境保护情况。①

5. 农村对外开放程度

老挝鼓励外商投资本国农业，老挝政府把种植业、养殖业和农副产品加工业列为特别鼓励外商投资的产业。在土地租赁、计交农业税、核定利润税和出口关税上采取了一系列的优惠政策。

（六）老挝农业政策及发展情况规划

1. 农业、畜牧业、渔业发展的相关政策及发展情况

（1）农业政策清单

1998年10月，老挝发布了《农业法》。

1993年10月，老挝发布了《关于土地税的50号政令》，规定耕地按照平原和山地两类缴纳土地税。

1997年，老挝发布了《土地法》，划分土地用途，全国范围内的土地划分为农业用地、林业用地等8种类型。

老挝实施革新开放政策后，历届政府都十分重视农业的发展，每一届政府在延续前任的基础上，立足老挝国情发展本国农业。2008年，自世界爆发粮食危机以来，老挝政府在确保本国粮食安全方面采取了如下主要措施。一是进一步巩固和完善农村土地分配

① 老挝文《老挝农业法》，参见老挝农林部网站http://www.maf.gov.la/。

政策，将农田和林地使用权划分到户，使农民获得长期使用权和继承权，充分调动农民种粮的积极性，确保本国粮食安全。二是重点抓好万象、甘蒙、沙湾拿吉和占巴塞“四大平原”雨季稻生产，同时积极发展老挝北部川圹、华潘、沙耶武里、琅南塔、丰沙里、波里坎赛和波乔“七个旱稻主要产区”生产，注意推广良种，不断提高产量。三是注意加强农田水利设施建设并加大投入，逐步改变靠天吃饭的原始耕种生产方式。四是开始重视农业多样化，实行稻谷、经济作物和畜牧养殖林业并行发展。五是积极争取联合国、欧盟、日本、德国和NGO（非政府组织）等资金援助，在老挝北部和南部地区开展粮食安全和畜牧养殖项目合作。

老挝“十大”后，老党政府非常重视本国农业的发展，老挝总理通伦在2016年12月27—28日举行的农林业与农村发展年度会议上强调称，老挝应利用自身优势，大力发展市场导向型农业，在保障绿色无公害的前提下调整农产品结构，优化农业产业链，推动农业机械化生产，发展农产品加工业，加快推动周边国家需求量较大的玉米、甘蔗、烟叶、木薯、花生、黄豆、薏仁米及大米等农产品的商品化经营。①

（2）渔业政策清单

2009年，老挝颁布了《渔业法》。《渔业法》共分为十章，分别是：第一章，渔业法概述。第二章，老挝渔业，从鱼的分类与其他水生动物、渔业生产模式两方面介绍了老挝渔业的基本情况。第三章，渔业的经营与保护，分别从渔业经营、渔业的保护与发展两方面介绍了老挝渔业的经营计划、后续研究、以及保护鱼类及其他水生动物的栖息地和生态系统等相关内容。第四章，水生动物的利用，首先介绍了水生动物的利用及目前四种模式；其次从鱼和水生动物的饲养经营、渔业经营的条件、违规渔业经营的取缔三个方面阐述了商业性质的渔业生产；最后介绍了生产者的权利与义务。第五章，禁止条款，从盈利性机构、个人、国外组织以及监管部门几个角度对渔业方面的禁止条款做了详细的列举。第六章，解决分歧，阐述了渔业经营过程中的国际、政府、生产者间可能出现的分歧，简要介绍解决办法。第七章，渔业的管理与检查，设立渔业管理委员会，阐述了渔业的管理部门、各级管理部门的职责与权力、渔业生产者的权利、水源地渔业管理委员会的职责与权力、村级的渔业规章等内容。第八章，明确了对贡献者的政策、对违规者的惩罚以及对个人或者机构的培训措施。第九章，明确老挝渔业的开禁捕捞以及相关的符号与印章。第十章，简述了渔业法具有法律的效力，其他与该法相违背的规章条款不再施行。②

（3）畜牧业政策清单

2008年，老挝颁布了《畜牧、兽医法》。

---

① PM urges agriculture officials to realize Country’s Poentinal,http://www.vientianetimes.org.la/FreeContent/FreeConten_PM.htm.28 Dec2016。

② 老挝文《老挝渔业法》，参见老挝农林部网站，http://www.maf.gov.la/。

《畜牧、兽医法》共分为九章。分别是：第一章，法律概述，就畜牧与兽医及该法中的相关词汇进行了界定，还简介了政府对畜牧和兽医的政策、原则及国际合作。第二章，畜牧业，就畜牧事务（包括畜牧区面积及牲畜的数据统计、制定科学的发展计划、畜牧科技的教育研究、畜牧体系的发展、畜牧的目的区分）、畜牧经营（包括畜牧经营许可、饲料生产、饲料抽检、饲料机械的销售、农场建设、种苗的管理与供应、牲畜买卖及肉品的生产加工和销售、畜牧职业学校的设立、经营性畜牧的相关记录）、促进畜牧业（包括促进投资、畜牧土地的选择和使用、促进种苗发展、促进科学技术、促进媒体数据及市场）三个方面进行了介绍。第三章，兽医，就畜牧事务、兽医行业的经营、促进兽医业发展三个方面做了详细介绍。第四章，从业者及销售者的权利与义务，就畜牧业从业者的权利与义务、销售者的权利与义务两个方面进行了介绍。第五章，禁止条例，对个人家庭、畜牧从业者和兽医的禁止条款做了列举。第六章，解决分歧，介绍了解决分歧的形式和具有国际特点的分歧两方面。第七章，畜牧业与兽医业的管理与检查，就管理机构及各级管理机构的权利与义务、检查机构及各级检查机构的权利与义务进行了阐述。第八章，对贡献者的政策和违规者的措施，就有贡献者和违规者两个角度，分述了国家的政策和相应的惩处措施。第九章，简述了具有的法律效力，其他与该法相违背的规章条款不再施行。[①]

2. 最新农业发展规划

(1) 老挝北部、中部、南部农业发展概述

北部：波乔省、丰沙里省、乌多姆赛省、琅勃拉邦省、琅南塔省、华潘省以及沙耶武里省。老挝北部与中国接壤，主要是山区，海拔高度平均为1 500米。

中部：万象市、万象省、甘蒙省、沙湾拿吉省、川圹省、波里坎赛省。老挝中部多为平原，包括湄公河畔的各个平原，其中面积最大的是位于南俄河下游的万象平原，其他的还有石壶平原和占巴塞平原，该地区土壤肥沃，气候适宜，特别适宜种植水稻和水果。

南部：老挝南部5省（沙湾拿吉省、沙湾拉省、色贡省、阿速坡省、占巴塞省）都不同程度地与越南、泰国、柬埔寨接壤。其交通优势是其他地区无法比拟的。得益于湄公河航运的优势，该地区可以利用航运资源发展外向型农业。南部地区农产品自给自足程度比较高，所以农产品在有剩余的情况下，农户一般倾向于将其投入市场，因此南部地区农产品市场化程度高于北部地区和中部地区。南部地区大多发展订单农业，客户与农户签订农作物种植合同。主要以种植湿季水稻为主，通过不同品种的杂交，水稻产量也在逐年提高。老挝南部适宜种植咖啡，约占全国总种植面积的90%，产品远销国内

① 老挝文《老挝畜牧、兽医法》，参加老挝农林部网站，http://www.maf.gov.la/。

外。老挝政府在南部地区发展农业经济的主要做法是利用水运资源优势，发展集约化现代农业模式，建立与国外市场贸易联系的外向型经济。

(2) 最新农业发展规划

2016年1月和4月，老挝人民革命党分别召开了“十大”和十大一次会议，选举了老挝党中央总书记、国家主席及政府总理，并制定了老挝“八五规划”“十年社会经济发展战略”(2016—2025)和“2030年愿景规划”。①

“十年社会经济发展战略”(2016—2025)中提及的农业规划总体方针：推动农业生产以提高效率并转向工业化为重点，继续发展农业基础设施向农业水利化转变，使用现代科技并以此生产模式为基础，确保粮食安全，并作为国内加工厂原料以及向地区和国际特别是中国和东盟市场出口的原料。

(3) 到2025年林业奋斗目标及农业发展战略

2025年林业奋斗目标：努力保护、恢复并将森林面积发展到覆盖率不低于70%(包括栽种永久性经济林)，重视生态系统多样性建设，加强对自然资源的管理，合理利用并使其发挥最大效益。

(4) 2025年农业发展战略

扩大生产规模，使用先进科技工艺并按照永续发展方针，确保粮食安全，满足国内市场及日益增加的游客对食品的需求，并把出口商品生产与加工相联系，重点发展水稻、粮食作物、无公害作物种植，依据各地实际潜力发展运用高科技的畜牧养殖场及经济作物。同时要重点建立储备库和全面的流通体系，确保能应对各种灾害并平衡市场需求。

(5) 2025年区域发展

在区域发展中要重点维持全国地表森林覆盖达到70%，以保证环境得到保护并促进可持续发展，同时也为农业和电力生产提供水源及发展自然旅游。其余，19%的地表为粮食和经济作物生产用地，所剩11%的地表面积为居住、工业区、矿产、国防治安等用地。

为确保各地区协调并有重点发展，宜依据各地优势条件进行：

北部：重点进行农业商品生产以便出口中国市场，特别要养殖大型牲畜及种植品质优良的作物，如小鸡稻、药材、经济作物（玉米、黄豆、砂仁、茶叶等）。鼓励发展自然旅游，促进手工产品和民间商品生产以便供应旅游工业，重点发展水电、火电、矿产工业以及南北经济走廊过境服务业等。

中部：重点发展稻谷种植和粮食生产，以供应全国市场；发展小型畜牧，如猪、山

① 老挝文，《关于至2030年愿景规划、十年社会经济发展战略（2016—2025）及“八五”经济社会发展规划（2016—2020报告）》中有关农业部分。

羊、家禽并促进鱼类养殖；开发水电、农业加工工业，提供旅游、地区和国际会议服务、东西经济走廊过境服务。

南部：重点发展粮食食品生产，如蔬菜、水果、咖啡、茶叶等，重点发展农业加工业、水电以及提供旅游景点和地区以及国际会议服务。

老挝“八五”社会经济发展规划（2016—2020年）优势部门，发展重点：

农业部门：须保证粮食安全，使用现代科技并按照永续方向促进商品生产，并与加工工业和国内外市场相联系；明确农业生产区，鼓励清洁和无公害农业生产，重点建设储备粮库，以便在发生各种灾害时能够全面地分发流通，并平衡市场需求。向农业水利化（生产配套）转变。

工业部门：重点发展有优势和竞争力强的行业，如水电和矿产工业（尤其是储量多及价值高的矿产）、零配件行业和加工工业，通过鼓励私营部门参与并发挥更多作用，促进中小企业发展并使之能够参与国内外竞争。重点发展效益回报高和快的各大项目。工业发展要明确规定重点区、经济特区和经济专区并讲求质量，研究并使用有优势的替代能源。

服务部门：有重点地开发配套完整的旅游工业，大力建设国内外运输和金融－银行体系，重点研究建设宜居地吸引游客的可行性，加快发展清洁和环境友好型旅游业，将当地建成出口工农业产品、食品、手工和民间工艺品的市场。

社会文化部门：继续发展社会文化领域，例如发展教育、体育，人类资源开发既要有数量和质量，又要符合经济社会发展要求。同时，到2020年，要重点完成“七五”计划（2011—2015年）经济社会发展计划中尚未达到的千年发展各项目标。培养有手艺和各种能力的从业者以满足国家发展需求，培养有技术和纪律的劳动力，提高劳动效率，同时管理并维护国内外劳动者权益。重点改善并提高公共卫生服务质量，既确保群众能进入服务体系，又广泛享受公共卫生服务。保护和弘扬祖国优良文化习俗，永远与老挝人共存。改善并发展媒体网络，使之成为能够广泛向人民群众宣传党和政府方针政策的传声筒，同时传播祖国文化习俗以推动旅游业。

继续发展农村并将解决群众贫困与创造就业、根据各地优势进行商品生产相联系；清晰安排发展区，通过将农村中的大村建成小城镇、安排发展重点区、执行基地、区分困难偏远地区及发展缓慢的地区等办法，缩小各区域之间的差别，提高并改善各族群众的生活质量；重点解决未爆炸弹问题；强力促进“三建”并提高效率。

其他部门：提高管理质量与效率，发展法治国家，政府行政管理要在社会上做到透明和公正。鼓励男女平等和妇女进步，妇幼工作要与青年开发工作同步进行，以便成为发展的坚强力量。

维护政治稳定、社会安宁和国家安全，同时增强各民族之间的团结和睦。

继续加强同国际和地区的合作以争取援助，同时为发展营造便利环境。

区域和地方发展要协调并符合各区域和地方的优势与特点。将有优势、有条件、有利的县或与已经发展了的各友邻国家边境接壤区确定为先行发展样板，具体如下：

北部地区：按照国际经济联通方针，重点改善基础设施，大力促进商品生产，按照大力发展水电、矿产开采加工、农林产品加工、发展无公害农业以及建设自然旅游中心等高附加值行业方针（设立商品免税区以吸引旅游），转变经济结构。

中部地区：因位于湄公河次区域特殊位置，中部地区在发展中有发挥国家中心作用及推动经济向纵深发展的职责。要按照转向现代化的方针转变经济结构，在大力推动发展技术含量高、有效率和高附加值工业部门的基础上，为经济基础创造出更加多样化的商品产品。其中，最重要的是把电力工业、矿产开采与加工、农林产品与发展高效农业、旅游业和国际贸易相结合，开发能吸纳众多劳动力的加工工业，以便使各非农部门劳动力比例增加40%～45%。发挥万象市作为国家经济、政治、文化、社会和科技中心的作用，沙湾拿吉省与泰国经济联系环节及地处东西两面国家中心位置的有利优势，重点投资万象市和沙湾拿吉省，并作为中部地区经济发展的支持力量。

南部地区：通过转向使用工艺技术、清洁生产并加强对咖啡、稻谷、香蕉、玉米等作物的加工，重点提高农业部门附加值。同时，也要建设产品加工厂，设立劳动手艺中心，以便能开展熟练的劳动手艺生产。改善连接南部的基础设施，为开发旅游业提供便利。与周边邻国开展有质量和环境友好型合作。

三、老挝农业对外合作的相关政策及发展情况

（一）老挝农业对外合作的相关政策及发展情况

1. 引进外资的总体态度及相关政策条文

（1）投资

老挝外国投资主管部门为工贸部、计划投资部、政府办公厅，分别对老挝投资的一般投资、特许经营投资和经济特区投资负责。老挝政府鼓励外国公司及个人对各行业各领域投资并出台了《老挝鼓励外国投资法》，2014年7月，重新修订，对老挝政府禁止投资的行业、政府专控的行业和专为老挝公民保留的职业做出具体规定。外国投资者可以按照“协议联合经营”、与老挝投资者成立“混合企业”和“外国独资企业”等3种方式到老挝投资。矿产、水电行业为外资在老挝主要投资领域，资金来源地主要为周边国家。中国、越南、泰国分别为老挝前三大投资国。老挝自1988年开放投资以来，项目投资的资金日益增长。截至2014年，老挝累计吸收外国投资金额约173.65亿美元。项目投资主要在矿业、水电、农业、服务业、工业和手工业等。其中，2014财年，老挝共吸引国外投资97.23亿美元。2011年年底，老挝政府颁布《2011年至2020年在老挝开发经济特区和专业经济区战略规划》，规划到2015年建立14个经济特区和专业经济区。目前，老挝批准设立了10个经济开发区，占地136平方公里，其中有2个经济特区及8个专业经济区。老挝《投资促进法》规定，经济特区及专业经济区经营期限最长不超过99年，如对老挝经济社会发展贡献突出，在获得老挝政府同意后，可适当延长经营期限。

（2）土地政策

老挝本土的土地产权为永久性产权。外国投资者对土地的投资有不同的规定。老挝政府把投资区域划分为三类地区。边远山区交通不便为一类地区，处于中间状态的为二类地区，条件较好的地区为三类地区。租赁土地要交纳押金。为防止外国投资者租赁土地后长期不开发利用，从2011年起，老挝政府规定租赁土地要交押金；国家租赁或授予外国人及其组织的土地或租借地特许经营权的期限，最长期限不得超过30年；对于老挝公民租借给外国人及其组织的已开发的土地，最长租赁期限不得超过75年，凡面积超过1 000公顷的土地或者租借地特许经营权，出租或授予都必须由国会批准。

(3) 税收政策

老挝的税收制度由间接税和直接税组成。间接税有营业税、消费税；直接税有利润税、所得税、最低税和各种手续费。营业税应从在老挝人民民主共和国境内开展的进口、出售商品货物和普通服务业中收取。下列行业中，被免征营业税，种子、畜种和农药进口；由农民自产的农产品的生产销售；由家庭经济范围的合作社成员或公务员的农产品、手工艺品的生产销售；树苗、植树造林、经济林木、果树；固定资产出租如未开展经营者的土地、房屋或其他财产。①

(4) 农业税

种植粮食耕地每年每公顷交稻谷50千克；垦植地每年每公顷缴纳稻谷30千克；② 种植咖啡、砂仁、茶叶、烟草按实际收入5%纳税；水果和其他经济作物按实际收入3%纳税；养殖大牲畜按实际收入5%纳税。

(5) 关税

稻谷、玉米、淀粉等农产品出口，免征出口关税，手续费各地区做法不一。如沙耶武里省，以运输车辆计算，出口一车稻谷农业厅收300元人民币手续费，海关收1000元人民币手续费。砂仁、咖啡每千克出口税收0.1美元，其他经济作物每千克出口税收0.07美元。进口农用机械关税税率进口犁、耙以及用于播种、插秧，打谷的机械免征进口关税，收1%的手续费；进口用于磨面、碾米、抽水等机械设施收2%的进口关税。进口其他农用机械收取3%的进口关税。

(6) 农产品加工企业利润税优惠政策

老挝除把投资区域分为三类地区外，还把投资产业划分为一类优先鼓励投资的产业、二类鼓励投资的产业和三类一般性鼓励投资的产业。种植水果、咖啡、油料作物，大牲畜养殖、饲料加工厂、屠宰厂、粮油加工厂为一类鼓励发展的产业；水稻、玉米种植为二类鼓励发展的产业。在一类投资区进行鼓励的项目投资，将免除10年利润税；属二类鼓励投资项目，将免除6年利润税；属三类鼓励投资项目，将免除4年的利润税。在二类投资区，属一类鼓励投资的项目，将免除6年利润税；属二类鼓励投资的项目，将免4年利润税；属三类鼓励投资的项目将免除2年利润税。在三类投资区，属一类鼓励投资的项目，将免除4年利润税；属二类鼓励投资的项目将免除2年利润税；属三类鼓励投资的项目将免除1年的利润税。将获得利润用于再投资以扩大再生产的，将免除下一年度的利润税。出现年度亏损，投资者可在下一年度扣除亏损金额，并由税务部门出示相关证明，投资者可在3年内扣除所亏损的金额。

① 《老挝人民民主共和国税法》，商务部网站，2013−08−28。

② 董向诗杰，《老挝农业及社会经济发展情况》，《当代经济》2015年第17期，P115。

(7) 老挝的外来劳工政策

由于老挝与中国、缅甸、泰国、柬埔寨接壤的优势，老挝国内的劳动力流出与流入现象比较突出，老挝劳动力主要流向泰国，流入主要是来自中国湖南、四川、云南等南方省区的劳动力。据不完全统计，中国人在老挝经商、务工的劳动力大约有一二十万，有效地弥补了老挝劳动力不足。针对外国来老挝经商人员和务工人员不断增加的状况，老挝政府于2011年1月颁布了相应的管理外来劳工的办法。主要内容如下：

1 对于手续完整、符合老挝法律法规、有不少于10亿基普的资金和固定生产经营场所，如批发、零售商店、缝纫店、园区中心、池塘（网箱）、农场（种植、养鱼、养鸭、养鸡等）的外国人员按以下方法执行：

1.1 来老挝投资或经商的外籍人员应有10亿基普以上资本，且有稳定的生产基础，才能依法申请注册登记、税务登记、签证及居留证，同时需依法履行老挝法律规定的各项义务。县级政府是直接负责管理及监督部门。

1.2 资本不足10亿基普但不少于2.5亿基普的投资者可获得两年宽限期，但需与县级政府签订保证两年内资本增至10亿基普的协议，以达到《投资促进法》第17条规定。逾期无法达到要求的，将被停止经营并遣返回国。

1.3 对外籍人员居留地、贸易场所、活动搬迁、伤亡的监管，县级政府负责组织处理与老方各相关部门的协调事宜。

2 对于身体健康，并有熟练技艺的建筑技术人员、工人、家具工匠、电工等外国劳务人员，按以下方法执行：

2.1 县政府直接负责管理、跟踪检查该外国劳务人员，并向其提供证明，供其向外事部门申请签证，向劳动与社会保障部门申请工作证，向公安部门申请居住证，要证件齐全，并按国民待遇收取相关费用纳入县财政。

2.2 在老挝的外国劳务人员可通过向劳动单位、投资项目，或者求职公司、人才市场提出在老挝工作申请。应遵守及尊重老挝的法律法规和文化习俗。

2.3 雇用外国劳务人员的单位和项目应遵守老挝的相关法律法规，严格执行老挝与相关国家在劳动方面的协议或合作备忘录，如进口许可、申请注册、工作证、申请居住证和续期、申请工作签证、交纳个人所得税、不违反相关禁令。

2.4 雇用外国劳务人员的单位、项目应拟定内容清晰、全面的劳务协议，包括以下方面：劳务人数、各人的专业、工作期限、工作地点、月薪、奖金、劳务费及支付方式、工作种类、作息时间、工作形式（总包、分包、按月付薪）、伙食、住宿、体检、医疗和社会保险、差旅费、参与劳务人员回国基金、专业证书或工作经历证明、健康证、交纳个人所得税、工作管理费以及履行社会福利政策等。

2.5 劳动力所在单位和项目引进外国劳务人员的比例，引进的体力劳动者不能超过单位总人数的10%，脑力劳动者不能超过单位总人数的20%（政府批准的特殊情况除外）。规定工作期限为2年，可以续期2年，最长不能超过4年。时间达4年者不予批准工作证、居住证和工作签证，直至隔2年后才可再申请。

2.6 在未得到劳动部门的允许下，劳动力所在单位和项目（雇用单位）无权将外国劳务人员转给其他部门使用，劳动力雇用单位应在劳动协议期满后15天内，将该劳务人员送返所在国。如超过上述期限，根据相关法律法规规定，将受到处罚并承担将其送回国内的费用。

2.7 根据老挝与各国签订劳动方面的协议和合作备忘录，劳动与社会保障部成立劳务人员回国基金，如在与泰国的协议中，扣除劳务人员月薪的15%作为劳务人员回国基金。

（8）老挝外汇管理

除获得老挝国家银行的批准外，任何个人、法人禁止在老挝境内的流通领域里直接使用外币进行买卖或结算。当持有外币者需要在老挝境内支付或结算时须到获准经营兑换外币的银行或机构，将外币兑换成基普后使用。个人和法人的外币买卖须通过老挝国家银行批准的银行或机构进行。

在投资中，如投资者资本是外汇的，老挝外贸银行负责外汇账户和国外转账业务，外国在老挝投资的资金，必须通过银行汇进老挝，存入老挝外贸银行，并通过老挝外贸银行支付，银行手续费0.5%。如投资者的资本是实物的，须按老挝外贸法和海关法的规定引进，按有关技术部门出具的证明准确、完整地计价。

外国投资者在获得投资委签发的投资许可后，把上述文件复印件送到老挝国家银行，以便监督、检查和批准上述投资的成本、利润、利息等转移出老挝。如投资者没有老挝国家银行的批准，将不允许把上述资金转出老挝。

生产经营活动中所获得的利润、合同期满的投资、项目期满的投资及已停止或部分停止经营活动的投资，在财务结算完成及履行完规定义务后，可将投资者合法的外汇、物资转移出老挝。

向国外转移的资金，须在老挝国家银行监督、管理下，通过商业银行进行，数量较大资金的转移要得到批准，并按老挝国家银行认可的计划分批转移，特别是当投资者的利润是基普并要求兑换成外汇汇向第三国时。

投资者的企业向商业银行购买外汇的条件：

在投资法的基础上，将投资者的投资成本、利润、利息、服务费等及外国人的劳务费转移回第三国。

在投资全部到位后，在老挝国内开展正常经营和生产。

有关进出口商品服务费、运费、保险费、过境仓储费的结算，各种进出口、国际服务的结算，各种资金和收入的汇出。

上述购汇均须符合老挝国家银行制定的不同具体条件并出具完备的相关文件。

此外，外国投资者在获准的项目投资资金全部到位后，投资者才能向银行申请流动资金贷款，如果外国投资者将从国外贷款，须经老挝国家银行批准。

(9) 保险

老挝暂无农业保险或者针对外商投资的农业保险。

2. 接受国际组织或者主要国家农业援助的规模情况、项目清单以及典型案例

老挝近年来加强了与泰、越两国在农业领域的合作。老泰政府合作并由占巴塞省大学承办的巴江县农业协作试验中心于2013年2月正式运行，拟重点推广泰国“茉莉香”粳米种植。2013年3月，老泰两国签订了农业合作备忘录，泰国可以在老挝领土范围内总面积达370 410莱（1莱=2.4亩）的种植田种植多种目标农作物，分别为甜玉米、芝麻、粟、蓖麻、黄豆、花生、绿豆、木薯、桉树以及饲料用玉米。近年来，越南加大对老挝的农业畜牧合作，越南政府帮助老挝援建农业技术服务中心，2016年3月，老挝万象农林厅与胡志明市农业与农村发展厅合作，致力于帮助老挝牲畜饲养者养殖用于消费和出口的肉牛。据肉牛养殖项目协议，胡志明市农业与农村发展厅将为万象养殖户提供养殖建议、饲料加工、种草养牛以及兽医服务。万象农林厅已选择25家肉牛养殖场参与该项目。该项目的目标地区为万象 Pakngum 县、Sangthong 县、Xaythany 县、Naxaithong 县和 Hadxaifong 县。①

2016年12月16日，老挝川圹省举行该省农业技术服务中心建成仪式，该工程由越南政府无偿援助建设。该农业技术服务中心占地面积约1.8万米^2，投资额约330亿越南盾，旨在加强对老挝农民的教育培训并向他们传授先进技术，促进农林业生产发展和改善当地农民生活。②2017年2月26日，由越南政府主要投资的位于老挝华潘省的农业服务中心举行奠基仪式，该服务中心占地12公顷，投资191万美元，其中越南政府投资394亿越南盾（约合173万美元），越南通信社报道，这是迄今越老农业合作最大的项目，2018年投入使用，旨在培训当地农民的农业生产技术，按质按量地生产农畜牧产品以出口越南，提高当地农民的生活水平。③

此外，老挝近年来注意从越南引进高产糯谷和旱谷良种，以不断扩大粳米种植面积，同时，越南也给予从老挝进口的部分农产品豁免关税、增值税。2015年，越南工贸部发布

① 《老挝和越南开展商业肉牛养殖》，中国国际贸易促进委员会网站，2016-03-10。

② 《越南援建老挝川圹省农业技术服务中心》，越南通信社，2016-12-27。

③ New agriculture centre to improve crop Producting, http://vientianetimes.org.la/FreeContent/FreeConten_New.htm23thFebruary, 2017。

了2号规定，确定自老挝进口的大米、烟叶实施零关税的进口配额分别为7万吨和3 000吨。① 2017年，老挝与越南接壤的十个省份的未加工农产品出口越南享受越南政府的关税、增值税豁免。

2017年2月28日，全球环境基金（GEF）与老挝自然资源和环境部签署了4年（2017—2021年）合作的备忘录，全球环境基金将提供超过540万美元（约444亿基普）的资金，改善老挝因气候变化导致的粮食安全问题；老挝政府提供100万美元，老挝自然资源环境部和农林业部分别提供50万美元。项目由三个部分组成，第一部分是加强农业和气候监测分析，利用分析所得的数据信息，确保农业粮食安全的决策，预计这部分资金超过240万美元；第二部分是加强监测、分析农业生产、发展土地资源信息管理系统以及农业生态区建设能力，预计投资210万美元；第三部分是知识管理、传播和应用地方农业气候监测信息，包括将经验教训纳入规划和开展项目监测和评估活动，由联合国粮农组织驻老挝办公室组织实施，预计投入639 881美元。②

3. 农业吸引外商投资的总体规模及其变化情况

老挝农业吸引外商投资的分布不平衡，主要集中在老挝北部和南部地区，北部地区主要是中国企业在此投资种植香蕉、橡胶等；南部地区主要投资种植大米、甘蔗等，尤以沙湾拿吉省最多。根据老挝农林部的新闻，2017年1月17日，老挝沙湾拿吉省农林厅就农产品商品化举行会议，相关工作者和农民代表参加了会议。会议期间该省投资计划厅负责人派勒坡布隆先生汇报了沙湾拿吉省农林投资现状。目前，该省国内外农林方面的投资公司共133家，投资额达930万美元，境外投资公司主要来自越南、中国、泰国、印度和瑞典。投资多集中于种植桉树、橡胶、甘蔗、大米等。其中，2015—2016年度，沙湾拿吉大米出口量达1.3万吨，包括香米和糯米两个品种，甘蔗主要出口欧洲国家，为当地百姓创收达2 600万美元。③此外，老挝农业吸引外资的主要国家是越南，越南对老挝的农业投资主要集中在橡胶、大米等品种。2004年越南咖啡总公司（Vinacafe）在老挝成立越南老挝橡胶股份公司，公司成立之初，投资近3亿美元，预计在老挝占巴塞省种植1 000亩橡胶。2005年，越南咖啡总公司派技术人员到老挝指导当地农户种植橡胶，面积扩大到2 000亩。与此同时，老挝政府也积极为越南企业投资橡胶种植土地给以便利，并对税收给以优惠。截至目前，越南咖啡总公司在老挝投资种植橡胶已达到9 300亩。Quasa Geruco是一家由越南橡胶国企投资成立的股份公司，成立于2006年，该公司在老挝投资50年的计划得到批准。阶段一（2007—2010年）的计划是在沙湾拿

① 《越南和老挝签署新的贸易协定互免绝大部分商品关税》，中国驻胡志明市总领事馆网站，2015-03-17。

② GEF grant to enhance Agro-climatic monitoring, http://www.vientianetimes.org.la/sub-new/Previous_050/FreeContent/FreeConten_GEF.htm.March 01, 2017。

③ 老挝文，《老挝沙湾拿吉农林厅举行农产品商品化和农民代表会议》，老挝农林部网站http://www.maf.gov.la/。

吉省的两个县种植4 900亩橡胶和3 750亩林地。2010年后将增种8 858亩橡胶和林地。总投资就到达1 870万美金。公司的目标是向越南广治省MDF-Geruco木材加工股份公司提供原料。2012年，老挝政府禁止投资橡胶种植，越南政府自此也未在老挝新增橡胶种植。据统计，至今越南企业在老挝已经种植了14 000亩橡胶和2 000林地，投资金额超过5亿美金。[①]2007年，越南信义公司在老挝的占巴塞省建立了种植园和两个专门的咖啡种植园。此外还有两个旅游项目，预计建设Oriental Champa旅游区和农业种植区共463亩。这是老挝占巴塞省最早的农业种植区。

越南是老挝的第二大投资国，仅次于中国，其中最大的投资是在能源（主要是水电）占26%；服务业和基础设施占20%；农林种植业占23%；矿产占19%。截至2015年8月，越南对老挝投资已有261个项目共52亿美元，而1989—2007年总金额也才10亿美元。5年来，投资数目飞快增加，2011年，为203个项目共33亿美元，2012年增加到42亿美元，2014有253个项目外商直接投资为51亿美元。2014年，越南为老挝创收2亿美元，2015年到达2.4亿~2.6亿美元，并带动了30万人的就业。[②]

4. 中国对老挝的农业援助情况、典型案例资料

中老两国农业合作目前呈现出快速发展的势头，形成了援助与投资、园区项目与单个投资项目相互促进、共同发展的局面。援助方面：中国政府曾向老挝政府提供多项无偿援助，其中包括提供设备如耕作机、养殖设备和玉米烘干机等以及援建老北部农业示范中心项目等。园区合作方面：重庆市外经委与万象市农林厅合作建"老挝重庆综合农业园"、云南省与乌多姆赛省合作建"农业科技示范园"、广西与占巴塞省合作建"中国果蔬新品种试种基地"、与沙湾拿吉省合作建"作物研究与开发中心"。企业投资方面：中国企业来老对农业项目投资不断增多，主要经营橡胶、中药材、木薯、大米、甘蔗、桉树、小油桐种植及猪仔养殖等。2016年7月26日，云南昌胜达投资有限公司、重庆能投进出口有限公司与丰沙里省共同签署了有关发展咖啡基地的合作协议。云南昌胜达投资有限公司自2009年始在丰沙里省投资，并于2011年与该省Bounneua县当局签订咖啡种植试验合同。目前，丰沙里省140个村庄约7 000户农户参与种植咖啡，种植面积约3 000公顷。丰沙里咖啡项目是通过创造就业和促进当地农民创收来减少罂粟种植活动中的一部分，以减轻当地贫

---

① 越南文，《农业企业向老挝"寻路"》，http://www.vaas.org.vn/doanh−nghiep−nong−nghiep−tim−duong−sang−lao−a6834.html Viện Khoa học Nông nghiệp Việt Nam越南农业科学院Doanh nghiệp nông nghiệp "tìm đường" sang Lào Ngày đăng: 22/10/2007。

② 越南文，《去老挝投资为什么吸引了众多企业》，http://cafef.vn/vi−mo−dau−tu/dau−tu−sang−lao−tai−sao−lai−thu−hut−nhieu−doanh−nghiep−viet−nam−20150916164317014.chn Đầu tư sang Lào tại sao lại thu hút nhiều doanh nghiệp Việt Nam。

困。此外，双方一致同意未来建设一家年产1万吨咖啡的加工工厂。[①]2017年3月22日，中国国家林业局与老挝农林部在万象签署谅解备忘录，就加强两国林业领域互利合作达成共识。根据备忘录，双方将在造林、森林保护、森林可持续发展、森林防火、野生动植物保护、森林执法及森林管理、林业产业及林产品开发与贸易等多个领域开展互利合作。

（1）典型案例一：中国援老挝农业示范中心[②]

成效显著：中国援老挝农业示范中心项目所在地乌多姆赛省处于“金三角”地区。自2010年起，中国农业专家帮助当地农户掌握相关种植技术，带动老挝北部农业经济发展。示范中心还将推广种植、养殖所得的产品引进中国市场，实现了技术推广和市场的有机结合，极大地提高了替代种植和技术推广的效果。目前农业示范中心与老挝禁毒中心达成协议，为戒毒人员提供农业技能培训，并为其提供一定数量的种苗，为其重新生活创造了条件。

示范中心辐射北部多省：中国援老挝农业示范中心是老挝目前占地面积最大、技术最先进的农业示范中心，是老挝农林部在北方各省进行农业推广的核心机构，以本部50亩旱稻、150亩茶叶、200亩杂交玉米、150亩橡胶、20亩蔬菜的示范种植以及猪仔、鸡、鱼的示范养殖为根据地，向老挝提供橡胶、杂交玉米、茶叶、旱稻、蔬菜等种苗，并向老挝北方7省推广种植杂交玉米9 000亩、橡胶6 000亩、旱稻1 250亩。

示范中心通过对周边20余个农业技术服务站进行指导，促进了老挝北方农业推广体系的建立，同时还推动了老挝农业推广主体的改革，使得老挝农业推广由过去单一的政府主体，转变为政府、示范中心、农业技术服务站、合作社、农业种养殖大户等并存的多元主体，完善了老挝的农技推广网络，使示范中心的品种和技术能够得到及时、有效的推广，推动当地乃至老北地区农村经济的发展。

选育良种提高产量：示范中心以强化品种引进为手段，筛选适应本地种植条件的品种作为主推品种，增加了老挝农产品品种，丰富老挝农产品品种的多样性，同时极大提高了老挝原有农产品生产效率。示范中心引进中国优良杂交玉米品种在老挝试种，选出了最适合老挝种植的YNPC−1号、YNPC−2号，使每公顷玉米产量从3吨提高到5吨；引进中国旱稻品种陆稻1号（Ludao−1），使单产从每公顷2.5吨提高至5吨；推广蔬菜品种近20个，其中大辣椒、中辣椒、番茄、豆子、长茄、南瓜、瓢儿菜、白菜等品种的种植取得良好的效果，丰富了城市的蔬菜供应，有效缓解了当地蔬菜生产和产品供应不足，以及蔬菜价格偏高等问题；引进中国种猪，改良了当地猪肉品种，老挝自有猪仔品种生长周期较长，且最多只能长到50～60千克，而示范中心推广的品种仅需4～5个月

① 《滇企将在老挝丰沙里省建老挝最大的咖啡基地》，http://www.ynoiec.gov.cn/htmlswt/nobody/2016/0901/news_5_293192.html。

② 《农业援外硕果累累中国与发展中国家共命运》，中国商务部网站，2016−10−28。此项目来自商务系统，另一个乌多姆赛农业合作园区牵头单位是云南省农业厅，商务的项目始于2010年，云南省农业厅的项目始于2007年。

即能生长至100千克左右，受到当地民众的青睐。

示范中心通过向老挝提供优良橡胶品种及育种、嫁接、移栽、割胶技术，使乌多姆赛省乃至老挝全国的橡胶种植、割胶等技术得到了提高。由此，示范中心成为了老挝农业新品种研发中心、优良品种示范种植/养殖中心、技术成果转化中心，提升了当地农业技术的推广能力与良种供应能力，对于促进老挝农业和农村经济发展、增加农民收入、保障现代农业顺利发展具有重要意义。

扩大培训受益人群：示范中心根据当地农业发展特点和实际需要，以理论和实践相结合的形式，累计培训当地民众近1 500人次，间接受益农民可达4 000人，增强了老挝自主发展的造血功能。培训项目领域广泛，涵盖种植业、养殖业、渔业、农产品加工、农业技术推广等农业技术和管理领域；培训主题丰富，包括橡胶树嫁接、割胶、橡胶加工、杂交玉米制种、杂交玉米种植、稻谷玉米套种、茶叶采摘加工、蔬菜种植及美藤果种植技术和产业开发等内容。考虑到农民跨地区参加培训课程不易，培训基本以派出专家到各地区讲课的形式进行，免去了学员的奔波，为来自贫困家庭的学员参加课程提供了机会，也为其脱贫创造了机遇。

老挝以示范中心为平台和枢纽，也派出部分专家、官员、技术人才赴中国云南等地实地考察、交流、学习，为两地农业交流拓展了空间，增进了中老两国农业领域官员、技术人才的友谊，为今后进一步拓宽双边农业合作打下了坚实基础。

(2) 典型案例二：湖南炫烨（老挝）有限公司在老挝投资种植水稻

2014年12月25—28日，湖南省副省长何报翔率团访问老挝。期间，代表团与老挝农林部部长维莱万共同出席中国湖南炫烨（老挝）有限公司与沙湾拿吉农林厅农业合作备忘录签字仪式。在老挝沙湾拿吉建立了2 000多公顷的水稻示范型产业化生产基地，通过四方合作模式即由政府、企业、农户和银行共同实施水稻产业化生产。分成3个大生产基地，实施一年以来共有超过3组1 033农户参与并积极种植沙湾香米品种。

2015年10月27日，中国国家质检总局发出通告（2015年第129号），批准湖南炫烨（老挝）有限公司获利老挝大米准入中国市场。2016年1月6日，首批88吨原生态老挝大米已经抵达国内，将于首发仪式之后正式对外发售。炫烨老挝大米被列为湖南省人民政府的重点支持项目。老挝大米进入中国市场，不仅能为中国百姓餐桌提供更多的选择，并将作为一个重要平台，为中国与老挝双边经贸合作打开更广阔的前景。

(3) 典型案例三：云南农垦集团在老挝投资种植橡胶

云南农垦集团旗下的云橡公司2005年进驻老挝，十几年来在老挝北部拓路、开山、种橡胶、养护胶林，如今在老挝北四省有18个生产基地总计8.9万亩橡胶林，并开设了一家制胶厂。公司大力开展公益事业，十年来共投入490.3万元修建道路119公里、桥梁

4座、生活用水蓄水池5座；在博胶省巴塔农业综合示范园架设输电线路11.5公里，安装变压器8套，解决了当地两个村寨共计170户1 426人的生产、生活用电问题，改善当地基础设施条件；投资33.84万元在琅南塔省和沙耶武里省兴建校舍，解决了当地山区子女入学难的问题。根据云南农垦对云橡公司的战略定位，云橡在老挝将整合橡胶资源50万亩，建设8～10座橡胶加工厂，实现产销规模30万吨。2016年，云橡公司营业收入已经从2015年的2亿元增加到16.7亿元。

5. 中国与老挝签署的涉及农业的多双边协定情况

中老两国农业合作与交流最早始于20世纪90年代初，滇企最早于1992年便陆续进入老挝北部地区开展替代种植（截止到2013年7月共有78家）。2000年11月，中国农业部与老挝农林部在万象签署《农业合作谅解备忘录》，标志着两国政府正式开始农业领域合作。2001年，中国农业部与老挝农林部在昆明签署《农业合作纪要》。2006年9月，中国农业部牛盾副部长率团访问老挝并签署有关无偿援助项目协议。在两国政府的积极推动及相关政策引导下，农业合作已成为中老两国合作的重要领域。2012年9月，中国农业部副部长牛盾与老挝农业与林业部副部长蓬巴里萨·巴翁万坎举行双边会谈并签署《2012—2013年中国－老挝农业合作工作计划》。该计划中双方同意在广西农业职业技术学院2004年承建的“中老合作农业试验基地”基础上，进一步加大建设力度，合作共建“中国－老挝合作农作物优良品种试验站”。“中国－老挝合作农作物优良品种试验站”涵盖农作物良种繁育、农作物种质资源保护、农作物品种综合试验以及新品种展示与人员培训等。中国农业部对“中国－老挝合作农作物优良品种试验站”建设提供指导和相应资助。老挝农林部负责为“中国－老挝合作农作物优良品种试验站”提供项目所需要的土地。“中国－老挝合作农作物优良品种试验站”建设以中国农业部和老挝农林部每年确定具体项目方式实施。中国农业部指定广西农业职业技术学院作为中方实施单位。老挝农林部指定相关单位作为老方执行单位。2014年12月，中国河南长久农业技术有限公司与老挝国立大学签署合作谅解备忘录，约定将加强农林业技术科研方面的交流与合作。双方将在万象共同建立农林示范基地、农林业测试－科学研究中心及学员实习基地等，还将为优秀农林业学员提供赴华留学奖学金等。2016年12月初，中国农科院党组书记陈萌山与老挝农林部部长连·提乔举行了会谈，签署了“中－老农业科技合作会谈纪要”，双方确定进一步推进植物保护领域的合作，并将合作拓展至作物科学、动物科学、食品质量安全与农业机械等领域。

中老农业合作是一个系统工程，实现从田间到餐桌需要各部门的努力。2016年12月21日下午，中老媒体合作协议签约暨电视《中国农场》揭牌仪式在老挝的首都万象举行。中国政治局委员、中宣部部长刘奇葆同志和老挝人民革命党中央书记处书记、宣传部部长吉乔·开坎佩吞共同为电视栏目《中国农场》在老挝国家电视台的开播揭牌，并和两个国家的相关代表一起见证了《中老媒体合作协议》的签约。《中国农场》电视栏目将由中国农业电影电视中心CCTV-7制作，云南广播电视台国际频道负责编译，于2017年在老挝国家电视台开播，每周播出30分钟专题节目。《中国农场》栏目秉持农业节目始终追求的科学性、服务性、实用性，介绍中国种植、养殖、水产等农业方面的先进科技和创富理念，传送实实在在的致富智慧、可学可用的典型，帮助老挝农民科学种植及防治农副产品的病虫害，实现丰产丰收、脱贫致富。《中国农场》栏目是中老两国电视领域深度合作的又一成果。开办电视栏目《中国农场》，是中老两国媒体秉持合作、发展、共赢理念和共商、共建、共享原则，推动中国“一带一路”倡议、“十三五”规划同老挝“变陆锁国为陆联国”战略、“八五”规划有效对接的实际行动。

老挝政府也将农业发展与减贫相联系，老挝是澜湄合作机制的重要节点国家。当前，澜湄合作机制的优先领域项目便有农业减贫合作，我国政府也从国家层面通过发展老挝的“三农”（农业、农民、农村），帮助老挝脱贫。为落实中国总理李克强提出的“东亚减贫合作倡议”，东亚减贫合作示范项目启动会于2016年12月7日在老挝首都万象举行，老挝国家农村发展与消除贫困委员会代主席通万·维莱杭、中国驻老挝大使关华兵、中国商务部代表王其辉、国务院扶贫开发领导办公室副司长吴敏、中国国际扶贫中心官员以及老挝、缅甸、柬埔寨减贫工作官员参加会议。根据项目设计，未来三年中国将在老挝6个村合作开展道路、供水等基础设施建设，扶持种植、养殖等农业产业，并开展社区环境整治、提供物资支持和派遣专家开展培训等活动，通过上述措施切实改善村民的生产生活条件，增强村庄的发展活力。

6. 云南与老挝的农业合作

云南省与老挝山水相连，是中国大陆与老挝直接陆路接壤的省份。长期以来，云南省与老挝、特别是老挝北部多省开展了较为密切的农业合作内容，主要有以下三个方面：

（1）加强跨境动物疫病区域化管理合作

近年来，云南省西双版纳州加强了与老挝开展边境一线动物疫病防控合作，于2012年、2014年和2015年，与老挝丰沙里省、乌多姆赛省和琅南塔省农林厅分别签署了合作备忘录，并先后组织实施了“跨国边境动物疫病防控屏障建设”项目，把动物防疫工作向境外延伸，加大了跨境动物疫病防控工作，一定程度上阻止了境外疫情的传入。

（2）加强与老挝灭蝗合作

2014年，老挝发生了比较严重的蝗虫灾害。云南省农业厅先后组织了2批专家组赴老援助灭蝗，赠送老方机动喷雾器80台、施药防护装备80套、农药0.3吨以及一批喷雾器机油。中方人员克服交通不便、天气炎热、气候多变等困难，经实地调查，在摸清黄脊竹蝗活动规律的基础上，采取“堵、围、歼”的防治方式，先后深入16个村，开展技术培训19场，培训农业技术人员76人次，培训机防手600多人次，使老方掌握相关防控技术，形成了灭蝗战斗力，在老方人员的协同配合下，先后完成2 500余亩的旱稻灭蝗防控示范，平均防控效果在95%以上。通过技术培训、现场防控示范，使老方技术人员和农民掌握了蝗虫防控技术，云南省援助灭蝗方法的有效性和选择药剂的良好效果得到老方工作人员和农民的一致肯定。2016年3月，云南省农业厅派出先遣调查组赴老挝波乔省、琅南塔省、乌多姆赛省和丰沙里省进行了先遣调查，掌握了4省的蝗虫卵块及羽化情况，并与老挝农林部种植业司建立了信息交流机制，为下一步开展技术培训和防控示范、援助一批有针对性的施药器械等工作打好基础。

(3) 建立澜沧江－湄公河流域水生生物保护合作机制

澜沧江－湄公河是世界上水生动物物种数量仅次于亚马孙河流域的地区，是国际上备受关注的重要及敏感水域。中国段流域长2 161千米，其中在云南西双版纳境内流域长158千米，境内河流成网分布，共有大小河流2 762条，总长度达12 177千米。在这些边境水域中生存着大量珍贵、珍稀、特有的水生动植物，现已初步查明有天然土著鱼类107种（分属19科54属，占全省鱼类总科数的69%、总属数的40%、总数的24%），浮游生物98种，水生植物40余种。这些物种是宝贵的自然资源，具有独特的物种基因研究价值和重要的经济利用价值，保护这些丰富而独特的物种基因任重而道远。加强水域渔业执法及渔业资源保护工作，对水生生物的维护及流域居民的生产生活将起到至关重要的作用。中国云南省与老挝是澜沧江－湄公河流域的重要组成部分，推动建立澜沧江－湄公河流域水生生物保护合作机制，双方都责无旁贷。

7. 云南企业对老挝的农业投资情况

截至2015年年底，云南省在老挝设立农业企业58家，比2014年增加22家，增长61.11%，其中，种植业企业37家、林业企业11家、农林牧渔服务业企业5家、农副产品加工业企业2家、养殖业企业1家、其他涉农行业2家。聘用当地员工7 798人。

（二）老挝农业吸引外资成效的相关资料

老挝与中国、越南、柬埔寨、泰国、缅甸接壤，自老挝实施革新开放政策后，将农业作为一个重中之重发展的领域，并鼓励周边邻国到老挝投资农业。越南、中国、泰国是与老挝开展农业投资合作的主要国家。

一是与邻国中国、泰国、越南的农业合作。老中农业合作主要是共建农业科技示范园、中国企业对老挝农业的投资以及罂粟替代种植项目等。老泰政府合作主要是共建农业协作试验中心，推广泰国“茉莉香”粳米种植。老越合作主要是帮助老挝援建农业技术服务中心和畜牧养殖。譬如，2016年3月，老挝万象农林厅与胡志明市农业与农村发展厅合作，致力于帮助老挝牲畜饲养者养殖用于消费和出口的肉牛。①2016年12月16日，老挝川圹省举行该省农业技术服务中心建成仪式，该工程由越南政府无偿援助老挝建设。该农业技术服务中心占地面积约1.8万平方米，投资额约330亿越南盾，旨在加强对老挝农民的教育培训并向他们传授先进技术，促进农林业生产发展和改善当地农民生活。②2017年2月26日，由越南政府主要投资的位于老挝华潘省的农业服务中心举行奠基仪式，该服务中心占地12公顷，投资191万美元，其中越南政府投资394亿越南盾（约合173万美元），是迄今越老农业合作最大的项目，2018年投入使用，旨在培训老挝当地农民的农业生产技术，按质按量地生产农畜牧产品以出口到越南，提高当地农民的生活水平。③

二是吸引外资与援助。老挝政府积极争取亚洲开发银行、联合国粮农组织、日本等区域外组织和国家对老挝粮食安全合作与援助④。譬如，2017年6月16日，老挝政府与亚洲开发银行签订合同，亚洲开发银行援助3 650万美元以帮助老挝多省（波乔省、琅南塔省、乌多姆赛省、丰沙里省）改善农村基础设施建设。包括修建改造29公里的农村公路4条；改善丰沙里省的农田水利设施26处，可灌溉5 386公顷农田；并设立水源、道路养护组共48个以及24个自然灾害重建项目。⑤联合国粮农组织在老挝设立办事处，关注指导老挝农业发展。近年来，随着全球气候变化，老挝国内灾害频发导致粮食欠收，2017年2月28日，全球环境基金（GEF）与老挝自然资源和环境部签署了4年（2017—2021年）合作的MOU。按照项目协议，全球环境基金将提供4年（2017—2021年），超过540万美元（约444亿基普）的资金，改善老挝因气候变化导致的粮食安全问题。老挝农林部渔业畜牧司与联合国粮农组织联合发布《2015—2020老挝渔业发展管理战略计划》，旨在探究推动渔业的养殖、保护、发展和利用，确保消费者的食品供给和安全。为了满足老挝民众对肉蛋奶的需求，2017年7月，新西兰将向老挝提供超过360万美元的援助，提高老挝牛肉的质量、数量，支持老挝牛肉行业

① 《老挝和越南开展商业肉牛养殖》[EB/OL].中国国际贸易促进委员会网站，2016-03-10。

② 《越南援建老挝川圹省农业技术服务中心》[EB/OL].越南通信社，2016-12-27。

③ New agriculture centre to improve crop producting[EB/OL]. http://vientianetimes.org.la/FreeContent/FreeConten_New.htm23th February, 2017-2-3。

④ 国际社会对老挝农业的援助与投资不仅限于文中所列项目。

⑤ 《亚洲开发银行援助老挝北部四省》（老挝文）[EB/OL].老挝农林部网站http://www.maf.gov.la/，2017-11-3。

长期发展。为了提高老挝渔业产量，日本国际协力机构支持老挝建设和发展渔业生产体系、渔业病害研究室和南爽河渔业发展中心，在琅勃拉邦和阿速坡建立新的渔业站。2018年1月25日，日本国际协力机构与老挝政府签订MOU，日本提供740万美元支持帮助万象的农业灌溉系统。[①]自2008年以来，匈牙利政府也提供优惠贷款帮助老挝发展农业基础设施，提高粮食产量。

① Japan supports Vientiane irrigation improvement[EB/OL]. http://www.vientianetimes.org.la/sub-new/Previous_022/FreeContent/FreeConten_Japan.php，2017-12-9。

四、中老农业合作的发展前景判断

中老两国地缘相近、发展理念相似、文化相通、交通便利、农业合作基础好，中老农业合作发展前景广阔。

（一）有利因素

1. 中老两国政治互信、经贸合作密切

中国与老挝接壤，地缘优势得天独厚，两国友谊源远流长，是“好邻居、好朋友、好同志、好伙伴”。2009年，中老提升为全面战略合作伙伴关系；2016年，中老提出“打造牢不可破的命运共同体”。目前，老挝正积极推动实现“陆联国”的发展战略，与我国的“一带一路”建设高度契合。2016年9月，李克强访问老挝，中老双方签署了《关于编制共同推进“一带一路”建设合作规划纲要的谅解备忘录》《关于确认并共同推动产能与投资合作重点项目的协议》《关于共同编制老挝电力、中老铁路沿线综合开发、旅游等重点领域经济发展专项规划合作框架协议》《经济和技术合作规划补充协议》等协议。在经贸合作方面，中国企业对老挝的投资、贸易与援助给当地经济发展注入了活力。目前，中国是老挝第二大贸易伙伴，第一大外资来源国，第一大援助国。2015财年，中国向老挝提供援助15.1亿元人民币，其中无偿援助7亿元人民币，无息贷款2亿元人民币，优惠贷款6.1亿元人民币，2015年全年两国贸易额达27.8亿美元。截至2016年6月，中方投资老挝国内项目768个，投资额68亿美元。云南省是中国唯一与老挝接壤的省区，依托得天独厚的地缘优势，老挝已成为云南重要的贸易伙伴以及云南对外投资的第一大市场。总之，老挝“十大”后，内政外交保持延续，中老关系总体形势向好，为中国企业投资老挝开辟了更加广阔的发展前景。

2. 中老两国农业资源互补

与老挝相比较，中国具有技术、资金等优势，但是老挝自然条件优越，土地资源丰富，目前也正在实施“资源变资金”的战略，两国可以发挥地缘相近，技术、资源互补的优势，加快两国农业合作。老挝属于热带、亚热带季风气候，年平均气温约26℃，年降水量在1 250～3 750毫米，湄公河从北向南贯穿全境，境内大小河流较多，全境土地pH为5～7，气候、水资源、土壤等农业种植条件相对优越，特别适宜农作物种植。全国各地一年均可种植两季稻谷，有些地区还可以种植三季。老挝独特的农业资源还没有得到充分地开发，生态环境也没有遭到异常的破坏，依旧保持着生产率低下的粗放型耕

作方式，农产品未受到大的污染，原生态环境保护好，与经历过工业化农业发展的发达国家尤其是发展中国家相比，老挝具有无可比拟的优势。此外，老挝土地资源丰富。老挝国土面积23.68万平方公里，人口仅680万，相对周边国家而言，地广人稀，人口密度仅29.8/平方公里，特别是土地资源丰富，特别是可供开垦的农林用地比较多。目前老挝农业用地约7 050万亩，而目前已开发耕作的土地仅2 000万亩左右，仅占农业用地总面积的28%，可供开垦的农业用地仅5 000万亩。特别是老挝南部地区，以及目前开发耕作条件最好的万象平原，土地平坦，可供成片开发，适宜大规模种植、推广现代化农业的土地比较多。

3. 中老两国农业合作基础好

依托地缘优势和我方农业科技技术上的优势，广西、重庆、云南、湖南等地加强与老挝的农业合作。以云南为例，云南西双版纳州与老挝乌多姆赛省、丰沙里省、琅南塔省加强了农业科技技术交流与合作，老方多次派团赴西双版纳州观摩学习，通过合作建设农业科技示范园、跨境动物疫病监测站、农业技术人才培训基地等方式，示范带动老挝农业产业开发和发展，提高产量效益，增加了老挝农民收入。

4. 老挝国家政局稳定，为中老农业合作提供了保障

老挝自推行革新开放政策以来，经过30余年的发展，政治稳定、社会安宁、人民友好，经济发展快速、平稳，2010—2016年期间，经济增长率均达到7%以上，属于经济增长较快的国家之一，人民生活水平不断提高，国民信仰佛教，性情温和，国内基本没有宗教冲突，为外国投资营造了良好的投资经营环境。此外，老挝政府重视招商引资发展本国经济。2009年7月修订出台的《投资促进法》规定国内外投资者享有统一的优惠政策。而且，按照老挝政府把农业生产转换为商品生产、土地变资金、资源换资金等政策，政府积极鼓励投资水稻、玉米、木薯、咖啡等农作物的种植和水产、畜牧养殖及农产品加工行业。

5. 老挝区位优势凸现，为老挝农产品市场化提供了有利条件，为中国与澜湄国家的农产品贸易提供了便利

老挝北部地区与中国、越南、泰国、缅甸4个国家接壤，目前，老挝政府正在积极推进中老铁路、老泰铁路拓建以及甘蒙省到越南的港口铁路项目。2017年2月22日，老挝国家主席本扬出访柬埔寨，柬埔寨总理洪森会见本杨，洪森同意老挝可以借用柬埔寨境内的道路和港口，连接柬老两国的运输线，以改善老挝运输出口，促进两国贸易往来。老挝与周边国家四通八达的地理位置为老挝农产品的市场化发展提供了有利条件。

老挝首都万象与泰国廊开隔河相望，而湄公河及相关支流又贯穿该地区，为各国跨境交易尤其是农产品贸易提供了便利条件。另外，老挝已经加入东盟自由贸易区和大湄公河区域合作计划等国家性组织，这样老挝在农产品进出口方面实现了很大的便利，因此老挝适宜发展具有竞争性的外向型农业。

（二）不利因素

1. 老挝投资环境还不尽完善

一是老挝国内的营商环境不好，当前老挝的营商捐数在全球190个经济体中排名154位。二是老挝外汇储备较少，对外支付能力有限，银行资金不足，金融体制相对脆弱，存在一定的汇兑限制和金融风险。三是老挝人口较少、地广人稀、劳动力不足、技能单一、劳动力素质偏低，当地雇员一般不愿加班加点，不愿意吃苦受累，而且政府对当地用工有保护，外引劳务用工有限制，引进的外国技术人员一般也不能超过用工总额的10%～20%。当地政府对在老挝办理居住证、就业证、多次往返证等有严格的规定，办理费用昂贵、手续复杂。四是大部分物品依靠进口，物价较高，生活消费和企业运作管理成本相对较高。

2. 老挝物流运输成本高

老挝基础设施条件差，产业不配套，运输主要依靠公路，而且老挝便于推广现代农业种植的地区在中部和南部，产品运输回国距离比较远。在中老铁路建设未建成之前，老挝农产品物流成本高。目前从老挝到中国，最为成熟的运输线路是从陆路向北，从西双版纳磨憨口岸入境到昆明，再装火车运往内地，物流运输成本高。

3. 老挝市场容量有限，劳动力素质总体偏低

一方面，受地理及人口限制，老挝的市场规模非常小，市场容量相对较低，这就势必造成进入老挝市场的企业竞争会非常激烈。另一方面，老挝劳动力文化素质低，劳动力资源不足，由于工薪偏低，大多劳动力都出国务工。此外，引进外劳审批程序复杂，人数受《老挝外籍劳务管理办法》管理，体力劳动者不能超过本企业职工人数的 10%、脑力劳动者不超过20%的限制，这就无形中增加了企业的经营成本和用工风险。

4. 社会负面舆论的不良影响

随着中老经贸关系的日益密切，两国人员往来迅速加大，中国进入老挝务工和经商的人员鱼龙混杂。虽然中国大企业在老挝的多年投资积累了良好的声誉，但是由于部分中国企业受利益驱动，缺乏社会责任感。同时，一些不友好的国家和人士借机造势，宣扬“中国移民论”和“中国环境破坏”等不良社会舆论，给中国形象和部分投资项目的实施带来了很大的阻碍。[①]

5. 越南、泰国以及区域外国家日本等加大了对老挝农业的援助与培训，中国面临多元化的竞争

老挝与越南、泰国接壤，老挝万象与泰国的廊开隔河相望，老挝语与泰语相似，两国人民交流没有太多障碍，目前，有数十万老挝人在泰国务工，泰国也加大了对老挝的农业技术培训，由于交流没有太多的障碍，泰对老的农业培训效果不错。老越在历史上形成的老越特殊关系，老越两国政府、民众交往比较密切，同时，近年来，越南加大了对老挝农业援助的力度，在老挝多省区都有越南援助的农业服务中心，并分批次将老挝当地农民送往越南学习农业技术。此外，老挝丰富的农业资源也吸引了日本，2016年7月，日本外相岸田文雄曾以援助老挝农业资金技术为条件，希望老挝支持南海仲裁。[②]可见，老挝发展农业以促进减贫战略已被区域内外国家所知晓，国际社会也加大了对老挝农业投资技术的援助与投资，以达到本国在老挝乃至东盟的政治、经济目的。中国对老挝农业、渔业的投资项目，稍有不慎，影响了当地的环境，被别有用心的国际势力利用，便会遭到老挝民众的反对与抗议，例如，2017年3月7日，根据老挝国家电视台报道，万象市塞塔尼区Oudomphon村的30多户居民居住环境受到中国投资的鱼类养殖场的不良影响。[③]对中国在老挝的投资造成负面影响。总之，中国在老的农业援助面临多元化的竞争，加剧了中国的压力。

（三）总体评价

中国与老挝接壤，地缘优势得天独厚。老挝农业资源丰富，由于老挝社会经济发展

① 李小元，李鄂：《老挝社会文化与投资环境》，世界图书出版广东有限公司2012年。

② 《日本外相称将援助老挝农业项目条件：支持南海仲裁》，环球网，2016-07-24。

③ Residents affected by Chinese fish farms in Xaythany district,http://www.vientianetimes.org.la/sub-new/Previous_055/index.htm, 07,Mar 2017。

起步较晚，农业生产方式还比较粗放，很多地区尤其在老挝北部地区还存在刀耕火种、毁林开荒的游耕方式，即使在传统农作区，大部分农户没有田间管理、施肥和除草等意识，广种薄收，生产效率低下。农业水利基础设施建设严重滞后，抵御自然灾害的能力较弱。目前，老挝农业单位面积产量在东南亚国家中是最低的，稻谷亩产仅230千克左右，远远低于我国西双版纳500千克左右的单产水平。与老挝相比较，中国的农业在技术、人才、资金等方面比较具有优势，近年来，中老农业合作取得了一些成效。例如，云南省有关单位在老挝多省区推广中国杂交水稻、杂交玉米等，增产效果明显，有力地促进了当地农业生产水平的提高，受到当地人民的欢迎。当前，老挝农业生产存在许多不足，但是对于投资农业开发而言有广阔的发展空间。可以说，通过发展规模化、标准化、机械化的现代农业，老挝的农业开发潜力不可小视。但是，在开展中老农业合作项目时，一定要注意环保，发展绿色、生态农业，了解老挝农业发展的最新政策，将赴老投资农业与老挝国内农业发展相对接。例如，国内企业在老挝投资农业过多地使用化肥、农药等致使老挝政府禁止新增大面积种植香蕉，对于赴老投资农业敲响了警钟。此外，通伦就任总理后，非常重视农业的发展，在2016年12月27—28日举行的农林业与农村发展年度会议上强调称，老挝应利用自身优势，大力发展市场导向型农业，在保障绿色无公害的前提下调整农产品结构，优化农业产业链，推动农业机械化生产，发展农产品加工业，加快推动周边国家需求量较大的玉米、甘蔗、烟叶、木薯、花生、黄豆、薏仁米及大米等农产品的商品化经营。对此，中国企业赴老挝开展农业投资时，不能只顾眼前利益大量使用农药，要遵守老挝对农药的相关规定，与老挝的需求相结合，种植健康的绿色农业产品，利用我国在技术、资金等方面的优势，将老挝农业生产的劣势转换为优势，生产健康的无公害的农产品，中老农业发展前景广阔。

（四）推进中老农业合作的相关建议

老挝是我国“一带一路”建设、澜沧江－湄公河次区域合作组织的重要节点国家，在中老产业合作中，农业合作是“接地气”项目；在澜湄合作组织中，农业与减贫是优先发展的重点领域之一。老挝农业资源丰富，农业人口占全国人口比例的75.3%，而且大部分贫困人口集中在农村。老挝“八五”规划指出“力争到2020年把贫困人口减少到10%以下，到2030年减少到5%以下，切实提高人民的物质文化生活水平”。加强中老农业合作一方面有利于减少老挝贫困人口；另一方面有助于优化我国农业资源配置。

1. 加大国家对老挝农业、畜牧业的投入力度

第一，加大对老挝农药、种子、化肥等相关农资的投入、研发与开发。老挝境内没有自主生产农药的厂家，种子也仅有老挝国家农科院研发了极少部分适合老挝本地种植的玉米、稻米种子。化肥方面，虽然老挝有丰富的钾盐资源，但是由于工业化程度低，国内化肥的生产厂家仅有6家。老挝的农药、化肥、种子等大量依靠进口，而且部分农资公司没有对老挝的农户、种植户给予相应的技术指导，致使部分地区农药、化肥使用量不当，影响了当地的生态环境。当前，老挝政府正在发展市场导向性农药，也倡导农户种植有机蔬菜、大米等。对此，我国的种子、农药、化肥等农资企业可以加大对老挝的援助与投资，在老挝各省区建立农业植物保护中心，培育、研发适宜老挝当地种植的种子，推广有机肥料的使用，指导农户科学、合理的使用农药、化肥，提高产量，同时也可促进当地人民的就业。

第二，加大对老挝屠宰场以及肉类加工厂的投入。当前，老挝的牲畜数量以及人均每年消耗的肉、蛋、鱼数量都在增加，老挝政府明确了2020年、2025年人均消耗的肉、蛋、鱼的数量，也明确了未来一段时期的畜牧产品的发展目标。据了解，老挝的大部分地区畜牧及其屠宰仍然是自给自足的家庭作坊式的屠宰以及传统的腌制加工肉品，没有形成大规模的屠宰及肉类加工。目前，仅有一家位于首都万象市那赛通县的由老挝政府与匈牙利合作建设的肉类加工厂。该厂于2015年开工建设，2016年竣工，共耗资200万美元，每天可宰杀50头猪和5头牛用于加工成品肉类。同时，匈牙利政府向老挝政府提供贷款，第一阶段800万美元，用于发展养殖和渔业项目，第二阶段3 000万美元，用于提高老挝的肉类质量安全。①此外，在老挝的首都万象、琅勃拉邦，经常面临肉制品供不应求，向邻国进口的情况。对此，我国的企业根据老挝政府的发展规划，因地制宜地在老挝投资建设屠宰场以及肉类制品加工厂，满足老挝民众对肉、蛋、鱼的消费需求。

第三，加强中老科技合作，加大对老方农业技术人员的培训。中老两国同为社会主义国家，两国发展理念相通，与老挝相比较，我国在农业技术、资金等方面优于老挝，农业合作涉及方方面面，科技是第一生产力，加强科技合作，有利于促进老挝农业科技发展，同时，授人以鱼不如授人以渔，加大对老方农业技术人员的培训，使老挝民众受益更多。

2. 实施“一区一策”，加强中老两国农业、畜牧业发展规划战略对接

老挝的“八五”规划（2016—2020年）及中长期发展规划已明确了老挝北部、中部、南部各个地区农业发展目标。2025年区域发展战略中提及各区域协调并有重点发

① 老挝文《老挝建立首家肉制品加工厂》，老挝农林部网站，http://www.maf.gov.la/。

展，对老挝北部地区的战略规划是重点进行农业商品生产以便出口中国市场，特别要养殖大牲畜及种植品质优良的稻谷、玉米、黄豆、砂仁、茶叶等。中部地区的战略规划是：重点发展稻谷种植和粮食生产，以供应全国市场；发展小畜牧，如猪、山羊、家禽并促进鱼类养殖；发展农业加工业。南部地区的发展重点是发展粮食食品生产，如蔬菜、水果、咖啡、茶叶等，重点发展农业加工业。我国相应的涉农部门在开展与老挝的农业合作时，不仅要通盘考虑老挝各区域发展的重点品种，同时，也要兼顾考虑老挝不同区域农业发展需求以及相应的政策措施。譬如，老挝政府已禁止中国企业在老挝新增香蕉种植园，并对香蕉种植投资有明确规定："不能在稻田、邻近学校、社区或水源处种植香蕉，香蕉种植应限制农药、化肥的使用。"[①]对此，我国香蕉种植企业针对老挝的政策，适时的对老种植业做出调整，避免不必要的损失。同时，与我国接壤的老北部的琅勃拉邦是著名的旅游热点景区，由于大量国际游客的涌入，当地一半的猪肉要依赖进口，我国企业可以来琅勃拉邦投资建设养猪场和饲料厂，解决猪肉短缺问题。

3. 国家统筹、市场引导、企业加强管理，加大我国农企走向老挝的步伐

近年来，虽然中国企业加大了投资老挝农业种植业的力度，但投资份额在老挝农业总投资中的比重还是很低的，因为投资企业并非中国的大型企业或跨国企业，而多是规模中等的省市地方民营企业，尤以湖南、四川、云南居多，相比较其他行业而言，农业投资周期长，见效慢，一些中国民营企业为了眼前利益，大量使用化肥、农药等，致使当地环境受到污染，这与老挝发展绿色生态农业的政策是背道而驰的。因此，应统筹安排，市场引导，加强企业自身管理，加大中国企业对老挝农业在资金、技术、人才等方面的投入力度；另外，还要防范投资风险、规范投资经营模式、重视老挝政府的政策导向、有效解决投资中遇到的各种困难，从而推动中老农业合作的可持续发展。

4. 加强中老林业合作，构筑农林业生态安全屏障

老挝地势北高南低，生物多样性突出，稀有物种较多。据统计，老挝大约有500种非木材产品树种，至少1 600种植物有药用价值。联合国粮农组织认为，老挝的生物多样性对于保护该国的粮食安全有重要的影响。对于老挝而言，农业、林业同属于老挝农林部管辖，而我国农业、林业在部门管理上是分开的，但是林业的保护与开发对农业的发展有重要的影响。云南是我国唯一与老挝接壤的省区，老挝北部的地理、地貌、气候与我国西双版纳相似。对此，中老林业合作，防止水土流失，保护土壤环境，有利于构筑两国农林生态安全屏障，保障老挝的粮食安全。

---

① 《老挝波乔省计划关闭18家香蕉种植园》，中国驻老挝使馆经济商务参赞处网站，2017-01-23。

5. 提升中国云南—老挝乌多姆赛农业科技示范园平台作用

2007年，云南省农业厅与老挝乌多姆塞农林厅签订了在老挝乌多姆塞共建农业科技示范园（以下简称“示范园”）的合作协议。协议明确中方负责投资建设及相关配套工作，老方无偿提供示范园建设场地1公顷，项目由云南省农业厅负责省级管理、西双版纳州农业局负责实施。截至2009年项目建成验收时，示范园由云南省财政专项投入了290万元。建园以来，在农业部的关心和指导下，通过开展种植、养殖试验示范和高效适用农机具的推广及展示等工作，示范园已成为集科研、教学、生产示范、技术交流为一体的农业科技示范园区，目前，园区面积已增加到6.5公顷。通过示范园平台，还开展了种质资源收集、农作物新品种选育工作，建立了农作物育种工作站（金纳赛农作物育种工作站），总结研究出了一套符合老挝农业发展的技术措施，与老方共同出版了老文版《中老合作农业科技培训资料汇编》，有力地推动了双方农业合作向深层次、宽领域方向发展，增强了农业科技自主创新能力。当前，中国云南－老挝乌多姆赛农业科技示范园已运行10年，面临资金短缺的困难。对此，如何破除双方体制机制障碍，深化、优化园区项目，是中老双方亟待解决的困难。

6. 政府为企业投资老挝提供咨询服务

依托中国驻老挝领事馆、中国驻老挝经商处成立中国与老挝农业合作专门咨询机构，与老挝有投资关系的省份也依托该省份驻老挝商务代表处成立老挝农业投资咨询站点。该机构（站点）可以随时监测收集老挝农业产业信息，如农业市场需求规模、需求结构、农产品价格变化、政策环境、投资形势等，对老挝农业的经济发展形势及时分析，可协助投资企业总结经验、传达信息，为投资者提供及时准确的咨询服务。同时，政府可设立专项老挝农业项目投资基金。

总之，中老农业合作是一个系统工程，要尊重老挝的风俗习惯、遵守老挝的法律法规，对老挝的农业合作要与之发展规划相对接，科学选择合作的发展路径、模式，可持续的开展对老农业合作。

五、其他资料

（一）中国驻老挝和老挝驻中国的大使馆领事馆信息

1. 中国驻老挝大使馆信息

现任中国老挝人民民主共和国大使：姜再冬（2018年11月至今），男。

地址：WAT NAK ROAD，SISATTANAK，VIENTIANE，LAO P.D.R。

信箱：P.O.BOX 898，VIENTIANE。

电话：00856−21−315100。

传真：00856−21−315104。

网址：http：//la.china-embassy.org/。

电子邮箱：chinaemb_la@mfa.gov.cn。

中华人民共和国驻老挝人民民主共和国琅勃拉邦总领事馆

现任中国驻琅勃拉邦总领事：李志工（2019年4月至今），男。

领区范围：根据中国和老挝两国政府达成的协议，中华人民共和国驻琅勃拉邦总领事馆于2013年12月25日正式开馆。领区共6个省，即琅勃拉邦省、丰沙里省、琅南塔省、波乔省、乌多姆赛省和华潘省。

总领事馆地址：老挝人民民主共和国琅勃拉邦省琅勃拉邦县邦康村。

Ad：Phong Kham Village，Luang Prabang District，Luang Prabang Provice，Lao PDR.

领事保护电话号码：00856−71−252440。

领事证件电话号码：00856−71−252439。

领事保护传真号码：00856−71−252441。

总领事馆传真号码：00856−71−213330。

网址：http：//prabang.china-consulate.org/chn/。

电子邮箱：consulate_lp@mfa.gov.cn。

2. 老挝人民民主共和国驻中华人民共和国大使馆

大使：万迪 · 布达萨冯，女。

地址：三里屯东四街11号。

邮编：100600。

办公室电话：65321224。

武官处电话：65325445。

商务处电话：65323601。

文化教育处电话：65325652。

传真：65326748。

3. 老挝人民民主共和国驻昆明总领事馆

总领事：康潘·翁桑迪（Mr. Khamphone Vongsanty）。

领事：本笋·汤玛翁行（Mr. Bounsonh Thammavongsing）。

副领事：坎鲁翁孙伟勒（Mr. Khamnouvong Sounvileuth）、普瓦·萨蒙迪（Mr. Phouva Samounty）、荷湘·萨文维莱（Mrs. Heuangseng Savengvilay）。

领区：云南。

地址：昆明市彩云北路6800。

电话：0871−67334522/67334511/67335489。

传真：0871−67334533。

4. 老挝人民民主共和国驻昆明总领事馆驻景洪领事办公室

主任（一等秘书）：鸿萨·因提腊（Mr. Hongsa Inthilath）

三等秘书：通董·因塔彭（Mr. Thongdom Inthaphonh）

随员：西萨万·艾毗潘（Mr. Chitsavanh Noypheiwphanh）

地址：云南省西双版纳州景洪市告庄西双景综合楼210号。

电话：0691−2219355。

传真：0691−2219955。

领区：西双版纳州、普洱市。

5. 老挝人民民主共和国驻南宁总领事馆

总领事：万希·维丽雅彭（Mrs. Vansy Vilignaphone）

副领事：孔法占·展达翁（Mrs. Kong Phachanh Chandavong）、张明（Mr. Vanphila Phommachanh）

领区：广西。

地址：南宁市中国−东盟商务区桂花路16−1号。

电话：0771−5672502，5672544，5672501。

传真：0771–5672503。

6. 老挝人民民主共和国驻广州总领事馆

总领事：本班・巩银赛亚星（Mr. Bounpan Kongnhinsayaseng）
领事：普万・木大汉（Mr. Phouvanh Moukdahane）
副领事：索邦・根塔布里（Mr. Soubanh Kenethaburi）
领区：广东、海南、江西、福建。
地址：广州市环市东路339号广东国际大厦主楼9楼905–906室。
电话：020-83340710，15692018548。

7. 老挝人民民主共和国驻上海总领事馆

总领事：西莎美・銮珍达翁（Mrs. Sisamay Luangchandavong）
领事：桑迪欣・西哈珀母（Mr. Santisinh Sihaphom）
副领事：魏丽雅（Mrs. Virigna Syackhaphom）
领区：上海、浙江、江苏、安徽。
地址：上海市江宁路356弄，静安紫苑行政9楼。
电话：021–58987855，52360779。
传真：021–62188225。

8. 老挝人民民主共和国驻长沙总领事馆

总领事：本・印塔巴迪
领区：湖南、湖北、河南、贵州。
地址：湖南省长沙市芙蓉区解放东路300号华天大酒店（总店）B座10楼。
电话：0731–88627049。
传真：0731–88627049。

（二）联合国粮农组织驻老挝代表处信息[1]

联合国粮食与农业组织（FAO）老挝代表处于1980年在万象市成立，共有20余位员工（名单附后），工作地址是老挝万象市128 Phonxay路（邮政地址附后）。

自1980年FAO老挝代表处成立以来，持续与大量的政府机构、民间团体、私营部门合作。FAO在老挝的工作依靠老挝政府以及各种各样的国际、区域组织来开展。老挝政府部门和合作伙伴如下：

政府部门（Government）：农业与林业部（Ministry of Agriculture and Forestry），自然资源与环境部（Ministry of National Resources and Environment），卫生部（Ministry of Health），计划与投资部（Ministry of Planning and Investment），工业与贸易部（Ministry of Industry and Commerce），教育部（Ministry of Education），劳动与社会保障部（Ministry of Labor and Social Welfare），司法部（Ministry of Justice）。

合作伙伴和赞助者（Partners and Donors）：世界粮食署（World Food Programme-WFP），联合国开发计划署（United Nations Development Programme-UNDP），联合国儿童救济基金（United Nations Children' s Emergency Fund-UNICEF ），国际农业发展基金会（International Fund for Agriculture Development-IFAD），欧盟（European Union-EU），瑞典国际发展合作署（Swedish International Development Cooperation Agency-SIDA），德国国际合作公司（Deutsche Gesellschaft für Internationale Zusammenarbeit-GIZ），日本国际协力机构（Japan International Cooperation Agency-JICA），韩国国际合作机构（Korean International Cooperation Agency-KOICA），美国国际开发署（United States Agency for International Development-USAID），亚洲理工学院（Asian Institute of Technology-AIT），全球环境基金（Global Environment Facility-GEF），商品共同基金（Common Fund for Commodities-CFC）。

联合国粮农组织驻老挝代表处的主要工作战略如下：

政策和战略支持：鉴于老挝需要优先解决高比例的营养不良问题，FAO支持国家营养政策和战略的修正，以及“2016—2025年行动计划”。FAO帮助老挝制定了2025年农业发展战略，帮助国家大米战略行动计划和渔业及水产养殖业战略实施计划的发展。由

[1] http://www.fao.org/laos/fao-in-laos/en/。

于老挝正在做农业类型转变，从以生存为导向转向以市场为导向，FAO正全力支持该政策进程，以提升农业部门对市场一体化和气候变化的应变能力。FAO还在引导国家卫生和植物检疫立法的发展。2003年，FAO支持了第一个国家农业生物多样性项目的发展，以及后续的2014年NABP-2项目，旨在生物多样性数据和信息的保存及可持续使用。FAO也援助老挝开发可靠数据和信息的生产使用能力，这些数据和信息用以支持政策、决策制定，支持农业和农村发展的有效管理。FAO正在支持加强农业数据系统，已经帮助政府完成了食品安全、大米、林业管理、渔业和研究机构/系统的部门评估、调查和研究。FAO支持政府2010—2011年的老挝农业人口普查，共同出版了若干基于人口普查数据的出版物。

农民生计和更好的营养战略：FAO对农村社区和服务提供者提供培训和技术支持，提升产品的可靠性和质量，以此保护农作物和动物免受害虫和疾病侵害；多样化生产更营养的食物，并将制造商推向全国和国外市场。而且，20多年来，FAO一直致力于支持农民田间学校（FFS）开发有害生物综合治理（IPM）方法，此举将使数以万计的老挝大米、蔬菜和水果种植户获益。FAO还支持老挝农民向大湄公河次区域及其他地方出口园艺商品。

灾害和突发事件应对：在遭受洪水和干旱等各种各样的灾害之后，包括2009年台风“凯莎娜”的袭击，FAO以提供援助的方式支持政府应对自然灾害。一个支持应对气候变化的项目正在进行当中，包括与农业和自然资源部门的合作，包括早期预警能力的提升。FAO继续努力支持政府，预防和控制动物疾病的发生。FAO还支持政府提升应对2014年爆发的黄脊竹蝗灾害的能力。

FAO驻老挝代表处在老挝的工作地址及邮政联系方式

老挝万象市128 Phonxay路

邮寄地址：万象P.O Box 1640；(856-21) 413205，(856-21) 414503

Fax. (856-20) 59999608

FAO-LA@fao.orgProgrammes in Laos

领导及项目工作人员：(Regular Programme Staff)

FAO Representative, Mr. Stephen Rudgard

Assistant FAOR (Programme), Mr. Chanthalath Pongmala

Office Associate, Mr. Saly Khamsoukpanya

Administrative Associate, Ms. Malaylack Sayasene

Administrative Assistant, Ms. Manola Soukhavath

Driver, Mr. Inpone Sisoulath

Driver, Mr. Khamphoui Vansavatdy

Project Staff

Forestry Officer, Ms. Akiko Inoguchi

Admistrative Assistant, Ms. Phengsavanh Phengmoung

Pesticide Risk Reduction Project

Senior Administrative Assistant / Office Manager, Ms. Vornthalom Chanthavong

Office Assistant, Ms. Noutsada Vongphoumy

Driver/ Messenger, Mr. Bounmy Sisouphanh

ECTAD Project

National Project Coordinator, Ms. Chintana Chanthavisouk

Consultant on Epidemiology, Mr. Som Pathammavong

Administrative Assistant, Ms. Somsy Pasithiphone

National Operation Assistant, Ms. Thipphaphone Duangchak

National Project Officer, Mr. Khamphouth Vongxay

Driver/ Messenger, Mr. Douane Phoutthaboun

Agro-Biodiversity Project

Chief Technical Advisor, Agro-Biodiversity Project, Mr. Ole Pedersen

Locust Control Project

Senior Locust Control and Management Expert, Mr. Peter Spurgin

National Agriculture Development Expert, Locust Control and Management, Mr. Khamphanh Thommavong

Capacity Development in Agriculture Innovation

National Project Manager, Mr Oudong Keomipheth

Climate Adaptation in Wetland Areas (CAWA) Project

Chief Technical Advisor, Mr. Xavier Bouan

Capacity Development Expert, Mr. Chanthaphone Thammavong

Knowledge Management and M&E Expert, Ms. Anshany Sypasong

（三）外资企业在老挝农业投资及援助项目清单

老挝农业资源丰富，但是农业生产技术落后，周边邻国中国、泰国、越南等加大了对老挝农业的援助与投资，由于越南与老挝在历史上的特殊关系，越南企业对老挝农业

（畜牧业）的援助与投资仅次于中国。

表5-1 投资、援助老挝农业（畜牧业）的越南企业、机构名录（不完全统计）

序号	国家 / 地区	境外投资企业、机构	开展 / 经营范围
1	老挝	越南老挝橡胶股份有限公司	橡胶种植
2	老挝	越南QuasaGeruco股份公司	橡胶种植，林地种植
3	老挝	越南BIO-AGRITECH CO有限责任公司	农药
4	老挝	Saigon PlantProtection Joint StockCompany	农药
5	老挝	Map Pacific Pte. Ltd-Rep. Vietnam.	农药
6	老挝	THE BINH DIEN-QUANG TRI JSCOMPANY	化肥
7	老挝 川圹省	农业技术服务中心（越南援建）	农业生产技术培训
8	老挝 华潘省	农业服务中心（越南援建）	农业生产技术培训
9	老挝	黄英嘉来集团	玉米、甘蔗、橡胶
10	老挝 万象	越南胡志明市农业与农村发展厅与万象市农业厅合作帮助老挝牲畜饲养者养殖用于消费和出口的肉牛	畜牧产品
11	越南 占巴塞	越南咖啡总公司（Vinacafe）	咖啡
12	越南 占巴塞	越南信义公司	咖啡
13	老挝	越南泰和橡胶咖啡有限公司	咖啡、橡胶

表5-2 投资老挝农业的泰国企业、机构名录（不完全统计）

序号	国家 / 地区	境外投资企业、机构	开展 / 经营范围
1	老挝	泰国潘塔米玛格顶有限公司	化肥
2	老挝	Saim Agricultureal Technology Co.,Ltd. Thailand	化肥
3	老挝	C. A. S AGRICHIANGRAIPART CO., LTD. Thailand	化肥
4	老挝	TK Organic Fertilizer Co.,Ltd. Thailand	化肥
5	老挝	PRCAGRIMEX CO.,LTD.Thailand	化肥
6	老挝	AGRIMEXTHAILAND CO.,LTD.	化肥
7	老挝	Charoen PokphandProduce Co., LTD. Thailand	种子
8	老挝	巴江县农业协作实验中心	泰国“茉莉香”粳米种植

（四）在老挝的主要国际组织清单及主要涉老项目清单

表5-3 援助老挝农业（畜牧业）的国际组织名录（不完全统计）

序号	国际组织	涉农项目
1	FAO驻老挝代表处	粮食安全、土壤、生物多样性、农业技术培训等
2	全球环境基金（GEF）	提供超过540万美元（约444亿基普）的资金，改善老挝因气候变化导致的粮食安全问题
3	欧盟（EU）	“老挝森林执法、治理及贸易”行动计划

（五）中国和越南企业在老挝农业投资案例

中国、越南、老挝三国同为社会主义国家，政治制度相似，发展理念相通，三国接壤，选择中越两国企业在老挝的农业投资有其代表性。

1. 中国企业赴老挝投资种植咖啡案例

云南昌胜达投资有限公司，于2009年9月在昆明注册成立，总部设于海屯路50号，是云南省商务厅批准的境外罂粟替代种植及对外贸易投资企业。同年，昌胜达投资公司经过考察，把咖啡种植与生产项目基地确定在老挝丰沙里省。2011年7月12日，公司投资334万美元在老挝丰沙里省注册成立全资子公司——老挝昌胜达咖啡种植与烘焙独资公司（简称“老挝昌胜达咖啡公司”），并在丰沙里省下辖的本怒、丰沙里、温带、孟桑盘、勐跨、勐迈6个县各建立1个办事机构（子公司），并将“昌胜达（老挝）咖啡公司”总部设在丰沙里省本怒县，与丰沙里省各县政府签署面积达18万亩的《咖啡种植项目合同》，正式开展老挝生态咖啡园及初加工建设。同年，在本怒县签订第一期项目，咖啡园面积1 000公顷，即1.5万亩。2013年1月，与勐跨县、勐迈县、温带县、孟桑盘县、本怒县县政府签署达16.5万亩的咖啡种植项目合同。至此，老挝18万亩生态咖啡园及初加工建设项目种植面积正式签约确立。2014年5月27日，昌胜达投资公司在昆明成立其全资子公司——云南昌胜达咖啡有限公司，该公司注册资本金1 000万元，主要从事咖啡产品研发、咖啡加工设备及器械销售、预包装兼散装食品销售、货物及技术进出口业务。2014年11月11日，云南昌胜达投资有限公司旗下的老咖啡品牌正式与中国第三大内贸B2B电子商务服务公司和国内最大的单品电子商务聚集平台——国网库签约达成合作。2016年9月中旬，云南昌胜达投资公司下属的老挝鲜塘咖啡加工厂开工建设。鲜塘咖啡加工厂全称鲜塘咖啡鲜果脱皮脱胶、干豆脱壳加工厂，选址丰沙里省本怒县本怒区鲜塘村。鲜塘加工厂建成后，将具备年加工鲜果脱皮3 000吨及年加工干豆脱壳6 000吨的产能，回收本怒县境内咖啡鲜果及其他县的咖啡干豆。鲜塘加工厂的建设对收购和初加工本怒县的咖啡鲜豆起重要作用，并能增强当地群众种植咖啡的信心，逐渐提高群众的生活质量，推动咖啡产业的发展。截至2016年年底，已累计完成咖啡种植4.4万余亩，生产的产品主要有咖啡生豆、烘焙豆、焙炒粉、速溶咖啡等。

公司在老挝投资种植咖啡项目实施后，积极吸纳当地农民就业，聘请国内农场技术员，深入各村寨农户家里，进行咖啡种植技术指导工作。目前，公司替代种植项目解决了替代种植项目区130余个村寨，7 000多户农户，近3万人的就业和生活问题，吸纳农民近1万人。公司还在当地替代种植区免费修通长达250余千米的公路，未来逐步开通大型的咖啡基地至交通干线的全部公路，并免费组织开展中文学习班及电脑培训班，组织村级领导到中国咖啡产地参观学习，每月对咖啡重点村的村级技术员进行技术培训。

随着公司的不断发展与完善，公司将致力于打造属于自己的“老咖啡”“昌胜达咖啡”“SABAIDI”咖啡品牌与企业文化，培养与公司理念一致的具有咖啡种植、加工技术的高素质人才及管理团队、研发团队。并逐步完成总面积达18万亩的咖啡种植，建设咖啡产品的精加工厂、贸易及终端销售渠道，实现咖啡产业年产值20亿元人民币，希望把丰沙里省建设成老挝北部咖啡产业带及经济最发达的省份。同时，公司将通过国内贸易、集散地批发、代理和特供等多种方式打开国内市场。挖掘咖啡消费文化，着力培育国内和国际终端消费市场，注册打造“老咖啡”“昌胜达咖啡”两个国内品牌和“SABAIDI”老挝品牌，设计和建设咖啡品牌店，通过咖啡吧、超市、自动咖啡机、连锁门店等经营方式打造营销网络；打造以代理、加盟、连锁等现代营销方式；依托云南旅游市场，推出特色旅游产品，努力开拓昌胜达咖啡产品国内、国际市场。目前昌胜达咖啡产品已经在丽江、大理、红河、江西、上海等国内市场与老挝市场销售。

老挝咖啡项目简介

项目名称：老挝18万亩生态咖啡基地及初加工项目。

项目地点：老挝丰沙里省。

项目区域：老挝丰沙里省6个县：本怒县、丰沙里县、温带县、孟桑盘县、勐跨县、勐迈县。总面积18万亩，分布在186个村，涉及22 479户。

项目区概况：丰沙里省是老挝最北边的省份，是老挝的红色根据地，面积16 270平方公里，人口17万余人，是个地多、地肥、人口相对较少的省份。项目区6个县的经济较为落后，广大农民仍处于贫困状况。

项目投资额：总投资102 123.77万元人民币，建设投资90 361.48万元，流动资金投资2 199.99万元。

项目开展期限：2011年8月起至2041年8月止共30年，到期可以顺延合同。

项目合作模式：以"3+2"模式开展，即公司投资资金、技术、市场（回收产品），农民投资劳动力、土地。

项目进展情况：截至2016年，种植咖啡4.4万余亩，收购咖啡鲜果2 500余吨。

项目预期目标：2019年完成18万亩的生态咖啡种植，并建成与之配套的咖啡鲜果脱皮、脱胶初加工工厂；建设规模达600亩，具有深加工、仓储物流、技能培训、旅游、娱乐、接待等多功能的咖啡产业园区；把丰沙里省打造成老挝北部咖啡产业带。项目实施成功将促进丰沙里经济迅速发展，使当地农民增收3.6亿元人民币，参与项目的农户每户增收2 670美元，使6个县约13万人（占丰沙里省总人口的75%）脱贫致富。

2. 越南企业在老挝投资种植咖啡案例①

越南是老挝第二大投资国，超过200个项目总价值3 570亿美金。越南橡胶工业集团正在老挝进行6项橡胶的项目，面积为52 367亩，总投资为58 410亿越南盾。加上一些新的项目，从2005年至今，越南橡胶工业集团（VRG）分别在老挝占巴塞、沙湾拿吉、乌多姆赛3省一共种植了27 000亩，总计划将会在老挝种植近100 000亩。

越南政府与老挝政府在2004年5月10日签订了实现经济、文化、科技和一些问题的合作协议。越南橡胶总公司（现在是越南橡胶工业集团）和老挝人民民主共和国投资与合作委员会于2005年1月18日签订了合作合同。2005年年初，集团就派专人前去考察并在占巴塞省成立了老挝－越南橡胶股份公司。这是越南最早去开拓海外橡胶市场的团队。他们面对很多困难，例如基础设施落后和不同步，当地老挝民众橡胶知识比较匮乏，文化和语言的不通等。最困难的是由于道路曲折，树苗（树桩）运到当地要两周的时间，如何保持树苗的高成活率成了很大问题，但是越南橡胶总公司领导班子攻克难关，最终越老橡胶园树苗成活率高达95%。按照计划，种10 000亩大概需要5年时间，但是到了2007年年底，老挝－越南橡胶股份公司就提前两年完成了目标。这为今后公司的各项事业开展奠定了良好基础。2011年，公司对2 691亩橡胶园进行了经营生产，产量为1 555吨，超过计划的3.6%。2012年2月10日完工了产量为每年15 000吨的现代化

① 越南文，《在老挝种植橡胶树的结果和展望》越南橡胶工业集团网站http://vnrubbergroup.com/vn/news_detail.php?id=7065，18－10－2012。

加工工厂。

目前，老挝－越南橡胶股份公司有2 300名员工，90%都是老挝当地人。平均每人每月工资为1 000 000老挝基普，帮助老挝当地居民增加收入。公司还为员工修建了住房区，方便员工生活、工作。这样改变了老挝员工想干就干、不想干就在家的思想观念。同时橡胶种到哪里，哪里基础设施就得到发展。目前为止，老挝－越南橡胶股份公司对老挝的投资到位了90%，约为10 210亿越南盾。在老挝投资种植的橡胶产品出口到德国、韩国、日本、马来西亚、中国，创收830亿越南盾，利润为30亿越南盾。老挝人民革命党总总书记、国家主席朱马里·赛亚颂（Chummaly Sayasone）对老挝－越南橡胶股份公司高度赞扬，认为其帮助整个占巴塞省改变了社会经济的面貌，并且打破了当地纯农业的生活，帮助人民提高就业，增加收入。因为杰出的贡献，越老橡胶股份公司被越南政府授予三等劳动徽章和二等劳动徽章。2005—2007年连续三年获得越南农业和农业发展部、外交部、越南投资计划部的出色企业旌旗和表彰；获得老挝政府的二等劳动徽章和一等劳动徽章，并得到老挝政府的赞扬。

除了老挝－越南橡胶股份公司之外，越南橡胶集团的子公司 Quasa-Geruco股份公司于2007年成立，在老挝占巴塞省投资种植8 000亩橡胶。和其他在老挝投资的公司一样，Quasa-Geruco得到了老挝改革政策的惠利，Quasa-Geruco尊重老挝当地的法律和人文，优先招聘老挝少数民族员工对于表现优良的老籍员工给予同越籍员工同等的薪资待遇，每月4 000 000越南盾。并按照老挝法律给予员工各种权利。现在有4个农场长一个直属生产队，员工618人，其中老籍340人。2012年，公司开始在当地招聘了100名初中学历以上的青年，对他们进行业务培训，正式工作前还联合Savanakhet劳动局进行测试，选择那些努力的学员回越南继续培训文化课程和专业技术，之后返回老挝担当干部。目前为止，Quasa-Geruco股份公司已经在老挝种植了5 700亩橡胶，预计到2014年将完成对1 000亩橡胶林的生产。对于培训员工的杰出贡献，老挝政府对其颁发了二等劳动徽章。获得由越南－老挝－柬埔寨经济合作发展协会2009年度越南－老挝－柬埔寨先进企业称号。

7年过去了，越南橡胶工业集团积极开展对各项橡胶项目的开发和投资，在老挝投资种植橡胶总共6个项目，52 367亩地，58.41亿越南盾的越南国内投资。投资公司包括越老橡胶10.604亩、Qua Sa-Geruco 8 650亩、Dầu Tiếng–越老20 000亩、胡志明市橡胶6 000亩、SGS橡胶6 500亩和老越边境青年友谊村700亩。到2011年年底，越南橡胶工业集团新种植的面积为25 748亩，占到6个项目的50%。已经转到老挝的资金为21 280亿越南盾。计划2012年，公司继续种植2 630亩，项目将追加投资6 340亿越南盾。

在老挝投资种植橡胶有利条件是老挝土壤适宜橡胶种植，土地又集中利于管理，租用时间可以根据经济形势预判。最大的障碍是寻找土地。由于老挝政府现在限制外国企业租地和因为老挝土地潜能大吸引了各国投资者的目光，所以土地变得很抢手。许多其他国家的投资者在争抢土地使用权，有些投资者并不立刻使用土地，而只是占有土地。这些都对越南投资者赴老挝投资造成影响。同时，老挝政策又模糊和经常变动，对农业没有整体的规划。没有透明的价格，常常需要和当地人们商量价格。所以价格时常变动。因此，有些正在进行的项目还没有租到土地，投资者也不敢继续追加投资。手续办理复杂冗长，海关通关也很繁复。

另一个障碍是老挝劳动力素质低，不能满足企业的要求。老挝当地人民安于现状的生活习惯导致产量低下。如果采用越南劳动力输出的话又不能超过必须总劳动力的10%并且签证的时间太短常常需要增加时间。各个企业建议政府同老挝政府签订一系列便利企业投资的条例。尽管有土地和劳动力这两个制约因素，但是在越老双方的共同努力下，越南橡胶工业集团还是增加了投资，努力将种植面积增加到100 000亩，向老挝南部和中部各省开拓。在老挝北部种植采取合作的形式，“4+1”的模式（企业对资金、技术、劳动力、市场和消费负责）。目前，越南橡胶集团已在老挝万象建立办事处处理老挝境内的橡胶种植业务。

六、附件

老挝至2030年远景规划、10年社会经济发展战略（2016—2025年）及“八五”经济社会发展规划（2016—2020年）①

《关于至2030年远景规划、10年社会经济发展战略

（2016—2025年）及“八五”经济社会发展规划

（2016—2020年）报告》

老挝计划与投资部部长宋迪·东迪

尊敬的总理阁下，尊敬的各位副总理、政府内阁成员，尊敬的女士们先生们

请允许我代表老挝计划投资部向各位汇报由我部起草的“关于至2030年远景规划、10年经济社会发展战略（2016—2025年）及‘八五’经济社会发展规划（2016—2020年）的报告”（草案），本报告由三大内容组成：

一、关于至2030年远景规划和10年经济社会发展战略（2016—2025年）。

二、第八个五年经济社会发展规划（2016—2020年）。

三、组织实施措施。

具体如下：

（一）关于至2030年远景规划及10年经济社会发展战略（2016—2025年）

1.准备情况

起草的想法及初步内容，已提交给“十大”会议筹备委员会及老党九届七中全会讨论。

起草了总理关于研究至2030年远景规划、10年经济社会发展战略（2016—2025年）以及第八个五年经济社会发展规划（2016—2020年）的命令。

2.至2030年远景规划和10年经济社会发展战略（2016—2025年）的内容

（1）关于战略（草案）的构成分为两部分：

第一部分：总结回顾2001—2015年15年经济社会发展情况。

第二部分：至2030年远景规划及10年经济社会发展战略（2016—2025年）。

① 老挝文，《关于至2030年愿景规划、10年社会经济发展战略（2016—2025及“八五”经济社会发展规划（2016—2020报告））》。

(2) 战略(草案)简要内容

评估2001—2015年15年经济社会发展情况。

2001年党的第七次大会确定了2001—2010年以及至2020年的发展战略方针，到现在我们可以总结评价取得的主要成果如下：

经济方面

过去十余年来(2001—2013年)，总体来说国民经济(GDP)保持了快速、持续发展，宏观经济基本平稳，表现如下：

2001—2010年，经济(GDP)年均增7.1%，2011—2013年度即第七个五年计划中期，实现了8.2%的增长，在第七个五年计划的最后两年(2014—2015年)，如果政府投资能够正常实施以及大型投资项目继续按计划进行，预计经济增速平均不低于8%。

人均GDP从2000—2001年度的325美元增加到2012—2013年度的1 534美元，预计"七五"计划结束年度人均GDP将达到1 865美元，15年间增长近6倍。

经济结构向工业化和现代化方向转变，农林业占比从2001—2002年度的46.2%下降到2012—2013年度的25.5%，预计到2014—2015年度将下降至23.59%；工业占比由2001—2002年度的17.9%上升到2012—2013年度的30.4%，预计2014—2015年度占比将增至33.87%；服务业占比由2001—2002年度的30.4%提升到2012—2013年度的44.2%，预计到2014—2015年度占比36.6%。

劳动力结构发生了变化：从事农林业劳力人口由2005年的78.5%下降至2010年的70%，预计到2015年将降至68.1%；从事工业建筑矿产劳力人口由2005年占4.8%上升至2010年的23%，预计到2015年将占总劳力人口的20.5%。

对外贸易也得以快速发展，2001—2010年，对外出口总额75亿美元，年均增长22%，占GDP总额的21%；进口总额达到94亿美元，年均增长13%，占GDP总额的28%；贸易逆差年均为占GDP的7.2%。2010—2013年，老挝出口总额46亿美元，占GDP的17.28%，进口总额65亿美元，占GDP的24.62%，贸易逆差19亿美元占GDP的7.34%。外贸进出口总额到2010年占GDP的54%，10年平均占比约50%。

投资和官方发展援助(ODA)：2001—2010年，社会总投资额达93.6万亿基普，占GDP的34%。其中国内外私人投资总额达到53.9万亿基普，占投资总额的57.5%，政府投资总额39.7万亿基普，占投资总额的42.4%。"六五"期间(2006—2010年)投资总额比"五五"期间增加2倍，由30.6万亿基普增至62万亿基普。到"七五"中期，投资总额已达85万亿基普，相当于"七五"计划目标的67%。其中，动员外国投资总额已达264亿美元，到2013年，争取用于发展经济社会基础设施，尤其是道路交通、能源电力及社会基础设施的外国官方发展援助总共达到了57亿美元。

宏观经济：稳定良好，13年来通胀率低于两位数(年均6.7%)，基普兑国际货币汇率维持在相当好的状态，每年上下浮动汇率水平按确定的指标不超过5%。

社会方面

贫困率从2003年的33.5%下降到2013年的20.5%，人均寿命由2000年57岁提升到64.7岁；15岁以上人口的识字率已由2000年的68%上升至93.6%，到2013年，群众使用清洁水和卫生间的比例分别达到了70%和60%。

组织实施千年发展目标特别是在教育和卫生领域已取得相当的进展，例如：

消除贫困及饥饿目标：生活在贫困线以下的人口比例由1991年的46%下降到2011年的22%。

到2015年普及小学教育的目标：到2011—2012年度，小学净入学率达到94%（目标为98%），小学1—5年级入学率达到69.9%（目标为95%），15—24岁人群识字率达到了96.7%，预计到2015年将达到目标。

在男女平等和促进女性进步方面：小学适龄女孩的入学率由1991年的77%上升到2010—2011年度的90%，初中的入学率由1991年的66%上升到83%，高中的入学率由1991年的56%上升到80%。达到（各年级入学率到2015年达到100%的目标）这一目标对老挝仍是挑战。

降低儿童死亡的目标：5岁以下儿童死亡率已由2005年新生婴儿每千人死亡98名下降到2010年的61名，这一指标已经达标（原订到2015年的目标为每千名新生婴儿死亡率不能高于80人）。

促进母亲健康的目标：产妇死亡率由2005年每生产10万名新生儿死亡405人下降到2008年每生产10万名新生儿死亡399人（到2015年的目标为260人），医生助产出生率由2005年的23%提升至2010年的37%（到2015年的目标为50%）。此外，生育率已由2005年的96%下降到2008年的76%。总之，以往达到的各项指标仍低于到2015年规定的目标，面临挑战。对此，我们尤其要加以重视，集中力量实现规定的目标。

与地区和国际经济联通

与地区和国际间的经济联通进程正日趋深化。对老挝而言变成了一种机遇，可以更多地争取援助资金来发展自己并修订完善各种司法规定使之符合国际规则。双边贸易合作方面：老挝已同15个国家签署了经济贸易双边协定。多边合作方面：老挝已于2013年成为WTO组织第158个成员，2015年即将加入东盟经济共同体（AEC）。此外，还共同签订了东盟商品贸易协定（ATIGA–ASEAN Trade In Goods Agreement）和东盟投资协定（ACIA–ASEAN Comprehensive Investment），目前正提请国会批准。目前已完成东盟服务贸易7个类别的谈判并签署了协议，现正进行第8类别服务贸易谈判等。

（二）关于到2030年的远景规划及10年经济社会发展战略（2016—2025年）

1.至2030年远景规划

到2030年，预计人口将达860万并将成为中等发展中国家，脱离中低等收入国家行列；沿着平等、团结和睦、民主、公正、文明、政治稳定和社会安宁安全的既定方针，开始迈向中高等级国家行列，治理制度按照三建方针变得坚强。

国民经济以每年不低于8%的增速持续和稳步发展，人均国内生产总值达到约9 500美元，超过2015年约6倍。

国民经济有牢固的经济基础设施体系作为支撑，例如电力工业和铁路将作为经济增长的发动机，工业和服务业经济构成占国民经济的大部分并与农林业领域这个关系到国家粮食保障和自然环境资源可持续发展相联系。

经济发展沿着知识经济、工业和现代化方向发展，按照绿色和环境友好型方针不断提高生产效率，能够灵活应对气候变化和外部危机。

宏观经济稳定，有符合实际的财政货币体系，为发展经济和生产经营提供有效率、灵活和便捷的服务。

按照社会主义方向的市场经济得到系统地整顿，各种经济成分和谐发展，成为国民经济的组成力量，有便利的经营环境。

以老挝人民革命党为领导核心的人民民主政治制度稳固，属于人民、来自人民和为了人民的政府清晰展现，通过依法管理使公民权利得到有效保障，各族人民团结一致。

普通教育水平达到高中，国家的力量在数量和质量上得到发展，有足够培养人力资源的职业学校、大学以及大学以上水平的院校，以满足国内劳动市场对人才的需求。

人民普遍享有有质量的公共卫生服务，有良好的自我发展条件。

男女作用和妇女进步获得良好的发展，祖国优良文化得到保护、发展并更为丰富。

为了国家正当利益，老挝人民民主共和国将与地区和国际建立广泛合作联系，并主动参与地区和国际活动与互联互通，能够在各方面更多地与外部竞争。

2.10年社会经济发展战略（2016—2025年）

（1）关于对国内外机遇与挑战的预测

国际形势：尽管地区仍继续存在矛盾纠纷，但国际和地区对经济的需求以及全球化和地区一体化趋势继续增强，科学技术进步和知识经济推动世界经济呈现良好发展态势，与此同时，世界气候变化趋势和自然灾害也变得频繁。

国内形势：

潜力优势

政治稳定和社会安宁：我国只有老挝人民革命党一党领导，党的领导使我国政治形势稳固、社会安宁、人民团结和睦。

经济基础：国民经济持续发展，国民经济结构向工业化和现代化方向转变，宏观经济稳定，能够克服多次外部和自然因素带来的经济危机，基础设施得到良好发展。

国家战略区位优势：我国位于大湄公河次区域（GMS）的中心位置，与五国接壤，同时是陆路连接中国与东盟各国之间距离最短的国家。

自然资源潜力优势：我国拥有多种自然资源潜力优势，如土地、森林、水资源、矿产资源及自然旅游资源。

人力资源优势：年轻人口（20岁以下）超总人口50%以上，适龄劳力人口也有增加趋势，人才开发工作（教育及公共事业）也不断得到改善。

制约点

①满足发展需求的人才数质量还受到限制。

②发展资金来源还受限，大部分资金仍依靠外国为主，尤其是依靠国外直接投资、提供贷款与援助。

③国内债务仍沉重且成为长期风险。

④经济发展虽然高增长，但以往政府财政收入主要依靠自然资源，而多数群众的收入仍低。

⑤巨额资金流入致使老挝实际兑换率坚挺，对国内通胀形成压力，导致出口加工工业竞争力下降。

⑥其他不足：基础设施仍然不足，运输费用高，法律的执行仍然不够严格，社会消极现象等仍然存在。

机遇

与国际的互联互通，无论是双边或多边合作都有所增加，促使市场扩大，官方开发援助（ODA）与投资呈增长趋势，同时也为我国在国际舞台上日益发挥作用提供了机遇。

科技革命进程强有力向前发展，知识经济进程在全球呈广泛发展态势。

（2）总体方针

①贯彻执行党的“十大”和“十一大”决议，运用我国具有的优势与机遇争取实现利益最大化；继续强有力地创造4突破步伐，保障政治稳定与安全、社会安宁和秩序良好、各族人民团结一致、人民幸福和社会文明。

②到2020年带领国家摆脱欠发展国家行列，并从欠发展过渡到中等收入发展中国家行列，经济发展既快又稳、有质量且地区之间协调发展，各地区按照向工业现代化转变、可持续和环境友好的方针，通过转变发展模式沿着发挥潜能的方向发展。

③推动农业生产以提高效率并转向工业化为重点，继续发展农业基础设施向农业水

利化转变，使用现代科技并以此生产模式为基础，确保粮食安全，并作为国内加工厂原料以及向地区和国际特别是中国和东盟市场出口的原料。

④重视改善经济社会环境，为发展、国外投资、经营和培养企业尤其是从事非自然资源行业企业的竞争能力创造便利条件。

⑤继续为加强与本地区和国际的互联互通创造便利条件，使老挝成为效率高和收益高的过境通道服务中心。重点改善和建设连接南北、东西的道路、铁路和码头，有重点地提升各机场等级。

（3）到2025年的奋斗目标

在继续完善以我党为领导核心的人民民主制度基础上，进一步提升政治稳定程度，并使之变得更为坚强、安全和民主，国家凝聚力和各民族之间的和睦团结更为牢固和坚强；社会安宁并秩序井然，我国在2020年摆脱欠发达国家的行列。

促进生产，确保国民经济持续和稳定增长，国内生产总值（GDP）年增长不低于8%，到2025年，人均GNI为1 590美元，人均GDP约4 750美元。

力争2021—2025年融资4 390 000亿～4 600 000亿基普（折合550亿～750亿美元，占GDP的31%～32%）用于发展。其中，争取政府和国内金融机构的资金来源逐步增长，降低对贷款及无偿援助的依赖，尤其要鼓励更多地采取PPP和BOT投资形式。

保持宏观经济稳定，使通胀率低于6%，兑换率稳定，基普与主要外币汇率上下浮动每年不超过5%，保证有充足且至少不低于6个月进口的外汇储备。

力争实现全部预算收入占GDP的24%～26%，确保预算赤字每年控制在相当GDP 3%～5%，力争将国家全部金融系统的债务减少到占GDP的45%以下，积累充足的预算储备金，以便应对预算紧急情况。

要重视通过培养新的有手艺的劳动力，平衡并满足对劳动力的需求。

按照联合国开发署经社理事会（CDP）确定的三条标准为我国摆脱欠发达国家状态夯实基础：

①到2021年人均GNI超过1810美元；

②人类资源开发指数（HAI）高于68；

③经济脆弱性指数（EVI）低于32。

努力保护、恢复并将森林面积发展到覆盖率不低于70%的（包括栽种永久性经济林），重视生态系统多样性建设，加强对自然资源的管理，合理利用并使其发挥最大效益。

要主动参与东盟共同体、世界贸易组织等地区和国际互联互通进程并增强竞争能力，积极为地区和国际和平、友好和发展合作事业贡献力量。

（4）行业发展战略

行业发展要有重点并向工业化和现代化方向转变。

农业：扩大生产规模，使用先进科技工艺并按照永续发展方针，确保粮食安全，满足国内市场及日益增加的游客对食品的需求，并把出口商品生产与加工相联系，重点发展水稻、粮食作物、无公害作物种植，依据各地实际潜力发展运用高科技的畜牧养殖场及经济作物。同时要重点建立储备库和全面的流通体系，确保能应对各种灾害并平衡市场需求。

工业：集中发展具备优势及高竞争力的工业，如水电、煤电、矿产工业（铜、钾盐矿、铁、铝土矿等）、电子和用于国内消费与出口的农产品加工。工业发展要确定重点地区、经济特区、经济专区和边境经济区。

服务业：鼓励并有重点地开发配套完善的自然、历史和文化旅游工业，研究建设宜居城市可行性，以便吸引高收入国家的游客特别是老龄人前来旅游休闲，并在当地建设农业生产、食品生产、手工艺品和民间产品出口市场，完善并提升过境服务水平，为地区和国际会议提供会场服务，搞好国内外运输服务，同时提供银行方面的便利服务。

发展基础设施：将国家建设成为陆路和空中交通中心并成为本地区各国南北、东西走廊相互连接的通道，为商品运输和流通提供便利。建设磨丁－首都万象和沙湾拿吉－老保铁路，对万象－沙湾拿吉铁路线进行可行性研究，提升首都万象、琅勃拉邦、占巴塞、沙湾拿吉和川圹国际机场等级，以应对增长的乘客。沿南北和东西经济走廊建设城镇，发展强大的后勤供应体系并使之成为本地区后勤中心。

人才和劳动手艺开发：培养能在数量、质量上满足社会经济需求的人才。为此，要在每个县设立职业学校和初级培训中心，在大城市设立中高等职业学校，每个省至少也要设立一所中高等职业开发学校。把现在6所职业学院升级为大学，将康开师范学校建成大学并在北部新建一所大学。

为确保老挝公民的身体健康，医生和医院治疗水平须在数量、质量方面得到提高与改善。

发展科技工艺：鼓励进口和使用先进和环保的科技工艺用于生产，尤其是在信息、农业和工业领域。同时，也要培养并重点增强各科研机构的研发能力，以便为以后阶段的建设事业培育基础因素。

（5）区域发展

在区域发展中要重点维持全国地表森林覆盖达到70%，以保证环境得到保护并促进可持续发展，同时也为农业和电力生产提供水源及发展自然旅游。19%的地表为粮食和经济作物生产用地，所剩的11%地表面积为居住、工业区、矿产、国防治安等用地。

为确保各地区协调并有重点发展，宜依据各地优势条件进行：

北部：重点进行农业商品生产以便出口中国市场，特别要养殖大牲畜及种植品质优良的稻谷，如小鸡稻、药材、经济作物（玉米、黄豆、砂仁、茶叶等）。鼓励发展自然旅游，促进手工产品和民间商品生产以便供应旅游工业，重点发展水电、火电、矿产工业以及南北经济走廊过境服务业，等等。

中部：重点发展稻谷种植和粮食生产，以供应全国市场；发展小畜牧，如猪、山羊、家禽并促进鱼类养殖；开发水电、农业加工工业、提供旅游、地区和国际会议服务、东西经济走廊过境服务。

南部：重点发展粮食食品生产，如蔬菜、水果、咖啡、茶叶等，重点发展农业加工工业、水电以及提供旅游景点、地区和国际会议服务。

（三）关于制订“八五”社会经济发展计划（2016—2020年）

1. 准备情况

(1) 老挝计划与投资部在2013年就制订了一些必要的规定，以便作为制订该计划的依据，例如：

关于总结评估组织执行“七五”社会经济发展计划（2011—2015年）中期情况的指导意见。

起草了关于2030年远景规划、10年社会经济发展战略（2016—2025年）及“八五”社会经济发展规划（2016—2020年）的总理令。

起草了“八五”社会经济发展规划（2016—2020年）的指导意见。

(2)“八五”计划草案研讨初步思路：

“八五”国家社会经济发展规划（2016—2020年）**由三部分构成：**

①评估“七五”国家社会经济发展计划（2011—2015年）组织实施情况。

②“八五”国家社会经济发展规划（2016—2020年）方针。

③组织执行措施，在组织执行中划分行业部门与地方的任务及责任。

工作方法

①采用新的模式制订规划，即由原来主要依靠各部门（Output based）变为依据国家级大成果（Outcome based）来制订规划。

②召开多次专家级研讨会议。

③与联合国开发署、GIZ、亚行和世行等各项目专家召开研讨会议。

④与“八五”国家社会经济发展规划筹备工作组联合召开首次协商会议，以便指导各部门准备起草各自部门“八五”国家社会经济发展规划。

⑤与各部门联合召开研究会议，以便起草关于2030年远景规划、10年社会经济发展战略（2016—2025年）及“八五”国家社会经济发展规划（2016—2020年）的总理令。

2．“八五”社会经济发展规划（2016—2020年）内容

（1）评估“七五”社会经济发展计划（2011—2015年）组织实施情况：

依照对“七五”社会经济发展计划（2011—2015年）中期的总结评估结果，大部分目标有望达到计划。因此，预计在“七五”最后阶段，我国继续保持政治稳定、社会安宁和秩序井然，经济年平均增长将不低于8%。到2015年，人均GDP将达到或超过原订计划，经济结构沿着工业和现代化方向转变，预计第一、第二、第三产业在GDP中的比重分别为25.5%、30.3%和44.2%。“七五”过半，我国吸引国内外投资金额851 473.5亿基普，或相当于GDP的40%，其中国家投资占23.36%（其中ODA援助占16.25%），国内私人和国外投资占投资总额的57.03%，银行信贷占19.6%。宏观经济相当稳定，通胀率年平均5.8%，与坚挺货币的兑换率没有大的波动，外汇储备约够5个月的进口。尽管此后宏观经济尤其是与调控收支预算和解决公共债务等相关方面受到相当大的影响，但总体上说，组织执行“七五”计划仍处于良好态势，表现在如下一些方面：经营、生产、服务和投资仍继续保持良好氛围，组织实施千年发展目标取得多方面进展，如把农村发展和解决人民贫困与为人民安排定居点及固定职业相联系，改善必要的基础设施和社会服务网络，使2012—2013财年贫困率下降到了20.5%。电网发展在全国范围内得到积极实施并超过了计划目标，尤其是延伸至80%的农村和偏远地区，全国家庭用电户数达到了87.6%（2014年3月），超过了原定的80%的计划指标。

老挝在与地区和国际合作中也取得了令人满意的成果：2013年初成为WTO成员。此外，老挝还成功主办了第7届亚欧议会大会及第9届亚欧领导人峰会等一些重要会议。与地区和国际的互联互通持续发展，以应对加入东盟经济共同体。

（2）“八五”社会经济发展规划（2016—2020年）简要内容

总目标：按照发挥国家潜力优势及便利条件并与地区和国际互联互通相结合的方针，通过转变发展方式，带领国家到2020年摆脱欠发达国家的行列。

总目的：

①使国民经济以相当高的速度、稳健而又有质量地持续发展，确保宏观经济稳定，平衡发展与资金供应关系，符合向工业和现代化方向转变的新条件。

②确保永续发展，经济发展、社会文化与环境保护之间相互协调，主动并及时应对自然灾害，保障农村全面发展与解决贫困紧密相联。

③开发有质量的人才资源：培养有手艺、有纪律和勤勉的劳动力，培养特别方面的专家，加强政府干部培养，企业和谋职者能够在国内外竞争。

④按照互利方针，主动采取多种形式继续扩大国际合作，为同地区和国际的互联互通创造便利条件。

⑤维护政治稳定，确保社会安宁和秩序有序，建设团结和睦、民主、公正和文明的

社会。

经济和宏观调控目标

①宏观经济目标：

GDP年均增速不低于8%，其中农林业年均增速3.4%，工业年均增速11%，服务业年均增速9%。

到2020年总人口约750万。

到2020年，人均GDP达到3 240美元，如按国民总收入（GNI）计，人均2 750美元。

通胀处于合理水平（6%水平），确保汇率稳定在可控的范围内。

广义货币（M2）的增加要与经济发展相适应。

力争全部预算收入相当于GDP的23%～25%，保障每年预算赤字不超过GDP 5%的水平。

融资额相当于GDP的32%或约248 000亿基普。

力争出口额年均增速不低于18%，进出口总值超过GDP的60%，外汇储备持续增加，至少保证6个月的进口需求。

②摆脱欠发达国家的目标。

人均国民总收入（GNI）力争达到2 750美元（国际目标是到2018年人年均高于1 574美元，到2021年人年均达到1 810美元）。

人类资源指数（HAI）力争不低于68。

经济脆弱性指数（EVI）力争不高于32（2020年）。

永续发展及绿色发展指标：森林覆盖面积不低于国土面积的70%。

贫困家庭占比不超过全国家庭总数的5%。

宏观平衡

①平衡发展资金来源。为了使“八五”计划经济增长达到8%以上，全部资金需求约2 480 000亿基普或相当于GDP的32%。其中政府预算投资占总投资的10%～12%，无偿援助及贷款投资占总投资的约20%～22%，国内私人和外国投资占总投资的约55%，银行信贷投资占总投资的15%～20%。

②平衡政府预算（收、支）。

预计5年全部预算收入占GDP的23%～25%，其中国内5年预算收入占国内生产总值的约19%～21%。

预计5年全部预算支出占GDP 27%～29%。

力争预算赤字位于可控水平（不超过GDP的5%）

奋斗目标：

③平衡进出口。

通过大力促进国内生产，达到出口数量的逐渐增多，质量的逐渐提高，力争逐步减少贸易逆差。而进口要为生产提供便利，如用于生产的机械设备。预计出口额年均增长不低于18%（具体还要与各部门和地方研究实际能力）。

④劳动力平衡。

对劳动力由农业向工业和服务业转移作出预测。

在加入东盟经济共同体条件下我国赴外劳工以及外国来老劳工问题。

全部劳力、就业安排、失业、年轻劳力等。

培养劳动技艺。

⑤平衡支出与储备。

积累国家储备金，分摊政府物资商品储备，以满足保卫工作、抗击并恢复自然灾害带来影响的紧急和危急之需，为市场调节、国防治安并确保经济稳定作出贡献，并为组织执行和实现政府社会经济发展计划所规定的目标创造条件。

继续提高贮备金额度，以满足国内的发展需求，使我国从灾害影响和经济下行中恢复过来。加强国防和治安方面投入，保证社会经济稳定，以便实施新时期的社会经济发展计划。

各部门发展方向

经济部门：重点发展具有较强优势和增长快的行业，在推动经济增长的同时，同步发展农业和可持续性经济行业，其中：

优势部门发展重点：

农业部门：须保证粮食安全，使用现代科技并按照永续方向促进商品生产，并与加工工业和国内外市场相联系；明确农业生产区，鼓励清洁好和无公害农业生产，重点建设储备粮库，以便在发生各种灾害时能够全面地分发流通，并平衡市场需求。向农业水利化（生产配套）转变。

工业部门：重点发展有优势和竞争力强的行业，如水电和矿产工业（尤其是储量多及价值高的矿产）、零配件行业和加工工业，通过鼓励私营部门参与并发挥更多作用，促进中小企业发展并使之能够参与国内外竞争。重点发展效益回报高和快的各大项目。工业发展要明确规定重点区、经济特区和经济专区并讲求质量，研究并使用有优势的替代能源。

服务部门：有重点地开发配套完整的旅游工业，大力建设国内外运输和金融－银行体系，重点研究建设宜居地吸引游客的可行性，加快发展清洁和环境友好型旅游业，将当地建成出口工农业产品、食品、手工和民间工艺品的市场。

社会文化部门：继续发展社会文化领域，例如发展教育体育，人类资源开发既要有数量、质量，又要符合经济社会发展要求。同时，到2020年，要重点完成“七五”计划(2011—2015)经济社会发展计划中尚未达到的千年发展各项目标。培养有手艺和各种能力的从业者以满足国家发展需求，培养有技术和纪律的劳动力量，提高劳动效率，同时管理并维护国内外劳动者权益。重点改善并提高公共卫生服务质量，既确保群众能进入服务体系，又广泛享受公共卫生服务。保护和弘扬祖国优良文化习俗，永远与老挝人共存。改善并发展媒体网络，使之成为能够广泛向人民群众宣传党和政府方针政策的传声筒，同时传播祖国文化习俗以推动旅游业。

继续发展农村并将解决群众贫困与创造就业、根据各地优势进行商品生产相联系；清晰安排发展区，通过将农村中的大村建成小城镇、安排发展重点区、执行基地、区分困难偏远地区及发展缓慢的地区等办法，缩小各区域之间的差别，提高并改善各族群众的生活质量；重点解决未爆炸弹问题；强力促进三建并提高效率。

其他部门：提高管理质量与效率，发展法治国家，政府行政管理要在社会上做到透明和公正。鼓励男女平等和妇女进步，妇幼工作要与青年开发工作同步进行，以便成为发展的坚强力量。

维护政治稳定、社会安宁和国家安全，同时增强各民族之间的团结和睦。

继续加强同国际和地区的合作以争取援助，同时为发展营造便利环境。

区域与地方发展

区域和地方发展要协调并符合各区域和地方的优势与特点。将有优势、条件、有利的县份或与已经发展了的各友邻国家边境接壤区确定为先行发展样板，具体如下：

北部地区：按照国际经济联通方针，重点改善基础设施，大力促进商品生产，按照大力发展水电、矿产开采加工、农林产品加工、发展无公害农业以及建设自然旅游中心等高附加值行业方针（设立商品免税区以吸引旅游），转变经济结构。

中部地区：因位于湄公河次区域特殊位置，中部地区在发展中负有国家中心作用发挥及推动经济向纵深发展的职责。要按照转向现代化的方针转变经济结构，在大力推动发展技术含量高、有效率和高附加值工业部门的基础上，为经济基础创造出更加多样化的商品产品。其中，最重要的是把电力工业、矿产开采与加工、农林产品与发展高效农业、旅游业和国际贸易相结合，开发能吸纳众多劳动力的加工工业，以便使各非农部门劳动力比例增加40%～45%。发挥万象市作为国家经济、政治、文化、社会和科技中心的作用、沙湾拿吉省与泰国经济联系环节及地处东西两面国家中心位置的有利优势，重点投资万象市和沙湾拿吉省，并作为中部地区经济发展的支持力量。

南部地区：通过转向使用工艺技术、清洁生产并加强对咖啡、稻谷、香蕉、玉米等作物的加工，重点提高农业部门附加值。同时，也要建设产品加工厂，设立劳动手艺中心，以便能开展熟练及吃苦耐劳的劳动手艺生产。改善连接南部4省的基础设施，为开发旅游业提供便利。与周边邻国开展有质量和环境友好型合作。

各项工作领域发展方针，重点是要达到大目标和总目的，以便到“八五”计划末期取得各项大的成果。据初步研究，大致有16项成果，计划设想如下：

成果1：经济连续、平稳增长并有质量。

成果2：宏观经济稳定。

成果3：发展与资金供给相适应且协调。

成果4：预算收入能满足发展资金需求。

成果5：人民群众从永续发展中受益。

成果6：各区域和地方得到协调发展并符合各自优势与特点。

成果7：人民群众能享受到便利、全面和有质量的教育与卫生服务，市场运输快捷并确保数量、质量。

成果8：知识经济得到弘扬，商品生产得到促进，加工多样化，为人民群众创造更多就业和收入。

成果9：人民群众有充裕的食品，身体健康和安全。

成果10：学习和培训课程达到国际标准，能够培养高素质劳动力。

成果11：劳动力效率增强并能满足劳动市场需求。

成果12：国家干部质量提升。

成果13：国内从业者能够参与国内和国际市场竞争。

成果14：妇女、青年及社会人士理解党和政府路线政策，积极为维护民主、社会安宁与安全作出贡献。

成果15：社会秩序良好，消极现象得到解决。

成果16：法律得到有效、严格和公正执行，确保各级人民法院案件审理和判决透明和公正。

（四）组织执行措施

1．各部门和地方要制定2030年远景规划，编制符合自己实际并能挖掘本部门本地方潜力的10年经济社会发展战略（2015—2025年）及第八个五年计划（2016—2020年），以高度负责的精神组织执行上述各计划。

2．理解、指导并给各部门和地方明确分配责任，以便共同协调并积极组织执行。

3．有正常的监督、检查、效果评估及审计体系。

全球重点国家农业发展情况系列研究报告

亚洲·东南亚篇

菲律宾

Philippines

农业农村部对外经济合作中心 编著

中国农业出版社
北 京

图书在版编目（CIP）数据

全球重点国家农业发展情况系列研究报告．亚洲．东南亚篇．菲律宾/农业农村部对外经济合作中心编著．—北京：中国农业出版社，2019.12
ISBN 978-7-109-26304-8

Ⅰ．①全… Ⅱ．①农… Ⅲ．①农业发展-研究报告-世界 ②农业发展-研究报告-菲律宾 Ⅳ．①F313 ②F334.13

中国版本图书馆CIP数据核字（2019）第284976号

亚洲·东南亚篇 菲律宾
YAZHOU·DONGNANYA PIAN FEILVBIN

中国农业出版社出版
地址：北京市朝阳区麦子店街18号楼
邮编：100125
责任编辑：张丽四 黄曦 程燕 张丽 丁瑞华
责任校对：刘飏雨
印刷：中农印务有限公司
版次：2019年12月第1版
印次：2019年12月北京第1次印刷
发行：新华书店北京发行所
开本：787mm×1092mm 1/16
总印张：55
总字数：1350千字
总定价：180.00元（共8册）

《亚洲·东南亚篇　菲律宾》编写委员会

主　　编：杨　易

副 主 编：周　勇　杨　光　陈瑞剑

参编人员：刘　兰　祁梦超　陈祥新　周向阳　张玲玲
姜　晔　于　敏　柏　娜　茹　蕾　龙　盾
刘　晴　刘建玲　许　勇　张　琦　肖金明
赵婕羽

摘要

菲律宾共和国位于亚洲东南部，西濒南中国海，东临太平洋，是一个群岛国家，共有大小岛屿7 107个，全国面积约30万平方公里，其中吕宋岛、棉兰老岛、萨马岛等11个主要岛屿占全国面积的96%，首都马尼拉是全国最大的港口城市。菲律宾是一个多民族国家，菲律宾人口规模达到1.01亿人，其中马来族占全国人口的85%以上，居民多信奉天主教，官方语言为英语。菲律宾实行总统制，行政、立法与司法三权分立，又相互制衡。菲律宾的社会治安状况逐渐恶化，犯罪案件不断攀升。近年来，菲律宾的贫困人口发生率有所下降，但是仍然超过20%人口处于贫困状态。菲律宾实行出口导向型经济模式，第三产业在国民经济中地位突出，农业和制造业也占有相当比重。菲律宾是东盟的成员国家之一，东盟在外交上为菲律宾提供了平台，日本与菲律宾保持着较好的国际关系。中菲两国于1975年6月9日正式建交。近年来，中菲关系进一步深化，经贸合作日趋广泛，文化交流和民间往来也日益增多。

菲律宾一直积极吸引外资，但是由于各种困难，近些年来流入菲律宾的FDI并不理想，为了加快投资吸引，菲律宾制定了《2017—2022年菲律宾发展规划》。菲律宾投资来源国主要为荷兰和日本，其他投资较多的国家为韩国、美国、新加坡。中国对菲律宾投资相对其他国家较少，菲律宾的农林渔业2015年共获得外国投资85.08亿比索。投资环境不完善是发展中国家所具有的“通病”，这成为中国企业到菲律宾投资所要面临的主要风险和挑战。政府部门行政效率低，法律体系完善工作进展缓慢，商业和公共机构腐败现象仍然相当普遍。中菲两国就农业领域合作、农业技术援助、渔业发展、经贸合作达成多项协议和备忘录。但国际主要机构对菲律宾经济前景十分看好，纷纷预测菲律宾国家将保持较高的经济增长。

菲律宾是各种天灾频繁光顾的国家，农业生产仍未能摆脱“靠天吃饭”的局面。菲律宾的农业开发需要较大量的投资。目前，菲律宾水稻、玉米产量相对较低，对品种改良技术和农业生产管理技术需求较大。对于菲律宾水果产业来说，初级产品产量较大，例如椰子。但产业链下游初级加工和深加工领域不足，这是菲律宾水果产业投资重点。

中菲农业合作过程中，中国应扩大对菲律宾的大米出口，加强与菲律宾开展渔业合作，对菲律宾养蚕业给予必要的技术援助，扩大菲律宾香蕉、橡胶等农产品进口，加强两国种植业与肥料合作、农业机械化技术合作等。

目 录
CONTENTS

一、国别宏观资料

（一）国家概况

菲律宾共和国位于亚洲东南部，西濒南中国海，东临太平洋，是一个群岛国家，共有大小岛屿7 107个。菲律宾全国面积约30万平方公里，其中吕宋岛、棉兰老岛、萨马岛等11个主要岛屿占全国面积的96%。首都马尼拉是全国最大的港口城市。

菲律宾是一个多民族国家，现有人口约为8 800万，其中马来族占全国人口的85%以上，居民多信奉天主教，官方语言为英语。

菲律宾自然资源丰富，矿产主要有铜、金、银、铁、铬、镍等20余种。地热资源丰富，预计有20.9亿桶原油标准能源。巴拉望岛西北部海域有石油储量约3.5亿桶。菲律宾鱼类品种达2 400多种，其中金枪鱼资源居世界前列。菲律宾森林面积约为1 579万公顷，覆盖率达53%，产有乌木、檀木等名贵木材。

菲律宾实行出口导向型经济模式，第三产业在国民经济中地位突出，农业和制造业也占有相当大比重。近年来，菲政府加大了对农业和基础设施建设的投入，扩大内需和出口，国际收支得到了改善，经济保持平稳增长。2008年，受国际能源、粮食价格上涨和金融危机的影响，菲律宾经济增速明显放缓。

中菲两国于1975年6月9日正式建交。建交以来，两国关系总体发展顺利，各领域合作成效显著。近年来，中菲关系进一步深化，经贸合作日趋广泛，文化交流和民间往来也日益增多。

1. 地理及行政区划

（1）地理概况

菲律宾国土面积为29.97万平方公里。

菲律宾位于北纬4°35′与21°8′之间，东经16°55′与126°37′之间。菲律宾从北到南长达1 000公里，北邻中国、日本、朝鲜半岛；西接泰国、越南、柬埔寨、老挝、缅甸、印度；东临太平洋；南部和西南与印度尼西亚、马来西亚隔海相望；是亚洲、大洋洲两大陆和太平洋之间以及东亚和南亚之间的桥梁。

菲律宾由7 100多个岛屿组成，其中2 773个已有名称，其余的尚未起名，被称为“千岛之国”。菲律宾群岛中有11个大岛占全国总面积94%。按照地形和岛屿排列情况通常将群岛分为吕宋岛（菲第一大岛，面积为40 814平方公里）、维萨亚群岛、棉兰老岛

（第二大岛，面积为36 906平方公里）、巴拉望群岛和苏禄群岛。

菲律宾地貌复杂多样，有山脉、平原、高原、峡谷、湖泊、大河、火山、草原、森林等诸多形态。菲境内山地面积占总面积的2/3，海陆对比很明显，西侧中国南海，深达5 000米以上；东侧太平洋，深达6 000米以上。

菲律宾群岛上横亘七座山脉，最有名的是马德雷（Sierra Madre）山，它从北到南贯穿吕宋岛东部。菲律宾最高的山是阿波煤山（Mount Apo），该山是菲律宾的制高点，位于棉兰老岛。菲律宾境内地势最低洼的地方是位于棉兰老岛东海岸的“菲律宾海沟”。该处深达10 540米，为世界最深的海沟。菲律宾最有名的平原是吕宋平原，有“菲律宾粮仓”之美称。菲律宾海拔最高的地区是位于北吕宋的本格特（Benguet）高原，其上坐落着菲律宾著名消暑胜地城市碧瑶（Baguio），在棉兰佬岛也有七处高原，海拔高度不等。

菲律宾海岸线蜿蜒曲折，总长18 533公里，有颇多的天然良港。菲律宾海岸有61个自然港，马尼拉湾是世界上最好的港湾之一，水域达770平方公里。菲律宾群岛遍布河流，最长的河流是卡加延（Cagayan）河，流经亚洲最著名的烟草生产地区卡加延峡谷。贝湖（Laguna de Bay）是菲最大的淡水湖，位于吕宋岛古纳省（Laguna）省和黎刹省（Rizal）省的环绕之中。

菲律宾属热带海洋性气候，全年阳光充足，一年分干季和湿季两季。湿季为5～10月，高温多雨；干季为11月至次年4月，炎热干燥。菲律宾国土南北狭长，东西有山脉分隔，因此南部与北部，东海岸与西海岸之间的气候均有差别。全年平均气温为26.6℃上下。

菲律宾以东有台风发源地，每年7～9月台风路线多经吕宋岛。10～12月台风路线南移，有时也在棉兰佬岛北部登陆。

菲律宾位于太平洋边缘的火山地震带之上，因此境内多发生地震；全境有火山50多座，其中活火山11座。最有名的活火山是吕宋岛的“马荣火山”，该火山在1616—1968年，共喷发30余次。

（2）行政区划

根据NSCB公布的资料，菲律宾全国划分为吕宋岛、米沙鄢岛和棉兰老岛三大岛组，设有17个大区（包括国家首都区、科迪勒拉行政区和棉兰老穆斯林自治区），2012年下设80个省（原来为78个省）。

截至2006年9月30日，各级地方政府的详细数目见表1-1～表1-3。

表1-1　菲律宾大区、省、市、镇、村数量

岛组	大区 Region	省 Province	市 City	镇 Municipality	村（或社）Barangay
吕宋LUZON	8	37	57	690	20 057
米沙鄢VISAYAS	3	17	33	399	11 875
棉兰老MINDANAO	6	25	27	417	10 061
合计	17	79	117	1 506	41 993

表1-2　菲律宾大区

大区名		地区编号	面积 (km²)	人口登记[①] 2015.8.1	首府
国家首都大区	NCR—NationalCapital Region(MetroManila)	13	633.11	12 877 253	马尼拉
科迪勒拉行政区	CAR—Cordillera AdministrativeRegion	14	19 422.03	1 722 006	碧瑶
伊罗戈斯大区	Region Ⅰ—IlocosRegion	01	13 012.60	5 026 128	圣费尔南多
卡加延河谷大区	Region Ⅱ—CagayanValley	02	28 228.83	3 451 410	土格加劳
中央吕宋大区	Region Ⅲ—CentralLuzon	03	22 014.63	11 218 177	圣费尔南多
甲拉巴松大区	Region Ⅳ—A—Calabarzon	04	16 873.31	14 414 774	卡兰巴
民马罗巴大区	Region Ⅳ—B—Mimaropa	17	29 620.87	2 963 360	卡拉潘
比科尔大区	Region Ⅴ—Bicol	05	18 155.82	5 796 989	黎牙实比
西米沙鄢大区	Region Ⅵ—WesternVisayas	06	12 828.97	4 477 247	伊洛伊洛
中米沙鄢大区	Region Ⅶ—CentralVisayas	07	10 102.16	6 041 903	宿务
内格罗斯岛大区	NIR/Region XⅧ—NegrosIslandRegion	18	13 350.74	4 414 131	—
东米沙鄢大区	Region Ⅷ—Eastern Visayas	08	23 251.10	4 440 150	塔克洛班
三宝颜半岛大区	Region Ⅸ—Zamboanga Peninsula	09	17 046.64	3 629 783	三宝颜
北棉兰老大区	Region Ⅹ—NorthernMindanao	10	20 496.02	4 689 302	卡加延－德奥罗

（续）

	大区名	地区编号	面积 (km^2)	人口登记[①] 2015.8.1	首府
达沃大区	Region XI –DavaoRegion	11	20 357.42	4 893 318	达沃
南哥苏萨桑大区	Region XII –Soccsksargen	12	22 513.30	4 545 276	科罗纳达尔
棉兰老穆斯林自治区	ARMM–Autonomous Region of Muslim Mindanao	15	33 972.52	3 781 387	苏丹库达拉
卡拉加大区	Region XIII –Caraga	16	21 478.35	2 596 709	武端
菲律宾	Philippines		330 849.48	100 981 437	马尼拉

注：①总人口中包括海外使领馆工作人员等。

表1-3　菲律宾大区、省

代码	大区、省（含部分独立市）	面积 (km^2)	人口普查 2015.8.1	首府
13	NCR–国家首都区 NationalCapitalRegion	633	12 877 253	马尼拉 Manila
14	CAR–科迪勒拉行政区 Cordillera AdministrativeRegion	19 422	1 722 006	碧瑶 Baguio
1401	阿布拉省 Abra	3 976	241 160	邦贵 Bangued
1411	本格特省 Benguet（不含碧瑶市）	2 655	446 224	拉特立尼达 LaTrinidad
1427	伊富高省 Ifugao	2 518	202 802	拉加韦 Lagawe
1432	卡林阿省 Kalinga	3 120	212 680	塔布克市 Tabuk
1444	高山省 Mountain	2 097	154 590	邦都 Bontoc
1481	阿巴尧省 Apayao	3 928	119 184	卡布高 Kabugao
01	I –伊罗戈斯 Ilocos	12 840	5 026 128	圣费尔南多 SanFernando
0128	北伊罗戈省 IlocosNorte	3 399	593 081	拉瓦格市 Laoag
0129	南伊罗戈省 IlocosSur	2 580	689 668	美岸（维甘）市 Vigan
0133	拉乌尼翁省 LaUnion	1 493	786 653	圣费尔南多市 SanFernando
0155	邦阿西楠省（班诗兰）Pangasinan	5 368	2 956 726	林加延 Lingayen
02	II –卡加延河谷 Cagayan	26 838	3 451 410	土格加劳 Tuguegarao
0309	巴坦群岛省 Batanes	209	17 246	八示戈 Basco
0215	卡加延省 Cagayan	9 003	1 199 320	土格加劳市 Tuguegarao
0231	伊莎贝拉省 Isabela[①]	10 665	1 593 566	伊拉甘市 Ilagan
0250	新比斯开省 NuevaVizcaya	3 904	452 287	巴云邦 Bayombong

（续）

代码	大区、省（含部分独立市）	面积 (km²)	人口普查 2015.8.1	首府
0257	季里诺省Quirino	3 057	188 991	卡巴罗吉斯Cabarroguis
03	Ⅲ－中央吕宋CentralLuzon	21 471	11 218 177	圣费尔南多SanFernando
0308	巴丹省Bataan	1 373	760 650	巴朗牙市Balanga
0314	布拉干省Bulacan	2 625	3 292 071	马洛洛斯市Malolos
0349	新怡诗夏省NuevaEcija	5 284	2 151 461	帕拉延市Palayan
0354	邦板牙省Pampanga（不含安赫莱斯市）	2 181	2 198 110	圣费尔南多市SanFernando
035401	安赫莱斯市AngelesCity	60	411 634	—
0369	打拉省Tarlac	3 053	1 366 027	打拉市Tarlac
0371	三描礼士省Zambales（不含奥隆阿波市）	3 714	590 848	伊巴Iba
037107	奥隆阿波市Olongapo	185	233 040	—
0377	奥罗拉省Aurora	3 240	214 336	巴莱尔Baler
04	Ⅳ－A甲拉巴松Calabarzon	16 230	14 414 774	卡兰巴Calamba
0410	八打雁省Batangas	3 166	2 694 335	八打雁市Batangas
0421	甲米地省Cavite	1 288	3 678 301	特雷塞马蒂雷斯市TreceMartires
0434	内湖省Laguna	1 760	3 035 081	圣克鲁斯SantaCruz
0456	奎松省Quezon（不含卢塞纳市）	8 707	1 856 582	卢塞纳市Lucena
0458	黎刹省Rizal	1 309	2 884 227	安蒂波罗市Antipolo④
17	Ⅳ－B民马罗巴Mimaropa	27 456	2 963 360	卡拉潘Calapan
1751	西民都洛省OccidentalMindoro	5 880	487 414	曼布劳Mamburao
1752	东民都洛省OrientalMindoro	4 365	844 059	卡拉潘市Calapan
1740	马林杜克省Marinduque	959	234 521	波克Boac
1759	朗布隆省Romblon	1 356	292 781	朗布隆Romblon
—	巴拉望大区（拟）	17 277	1 104 585	公主港市PuertoPrincesa
1753	巴拉望省Palawan（不含公主港市）	14 650	849 469	公主港市PuertoPrincesa
175316	公主港市PuertoPrincesa	2 381	255 116	—
05	Ⅴ－比科尔Bicol	14 544	5 796 989	黎牙实比Legaspi
0505	阿尔拜省（亚眉）Albay	2 553	1 314 826	黎牙实比市Legaspi
0516	北甘马粦省CamarinesNorte	2 113	583 313	达特Daet
0517	南甘马省CamarinesSur	5 267	1 952 544	皮利Pili

（续）

代码	大区、省（含部分独立市）	面积 (km²)	人口普查 2015.8.1	首府
0520	卡坦端内斯省Catanduanes	1 512	260 964	比拉克Virac
0541	马斯巴特省Masbate	4 048	892 393	马斯巴特市Masbate
0562	索索贡省Sorsogon	2 141	792 949	索索贡市Sorsogon
06	Ⅵ－西米沙鄢WesternVisayas	20 223	4 477 247	伊洛伊洛Legaspi
0604	阿克兰省Aklan	1 818	574 823	卡利博Kalibo
0606	安蒂克省Antique	2 522	582 012	圣何塞－德布埃纳维斯塔 SanJosedeBuenavista
0619	卡皮斯省Capiz	2 633	761 384	罗哈斯市Roxas
0630	伊洛伊洛省（怡朗）Iloilo（不含伊洛伊洛市）	4 720	1 936 423	伊洛伊洛市Iloilo
—	伊洛伊洛市IloiloCity	78	447 992	—
0679	吉马拉斯省Guimaras	604	174 613	霍尔丹Jordan
07	Ⅶ－中米沙鄢CentralVisayas	14 951	6 041 903	宿务Cebu
0712	保和省Bohol	4 117	1 313 560	塔比拉兰市Tagbilaran
0722	宿务省Cebu	5 088	2 938 982	宿务市Cebu
072217	宿务市CebuCity	315	922 611	—
072226	拉普拉普市Lapu-LapuCity(Opon)	58	408 112	—
072230	曼达韦市MandaueCity	25	362 654	—
0761	锡基霍尔省Siquijor	344	95 984	锡基霍尔Siquijor
18	Ⅶ－内格罗斯岛大区NegrosIsland	—	4 414 131	—
1845	西内格罗斯省NegrosOccidental（除巴市）	7 926	2 497 261	巴科洛德市Bacolod
—	巴科洛德市BacolodCity	163	561 875	—
1846	东内格罗斯省NegrosOriental	5 402	1 354 995	杜马格特市Dumaguete
08	Ⅷ－东米沙鄢EasternVisayas	21 433	4 440 150	塔克洛班Tacloban
0826	东萨马省EasternSamar	4 340	467 160	博龙岸市Borongan
0837	莱特省Leyte（不含塔克洛班市）	5 713	1 724 679	塔克洛班市Tacloban
083747	塔克洛班市TaclobanCity	202	242 089	—
0848	北萨马省NorthernSamar	3 499	632 379	卡塔曼Catarman
0860	萨马省（西萨马）Samar（WesternSamar）	5 591	780 481	卡巴洛甘市Catbalogan
0864	南莱特省SouthernLeyte	1 735	421 750	马阿辛市Maasin
0878	比利兰省Biliran	555	171 612	纳瓦尔Naval

（续）

代码	大区、省（含部分独立市）	面积 (km²)	人口普查 2015.8.1	首府
09	Ⅸ－三宝颜半岛 ZamboangaPeninsula	14 811	3 629 783	帕加迪安 Pagadian
0972	北三宝颜省 ZamboangadelNorte	6 618	1 011 393	第波罗市 Dipolog
0973	南三宝颜省 ZamboangadelSur	3 481	1 010 674	帕加迪安市 Pagadian
097332	三宝颜市 Zamboanga	1 483	861 799	三宝颜市 Zamboanga
0983	三宝颜锡布格省 ZamboangaSibugay①	3 088	633 129	伊皮尔 Ipil
0997	伊莎贝拉市 CityofIsabela(巴西兰省)④	141	112 788	伊莎贝拉市 Isabela
10	Ⅹ－北棉兰老 NorthernMindanao	16 925	4 689 302	卡加延德奥罗
1013	布基农省 Bukidnon	8 294	1 415 226	马来巴来市 Malaybalay
1018	甘米银省 Camiguin	230	88 478	曼巴豪 Mambajao
1035	北拉瑙省 LanaodelNorte（不包括伊利甘市）	2 279	676 395	图博 Tubod
103504	伊利甘市 Iligan	813	342 618	伊利甘市 Iligan
1042	西米萨米斯省 MisamisOccidental	1 939	602 126	奥罗基耶塔市 Oroquieta
1043	东米萨米斯省 MisamisOriental（除卡市）	3 081	888 509	卡加延德奥罗市 CagayandeOro
104305	卡加延德奥罗市 CagayandeOroCity	489	675 950	卡加延德奥罗市 CagayandeOro
11	Ⅺ－达沃区 Davao	19 672	4 893 318	达沃 Davao
1123	北达沃省 DavaodelNorte	3 463	1 016 332	塔古姆市 Tagum
1124	南达沃省 DavaodelSur（不含达沃市）	2 164	632 588	迪戈斯市 Digos
112402	达沃市 Davao	2 444	1 632 991	达沃市 Davao
1125	东达沃省 DavaoOriental	5 164	558 958	马蒂市 Mati
1182	康波斯特拉谷省 CompostelaValley	4 667	736 107	那布图兰 Nabunturan
1186	西达沃省 DavaoOccidental	2 163	316 342	马利塔 Malita
12	Ⅻ－SoCCSKSarGen	18 348	4 545 276	科罗纳达尔 Koronadal
1247	哥打巴托省（北哥打巴托）Cotabato（NorthCotabato）	6 566	1 379 747	基达帕万市 Kidapawan
1263	南哥打巴托省 SouthCotabato（不含桑市）	3 996	915 289	科罗纳达尔市 Koronadal
126303	桑托斯将军城市 GeneralSantos	493	594 446	桑托斯将军城市 GeneralSantos
1265	苏丹库达拉省 SultanKudarat	4 715	812 095	伊苏兰 Isulan
1280	萨兰加尼省 Sarangani	2 980	544 261	阿拉贝尔 Alabel
1298	哥打巴托市 Cotabato（注）	176	299 438	哥打巴托市 Cotabato

（续）

代码	大区、省 （含部分独立市）	面积 (km^2)	人口普查 2015.8.1	首府
15	棉兰老穆斯林自治区 MuslimMindanao	13 010	3 781 387	哥打巴托 Cotabato
1507	巴西兰省 Basilan（不含伊莎贝拉市）	1 234	346 579	伊莎贝拉市 Isabela[④]
1536	南拉瑙省 LanaodelSur	3 873	1 045 429	马拉维市 Marawi
1538	马京达瑙省 Maguindanao （不含哥打巴托市）	4 900	1 173 933	谢里夫阿瓜克（马戈诺伊） ShariffAguak（Maganoy）
1566	苏禄省 Sulu	1 600	824 731	霍洛 Jolo
1570	塔威塔威省 Tawi−Tawi（萨马尔人）	1 087	390 715	邦奥 Bongao[③]
16	XⅢ－卡拉加 Caraga	18 848	2 596 709	武端 Butuan
1602	北阿古桑省 AgusandelNorte （不含武端市）	1 773	354 503	卡巴巴兰 Cabadbaran
160202	武端市 Butuan	817	337 063	武端市 Butuan
1603	南阿古桑省 AgusandelSur	8 966	700 653	普罗思佩里达 Prosperidad
1667	北苏里高省 SurigaodelNorte	1 937	485 088	苏里高市 Surigao
1668	南苏里高省 SurigaodelSur	4 552	592 250	丹达 Tandag
1685	迪纳加特群岛省 DinagatIslands	802	127 152	圣何塞 SanJose
—	菲律宾 Philippines	300 077		马尼拉

注：立法区=16届众议院选区（2013年7月到2016年6月），由于人口增长，每届众议院都会微调选区，过去好几个新增的省的范围都是原来的一个或多个选区。

①伊莎贝拉省在1995年2月通过分省法案。分为北伊莎贝拉省(IsabeladelNorte，驻伊拉甘 ilagan，辖21市镇)和南伊莎贝拉省(IsabeladelSur，驻卡瓦延 Cauayan，辖15市镇)。同年的公民投票予以否决。伊莎贝拉省的面积仅次于巴拉望省。

②1区和3区的首府虽然都叫圣费尔南多，但这是两个不同的城市。

③2002年上半年原第4区南他加禄区（SouthernTagalog）分为A、B两区。

④黎刹省省会是安蒂波罗市，但省政府驻在帕西格市（属于国家首都区）。

资料来源：行政区划网.菲律宾.http://www.xzqh.org/old/waiguo/asia/1004.htm。

2.历史概要

据历史学家考证，菲律宾的远古文明可追溯到旧石器时代，距今约40万年前。菲律宾古人类以塔崩人为代表，约生活在2万多年前。约到公元前7000年，菲律宾石器文化已有较大发展。此后经历了新石器时代和金属时代，农业、手工业商品贸易及航海均有发展。菲律宾于公元前2世纪进入奴隶社会。14世纪后，随着伊斯兰教的传入，苏禄和棉兰老等地出现了封建的苏丹政权，实行政教合一的政治制度。同中国的文化、贸易往来可上溯至14世纪前。中国以丝绸、陶器、黄金、象牙与珍珠交换菲律宾的蜂蜡、燕窝、柚木、藤条等。1521年3月7日，麦哲伦西班牙王朝派员来到菲律宾，决定以西班牙王储菲律宾名字命名该岛为菲律宾群岛；1571年西班牙在马尼拉建立殖民政府。此后，西班牙从政治、社会、文化及宗教等多方面改变了菲律宾本土民族的生活方式。15至18世纪，菲律宾人民不断反抗，9世纪后半期起，菲律宾民族解放运动兴起；1872年，菲律宾工人与士兵联合，喊出“打倒西班牙殖民统治”的口号。1892年，主张以武装革命实现独立的“卡蒂普南”成立，领导了震撼全国的反西革命。

1898年，西班牙在美西战争中失败，根据美西《巴黎条约》将菲律宾割让给美国。同年6月12日，菲律宾在美国扶持下宣布“独立”，阿吉纳尔多出任菲律宾第一共和国首任总统。此后，菲律宾人民争取真正民族独立的斗争此起彼伏，从未间断。1935年11月，美国被迫允许菲律宾成立“自治政府”，并答应10年后允许菲正式独立。自奎松当任“自治政府”总统后，虽然采取了一系列发展民族经济、文化教育及国防的政策，但经济结构的殖民地性质，仍是菲律宾经济发展的最大障碍。民族与社会矛盾日益尖锐。1941年太平洋战争爆发后，日本侵略军于1942年5月占领马尼拉，美国对菲律宾的占领遂告结束。何赛·劳雷尔在日本当局的威逼下成立傀儡政府，菲律宾人民在菲律宾共产党等的领导下，组成人民抗日军，积极进行抗日斗争。

1945年二战结束后，美国重新统治菲律宾，恢复了菲律宾“自治政府”。以奥斯敏纳为首的菲律宾政府把经济重建的希望寄托于美国政府，但所得援助远远未能解决菲律宾经济所面临的严重困境。民族独立运动在压力下高涨，美国被迫于1946年7月4日同意如期“给予”菲律宾“独立”。罗哈斯当选总统，菲再度建立共和国。然而，美国政府迫使菲政府接受“同等权利法”，签订“美菲贸易协定”“军事基地协定”“军事援助协定”和“共同防御条约”等一系列不平等条约，继续控制菲经济命脉。1953年，马格赛赛在美国支持下当选总统，一方面实行土地改革和农业信贷合作等，另一方面在贸易和外交上继续依附美国。1957年，因马格赛赛在飞机失事中身亡，副总统加西亚继任总统，实行经济紧缩及“菲人第一”政策，经济困境与社会矛盾相对缓解。1961年，马卡帕加尔当选总统，通过土地改革法案，取消外汇管制，企业经营自由化，外交上主张“回到亚洲”。1962年，菲律宾政府宣布把菲律宾的独立日从7月4日改为6月12日（即菲律宾摆脱西班牙殖民统治的日子）。

1965年马科斯当选菲律宾第六任总统。在其执政最初的两年中，政府在澄清吏治、抑制贪污和打击走私方面卓有成效，但发展经济的计划受到资金短缺的困扰。后在东南亚民族解放斗争及国内民族主义浪潮高涨的影响下，马科斯调整对外政策，逐渐摆脱美国的控制和影响，寻求在国际事务中发挥更积极作用，并摒弃了过去20年间不与社会主义国家来往的政策。1969年马科斯连任总统后，菲律宾再度面临严重的经济困难和社会动荡，南部叛乱及菲共武装斗争加剧，统治集团内部矛盾激化。1972—1981年，马科斯政府实行军管，废除两院制国会和多党制，改为一院制的“国民大会”。其间前期（1973—1975年）经济发展较快，社会矛盾和叛乱形势受到遏制，但后期马科斯独裁加剧，全国民众抗议运动高涨。1983年8月21日，菲律宾反对党领袖、前参议员贝尼尼奥·阿基诺结束在美国的流亡，回国时在机场遭暗杀，导致政局急剧恶化。反政府运动更加高涨。在此压力下，马科斯被迫于1986年2月7日宣布提前举行总统选举，但由于贿选丑闻引发空前规模的“人民力量革命”，阿基诺夫人科拉松·阿基诺在民众、天主教会和军队的支持下出任总统。马科斯及其家人逃亡美国。阿基诺政府主张发展农业、减少贫困、提倡自由经济、开源节流、争取外援，并于1987年2月，颁布了新宪法，恢复美国式三权分立政体及参、众两院制国会。1991年，菲律宾政府颁布地方政府法典，确定地方各级政府结构设置、权力及职能。1992年5月，在新宪法实行后的首次大选中，前国防部部长拉莫斯当选菲律宾总统。拉莫斯执政期间在政治上积极主张民族和解，通过法案使菲律宾共产党合法化，于1996年与最大穆斯林叛乱武装达成和平协议。经济上积极争取国际金融机构的支持，减轻外债压力，并取消外汇管制，吸引外资，积极倡导经济外交，撤销美军驻菲基地。拉莫斯政府前期在发展经济方面取得一定成绩，使得菲律宾在1997年金融危机中受冲击较轻。1998年总统选举中，影星出身、曾在拉莫斯政府中任副总统的埃斯特拉达以其亲民形象高票当选总统，他上台后虽采取了一系列廉政、扶贫及恢复经济的措施，但缺乏实效，令多数民众失望，南部穆斯林叛乱加剧，政府官员腐败劣迹昭彰。

2000年11月，埃斯特拉达本人因受贿丑闻成为首位受到众议院弹劾的菲律宾总统。由于参议院在审理弹劾总统案中出现执政党参议员明显偏袒总统的问题，引起民众强烈不满。在政界反对力量联手、大规模民众抗议示威和军队撤销支持的情况下，埃斯特拉达被迫撤离总统府，埃政府被第二次“人民力量革命”推翻。2001年1月20日，阿罗育副总统在大法官监誓下宣誓就任菲律宾总统。[①]

3. 政治制度

（1）宪法

自菲律宾独立后，先后颁布了3部宪法。1987年2月，第三部宪法生效。菲律宾宪法规定：国家实行行政、立法、司法三权分立政体；总统拥有行政权，由选民直接选举产生，任期6年，不得连选连任；总统无权实施戒严法，无权解散国会，不得任意拘捕反对派；禁止军人干预政治；保障人权，取缔个人独裁统治；进行土地改革。[②]

（2）国会

菲律宾国会是国家立法机构，分参、众两院。目前已经是第17届国会。

① 中华人民共和国驻菲律宾共和国大使馆．菲历史概况 http://www.fmprc.gov.cn/ce/ceph/chn/flbgk/jbqk/t181346.htm，2005/01/26。

② 外交部.http://www.fmprc.gov.cn/web/。

菲律宾1987年宪法规定，由参、众两院组成的菲律宾国会主要功能为制定法律，并赋予其一些非立法的特殊权力，例如两位总统候选人得票相等时，国会可以选定总统；对总统有关任命进行评估以保证社会公正；宣布进入战争状态；加税；弹劾总统；可授予总统实施紧急状态等。此外，国会还具有为立法进行咨询和调查、对藐视国会行为进行处罚、确定国会议事规则等权力。

菲律宾实行总统制，行政、立法与司法三权分立，又相互制衡。总统是国家最高元首，有权对国会议案进行否决，并通过赦免等手段改变司法判决。国会是最高立法机构，有权通过总统否决的议案，否决总统特定的人事任命，撤销总统宣布的紧急状态法令、通过立法或修订原有法律从而修改或废除法院的判决，审核法官资格和任命，以及最高法院和地方法院法官人选，监督政府部门工作，确定总统和副总统工资，弹劾总统和最高法院成员。最高法院是菲律宾最高司法权力机关，有权宣布行政法令或立法违宪，有权确定总统或国会是否滥用权力或越权操作。

国会享有如下职权：制定法律法规，审批和通过所有全国性的拨款、预算、财政和税收的议案，以及增加公共债务和地方申请建市或更名的议案等。对总统任命的内阁成员进行审批，宣布国家进入战争状态，在战争或全国紧急状态期间授予总统特殊权力宣布全国性政策、国会各委员会有权按职能对政府相关部门、内阁成员进行质询和听证调查。

参议院有37个常设委员会，负责审议有关议案。由于参议员人数较少，每位参议员可同时兼职于多个委员会。参议院中较有影响的委员会有政府官员责任与调查委员会、财政委员会、国防委员会、外交委员会、教育委员会等。

众议院共有常设委员会58个，分别为财务、农业改革、农业与粮食、拨款、海洋渔业、银行金融、基础教育和文化、社会服务、宪法修订、公司企业发展、毒品、经济事务、能源、民族与权利、外事、博彩、良政与公信、政府企业与私有化、政府重组、卫生、住房与城市发展、人权、信息科技、议会间关系、司法、劳工就业、地方政府、棉兰老岛事务、穆斯林事务、国家文化团体、国防与安全、自然资源、人口与家庭关系、扶贫、公共信息、公造与建设、法律修改、规则、科学技术、社会福利、旅游、贸工、交通等。

特别委员会12个，分别为东亚增长区，全球化和WTO，千年发展目标，北吕宋发展，和平、和解与团结等。

国会立法程序如下：菲律宾宪法规定，国会任何议案（BILL）必须经参议院和众议院分别三读通过（小组通过为一读、相关委员会通过为二读、全体会议通过为三读），三读通过后成为法案，提交总统签署成为法令。

国会党团情况如下：菲律宾各政党组织较为松散，菲国会内党团组织属于起步阶段，目前只有力量党、自由运动党、自由党、民族主义人民联盟在众议院内初现党团雏形。对众议院讨论的提案或议案，各党团将在党内议员内征求意见，统一观点和立场。涉及投票表决时，党团内部也多召开全体会议，形成一致意见。[①]

目前，菲律宾众议院共有292席，其中选取代表235名，无选区议员57名，每三年改选一半议席。参议院22席，每三年改选一半议席。

(3) 政府

菲律宾政府是菲律宾共和国的单一制政府，实行总统制、代议民主制及共和制，菲律宾总统为国家元首及政府首脑。菲律宾总统自1987年起为单一任期6年，不能连任。首都设在马尼拉，主要政府部门、行政、立法及司法机关皆设在马尼拉。

(4) 政党

菲律宾有大小政党100余个，大多数为地方性小党。主要政党和团体有：

①自由党（Liberal Party）。菲律宾执政党，由菲律宾第5任总统曼努埃尔·罗哈斯于1946年创立，早期成员主要是从菲国家主义党内分裂出来的自由派人士。20世纪70年代后期，在秘书长阿基诺的领导下，反对马科斯独裁统治，是推翻马科斯政权的主要力量之一。2001年，阿罗约政府上台后，加入执政联盟，后又脱离执政联盟，并推选阿基诺三世参加2010年总统大选。党主席是阿基诺总统，总裁是罗哈斯二世。

②基督教穆斯林民主力量党（LAKAS−CMD）。系前总统拉莫斯于1991年年底创立，由人民力量党、全国基督教民主联盟、菲律宾穆斯林民主联盟、团结党等整合而成。主张实行两党制，通过修宪扩大地方政府权力，改革选举制度，将总统任期6年一届修改为4年一届，可连任两届；主张通过谈判实现民族和解，促进社会稳定。经济上重视农业发展，增加就业，扶助贫困，加快私有化进程；倡导经济外交，奉行开放政策。党主席是前总统阿罗约，总裁是前众议长诺格拉雷斯，前总统拉莫斯任名誉主席。

③民族主义人民联盟（NPC—Nationalist People' s Coalition）。是前总统埃斯特拉达的执政联盟——民众奋斗党成员之一。为众议院第二大党。支持修改宪法。为防止总统权力过大，主张实行议会制政体及实行两党制，支持加快国有企业私有化。总裁是前众议员圣胡安。

④摩洛民族解放阵线（Moro National Liberation Front）。南部穆斯林武装组织。1968年创立，旨在棉兰老地区建立独立的伊斯兰国家。1987年南部各省举行公投，建立由棉兰老岛四省组成的“棉兰老穆斯林自治区”，密苏阿里任主席。

⑤摩洛伊斯兰解放阵线（Moro Islamic Liberation Front）。菲律宾最大的穆斯林反政府组织。有武装力量12 500人，主要活跃在棉兰老岛。1978年，以哈希姆·萨拉马为

① 中国人大网．菲律宾国会．http://www.npc.gov.cn/npc/xinwen/2011−06/13/content_1658597.htm。

首的强硬派从摩解脱离后建立。2003年萨拉马去世后，穆拉特任主席。主张建立独立的伊斯兰国家，坚持武装斗争。摩伊解与政府虽多次签署停火协议，但均未能得到有效执行。

⑥菲律宾共产党（Communist Party of the Philippines）。成立于1930年，1967年发生分裂。1968年，在何塞·西逊主持下进行改组重建，20世纪80年代中期党员达到3万多人。主张通过武装斗争和建立统一战线，夺取国家政权。①

4. 国际关系

菲律宾是东盟的成员国家之一，东盟在外交上为菲律宾提供了平台。在南海问题上，菲律宾通过东盟多个国家向中国施加影响。

日本与美国类似，与菲律宾保持了较好的国际关系，日本通过菲律宾南海争端问题，强化对中国施加压力。美国与日本在军事上属于同盟关系，在美国与菲律宾进行联合军事演习过程中，美国驻日本军事基地士兵和人员也参加了军事演习，日本自卫队也参加了相关演习，强化了日美菲三国军事协作能力。日本安倍晋三在2014年6月与菲律宾总统阿基诺会谈时强调，日本与菲律宾具有共同价值观，希望进一步发展战略伙伴关系。菲律宾借此机会希望日本提供巡视船等支持。

菲律宾在南海问题上与我国存在较大争议。2014年，菲律宾采取了一系列恶化中菲关系的外交举措，例如非法逮捕中国渔民、宣扬“中国威胁论”等，这些举措造成了中菲关系紧张。

中菲关系

①双边政治关系回顾。中国同菲律宾于1975年6月9日建交。建交以来，中菲关系总体发展顺利，各领域合作不断拓展。1996年，在江泽民主席对菲进行国事访问期间，两国领导人同意建立中菲面向21世纪的睦邻互信合作关系，并就在南海问题上“搁置争议，共同开发”达成重要共识和谅解。2000年，双方签署了《中华人民共和国政府和菲律宾共和国政府关于21世纪双边合作框架的联合声明》，确定在睦邻合作、互信互利的基础上建立长期稳定的关系。2005年，在胡锦涛主席对菲律宾进行国事访问期间，两国领导人确认建立致力于和平与发展的战略性合作关系。2007年1月，温家宝总理对菲律宾进行正式访问，双方发表了联合声明，愿共同全面深化中菲致力于和平与发展的战略性合作关系。

建交以来，中菲高层互访不断。马科斯总统（1975年6月）、科拉松·阿基诺总统（1988年4月）、拉莫斯总统（1993年4月）、埃斯特拉达总统（2000年5月）、阿罗约总

① 外交部．菲律宾国家概况．http://www.fmprc.gov.cn/web/gjhdq_676201/gj_676203/yz_676205/1206_676452/1206x0_676454/，2017-1-1。

统（2001年11月、2004年9月）等先后访华。李鹏总理（1990年12月）、乔石委员长（1993年8月）、江泽民主席（1996年11月）、朱镕基总理（1999年11月）、李鹏委员长（2002年9月）、吴邦国委员长（2003年8月）、胡锦涛主席（2005年4月）、温家宝总理（2007年1月）、全国政协主席贾庆林（2009年11月）等先后访菲。

2012年3月，中国政府特使、时任原农业部副部长牛盾访菲。9月，菲律宾总统特使、内政部长罗哈斯来华出席中国东盟博览会。10月，中国政府特使、外交部副部长傅莹访菲。11月，菲律宾旅游部长吉米内兹出席上海国际旅游博览会。2013年8月，菲律宾外长德尔罗萨里奥来华参加中国东盟特别外长会。

2014年11月，阿基诺总统应邀来华出席亚太经合组织（APEC）第二十二次领导人非正式会议，期间习近平主席同其简短会面。

两国外交部自1991年起建立磋商机制，迄今已举行19次外交磋商。中菲除互设大使馆外，中国在宿务设有总领馆，在拉瓦格开设领事馆，菲律宾在厦门、广州、上海、重庆、香港和澳门分别设有总领馆。

②双边经贸关系和经济技术合作。2018年，双边贸易额556.7亿美元，同比增长8.5%，其中中国出口额350.6亿美元，增长9.3%，进口额206.1亿美元，增长7.1%。[①] 2018年，中方对菲方直接投资额为509.6亿比索（约98 269.57万美元），同比增长27倍。

1999年两国农业部签署《关于加强农业及有关领域合作协定》。2000年双方有关部门签署中方向菲方提供1亿美元信贷协议书。由中方援建的“中菲农业技术中心”于2003年3月在菲律宾竣工。中国优良杂交稻种和玉米在菲律宾试种成功，现正逐步推广。2004年两国签署《渔业合作谅解备忘录》。2007年1月，两国农业部签署《关于扩大深化农渔业合作的协议备忘录》。2011年两国经贸部门签署《经贸合作五年发展规划》。

③文教、科技、军事等领域的交往与合作。中菲在文化、科技、司法、旅游、国防等领域的交流与合作不断深化。两国迄今签署了14个双年度文化合作执行计划，举行了13次科技合作联委会会议，共确定了244个科研合作项目。新华社在马尼拉设有分社，中央电视台第四套节目在菲律宾落地。两国签有《科技合作协定》（1978年）、《文化合作协定》（1979年）、《民用航空运输协定》（1979年）、《中菲刑事司法协助条约》（2000年）、《体育合作备忘录》（2001年）、《信息产业合作备忘录》（2001年）、《打击跨国犯罪合作备忘录》（2001年）、《引渡条约》（2001年）、《打击贩毒合作协议》（2001年）、《旅游合作备忘录》（2002年）、《海事合作谅解备忘录》（2005年）、《青年事务合作协议》（2005年）、《卫生和植物卫生合作谅解备忘录》（2007年）、《教育合作谅解备忘录》（2007年）、

① 外交部．菲律宾国家概况．https://www.fmprc.gov.cn/web/gjhdq_676201/gj_676203/yz_676205/1206_676452/1206x0_676454/。

《文化遗产保护协议》（2007年）、《卫生合作协议》（2008年）、《中国国务院新闻办公室和菲总统府新闻传播办公室友好交流与合作两句诶备忘录》（2011年）、《体育合作备忘录》（2011年）、《旅游合作谅解备忘录》（2011年）等一系列合作文件。2004年，双方建立年度防务安全磋商机制。

中菲结有27对友好省市，分别为杭州市和碧瑶市、广州市和马尼拉市、上海市和大马尼拉市、厦门市和宿务市、沈阳市和奎松市、抚顺市和利巴市、海南省和宿务省、三亚市和拉普拉市、石狮市和那牙市、山东省和北伊洛戈省、淄博市和万那威市、安徽省和新怡诗夏省、湖北省和莱特省、柳州市和穆汀鲁帕市、贺州市和圣费尔南多市、哈尔滨市和卡加延－德奥罗市、来宾市和拉瓦格市、北京市和马尼拉市、江西省和保和省、广西壮族自治区和达沃市、兰州市和阿尔贝省、北海市和普林塞萨港市、福建省和内湖省、无锡市和普林塞萨港市、广西壮族自治区和宿务省、河南省和达拉省、黄冈市和依木斯市。

④重要双边文件。

1975年6月，周恩来总理和菲律宾总统马科斯在北京签署《中华人民共和国政府和菲律宾共和国政府建交联合公报》。

2000年5月，菲律宾总统埃斯特拉达对华进行国事访问，与江泽民主席在北京共同签署《中华人民共和国政府和菲律宾共和国政府关于21世纪双边合作框架的联合声明》。

2004年9月，菲律宾总统阿罗约对华进行国事访问，双方发表《中华人民共和国与菲律宾共和国联合新闻公报》。

2005年4月，胡锦涛主席对菲律宾进行国事访问，双方发表《中华人民共和国与菲律宾共和国联合声明》。

2007年1月，温家宝总理对菲律宾进行正式访问，双方发表《中华人民共和国与菲律宾共和国联合声明》。

2009年10月，杨洁篪外长对菲律宾进行正式访问，双方共同签署了《中华人民共和国政府和菲律宾共和国政府关于战略性合作共同行动计划》。

2011年9月，菲律宾总统阿基诺对华进行国事访问，双方发表《中华人民共和国与菲律宾共和国联合声明》。[①]

5. 社会治安

菲律宾的社会治安状况逐渐恶化，犯罪案件不断攀升。如表1-4的统计数据所示，犯罪立案数量从2010年的400 514件上升到2014年的714 632件。严重犯罪和一般犯罪都呈

① 中华人民共和国驻菲律宾斌共和国大使馆．中菲双边关系概况 http://www.fmprc.gov.cn/ce/ceph/chn/zfgx/zzgx/t537544.htm，2015/03/17。

现快速增长趋势。严重犯罪从2010年的204 979件上升到2014年的259 990件。一般犯罪数量从2010年的195 535件增长到2014年的454 642件，一般犯罪数量增长幅度较大。

表1-4 菲律宾犯罪立案统计

年份	严重犯罪			一般犯罪			犯罪立案合计		
	合计（件）	破获犯罪（件）	破获率（%）	合计（件）	破获犯罪（件）	破获率（%）	合计（件）	破获犯罪（件）	破获率（%）
2010	204 979	52 220	25.48	195 535	49 912	25.53	400 514	102 132	25.50
2011	156 882	51 854	33.05	90 076	52 289	58.05	246 958	104 143	42.17
2012	129 161	50 412	39.03	88 651	60 574	68.33	217 812	110 986	50.95
2013	370 247	145 492	39.30	475 900	279 541	58.74	846 147	425 033	50.23
2014	259 990	104 065	40.03	454 642	296 913	65.31	714 632	400 978	56.11
2015	201 010	—	—	474 803	—	—	675 813	—	—
2016	139 459	—	—	445 274	—	—	584 733	—	—

数据来源：菲律宾统计年鉴历年整理。

菲律宾的不同类型犯罪均呈现一定的增长。如表1-5所示，人身犯罪从2010年的86 036件上升到2013年的182 760件，增长了1.12倍，财产犯罪从2010年的118 943件上升到2013年的187 487件，增长了57.63%。人身犯罪中，身体伤害数量最多，从2010年的68 538件上升到2013年的157 727件，增长了1.3倍，谋杀、杀人、强奸分别增长2.88%、88.06%、82.01%。财产犯罪中，最多的是偷窃，从2010年的72 947件上升到2013年的124 168件，增长了70.22%。

表1-5 不同类型犯罪统计

年份	人身犯罪					财产犯罪				
	谋杀（件）	杀人（件）	身体伤害（件）	强奸（件）	合计（件）	抢劫（件）	偷窃（件）	大屠杀（件）	牲畜偷窃（Cattle Rustling）（件）	合计（件）
2010	8 897	3 726	68 538	4 875	86 036	36 121	72 947	8 656	1 219	118 943
2011	8 674	3 404	42 984	4 847	59 909	31 037	56 349	8 715	872	96 973
2012	8 484	3 022	34 825	4 738	51 069	26 988	43 606	6 919	579	78 092
2013	9 153	7 007	157 727	8 873	182 760	49 247	124 168	12 341	1 731	187 487
2014	9 756	3 349	65 743	9 907	88 755	43 726	112 857	13 284	1 368	171 235
2015	9 643	2 835	49 845	10 298	72 621	31 741	82 751	12 900	997	128 389
2016	11 385	2 337	35 796	9 324	58 842	21 217	49 613	9 323	464	80 617

数据来源：菲律宾统计年鉴历年整理。

如表1-6所示，不同地区的犯罪率呈现上升趋势。国家首都特区犯罪比例从每10万人有350人犯罪上升到2014年的715.5人，增长了365.5人。

表1-6 菲律宾不同地区犯罪率（每10万人）

地区	2010年	2011年	2012年	2013年	2014年
国家首都区域犯罪人数（人）	350.0	262.2	227.4	861.7	715.5
科迪勒拉行政区犯罪人数（人）	792.5	954.8	464.0	647.8	1 337.5
1 伊罗戈斯大区犯罪人数（人）	362.1	340.2	212.8	255.4	862.9
2 卡加延河谷大区犯罪人数（人）	595.7	266.1	136.5	112.4	435.6
3 中央吕宋大区犯罪人数（人）	565.5	532.9	347.1	213.1	617.2
4A 甲巴松大区犯罪人数（人）	386.0	226.0	179.6	149.3	292.1
4B 民马罗马大区犯罪人数（人）	525.9	240.1	125.2	88.8	654.9
5 比科尔大区犯罪人数（人）	373.6	306.9	213.4	180.8	975.2
6 西米沙鄢大区犯罪人数（人）	782.9	272.5	127.4	106.6	1 322.5
7 中米沙鄢大区犯罪人数（人）	533.0	500.1	357.6	290.8	1 119.1
8 东米沙鄢大区犯罪人数（人）	704.4	134.5	181.6	105.0	476.6
9 三宝颜半岛大区犯罪人数（人）	630.2	511.5	234.1	235.5	925.5
10 北棉兰老大区犯罪人数（人）	1 069.1	407.3	357.4	274.3	1 617.9
11 达沃大区犯罪人数（人）	691.3	446.9	345.9	291.5	1 265.2
12 南哥苏萨桑大区犯罪人数（人）	536.8	269.1	227.5	171.1	933.0
13 卡拉加大区犯罪人数（人）	511.4	262.1	208.6	155.0	528.9
棉兰老穆斯林自治区犯罪人数（人）	53.9	37.0	28.2	24.9	178.8

数据来源：菲律宾统计年鉴历年整理。

菲律宾警力和消防人员配置数略有上升。如表1-7所示，菲律宾警察人口比例却呈下降趋势，从2010年的1：689下降到2014年的1：669，虽然菲律宾警察人员数呈上升趋势，从2010年的134 328人，增长到2014年的149 333人。消防队员人数从2010年的16 777人上升到2014年的18 730人，但是对人口数的比例呈下降趋势，从2010年的1：5 520，下降到1：5 332。

表1-7 菲律宾警察人数和救火队员人数及对人口数比例

年份	警察人数	比例	救火队员人数	比例
2010	134 328	1：689	16 777	1：5 520
2011	143 104	1：658	16 627	1：5 664
2012	147 190	1：651	16 252	1：5 893
2013	144 023	1：682	17 125	1：5 734
2014	149 333	1：669	18 730	1：5 332

数据来源：菲律宾统计年鉴历年整理。

菲律宾2010年发生68件绑架案件，2014年减少了6件，由表1-8所示，受害人数量从2010年的108人下降到2014年的78人，有所下降。嫌疑犯被逮捕的人数增加，从2010年的36人增长到51人，但是在逃的嫌疑犯仍然较多，从2010年的218人上升到2014年的266人。

表1-8 2010年、2014年菲律宾绑架案统计

年份	绑架案件数	受害人状态						嫌疑犯状态		
		释放（人）	营救（人）	被杀害（人）	仍在绑架（人）	逃脱（人）	合计（人）	逮捕（人）	被杀害（人）	在逃（人）
2010	68	72	16	6	15	—	108	36	8	218
2014	54	50	7	7	8	6	78	51	4	266

数据来源：菲律宾统计年鉴历年整理。

6. 国内政局与对外关系风险总评

根据美国一家智库研究，认为2017年菲律宾政治可能存在不稳定，主要原因可能是菲律宾政府内部决策与外部存在矛盾，一方面是南海可能存在军事冲突，另一方面菲律宾政局可能动荡。

2016年菲律宾举行总统大选。5月10日，菲律宾选举委员会统计票数结果显示，杜特尔特当选新一任总统，获得1 450万选票。有媒体认为其当选总统原因在于抓住了民众对社会治安状况的深度关注，提出了一系列加强社会治安管理的政策主张。据菲律宾国内媒体报道，目前菲律宾总统独特尔特民意支持率保持较高水平，支持度和信任度超过80%。①

① http://news.163.com/17/0112/09/CAINSQEE000181KT_mobile.html。

（二）社会发展

1. 人口规模

如表1-9所示，根据2015年国家人口普查数据，截至2015年8月1日，菲律宾人口规模达到1.01亿人。与2010年相比，菲律宾人口数增加了864万人，2010年人口数为9 234万人。

表1-9　2000、2005、2010年菲律宾人口普查结果

普查年份	普查参考日期	人口数（百万）
2000年	2000年5月1日	76.51
2010年	2010年5月1日	92.34
2015年	2015年8月1日	100.98

数据来源：菲律宾国家统计局。(Based on the 2000, 2010, and 2015 Censuses)Release Date。
发布日期：Thursday, May 19, 2016。

如表1-10所示，2010—2015年的年均人口增长率达到1.72%，比2000—2010年的增长率有所下降。2000—2012年的人口增长率为1.90%。

表1-10　菲律宾人口年均增长率

时间段	年均人口增长率（%）
2010—2015年	1.72
2000—2010年	1.90

数据来源：菲律宾统计年鉴历年。

根据预测，到2020年菲律宾人口将达到1.12亿人，到2025年预计达到1.2亿人，到2030年预计接近1.3亿人（表1-11）。

表1-11　菲律宾人口预测

年份	2020年	2025年	2030年
人口数	111 784 600	120 224 500	128 110 000

数据来源：菲律宾统计年鉴历年整理。

菲律宾人口数量较多的省份如下表1-12所示。

表1-12　菲律宾人口规模较大的省份

排序	省份	人口数（1 000人）	排序	省份	人口数（1 000人）
1	甲米地省	3 678	15	伊莎贝拉省	1 594
2	布拉干省	3 292	16	布基农省	1 415
3	内湖省	3 035	17	哥打巴托省	1 380
4	邦阿西楠省	2 957	18	打拉省	1 366
5	宿务省*	2 939	19	东内格罗斯省	1 355
6	黎刹省	2 884	20	阿尔拜省	1 315
7	八打雁省	2 694	21	保和省	1 314
8	西内格罗斯省*	2 497	22	卡加延省	1 199
9	邦板牙省*	2 198	23	马京达瑙省	1 174
10	新怡诗夏省	2 151	24	南拉瑙省	1 045
11	南甘马粦省	1 953	25	北达沃省	1 016
12	伊洛伊洛省*	1 936	26	北三宝颜省	1 011
13	奎松省*	1 857	27	南三宝颜省*	1 011
14	莱特省*	1 752			

* 人数中不包括特大城市。

全国有33个特大城市（highly urbanized cities，缩写HUCs），其中4个特大城市人口已经超过了100万人，具体包括奎松市294万人(Quezon City)，马尼拉市178万人(City of Manila)，达沃市163万人(Davao City)，加洛干市158万人(Caloocan City)。

全国共有1 489个城市。人口最多的3个城市均分布在Rizal省，具体是蒙塔尔万市369 222人、蔡塔市(Cainta)332 128人，泰泰市319 104人（表1-13）。

表1-13　2015年超过15万人口的城市

排序	城市名称	所在省份	人口数
1	艺特尔班市	黎刹省	369 222
2	卡因塔市	黎刹省	332 128
3	塔伊泰市	黎刹省	319 104
4	比南格南市	黎刹省	282 474
5	Santa Maria	布拉干省	256 454
6	圣马特奥市	黎刹省	252 527
7	西朗市	甲米地省	248 085
8	坦扎市	甲米地省	226 188
9	马洛洛斯市	布拉干省	221 965
10	Santo Tomas	八打雁省	179 844

（续）

排序	城市名称	所在省份	人口数
11	卢保	邦板牙省	160 838
12	Gen. Mariano Alvarez	甲米地省	155 143
13	墨西哥市	邦板牙省	154 624
14	皮基特市	北哥打巴托省	154 441
15	巴拉望市	打拉省	154 188
16	San Miguel	布拉干省	153 882
17	波洛莫洛克市	南哥打巴托省	152 589
18	米德萨亚普市	北哥打巴托省	151 684

如表1-14所示，全国有42 036个村社（或翻译为村，英文单词为barangay）。

表1-14　2015年超过10万人口的村社

排序	村社名称	所在城市、省份	人口数
1	第176号村社	卡洛奥坎市	246 515
2	联邦村社	奎松市	198 285
3	巴塔三山村社	奎松市	161 409
4	皮那哥布哈坦村社	巴石市	151 979
5	柏雅塔斯村社	奎松市	130 333
6	圣约瑟村社	艺特尔班市	124 868
7	圣伊西德罗村社	艺特尔班市	117 277
8	波布拉雄村社	City of Muntinlupa	115 387
9	古庞村社	安蒂波罗市	113 613
10	圣灵村	奎松市	110 447
11	第178号村社	卡洛奥坎市	107 596
12	穆冲村社	布拉干省圣约瑟市	106 603
13	圣朱安村社	黎刹省泰泰市	103 343
14	泊松达莫村社	奎松市	103 100
15	圣约瑟村社	安蒂波罗市	103 051

2. 民族构成与宗教信仰

菲律宾是一个多民族国家，现有人口约为8 800万人，其中马来族占全国人口的85%以上，居民多信奉天主教。全国有70多种语言，国语是他加禄语（Tagalogue），官方语言是英语。当代人大部分说他加禄语和英语两种语言。

菲律宾是一个多民族的国家，有90多个民族。主要民族有比萨扬人、他加禄人、伊洛克人、比科尔人、卡加延人等，共占全国人口的85%以上。少数民族有华人、印度尼西亚人、阿拉伯人、印度人、西班牙人和美国人，还有为数不多的土著民族。居民约85%信奉天主教，5%信奉伊斯兰教，少数人信奉独立教和基督教新教，土著居民多信奉原始宗教，华人多信奉佛教。

菲律宾群岛上的阿埃塔人的祖先是菲律宾最早的居民。其次是约在公元前3000年至公元前1000年自亚洲大陆由水路迁到菲律宾的原始马来人，他们带来了新石器文化。新马来人从公元前200年到公元16世纪分批迁入菲律宾，他们带来了金属工具和拼音字母，是后来比萨扬人、他加禄人、伊洛克人的祖先。总之，从史前时期的矮种人、马来人逐渐形成了今天菲律宾的众多民族。在这些民族的发展过程中，逐渐又移入了华人、印度人、阿拉伯人等亚洲人，此后又和欧洲白种人相互通婚，吸收了其他民族以及人种的成分。

在平原地区，各民族人数最多，在经济、政治和社会生活方面占主导地位，最早受到基督教及其文化的影响。西方文献称他们为“基督民族”。其数量上占全国的90%，所在地区是菲律宾群岛最富裕的地区。正因如此，平原民族人口出生率高，自然增长率也高，因而各民族人数多。而山区的民族由于条件艰苦，虽然出生率也高，但自然增长率却不高，因而民族人数较少。

比萨扬人或译米沙鄢人——菲律宾人数最多的民族。约有2 180万人，占全国总人口的42%，主要分布在萨马岛、保各岛、宿务岛、内格罗斯岛和帕奈岛。另外，比萨扬人还从这些原住岛向附近岛屿移民，移民较多的是棉兰老岛、巴拉望岛和苏禄群岛。比萨扬人的语言分为许多方言，各方言之间差别极大，几乎是不同的语言。而且讲不同方言的居民，在民族学上也有某些差别。在米沙鄢群岛上居住的人口占全国人口的1/3，这里每平方公里平均200多人。宿务是比萨扬人分布区内最大的城市，是菲律宾的第二大城市，还是米沙鄢群岛的文化中心。这里有省级最高学府、国家图书馆分馆、气象站等。比萨扬人所经营的主要农作物有水稻、玉米、椰子、烟草等。竹编、草编是比萨扬人传统的手工业。各种规格的菲律宾席子驰名世界。比萨扬人信仰天主教，但仍保留万物有灵信仰的残余影响。设有家庭祭坛，供奉祖先。

他加禄人，是菲律宾人口第二的民族，人口1 230万人，主要分布在吕宋岛中、南部地区。他加禄人是菲律宾各民族中经济、文化最发达的民族。菲律宾政府把他加禄语定为国语。大部分他加禄人生活在农村，从事农耕活动。农具主要是铁铧木犁和耙。水稻是主要的粮食作物，种玉米的也相当多。另外，还栽种香蕉、椰子树、芒果树、咖啡树以及各种蔬菜。还栽种马尼拉麻、甘蔗、烟草等。他加禄人信仰天主教，因此，比较隆重的节日都与天主教有关。

伊洛克人，是菲律宾人口第三的民族，人口有570万人。伊洛克人原居住在吕宋岛西北部地区，后逐渐移向卡加延河谷地，以及棉兰老岛等其他岛屿。伊洛克人主要经营水稻，他们是种植能手。除了一般品种的水稻外，还培育出了香稻和黏稻。伊洛克人还是菲律宾群岛上第一个引种棉花的民族。伊洛克人广泛信仰天主教中菲律宾独有的教派——阿格拜教，亦称菲律宾独立教。1920年，菲律宾天主教徒在争取独立的斗争中创立了此教派，因主张民族独立，被称为“菲律宾独立教”。

其他民族，在吕宋岛平原地区，还居住有一些人口较少的民族，人数30万～180万人。吕宋岛平原地区的民族与邻近人口较多的民族在语言、文化方面接近，经济联系密切。他们都从事农业。

吕宋岛地区民族，吕宋岛地区住着许多人数少的民族。他们人口不多，各自处于不同的社会发展阶段，在文化习俗方面有许多共同点。在这些民族中经济最发达、外界了解最多的是伊富高人，他们分布在北吕宋岛中部的科迪勒拉山脉东坡。其次坎卡奈人有19万人，分布在伊富高人住区以北；卡林阿人有近10万人，分布在卡林阿－阿巴尧省；邦都人有8万人，分布在吕宋岛西北部山区；延吉安人有6万多人，分布在吕宋岛的西北部；伊巴坦人有2万人，生活在吕宋岛与我国台湾省之间的巴坦群岛的巴布延群岛上。

棉兰老岛山区民族有苏巴农人、马诺博人、比兰人、塔加考洛人、曼达亚人等。这些民族绝大多数从事原始的农业，主要农作物是旱稻。此外，还种植番薯、番匣、匣子等蔬菜。经济作物有烟草、棕榈树、蕉麻。棉兰老岛山区民族与吕宋岛山区民族一样，未曾遭到西班牙的有效统治，因而保留了他们的传统文化。这些民族绝大多数是“万物有灵”的信奉者。

摩洛人，菲律宾的摩洛人是一个信奉伊斯兰教的民族集团，其包括许多民族。“摩洛”为西班牙人所取，意为信伊斯兰教的摩尔人。摩洛人分布在棉兰老岛的西部和西南部。到1983年，摩洛人总数为216万多人。

华人在菲律宾群岛各个岛屿，非南岛语系的民族中，人数最多的民族是华人，有120万人。现今的华人自7世纪开始移居菲律宾，主要来自中国的福建、广东两省。华人中绝大部分是土生土长的华裔，分布在各个岛屿的商业中心，多数集中在马尼拉市。其中有相当一部分是华菲混血后裔。他们多数是商人、手工业工人、小业主，也有大实业家。在大城市，华人经营的餐馆极受欢迎，生意兴隆。华人保留了本族语言、风俗习惯和宗教信仰，他们庆祝自己的传统节日，出版华文报纸，办华文学校，喜爱华语电影和戏剧。1986年的《菲律宾共和国宪法》承认华人的现有菲律宾国籍，允许未入籍者申请加入。如今华人与土生的菲律宾人和睦相处，大大促进了菲律宾经济的发展。[①]

① 中华人民共和国驻菲律宾共和国大使馆，众多的民族.http://www.fmprc.gov.cn/ce/ceph/chn/flbgk/jbqk/t67671.htm。

3. 贫困程度

根据菲律宾国家统计局数据，2006—2015年的调查数据显示，目前菲律宾的贫困人口发生率已经从2006年的26.6%下降到2015年的21.6%，下降了5个百分点。从家庭贫困发生率来看，从2006年的21%下降到2015年的16.5%，下降了4.5个百分点（表1-15）。2018年第一季度贫困人口发生率为21.0%，贫困家庭发生率为16.1%（表1-15）。

表1-15　菲律宾贫困发生率

年份	贫困人口发生率（%）	贫困家庭发生率（%）
2006	26.6	21.00
2009	26.3	20.50
2012	25.2	19.70
2015	21.6	16.50
2018年第一季度	21.0	16.10

数据来源：菲律宾统计年鉴历年整理。

根据菲律宾国家统计局报告，2015年，菲律宾1/5人口处于贫困状态。与千年发展计划设定的减贫目标相比较，2015年贫困人口发生率比计划设定的17.2%目标高出4.4个百分点。菲律宾减贫成效有待进一步加强。

2015年，一个贫困人口每月平均至少需要1 813比索，满足基本的食品和非食品消费需求。2015年，一个人至少需要1 266比索用于基本每月的食品消费支出。菲律宾2015年有820万人处于缺少食品的贫困状态，即有8.1%的菲律宾人不能满足基本食品需求。

2015年，一个5口人的贫困家庭，每月平均至少需要9 064比索用于基本食品和非食品消费支出。每月平均至少需要6 329比索用于基本食品消费支出。这就意味着，菲律宾共有130万个家庭处于食品缺乏的贫困状态，即有5.7%的菲律宾家庭不能满足基本的食品消费支出。①

4. 教育水平

与其他发展中国家相比，菲律宾的教育事业是比较发达的。

1946年菲律宾独立后，随着经济的恢复和发展，教育事业也得到较快的发展。为了满足国民经济发展的需要，从20世纪70年代开始，菲律宾政府着手进行教育制度的调整和改革。1972年，菲律宾政府颁布了“教育发展法令”，制定了菲律宾1973—1983年十年教育发展规划，规定了这一时期的教育目标是广泛开展普通教育，为国家培养社会

① Philippine Statistics Authority：2015 POVERTY IN THE PHILIPPINES。

和经济发展所需要的中级技术人才和高等专业人才。1974年菲律宾政府又颁布了“新劳动法令”，力图通过发展教育，提高劳动力素质，造就一支能够满足国家社会经济发展所需要的劳动大军。70年代以后，菲律宾大力贯彻教育与生产劳动相结合的方针，在初、中级教学中加强劳动生产教育、实用工艺和职业教育，高等教育的重点则逐渐转向工程技术等应用学科方面，各种技术职业院校有了较大的发展。

菲律宾小学有公立、私立两种。政府规定，公立小学实行义务教育，不得拒绝任何一个儿童入学。学习成绩好，家境贫寒的学生可以享受奖学金。菲律宾公立高等院校也设有少量的奖学金名额。

虽然菲律宾政府在20世纪70年代以前已规定菲律宾语为教学用语之一，但是菲律宾的各级学校却仍一直沿用英语教学，菲律宾语仅作为一门必修课。为了增进民族团结和便于汲取现代知识，70年代以后，菲律宾政府积极实行英语和菲律宾语双重语言教学的政策。目前，菲律宾的普通教育是六四制。小学6年，中学4年，共10年。大学年限长短不一，视专业而异。大学毕业后的学生修硕士学位课程一般为2年，修博士学位课程为2～3年。菲律宾的主要高等院校有菲律宾大学、棉兰老国立大学、圣托马斯大学、远东大学等。①

（1）菲律宾不同教育程度的入学人数不断增长

如表1-16所示，学龄前教育、小学教育、中学教育入学人数分别从2010—2011年的159万人、1 402万人、681万人上升到2014—2015年的221万人、1 448万人、728万人，分别增长39.22%、3.31%、6.86%。2016—2107年，学龄前教育、小学教育、中学教育入学人数分别达到181万人、1 409万人、617万人。

表1-16　不同教育程度公立、私立学校入学人数（人）

年份	学龄前教育			小学教育			中学教育		
	合计	公立	私立	合计	公立	私立	合计	公立	私立
2010—2011	1 587 811	1 217 939	369 872	14 015 598	13 002 994	1 012 604	6 813 651	5 527 399	1 286 252
2011—2012	2 079 974	1 671 227	408 747	14 337 761	13 228 304	1 149 457	6 973 801	5 575 945	1 397 856
2012—2013	2 156 014	1 727 033	428 981	14 507 460	13 288 608	1 218 852	7 051 279	5 642 727	1 408 552
2013—2014	2 285 454	1 865 807	419 647	14 487 233	13 284 312	1 202 921	7 171 208	5 773 267	1 397 941

① 中华人民共和国驻菲律宾共和国大使馆，文化和教育，http://www.fmprc.gov.cn/ce/ceph/chn/flbgk/jbqk/t67673.htm, 2015/02/25。

（续）

年份	学龄前教育			小学教育			中学教育		
	合计	公立	私立	合计	公立	私立	合计	公立	私立
2014—2015	2 210 571	1 812 960	397 611	14 478 844	13 301 248	1 177 596	7 281 362	5 928 042	1 353 320
2015—2016	2 119 325	1 737 313	382 012	14 347 076	13 157 333	1 189 743	7 350 147	6 012 761	1 337 386
2016—2017	1 813 751	1 596 754	216 997	14 091 046	12 891 477	1 199 569	7 519 035	6 177 876	1 341 159

数据来源：菲律宾统计年鉴历年整理。

（2）菲律宾小学入学率呈下降趋势

根据调查数据，如表1-17所示，菲律宾小学入学率从2010年的95.92%下降到2012年的95.24%。男生、女生的小学入学率分别从2010年的 94.47%、97.47%下降到2012年的94.25%、96.30%。2015年，菲律宾小学入学率继续下降至91.05%。

表1-17　菲律宾不同性别公立和私立小学纯入学率（%）

年份	合计	男	女
2010	95.9	94.5	97.5
2011	97.3	96.0	98.7
2012	95.2	94.3	96.3
2013	93.8	93.0	94.7
2014	92.6	91.8	93.4
2015	91.1	90.2	92.0

数据来源：菲律宾统计年鉴历年整理。

（3）菲律宾人口识字率呈上升趋势

根据数据，如表1-18所示，菲律宾10～64岁人口识字率从2003年的84.1%上升到2012年的90.3%。男人、女人的人口识字率分别从2010年的81.9%、86.3%上升到2012年的88.7%、92.0%，女人的人口识字率高于男人。

表1-18　菲律宾10～64岁人口识字率（%）

年份	合计	男	女
2003	84.1	81.9	86.3
2008	86.4	84.2	88.7
2013	90.3	88.7	92.0

数据来源：菲律宾统计年鉴历年整理。

如表1-19所示，菲律宾10～64岁未上学人口识字率从2008年的5.3%下降到2013年的2.7%。2013年，小学、初中、高中教育程度的10～64岁人口识字率分别上升到71.4%、85.5%、91.3%，高中毕业或更高教育程度的10～64岁人口识字率达到100.0%。

表1-19　菲律宾10-64岁不同教育程度人口识字率（%）

年份	未上学	小学	初中	高中	高中毕业或更高
2008	5.3	67.0	80.8	89.8	100.0
2013	2.7	71.4	85.5	91.3	100.0

数据来源：菲律宾统计年鉴历年整理。

5. 医疗卫生条件

菲律宾医疗人员呈现增长趋势。根据最新2012年统计数据，菲律宾医生共有2 983人，比2010年增长301人。牙医2 072人、护士5 596人、助产士16 948人，分别比2010年增加354人、1 101人、1 073人（表1-20）。2016年，菲律宾医生、牙医、护士、助产士人数分别达到3 177人、1 953人、6 009人和1.72万人。

表1-20　菲律宾医生、牙医、护士和助产士人数统计（人）

年份	医生	牙医	护士	助产士
2010	2 682	1 718	4 495	15 875
2011	2 944	1 912	5 294	17 514
2012	2 983	2 072	5 596	16 948
2013	2 927	1 823	5 632	16 875
2014	3 002	1 788	6 061	17 151
2015	3 182	1 922	6 520	17 649
2016	3 177	1 953	6 009	17 200

数据来源：菲律宾统计年鉴历年整理。

菲律宾医院个数在下降，病床数量也在下降。如表1-21所示，菲律宾医院从2010年的1 812个，下降到2014年的1 222个，减少了590个医院，其中公立医院减少278个，私立医院减少312个。病床数量从2010年的98 155张上升到2014年的98 429张，其中公立医院减少988张，私立医院病床增加1 262张。2015年，公立医院432家，私立医院772家，共1 195家。

表1-21 菲律宾医院、病床数统计

年份	医院个数			病床数量			每万人病床数
	合计	公立	私立	合计	公立	私立	
2010	1 812	730	1 082	98 155	49 372	48 783	10.6
2011	1 819	732	1 087	101 914	51 317	50 597	10.7
2012	1 825	730	1 095	101 366	49 557	51 809	10.5
2013	1 454	542	912	96 796	46 054	50 742	9.9
2014	1 222	452	770	98 429	48 384	50 045	9.9
2015	1195	432	772	—	—	—	—

数据来源：菲律宾统计年鉴历年整理。

（三）经济情况

2010年以来经济总量及其变化情况、经济结构构成及其变化情况、交通通讯能源等基础设施建设情况、国际贸易及其变化情况、财政和对外债务关系及其变化情况、外国直接投资及其变化情况、经济发展总体风险评价。

1. 经济总量及其变化情况

菲律宾国民生产总值呈现上升趋势。如表1-22所示，GDP从2010年的90 034.8亿比索上升到2015年的133 220.41亿比索。到2017年，GDP上升到158 063.6亿比索。

表1-22 经济总量及其变化情况，当期价格

单位：百万比索

指标	2010年	2011年	2012年	2013年	2014年	2015年	2016年	2017年
GDP	9 003 480	9 708 332	10 561 089	11 542 286	12 642 736	13 322 041	14 479 945	15 806 359

数据来源：菲律宾国家统计局（Philippine Statistics Authority）、统计年鉴Philippine Yearbook。

菲律宾GDP增长率呈现下降趋势。从表1-23中可以看出，以当年价格计算，2009—2010年GDP增长率为10.3%，增长率比较高，但到2014—2015年GDP增长率下降到3.5%。以2000年价格计算，2009—2010年GDP增长率为5.8%，2014—2015年GDP增长率下降到4.1%（表1-24）。

表1-23 菲律宾经济增长率，以当年价格计算

指标	2009—2010年	2010—2011年	2011—2012年	2012—2013年	2013—2014年	2014—2015年
GDP	10.3	6.0	6.2	7.4	7.7	3.5
GNP	9.5	5.4	6.8	8.3	7.3	3.4

数据来源：菲律宾统计年鉴历年整理。

表1-24 菲律宾经济增长率，以2000年价格计算

指标	2009—2010年	2010—2011年	2011—2012年	2012—2013年	2013—2014年	2014—2015年
GDP	5.8	1.9	4.1	5.2	4.4	4.1
GNP	5.2	1.3	4.5	6.0	4.1	4.1

数据来源：菲律宾统计年鉴历年整理。

2. 经济结构构成及其变化情况

从表1-25中可以看出，菲律宾农业、工业和服务业的增加值均呈现上升趋势，分别从2010年的11 087.18亿比索、29 322.79亿比索、49 624.83亿比索上升到2015年的13 660.63亿比索、40 948.70亿比索、78 463.32亿比索，上升幅度分别达到23.21%、39.65%、58.11%。由此可见，农业增长滞后于工业和服务业。2017年，农业、工业、服务业增加值分别达到15 266.54亿比索、48 134.00亿比索、94 663.05亿比索。

在农业中，农业、狩猎业和林业增加值幅度比较大，达到10.89倍，而渔业仅增加7.58%。在工业中，矿业与采掘业增加值下降，2015年比2010年下降16.02%。制造业、建筑业、电力电气和水供给增加值分别达到38.25%、60.82%、34.05%。服务业中，贸易和车辆、住房维修，房地产、租赁以及商业活动，其他服务均呈下降趋势，2015年比2010年分别下降12.64%、80.21%、87.11%。运输、仓储和通讯业，金融，公共管理与国防增加值均呈上升趋势，2015年比2010年分别上升46.03%、88.35%、10倍。

表1-25 2010—2017年菲律宾经济结构

单位：百万比索，当期价格

经济指标	2010年	2011年	2012年	2013年	2014年	2015年	2016年	2017年
农业	1 108 718	123 013	1 249 768	1 297 151	1 428 131	1 366 063	1 398 063	1 526 654
农业、狩猎业和林业	98 588	1 052 167	1 057 660	109 730	1 230 996	1 172 285	1 212 872	1 329 426

（续）

经济指标	2010年	2011年	2012年	2013年	2014年	2015年	2016年	2017年
渔业	180 130	182 845	192 108	199 320	19 713	193 778	185 191	197 228
工业	2 932 279	3 043 288	3 299 948	3 595 720	3 968 897	4 094 870	4 452 107	4 813 400
矿业与采掘业	128 727	143 027	121 435	115 460	125 390	108 109	114 330	134 514
制造业	1 930 779	2 047 718	2 170 918	2 355 416	2 603 644	2 669 222	2 847 597	3 074 575
建筑业	551 230	522 197	633 065	727 378	828 161	886 506	1 034 279	1 116 365
电力电气和水供给	321 543	330 346	374 530	397 466	411 702	431 033	455 901	487 946
服务业	4 962 483	5 430 031	6 011 373	6 649 415	7 245 708	7 846 332	8 629 775	9 466 305
运输、仓储和通讯业	586 197	627 255	679 875	727 912	78 392	856 051	909 269	962 540
贸易和车辆、住房维修	1 563 786	1 696 743	1 870 557	2 069 640	2 243 270	1 366 063	2 652 835	2 919 613
金融	622 404	684 088	763 669	885 136	998 894	1 172 285	1 168 611	1 297 428
房地产、租赁以及商业活动	979 129	105 120	1 220 726	1 374 403	1 553 387	193 778	1 898 993	2 084 798
公共管理与国防	372 304	404 323	457 620	486 005	503 110	4 094 870	575 043	648 404
其他服务	838 663	912 502	1 018 925	1 106 319	1 173 555	108 109	1 425 023	1 553 521

数据来源：菲律宾统计年鉴历年。

从表1-26中可以看出，菲律宾农业所占GDP比例逐步下降，从2010年的12.31%下降到2015年的10.27%。工业所占GDP的比例也呈下降趋势，从2010年的32.57%下降到2015年的30.77%，服务业所占GDP的比例呈上升趋势，从2010年的55.12%上升到2015年的58.96%。2017年，农业、工业、服务业所占比例分别为9.66%、30.45%、59.89%。

表1-26　菲律宾经济结构2010—2017年

单位：%

经济指标	2010年	2011年	2012年	2013年	2014年	2015年	2016年	2017年
农业所占GDP比例（%）	12.31	1.27	11.83	11.24	11.29	10.27	9.66	9.66
工业所占GDP比例（%）	32.57	31.35	31.25	31.16	31.39	30.77	30.75	30.45
服务业所占GDP比例（%）	55.12	55.93	56.92	57.63	57.30	58.96	59.60	59.89

数据来源：菲律宾统计年鉴历年。

3. 基础设施建设情况

菲律宾火车乘客流量不断攀升，火车收益大幅度增加。如表1-27所示，菲律宾火车乘客人数从2010年的954万人上升到2012年的1 562万人，其中，Metro South 火车乘客人数基数较大，2012年达到1 514万人，Bicol 火车乘客人数相对较少，2012年达到47万人。菲律宾火车收益从2010年的1.09亿比索上升到2012年的1.81亿比索，其中Metro South 火车收益较高，占比较大，2012年达到1.74亿比索，而Bicol 通勤火车收益相对较低，2012年达到643.80万比索。

表1-27　火车乘客量及收益

年份	Metro South 通勤火车		Bicol 通勤火车		全部通勤火车	
	乘客人数	收益(比索)	乘客人数	收益(比索)	乘客人数	收益(比索)
2010	9 138 021	102 834 615	400 704	5 884 844	9 538 725	108 719 459
2011	15 382 360	176 685 822	406 299	5 831 250	15 788 659	182 517 072
2012	15 143 542	174 672 060	472 946	6 437 987	15 616 488	181 110 047

数据来源：菲律宾统计年鉴历年。

菲律宾地铁乘客人数不断攀升。如表1-28所示，乘客人数从2010年的1 531万人增长到2013年的1 761万人。轻轨乘客人数也不断上升，从2010年的1 559万人增长到2013年的1 718万人。地铁和轻轨的收益分别从190.4亿比索、222.82亿比索上升到2013年的217.24亿比索、252.68亿比索。

表1-28　地铁乘客量及收益

年份	地下铁			轻轨			轻轨管理局轻轨（2号线/紫色线）		
	乘客人数（百万人）	负荷系数（%）	收益（百万比索）	乘客人数（百万人）	高峰负荷系数（%）	收益（百万比索）	乘客人数（百万人）	高峰负荷系数（%）	收益（百万比索）
2010	153.1	94.0	1 904.2	155.9	69.0	2 228.2	63.2	39.9	857.3
2011	158.8	50.5	1 956.8	156.9	77.3	2 285.6	63.8	39.0	856.8
2012	174.5	50.5	2 136.6	170.7	90.2	2 514.0	70.3	48.0	943.0
2013	176.1	87.9	2 172.4	171.8	94.7	2 526.8	71.4	60.0	949.9

数据来源．菲律宾统计年鉴历年。

菲律宾的水上运输能力不断增加。如表1-29所示，船只在码头停泊次数从2010年的35万次上升到2014年的36万次，在锚地的停泊次数从2010年的4 547次上升到2014年的4 904次。在码头的总注册吨数从2010年的3.03亿吨上升到2014年的4.04亿吨，在锚地的总注册吨数从2010年的2 750万吨上升到2014年内的4 104万吨。

表1-29　在码头和锚地船只停靠次数、吨数及距离

	2010年		2011年		2012年		2013年		2014年	
	在码头	在锚地	在码头	在锚地	在码头	在锚地	在码头	在锚地	在码头	在锚地
船只停泊次数	346 000	4 547	336 749	4 706	345 870	4 635	351 606	4 904	358 141	4 904
国内	335 202	2 960	327 730	2 847	335 272	2 823	342 804	3 140	350 145	3 163
外国	10 798	1 587	9 019	1 859	10 598	1 812	8 802	1 764	7 996	1 675
总注册吨数	302 637 117	27 497 461	315 231 366	34 516 657	306 155 913	39 874 006	311 138 887	41 035 671	314 887 261	41 035 671
国内	183 839 386	1 825 019	192 389 649	1 892 273	182 003 604	1 878 906	182 036 722	2 253 613	189 541 883	2 132 278
外国	118 797 731	25 672 442	122 841 717	32 624 384	124 152 309	37 995 100	129 102 165	38 782 058	125 345 378	39 825 816
距离（米）	14 914 474	342 011	14 935 005	378 388	14 738 054	391 601	15 240 980	408 102	15 578 234	408 102
国内	13 623 321	122 050	13 668 434	116 953	13 480 860	117 078	13 959 790	134 805	14 357 557	134 308
外国	1 291 153	219 961	1 266 571	261 435	1 257 194	274 523	1 281 190	273 297	1 220 677	271 746

数据来源：菲律宾统计年鉴历年。

2010—2013年，菲律宾机场数量没有发生明显变化（表1-30）。

表1-30 菲律宾机场数量

	2010年			2011年			2012年			2013年		
	吕宋	米沙鄢	棉兰老岛	吕宋	米沙鄢	棉兰老岛	吕宋	米沙鄢	棉兰老岛	吕宋	米沙鄢	棉兰老岛
总计	38	22	24	38	22	24	38	24	24	38	24	24
国际机场个数	5	2	3	5	2	3	5	2	3	5	2	3
一级机场个数	4	6	5	4	6	5	4	6	5	4	6	5
二级机场个数	8	5	6	8	5	6	8	5	6	8	5	6
基层机场个数	21	9	10	21	9	10	21	11	10	21	11	10

数据来源：菲律宾统计年鉴历年。

4. 国际贸易

菲律宾对外贸易额不断增长，如表1-31所示，从2010年的10 643亿美元上升到2014年的12 749.96亿美元，比2010年增长19.80%。2017年达到1 618亿美元。菲律宾出口额、进口额不断增长，从2010年的5 149.75亿美元、5 493.29亿美元分别上升到2014年的6 210.16亿美元、6 539.80亿美元，上升幅度分别达到20.59%、19.05%。2017年出口额为687.13亿美元，进口额为930.93亿美元。

菲律宾对外贸易呈赤字状态，贸易赤字略有缩小。从2010年的343.54亿美元缩小到2017年的243.80亿美元。

表1-31 菲律宾进出口贸易情况

单位：百万美元，到岸价

年份	贸易额	出口			进口			贸易盈余（或赤字）
		出口额	占比	平均汇率（比索/美元）	进口额	占比	平均汇率（比索/美元）	
2010	106 430.4	51 497.5	48.4	44.86	54 932.90	51.6	45.36	−3 435.4
2011	108 800.8	48 304.9	44.4	43.06	60 495.80	55.6	43.56	−12 190.9
2012	114 228.1	52 099.5	45.6	42.00	62 128.60	54.4	42.50	−10 029.1
2013	119 108.5	56 697.9	47.6	42.42	62 410.60	52.4	42.92	−5 712.7
2014	127 499.6	62 101.6	48.7	44.23	65 398.00	51.3	44.69	−3 296.4
2015	129 894.5	58 827.2	45.3	45.20	71 067.20	54.7	45.70	−12 240.0
2016	141 514.2	57 406.1	40.6	47.40	84 108.00	59.4	47.90	−26 701.9
2017	161 806.1	68 712.9	42.5	50.20	93 093.20	57.5	50.70	−24 380.3

数据来源：菲律宾统计年鉴历年。

据菲律宾统计署网站数据显示，2016年，菲律宾货物进出口贸易总额为1 373.91亿美元，同比增长5.8%；其中进口总额811.59亿美元，同比增长14.2%，出口总额562.32亿美元，同比下降4.4%，贸易逆差249.27亿美元。日本、中国内地、美国、新加坡、中国香港是菲律宾前5大贸易伙伴。其中，菲日贸易总额211.87亿美元，同比增长13.5%，菲律宾自日本进口95.4亿美元，同比增长49.8%，菲律宾向日本出口116.47亿美元，同比下降5.3%，菲律宾对日贸易顺差21.07亿美元；菲中贸易总额211.75亿美元，同比增长20%，其中菲律宾自中国进口149.87亿美元，同比增长30.7%，菲律宾向中国出口61.88亿美元，同比增长0.2%，菲律宾对中国贸易逆差87.98亿美元；菲美贸易额158.64亿美元，同比下降3.8%，其中菲律宾进口额72.18亿美元，同比下降3.3%，菲律宾向美出口86.46亿美元，同比下降4.2%，菲律宾对美贸易顺差14.28亿美元。2016年，中国是菲律宾第二大贸易伙伴、第一大进口来源地和第四大出口市场，菲中贸易额仅比菲日贸易额低0.12亿美元。①

5. 财政和对外债务关系及其变化情况

（1）菲律宾财政收入不断增长

从菲律宾统计局数据来看（表1-32），菲律宾从2010年以来，财政收入一直保持增长趋势，财政收入规模呈现从2010年的12 079 260亿比索增长到2014年的19 085 270亿比索。其中，税收收入所占比例最高，从2010年的10 936 430亿比索增长到2014年17 189 860亿比索。2017年达到24 731 320亿比索。

表1-32　菲律宾财政收入统计

单位：亿比索

指标	2010年	2011年	2012年	2013年	2014年	2015年	2016年	2017年
财政收入	12 079 260	13 599 420	15 349 320	17 160 930	19 085 270	21 089 560	21 959 140	24 731 320
税收收入	10 936 430	12 020 660	13 610 810	15 356 980	17 189 860	18 154 750	19 803 900	22 506 780
国内收入局	8 226 230	9 241 460	10 579 160	12 166 610	13 347 620	14 333 020	15 672 140	17 723 210
关税局	2 592 410	2 651 080	2 898 660	3 049 250	3 692 770	3 675 340	3 963 650	4 581 840
其他局	117 790	128 120	132 990	141 120	149 470	146 390	168 110	201 730
非税收收入	1 138 770	1 576 210	1 737 520	1 800 740	1 893 080	2 933 170	2 154 460	2 224 150
拨款	4 060	2 550	990	3 210	2 330	1 640	780	390

数据来源：菲律宾统计年鉴历年。

① 驻菲律宾经商参处.016年中国是菲律宾第二大贸易伙伴.http://ph.mofcom.gov.cn/article/jmxw/201702/20170202513278.shtml，2017-02-10。

(2) 菲律宾财政支出不断增长

从表1-33中可以看出，菲律宾从2010年以来，财政支出一直保持增长趋势，财政支出规模从2010年的15 223 840亿比索增长到2014年的19 816 190亿比索，其中对地方政府的转移支付、利息支付所占比例较高。对地方政府转移支付从2010年的2 795 520亿比索增长到2014年的3 442 350亿比索，利息支出从2010年的2 942 440亿比索增长到2014年的3 211 850亿比索，2014年，利息支出已经超过了对地方政府转移支付。

表1-33 菲律宾财政支出统计

单位：亿比索

指标	2010年	2011年	2012年	2013年	2014年
财政支出	15 223 840	15 576 960	17 777 590	18 801 550	19 816 190
对地方政府转移支付	2 795 520	3 151 140	2 983 220	3 172 550	3 442 350
利息支出	2 942 440	2 789 960	3 127 990	3 234 340	3 211 850
补贴支出	210 050	537 050	426 370	663 290	804 400
股本支出	21 490	128 890	213 400	114 790	17 480
净贷款支出	92 580	180 550	274 210	166 260	133 950
税收支出	396 930	258 310	322 810	190 020	258 800
其他支出	8 764 830	8 531 060	10 429 590	11 260 300	11 947 360

数据来源：菲律宾统计年鉴历年。

(3) 菲律宾财政赤字呈一定缩小趋势

从表1-34中可以看出，菲律宾从2010年以来，财政一直保持赤字，财政赤字规模呈现缩小趋势，从2010年的3 144 580亿比索缩小到2014年的730 920亿比索。

表1-34 菲律宾财政盈余统计

单位：亿比索

指标	2010年	2011年	2012年	2013年	2014年
财政盈余（或赤字）	−3 144 580	−1 977 540	−2 428 270	−1 640 620	−730 920

数据来源：菲律宾统计年鉴历年。

6. 外国直接投资及其变化情况

从图1-1中可以看出，从2010年开始，菲律宾吸引国外投资金额呈现波动上升趋势。到2018年第四季度，吸引投资达到911.735亿比索。

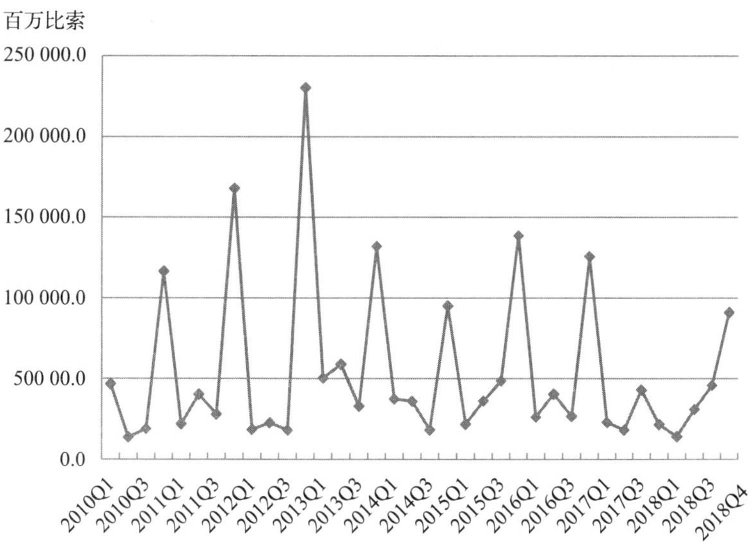

图1-1　2010年第一季度—2018年第四季度菲律宾全部获批外国投资

数据来源：AFAB, BOI, BOI-ARMM, CDC, CEZA, PEZA, SBMA①

Q代表季度。

菲律宾投资来源国主要来自中国大陆、新加坡和日本。从2018年外国对菲律宾投资的金额来看，中国大陆投资506.93亿比索，占当年全部外国投资的27.83%；新加坡投资211.81亿比索，占当年全部外国投资的11.63%；日本投资197.28亿比索，占当年全部外国投资的10.83%。

其他投资较多的国家或地区为英属维尔京群岛、马来西亚、美国。2015年，菲律宾分别从英属维尔京群岛、马来西亚、美国获得投资161.66亿比索、146.54亿比索、128.59亿比索，占2018年全部外国投资的比例分别达到8.87%、8.04%、7.06%。

表1-35　2018年菲律宾分国家获得的外国投资

单位：百万比索

国家和地区	第一季度	第二季度	第三季度	第四季度	全年
中国大陆	421.9	1 384.2	900.7	47 985.8	50 692.6
新加坡	571.7	1 587.7	3 763.6	15 258.4	21 181.4
日本	7 860.9	5 118.2	1 982.7	4 766.0	19 727.8
英属维尔京群岛	0.0	292.5	15 506.6	366.4	16 165.5
马来西亚	40.0	3 519.1	10 675.8	418.8	14 653.7

① 基准数据来源：巴丹省自由港管理局（AFAB），投资委员会（BOI），棉兰老穆斯林自治区投资委员会（BOI ARMM），克拉克发展公司（CDC），卡加延经济管理局（CEIA），菲律宾经济区管理局（PEZA）和苏碧湾都市管理局（SBMA）。

（续）

国家和地区	第一季度	第二季度	第三季度	第四季度	全年
美国	558.4	4 002.0	4 514.1	3 784.0	12 858.5
中国台湾	311.6	206.1	1 104.8	2 578.6	4 201.1
荷兰	878.5	306.5	1 624.8	1 243.6	4 053.4
英国	1 543.3	206.7	30.6	2 049.1	3 829.7
法国	0.0	2 009.6	0.0	551.4	2 561.0
澳大利亚	324.6	215.3	1 165.0	435.9	2 140.8
韩国	394.8	110.7	112.4	1 266.6	1 884.5
中国香港	16.1	850.8	105.6	807.7	1 780.2
印度	10.3	203.1	55.7	242.7	511.8
德国	163.5	18.0	150.4	148.8	480.7
加拿大	23.9	5.8	227.5	221.9	479.1
瑞士	103.6	0.0	2.4	357.7	463.7
开曼群岛	155.0	0.0	53.0	23.5	231.5
泰国	0.0	56.6	0.0	0.0	56.6
丹麦	0.0	0.0	10.6	0.0	10.6
其他国家和地区	830.4	10 852.8	3 868.6	8 666.4	24 218.2

数据来源：菲律宾国家统计局网站。

菲律宾农林渔业2018年共获得外国投资2.11亿比索，占菲律宾吸引外国投资总额的0.12%，农林渔业吸引外国投资占比相对较小。

除了农林渔业之外，制造业，电力、燃气、蒸汽及空调供应，行政和支助服务活动是菲律宾吸引外国投资的主要行业，2018年上述3个产业吸引外国投资占比分别达到48.52%、16.49%、11.04%，吸引外国投资额分别达到884.01亿比索、300.48亿比索、201.18亿比索。

表1-36　2018年菲律宾分行业获得的外国投资

单位：百万比索

行业	第1季度	第2季度	第3季度	第4季度	全年
农业，林业和渔业	0.00	34.56	0.00	176.83	211.39
采矿和采石	0.00	0.00	235.15	0.00	235.15
制造业	9 100.54	12 843.07	7 609.75	58 847.17	88 400.53
电力，燃气，蒸汽和空调供应	0.50	640.79	16 063.50	13 343.44	30 048.23
供水；污水处理，废物管理和修复活动	0.00	0.00	0.00	0.00	0.00
施工	76.24	7 127.91	58.32	1 545.19	8 807.66

（续）

行业	第1季度	第2季度	第3季度	第4季度	全年
批发和零售业；汽车和摩托车维修	94.91	964.42	2 773.23	1 635.47	5 468.03
运输和储存	390.60	1 796.21	51.57	1 542.76	3 781.14
住宿和餐饮服务活动	54.45	438.50	0.20	61.76	554.91
信息和通讯	395.01	79.36	1 199.91	1 441.23	3 115.51
金融和保险活动	323.90	48.27	41.02	62.83	476.02
房地产活动	1 795.93	1 120.50	11 756.75	5382.06	20 055.24
专业，科学和技术活动	167.14	476.28	5.55	38.35	687.32
行政和支助服务活动	1 805.31	5 375.74	6 023.62	6913.45	20 118.12
公共行政和国防；强制性社会保障	0.00	0.00	0.00	0.00	0.00
教育	0.00	0.00	0.00	181.77	181.77
人类健康和社会工作活动	0.00	0.00	10.84	0.03	10.87
艺术，娱乐和娱乐	3.89	0.00	22.05	0.40	26.34
其他服务活动	0.00	0.00	3.52	0.68	4.20

数据来源：菲律宾国家统计局网站。

7. 经济发展总体风险评价

菲律宾2013—2015年经济增速分别为7.2%、6.1%和5.8%。菲律宾的经济增长在相当大程度上是依靠菲律宾海外劳工的海外汇款带动的国内消费所推动的，主要动力为家庭消费、商品与服务出口。受美联储加息可能、外需减少、中国经济增速放缓、本国局部地区政治局势等因素影响，菲律宾经济有下行风险。另外，杜特尔特总统在老挝出席东盟峰会期间针对美国总统奥巴马和联合国秘书长潘基文的激烈言辞，促使外国投资者鉴于可能产生的外交和短期法律秩序风险而对在菲律宾投资持谨慎态度。尽管存在诸多不利外因，但菲律宾持续扩大的中产阶级群体和蓬勃发展的服务外包业务将继续刺激内需、带动投资增长，这使接下来几年菲律宾经济将继续保持6.5%上下的平均增速。该机构预测2016年菲律宾经济增长率将为6.1%，2017年、2018年将分别为6.3%、6.2%。① 与此同时，菲律宾经济发展的短板也十分明显，特别是制造业、基础设施滞后，出口不振，低储蓄率和低投资率，影响了该国经济发展的速度。这些短板带来的结果就是菲律宾失业率较高，近年失业率在7%左右，贫困人群占比高。2012年菲律宾全国仍有22.3万个家庭深陷绝对贫困线下，若用美元来核算，菲律宾人均收入每天约为0.63美元，远远低于世界银行提出的每天1美元绝对贫困线标准。菲律宾高速增长指标背后的是“没有

① 商务部.标准普尔：菲律宾经济存下行风险.http://finance.sina.com.cn/roll/2016-09-23/doc-ifxwermp3735047.shtml，2016年09月23日。

发展的增长”。①

但除了风险之外，菲律宾保持了良好的经济发展态势，相比东盟其他国家，菲律宾经济增长速度较高。美国《环球透视》亚太区首席经济学家比斯瓦斯（Rajib Biswas）表示，预计至2026年，菲律宾将超越马来西亚和泰国，成为仅次于印度尼西亚的东盟(ASEAN)第二大经济体。②

表1-37　菲律宾全部贷款

单位：亿比索

年份	总贷款	全球化银行贷款	商业银行贷款	国有银行	国外银行
2010	28 017.11	18 559.29	1 995.05	3 417.33	4 045.44
2011	32 217.75	21 937.85	2 289.91	4 495.10	3 494.89
2012	36 507.60	26 127.97	1 729.36	4 449.60	4 200.67
2013	42 569.63	32 006.10	1 670.75	4 467.49	4 425.29
2014	51 178.84	39 289.69	1 777.82	6 255.54	3 855.79
2015	57 196.65	43 590.50	2 101.11	7 405.70	4 099.34
2016	67 063.11	51 776.10	2 640.26	7 606.30	5 040.45

数据来源：菲律宾国家统计年鉴历年。

从表1-37中可以看出，菲律宾国家总贷款规模不断增长，对经济发展也产生一定的风险。菲律宾贷款从2010年的28 017亿比索上升到2014年的51 179亿比索，增长了82.67%。2016年，菲律宾总贷款上升到67 063亿比索。

（四）农业在国民经济中的地位情况

农业人口占总人口规模比重及其变化情况，农业产值及其占国民经济比重的变化情况。

1. 农业人口占总人口规模比重及其变化情况

从表1-38中可以看出，菲律宾总人口从2010年的9 234万人上升到2018年的1.07亿人。其中劳动力总人数从2010年的3 889万人上升到2018年的4 346万人。农业人口就

① 每日经济新闻.中国专家：菲经济增长有赖中国资金 可投资工业园.http://money.163.com/16/1021/08/C3STD7LB002580S6.html，2016–10–21。

② 菲律宾经济增速再居亚洲之冠，有望成东盟第二大经济体.http://gold.cnfol.com/caijingyaowen/20161117/23830325.shtml，2016–11–17。

业人数从2010年的1 196万人下降到2018年的1 000万人。

表1-38　菲律宾2010—2018年的人口数

单位：百万人

指标	2010年	2011年	2012年	2013年	2014年	2015年	2016年	2017年	2018年
总人口	92.34	94.82	96.51	98.20	99.88	101.56	103.24	104.92	106.60
劳动力总人数	38.89	40.00	40.43	41.02	40.05	41.34	43.36	42.78	43.46
农业人口就业人数	11.96	12.27	12.09	11.84	11.21	11.29	11.06	10.26	10.00
失业人数	2.86	2.81	2.83	2.90	2.74	2.60	2.36	2.44	2.30

数据来源：菲律宾国家统计年鉴历年。

从表1-39中可以看出菲律宾全部就业人数呈现上升趋势，从2010年1月的3 603万人，上升到2014年的3 865万人。菲律宾农林牧渔业就业人数呈现波动下降趋势。从2010年1月的554万人下降到2014年10月的529万人，占全部就业人数的比例从2010年1月的15.37%下降到2014年的10月的13.62%。

表1-39　菲律宾农林牧渔业就业人数及占比

单位：万人，%

指标	2010年	2011年	2012年	2013年	2014年	2015年	2016年	2017年
全部就业率（%）	100	100	100	100	100	100	100	100
农业就业占比（%）	33	33	32	31	31	29	27	25
全部就业人数	3 603.5	3 719.2	3 760.0	3 811.8	3 865.1	3 874.1	4 099.8	4 033.4
农业就业人数	1 195.6	1 226.7	1 209.3	1 183.5	1 180.1	1 129.4	1 106.4	1 026.1

数据来源：菲律宾国家统计年鉴历年。

2. 农业产值及其占国民经济比重的变化情况

以2000年不变价格计算，农业总产值从2010年的7 315亿比索上升到2018年的9 146.95亿比索。其中，农作物产值较大，到2018年上升到4 072.13亿比索，渔业产值从2010年开始呈现下降趋势，到2018年下降到1 281.62亿比索，到2018年，家畜业和家禽业产值分别达到1 426.96亿比索、1 366.25亿比索。

从增长率来看，2018年农业总产值增长率为0.59%。农作物、家畜业、家禽业、渔业产值增长率分别达到−0.99%、1.90%、5.75%、−0.98%。

表1-40　2010—2018年菲律宾农业部门产值（以2000年不变价格计算）

单位：亿比索

指标	2010年	2011年	2012年	2013年	2014年	2015年	2016年	2017年	2018年
农业总产值	7 314.89	7 473.53	7 688.36	7 771.78	7 879.95	7 895.11	7 790.37	8 099.40	9 146.95
增长率（%）	−0.44	2.17	2.87	1.09	1.39	0.19	−1.35	3.97	0.59
农作物	3 637.18	3 809.06	3 963.42	3 962.00	4 060.61	3 980.03	3 854.23	4 112.85	4 072.13
增长率（%）	−2.63	4.73	4.05	−0.04	2.49	−1.98	−3.22	6.71	−0.99
家畜业	1 202.68	1 226.79	1 240.41	1 262.16	1 274.95	1 323.81	1 384.89	1 400.38	1 426.96
增长率（%）	1.45	2.01	1.11	1.75	1.01	3.83	4.60	1.12	1.90
家禽业	1 009.65	1 053.79	1 101.36	1 148.33	1 151.43	1 217.55	1 234.88	1 291.92	1 366.25
增长率（%）	3.80	4.37	4.51	4.26	0.27	5.74	1.38	4.62	5.75
渔业	1 465.38	1 383.89	1 383.18	1 399.28	1 392.96	1 373.71	1 316.37	1 294.25	1 281.62
增长率（%）	0.82	−5.56	−0.05	1.16	−0.45	−1.38	−4.10	−1.68	−0.98

资料来源：PSA。

据菲律宾《商业镜报》2017年1月22日报道，据以不变价格计算（2006年价格），2016年农业产值7 780亿比索，较2015年（7 891亿比索）下降1.4%。其中种植业产出3 843亿比索，较2015年（4 060亿比索）下降5.3%；家禽业产出1 235亿比索，较2015年提高1.4%；畜牧业1 385亿比索，较2015年提高4.6%；渔业下降4.2%。以当前价格计算，农业收入1.57亿比索，比2015年（1.54亿比索）略有增长。种植业收入8 807亿比索，同比增长3%。其中，水稻产量1 760万吨、玉米720万吨，分别下降3.32%和3%，大蒜、小柠檬、橡胶、芒果和椰子产量也均有下降；渔业收入2 295亿比索，下降了4.18%。畜牧业收入2 582亿比索，同比增长4.59%；家禽业收入增长13.9%，占总产值11%。厄尔尼诺天气对农业的影响在2016年第二季度达到高峰，农业产出下降4.5%；第三季度农业产出上升3%，受到台风影响，第四季度又下降1.1%。以当前价格计算，2016年农业损失4 564亿比索，较2015年提高1.35%。①

农业部门的经济增长率从2010年的0.02%提高到2018年的0.8%，增长幅度出现明显快速上升趋势。分部门来说，农作物增长率到2018年达到−0.9%，畜牧业增长率达到1.9%，家禽养殖业增长率最高，为5.8%，渔业增长率为负数，到2018年达到−0.2%，农业活动与服务增长率较高，2018年达到3.9%。

① 菲去年农业产出下降1.4%. 商业镜报 .http://www.mofcom.gov.cn/article/i/jyjl/j/201701/2017 0102505853.shtml，2017−01−22。

表1-41　菲律宾2010—2018年宏观经济增长指标

单位：亿比索、%

指标	2010年	2011年	2012年	2013年	2014年	2015年	2016年	2017年	2018年
GDP	57 015.39	59 102.01	63 052.29	67 500.79	71 640.17	76 001.75	81 233.75	8668.18	92 068.89
GDP增长率	7.63	3.66	6.68	7.06	6.13	6.10	6.90	6.70	6.20
农业部门增长率（%）	0.02	2.44	2.82	0.89	1.60	0.30	−1.20	4.00	0.80
农作物增长率（%）	−1.89	4.97	4.27	0.03	2.38	−1.80	−3.20	6.50	−0.90
畜牧业增长率（%）	0.64	1.96	1.09	1.77	1.02	3.80	4.60	1.10	1.90
家禽养殖业增长率（%）	7.67	4.40	4.60	4.22	0.32	5.70	1.30	4.50	5.80
渔业增长率（%）	−0.50	−4.33	−0.38	0.75	−0.39	−1.80	−4.00	−0.90	−0.20
农业活动与服务增长率（%）	3.31	3.02	2.14	0.65	4.51	6.20	3.90	4.30	3.90

资料来源：菲律宾国家统计局。

二、农业资源生产与政策制度建设情况

（一）农业资源禀赋情况

气候条件以及适宜发展的作物；土地资源总体情况、人均占有情况、土壤类型、开发现状及潜力情况；气温、光照、湿度情况；降水量、河流分布及农田水利设施建设情况；种质资源情况，主要农作物、畜产品和水产品品种情况，流行病虫害情况。

1. 气候条件

菲律宾国家气候是典型的热带海洋气候。具有相对较高的气温、较高的湿度、大量降雨等特征。与中美洲国家气候条件具有一定的相似性。

从气温来看，根据菲律宾气象站数据平均情况（包括碧瑶市），每年平均温度在26.6℃，最冷月份平均气温为25.5℃，最热月份平均气温为28.3℃。地区所处的维度是影响气温的一个因素，但海拔是造成地区气温差距的重要因素。菲律宾吕宋岛北部的碧瑶市因为海拔1 500米以上，平均气温为18.3℃，成为菲律宾的“夏都”。

湿度反映了空气中水汽的多少。由于气温较高、周边是水域，菲律宾的湿度很高。每月相对平均湿度在70%（3月）到85%（9月）之间波动。3～5月的高温和较高的湿度气候令人不舒适。

降水量，菲律宾各地降水量变化较大，地区之间差距较大。降水量与各地的水汽风力走向以及山地分布有直接关系。菲律宾全年平均降水量在965～4 064毫米。碧瑶市、东萨马省和东苏里高市等地区降水量最大，而哥打巴托市南部地区降雨量最小。哥打巴托省的桑托斯将军城市每年平均降水量为978毫米。

菲律宾的气候条件决定了一年一般分成两个季节：一个是雨季，从6～11月；另一个是旱季，从12月到次年5月。旱季还可以分成两个季节：一个是凉爽干燥季节，从12月到次年2月；另一个是炎热干燥季节，3～5月。

菲律宾的气候类型根据降水量的分布情况，分成4种类型。

类型1：两个分明的季节。11月至次年4月干燥、其他月份湿润；最大降水量集中在6～9月。

类型2：没有干燥季节，12月至次年2月降水量非常明显。最少降水量集中在3～5月。

类型3：没有明显的强降水量，干燥月份仅持续1～3月，或者12月至次年2月，或者为3～5月；类型3与类型1相似，但是干燥月份更短。

类型4：降水量全年较为平均。类型4与类型2一样，没有干燥季节。

台风对菲律宾气候和天气状况产生较大的影响。降水量、湿度和多云等指标均受到台风的影响。[①]各地气象条件如表2-1所示。

表2-1 指定气象站的历史气候数据

年份	降水量(mm)	最高气温(℃)	最低气温(℃)	平均气温(℃)	相对湿度(%)	平均海平面压力(mbs)
北伊洛克斯省佬沃市（Laoag City, Ilocos Norte）						
2010	2 872.90	32.7	23.2	27.9	82	1 009.80
2011	2 536.20	31.6	23.3	27.5	78	1 008.70
2012	2 550.90	—	23.3	27.4	80	—
达古潘市（Dagupan City, Pangasinan）						
2010	2 200.60	32.7	23.4	28	82	1 010.10
2011	3 068.00	31.5	23.3	27.4	84	1 008.90
2012	3 129.80	—	23.6	27.7	83	—
马尼拉市码头区（Port Area (MCO), Manila）						
2010	1 962.20	32.2	26.3	29.2	73	1 009.90
2011	3 248.30	31.1	25.6	28.4	75	1 009.20
2012	3 572.40	—	25.6	28.6	76	—
黎牙实比市（Legaspi City, Albay）						
2010	3 045.10	31.4	24.8	28.1	82	1 010.40
2011	5 199.80	30.4	22.6	26.5	86	1 009.10
2012	4 529.00	—	23.2	27	84	—
麦克坦国际机场（Mactan International Airport）						
2010	1 706.90	32.2	25	28.6	83	1 012.00
2011	2 365.70	30.7	24.9	27.8	86	1 009.50
2012	1 663.40	—	25	28	83	—
三宝颜省三宝颜市（Zamboanga City, Zamboanga）						
2010	1 534.80	33	21.6	27.4	81	1 010.00
2011	1 235.50	32.7	23.9	28.3	82	1 009.50
2012	1 627.00	—	24.5	28.5	82	—
南达沃省达沃市（Davao City, Davao Del Sur）						
2010	1 613.80	32.2	24.4	28.3	83	1 009.40
2011	2 345.10	31.6	24.2	27.9	85	1 008.50
2012	1 750.30	—	24.4	28.1	83	—

① 菲律宾大气、地球物理及天文服务局.http://pagasa.dost.gov.ph/index.php/climate-of-the-philippines。

2. 适宜种植的作物

香蕉。菲律宾的气候条件非常适宜种植香蕉。香蕉已经成为菲律宾产量较大的水果品种，已形成较大出口规模。香蕉产业是菲律宾最大的国民收入来源，占农业总产值的4.36%。2014年，菲律宾的香蕉种植面积达到44.2万公顷，是世界第三大香蕉生产国、世界第二大香蕉出口国，出口收入为11.36亿美元，出口额超过其水果出口总额的60%。除了出口创汇，香蕉种植业还衍生并壮大了众多相关行业，为50万人提供了诸如采收、包装、管理等类别的工作，并为包装、后勤、农业投入品和运输等行业创造了大量的就业机会。①

玉米。2016年国内玉米产量可能达到810万吨，高于国内预期需求量560万吨以及2015年的750万吨，菲律宾玉米生产自给自足率首次达到120%，菲律宾可能启动玉米出口。

水稻。菲律宾地处东南亚热带，光照充足，雨量丰沛，适宜水稻种植。年平均气温27℃，没有不适合水稻生产的低温，全年都可种植水稻，不受温度的限制，光照充足，光照周期变化不大，有利于水稻生产，特别是在旱季，温度高，相对湿度小，极有利于水稻的生产，且不利于病虫害的发生。

椰子。椰子产量和出口量居世界第一位，产量和品种均占世界的1/3，单位面积产量也较高，位居世界之首。有“世界椰王”“椰子之国”之称。椰子是菲律宾主要农业经济作物之一，在国民经济中占据重要地位。椰子和椰油是该国最主要的出口产品。早在16世纪，菲律宾就开始种植椰树，主要集中在吕宋岛和比萨杨岛。②

甘蔗。菲律宾是东南亚国家中主要产糖国家之一。2013年菲律宾糖产量位于世界第11位，是全世界五大出口国家之一。菲律宾甘蔗生产主要分布在中吕宋岛、西维萨亚岛、中维萨亚岛和北棉兰老岛。其中西维萨亚岛甘蔗产量占比达53%，占优势地位。③

烟草。吕宋岛雪茄烟驰名世界。早在16世纪末，西班牙将古巴雪茄烟草种子带到菲律宾，于是菲律宾逐渐成为种植烟草的国家。菲律宾雪茄以马尼拉地区最为有名。

菠萝。菲律宾是世界第二大菠萝出口国，其出口主要市场位于亚洲。菲律宾对中国菠萝出口呈现快速增长趋势。2013—2014年出口增长幅度高达74%。2015年1～5月，菲律宾对中国菠萝出口数量达到2.49万吨。

---

① 王一鸣.抵制菲律宾的香蕉、芒果干真的可以威胁到菲律宾经济吗.http://futures.jrj.com.cn/2016/07/13142721183519.shtml。

② 世界产椰子最多的国家－菲律宾.http://www.sjzz.cc/zhiwu/328126.html。

③ 商务部.菲律宾制糖业发展状况浅析.http://world.people.com.cn/n/2015/0714/c157278-27301842.html，2015-07-14。

3. 土地资源情况

(1) 总体情况

菲律宾国土面积30万平方公里，其中土地面积29.82万平方公里，水域1 830平方公里，农业土地967.1万平方公顷，其中耕地493.6万公顷，占51.04%。

表2-2 菲律宾土地资源总体情况

地理位置	亚洲的东南部，在菲律宾海与西菲律宾海之间的群岛，越南东部
总计面积	300 000平方公里
土地面积	298 170平方公里
水域面积	1 830平方公里
农业土地	9.671百万公顷(2002年)
耕地	4.936百万公顷
永久性作物用地	4.225百万公顷
永久性草场/牧场	0.129百万公顷
林地	0.074百万公顷
其他土地	0.307百万公顷

数据来源：菲律宾统计局，http://countrystat.psa.gov.ph/?cont=3。

(2) 人均情况

根据世界银行统计，菲律宾人均耕地面积呈略下降趋势，从2010年的0.201公顷/人，下降到2014年的0.196公顷/人。造成人均耕地面积下降的主要原因是人口的增长。

表2-3 菲律宾人均耕地面积

单位：公顷/人

年份	2010	2011	2012	2013	2014
人均耕地面积	0.201	0.20	0.199	0.197	0.196

资料来源：世界银行数据。

(3) 林地情况

菲律宾全国土地面积超过3 000万公顷，已经认证可以转让可以处理的土地共1 419万公顷，占全国土地面积的47.32%。全国林地面积共计1 581万公顷，其中未分类林地为75.5万公顷，已经分类林地为1 505万公顷。在已经分类林地中，建立住宅的327万公顷，建立目的基地的1 006万公顷，国家公园134万公顷，军事用地12.6万公顷，民用林地16.6万公顷，用于池塘的面积9万公顷。

表2-4 菲律宾土地面积

单位：公顷

土地面积合计			30 000 000
已经认证可转让可处理土地			14 194 675
林地	合计		15 805 325
	未分类林地		755 009
	分类林地	合计	15 050 316
		建立住宅	3270 146
		建立木材的基地	10 056 020
		国家公园 GRBS/WA	1 340 997
		军事与海军占用林地	126 130
		公民占用地	165 946
		池塘	91 077

数据来源：菲律宾统计局网站。

(4) 播种情况

根据2002年统计数据，菲律宾农场全部类型土地面积967万公顷，其中一年生作物种植面积482万公顷，抛荒土地面积12万公顷，常年生种植面积423万公顷，常年生牧场面积13万公顷，森林覆盖面积7.4万公顷，其他类型土地面积27万公顷，没有报告的土地面积3.8万公顷。2012年新的调查数据显示，耕地面积变为727万公顷，其中抛荒面积为3.13万公顷。

表2-5 菲律宾不同用途的农场面积

单位：公顷

年份	全部类型	一年生作物面积	抛荒土地面积	常年生作物种植面积	常年生草场或牧场面积	覆盖森林面积	其他类型土地面积
2002	9 670 793	4 815 938	119 641	4 225 393	129 278	73 865	268 542
2012	7 271 446	3 474 036	31 270	3 357 486	50 396	44 514	313 743

数据来源：菲律宾统计局，http://countrystat.psa.gov.ph/?cont=3。

4. 河流分布及农田水利设施建设情况

(1) 河流分布

菲律宾境内河流均较短小。吕宋岛最大河流卡加延河（Rio Grande de Cagayan），源头在新比斯开省山区，由南向北流向巴布延海峡，全长350千米，流域面积2.54万平方公里，支流包括奇科（Chico）、马加特（Magat）和伊拉甘（Ilagan）等河流。

棉兰老岛以棉兰老河和阿古桑河较大。棉兰老河系菲律宾国家大河之一，位于棉兰老岛中部，源头位于布基农省东北山区，上游是普兰吉，向南注入伊拉纳湾，全长300千米左右。

阿古桑（Agusan River）是菲律宾民答那峨岛上最长河流，源出达沃（Davao）省东南部，入民答那峨海武端湾（Butuan Bay），全长约350千米，流域面积1.09万平方公里。

（2）农田水利设施建设情况

农田水利设施建设相对滞后。中国企业热衷对菲律宾农田水利设施进行投资。

菲律宾可灌溉土地面积呈现下降趋势。2010年，全国可灌溉面积估计313万公顷，到2014年下降到302万公顷。其中，全国灌溉系统土地面积从2010年的767万公顷下降到2014年的750万公顷，集体灌溉系统从2010年的558万公顷上升到2014年的596万公顷，私人灌溉系统从2010年的217万公顷下降到2014年的195万公顷。菲律宾有潜力开发区域面积从2010年的158万公顷上升到2014年的171万公顷。2017年，全部可灌溉土地面积估计数312.86万公顷。

表2-6 菲律宾不同灌溉系统的灌溉面积

单位：公顷

年份	全部可灌溉土地面积估计数	全国灌溉系统	集体灌溉系统	私人灌溉系统	OGA援助灌溉系统	总计	有潜力开发区域面积
2010	3 126 340	767 006	558 333	217 329	—	1 542 668	1 584 232
2011	3 126 340	712 790	496 442	193 814	167 880	1 570 926	1 450 601
2012	3 126 340	722 583	534 403	200 018	169 507	1 626 510	1 392 694
2013	3 019 609	740 214	576 419	194 620	167 342	1 678 595	1 341 014
2014	3 019 609	750 169	595 653	194 841	167 400	1 708 063	1 708 063
2015	3 019 609	754 666	615 797	187 767	172 899	1 731 128	1 315 792
2016	3 128 631	848 617	648 417	185 129	173 820	1 855 982	1 272 649
2017	3 128 631	867 897	663 225	184 866	171 980	1 715 988	1 240 637

数据来源：菲律宾统计局，http://countrystat.psa.gov.ph/?cont=3。

根据统计数据，菲律宾全国已经实现灌溉的土地面积从2011年的157万公顷上升到2015年的173万公顷，上升了10.19%。从相对比例来看，已经实现灌溉的土地面积占全部可灌溉面积比例从2011年的50.25%上升到2015年的57.33%。2017年，灌溉面积

1.72百万公顷，占54.85%。

表2-7 灌溉土地面积占全部可灌溉面积的比例

项目	2011年	2012年	2013年	2014年	2015年	2016年	2017年
灌溉面积（百万公顷）	1.57	1.63	1.68	1.71	1.73	1.86	1.72
占全部可灌溉面积比例（%）	50.25	52.03	55.59	56.57	57.33	59.32	54.85

数据来源：菲律宾统计局，http://countrystat.psa.gov.ph/?cont=3。

5. 种质资源情况

（1）种质资源

菲律宾境内野生植物有近万种，其中高等植物有2 500余种。主要有松柏、竹子、龙脑香、红树、松树等。在20世纪90年代初期，菲律宾有570万公顷的森林面积，其中龙脑香为380万公顷，约占森林面积的66.6%；苔藓树林为110万公顷，占森林面积的19.3%；亚树种树林为50万公顷，约占森林面积的8.8%；松树为20万公顷，约占森林面积的3.5%；红树属树林为10万公顷，约占森林面积的1.7%。

菲律宾境内野生动物以哺乳类为主，多达200种，大部分为翼手目与食虫目；鸟类约有750多种。野生动物主要有野水牛、眼镜猴、鼠鹿、刺猬、老鼠、食猴鹰等。

菲律宾主要粮食作物是水稻、玉米，四大经济作物主要是椰子、甘蔗、马尼拉麻和烟草。

国际水稻研究所于1962年在菲律宾首都马尼拉成立，目前该研究所遗传资源中心的基因库贮藏了100多个国家提供的8万多种水稻基因和1 100种野生水稻种子的样品，向IRRI的种质库和科学家提供了3 399份栽培稻和30份野生稻，与此同时，国际水稻研究所向中国赠送了9 421份栽培稻和1 574份野生稻。

菲律宾热带亚热带水果资源丰富，有200余种，栽培品种40～50种。

菲律宾水产资源丰富，水产业位居世界第11位，金枪鱼资源居世界前列。菲律宾是群岛国家，具有丰富的水生资源，鱼类品种多达2 400多种，其海域面积是土地面积的7倍。海岸线长达36 289千米。菲律宾国家水产养殖历史悠久，目前咸淡水池塘养鱼居于该国水产养殖的主导地位。菲律宾主要养殖的水产品种包括遮目鱼、对虾、罗非鱼、石斑鱼、尖吻鲈。

（2）农作物主要品种

菲律宾农作物品种包括如下，见表2-8。

表2-8 主要农作物、畜产品和水产品品种

作物	品种名称	品种归类
玉米	CW–RHB 701	黄玉米（杂交）
	BH 102G	黄玉米（杂交）
	EG 803w	白玉米（杂交）
	SMQ 6349w	白玉米（杂交）
	USM nch 39	黄玉米（敞开授粉）
	USM nch 37	黄玉米（敞开授粉）
	USM nch 33	黄玉米（敞开授粉）
	IPB Comp 3	黄玉米（敞开授粉）
	IPB Var 8	白玉米（敞开授粉）
	White Flint 12–06	白玉米（敞开授粉）
	BC 42521	黄玉米（GMO）
	BIO 9541	黄玉米（GMO）
	BIO 9909R	黄玉米（GMO）
	BIO 9909 Genuity	黄玉米（GMO）
	IGV 96176	黄玉米（GMO）
豆科作物	IGV 96176	花生
	ICCV 93952	鹰嘴豆
	ICCV 07307	鹰嘴豆
大米	Tubigan32	灌溉的低地（同系交配）
	Tubigan33	灌溉的低地（同系交配）
	Tubigan34	灌溉的低地（同系交配）
	Tubigan35	灌溉的低地（同系交配）
	Tubigan36	灌溉的低地（同系交配）
	Mestiso66	灌溉的低地（同系交配）
	Mestiso67	灌溉的低地（同系交配）
	Mestiso68	灌溉的低地（同系交配）
	Mestiso69	灌溉的低地（同系交配）
	Mestiso70	灌溉的低地（同系交配）
	Japonica4	特殊用途
	Sahod Ulan 13	降雨干种子
	Sahod Ulan 14	降雨干种子
	Sahod Ulan 15	降雨干种子
	Sahod Ulan 16	降雨干种子
	Sahod Ulan 17	降雨干种子
	Sahod Ulan 18	降雨干种子
	Sahod Ulan 19	降雨干种子
	Sahod Ulan 20	降雨干种子
	Sahod Ulan 13	降雨干种子
	Sahod Ulan 13	降雨干种子
	Sahod Ulan 13	降雨干种子
烟草	CCB2G	烟草
	KT206LC	烟草
	NC7	烟草
蔬菜	Tanglaw	茄子
	Tanyag	茄子
	Sikat	茄子
	Sulit	茄子
	AniMax1	西红柿
	AniMax2	西红柿
	Cali	豆类
	Boniero	豆类

菲律宾水果主要品种如下表2-9所示。

表2-9 菲律宾主要水果、蔬菜品种

水果名称	品种
芒果	吕宋芒（Carabao）、碧果芒（Pico）、卡查米塔芒（Katchumita）等。其中吕宋芒被称为世界上最甜的芒果品种
菠萝	菲律宾主要栽培品种包括皇后类（Queen）和伯南布哥类两类。其中，皇后类果实较小，果肉色泽金黄，货架期较长，以鲜食为主，价格昂贵，代表品种为Queen。伯南布哥类果肉软嫩，多肉多汁，香气极优雅，入口即化，因其太软嫩、收成低，不适于商业加工运输，供鲜食的代表品种有Perola，其他品种有Sugarloaf
香蕉	Cavendish品种的产量约占总产量的41.3%、Cardaba约占33.64%、Laka.tan占12.3%出口香蕉主要为香牙蕉（Cavendish）品种，其中大矮蕉（GrandeNaine）占90%、威廉斯（Williams）占10%。国内鲜销品种主要为拉卡坦（Lakatan）、班谷兰（Bungulan）、拉屯旦（Latundan）和贡蕉（Senorita），沙巴（Saba）和卡打巴（Cardaba）为加工用大蕉品种。国内市场的鲜食香蕉以lakatan和latundan为主。Cardaba品种主要用于加工香蕉片。有机栽培品种以Balangon和bongolan为主
水稻	位于菲律宾的国际水稻研究所（IRRI）保存的水稻资源、品种11万份。20世纪60年代，国际水稻研究所培育出的IR8、IR20、IR22等矮杆、早熟、高产、耐肥、高抗水稻品种。IR26、IR36、IR64、IR72等IR系列品种
玉米	黄玉米占60%左右主要用作饲料和工业淀粉及酒精加工原料；白玉米约占40%左右，以实用为主，此外也用来磨制粗玉米粉和制作淀粉。白玉米主要是当地常规品种，有普通白玉米，也有白糯玉米，主要品种为KANICAL
蔬菜	苦瓜、黄瓜、南瓜等瓜类蔬菜；卷心菜、生菜、大白菜、芹菜、芫荽、花椰菜、莴苣等叶菜类蔬菜；萝卜、胡萝卜、土豆、洋葱、蒜等根茎类蔬菜；辣椒、茄子等茄果类蔬菜；豇豆、青豆等豆类蔬菜；适于湿润环境下生长的芋头和Kangkong等，山葵叶和各种野菜

资料来源：李春艳，韩福光，郑锦荣．菲律宾农作物资源状况调研报告[J]．广东农业科学，2011，(S1):33-37。

（3）畜产品资源

①菲律宾本地猪（Philippine Native Swine）。该品种生猪或者全身黑色，或者腹部带有白色，其余全身黑色。包括伊罗科斯和哈拉·合拉（Jalajala）两个类型。波克哈拉（Berkjala），迪亚尼（Diani），卡曼（Kaman），科罗纳多（Koranadel），和黎巴通（Libtong）均从该品种开发培育出来。该品种多产，4～5个月的性成熟期，低饲料转化比，6～8个月育肥之后可以达到60千克，该品种在菲律宾较为流行。①

②肉牛品种。(Philippine Cattle）菲律宾牛包括了万丹（Banten)、中国黄牛、来自墨西哥和西班牙伊比利亚牛的基因，具有较好的杂交优势。该品种体重较小，公牛成熟后400千克，母牛300千克，肉牛颜色从灰色到棕色，有的有白点。母牛没有驼峰，公

① Breeds of Livestock, Department of Animal Science. Philippine Native Swine.http://www.ansi.okstate.edu/breeds/swine/philippinenative/。

牛有一个驼峰。该品种牛可以用于耕田、产奶和牛肉生产。万丹黑（Bantanes Black），八打雁（Batangas），伊罗科斯，伊洛伊洛是根据该品种培育的新品种。[①]

③菲律宾羊。菲律宾山羊共有两种。一种是粗毛羊品种，颜色呈奶油色、棕褐色或浅棕色。另一种细毛山羊品种则是黑色或棕色，带有白色毛。菲律宾山羊均有角，其品种可能系从卡他岗（Katjang）山羊品种演化而来。[②]

④家禽品种。据报告，菲律宾拥有如下品种肉鸡或者蛋鸡：AA鸡（Arbor Acres AA broiler breeders）、巴纳巴鸡（Banaba）、矮脚鸡（Bantam）、横斑芦花鸡（Barred Plymouth Rock）、澳洲黑鸡（Black Australorp）、泽西大黑鸡（Black Jersey）、鸡博利瑙鸡（Bolinao）、甘马粦鸡（Camarines）、中国白来航鸡（Chinese Single Comb）、科布500号鸡（Cobb 500）、达拉贡鸡（Darag）、海蓝鸡（Hy–Line）、罗曼鸡（Lohmann）、新罕布尔什鸡（New Hampshire）、巴老阿堪鸡（Paraoakan）、彼得逊鸡（Peterson）、迪卡鸡（Pilch Dekalb）、红色原鸡（Red Jungle Fowl）、洛克红鸡（Rhode Island Red）、星波罗鸡（Shaver Starbro）、星杂鸡（Starcross）、台湾农家鸡（Taiwan Country chicken）、白来航鸡（White Leghorn）、白洛克鸡（White Rock）

其中巴纳巴（Banaba）、博利瑙（Bolinao）、甘马粦（Camarines）、达拉贡（Darag）、巴老阿堪（Paraoakan）巴拉瓦堪（Paraoakan）或者翻译（Parawakan）品种均为菲律宾本地品种。

（4）流行的病虫害情况

①椰子病虫害。2014年，菲律宾发生较为严重的椰子病虫害，该病虫害影响较大，两个星期的时间，就将感染植株从1 300多株上升到1 700多株。其中比科尔地区和三宝颜半岛都受到明显影响，产量损失可能超过330亿比索（约合7.52亿美元）[③]。

②香蕉束顶病、叶斑病。菲律宾香蕉种植深受束顶病、叶斑病等病害的困扰。由于病虫害的原因，菲律宾香蕉生产成本大幅上升，2014年年底达3.6～3.85美元/箱（13千克），而几年前仅2.2～2.24美元/箱。2015年，随着劳动力、病虫害防治、生产资料以及燃料等成本的增加，香蕉生产成本估计增长5%～7%。香蕉产业是菲律宾农业部门中支出最高的产业之一。[④]

巴拿马病（亦称香蕉枯萎病）。该病是一种土真菌病害，主要危害根部，无法用杀菌剂控制。卡文迪什香蕉品种对巴拿马病具有一定的抵抗能力。[⑤]

① Breeds of Livestock – Philippine Native Cattle.http://www.ansi.okstate.edu/breeds/cattle/philippinenative。

② Breeds of Livestock – Philippine Goats.http://www.ansi.okstate.edu/breeds/goats/philippine/index.html。

③ 白净.菲律宾采取紧急措施挽救虫害的椰子树[J].世界热带农业信息，2014(08):26。

④ 菲律宾：香蕉出口大国发展遇阻.https://kknews.cc/zh–cn/agriculture/6kl2zq.html，2016–06–13原文網址：https://kknews.cc/zh–cn/agriculture/6kl2zq.html。

⑤ 闫树堂.菲律宾：香蕉产业寻求政府帮助抗击病虫害[J].中国果业信息，2012(04):41。

③玉米露菌病（downy mildew）。病征为系统性病害，叶片出现淡黄与绿色相间条纹病斑，常呈孤岛状。其他尚有矮化、多穗、无穗、穗轴徒长、穗顶成扫帚状等。苗期严重感染则会致死。本病害的病菌属活物寄生菌（Obligate parasite），不经由干燥种子传播。每年的3月下旬至4月中旬及10月，此时的气温18～22℃，晨露甚重，为其发生盛期。

（二）农业生产发展情况

1.农业产值规模、构成及其变化情况

从表2-10中可以看出，菲律宾农林牧渔狩猎业增加值从2010年的11.09亿比索上升到2015年的13.66亿比索，2015年比2010年增长了23.21%。

其中，种植业增加值从2010年的9 261.53亿比索上升到2015年的11 694.41亿比索，上升幅度达到26.07%。种植业增加值占农林牧渔狩猎业增加值的比例，从2010年的54.14%上升到2015年的55.40%。2018年种植业增加值达到16 179.10亿比索。

家畜业增加值从2010年的1 503.29亿比索上升到2015年的1 799.47亿比索，上升幅度达到19.70%。家畜业增加值占农林牧渔狩猎业增加值的比例，从2010年的13.56%下降到2015年的13.17%。2018年家畜业增加值达到2 295.64亿比索。

家禽业增加值从2010年的1 018.46亿比索上升到2015年的1 362.64亿比索，上升幅度达到28.85%。家禽业增加值占农林牧渔狩猎业增加值的比例，从2010年的9.19%上升到2015年的9.97%。2018年家禽业增加值达到1 603.85亿比索。

家畜业增加值和家禽业增加值占农林牧渔狩猎业增加值的比例合计从2010年的22.74%上升到2015年的23.15%。2018年家畜业和家禽业增加值达到3 899.49亿比索。

渔业增加值从2010年的1 801.3亿比索上升到2015年的1 937.78亿比索，上升幅度达到7.58%。渔业产业增加值占农林牧渔狩猎业增加值的比例，从2010年的16.25%下降到2015年的14.19%。2018年渔业增加值达到2 148.69亿比索。

林业增加值从2010年的24.35亿比索上升到2015年的28.44亿比索，上升幅度达到16.80%。林业增加值占农林牧渔狩猎业增加值的比例，从2010年的0.22%下降到2015年的0.21%。2018年林业增加值达到26.5亿比索。

表2-10　农林牧渔狩猎业增加值（以当期价格计算）

单位：亿比索

项目	2010年	2011年	2012年	2013年	2014年	2015年	2016年	2017年	2018年
农林牧渔狩猎业	**11 062.83**	**12 311.42**	**12 465.30**	**12 936.99**	**14 265.60**	**13 632.19**	**13 981.13**	**15 275.71**	**16 179.10**
农业	**9 261.53**	**10 482.96**	**10 544.22**	**10 959.33**	**12 310.56**	**11 694.41**	**12 104.38**	**13 279.52**	**14 003.90**
水稻	2 212.36	2 436.03	2 794.67	3 013.20	3 625.06	2 985.34	2 916.19	3 352.79	3 692.72
玉米	605.77	767.70	820.93	783.78	877.07	805.82	738.38	823.24	949.96
椰子（含干椰肉）	768.55	1 125.12	771.50	705.59	901.62	824.08	940.53	1 045.53	806.21
甘蔗	273.51	382.93	290.49	279.60	286.85	300.00	314.58	297.35	272.82
香蕉	868.91	838.05	878.52	955.63	1 066.16	1 113.57	1 202.70	1 204.25	1 294.62
芒果	173.96	180.79	249.03	251.24	258.89	265.32	300.71	357.62	326.08
菠萝	99.16	131.26	159.62	163.48	181.24	190.72	219.04	235.40	259.64
咖啡	52.61	59.18	58.69	53.38	55.15	54.21	54.45	55.26	53.20
木薯	120.98	142.19	175.73	201.91	186.38	163.58	195.31	225.04	202.00
橡胶	228.75	288.46	203.69	165.77	107.53	77.24	81.54	105.75	94.08
其他作物	597.88	714.94	654.10	661.28	700.49	787.47	840.83	864.12	942.17
家畜业	**1 503.29**	**1 516.35**	**1 528.15**	**1 670.55**	**1 768.97**	**1 799.47**	**1 844.75**	**2 081.09**	**2 295.64**
家禽业	**1 018.46**	**1 069.06**	**1 127.08**	**1 191.13**	**1 324.60**	**1 362.64**	**1 402.55**	**1 490.36**	**1 603.85**
农业活动与服务	**737.07**	**830.89**	**832.01**	**862.78**	**970.55**	**974.95**	**1 052.81**	**11 4 171**	**1 210.89**
渔业	**1 801.30**	**1 828.45**	**1 921.08**	**1 977.66**	**1 955.04**	**1 937.78**	**1 851.91**	**1 971.97**	**2 148.69**
林业	**24.35**	**38.71**	**32.38**	**46.57**	**47.29**	**28.44**	**24.85**	**24.22**	**26.50**

从表2-11中可以看出，菲律宾农林牧渔狩猎业总产值从2010年的12 562.59亿比索上升到2018年的18 203.66亿比索，2018年比2010年增长了44.90%。

其中，种植业产值从2010年的6 732.10亿比索上升到2018年的10 024.11亿比索，上升幅度达到48.90%。种植业产值占农林牧渔狩猎业总产值的比例，从2010年的53.59%上升到2018年的55.07%。

家畜业产值从2010年的2 104.66亿比索上升到2018年的3 215.24亿比索，上升幅度达到52.77%。家畜业产值占农林牧渔狩猎业总产值的比例，从2010年的16.75%上升到2018年的17.66%。

家禽业产值从2010年的1 515.32亿比索上升到2018年的2 319.15亿比索，上升幅度达到53.05%。家禽业产值占农林牧渔狩猎业总产值的比例，从2010年的12.06%%上升到2018年的12.74%。

渔业产值从2010年的2 210.51亿比索上升到2018年的2 645.16亿比索，上升幅度达到19.66%。渔业产值占农林牧渔狩猎业总产值的比例，从2010年的17.60%下降到2018年的14.53%。

表2-11 农林牧渔狩猎业总产值（以当期价格计算）

单位：百万比索

项目	2010年	2011年	2012年	2013年	2014年	2015年	2016年	2017年	2018年
种植业	**673 210.33**	**802 720.49**	**797 109.39**	**814 630.20**	**927 308.56**	**856 024.88**	**882 691.85**	**965 531.42**	**1 002 411.37**
水稻	229 644.98	254 265.23	292 126.99	314 760.90	378 218.53	311 088.43	304 598.79	350 152.06	385 008.51
玉米	69 698.42	87 698.07	94 143.86	90 150.48	100 629.40	92 480.63	85 326.41	94 257.25	109 161.74
椰子	81 273.92	120 889.76	88 837.22	82 299.26	104 931.58	95 189.26	108 665.13	120 700.57	91 768.38
甘蔗	38 547.93	56 185.49	42 497.42	40 073.31	41 299.30	42 413.91	44 517.39	44 091.25	40 763.39
香蕉	106 485.68	102 556.91	107 584.14	117 158.86	130 696.29	136 531.47	147 445.01	147 682.36	158 837.38
菠萝	10 889.58	14 334.65	17 455.62	17 480.15	19 730.80	20 945.78	23 564.52	25 488.81	27 200.26
咖啡	5 502.23	6 190.90	6 156.43	5 596.02	5 785.51	5 686.65	5 715.06	5 798.22	5 466.12
芒果	17 892.27	18 598.69	19 540.67	19 201.26	19 356.04	20 393.12	23 208.72	28 937.84	27 032.95
烟草	2 544.66	3 008.05	3 483.40	3 827.54	4 333.80	3 725.40	3 914.14	3 800.20	4 053.85
吕宋大麻	2 353.79	2 706.66	2 710.26	2 445.37	2 947.93	3 315.83	4 233.52	4 413.03	4 982.82
坚果	877.34	929.67	994.55	1 028.10	1 073.10	1 176.65	1 091.99	1 184.87	1 248.07
芒果	1 400.36	1 766.33	1 478.66	1 476.86	1 619.53	1 827.79	1 672.33	1 888.33	2 062.51
木薯	12 020.29	14 141.95	15 717.81	18 065.93	16 664.11	14 855.84	17 495.18	19 903.97	17 862.05
甘薯	5 472.14	5 886.28	6 140.77	6 455.22	7 158.33	7 750.70	7 936.79	8 541.10	8 959.02
番茄	2 126.55	2 542.71	2 823.93	2 984.22	2 439.66	2 899.40	3 310.40	3 578.30	3 860.52
大蒜	716.81	916.42	801.5	311.6	935.89	1 040.13	385.17	665.22	714.02
洋葱	2 695.42	4 754.65	3 888.14	3 428.49	4 887.84	3 687.62	4 354.54	5 447.63	6 743.89
卷心菜	929.8	2 251.82	1 655.45	1 841.80	1 944.17	2 687.49	2 606.84	2 134.29	2 932.93
茄子	2 446.82	4 215.96	3 600.01	3 428.55	4 112.14	3 791.12	4 191.79	5 146.31	6 572.65
卡曼橘	2 380.62	4 407.00	2 898.03	2 440.02	2 890.11	2 461.20	2 001.93	1 922.43	2 454.78

（续）

项目	2010年	2011年	2012年	2013年	2014年	2015年	2016年	2017年	2018年
橡胶	24 311.21	30 667.43	21 609.05	17 605.58	11 412.58	8 181.78	8 630.50	11 212.09	9 851.50
其他作物	52 999.50	63 805.86	60 965.50	62 570.69	64 241.92	73 894.67	77 825.71	78 585.29	84 874.02
家畜业	**210 465.60**	**212 325.99**	**214 082.86**	**233 997.82**	**247 757.27**	**251 989.86**	**258 356.32**	**291 595.38**	**321 524.35**
水牛	10 044.64	10 080.04	9 966.08	10 335.11	10 740.12	11 099.79	11 333.18	12 573.77	13 637.09
肉牛	20 583.08	21 461.78	21 438.45	22 529.96	23 641.62	24 593.91	25 867.90	26 587.72	28 351.82
生猪	172 049.22	172 574.73	174 408.80	192 484.18	204 104.89	206 710.97	211 315.89	241 935.16	267 998.92
山羊	7 306.83	7 710.52	7 708.24	8 054.86	8 649.14	8 931.89	9 124.08	9 689.40	10 627.09
牛奶	481.83	498.93	551.29	593.71	621.5	653.3	715.28	809.33	909.43
家禽业	**151 531.73**	**158 734.92**	**168 231.36**	**177 991.23**	**191 532.45**	**195 246.23**	**202 804.06**	**215 058.05**	**231 915.08**
肉鸡	112 512.76	118 320.34	124 878.69	133 177.05	144 915.81	145 935.37	149 801.18	156 891.98	170 983.78
肉鸭	2 499.55	2 452.85	2 577.00	2 662.64	2 806.99	2 835.84	2 695.83	2 872.80	3 125.05
鸡蛋	33 659.85	35 046.83	37 588.92	38 628.96	40 147.63	42 694.58	46 222.69	50 923.28	53 356.39
鸭蛋	2 859.57	2 914.90	3 186.76	3 522.57	3 662.01	3 780.43	4 084.36	4 369.99	4 449.85
渔业	**221 050.84**	**220 258.06**	**237 711.45**	**244 551.70**	**241 943.86**	**239 702.39**	**228 934.10**	**243 901.89**	**264 515.63**
遮目鱼	28 059.01	30 957.33	35 168.29	35 698.77	36 243.87	35 712.35	35 386.90	38 041.49	41 225.38
罗非鱼	18 934.46	14 332.70	21 135.42	22 019.93	22 443.68	22 416.58	20 770.08	22 993.66	24 253.12
老虎虾	18 269.07	18 593.48	19 010.73	19 763.08	19 347.25	20 828.54	20 967.49	21 494.29	21 785.31
圆竹荚鱼	13 477.73	13 410.23	14 186.77	16 475.25	14 228.97	13 455.03	11 811.63	11 242.53	11 188.90
箭鱼	12 076.40	12 056.18	14 596.56	16 658.73	15 380.77	14 956.31	14 279.47	16 200.44	17 317.10
黄鳍金枪鱼	12 389.36	11 294.26	14 117.79	14 688.02	14 671.39	14 635.96	10 980.28	11 670.35	9 995.50
海藻	11 974.74	11 391.08	9 776.29	9 903.24	10 517.71	8 315.27	6 104.74	8 301.35	10 919.70
其他品种	105 870.07	108 222.80	109 719.60	109 344.68	109 110.22	109 382.35	108 633.50	113 957.78	127 830.62
合计	**1 256 258.50**	**1 394 039.47**	**1 417 135.06**	**1 471 170.95**	**1 608 542.14**	**1 542 963.36**	**1 572 786.33**	**1 716 086.74**	**1 820 366.43**

2. 主要农产品产量

水稻产量从2010年的1 577.23万吨上升到2018年的1 906.6万吨，上升了20.88%。

玉米产量从2010年的637.67万吨上升到2018年的777.2万吨，上升了21.88%。

表2-12 菲律宾水稻、玉米产量

单位：吨

项目	2010年	2011年	2012年	2013年	2014年
水稻	15 772 319.00	16 684 062.00	18 032 525.47	18 439 419.73	18 967 826.17
玉米	6 376 796.00	6 971 221.00	7 407 068.35	7 377 293.30	7 770 602.74
项目	**2015年**	**2016年**	**2017年**	**2018年**	**2019年**
水稻	18 149 837.78	17 627 244.82	19 276 346.63	19 066 093.94	—
玉米	7 518 755.72	7 218 816.55	7 914 908.49	7 771 918.63	—

甘蔗产量从2010年的1793万吨上升到2016年的2 293万吨，上升了27.87%。2018年达到2 473.08万吨。

椰子（带壳）产量从2010年的1551万吨下降到2016年的1 474万吨，下降了5.00%。2018年达到1 472.62万吨。

香蕉产量从2010年的910万吨下降到2016年的908万吨，下降了0.19%。2018年达到935.88万吨。

菠萝产量从2010年的217万吨上升到2016年的258万吨，上升了19.06%。2018年达到273.10万吨。

木薯产量从2010年的210万吨上升到2016年的271万吨，上升了29.00%。2018年达到272.30万吨。

表2-13 菲律宾其他作物产量

单位：吨

项目	2010年	2011年	2012年	2013年	2014年	2015年	2016年	2017年	2018年
蕉麻	66 512	68 613	68 510	64 952	68 053	70 356	71 840	68 841	71 516
可可	5 019	4 856	4 831	4 876	5 428	6 023	6 263	7 009	7 983
腰果（坚果成熟果实）	134 681	133 388	132 541	146 289	170 853	205 531	216 398	222 541	228 612
菊花	2 497	2 567	2 606	2 561	2 620	2 467	2 292	2 405	2 452
椰子（带壳）	15 510 283	15 244 609	15 863 801	15 354 334	14 696 298	14 735 189	13 825 080	14 049 131	14 726 165

（续）

项目	2010年	2011年	2012年	2013年	2014年	2015年	2016年	2017年	2018年
咖啡（干浆果）	94 536	88 526	88 943	78 634	75 454	72 342	68 823	62 078	60 313
咖啡 Arabica（干浆果）	19 421	19 002	18 783	18 594	18 028	17 434	16 756	14 485	13 706
咖啡 Excelsa（干浆果）	6 354	5 916	5 737	4 917	4 725	4 546	4 269	4 064	4 039
咖啡 Liberica（干浆果）	633	630	598	563	533	514	499	496	496
咖啡 Robusta（干浆果）	67 933	62 978	63 825	54 560	52 168	49 847	47 299	43 033	42 071
棉	35	51	77	55	11	6	5	10	27
唐菖蒲	1 181	1 114	1 066	1 014	787	668	550	532	432
油棕（fresh fruit bunch）	565 459	540 913	531 294	473 416	437 439	432 496	439 529	474 792	500 466
兰花	1 698	1 557	1 397	1 313	1 185	1 157	1 149	1 154	1 165
霹雳果（带壳）	6 637	7 105	7 933	8 243	7 316	7 362	7 291	7 427	7 649
玫瑰	2 328	2 337	2 393	2 438	2 443	2 336	2 232	2 423	2 587
橡胶（cuplump）	395 237	425 705	442 998	444 818	453 052	398 137	362 626	406 984	423 371
甘蔗	17 929 269	28 376 518	26 395 915	24 584 842	25 029 880	22 926 437	22 370 546	29 286 893	24 730 820
烟草	40 530	44 944	48 075	53 753	61 418	56 194	56 457	51 024	50 381
烟草本地品种	10 765	11 546	10 525	10 806	10 169	8 178	5 779	6 495	6 967
烟草（Virginia 品种）	18 839	21 447	23 644	28 245	31 321	32 148	31 611	30 418	29 789
香蕉	9 101 341	9 165 046	9 226 768	8 646 417	8 884 857	9 083 929	8 903 684	9 166 334	9 358 785
香蕉（Cavendish 品种）	4 600 617	4 685 997	4 694 655	4 230 089	4 448 460	4 566 907	4 638 328	4 836 254	4 919 220
香蕉（Lakatan 品种）	921 602	926 719	942 893	930 032	954 856	970 496	898 515	910 983	929 542
香蕉（Saba 品种）	2 632 692	2 616 842	2 645 893	2 557 109	2 567 495	2 627 129	2 474 199	2 520 010	2 593 101
柑	188 340	182 550	178 549	164 091	160 740	162 676	118 248	116 665	113 552
榴莲	77 549	58 969	85 961	91 212	80 334	87 382	71 444	66 458	75 521

（续）

项目	2010年	2011年	2012年	2013年	2014年	2015年	2016年	2017年	2018年
椰色果	49 500	4 256	14 190	35 207	13 899	20 814	17 160	8 031	12 368
橘	18 783	17 697	16 755	15 287	14 045	14 064	13 243	12 908	11 880
芒果	825 676	788 074	768 410	816 378	885 038	902 739	814 055	737 032	711 660
芒果Carabao品种	669 520	638 954	630 596	671 929	730 140	740 239	659 014	598 714	571 437
山竹	5 553	683	3 209	3 303	2 686	3 400	2 522	1 171	2 659
橙子	4 337	3 984	3 827	3 513	3 325	3 219	2 861	2 634	2 365
番木瓜	165 981	157 907	164 913	166 336	172 628	172 650	162 481	167 043	169 143
菠萝	2 169 233	2 246 806	2 397 745	2 458 528	2 507 098	2 582 699	2 612 474	2 671 711	2 730 985
红毛丹	12 743	6 271	7 189	7 440	6 479	8 723	7 668	6 065	7 208
罗望子果	9 032	8 122	7 921	7 782	7 558	7 436	7 128	6 756	6 638
西瓜	110 238	101 524	105 095	130 005	131 530	148 030	143 880	147 319	150 524
芦笋	4 637	3 443	4 106	3 213	2 939	2 742	2 172	1 904	1 648
胶苦瓜水果	88 437	86 599	87 090	89 887	90 111	88 918	87 460	89 460	87 395
西兰花	2 699	2 881	2 994	3 026	3 064	2 911	2 859	3 159	2 906
葫芦	97 586	93 780	92 588	88 464	83 218	82 737	79 978	81 402	79 231
卷心菜	128 964	125 309	126 381	127 463	127 986	125 752	123 080	122 474	120 656
萝卜	72 109	67 162	68 454	68 111	68 342	67 037	65 987	65 219	64 896
木薯	2 101 454	2 209 684	2 223 182	2 361 561	2 540 254	2 714 346	2 755 146	2 806 668	2 723 033
菜花	11 102	11 583	11 636	11 782	11 739	11 865	11 641	12 061	11 328
茄子	208 242	207 994	211 885	219 911	225 579	232 864	235 626	241 901	244 838
大蒜	9 563	9 056	8 808	8 986	8 993	10 420	7 469	7 751	7 559
生姜	27 097	27 755	27 677	28 216	27 197	26 623	26 787	27 482	27 926
山药	21 906	17 844	16 429	14 770	15 245	13 798	14 166	14 376	14 465
秋葵	29 716	29 129	29 774	30 122	30 274	30 638	30 529	31 379	31 277
生菜	3 634	3 519	3 647	4 041	4 061	3 810	3 822	4 033	4 083
绿豆	27 055	32 960	32 366	32 422	32 144	33 623	34 039	35 341	36 664
洋葱	135 377	128 387	124 890	134 239	203 651	181 208	122 594	184 427	172 666
花生	29 624	29 734	29 136	29 091	29 196	29 195	27 921	29 374	29 428
Pechay，中国品种	52 222	50 581	51 618	51 798	52 243	51 435	50 745	50 266	49 662

（续）

项目	2010年	2011年	2012年	2013年	2014年	2015年	2016年	2017年	2018年
Pechay，本土品种	44 861	44 525	45 126	45 983	45 645	46 582	46 658	48 625	47 990
萝卜	9 876	9 661	9 636	9 827	9 880	9 959	9 516	9 301	9 119
食芙菜豆/菜豆	15 820	15 426	15 328	15 423	15 306	14 745	14 389	14 151	13 950
南瓜果	244 713	223 791	222 634	223 522	222 207	217 908	214 147	206 024	202 229
四季豆	118 453	116 302	117 277	119 536	117 544	118 660	117 201	116 804	114 380
白菜	80 801	79 572	77 409	75 439	73 107	71 971	69 649	69 144	68 874
甘薯	541 265	516 338	516 907	528 250	519 855	535 996	529 472	537 303	525 634
芋头	110 761	110 719	111 561	112 262	110 365	111 988	107 569	109 374	107 957
番茄	204 272	203 582	203 593	207 668	214 573	214 774	210 720	218 793	220 825
马铃薯白或爱尔兰品种	124 671	120 574	119 570	117 722	119 140	118 479	116 783	117 637	117 423

生猪产量从2010年的189.82万吨上升到2018年的231.98万吨，上升了22.21%。

肉牛产量从2010年的25.17万吨上升到2018年的26.33万吨，上升了4.59%。

水牛产量从2010年的14.8万吨下降到2018年的14.47万吨，下降了2.26%。

山羊产量从2010年的7.8万吨下降到2018年的7.7万吨，下降了1.91%。

肉鸡产量从2010年的135.31万吨上升到2018年的183.67万吨，上升了35.73%。

肉鸭产量从2010年的3.30万吨下降到2018年的3.08万吨，下降了6.59%。

鸡蛋产量从2010年的38.73万吨上升到2018年的53.39万吨，上升了37.84%。

鸭蛋产量从2010年的3.67万吨上升到2018年的4.67万吨，上升了27.09%。

表2-14 菲律宾畜禽产品产量

单位：万吨

年份	水牛 Carabao	牛 Cattle	猪 Hog	羊 Goat	鸡 Chicken	鸭 Duck	鸡蛋 Chicken egg	鸭蛋 Duck egg
2010	14 802.2	25 174.3	189 815.8	7 845.1	135 312.7	3 297.8	38 733.5	3 667.6
2011	14 751.6	25 625.8	194 034.7	7 820.0	141 428.9	3 315.3	40 343.3	3 767.8
2012	14 272.7	25 398.3	197 361.7	7 566.5	147 943.5	3 384.7	42 105.7	3 974.7
2013	14 147.8	25 845.4	201 217.3	7 541.6	155 507.0	3 445.5	42 768.6	4 107.1
2014	14 303.4	26 131.9	203 230.3	7 610.2	157 176.2	3 461.3	41 565.2	4 151.0

（续）

年份	水牛 Carabao	牛 Cattle	猪 Hog	羊 Goat	鸡 Chicken	鸭 Duck	鸡蛋 Chicken egg	鸭蛋 Duck egg
2015	14 204.2	26 689.7	212 033.3	7 748.0	166 081.3	3 394.0	44 455.0	4 240.4
2016	14 468.5	27 041.5	223 166.0	7 745.4	167 450.5	3 221.6	46 171.9	4 416.0
2017	14 440.9	26 630.1	226 501.5	7 733.8	174 588.8	3 109.1	49 240.6	4 543.2
2018	14 314.3	26 331.0	231 976.4	7 695.3	183 666.4	3 080.6	53 390.5	4 661.1

从表2-15中可以看出，大部分商品化水产品的产量呈下降趋势。

表2-15　菲律宾渔业产量

单位：万吨

年份	2014年	2015年	2016年	2017年	2018年
渔业合计	468.91	464.93	435.58	431.21	435.69
商业化渔业	110.72	108.46	101.69	94.83	94.64
地方渔业	124.43	121.65	113.79	112.60	110.61
海洋渔业	102.94	101.18	97.69	96.21	94.19
内陆渔业	21.49	20.47	16.1	16.39	16.42
水产养殖业	233.76	234.82	220.09	223.78	230.44

黑点圆鲹（roundscad）的产量较大，从2014年的26.06万吨下降到2018年的17.13万吨，下降了11.62%。

鲣鱼（skipjack）产量较大，从2014年的23.39万吨上升到2018年的25.84万吨，上升了10.47%。

印度沙丁鱼（Indiansardines）产量较大，从2014年的25.61万吨上升到2018年的25.91万吨，上升了1.17%。

表2-16　菲律宾海洋渔业产量

单位：万吨

年份	2014年	2015年	2016年	2017年	2018年
海洋渔业合计	213.66	209.64	199.39	191.04	188.83
黑点圆鲹（roundscad）	26.06	22.51	21.18	18.31	17.13
鲣鱼（skipjack）	23.39	23.35	22.01	24.76	25.84

（续）

年份	2014年	2015年	2016年	2017年	2018年
黄鳍金枪鱼（yellowfin tuna）	13.99	14.34	10.30	10.69	9.44
护卫舰金枪鱼（frigate tuna）	13.41	13.77	13.39	12.21	11.19
印度沙丁鱼（indian sardines）	25.61	29.07	28.05	24.15	25.91
流苏沙丁鱼（fimbriated sardines）	9.33	8.38	7.66	7.94	8.76
大眼竹荚鱼（big−eyed scad）	11.64	11.68	11.28	10.92	11.09
印度鲭鱼（indian mackerel）	7.82	7.41	6.33	6.01	5.58
鳀鱼（anchovies）	7.19	6.40	5.58	5.02	4.87
乌贼（squid）	5.57	5.30	5.21	4.99	4.73
圈颈（slipmouth）	5.06	4.81	4.86	4.73	4.79
东部小金枪鱼（eastern little tuna）	3.55	3.47	3.69	3.71	3.70
印度太平洋鲭鱼（indo−pacific mackerel）	3.96	3.89	3.83	3.55	3.12
鳍鲷（treadfin bream）	3.88	3.92	3.97	3.96	3.63
长面鱼参（crevalle）	3.58	3.92	3.97	3.96	3.63
蓝蟹（blue crab）	2.72	2.59	2.83	3.08	3.35
马鲛鱼（cavalla）	2.80	2.89	2.51	2.40	2.37
飞鱼（flying fish）	1.94	1.85	1.72	1.52	1.57
蓝子鱼（siganid）	2.64	2.55	2.37	2.36	2.36
红鱼（snapper）	1.85	1.72	1.58	1.69	1.44
大眼金枪鱼（bigeye tuna）	1.12	1.09	1.52	2.76	3.11
其他物种（other species）	36.55	35.12	35.98	33.34	32.02

罗非鱼（tilapia）产量较大，从2014年的5.42万吨下降到2018年的4.41万吨，下降了18.63%。

蜗牛鱼（snail）产量较大，从2014年的5.18万吨下降到2018年的4.32万吨，下降了16.60%。

表2-17　菲律宾内陆渔业产量

单位：万吨

年份	2014	2015	2016	2017	2018
内陆渔业合计	21.49	20.47	16.1	16.39	16.42
罗非鱼（tilapia）	5.42	5.05	4.17	4.32	4.41
鲤鱼（carp）	1.56	1.44	1.31	1.33	1.47
蜗牛鱼（snail）	5.18	5.08	4.76	4.67	4.32
鲶鱼（mudfish）	1.12	1.17	0.88	0.95	0.97
courami courami	0.64	0.57	0.43	0.42	0.40
淡水虾虎鱼（freshwater goby）	0.57	0.40	0.33	0.30	0.29
淡水鲶鱼（hito）[freshwater catfish (hito)]	0.62	0.63	0.57	0.57	0.58
淡水虾（freshwater shrimp）	0.54	0.52	0.31	0.30	0.34
淡水鲶鱼（kanduli）[freshwater catfish (kanduli)]	0.18	0.20	0.18	0.23	0.18
其他鱼类（other fish species）	4.35	4.20	2.03	2.24	2.26
其他甲壳类动物（other crustaceans）	0.54	0.52	0.49	0.50	0.55
其他软体动物（other molluscs）	0.77	0.69	0.64	0.56	0.65

3. 农业、畜牧业、渔业发展的潜力及限制因素资料

(1) 农业

菲律宾作为世界上最大的粮食进口国，除了在20世纪70年代实现了短期的粮食自给甚至略有出口之外，粮食安全问题一直是菲律宾政府面临的突出问题。造成菲律宾粮

食安全的原因包括三个方面：一是菲律宾土地问题改革不到位，阻碍农业发展，对粮食安全构成隐患。二是气候灾害愈发频繁，菲律宾是太平洋西北部的群岛国家，属于海洋季风性气候，全年的降水量较多，因受暖湿气流的影响遇到台风的机会较多，海岸线受狂风巨浪的影响较多。在2010年的气候变化的脆弱性指数排名中，菲律宾在170个国家里排第六位。2012年12月，台风宝霞的影响直接导致约28 000公顷的大米和35 000公顷的玉米受到损害。全球性的高粮价且不稳定和不可预见必然直接影响菲律宾的粮食安全问题。三是城市化建设与粮食生产竞争利用土地。①近年来，菲律宾已经加快水稻、玉米等粮食作物的生产和供给，粮食安全处于一个的稳定水平，但是总体上，菲律宾农业基础设施建设落后，种植业发展还存在较大的空间。

水果产业是菲律宾种植业中重要的产业。菲律宾地处热带、光照充足、雨量充沛，具有发展水果产业得天独厚的优势。香蕉、菠萝、椰子等热带水果产量较高，出口量较大，在未来发展上存在较大潜力。从种植面积和产量来看，香蕉、芒果和菠萝产业的优势非常明显，规模居于水果产业的前三位。

（2）畜牧业

畜牧和家禽是菲律宾农业的重要组成部分，畜牧业产值占农业总产值的76%。菲律宾从20世纪90年代起，促进了生猪产业和家禽产业发展，形成发展较快的畜牧业发展格局。从国内农业政策的制定上，对畜牧业采取了优先发展战略，促进奶牛、肉牛、羊等畜牧品种的改良，完善了产业发展的基础设施建设、增加了生物技术的研发。2015年菲律宾畜牧业产值中36.86%为家畜养殖业，46.33%来自家禽养殖业。由于该国人口增长近年来较快，经济发展和收入增长导致人口对畜禽产品的消费需求增长，对生猪、养鸡等产业发展起到较大的推动作用，因此，菲律宾在政策的支持和扶持下，畜牧业（包括家禽、奶业）发展投资规模不断增加，具有较好的潜力和市场前景。②

（3）渔业

菲律宾是一个群岛国家，在渔业发展上具有较大的潜力。渔业具有附加值较高的特点，可以有效带动渔民增收。近年来，菲律宾拟加大政策扶持力度，推动渔业发展，扩大渔业产品出口规模。③但渔业对菲律宾国民经济的贡献程度呈现下降的趋势，菲律宾海洋经济产业由于受到海洋油气、旅游业等影响，正在向二、三产业升级调整。菲律宾渔业主要分成水产养殖业、商业性渔业和（地方性）市政渔业三个部分。其中商业性渔业和（地方性）市政渔业属于海洋普捕捞业。

菲律宾水产养殖品种主要包括海藻、遮目鱼、罗非鱼、对虾或沼虾、鲍鱼，上述四

① 浅析菲律宾的粮食安全问题（上）.http://www.agri.cn/V20/ZX/sjny/201409/t20140905_4048307.htm，2014-09-05。

② 北京鸿世通国际会展有限公司.菲律宾市场概述.http://www.zhanlanku.com/guowai/show-11561.html，2016-06-17。

③ 驻菲律宾经商参处.菲学者：菲不是一个种植业国.http://ph.mofcom.gov.cn/article/jmxw/201603/20160301285663.shtml。

种水产养殖品种产量占全部水产养殖产量的96%以上。菲律宾已经是海藻和对虾或沼虾的第二、第三大出国家。菲律宾水产养殖业发展具有较大的潜力，随着网箱、网围养殖技术的发展，养殖业的规模效益、品质、品种多样都将进一步促进菲律宾水产养殖业的发展。相比之下，商业性渔业和市政渔业由于过度捕捞、资源萎缩等原因，发展势头不容乐观。

4. 人均粮食占有量

菲律宾大米、玉米的年人均供给量如表2-18所示，大米的人均供给量呈现大幅上升，从2010年的113.82千克/年，上升至2018年的187.73千克/年，玉米的人均供给量从2010年的16.32千克/年上升到2018年的76.52千克/年。

表2-18　菲律宾大米、玉米的年人均供给量

单位：千克/年

年份	大米	玉米
2010	113.82	16.32
2011	116.46	15.95
2012	118.87	17.55
2013	115.63	19.16
2014	114.35	21.93
2015	112.26	20.67
2016	173.56	71.08
2017	189.80	77.93
2018	187.73	76.52

菲律宾木薯等的年人均供给量如表2-19所示，木薯的人均供给量呈现上升趋势，从2010年的2.3千克/年，上升到2015年的2.68千克/年，马铃薯的人均供给量从2010年的1.00千克/年上升到2015年的1.02千克/年。2018年，木薯的人均供给量达到26.81千克，马铃薯达到1.16千克，甘薯达到5.18千克。

表2-19　菲律宾其他农产品年人均供给量

单位：千克/年

年份	木薯	马铃薯	甘薯
2010	2.30	1.00	5.50
2011	2.34	0.97	5.15
2012	2.30	0.93	5.07
2013	2.43	0.88	5.09

（续）

年份	木薯	马铃薯	甘薯
2014	2.56	0.9	4.93
2015	2.68	1.02	5.03
2016	27.13	1.15	5.21
2017	27.63	1.16	5.29
2018	26.81	1.16	5.18

5. 粮食安全水平情况

菲律宾大米的自给率从2010年的81.27%上升到2017年的93.44%。玉米的自给率略下降，从2010年的98.64%下降到2017年的94.34%，甘蔗的自给率为100%，咖啡的自给率从2010年的54.74%下降到2017年的44.32%。马铃薯自给率从2010年的95.21%下降到2017年的85.31%。红薯的自给率为100%，木薯的自给率从2010年的98.89%上升到2017年的100.05%。

大蒜的自给率从2010年的28.26%下降到2017年的10.34%。洋葱自给率从2010年的97.9%下降到2017年的84.61%。卷心菜、茄子的自给率均为100%。

牛肉的自给率从2010年的79.55%下降到2017年的64.30%，羊肉的自给率为100%。猪肉的自给率从2010年的91.54%下降到2017年的87.44%。

鸡肉、鸭肉的自给率分别从2010年的90.38%、99.28%上升到2017年的96.96%、99.45%。鸡蛋的自给率为100%。

2017年，虱目鱼、虾、螃蟹、生蚝的自给率达到100%。黑点圆鲹自给率略下降，2017年为98.57%。金枪鱼的自给率从2010年的100.0%下降到2017年的83.38%。

表2-20 菲律宾农产品自给率

单位：%

年份	2010	2011	2012	2013	2014	2015	2016	2017
大米（Rice）	81.27	93.91	91.89	96.82	91.95	88.93	95.01	93.44
玉米（Corn）	98.64	99.06	98.18	95.57	93.12	91.35	89.96	94.34
椰子（Coconut）	100.00	100.00	100.00	100.00	100.00	100.00	100.00	100.00
甘蔗（Sugarcane）	100.00	100.00	100.00	100.00	100.00	100.00	100.00	100.00
咖啡（Coffee）	54.74	54.90	45.21	46.79	71.91	33.04	31.89	44.32

（续）

年份	2010	2011	2012	2013	2014	2015	2016	2017
柑 (Calamansi)	100.00	100.00	100.00	100.00	100.00	100.00	100.00	100.00
番木瓜 (Papaya)	100.00	100.00	100.00	100.00	100.00	100.00	100.00	100.00
柚 (Pomelo)	100.00	100.00	100.00	100.00	100.00	100.00	99.99	100.00
番茄 (Tomato)	100.00	99.54	99.99	100.00	100.00	99.97	100.00	100.00
大蒜 (Garlic)	28.26	28.74	48.17	71.92	23.30	12.96	11.03	10.34
洋葱 (Onion)	97.90	107.70	90.62	96.36	96.10	84.48	47.65	84.61
卷心菜 (Cabbage)	100.00	100.00	100.00	100.00	100.00	100.00	100.00	100.00
茄子 (Eggplant)	100.00	100.00	100.00	100.00	100.00	100.00	100.00	100.00
花生 (Peanut)	30.10	32.94	35.59	45.43	30.52	28.43	27.52	25.10
芒果 (Mongo)	47.10	57.60	50.21	49.08	52.85	52.23	52.15	49.28
木薯 (Cassava)	98.89	99.79	100.02	99.38	99.66	100.02	100.02	100.05
甘薯 (Sweet Potato)	100.00	100.00	100.00	100.00	100.00	100.00	100.00	100.00
马铃薯 (Potato)	95.21	93.65	95.00	96.43	94.70	85.54	85.23	85.31
牛肉 (Beef)	79.55	80.14	75.11	75.03	70.00	70.83	67.27	64.30
泰国牛肉 (Carabeef)	68.24	72.67	69.71	75.04	68.04	66.26	68.52	67.34
猪肉 (Pork)	91.54	92.08	93.34	91.81	89.39	89.78	89.36	87.44
山羊肉 (Chevon)	100.00	100.00	100.00	99.99	99.94	100.00	100.00	100.00
鸡肉 (Chicken Dressed)	90.38	90.00	91.82	92.82	88.44	87.25	84.67	96.96
鸭肉 (Duck Dressed)	99.28	99.48	98.62	99.62	98.82	99.09	99.23	99.45

（续）

年份	2010	2011	2012	2013	2014	2015	2016	2017
鸡蛋（Chicken Egg）	100.00	100.00	99.93	100.00	100.00	100.00	100.00	100.00
虱目鱼（Milkfish）	100.83	100.88	100.40	100.91	100.83	100.80	100.83	100.60
黑点圆鲹（Roundscad）	100.25	100.24	100.14	100.00	99.99	99.93	96.64	98.57
罗非鱼（Tilapia）	100.00	99.91	100.10	101.69	100.63	100.04	100.01	99.93
金枪鱼（Tuna）	101.26	95.99	95.33	93.45	90.99	81.61	83.91	83.38
虾（Shrimps and Prawns）	111.19	108.91	100.33	107.09	111.02	103.98	107.02	113.14
螃蟹（Crabs）	107.94	109.99	115.45	135.64	124.12	120.97	127.82	139.97
生蚝（Oysters）	99.99	100.10	99.91	100.32	101.95	101.14	100.23	101.37

从下图2-1中可以看出，从1995年开始，菲律宾国家的食物安全指数明显呈现上升趋势，2010年以后的食物安全状况优于20世纪90年代。2010—2013年，食物安全指数（FSI）继续保持波动上升趋势。

根据《经济学人》杂志计算的全球粮食安全指数（GFSI）变化趋势来看，2018年菲律宾的GFSI达到51.5，比2017年提高了2.5，其中可供给性指数（AFFORDABILITY）为46.3，可获得性（AVAILABILITY）为55.6，质量和安全指数（QUALITY AND SAFETY）为52.9。

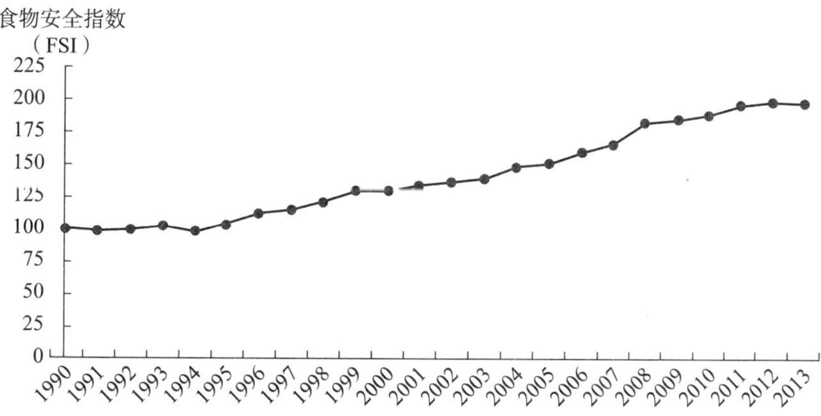

图2-1 菲律宾食物安全指数（FSI）变化趋势（1990—2013年）

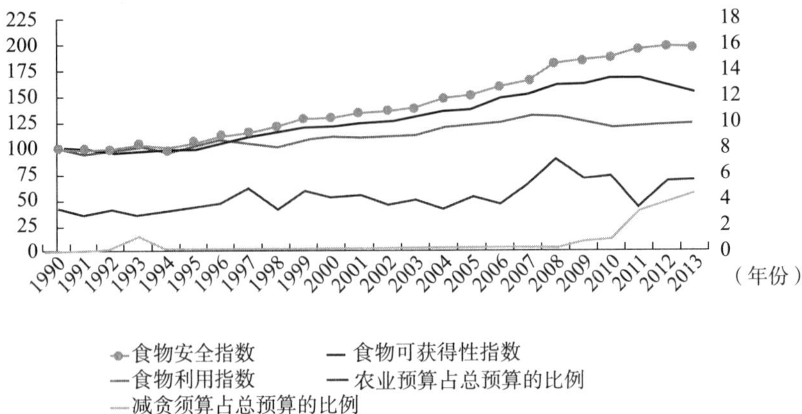

图2-2　食物安全指数各个影响指数变化趋势（1990—2013年）

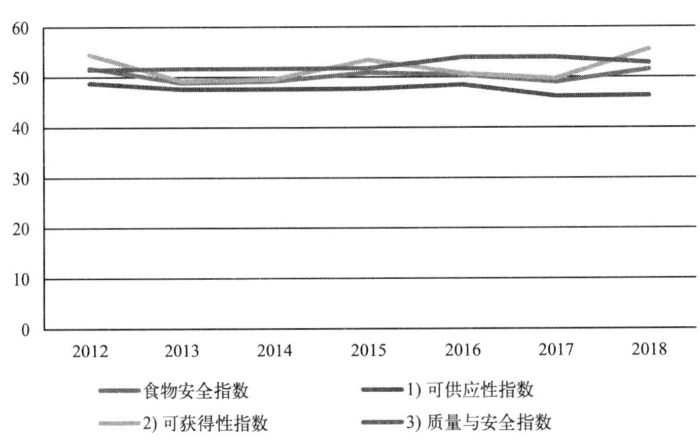

图2-3　菲律宾食物安全指数的预测（2012—2018年）

数据来源：The Economist. The Global Food Security Index.https://foodsecurityindex.eiu.com/。

6. 农场数量

截至2012年年底的统计数据显示，菲律宾全国共有农场数量556万个，面积719万公顷。不同地区的农场数量如表2-21所示。

表2-21　菲律宾农场数量和面积

单位：个、公顷

区域	农场数量		农场面积	
	2002	2012	2002	2012
全国	4 822 739	5 562 577	9 670 794	7 190 087
国家首都大区	22 820	38 580	71 632	20 271

（续）

区域	农场数量		农场面积	
	2002	2012	2002	2012
科迪勒拉行政区	120 104	167 510	177 839	137 638
Ⅰ伊罗戈斯大区（Ilocos Region）	276 766	313 398	270 664	218 653
Ⅱ卡加延河谷大区（Cagayan Valley）	321 755	443 196	540 812	478 721
Ⅲ中央吕宋大区（Central Luzon）	341 466	361 335	552 104	440 902
Ⅳ－A甲拉巴松大区（Calabarzon）	282 746	341 832	588 516	497 501
Ⅳ－B民马罗巴大区（Mimaropa）	220 967	277 739	542 218	445 588
Ⅴ比科尔大区（Bicol Region）	384 801	486 227	891 955	765 824
Ⅵ西米沙鄢大区（Western Visayas）	429 456	517 725	666 917	460 456
Ⅶ中米沙鄢大区（Central Visayas）	430 043	427 464	522 433	292 571
Ⅷ东米沙鄢大区（Eastern Visayas）	330 750	412 836	723 048	453 607
Ⅸ三宝颜半岛大区（Zamboanga Peninsula）	252 659	212 711	785 294	448 181
Ⅹ北棉兰老大区（Northern Mindanao）	319 157	371 903	746 901	532 889
Ⅺ达沃大区（Davao Region）	299 966	338 324	758 335	571 236
Ⅻ南哥苏萨桑大区（Soccsksargen）	330 571	385 634	775 309	618 117
Ⅻ卡拉加大区（Caraga）	210 184	183 471	523 407	461 405
棉兰老穆斯林自治区（Autonomous Region in Muslim Mindanao）	248 528	282 692	533 410	346 525

（三）农产品消费及进出口贸易情况

1. 主要农产品的国内消费水平情况

菲律宾人均大米消费下降，2012年达到114.27千克/年，2015—2016年度下降到109.87千克，玉米人均消费量下降，从2008—2009年度的7.07千克/年下降到2015—2016年的14.70千克/年。

甘薯的人均消费量到2015—2016年度上升到4.53千克/年。

表2-22 菲律宾农产品人均消费量

单位：千克/年

农产品名称	2008—2009年	2012年	2015—2016年
大米（Rice）	119.08	114.27	109.87
玉米（Corn）	7.07	10.26	14.70
甘薯（Camote）	4.06	4.31	4.53
木薯（Cassava）	—	—	2.93
芋头（Gabi）	1.04	1.24	0.95
白马铃薯（White potato）	0.73	0.87	0.91
茄子（Eggplant）	4.21	4.14	4.26
苦瓜（Ampalaya）	2.55	2.41	2.37
佛手瓜（Chayote）	1.51	1.39	1.56
秋葵（Okra）	1.30	0.98	1.23
萝卜（Carrots）	—	0.48	0.49
卷心菜（Cabbage）	1.30	1.37	1.13
中国大白菜（Pechay）	0.88	1.12	1.24
四季豆（Stringbeans）	2.29	1.86	1.92
番茄（Tomato）	2.60	3.16	2.97
大蒜（Garlic）	1.30	1.43	1.26
洋葱（Onion）	1.92	2.37	2.34
葫芦（Gourd）	—	1.04	0.97
南瓜（Squash）	2.44	2.74	2.90
芒果（Mongo）	0.83	0.81	0.80
香蕉（各种）[Banana (all variety)]	16.69	—	—
香蕉（除了saba）[Banana (except saba)]	—	11.81	11.40
saba香蕉（Saba）	—	9.10	7.60
成熟芒果（Mango, ripe）	3.17	3.49	3.89
菠萝（Pineapple）	1.20	1.08	0.94
成熟木瓜（Papaya, ripe）	2.08	2.02	2.06
柑（Calamansi）	—	1.11	1.41
猪肉（Pork）	9.15	9.47	8.90
牛肉（Beef）	1.25	0.93	1.04
羊肉（Chevon）	0.05	0.10	0.10
鸡（Chicken）	7.90	8.08	9.32

（续）

农产品名称	2008—2009年	2012年	2015—2016年
鸭（Duck）	—	0.13	0.18
鸡蛋（Chicken egg）	3.17	3.84	83.82
鸭蛋（Duck egg）	—	0.19	3.01
虱目鱼（Milkfish）	4.21	3.66	4.46
罗非鱼（Tilapia）	4.68	4.77	4.78
黑点圆鲹（Roundscad）	5.36	5.74	5.23
金枪鱼（所有种类）[Tuna (all species)]	—	2.41	2.71
虾（Shrimp）	—	0.60	0.74
青口贝（Mussels）	—	0.50	0.38
新鲜或巴氏杀菌牛奶，生乳（Fresh or pasteurized milk, raw milk）	0.16	0.19	0.26

2. 主要农产品进出口贸易规模、主要贸易伙伴关系国家和区域及其变化情况

（1）菲律宾农产品进出额变化

菲律宾农产品出口规模从2011年的54.32亿美元上升到2018年的65.80亿美元，比2011年上升了21.13%。

菲律宾农产品进口规模从2011年的78.40亿美元上升到2018年的117.62亿美元，比2011年上升了50.03%。

由于进口的快速增长，菲律宾农产品进出口保持了连年贸易赤字状态。贸易赤字从2011年的24.08亿美元，上升到2018年的51.83亿美元，比2011年增长了1.15倍。

表2-23　2011—2018年菲律宾与主要贸易伙伴国家农产品贸易平衡状况

单位：百万美元

指标	2011年	2012年	2013年	2014年	2015年	2016年	2017年	2018年
农产品出口	5 431.76	5 037.94	6 400.03	6 542.95	5 131.85	5 280.24	6 579.51	6 117.84
农产品进口	7 839.93	8 168.33	7 931.14	9 631.24	10 965.75	12 518.84	11 762.47	14 102.21
贸易盈余	−2 408.17	−3 130.39	−1 531.11	−3 088.29	−5 833.90	−7 238.6	−5 183.0	−7 984.37

数据来源：菲律宾国家统计局，Selected Statistics on Agriculture。

从相对比例变化来说，农产品出口额占出口总额的比例从2011年的11.24%下降到2017年的9.58%。

农产品进口额占进口总额的比例从2011年的12.23%上升到2017年的12.64%。

农产品贸易额占总贸易额的比例从2013年的11.93%上升到2017年的11.34%。

表2-24　2011—2017年农产品贸易额站总贸易额的比例变化及增长幅度

单位：%

指标	2011年	2012年	2013年	2014年	2015年	2016年	2017年
农产品出口额占出口总额的比例	11.24	9.67	11.32	10.59	8.77	9.20	9.58
农产品进口额占进口总额的比例	12.23	12.41	12.46	14.38	15.15	14.88	12.64
农产品贸易额占总贸易额的比例	—	—	11.93	12.58	12.34	12.58	11.34

数据来源：菲律宾国家统计局，Selected Statistics on Agriculture。

(2) 主要贸易伙伴关系国家和区域及其变化情况资料

菲律宾的主要贸易伙伴包括澳大利亚、日本、美国、东盟、欧盟等。

菲律宾对澳大利亚农产品贸易呈赤字状态，赤字呈下降趋势，从2011年的5.12亿美元上升到2018年的7.76亿美元，上升幅度达到35.14%。菲律宾对澳大利亚农产品出口额从2011年的0.52亿美元上升到2018年的0.84亿美元，上升了61.41%；菲律宾从澳大利亚农产品进口额从2011年的5.64亿美元上升到2018年的7.76亿美元，上升了37.57%.。

菲律宾对日本农产品贸易呈盈余状态，盈余呈上升趋势，从2011年的5.14亿美元下降到2018年的7.51亿美元，上升幅度达到45.91%。菲律宾对日本农产品出口额从2011年的6.53亿美元上升到2018年的8.14亿美元，上升了24.77%；菲律宾从日本农产品进口额从2011年的1.39亿美元下降到2018年的0.64亿美，下降了53.63%。

菲律宾对美国农产品贸易由赤字状态转变为盈余状态，赤字从2011年的2.01亿美元上升到2017年的11.64亿美元，2018年变成盈余4.73亿美元。菲律宾对美国农产品出口额从2011年的14.54亿美元下降到2018年的12.49亿美元，下降了14.12%；菲律宾对美国农产品进口额从2011年的16.55亿美元下降到2018年的7.76亿美元，下降了53.11%。

菲律宾对东盟农产品贸易呈赤字状态，赤字呈上升趋势，从2011年的12.66亿美元上升到2018年的40.71亿美元，上升幅度达到2.22倍。菲律宾对东盟农产品出口额从2011年的9.21亿美元下降到2018年的6.46亿美元，下降了29.83%；菲律宾对东盟农产品进口额从2011年的21.87亿美元上升到2018年的47.17亿美元，上升了1.16倍。

菲律宾对欧盟农产品贸易从盈余状态转变为赤字状态，从2011年的贸易盈余4.58亿美元转变为2018年的赤字3.00亿美元。菲律宾对欧盟农产品出口额从2011年的10.66亿美元上升到2018年的11.73亿美元，上升了10.06%；菲律宾对欧盟农产品进口额从2011年的6.08亿美元上升到2018年的14.73亿美元，上升了1.42倍。

表2-25　菲律宾2011—2018年与主要伙伴国家农产品贸易情况统计

单位：百万美元、%

贸易伙伴国家或地区	指标	2011年	2012年	2013年	2014年	2015年	2016年	2017年	2018年
澳大利亚	农产品出口额	52.32	48.03	49.02	72.09	72.68	68.51	62.18	84.45
	农产品进口额	564.21	719.66	340.91	504.58	524.54	554.88	749.79	776.2
	农产品贸易盈余	−511.89	−671.63	−291.89	−432.49	−451.85	−486.37	−687.61	−691.75
日本	农产品出口额	653.05	691.85	915.99	951.34	658.89	647.57	804.3	814.83
	农产品进口额	138.67	116.17	100.87	139.05	180	230.5	48.2	64.3
	农产品贸易盈余	514.38	575.68	815.12	812.28	478.89	417.07	756.1	750.53
美国	农产品出口额	1 454.3	1 203.5	1 466.98	1 506.95	1 333.98	1 333.97	1 472.34	1 249.02
	农产品进口额	1 655.2	1 765.4	1 754.83	2 009.54	2 361.83	2 542.08	2 636.13	776.2
	农产品贸易盈余	−200.88	−561.9	−287.86	−502.6	−1 027.86	−1 208.11	−1 163.79	472.83
东盟	农产品出口额	920.71	857.68	964.6	796.12	524.77	525.25	538.94	646.04
	农产品进口额	2 186.7	2 206.9	19 856.8	2 798.24	3 400.34	3 837.21	3 778.61	4 717.15
	农产品贸易盈余	−1 266	−1 349.2	−992.2	−2 002.13	−2 875.57	−3 311.96	−3 239.67	−4 071.12
欧盟	农产品出口额	1 066	911.75	1 038.05	1 001.29	995.45	1 021.22	1 566.51	1 173.27
	农产品进口额	607.94	631.93	738.34	1 128.99	1 186.92	1 318.05	1 300.75	1 473.41
	农产品贸易盈余	458.08	279.82	299.71	−127.7	−191.48	−296.83	265.76	−300.14
世界其他国家和地区	农产品出口额	1 285.4	1 325.2	1 965.39	2 250.23	1 571.53	1 683.72	2 132.23	2 150.24
	农产品进口额	2 687.3	2 728.3	3 039.38	3 298.54	3 670.83	4 036.11	3 248.99	4 014.59
	农产品贸易盈余	−1 401.9	−1 403.2	−1 073.99	−1 048.31	−2 099.31	−2 352.39	−1 116.76	−1 864.35

菲律宾对世界其他国家和地区农产品贸易呈赤字状态，赤字呈上升趋势，从2011年的14.02亿美元上升到2018年的18.64亿美元，上升幅度达到32.99%。菲律宾对世界其他国家和地区农产品出口额从2011年的12.85亿美元上升到2018年的21.50亿美元，上升了67.28%；菲律宾对世界其他国家和地区农产品进口额从2011年的26.87亿美元上升到2018年的40.15亿美元，上升了49.39%。

3. 中菲农产品贸易发展情况资料

中菲主要农产品进出口情况如下。

新鲜香蕉、菠萝及制品是菲律宾国家主要出口的前10位农产品中的两类。其中，2015年菲律宾向中国出口44.79万吨，占菲律宾香蕉出口数量的24.95%；出口额达到1.58亿美元，占香蕉出口额的23.94%。菲律宾对中国菠萝及制品出口4.44万吨，占菲律宾菠萝及制品出口数量的6.21%；出口额达到0.31亿美元，占菲律宾菠萝及制品出口额的5.40%。

大米、化肥、咖啡、尿素、未加工烟草、可可粉是菲律宾国家主要进口的前10位农产品中的六类。2015年，菲律宾从中国进口0.49万吨大米，进口数量仅占当年菲律宾大米进口数量的0.33%；进口额达到0.15亿美元，占大米进口额的2.50%。从中国进口化肥55.06万吨，占化肥进口数量的52.40%，进口额达到1.60亿美元，占化肥进口额的49.94%。从中国进口咖啡0.35万吨，占咖啡的3.87%，进口额达到0.20亿美元，占咖啡进口额6.57%。从中国进口尿素26.15万吨，占尿素的38.91%，进口额达到0.80亿美元，占尿素进口额的38.75%。从中国进口未加工烟草0.50万吨，占9.82%，进口额0.19亿美元，占未加工烟草进口额的9.50%。从中国进口可可粉0.46万吨，占9.43%，进口额达到0.1938亿美元，占可可粉进口额的9.71%。

表2-26　2015年菲律宾对中国主要出口和进口农产品

单位：万吨、百万美元

进出口	产品	数量	份额（%）	价值	份额（%）
出口	新鲜香蕉	44.79	2.50	15.75	2.39
	菠萝及制品	4.44	0.62	3.10	0.54
进口	大米	0.50	0.03	1.54	0.25
	化肥	55.06	5.24	15.95	4.99
	咖啡	0.35	0.39	1.96	0.66
	尿素	26.15	3.89	8.01	3.88
	未加工烟草	0.50	0.98	1.94	0.95
	可可粉	0.46	0.94	1.94	0.97

资料来源：菲律宾国家统计局，农业统计概览历年。

（四）农业产业链建设情况

1. 农作物种子生产情况

（1）种子生产情况、种子与种畜生产规模

在政府的支持之下，通过采取各种措施鼓励农民使用杂交种子，广泛应用于各种作物的生产过程中。

研究表明，菲律宾种业在过去5年的增长呈现反弹式增长趋势。主要原因是国内人口的增长导致了蔬菜以及其他作物产品的需求，间接推动了蔬菜和非蔬菜作物生产规模扩大，这也推动了菲律宾种业研发水平的提高和种业的竞争能力。菲律宾周边国家也从菲律宾种业研发中受益，可以进口大量高质量的种子。根据国际机构数据统计，菲律宾种子市场容量1.80亿美元。①

菲律宾农业部从2017年开始制定政策和项目，推动水稻种子生产的商业化进程。菲律宾水稻研究所（Philippine Rice Research Institute）从2016年12月开始设立一个现代化的水稻种子生产基地。

菲律宾水稻研究所（Philippine Rice Research Institute）建立水稻种子生产基地通过"强化高质量水稻种子生产和分销"计划，由韩国国际合作机构［Korea International Cooperation Agency (KOICA)］提供400万美元的资助经费。该计划将建立生产部门，提供必要的生产设备和人力资源培训服务。

（2）种子生产企业名单

菲律宾种子主要企业是东西部种子企业（East West Seeds）、SL农业科技（SL Agritech）、联合植物公司（Allied Botanical Corporation）、先正达（Syngenta）、派纳海布莱德（Pionner Hi–Bred）、孟山都（Monsanto）、金子种子公司（KanekouSeeds）、拜耳作物科学公司（Bayer Crop Science）②。

① 中国产业信息.2016年世界各国种子市场发展现状.http://www.chyxx.com/industry/ 201608/443625.html。

② http://www.authorstream.com/Presentation/kenresearch12–3019605–philippines–seed–industry–production–statistics–ken–research/。

表2-27 菲律宾主要种子公司种子品种列表

公司名称	品种	种子名称
东西部种子企业	玉米	Corn(9)、Klasika 2 F1、Klasika F1、Macho F1、Rainy Sweet F1、Sweet Pearl F1、Super Sweet、Sweet Grande F1、Yellow Sweet F1、Purple Sweet F1
	豆类	Bongga、Barak、Brillante、BS−3、Galante、Mariposa、Pantastiko、Sandigan、Super Yield、Super Yield 2、Taiwan Green
	蔬菜	Galaxy F1、Fortuner F1、Orange Hot F1、Domino F1、Suprema F1、Django F1、DMax F1、Casino F1、Bonito F1、Hermosa F1、Sta. Rita、Banate King F1、All Season、Bulakeña Long Purple、Dalisay F1、Dilag F1、Diwata、Curly Green、Emperor F1、Engrande F1、Esmeralda、Galactica F1、Gracia F1、Gwapito F1、Hercules F1、Himala F1、Hotshot、Improved Pope、Jade Star L F1、Kalahari F1、Kampana、Pinoy、Tsina LP、Kapitana、Magnifica F1、Marimar F1、Mayumi F1、Mega C F1、Monteverde、Morena F1、Mutya F1、Pavito、Pavo、Poinsett、Red Pinoy、Red Hot F1、Sinigang、Smooth Green、Speedy、Sultan F1、Super Pinoy、Tambuli、Trinity F1、Vulcan F1、Pipinito F1、Ambassador F1、Jackson 27 F1、Kuroda EW 35、Primera F1、Solen F1、Batanes Jumbo、Primo、Nueventa、Coriander (Kulantro) LB 60、Amaranth Amayah
	水果	Cariñosa F1、Red Royale F1、Sinta F1、Sugar Baby Max F1、Sugar Ball F1、Sweet 18 F1、Sweet 16 F1、Orange Delight F1、Red Delight F1、Diosa F1
联合植物公司	玉米	Condor Corn Baby Jane F1、Condor Waxy Corn WC Nutri LyT+、Condor Waxy Corn Max One F1
	蔬菜	Condor Poseidon F1、Condor Lightning F1、Condor Saturn F1、Condor Christie、Condor Neptune F1、Condor Thunderbolt、Condor Gladiator、Condor Sta. Rita、Condor Ampalaya Titan F1、Condor Tomato Atlas F1、Condor Tomato Avatar TY、Condor Tomato Fantastic F1、Condor Tomato Mardan F1、Condor Calabasa Carmela F1、Condor Eggplant Warhawk、Condor Eggplant Pepito、Condor Eggplant Green Wonder、Condor Eggplant Bulinggit、Condor Pepper Clarabel F1、Condor Pepper Coney Island、Condor Pepper Excel F1、Condor Green Hornet、Condor Pepper Osaka F1、Condor Pepper Panigang Best F1、Condor Panigang King F1、Condor Pepper Bhut Jolokia、Condor Pepper Jalapeño、Condor Pepper Inokra、Condor Pepper Pinatubo F1、Condor Cucumber Salatun Improved、Condor Okra Camiling Smooth、Condor Pepper Maxibell、Condor Pole Sitao Tristar、Condor Lettuce Great Lakes XL、Condor Patola Santino、Condor Cucumber Malvar White、Cucumber Salatun F1、Condor Zucchini Golden Arrow F1、Condor Zucchini Felix F1、Condor Calabasa Rosalinda、Condor Pepper California Wonder、Condor Eggplant Long Purple、Condor Tomato Athena、Nunhems Rio Bravo F1、Golden State Improved Red Express、Condor Onion Super Creole、Condor Black Behi
	水果	Condor Watermelon Black Panther F1、Condor Melon Snow Mass、Condor Papaya Red Lady、Takii Watermelon Oriental Ball F1、Takii Watermelon Panther F1
派纳海布莱德公司	玉米	Rainy Sweet Corn F1

资料来源：菲律宾全国种业委员会，http://ccvd.bpinsicpvpo.com.ph/index.php?dp=pioneer。

2. 化肥农药生产及使用情况

(1) 菲律宾国内化肥供应量、产量、进口量

菲律宾各种等级化肥的供给量不断增长。2010年，各种等级化肥供给量达到215.3万吨，到2018年上升到315.0万吨，比2010年增加99.7万吨，增长46.30%。

菲律宾国内各种等级化肥总产量不断增长。2010年，各种等级化肥总产量达到18.25万吨，到2018年达到78.13万吨，比2010年增加59.88万吨，增长3.28倍。菲律宾国内化肥总产量占全部化肥供应量的比例上升，从2010年的8.5%上升到2018年的24.8%。

菲律宾各种等级化肥进口数量不断增长，但占总供给量的比例下降。2010年，菲律宾进口各种等级化肥197.05万吨，到2018年各种等级化肥进口数量上升到236.87万吨，比2010年增长20.21%。菲律宾各种等级化肥进口数量占总供给量的比例从2010年的91.5%下降到2018年的75.2%。

表2-28 2010—2018年菲律宾化肥供给（各种等级）

指标	2010年	2011年	2012年	2013年	2014年	2015年	2016年	2017年	2018年
总供给（万吨）	215.30	222.48	227.74	120.87	271.06	247.92	265.98	383.16	315.00
总产量（万吨）	18.25	61.45	98.19	33.58	38.87	2.74	26.19	46.22	78.13
总产量占总供给的比例（%）	8.50	27.60	43.10	27.80	14.30	1.10	9.80	12.10	24.80
进口数量（万吨）	197.05	161.03	129.55	87.29	232.19	245.18	239.79	336.94	236.87
进口占总供给的额比例（%）	91.50	72.40	56.90	72.20	85.70	98.90	90.20	87.90	75.20

资料来源：菲律宾国家统计局网站。

(2) 主要农药生产企业名单

菲律宾主要农药企业包括如下：

①种植园主产品股份有限公司Planters Products, Inc.

成立于1963年，是菲律宾主要农业化学公司之一。从1970年开始，被糖料生产者合作营销协会（Sugar Producers Cooperative Marketing Association）——全国最大的糖料生产者合作组织收购，后期更名为种植园主产品股份有限公司。

主营业务是农业化学品的生产制造、贸易和销售。目前该公司拥有21种品牌，包括杀虫剂、除草剂、杀菌剂、植物营养、螺剂、灭鼠剂等。该公司通过覆盖全国的1000多个销售网点进行销售（网点包括分销商、经销商、零售商等）。

2007年5月，该公司与大亚洲资本公司（Grand Asia Capital Corporation，缩写GACC）达成合资协议。同时该公司也加入了杂交玉米种子的项目Advanta Seeds

International。

②菲律宾先正达股份有限公司。该公司的主要业务是帮助农民除草、防止病虫害和解决植物疾病。该公司生产除草剂、杀虫剂、农药。

（3）化肥企业名单

表2-29　菲律宾化肥企业名单

企业名称	产品	类型	地址
世传国际企业	化肥	经销商，出口商，进口商，制造商，贸易商	21st Flr IBM Plaza Eastwood Business Ctr Quezon City, 1110–2 Philippines
皇冠国际有限集团	化肥化肥	经销商，出口商，进口商，制造商，贸易商	Balagtas Mansion Tower, Balagtas St. Pasay City Philippines
贝博集团	化肥、无机肥料，以有机肥料，氮磷钾肥料	经销商，出口商，进口商，制造商，贸易商	Rm 438 Calvo Building Escolta Philippines
五洲有限责任公司	化肥	出口商、制造商	Antel Global J.Vargas Ortigas Pasig Pasig , 1600 Philippines
639	无机肥料、镁肥料、微量元素肥料、NK肥料、NP肥料、氮磷钾化肥，PK肥料	经销商，出口商，进口商，制造商，贸易商	Calinan Davao City, 8000，davao city
3A圣文森特风投公司	活性成分的肥料、动物和植物性有机肥料、无机肥料、微量元素肥料、有机肥料	经销商，出口商、制造商	#1988 Mahogany St. Green Valley Subd. Capitol Hills, Ph/6000，Cebu City

资料来源：https://www.fertilizers1.com/fertilizer-suppliers/philippines.html。

3. 农业机械投入情况

根据2002年统计（最新数据），菲律宾共有犁机272万部，耕机164万部，喷雾机194万部，拖拉机153万部。

表2-30　菲律宾农机数量

单位：部

年份	犁（Plow）	耕（Harrow）	喷雾机（Sprayer）	拖拉机（Tractor）
2002	2 723 850	1 643 325	1 941 050	1 526 557

4. 市场体系建设情况

菲律宾大型批发市场数量及分布情况具体如下，如表2-31所示。

表2-31　菲律宾农产品市场名称及地址

市场名称	所在城市及地址
碧瑶城市公共市场	碧瑶市，索利曼王公街
农民市场	奎松市，古堡市，麦克安德鲁将军大街
卡特市场	宿雾市布里奥尼斯街
漂流市场	塔威塔威省，邦奥市，斯唐凯镇
马尼拉周末市场	马尼拉市

5. 农产品物流体系

菲律宾农产品物流体系发展滞后，影响菲律宾小农户参与市场。具体来说，市场扭曲和无效率。①由于菲律宾市场缺乏足够的市场信息，导致市场供需情况不能够被容易分析和理解。②交通运输条件较差，农户田间到市场之间没有充足的运输道路，30万平方公里的面积内仅有13.6万千米的道路，同时由于道路建设等级低，天气变化对道路运输产生较大影响，由此带来的后果是交通运输成本较高。③田间收获设备数量少、不充足，仓储、筛选、初级加工等设备缺乏，制约了农产品进入市场。④过多的政府干预，比如价格控制、政府定价垄断、补贴等。⑤缺少必要的农产品质量标准，无法实施优质农产品较高价格的定价方式。

从表2-32中可以看出，菲律宾的农产品物流成本要高于泰国和印度尼西亚，与越南持平。其中菲律宾终端处理费用最高，为96美元，货物装卸费用低于越南，但是明显高于泰国和印尼。菲律宾海关和安全费用、文档费用都较高。菲律宾卡车运输费用与印度尼西亚相等，低于泰国和越南。

表2-32　东亚国家农产品物流成本比较

单位：美元

项目	菲律宾	泰国	印度尼西亚	越南
合计	341	312	272	341
终端处理费用	96	74	95	60
货物装卸	52	37	34	79
港口费用/码头	6	22	0	1.6
海关和安全费用	45	16	20	13
文档费用	42	16	20	13
卡车运输	100	126	100	138

资料来源：Basilio, E. and R. Santiago, “The Cost of Exporting a Container from the Philippines,” CRC EDC-PCCI, July 2007, cited in Henry Basilio, Omnibus Maritime Code, slide presentation, Sep 2007。

6. 农产品加工业发展情况

菲律宾积极发展本国农产品加工业，主要促进在农业、渔业和加工业的投资，重点在农业和渔业初级加工、副产品和废弃物加工、榨糖、糖精炼和椰子油榨取与精炼。菲律宾各个地区也积极鼓励、吸引资金支持加工业发展，在食品加工领域，重点加工肉制品、豆类及其他植物蛋白加工、植物油、椰子综合加工、海藻加工、木薯加工、水果加工、水产品技工、玉米面粉加工、马铃薯加工等。

（1）农产品加工业总体情况

根据菲律宾2013年统计局的数据，菲律宾农产品（含农林渔业）加工业共有2 564家，雇工人数规模达到164 445人，雇工工资报酬达到16 184.7万比索。农产品加工业总产值1 447.36亿比索，占菲律宾各个工业产业的总产值的比例为2.48%。固定资产增加值为124.19亿比索，总资产达到2 803.99亿比索。

（2）主要农产品加工业发展

菲律宾食品与饮料加工业包括饮料、咖啡和可可豆加工、调味品加工、奶制品、动植物油脂加工、面粉和烘焙制品、果蔬加工、肉类和禽类加工、海鲜产品加工、休闲食品加工、糖料精炼、甜食加工。

从表2-33中可以看出，菲律宾食品行业产值指数波动上升，饮料、橡胶制造业产值产值指数上升幅度较大，烟草、造纸产值略波动上升、纺织品、木材及林产品、家具、皮革产值均下降。

表2-33 菲律宾主要农产品产业价值指数（2000=100）

行业	2010年	2011年	2012年	2013年	2014年	2015年	2016年
制造业	151	154.2	165.1	174	184.8	176.9	187.9
食品	239.2	218.2	265.5	247.7	260.5	224.6	275.44
饮料	141.7	168.9	173.9	173.5	227.3	234.8	262.80
烟草	14.8	12.3	9.6	9.6	10.3	13.6	14.95
纺织业	81.7	81.2	81	57.6	66.2	73.3	66.10
木材及林产品	76.4	61.2	67.3	70.8	77.8	55.2	56.91
家具	71.2	88.8	109.4	126.5	123.8	89	64.63
造纸	93.7	103.9	95.4	80.3	82.9	92.1	94.23
皮革	4.3	4	4.8	5.4	6.2	6.7	1.15
橡胶制品	136.8	160.3	167.3	162.6	163	160.7	192.28

数据来源：菲律宾统计年鉴历年。

（3）加工企业名单

表2-34　菲律宾前20位主要食品和饮料加工企业名单

单位：百万美元

序号	企业名称	总收益	主要产品
1	雀巢（Nestle Philippines）	2 404	奶粉、炼乳、淡炼乳
2	生力啤酒公司	1 408	麦芽、麦芽酒
3	可口可乐（Coca−Cola Bottlers Philippines，Inc.）	1 244	软饮料
4	通用罗比纳	1 178	零食（玉米、小麦制品等）
5	菲律宾都乐股份有限公司	694	水果及果汁
6	蒙德尼辛公司	690	通心粉及面条等
7	菲律宾德尔蒙股份有限公司	415	水果及果汁
8	菲律宾百事可乐股份有限公司	409	软饮料
9	埃佩拉尔多烈酒生产商	405	酒精及其他酒精饮料
10	热内布拉生力酒业	340	酒精及其他酒精饮料
11	丹怀朗姆酒股份有限公司	299	酒精及其他酒精饮料
12	皮米克食品企业	291	面粉
13	纯食－荷尔美股份有限公司	289	肉及肉类制品
14	阿拉斯加奶业企业	283	奶粉、炼乳和淡炼乳
15	卡夫食品（菲律宾）股份有限公司	263	奶油、奶酪、凝乳
16	通用面粉公司	237	面粉
17	菲律宾先锋面粉公司	236	面粉
18	生力面粉股份有限公司	215	面粉
19	纽亚股份有限公司	208	水果和蔬菜果酱等
20	亚洲酿酒股份有限公司	208	麦芽及麦芽酒

数据来源：https://gain.fas.usda.gov/Recent%20GAIN%20Publications/Food%20Processing%20Ingredients_Manila_Philippines_2-12-2014.pdf。

7. 农业技术推广体系建设

（1）技术推广体系

菲律宾农业培训所（Agricultural Training Institute）是农业部下属主要从事农业技术推广的部门，根据菲律宾1997年农渔业现代化法（Agriculture and Fisheries Modernization Act of 1997），菲律宾农业培训所承担如下任务：

①制定全国农业渔业技术培训推广的日程和预算；

②准备公共资金支持的培训项目一体化计划方案；

③制定农业培训和推广计划、执行、监管和评估的指导意见；

④通过技术援助、人力培训、设施改善、信息服务等方式协助、协调全国各地院校、地方推广机构，加强这些农业推广机构效率和能力建设；

⑤与农业部其他各个部门和机构进行合作，推广加强电子化农业推广培训服务。①

菲律宾农业培训研究所（Agricultural Training Institute）是菲律宾电子化推广服务的主要提供机构。由于电子化推广服务系统是通过通信技术手段，有益补充了传统的技术推广体系，菲律宾农业培训研究所通过与农业部其他各个分支机构进行合作，提供给农民电子培训课程（e-learnning ）、通过建立农民呼叫中心（call-center）提供商业化咨询，并为农民提供电子商务（e-commerce）服务。

菲律宾农业推广服务分成村社级（Barangay level）、市级（Municipal level）、省级（provincal level）、市级（city level）。

村社级推广服务主要是种植生产资料的分配、农场生产环节的辅助等。市级的农业推广服务包括水稻、玉米等作物种子、水果种苗供销、农田灌溉、土壤利用、农机具维护等。同时，还管理社区层面的林业项目，包括由一体化的社会林业项目。提供信息服务，包括投资和就业信息、税收与市场信息等。

省级农业推广服务包括动植物疫病防治，种畜繁育，帮助农民、渔民建设合作组织，传授技术等。同时管理林业相关项目、水利灌溉及开垦等事务。

市级负责农业信息传播、提供技术支持和援助，协调帮助地方农业机构、促进销售、监管评估农业项目和计划、执行相关农业法律、制定农场和农户发展计划、帮助农业企业化发展、开展农户家庭调查等。②

（2）主要的农业技术研究推广机构介绍

农业研究局［The Bureau of Agricultural Research (BAR)］是菲律宾农业部一个分支部门，该部门是负责协调和引导全国农业渔业研发工作。该部门负责统筹保证、强化开发农渔业研发系统，促进农业生产效率提高，保护消费者能够获得满意度和持续的农产品。该部门负责协调管理各个地区的区域性农业研发中心、大学等机构。通过设立研究计划或项目的方式，向全国农业研发中心、大学提供必要的研发资金。该局主要设立三个执行部门，分别是研究项目发展部、研究协调部、知识管理和信息系统部。

菲律宾水稻研究所（PhiRice）是一家政府运作的实体机构，隶属于菲律宾农业部。根据1985年第1061号法律规定，该机构帮助提高农民的水稻单产，并研发节约成本的技术，促进水稻生产。该研究所形成了覆盖57个分支机构和70个种子中心的育种研发

① Agricultural Training Institute.Our Mandates.http://ati.da.gov.ph/about/mandates。

② http://www.ombudsman.gov.ph/UNDP4/wp-content/uploads/2013/01/DA.pdf。

网络。该研究所通过了ISO 09001：2008认证。①

菲律宾作物品种资源主要由邦邦牙省农业大学、植物产业局（Bureau of Plant Industry）、工业能源研究与发展委员会（Council for Industry and Energy Research and Development）、菲律宾热带果树研究所（Philippine Tropical Fruit Research Institute, PTFRI）等机构进行保存。②其中，邦邦牙省农业大学、菲律宾热带果树研究所是科研机构。

安东尼奥·奥·佛劳伦多香蕉研究中心。众议院农业食品委员会通过2926号法案，决定在北达沃省潘纳伯市（Panabo）成立香蕉研究推广中心，香蕉研究推广中心以安东尼奥·奥·佛劳伦多（Antonio O. Floirendo, Sr）命名。香蕉是菲律宾重要出口农产品，年产量890万吨左右，年产值15亿美元，吸收50万工人，曾占据亚洲香蕉贸易98%的份额，主要出口日本、中国和韩国。近年菲律宾香蕉生产饱受虫害困扰，特别是由于油价下跌，厄瓜多尔等南美香蕉逐渐进入日本等亚洲市场，菲律宾香蕉贸易受到很大程度影响。安东尼奥·奥·佛劳伦多香蕉研究中心将承担香蕉品种、高产和抗病方面的研究，并制定香蕉国家发展规划。③

菲律宾采后发展与机械化中心（Philippine Center for Postharvest Development and Mechanization）成立于1978年，前身是菲律宾全国研发与推广采后研究所。其也承担了菲律宾农业生产环节的部分技术推广和服务工作。

（3）农民技术培训

FAO发起了企业家发展与市场进入中的小农户能力建设项目（TCP/PHI/3402）引入了“农场商业学校”（Farm Business Schools，缩写FBS），在吕宋岛省的2个地区的农场层面建立市场导向的推广计划方案。这个项目在2014年家庭农场国际年获得新的发展，支持小农户、农民协会、家庭农场能力建设和农场盈利经营管理，2015年4月项目正式结束。

（五）农业生产基本制度情况

1. 农地制度

土壤和水利管理局，被授权负责国内土地资源的目录编制、特征描述和评估等工作，该局通过土地资源地图系统等技术手段形成了大量土地资源信息。该局花费了15年

① http://www.philrice.gov.ph/about–us/philrice/。

② 李春艳，韩福光，郑锦荣. 菲律宾农作物资源状况调研报告[J]. 广东农业科学，2011, (S1):33–37。

③ 驻菲律宾经商参处. 菲成立香蕉研究推广中心.http://ph.mofcom.gov.cn/article/jmxw/ 201612/20161202007738.shtml，2016–12–01。

的田间调查时间，广泛征求股东、当地行政人员、其他政府机构对土地资源合理利用的意见和建议，完成了全部土地资源调查，形成全国范围的个性化土地地图。该局建立了土地空间数据库（地图数据库），旨在向公众提供农业规划基础信息，用于潜在的农业开发和配合食物安全计划、适应气候变化开展特定农产品生产。

土壤和水利管理局与菲律宾农业部农渔业信息技术中心（Department of Agriculture Information Technology Center for Agriculture and Fisheries，缩写DA-ITCAF）、世界银行全球灾害风险降低体系进行了合作，通过访问农业部农渔业信息技术中心网站的方式可以免费下载获得土地资源信息，包括土壤、自然地理、土地管理单位、坡度、腐蚀程度、土地利用、植被等信息。

农地改革

农地改革从西班牙殖民时期就是菲国农业系统的课题，但全面改革是1988年通过“全面农地改革法案”（Comprehensive Agrarian Reform）才全面启动的。这法案目的是通过辅导无地农民、雇农、佃农拥有经济规模的农地来改善农业界的平等与生产力。土地，不只是一项经济资源，在菲律宾也具有社会功能。“天堂是我们的土地”（Paradise is our land），这是菲人描述与土地的情感，农场不只是收入来源、个人与小区的链接，也是个人价值的确认。

“全面土地改革计划”（Comprehensive Agrarian Reform Program, CARP），有两个措施推动——“土地所有权改善”（Land Tenure Improvement, LTI）与“计划受益人发展”（Program Beneficiaries Development, PBD），LTI包括土地取得与分配，PBD透过建构土地改革小区（agrarian reform communities），在此受益人可通过相应渠道得到政府协助。

和AFMA一样，CARP在执行上也遭遇许多困难。CARP经费起初不足，对于受益人、地主与执行者来说，CARP积极筹措资金。CARP已展延数次，第一次展延由1998年至2008年，2008年后正式入法，使土地取得分配与政府的支持与贷款可以有更好的条件推动。至2014年，CARP获得1 500亿披索（约1 027亿元台币）预算。

CARP政策推动支离破碎，导致更多家庭发展成自足型的小农场。依据学者在30省中92市区所做的调查，有44%的受益人有管道贷款，只有7%是由政府贷款。同样地，只有一半的农家有管道使用收获后的处理设施，而超过1/10曾经历过失去其土地所有权或使用权的威胁。从授予土地5年后，土地可因经济价值而做变更或重新分类。依1991年法规，地方政府可依CARL所订标准土地重新分类。由于地方政府与土地所有人认为工业与住宅发展对经济发展更有帮助，农地可以变更使用。

因此，近年来农地被变更为非农业使用。从1988—1993年，约4万公顷的农地变更为非农业使用，还不包括非法使用的。然而有关改善政策落差与使各项农地政策一致的农地管理法律仍停留在国会里，立法速度缓慢。

在缺乏全国土地使用法的情况下，AFMA在农业与农工业发展保护地区网络下建构“策略性农渔业发展专区”（Strategic Agricultureand Fisheries Development Zones, SAFDZ）来推动政策。SAFDZ规定，可种植或有潜力可种植高价作物的土地，有灌溉土地，在灌溉计划可涵盖的土地均不得变更移用。这些专区目前均已由AFMA画出，也有图表标示，但SAFDZ的使用准则与地方政府运用的法制化则尚未完成。

2. 农业生产经营制度

菲律宾食物安全政策与计划（Policies and Programs）。菲律宾政府意识到食物安全问题，国内大量机构发起了食物安全的计划，满足食物安全需求，其中很多计划直接关注儿童营养需求的增长，有的计划则关注食物供给，其他计划则关注农户家庭收入增长。这些政策或计划通过价格补贴、综合性措施、改善农业基础设施、提高生产设备与装备、促进农业生产率提高、加强购买能力等方式加以推动。

菲律宾政府还专门成立了食物安全信息系统（Philippine Food Security Information System 缩写为PhilFSIS），建立该系统的目的是加强食物安全计划、执行和评估，其中专门设立了政策与计划子模块。这个子模块关注政府食物安全政策、计划和缩小食物安全差距的举措。

菲律宾政府采取加强食物安全的机制主要分成如下几个方面：

（1）食物供应计划（Feeding Programs）

饲料计划通过向在校儿童提供肉类食品和零食的方式降低儿童饥饿问题。

（2）营养强化计划（Nutrient Fortification）

该计划旨在解决微量元素缺乏。

（3）信息、教育与营养意识计划

该计划通过信息传播提高营养意识和知识。

（4）食品生产计划（Food Production）

该计划包括加强食物的自给自足、减少饥饿。

（5）农户支持和补贴计划（Support to Farmers and Subsidies）

农户通过补贴方式获得各种政府拨款和援助。

（6）综合性一体化食物安全计划（Comprehensive and Integrated Food Security Programs）

从供给和需求两个方面加强食物安全的支持，提高农业生产率，加强受益人的购买能力。[①]

① http://philfsis.psa.gov.ph/index.php/id/25。

3. 乡村治理制度

村或者社（Barangay）是菲律宾行政管理的最小分支机构。Barangay构成了菲律宾城市和大型城市，同时又划分出sitios和puroks两类区域(前者院里村社中心，后者离城市区域位置较近)，这两类区域不能开展正式选举产生，Barangay的干部选举是菲律宾最基层的选举行政级别。年满18岁的Barangay成员都可以享受选举权，选出他们的Barangay主席（Punog Barangay ）以及另外7名Barangay议员，主席和其他议员构成了Barangay的议会。根据统计，菲律宾2013年共有4.2万Barangay村社主席，29.4万Barangay村社议员，以及注册选民5 405万人。

根据菲律宾统计，全国共有4.2万个Barangay村社。

4. 农村市场制度

由于菲律宾农村地区交通等基础设施建设落后，农村市场发育较为缓慢。很多农村农场到市场之间的道路泥泞不堪，菲律宾农民运输农产品到市场销售极为不便。近年来，世界食物计划组织（WFP）对菲律宾进行必要援助，修建了农场到市场之间的道路。

5. 农业支持保护制度

从表2-35中可以看出，菲律宾中央政府支出不断增长。2010年，中央政府支出达到14 730亿比索，到2015年预计达到26 060亿比索，比2010年增长了76.92%。

其中，农业支出也保持较高的增长。农业支出从2010年的862亿比索增长到2015年的1145亿比索，增长幅度达到32.72%，但增长幅度小于中央政府支出增长幅度。

从农业支出的占比变化来看，菲律宾农业支出占中央政府支出的比例从2010年的5.85%下降到2015年的4.39%，下降了1.46个百分点。菲律宾农业支出规模略有下降。

表2-35　农业占中央政府支出的比例

单位：百万比索

	2010年	2011年	2012年	2013年	2014年	2015年
中央政府支出	1 472 977	1 580 017	1 828 981	1 998 376	2 019 062	2 606 000
农业支出	86 239	56 012	88 186	94 166	86 807	114 460
农业支出占比（%）	5.85	3.55	4.82	4.71	4.30	4.39

6. 农业生态补偿制度

菲律宾积极支持农民发展有机农业，通过发展有机农业，达到促进生产和保护生态的双重目标。制定推动全国有机农业发展计划（2012—2016）（National Organic Agriculture Program）。成立了全国有机农业发展委员会（National Organic Agriculture Board）。2012年起草通过实施有机农业法［Organic Agriculture Act of 2010 (R.A. 10 068)］。通过该计划促进菲律宾的农业增长和可持续发展，提高农业竞争力、保证粮食安全，不断提高消费者和国际对菲律宾有机农产品的认可程度。通过有机农业发展计划实施也增强了农场多样性、改善土壤肥力，降低了农业污染，保护了自然资源的可持续利用，同时，降低了自然灾害的风险，对气候变化条件更加适应。

7. 农业对外开放制度

菲律宾进行贸易政策改革包括通过对进口与出口征收关税来保护本国农产品，但研究显示保护对可进口替代产品是偏颇的。传统中间原料，如糖、玉米是受保护的，糖的高度保护对消费大众与食品加工业不利。肉鸡产业效率差根源在于对该产业与国产饲料农民的高度保护。

加入WTO应朝市场开放与努力增加出口，但传统出口项目，如椰子油、香蕉、虾、菠萝与菠萝产品、鲔鱼、椰子干、海带、海藻仍是受到特别眷顾的。出口目的国也无太大改变，尽管菲律宾是WTO会员国，优惠关税配额常分配给双边或区域贸易协议的国家，对其他国家有所限制。事实上，虽为WTO会员国，菲律宾仍需遵守各进口国对进口产品规定的严格标准。菲律宾农产品外销要遵守WTO的规定，如市场进入、境内支持、出口竞争与限制级食品卫生检验措施等。菲律宾农产品的竞争力反而下降，包括一些加工食品厂，采用食品卫生的国际标准，如危害分析与关键控制点（HACCP），实施进展缓慢，因为本地产业界认为此规定太严且成本太高而不愿意配合。结果导致菲律宾农产品因无法符合国际标准而失去竞争力。

菲律宾是世界贸易组织WTO的成员国家之一，在1995—2004年10年时间内根据承诺削减关税。菲律宾政府从2000年颁发34号行政令，承诺2002年、2003年继续下调关税，到2004年，除了一些敏感产品外，几乎所有的农产关税税率降低到0～5%。

（1）进口关税

菲律宾对大部分进口产品征收从价关税，但对酒精饮料、烟花爆竹、烟草制品、手表、矿物燃料、糖精、扑克等产品征收从量关税。根据《税收法》，海关对汽车、烟草、汽油、酒精以及其他非必要商品征收进口消费税。进口产品还应向菲律宾海关当局缴纳12%的增值税，征税基础为海关估价价值加上所征关税和消费税。

菲律宾关税与海关法将应税进口商品分为21类，进口关税税率一般为3%～30%。其中，棉花及制品关税税率为10%，部分农产品、烟酒关税税率为30%。另外，菲律宾对部分农产品实行关税与配额并用的措施，对配额内的产品征收正常关税，对配额外的商品则征收高关税。如活动物及其产品、新鲜蔬菜等。菲律宾将于2010年对东盟成员实现全部产品零关税。

（2）出口关税

菲律宾对以下出口商品征收关税，且关税税率均为10%。如圆木、木材，未加工的ABACA（一种产纤维的植物，产于菲律宾）、香蕉、椰子及椰产品、菠萝及其成品、糖及糖制品、烟草、小虾和对虾。

8. 农村财税制度

菲律宾税收的基本法是《国家内部收入法》，1997年税收改革法案（RANo. 8424），及2005年11月1日开始实施的9337号修正案（RANo. 9337）主要税种有公司所得税、个人所得税、增值税、消费税和关税。

（1）增值税

根据9337号修正案规定，增值税率从2006年2月1日起提高到12%，部分交易免征增值税。免征增值税的交易主要包括农产品、水产品、种子、种苗、鱼苗、饲料，认证的私人教育机构提供的教育服务、由个人提供的服务，在合作发展署登记的农业合作社对其会员的销售、直接用于农业投入的进口机械和设备包括零部件等。销售、进口或出租船舱、货舱和飞机，也包括发动机、设备和零部件等。

（2）消费税

消费税主要征收对象为在菲律宾生产、制造的用于国内销售或消费以及其他目的的特定商品（如烟、酒、机动车等）。

（3）地方税

地方政府法规定，地方政府有权在其管辖范围内对某些特殊行为或商业行为征税，对法律规定免税的除外。地方政府也有权每年对不动产征税，如土地、建筑物、机械和其他改造，还有对不动产的销售、捐赠、易货或其他任何形式的转移进行征税。

菲律宾农业财政支出呈增长趋势，从2010年的8 624亿比索，上升到2015年的1.14万亿比索，上升幅度达到32.72%。农业支出占政府支出的比例从2010年的5.85%下降到2016年的4.07%（表2-36）。

表2-36 2010—2016年菲律宾农业支出占政府支出的比例

单位：百万比索

年份	政府支出	农业支出	农业支出占政府全部支出的比例（%）
2010	1 472 977.00	86 239.00	5.85
2011	1 580 017.00	56 012.00	3.55
2012	1 828 981.00	88 186.00	4.82
2013	1 988 376.00	94 166.00	4.74
2014	2 359 492.9	86 807.00	4.30
2015	2 966 737.10	114 460.00	4.39
2016	3 001 800.00	122 233.00	4.07

9. 农村金融制度

如表2-37所示，菲律宾农产品生产性贷款从2010年的2 055亿比索，上升到2015年的2 681万亿比索，增长幅度达到30.48%。2017年贷款金额3 503.83亿比索。

表2-37 菲律宾农产品生产贷款

单位：亿比索

年份	农产品生产贷款
2010	2 055.04
2011	2 151.42
2012	2 114.21
2013	2 278.72
2014	2 466.64
2015	2 681.36
2016	2 712.04
2017	3 503.83

数据来源：菲律宾国家统计局。

从菲律宾国家统计局数据可以看出，农业生产贷款占产出的比例上升。2010年，这一比例为18.5%，到2015年预计达到19.6%。

菲律宾农业贷款金额呈上升趋势。2010年，农业贷款6 123亿比索，到2014年增长到8 326亿比索，比2010年增长35.97%，增长幅度低于总贷款增长幅度（2015年总贷款比2010年增长42.12%）。农业贷款占全部贷款的比例从2010年的2.0%下降到2015年的1.9%。

表2-38 2010—2015年菲律宾农业贷款在总贷款的比例

单位：亿万比索

项目 \ 年份	2010	2011	2012	2013	2014	2015
农业生产贷款占产出的比例（%）	18.5	17.4	16.9	17.6	17.2	19.6
农业贷款	6 123.3	6 427.4	6 696.0	7 217.3	7 782.5	8 325.9
总贷款	303 034.6	333 432.6	354 409.4	378 048.5	401 950.3	430 676.8
农业贷款占全部贷款的比例（%）	2.0	1.9	1.9	1.9	1.9	1.9

数据来源：菲律宾国家统计局。

农业信贷政策委员会（Agricultural Credit Policy Council）负责菲律宾农业金融政策。目前，菲律宾主要推动5大类农业金融政策。农业信贷政策委员会的主要功能包括如下几个方面：①引导政策研究，针对农渔业提出及时有效的政策建议；②引导针对小型农户（渔民）具有创新性的实践案例研究；③监督农业信贷的执行，保证金融政策和金融支持计划落实到小农户上；④通过在乡村成立金融机构的方式加强金融支持力度，包括成立农民金融方面的合作社或者其他类型合作组织等。

（1）农业部Sikat Saka计划

农业部Sikat Saka计划是农业部支持主要农产品自给计划。这项计划与菲律宾土地银行（Land Bank of the Philippines）合作，向小规模水稻种植农户提供信贷援助。农业部与水利协会（Irrigators' Association）提供技术推广、行政管理服务、市场保证以及水利灌溉等服务。

政策目标：帮助水稻种植农户随时从事充足的、可以承受得起的水稻生产。改善农业生产稳定，通过灌溉服务、技术推广、市场关联以及良好的经济环境。促进个人信贷价值，加强灌溉者的协作。

贷款额度：如果种植杂交水稻，每公顷最低可以获得贷款42 000菲律宾比索。如果种植非杂交水稻，每公顷最低可以获得贷款37 000菲律宾比索。

政策适用地区：伊莎贝拉市，新怡诗夏省，怡朗市，北哥打巴托省。

相关证明材料提供要求：a.参与灌溉协会背书；b.农民灌溉协会的背书；c.农民土地原始清晰产权；d.购买复印件。

（2）农渔业金融计划（AFFP）

农渔业金融计划（Agriculture and Fisheries Financing Program，缩写AFFP）。该项计划为小规模农户（渔民）提供金融支持，特别是在菲律宾农业注册系统已经注册的农渔民。该项金融计划通过菲律宾土地银行（Land Bank of the Philippines）和人民信贷与金融合作组织（People’s Credit and Finance Corporation）在41个优先权省份进行实施。

①通过菲律宾土地银行贷款。

小规模农户：种植农户耕地面积5公顷以下；养殖农户规模定义为：家禽：1 000只以下产蛋禽或5 000只以下肉禽；生猪：10头以下能繁母猪或20头以下的育肥猪；牛：10头以下育肥牛或者5头以下能繁母牛；奶牛：10头以下产奶牛。

小规模渔民：经营低于3吨以下的渔船；5公顷以下的池塘，或者低于400平方米的鱼笼子；在渔船、养鱼池塘或者鱼加工设施环境中工作的渔民；以及其他参与小型养殖的个体。

基于小规模农户的实际需要，按照项目方式进行贷款，每个项目可以获得的贷款金额不得超过项目总费用的80%，每个贷款农户每个项目的贷款金额上限为30万比索，每个农户可以同时申请3个项目的贷款。

贷款用途：a.支付生产成本。例如，玉米或者其他高价值作物、畜禽品种、渔产品的投入品成本，以及农渔产品的加工、贸易费用。b.用于购置农业生产、加工和贸易环节需要的工具、设备和机械。

贷款利率：每年15%。

贷款期限：a.根据作物生产周期或者根据项目执行时期确定。b.根据设备或机具的使用年限进行确定。

还款方式：根据项目资金占用情况进行设定，可以按照季度、半年度、年度进行还款。

附加条件：承诺书、作物保险合同、动产抵押（如果需要）。

②小微金融机构或其他贷款组织从人民信贷与金融合作组织（PCFC）贷款。

非政府组织（NGOs）、合作社、合作银行、农村合作银行、村镇银行、人民团体等通过PCFC认证授信的小微金融机构（MFIs）、或其他贷款组织有资格获得贷款。再由小微金融机构或其他贷款组织向下一级贷款农户进行放贷。

贷款利率：PCFC按照菲律宾交易系统国库固定利率上下幅度进行收取利息。

贷款期限：a.向下一级农户贷款，最高5年期限。b.直接使用贷款或者用于项目支持，最高不超过7年期限。

还款方式：a.按照季度支付利息。b.根据小微贷款组织运作情况，本金按照季度、半年度、年度进行偿还，最长宽限期限不超过1年。

③从小微金融机构或其他贷款组织。

贷款用途：a.农业小微金融；对农场、农场以外的收入增加活动的金融支持。b.农渔业贷款；对农产品生产、加工和贸易的金融支持。其中椰子、渔业、家畜业、家禽业和8种高经济价值作物（蔬菜、菠萝、芒果、香蕉、菲律宾香蕉、可可豆、咖啡豆、橡胶）可以优先获得贷款。

贷款金额：根据贷款组织的指导意见，每个下一级贷款人不得超过15万比索。

贷款期限：a.农业小微贷款，根据农户现金流状况确定。b.农渔业贷款，将根据项目资金状况确定，常年生作物贷款不得超过7年。

贷款利率：贷款组织自行确定。但是全国执行委员会将制定最高的贷款组织贷款利率。

（3）农业小额信贷计划（Agri-Microfinance Program，缩写AMP）

该计划政策是针对小规模农户和渔户开展的金融政策，是农业信贷政策委员会（ACPC）与人民信贷与金融合作组织（PCFC）共同协作完成的。通过向信贷机构再针对小规模农户渔户进行贷款。

农业小额信贷计划是农业产业现代化信贷与金融支持计划（AMCFP）的一个组成部分。农业产业现代化信贷与金融支持计划是政府对农渔业支持的信贷计划。

农业小额信贷计划政策目标：通过提供农业金融支持的机会，降低贫困、改善厄尔尼诺及经常受灾地区的农民渔民生活状况。

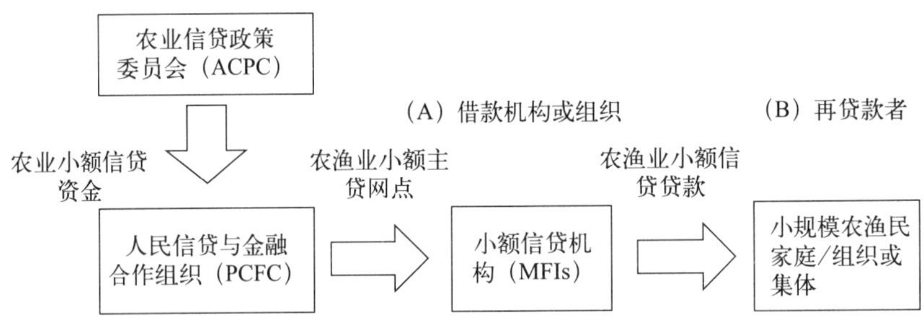

图2-4 小额信贷计划的实施方案

政策方案：PCFC提供信贷网点，ACPC提供了信贷资金与风险共担制度安排，授予符合条件的小额信贷机构（MFIs）信贷，然后由小额信贷机构再向厄尔尼诺及经常受灾地区的农民、渔民提供逐渐增加的信贷。

根据小额贷款机构（MFIs）的资金运作能力、工作计划和覆盖地区等条件获得贷款金额数量，每个小额贷款机构（MFIs）最多可以贷款1 000万比索。

贷款利率：各种组织或机构每年10%～12%。贷款期限最高4年。

还款方式：本金和利息按照季度进行还款。

小规模农户的定义为：种植农户耕地面积5公顷以下；养殖农户规模定义为，家禽：1 000只以下产蛋禽或5 000只以下肉禽；生猪：10头以下能繁母猪或20头以下的育肥猪；牛：10头以下育肥牛或者5头以下能繁母牛；奶牛：10头以下产奶牛；羊：50只以下山羊。

小规模渔民的定义如下：经营低于3吨以下的渔船；5公顷以下的池塘，或者低于

400平方米的鱼笼子；在渔船、养鱼池塘或者鱼加工设施环境中工作的渔民；以及其他参与小型养殖的个体。

贷款用途：可以用于小规模农渔户农业、非农业可增加收入的经济活动；或者用于修复因为厄尔尼诺等自然灾害破坏的农渔业项目，对于既有项目和新增项目混合贷款，要保证新增项目贷款金额不低于50%。

贷款金额：每个农渔户最高15万比索。

贷款利率：根据贷款组织或机构目前现行利率适当确定。

小额信贷期限：最长1年。分期还贷取决于农户资金状况，按照每周或者每月20%分期偿还贷款。

（4）合作银行农业贷款计划（Cooperative Banks Agri-Lending Program，缩写CBAP）

该项计划是农业产业现代化信贷与金融支持计划（AMCFP）的一个蓄水池式的贷款方案，补充批发商、零售商提供的贷款方案，向小规模农渔户提供稳定的、低利息的资金支持。

政策目标：a.通过向合作银行的方式向小规模农渔户提供稳定的、低成本的资金支持，保证农渔户贷款持续供给和增长。b.降低小规模农渔户贷款人的贷款利息费用。c.扩展农业产业现代化信贷与金融支持计划的涉及范围。

计划内容：通过该项政策，农业信贷政策委员会（ACPC）提供资金支持，对符合条件的合作银行，提供短期存款替代或者特别时期存款（STD）。

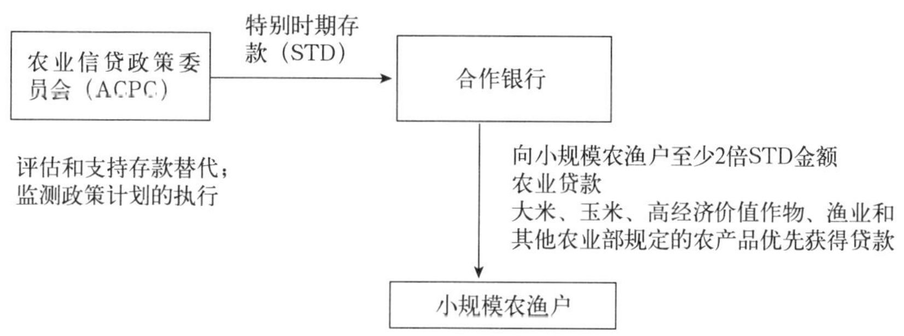

图2-5　合作银行农业贷款计划方案

——对于合作银行的规定

贷款利率：STD的期限是1年，年利率按照菲律宾交易系统财政固定参考利率（PDST–F），一年期加上1%的标准进行计算。每年的利率不能超过3%。

贷款期限：1年。

——对于农渔户的规定

农渔户需要满足小规模农渔户条件，具体标准参考上文。

贷款利率：STD的成本加上不超过12%年利率，年利率加总之后不得超过15%。

贷款期限：根据合作银行的现有政策条款规定。

（5）制度化能力建设计划（Institutional Capacity Building Program，缩写为ICB）

这项计划是加强农渔户组织在获得金融服务方面的能力建设，通过针对农渔民成员广泛的金融服务，特别是小额贷款和生计贷款，帮助农渔户组织转型到可持续金融体系。

计划执行方式：农业信贷政策委员会（ACPC）通过短期小额拨款给中介组织（例如培训机构、州立高校等）为农渔民组织执行制度能力建设计划。每个项目的补贴最高比例达到70%，项目承担单位需要支付的金额不低于30%。

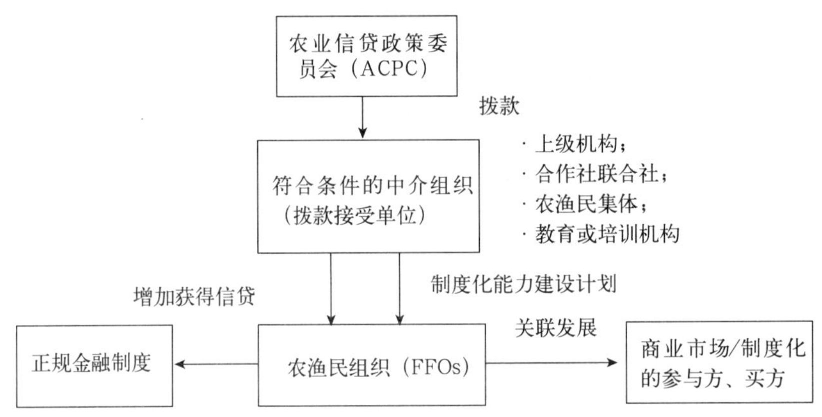

图2-6　制度化能力建设计划（政策）运作方式

政策目标：改善农渔民组织的管理体系（包括金融计划和管理、信贷管理和信息管理等）；开发农渔民组织的人力资源（专业化管理人员的技术培训）；开发领导能力和农渔民组织的监管能力（包括商业政策的制定、战略和管理计划、绩效监管技能等）。

（6）保险

根据菲律宾农作物保险公司(PCIC)提交的报告显示，2016年PCIC赔付因厄尔尼诺、台风和水灾造成的农作物及财产损失16亿比索，23.5万农民因有保险而获益。这也是PCIC连续第二年保险金赔付过亿，2015年是13.79亿比索。2016年PCIC总投保人数107.5万人，保险面积达91.98万公顷，保费收入25.87亿比索，保险总额410.02亿比索。[①]

10. 农业农村法律制度

①种子法1992年3月27日颁布。

① 驻菲律宾经商参处.去年菲农业保险赔付16亿比索.http://ph.mofcom.gov.cn/article/jmxw/201702/20170202513273.shtml，2017-02-10。

②植物新品种保护法。

③《甘蔗产业发展法》(Sugarcane Industry Development Act of 2015)。2015年，菲律宾通过了《甘蔗产业发展法》。根据该法律，菲律宾甘蔗产业每年可以获得20亿比索的经费支持。其中50%用于产业基础设施建设，15%用于奖励甘蔗连片种植农户，15%用于社会化信用，15%用于培训和研究，5%用于奖学金。2015年，菲律宾糖类的进口关税将由原来的38%下降到5%，菲律宾《甘蔗产业发展法》的出台，极大程度地促进了菲律宾国内甘蔗产业发展，积极应对食糖关税下降对国内甘蔗产业的冲击和影响。

④菲律宾有机农业发展与促进法（Republic Act No. 10 068 ——An Act Providing for the Development and Promotion of Organic Agriculture in the Philippines and for other Purposes)。

⑤农渔业现代化法（Republic Act No. 8435——Agriculture and Fisheries Modernization Act，缩写AFMA)。

⑥菲律宾渔业准则（Republic Act No. 8550——Philippine Fisheries Code)。

⑦渔业法。1998年渔业法宣示菲国渔业资源的永续发展并保护渔民权益。此法令使农业政策由生产与开发导向转为抚育与保护，此法令规定沿海10公里之内渔场保留给小渔民，法令中亦规定政府应在渔场附近提供渔民安置或定居处，并提供贷款、鱼获处理设施、市场促销与推广教育等。市立渔业贷款、渔船发展贷款等均属此类。

但调查显示，78.3%的受访者没有得到政府提供的适当住宅，仍有渔民居住于海边潮汐区，而非法居民随时可能被驱离。这些渔民安置问题都表明政府保护渔民工作权的不足。

调查亦指出，只有约1/3（32.6%）的受访者有管道使用渔获处理设施，少于2/3（56.5%）有贷款管道，而其中政府只提供贷款的35.9%，超过一半的受访者（56.8%）反应，商业渔船侵入了应保留给小渔民的市管水域。缺乏经费是普遍存在的问题，整个预算只有6亿比索（4.06亿元台币）要分配给沿海的92个市，显然不足。

（六）农业政策及发展规划情况

1. 农业发展的国内政策情况与主要农业政策清单

在菲律宾，1997年12月施行的“农渔业现代化法”（Agriculture and fisheries modernization Act, AFMA）是推动农渔业发展的基本法，它是一个里程碑法，因为产业许多的计划与政策都依据本法。AFMA 基于7个核心原则制定，分别为削减贫穷、社会平等、食品安全、资源合理使用、全球竞争力、永续发展、人民参与与保护免于不公平竞争。许多菲律宾人期待 AFMA 会引进迫切需要的投资来刺激产业的发展。投资对处理越来越多的期待项目是不可或缺的，从减少乡间贫穷到食品安全、收入与财富的公平分配、自然资源的维护、气候变迁的应变能力等。投资必须策略性地从提供农业生产力，改善乡村基础设施与提高生产与运销的竞争力着手。

掌握农业发展的原则，AFMA 可透过下列倡议来达到农业现代化的目标。①将农业转型为技术基础的产业。②透过公平取得资产、资源、服务与发展高价作物、附加价值与农业工业化来提高获利与收入。③确保食物有管道取得、且提供稳定供应。④鼓励农渔业活动水平与垂直整合、并入与扩充。⑤强化人民团体、合作社与非政府组织，使人民参与。⑥推动市场导向运作来提高相对优势。⑦推动工业分散与农村工业化。⑧提高生产力与改善市场效率。

AFMA 提供协调与整合各个农业渔业发展计划的策略架构。AFMA 的重点项目有改善与现代化生产与运销设施，农村基础设施如水利、农业机械、人力发展、研究推广与贸易政策等。从预算来看，AFMA 预定执行6年（1999—2004年）。

就预算分配而言，AFMA 是列入国家总预算法的重要农业政策之一，依相关规定，AFMA 推动第一年（1990年）应分配200亿比索预算（约137亿元台币），而以后6年，每年应有170亿比索（约116亿元台币）。

在2004年AFMA展延作为强化菲律宾农业渔业现代化的法案，并正式立法。并且将农产品进口税中提供170亿比索（约116亿元台币）作为AFMA2004—2015年的执行经费。

2. 最新农业发展规划

菲律宾国家发展计划（2012—2016年）专门在计划的第四章对农业发展进行规划，提出发展目标和基本原则。具体来说，菲律宾在2012—2016年要求提升农业渔业的竞争力。农业渔业提供初级农产品给其他部门，其对菲律宾农业部门具有重要意义，同时农渔业还释放剩余劳动力给其他部门。保持农业的生产率是维持农产品供给和提高农民购买力的重要内容，对贫困人口更是如此。但是菲律宾国内与其他东盟国家相比，结构转型较为缓慢，农业占GDP以及农业就业的增加人数都在下降，同时，农业剩余劳动力由于缺少技能以及劳动力市场的扭曲，对工业和服务业的释放也较为缓慢。如果增加农业生产，必然会对自然环境产生危害。不可持续发展模式将导致土壤退化，水资源过度利用开采，导致农业生产系统受气候变化影响更大，更加脆弱。规划对农业发展提出既要保持较高的生产率，也要对环境保持友好、可持续发展，同时增强对气候变化的适应能力。①

菲律宾国家发展计划（2017—2022年）（草案）披露，本届政府将农业年增长率设定为2.5%～3.5%，其中种植业的年增长率为2%～3%、畜禽业养殖业3%～4%、林业2%～3%、沿岸渔业1%、商业捕捞2.5%、水产养殖5%。作为主要粮食作物的水稻，“发展计划”特别提到6年内的增长率分别为3.95%、4.2%、4.32%、4.36%、4.41%和4.45%。“发展计划”分析称，菲律宾农业本身面临着生产力低下、竞争力不足、农业劳动力老化、自然资源退化和灾害天气影响等问题和不利因素。同时，东盟自贸区等贸易机制带来的农产品贸易便利和人口增长过快引起的粮食生产压力，也给菲律宾农业发展带来一定的机遇和挑战。②

① Chapter 4: Competitive and Sustainable Agriculture & Fisheries Sector.ttp://devplan.neda.gov.ph/chapter4.php。

② 驻菲律宾经商参处. 本届政府农业年增长目标2.5%～3.5%.http://ph.mofcom.gov.cn/article/jmxw/201701/20170102500512.shtml，2017-01-12。

三、农业对外合作政策及发展情况

（一）农业对外合作的相关政策及发展情况

1. 引进外资的总体态度及相关政策条文

根据菲律宾贸工部投资署发布的信息显示，菲律宾一直积极吸引外资，但是由于各种困难，近些年来流入菲律宾的FDI并不理想，每年基本维持在30亿美元左右。与此同时，菲律宾政府每两年都会更新限制外资项目清单，有一些领域完全禁止外国投资，绝大多数领域外资比例不得超过40%。安邦咨询在2014年发布的投资报告中列举了菲律宾2012年颁布的第9版限制外资项目清单，规定外国企业和人士在土地获取、陆上自然资源开发、公共部门运营和管理等领域持股比例不得超过40%，而且还禁止外资进入大众传媒、所有的专业性服务、海洋资源开发等领域。但是，为了促进国内经济发展，菲律宾政府也发布了"投资优先计划"，引导国内外资金流向特定行业，列出鼓励投资的领域和可享受的优惠条件。其中"2014—2016年投资优先计划"涉及的内容主要是"以产业发展促进包容性增长"。主要包括七大类、22个产业列为优先发展领域，重点关注点在于能源、化工、汽车、废弃物处理、环保节能建筑等领域。

根据安邦咨询研究团队发布的2014年菲律宾投资报告的信息显示，菲律宾税收体系税种较少，税率普遍较高，但并不复杂。由菲律宾中央政府征收的税种包括关税、消费税、增值税、印花税、所得税、房产税、比例税等。此外，地方政府也有权就某些特殊行为和商业行为征税。除此以外，菲律宾经济特区管理委员会（PEZA）下属的苏比克、卡加延、三宝颜特区，对于外资进入根据企业性质与行业的不同，可享受一些特殊政策，优惠幅度较大。①

为了加快投资吸引，菲律宾制定了《2017—2022年菲律宾发展规划》。

菲律宾毕竟是发展中国家，投资环境不完善是发展中国家所具有的"通病"，这成为中国企业投资菲律宾面临的主要风险和挑战。2016年OECD发布的首份菲律宾投资政策认为，菲律宾外资政策是世界范围内最不开放的国家之一，菲律宾要求外国投资者投入20万美元的最低资本，同时菲律宾对电信、交通、农林渔业、私人广播以及不动产等行业的外资有股比限制，是菲律宾"外资政策限制指数"的65个经济体中排名最高之

① "一带一路"投资风险研究之菲律宾. http://opinion.china.com.cn/opinion_97_125397.html，2015-03-26。

一。据世界银行最新公布的2016年“物流表现指数”显示，菲律宾获得了2.86分的评分（满分5分），在160个经济体中位列71位。①

菲律宾政府对外国直接投资持积极态度，并努力改善投资环境，基础设施现代化也取得了一定进展，但政府部门行政效率低下，法律体系完善工作进展缓慢，商业和公共机构腐败现象仍然相当普遍。

进入2010年，随着菲律宾经济的复苏，外国直接投资信心明显增强。相对于经济规模，菲律宾的外国直接投资水平偏低。2006年和2007年，受制于投资环境欠佳，外商直接投资增长乏力，外国直接投资总额保持在29.2亿美元的规模，占GDP的比重呈下降趋势。外国直接投资主要集中在电力、制造业、采矿和房地产等领域，日本、美国、英国、德国和韩国为主要投资来源国。2008年，受全球金融危机影响，外商暂停或撤离投资计划，外国直接投资总额锐减至14亿美元，为促进外国直接投资，菲律宾投资署等9家机构共同制定了首个《菲律宾投资促进计划》（PIPP）。

菲律宾外国直接投资政策主要体现在有关法律法规中，主要包括《综合投资法典》（1987）、《外国投资法》（1991）、《外国投资法修正案》（1991）、《采矿法》（1995）、《经济特区法》（1995）等。

菲律宾鼓励外商政策，对符合条件的外资给予各种优惠，但出于对国家整体利益的考虑，菲律宾政府限制外资在某些投资领域的参与。菲律宾政府将所有投资领域分为三类，即投资优先领域、限制投资领域和禁止投资领域。

菲律宾投资署根据《2004—2010年菲律宾中期发展计划》每年制定一份“投资优先计划”表，列出菲律宾政府鼓励投资的项目，纳入该表的项目可享受多种优惠。根据2009年投资优先计划，优先投资领域主要包括农业、渔业、建筑、旅游、科技研发、钢铁、造船、机械设备以及汽车零配件制造及组装等行业。在这些投资领域，外资可以享有100%的股权，并对那些高度优先项目提供广泛的优惠条件，如减免所得税、免除进口设备及零部件的进口关税、免除进口码头税、免除出口税费等财政优惠，另外，还可以无限制使用托运设备、雇用外国劳工、简化进出口通关程序等非财政优惠。2009年的投资优先计划中，突出了保障就业，特别提出了一个“应急计划”，对受到全球金融危机影响而仍能保持或扩大投资和保障员工就业的企业，以及新项目中的小企业，提供税收减免优惠。2010年的菲律宾投资优先计划（IPP）除延续2009年计划中鼓励投资的领域外，为缓解因干旱而导致的严重电力短缺状况，对电力公司和发电厂进口发电机给与免税待遇，对绿色和防灾、减灾项目实行税收减免，加大上述“应急计划”税收减免力度。

① 赵江林.中菲投资合作前景可期.http://www.chinainvestment.com.cn/?type_hgzc=%E4%B8%AD%E8%8F%B2%E6%8A%95%E8%B5%84%E5%90%88%E4%BD%9C%E5%89%8D%E6%99%AF%E5%8F%AF%E6%9C%9F。

菲律宾经济发展署每两年更新一次限制外资项目清单。2010年2月公布的限制外资项目清单规定，完全禁止外资进入的行业主要有大众传媒、工程、医药、林业等行业。部分行业的外资投资比例限制为20%～60%；私人无线电通信网络的外资持股比例不得超过20%；私营招聘、建筑和维修等行业的外资持股不得超过25%；广告业外资持股不得超过30%；自然资源勘探、开发和利用，土地投资、教育等行业的外资比例不得超过40%；证券业的外资比例不能超过60%。同时，出于对国家安全、居民健康以及保护中小企业的考虑，武器制造、维修、仓储及分销，危险化学品及药品、博彩等行业的外资持股比例最高不得超过40%。

菲律宾是《关于解决国家与其他国家国民之间投资争端公约》（简称《华盛顿公约》）和《联合国承认和执行外国仲裁裁决公约》（简称《纽约公约》）的签约国，从而保障投资纠纷的解决和境外仲裁结果的执行。①

《菲律宾综合投资法典》

（1）国家鼓励私营经济和外国企业在工业、农业、林业、矿业、旅游业和其他经济部门进行投资，以实现提高技术能力和扩大就业的目标等。

（2）国家认识到本地和外国资本在菲律宾经济发展中发挥着积极的作用，政府有责任界定这些作用，为其资本进入和增长提供环境和氛围。

进口资本设备的免税待遇。从本法律生效起的5年内，新注册企业和扩大注册企业的机械设备和配套备件的进口应免除100%的关税和国内内部应缴纳的所得税；进口机械设备及配套备件享受优惠应符合以下条件。

①设备不是国内制造的，数量足够，质量相当，价格合理；

②设备是合理需要的，并且将被注册企业专门用于其产品的制造，除非委员会事先批准在非注册活动中，部分时间利用所述设备以其使用最大化或对永久用于未登记活动的具体设备和机器支付相应的税款和关税；

③注册公司获得进口该等机械，设备及零件的批准。

（3）鼓励能够扩大就业规模、提高农产品经济价值、转让农业技术等领域的外国企业在菲律宾投资。

（4）一般对外国企业的所有权没有限制；外国企业可以投资100%的股权。

（5）如果外国企业获得菲律宾国民待遇，需要满足如下条件：菲律宾国民拥有60%的股份或者60%的股票产生利益作为养恤金或其他雇员退休或离职的资金的。

《2014—2016年投资优先计划（IPP）实施指南》

IPP计划是三年滚动计划，以确保国内和外国投资者的连续性、一致性和可预测性。

① 2014菲律宾投资与经贸风险分析报告.http://blog.sina.com.cn/s/blog_ae22ad380101jsw7.html，2014-05-28。

制造业、商务、农业和渔业、服务业（集成电路设计、创意产业和知识型服务、船舶修理、充电站的电动车、保养维修和飞机大修及工业废物处理）、医院、节能、公共基础设施和物流、公私合作项目等领域被列入“2014—2016投资优先计划”的首选项目。投资者可获得的补助政策将根据该企业对经济发展的实际贡献而决定。企业的所得税免税期限将基于以下因素：投资项目的净附加收益、创造工作机会、乘数递增效应、实际能力等。①

菲律宾在农业吸引投资上具有较高热情。菲律宾农业用地约1 000万公顷，是香蕉、椰子、菠萝和渔产品的主要出口国。其中蔗糖和椰子是生产生物酒精和椰子柴油等可再生能源的主要原料。2014年菲律宾农业、渔业及林业增长了1.9%，共占菲律宾经济总量的8.4%。主要收入来源有玉米、水稻、林业产品、木薯、香蕉、禽类及农业服务。农基产品为2014年增长最快的出口商品之一，出口收入较2013年增长13.7%。

农业是菲律宾优先投资领域之一。其主要包括农业生产（包括椰子、玉米、木薯、咖啡、可可、渔业、家禽和家畜饲养、高经济价值作物、新兴农产品等）、农产品加工（包括通过生物工艺对高经济佳慧的农林作物进行成分提取和提炼；将农渔业产品、副产品及废料转化利用进一步加工或者直接消费）、动物及水产饲料生产、化肥及农药生产、现代化制糖厂、机械化农业相关保障服务、农业基础设施建设等。②

2. 接受国际组织或者主要国家农业援助的规模情况、项目清单以及典型案例

（1）FAO对菲律宾援助的项目清单

全国项目

①技术合作项目（TCP）。

a. 菲律宾水产养殖业生产过程中的饲养和饲料管理效率提升项目（TCP/PHI/3404）。

合作单位：菲律宾农业部渔业与水产资源局

执行时间：2013.11.1—2015.10.31

项目预算：345 000美元

b. 菲律宾Tilapia农场气候适应能力建设项目（TCP/PHI/3502）。

合作单位：菲律宾农业部渔业与水产资源局

执行时间：2015.1.1—2016.4.30

项目预算：226 000美元

① 驻菲律宾经商参处.菲律宾发布《2014—2016年投资优先计划实施指南》.http://ph. mofcom. gov.cn/article/ddfg/tzzhch/201504/20150400934667.shtml。

② 对菲律宾投指南.http://www.ey.com/Publication/vwLUAssets/EY-doing-business-in-the-philippines-2015-cn/%24FILE/EY-doing-business-in-the-philippines-2015-cn.pdf。

c.在土地综合改革政策下农业产业化风险协定政策和执行的跨部门研究项目（TCP/PHI/3503）。

合作单位：菲律宾土地改革部门

执行时间：2015.6.15—2015.10.31

项目预算：163 000美元

d.棉兰老穆斯林自治区和Region Ⅻ矛盾冲突社区生计恢复的迅速反应项目（TCP/PHI/3504）。

合作单位：菲律宾棉兰老穆斯林自治区农渔厅

执行时间：2015.6.12—2016.5.31

项目预算：470 000美元

②信托基金/政府合作项目。

a.Haiyan台风影响下的农户生计迅速恢复项目(OSRO/PHI/404/NZE)。

捐助单位：新西兰政府

合作单位：FAO、菲律宾农业部门

执行时间：2014.5.25—2015.12.31

项目预算：2 168 257美元

b.促进家庭食物安全和尽早恢复可持续生计的支持项目(OSRO/PHI/407/FIN)。

捐助单位：芬兰政府

合作单位：FAO及菲律宾农业部门

执行时间：2014.3.26—2015.9.25

项目预算：1 375 516美元

c.Haiyan台风严重破坏的海岸地区渔民生计恢复与援助项目(OSRO/PHI/409/GER)。

捐助单位：德国政府

合作单位：FAO及菲律宾农业部门

执行时间：2014.9.1—2015.11.30

项目预算：1 150 001美元

d.Ⅵ和Ⅷ区Haiyan台风影响下的水稻种植农户的恢复项目(OSRO/PHI/410/NOR)。

捐助单位：挪威政府

合作单位：FAO及菲律宾农业部门

执行时间：2014.11.1—2015.10.31

项目预算：2 502 503美元

e.Panay岛椰子种植农户生计恢复及一体化椰子植株害虫管理体系支持项目(OSRO/PHI/411/IRE)。

捐助单位：爱尔兰政府

合作单位：FAO及菲律宾农业部门

执行时间：2014.9.25—2015.12.31

项目预算：927 573美元

f.North Cotabato省、中棉兰老区矛盾冲突地区农户生计恢复项目(OSRO/PHI/501/NZE)。

捐助单位：新西兰政府

合作单位：菲律宾农业部

执行时间：2015.6.24—2017.10.31

项目预算：3 000 000美元

g.IVB区沿海地区小规模渔民援助项目(GCP/PHI/064/ITA)。

捐助单位：意大利政府

合作单位：农业部渔业与水产资源局

执行时间：2014.7.15—2016.1.16

项目预算：250 000美元

③联合项目。

a.VI区（西部Visayas）10个大城市食物危机和营养不良干预计划——以食物与营养安全早期预警系统作为基础（UNJP/PHI/065/CEF）。

捐助单位：UNICEF

合作单位：菲律宾全国营养委员会、卫生部

执行时间：2014.101—2016.9.30

项目预算：559 310美元

b.Bangsamoro和平协定公信力提升和参与执行的支持计划（UNJP/PHI/066/UNJ）。

捐助单位：UNDP及联合信托基金

合作单位：农业部渔业和水产资源局

执行时间：2014.11.1—2016.5.31

项目预算：300 000美元

④Telefood项目。

a.内陆地区蔬菜生产多样化项目（TFD—14/PHI/002）。

捐助单位：FAO

执行时间：2015.7.1—2016.6.30

项目预算：10 000美元

b.梯努米格村社（Barangay Tinumigues）、拉姆巴泳（Lambayong）、苏旦库达拉

(Sultan Kudarat) 地区受洪水影响的学生和家长事务安全 、营养和生计的学校和社区农园项目（TFD-14/PHI/003）。

捐助单位：FAO

执行时间：2015.7.1-2016.6.30

项目预算：10 000美元[①]

（2）典型案例

联合国世界粮食计划署是世界上最大的人道主义援助机构，致力于抗击全球饥饿。世界粮食计划署平均每年向超过80个国家的9 000万人口提供粮食援助。联合国世界粮食计划署（WFP）通过提供现金的方式进行支持，第10大区（Region Ⅹ）大区的公共事务与高速公路部提供了370米的建设资金保障。与此同时，农产品的运输费用也得到一定的降低。[②]根据南拉瑙省的布迪克（Butig）村社当地村民反映，在联合国世界粮食计划署的支持下，他们能够获得一定的劳务报酬，平均为每天200比索，可以用于购买必要的食物。

（3）日本援助

日本是菲律宾主要国外官方援助来源之一。

2016年10月，菲律宾杜特地总统访问日本期间，菲律宾获得包括丰田、三菱等大厂的18亿5 000万美元的投资承诺。

2017年1月，日本首相安倍晋三赴菲律宾进行访问，在菲律宾总统府与杜特地总统会面期间，日本承诺今后5年里向菲律宾提供1兆日元（约4 340亿比索）援助。这是日本面向一国的援助金额中属于“最大规模”的。同时，日菲两国签署5项合作文件，主要集中在社会经济发展、海事安全、交通、农贸等领域的合作。[③]

2017年1月，菲律宾土地银行已经与日本政府签署了一项49.3亿日元的贷款协议，将帮助促进棉兰老穆斯林自治区的农业企业和其他受冲突影响的地区。该项目名称为可持续和充满活力的创业支持和平转型（HARVEST）项目。该项目由日本国际协力机构提供25年期贷款有7年宽恕期，年利率为1.4%。HARVEST项目被认为有助于为菲律宾南部ARMM和其他受冲突影响地区创造有利的投资环境，帮助加快经济增长和提高小区的收入。除了贷款，日本国际协力机构还计划提供600万美元（2.9亿比索）技术资金用于HARVEST项目合作的受益人和菲律宾土地银行的项目管理。2017—2022年实施的HARVEST项目将向菲律宾大型农业企业，农民组织或合作社，微型、中小型企业，以

① FAO in Philippines.List of Projects.http://www.fao.org/philippines/programmes-and-projects/project-list/en/。

② Philippines: Farm-to-Market Road Provides Better Access for Rural Community.https://www.wfp.org/stories/philippines-farm-market-road-provides-better-access-rural-community。

③ 菲律宾商报.日本將向菲提供一兆日元經濟援助.http://www.shangbao.com.ph/fgyw/2017/01-13/59021.shtml，2017年01月13日。

及菲律宾土地银行支持的农场提供贷款。①

3. 农业吸引外商投资的总体规模及其变化情况、重点投资产业、典型案例资料

近年来，以色列看好亚洲市场，对菲律宾投资的热情提高。以色列主要向对菲律宾农业、农业而技术、基础设施、制造业和创新部门进行投资。菲律宾希望能够加强与以色列奶牛养殖和生产的合作。

国际主要机构对菲律宾经济前景十分看好，纷纷预测菲律宾国家将保持较高的经济增长。中东皇族对菲律宾经济特区投资热情也很高。阿联酋、卡塔尔皇族有意在菲律宾租地75年，从事农业、炼油以及清真认证食品加工区。

马来西亚对菲律宾投资农业主要考虑在菲律宾生产棕榈油及碾磨产业。马来西亚Alif农业产业公司计划在菲律宾北阿古桑省（位于棉兰老岛东北）投资建设农业经济区，该经济区面积12.8万公顷，初期投资约10亿美元，未来将追加建设棕榈油工厂等设施。②

2016年10月27日，日本和菲律宾已经达成近10亿美元的农业投资。这笔资金主要用于西黑人省的生物质项目，以及菲律宾向日本出口香蕉，菠萝和鳄梨的协议。菲律宾还在探索从日本长期借款，以资助国内农业机械化计划。菲律宾希望从日本购买农业设备，收割后期设施，拖拉机和碾米机等。③

4. 中国对菲律宾的农业援助情况、典型案例

（1）援助概述

中国政府到2017年将向菲律宾提供160亿美元援助，菲律宾政府将优先照顾教育、农业及卫生方面。

（2）案例

中菲农业技术中心——是由中国政府提供无偿援助，与菲律宾政府共同兴建的具备独立研发和推广功能农业技术研究与示范中心。该中心位于菲律宾新怡诗夏省姆妲斯科学城，在硬件设施方面，已有办公及专家居住区、农机及产品加工区、示范农场三个部分，总建筑面积达6 550平方米，拥有217件套机械设备。其中，包括车间展示与农场使用的70多件套农业机械、40件套修理与机械加工设备、26台套实验与检测设备、30多

① 菲律宾商报.日本承诺向菲提供17.6亿元贷款.http://www.shangbao.com.ph/jjxw/2017/01－17/59163.shtml, 2017年01月17日。

② e南洋商报.海外投资增逾七成 菲律宾增长亚洲第一.http://www.enanyang.my/news/20161127, 2017/2/19。

③ 菲律宾商报.日本将在菲律宾农业投资10亿美元.http://www.shangbao.com.ph/jjxw/2016/10－27/56515.shtml, 2016年10月27日。

件农学实验仪器、10套谷物产后加工设备、10套电教设备及农机教学模型等。在软件建设方面，具有引进和培育杂交水稻的科研能力、水稻种子繁殖与种子生产能力、杂交水稻生产示范和栽培新技术示范的能力、农机试验与示范的能力、水稻及农机技术培训能力、农机维修与社会化服务的能力。

中国政府于2003年投入500万美元建立了中菲农业技术中心，项目为期5年。由袁隆平农业高科技股份有限公司（隆平高科）参与实施的技术合作一期项目于2003年开始，2008年结束。以中心为合作平台，中方派遣的9名农技专家与菲律宾同行开展了多项农业科研、试验和示范合作。双方专家在试种和筛选杂交水稻品种组合方面成效显著，最高平均单产超过10吨/公顷。双方专家以农技中心为依托，在展示和推广农业机械方面也取得积极进展。中国农业部安排专门资金在菲律宾举办了“中国农机周”。菲律宾许多用户积极订货购买，带动了双边农机贸易的发展。项目结束后，菲方对项目实施成效给予高度评价，强烈要求继续开展合作。为此，2011年中菲友好交流年期间，双方启动了中心二期技术援助项目，继续开展水稻试种、试验、示范和推广培训等工作。中菲农技中心技术合作二期项目自2012年启动实施，为期5年，由中国商务部主管，隆平高科负责实施。目前，中菲农业技术示范中心三期正在实施。

5. 中国在菲律宾农业投资的重点产业、典型案例

（1）重点产业

菲律宾是各种天灾频繁光顾的国家，农业生产仍未能摆脱“靠天吃饭”的局面。菲律宾平均每年遭遇20场台风过境，迫使菲律宾进口大米以填补供应缺口。2015年，菲律宾农业产值远低于亚洲其他发展中国家的平均增速。2016年的旱季影响了800万菲律宾人的生活，综合损失评估为1998年以来影响最严重的一次。为此，加强农业发展是菲律宾面临的大问题。未来中国可协助菲律宾解决粮食自给问题。

菲律宾农业开发需要较大量的投资。目前，菲律宾水稻、玉米产量相对较低，对品种改良技术和农业生产管理技术需求较迫切。菲律宾土地资源开发利用还没有充分达到最佳效果，农作物单位面积产量相对较低，有的农作物病虫害发生概率较大。种植业品种改良、管理技术、增产技术和病虫害防治技术领域以及农田水利设施改造、农村基本交通道路建设都是投资重点。

对于菲律宾水果产业来说，初级产品产量较大，例如椰子产量较大。但产业链下游初级加工和深加工领域不足，是菲律宾水果产业投资重点。

（2）典型案例

案例一：袁隆平农业高科技股份有限公司（隆平高科）在菲律宾共有三大版块的工作，第一是援菲律宾农业技术合作项目（第二期）；第二是承办国家援外培训任务，培

养菲律宾农业技术及管理人才；第三是隆平高科在菲律宾的境外投资，包括独资成立的菲律宾研发中心，与菲律宾合资成立的联合水稻生产公司。

隆平高科参与实施了中菲农业技术合作第一期项目，受商务部委托，承办了中菲农业技术合第二期项目（2012年3月至2017年3月）。主要内容包括派5名中国农业专家赴菲，深入推进中菲两国在杂交水稻育种、制种、高产栽培、农业机械以及沼气能源等方面的合作，继续开展中菲双边技术培训班，提升菲律宾农业综合实力，增进中菲两国的友谊。目前已经完成的工作有：项目选育并选送2个杂交稻组合（PhilSCAT−6、LP938）参加了菲律宾水稻主产区15个点的国家联合品比试验，在当地完成培训，并赴多处实地培训，累计培训人数2 000多人。

隆平高科承办国家援外培训任务，自2002年7月以来，已有近200名来自菲律宾农业部、水稻研究所、农业部下属农业研究中心的研究人员、技术专家参加隆平高科承办援外培训班。

隆平高科于2007年在菲律宾独资注册成立了研发中心，在菲律宾开展了科研、推广活动，目前在菲已审定水稻品种5个，研发中心及公司总投资额近千万元，运营顺利，已基本实现盈利。

2016年，隆平高科与菲律宾当地企业合作成立水稻种子产业化公司（中方绝对控股），目前注册手续已经完成，并已注资到位。

案例二：隆平高科菲律宾研发中心于2007年12月在菲律宾注册成立，注册资金200万美元。是隆平高科亚华科学院全资机构，是国际水稻所“杂交水稻发展合作”组织的发起和主要成员单位之一，主要目标业务是选育适合热带气候栽培推广的杂交水稻新组合，为隆平高科海外发展提供强有力的技术支撑。该中心拥有育种科研基地6公顷、600平方米的办公住宿楼一栋、交通车2台和其他科研生产附属设施设备，与国际水稻所、菲律宾国家水稻所、印度尼西亚国家水稻所建立了科研协作关系。

案例三：新希望集团及菲律宾片区。新希望集团是中国最大的农牧业生产企业之一，其拥有中国最大的农牧产业集群，饲料年生产能力达2 000万吨，名列中国第一位、世界第三位，是畜牧价值链优质资源的组织者。目前，三大产业链家禽屠宰能力达每年10亿只，位居世界第一位。作为中国农业产业化国家级重点龙头企业，新希望集团致力于打造世界级的农牧企业。集团从1998年就致力于海外发展，经过十余年的探索，如今已在越南、菲律宾、孟加拉国、印度尼西亚、柬埔寨、斯里兰卡、新加坡、埃及、南非、土耳其、老挝、缅甸、尼泊尔、印度、俄罗斯和波兰16个国家建成或在建37家分子公司，公司主要经营畜禽、水产饲料产品的生产和销售，目前的总投资额已超过8亿美金。

菲律宾片区是新希望海外事业的重要组成部分，片区目前下辖中吕宋公司、塔拉克公司、布拉干公司、伊莎贝拉四家公司，总投资逾2亿元，总产能63万吨，经营范围涉及畜禽水产饲料的生产与销售，目前片区经营业绩显著，正逐渐成为菲律宾市场上有影响力的农牧企业。

新希望中吕宋农业有限公司是新希望集团为进一步开拓国际市场、实施跨国经营、打造世界级农牧企业，在原新希望邦邦牙农业有限公司在菲律宾取得较大发展的基础上，由四川新希望农业股份有限公司再次投资组建成立的现代化饲料生产企业。公司成立于2007年，总投资1 625万元，现有员工148人，其中中方管理人员10人。公司现有600机组2套，420生产机组1套，年生产能力20万吨。其饲料已形成“新希望”“海鸥”两大品牌，猪、禽、鱼三大系列四十多个品种，产品覆盖整个吕宋地区，猪料和肉鸡料为公司产品线的发展重心，以华人养殖场为市场网络建设中心。

新希望布拉干农业有限公司于2010年12月13日登记成立，总投资10亿比索，2013年2月正式投产运营，公司占地面积48 742平方米，是新希望六和股份有限公司的控股子公司，普利兰市守合同重信用企业。公司拥有菲律宾最先进的膨化鱼料生产线，年产能达30万吨。公司坚持专业化为菲律宾的水产养殖户提供最优质的鱼饲料，其卓越的产品和服务得到了广大水产养殖企业的高度认可和赞誉。公司在菲律宾拥有当地员工100多人，为1 000多个养殖公司和家庭提供优质的产品和服务，为当地人民提供良好的就业机会，大力促进本地人员就业，极大地推动了菲律宾的水产养殖行业的快速发展。公司每年定点向普利兰市内教堂、学校进行捐款帮助，支持当地人民信教习俗并得到更好的学习环境以及知识。

新希望塔拉克农业有限公司是新希望集团为进一步开拓国际市场、实施跨国经营、打造世界级农牧企业，在原新希望邦邦牙及中吕宋农业有限公司在菲律宾取得较大发展的基础上，由新希望六和农业股份有限公司再次投资组建成立的第三家现代化饲料生产企业。公司位于打拉市项目基础投资3亿比索，距离首都马尼拉约150公里。占地面积约30 000平方米，公司于2010年6月18日登记成立，2010年10月开始建厂，2012年7月正式投产，年产能为15万吨，经营期限为永久，属独资企业。

新希望伊莎贝拉农业有限公司成立于2015年2月，是一家月生产量超过5 000吨的饲料生产企业。

新希望伊莎贝拉农业有限公司是跨国企业，投资总额约为2亿比索，公司的注册形式为股份投资形式，按照当地的海外企业投资法令，菲方控股60%，中方控股40%。公司的地点位于菲律宾伊莎贝拉省卢纳市，伊莎贝拉省属于菲律宾吕宋地区饲料主要原料玉米的种植和交易区中心位置。根据当地市场的需要，公司的饲料产品主要包括猪料、禽料。公司聘用的大部分的员工都来自卢纳市，解决了很多当地人的就业问题。主要原料玉米的采购来源于本地附近的卡加延省和伊富高省两个省，对于当地农业经济的增长起了很大的推动作用。

案例四：中联重科股份有限公司。中联重科股份有限公司成立于1992年，主要从事工程机械、环境产业、农业机械的研发、制造、销售和服务，为行业内首家“A+H”上市公司。中联重科产品覆盖10大类别，73个产品系列，1 000多个品种，工程机械、环卫机械产业均位居中国国内第一，全球第六。2013年，中联重科销售收入近800亿元人民币。中联重科已逐步成长为全球化企业，在国内拥有15个工业园区，在意大利、印度、巴西、白俄罗斯等国家拥有工业园区。产品销售覆盖全球约100个国家和地区，在“一带一路”沿线均有布局，在20个国家建有分（子）公司，在全球50多个国家设有常驻机构。

自中联重科进入菲律宾市场以来，积极扩展工程机械和农业机械业务，目前年销售收入达2 500万美元，位于在中菲机械企业前列。旗下农机业务目前已覆盖菲律宾主要农业产区，在全国12个地区设有销售和服务中心，致力于为菲律宾农民提供农业经济高效的机械化方案和服务支持。水稻收割机、玉米收割机等产品为中国企业在菲律宾销售数量第一，且拖拉机、水稻收割机、玉米收割机、烘干机等主打产品已通过菲律宾国家农机检测中心测试，列入菲农业部采购目录，是目前列入采购目录产品最多的机械生产企业。

中联重科深度参与菲律宾农业各领域发展，在农机作业服务试点和玉米种植示范项目中取得初步成果。2015年起开始推动菲律宾农机作业服务组织和培养，组织10余台水稻收割机进行跨区作业，进行专项服务支持和保障，成为菲律宾最专业的跨区农机服务团队之一，目前单台收割机运行小时接近3 000小时。

6. 中国与菲律宾签署的涉及农业的多双边协定情况

菲律宾是1958年6月10日《承认及执行外国仲裁裁决公约》(《纽约公约》)缔结时的签字国之一，也于1978年9月26日签署了《关于解决国家与他国国民之间投资争议公约》(《华盛顿公约》)。

1992年，中菲两国正式签署了《相互鼓励和保护投资的协定》。

1993年，中菲两国又签署了《经济技术合作协定》，同年两国农业部部长签署了两国政府间《关于加强农业及有关领域合作协定》。

1999年11月，中菲两国签署了《中华人民共和国政府和菲律宾共和国政府关于对所得避免双重征税和防止偷漏税的协定》，该协议自2002年1月1日生效。

1999年，中菲两国农业部部长签署了两国政府间《关于加强农业及有关领域合作协定》。

2004年，中菲两国签署《渔业合作谅解备忘录》。

2005年，中菲两国政府在马尼拉签署《关于促进贸易和投资合作的谅解备忘录》。

2006年，中菲两国签署《关于建立中菲经济合作伙伴关系的谅解备忘录》。

2007年，中菲两国签署《关于扩大和深化双边经济贸易合作的框架协定》。

2011年，中菲两国签署《经贸合作五年发展规划》。

2016年10月18～21日，菲律宾总统杜特尔特先生成功访华，标志着中菲关系进入全新发展阶段。习近平主席与杜特尔特总统就推进中菲农业全面合作达成广泛共识。并且由中国农业部部长韩长赋与菲律宾农业部部长皮诺签署《中菲农业合作行动计划(2017—2019)》。

2017年，中菲农业合作联委会第五次会议召开。会议为推动农渔业合作，就开展水产养殖、水稻种植、玉米种植与加工和农机合作等领域投资与合作与贵部进行沟通。

（二）农业吸引外资成效的相关情况

农业吸引外资对菲律宾农业生产水平的增加、就业的增加、农业竞争力的提升等发挥的作用。

2018年，双边贸易额556.7亿美元，同比增长8.5%，其中中国出口额350.6亿美元，增长9.3%，进口额206.1亿美元，增长7.1%。中国已成为菲律宾第一大贸易伙伴、第一大进口来源地、第四大出口市场①。

① 外交部.中国同菲律宾的关系.https://www.fmprc.gov.cn/web/gjhdq_676201/gj_676203/yz_676205/1206_676452/sbgx_676456/，2019年4月。

四、中外农业合作的发展潜力判断

（一）中菲农业合作的发展前景判断

1.有利方面

（1）菲律宾经济发展态势保持良好

2018年菲律宾经济增长率滑落至三年来最低的年度增幅，为6.2%。菲律宾第四季度GDP增长率为6.1%，增长主要推动因素是建筑业、汽车、摩托车、个人和家庭用品的贸易、维修、其他服务，低于政府下调6.5%～6.9%的目标，但仍是亚洲增长最快的国家之一。在主要经济部门中，工业增长最快为6.9%。①

（2）两国经贸关系更加紧密

菲中领导人把菲中双边关系推向了新的高度，两国关系已进入近些年来最好时期，两国政府就合作发展达成了一系列重要共识，正在重点推进“一带一路”合作、人文交流合作、海上对话合作、区域一体化这四大方面的合作。菲律宾正在为经济发展寻找新的机遇，也在拓展产品出口市场和吸引更多外资。2018年，中菲双边贸易额达到556.7亿美元，同比增长8.5%，其中中国对菲律宾出口额为350.6亿美元，增长9.3%；中国从菲律宾进口额为206.1亿美元，增长7.1%。2019年1～7月，中菲双边贸易额同比增长6.3%。②

（3）国内人口增长带动食物需求

菲律宾每年要进口近200万吨大米来弥补粮食缺口，同时人口以2.9%的速度在增长。多方预测表明，传统的利用土地和海洋资源的生产方式将不能养活日益增长的人口。该研究也将寻求替代粮食，来确保菲律宾未来50年的粮食安全。③菲律宾近年来，对大米等农产品进口的规模在增长，例如，菲律宾2019年拟进口204万吨大米，菲律宾植物产业局（BPI）向208家私营企业发放了2 294份许可证，美国农业部（USDA）在一份报告中表示，今年菲律宾大米进口量将增加20%，创下300万吨的历史新高，使菲律宾成为世界上主要买家之一。④

① 驻菲律宾经商参处.2018年菲律宾经济增长6.2%，近三年最低.http://www.mofcom.gov.cn/article/i/jyjl/j/201901/20190102831230.shtml，2019-01-29。

② 中国经济新闻网.中菲经贸合作再迎新机遇 商机纷呈.http://www.cet.com.cn/ycpd/sdyd/2343700.shtml，2019-09-03。

③ 驻菲律宾经商参处.菲与粮农组织联合开展粮食安全研究.http://ph.mofcom.gov.cn/article/jmxw/201702/20170202510303.shtml，2017-02-06。

④ 驻菲律宾经商参处.菲政府向贸易商发放更多大米进口许可证.http://www.mofcom.gov.cn/article/i/jyjl/j/201908/20190802892018.shtml，2019-08-13。

（4）菲律宾华人掌握较多财富

从菲律宾统计可知，在菲律宾2%的华人却掌握了80%的社会财富。华人与我国有着千丝万缕的联系，文化同源，便于开展合作与交流。我国在加强与菲律宾合作的时候可以充分利用中华文化作为交流合作的契机和起点。

2. 不利方面

（1）中菲外交关系的不确定性

中菲曾在南海问题上存在较大的分歧，导致两国经济政治关系受到较大的影响。2016年中菲关系缓和，全面改善。双方一致认为，与不断加强的中菲友好关系相比，南海问题只是很小一部分，应继续通过对话协商和平解决。有关问题最终解决前，双方应妥善管控分歧，推进海上务实合作，为两国关系的健康稳定发展营造良好氛围。[①]当然，不可否认，中菲关系还存在一定的不确定性和风险。主要是美国对菲律宾的影响，从美国特朗普上台执政之后，美国对国际关系进行新的表述，可能会对中菲关系走向产生一定影响，中菲关系局部领域可能仍然存在分歧和矛盾。

（2）自然灾害频发与贫困地区社会治安问题

菲律宾自然灾害频发，例如台风、地震和洪水等，自然灾害对农业带来较大的冲击和影响，菲律宾因为自然灾害导致农业生产不稳定，食物安全受到挑战和威胁。在具体地区，菲律宾贫困地区，多年在棉兰老穆斯林自治区地区冲突对农业生产也起到一定的破坏作用。

（3）基础建设有待进一步优化

菲律宾公路通行里程约20万公里，国家级占15%，省级占13%，市镇级占11%，其余61%为乡村土路，可全天候通行的里程不及一半。高速公路总长200多公里。铁路总长1 200公里，主要集中于吕宋岛，其中可运营的铁路仅400多公里，其余均需改造升级。农业仍处于自然经济状况，一家一户分散经营，栽培管理粗放，水利设施不齐全，机械作业程度低，科学种植水平不高，规模化经营程度更低。我国有关企业可在前些年技术培训、资助兴修水利、培育良种的基础上，通过合作经营的方式，将中国的农业技术和经营管理经验同菲律宾的自然条件结合，拓展农业合作新方式。

（4）汇率波动较大

经历了1997年东南亚金融危机后，菲律宾金融体系一定程度上得到健全，但受经济规模和结构的制约，菲律宾汇市波动加大。2007年菲律宾比索兑美元升值幅度达19%，成为亚洲表现最强劲的货币，2008年比索却又大幅贬值，一度创下两年来最低纪录。因此中国企业在菲律宾开展经营活动要注意规避汇率风险。

① 中国驻菲律宾大使馆. 中菲举行第20次外交磋商 .http://www.fmprc.gov.cn/ce/ceph/chn/zfgx/zzgx/t1431845.htm，2017-01-19。

(5) 政治和商业腐败问题较为突出

菲律宾政治和商业腐败问题比较突出，在多个国际组织关于清廉程度的排名中名次都较为靠后。[①]在“透明国际”2016年的清廉国别排名中，菲律宾位列176个国家和地区中的101位。[②]

3. 总体评价

从中菲两国农业实际情况来看，合作具有较强的互补性。中国在农机设备、灌溉设备、化肥、种子、农产品加工等领域具有相对较强的优势，可以补充菲律宾农业发展的物质投入以及产业链升级。菲律宾在热带水果、橡胶、渔业产品生产上具有较强的资源禀赋和生产优势，可以通过向中国出口热带农产品和渔业产品的方式加强与中国的合作。

（二）推进中菲农业合作的相关建议

(1) 扩大对菲律宾大米出口，继续加强水稻技术合作

菲律宾国内对大米等农产品的需求较大。由于菲律宾国内人口增长以及饮食习惯，大米需求不断增长。国内供给虽然也呈现增长趋势，但是仍然要依靠进口弥补不足。我国大米产量总体增长，具有出口潜力。另外，通过中菲农技中心，继续扩大对菲律宾水稻产业技术援助与合作，加强优质水稻品种示范和技术转让，提高水稻品质和单产，完善水稻种植的基础设施条件，推广机械化作业技术。

(2) 加强渔业合作、加快水产品加工业升级

菲律宾国内渔业发展潜力较大，但是受到开发力度不足等原因制约，渔业没有形成完整的产业链条，建议从初级加工、深加工环节对菲律宾进行投资。通过中菲渔业合作，促进菲律宾渔业升级，同时提高菲律宾渔业加工能力。

(3) 加强与菲律宾香蕉和橡胶产业合作

香蕉、橡胶等产业一直是菲律宾具有较强市场竞争力的热带农产品产业。中国企业可以考虑扩大在菲律宾优势产业合作基础，与菲律宾当地企业开展投资合作，在香蕉、橡胶等产业上合作扩大生产基地面积，完善农业生产基础设施配套，优化技术示范效

---

① 广西外事办公室.东盟十国投资指南之六（菲律宾篇）.http://www.gxfao.gov.cn/wangshangfuwu/touzizhinan/2015-07-13/279.html，2010-08-11。

② transparency international. http://files.transparency.org/content/download/2050/13212/file/CPI2016_MapAndCountryResults_web.pdf。

果，打造优质产品生产基地，完善农产品初级加工，扩大海外出口。

(4) 提高菲律宾养蚕业水平

菲律宾在养蚕产业上具有一定的资源和气候优势，菲律宾国内的农业部门积极推动养蚕业的发展。中菲两国可以探讨现代养蚕产业的发展，通过中方提供必要技术援助，在两国官方组织和民间组织的合力作用下，提高菲律宾养蚕技术水平，例如，优化蚕茧生产和养蚕方式，强化蚕农能力建设，提高产品质量检查和监督，促进养蚕产业的现代化。

(5) 加强两国种业与肥料合作

就菲律宾情况来看，化肥进口数量较大，同时随着农业现代发展，种子需求也呈现快速上升趋势。中国应该抓住菲律宾农业快速发展的趋势，在种子和化肥两个领域加强与菲律宾进行合作。一是投资建厂，与当地企业联合经营生产优质种子和化肥产品；二是完善种子和化肥的推广体系，通过与菲律宾农民专业组织、社区和农户，建立良好的种子和化肥销售体系，提高农户良种覆盖率，改善化肥使用效果。

(6) 加强两国农业机械化技术合作

相对中国，菲律宾农业机械化水平和覆盖程度都较低。因此，中方可以提供必要的农业机械化技术培训和专家互访，在促进农机本地化设计改造上进行深入合作。中国企业在菲律宾果蔬加工、食品安全和农业废弃物利用等领域具有发展农业机械的潜力，所以中国企业可以扩大国内农机产品出口到菲律宾，向菲律宾提供农业机械配套信息技术服务。

(三) 其他资料

1. 中国驻菲律宾和菲律宾驻中国的大使馆领事馆信息

(1) 中国驻宿务总领事馆

①建馆时间：1995年10月

②领区：菲律宾中部维萨亚群岛及南部棉兰老地区39个省（详见领区概况）

③总领事：施泳(Shi Yong)

④地址：宿务市，埃斯卡里奥拐角街，雷耶大主教大街，官员广场酒店，7层

⑤国家地区号：0063-32

⑥组成机构及联系方式：

办公室：006332-5051037 传真：006332-5051038

领事、签证：006332-5051035

经商室：006332-2563488 传真：006332-2563466

电子邮箱：consulate_cebu@mfa.gov.cn

⑦经商室网址：http://cebu.mofcom.gov.cn

（2）中国驻拉瓦格领事馆

①建馆日期：2007年4月11日

②领区：菲律宾科迪勒拉行政区、第一地区和第二地区，共15个省（详见领区介绍）

③地址：菲律宾北伊罗戈省圣尼古拉斯县三藩镇一区国道216号（邮编：2901）

④国家地区号：0063-77

⑤联系方式：

电话：6706601；6706355　传真：6706338

电子邮箱：CONSULATE_LAOAG@MFA.GOV.CN

（3）菲律宾驻华大使馆

地址：北京建国门外秀水北街23号

邮编：100600

电话：0086-10-65322451、65321872、65325175（领事处）

传真：0086-10-65323761、65321921（领事处）

电子邮箱：philemb_beijing@yahoo.com，philippineembassy@yahoo.com（领事处）

大使馆网址：http://www.philembassychina.org/

（4）菲律宾驻广州总领事馆

地址：广东省广州市环市东路339号广东国际大酒店709-712室

邮编：510098

电话：0086-20-83311461、83310996

传真：0086-20-83330573

电子邮箱：guangzhou.pcg@dfa.gov.ph，post@guangzhoupcg.org，philcongenguangzhou@yahoo.com

网址：www.guangzhoupcg.org

领区范围：广东、海南、湖南和广西壮族自治区，在成都总领事馆正式成立前包括四川

（5）菲律宾驻上海总领事馆

地址：上海市长宁区延安西路1160号首信银都大厦301

邮编：200052

电话：0086-21-62818020

传真：0086-21-62818023

电子邮箱：shanghai.pcg@dfa.gov.ph，pcg@philcongenshanghai.org

网址：www.philcongenshanghai.org

菲律宾驻上海总领事馆的领区范围包括江苏、安徽、湖北和浙江

（6）菲律宾驻厦门总领事馆

地址：福建省厦门市莲花区凌香里2号

邮编：361009

电话：0086-592-5130355、5130366、5595537

传真：0086-592-5530803

电子邮箱：xiamen.pcg@dfa.gov.ph，xiamenpc@yahoo.com

网址：www.philcongenxiamen.com

领区范围：福建和江西

（7）菲律宾驻重庆总领事馆

地址：重庆市渝中区邹容路68号大都会商厦2903-05

邮编：400010

电话：0086-23-63810832/63809532

传真：0086-23-63729809

电子邮箱：chongqingpcg@gmail.com，chongqingpcg@gmail.com

网址：www.philcongenchongqing.com

领区范围：重庆、贵州和云南

（8）菲律宾驻香港总领事馆

地址：14th Floor, United Centre, 95 Queensway，Admiralty, Hong Kong SAR

电话：0085-2-28238501

传真：0085-2-28669885/28668559

电子邮箱：hongkong.pcg@dfa.gov.ph，hongkongpc@philcongen-hk.com

网址：http://www.philcongen-hk.com

领区范围：香港特别行政区

（9）菲律宾驻澳门总领事馆

地址：Consul General Units 1404-1406, 14th Floor, AIA Tower Nos. 251A-301 Avenida Comercial de Macau Macau SAR

电话：0085-3-28757111

传真：0085-3-28757227

电子邮箱：macau.pcg@dfa.gov.ph，info@philcongenmacau.org，pcgmacau@gmail.com

网址：www.philcongenmacau.org

领区范围：澳门特别行政区

2. 联合国粮农组织驻菲律宾代表处信息

世界粮农组织（FAO）菲律宾代表处：马尼拉市、阿拉亚大街6819号，RCBC广场，余陈国塔29层

3. 菲律宾农业部组织结构示意图

菲律宾农业部肩负促进农业发展，提供政策框架，公共投资和支持服务的责任，为国内生产以及出口导向的企业，促进农民收入增加，为农渔民创造就业机会，鼓励人们参与农业发展通过部门代表的方式参与农业政策制定实体，以便达到满足他们的需要（图4-1）。

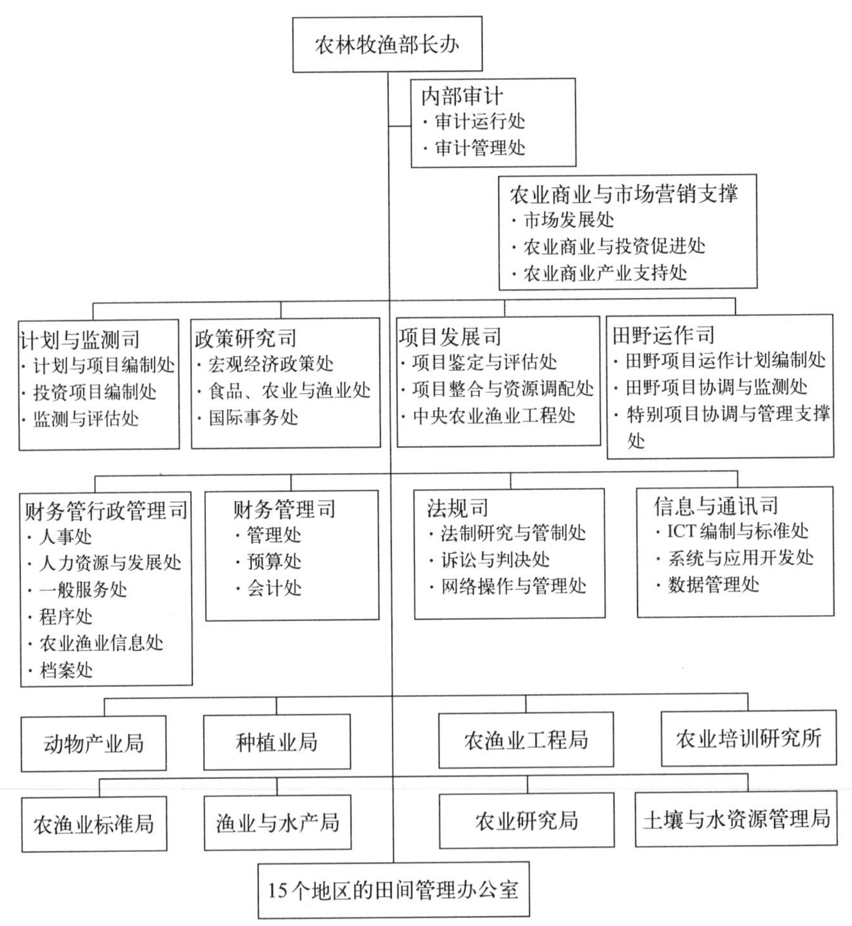

图4-1 菲律宾农业部组织结构图

4. 在菲律宾主要国际组织清单及主要涉农项目清单

在菲律宾主要国际组织清单

- 亚洲开发银行：总部位于菲律宾首都马尼拉

地址：#6 ADB Avenue, Mandaluyong City

电话：(02) 632–4444

传真：636–2444

- 联合国粮农组织代表处

地址：29/F Yuchengco Tower, RCBC Plaza, 6819 Ayala Ave., cor. Sen. Gil Puyat Ave., Makati City

电话：(02) 901–0100

传真：901–0361 to 62

- 国际红十字会代表团

Head of Delegation

Mr. Jean Daniel Tauxe

地址：5/F Erechem Bldg., Herrera cor. Salcedo Sts., Legaspi Village, Makati City

电话：(02) 892–8901

传真人：819–5997

- 国际金融公司(缩写IFC，世界银行下属机构之一)常驻代表

Regional Mission in East Asia and the Pacific

地址：11/F Tower I, Ayala Triangle, Ayala Ave., Makati City

电话：(02) 848–7333 to 38 TL

传真：848–7339

- 国际劳工组织(ILO)菲律宾办事处

地址：19/F Yuchengco Tower, RCBC Plaza, 6819 Ayala Avenue, Makati City 1229

电话：(02) 580–9900; 580–9999

网址：www.ilo.org

- 国际货币基金（IMF）常驻代表

Rm. 407 Five Storey Building

地址：Bangko Sentral ng Pilipinas Complex, A. Mabini St., Malate, Manila

电话：(02) 400–4985; 536–0785

传真：536–0038

● 国际移民组织(IOM)区域代表

Sub–Regional Office for East Asia & Oceania

地址：25/F Citibank Tower Condominium, Paseo de Roxas, Salcedo Village, Makati City

电话：(02) 848–1260 to 63

传真：848–1257

● 国际水稻研究所(IRRI)总部

地址：10/F Suite 1009, Security Bank Center, 6776 Ayala Avenue, Makati City

电话：(02) 856–6133; 856–6129

传真：891–1236

网址：www.irri.org

● 联合国开发计划署(UNDP)常驻代表

地址：30/F Yuchengco Tower, RCBC Plaza, UNDP 6819 Ayala Ave., cor. Sen. Gil Puyat Ave., Makati City

电话：(02) 901–0100 TL; 889–7177; 901–0200

● 世界银行(WB)驻菲律宾代表处

地址：23/F The Taipan Place Bldg., Emerald Avenue, Ortigas Center, Pasig City

电话：(02) 637–5855 to 64

传真：637–5870; 917–3050

● 世界卫生组织(WHO)驻菲律宾代表处

Regional Office for the Western Pacific

地址：WHO Building, UN Avenue, Manila

电话：(02) 528–8001

传真：521–1036; 526–0279

网址：www.wpro.who.int

5. 中资企业和他国企业在菲律宾农业投资案例

截至2016年6月底，中国企业在菲共签订承包工程合同额152.6亿美元，完成营业额119.5亿美元。中国是菲律宾第三大投资伙伴，仅次于日本和东盟。截至2016年6月底，中国对菲累计直接投资8亿美元，菲律宾累计对华实际投资额为32.9亿美元。

(1) 案例一

根据菲律宾媒体报道，菲律宾寻求中国帮助，促进农业升级和改善农村发展。

据菲律宾《商报》报道，菲律宾上市公司AgriNurture（ANI）表示，他们与中国广西壮族自治区田阳县政府合作，开发17.2亿元的农业综合项目。

AgriNurture公司总裁兼首席执行官林江扬告诉记者，该项目于2011年开始，田阳县政府将提供资助。林江扬表示，田阳县明年初将派一个专家代表团来菲律宾考察。将分别在菲律宾国内和中国广西投资建设香蕉种植有机示范农场，投资金额分别为9.52亿比索和2.1亿比索，另外还将在广西投资5.6亿比索建设有机肥产品。

AgriNurture公司计划扩大到中国和其他目的地的香蕉出口，以帮助缓解伊朗市场进口禁运导致菲律宾香蕉生产过剩。目前，AgriNurture公司到中国的出货量，每周仅有20个集装箱，到年底他们将会逐步扩大出口至每周100个集装箱，以防止价格下降。AgriNurture公司是菲律宾唯一一家在菲律宾证券交易所上市的纯农业公司，并且准备在第四季进行后续发行，以集资15亿比索。它是菲律宾最大的新鲜蔬果分销公司之一。[①]

（2）案例二

江苏红旗种业股份公司与菲律宾西岭农业集团（SL Agritech）进行合作，开发杂交水稻生产。江苏红旗种业股份有限公司成立于2001年，位于江苏省现代农业综合开发示范区内，是集稻麦品种选育、良种繁育、种子销售于一体的国有控股种子企业。江苏红旗种业有限公司接受种业现代基金资助，提供高品质水稻和小麦种子，连续11年从事种子发展，已经覆盖我国18个省份。2016年，在菲律宾总统杜特尔特访华期间，江苏红旗种业股份公司与菲律宾西岭农业集团签署战略合作协议，签约项目总值达每年1.6亿美元，能够有望满足菲律宾方面年种植200万公顷杂交水稻面积的供种需求。在中菲合作标志红旗种业在杂交水稻国际合作开发上又迈上了新台阶。菲律宾西岭农业集团总裁林育庆博士被誉为“菲律宾的杂交水稻之父”。在中菲合作过程中，双方将发挥自身优势，在杂交稻研发、生产等方面进行高层次、长期的合作，共同开发菲律宾广阔的杂交稻市场。

（3）案例三

菲律宾啤酒巨头仙棉讫公司将与日本酿酒制造商麒麟控股公司连手，若麒麟控股公司参与竞购SABMiller旗下啤酒品牌Grolsch与Peroni，仙棉讫公司仍然有兴趣通过旗下仙棉讫啤酒公司收购欧洲啤酒品牌。日本麒麟拥有仙棉讫啤酒公司50%的股权。[②]

6. 涉农外资企业清单

1. 中国富华集团（The Fuhua Group），投资规模：投资菲律宾38.3亿美元；投资领域：开发100万公顷大米、高粱和玉米用于乙醇制造。

2. 中国国家建设与农业机械进出口公司（CAMC，Beijing-based China National Construction and Agricultural Machinery Import and Export Corp.）在菲律宾南部马拉望省

① 菲律宾ANI公司将和广西合作投资农业项目.http://cebu.mofcom.gov.cn/aarticle/jmxw/201010/20101007213148.html。

② 菲菲律賓商報.律宾酒厂连手日本麒麟竞购SABMiller旗下品牌.http://www.shangbao.com.ph/jjxw/2016/01-25/47505.shtml, 2016年01月25日。

乙醇工厂以及冷藏库和造船厂。

3. 中国工程与农业机械进出口总公司，投资领域：农业基础设施，在菲律宾沿海渔民社区安置100个移动冰厂、10辆冷藏运输车和一个中心冰厂。

4. 北大荒（菲律宾）农业发展股份有限公司是由黑龙江北大荒种业集团有限公司与AgriNurture（Ani）公司等菲方合作伙伴共同出资1亿比索在菲律宾组建的一家合资公司。投资领域：杂交水稻等农作物种子研发、生产、销售为核心，延伸农业机械制造、贸易，农业种植，粮食、水果、蔬菜、饲料、农业生产资料、粮食烘干机械等进出口贸易，农产品加工。投资地点：公司分别在中吕宋和棉兰老岛设有2个杂交水稻研发和展示基地，在克拉克设有农机及农产品展销中心，展示和销售公司所代理的众多国内知名品牌的产品，技术及产品辐射范围广。

5. 2016年，江苏红旗种业股份公司与菲律宾西岭农业集团签署了战略合作协议。合作领域：水稻研发、制种、销售。

6. 2017年，中国企业浙江方圆造船有限公司，投资规模：投资30亿比索；投资领域：水产养殖加工厂；投资地点：达沃。

7. 2010年，杭州娃哈哈集团公司，投资规模：10亿比索；投资领域：开发6 000公顷糖料种植园；投资地点：邦邦牙省。

8. 日本著名农机企业洋马株式会社与菲律宾当地企业合资成立了洋马菲律宾公司（YPC），投资规模：1.2亿比索；投资领域：拖拉机、联合收割机和水稻插秧机等农机具生产。

9. 泰国CharoenPokphand（CP）集团，投资规模：20亿美元；投资领域：猪肉、家禽、动物饲料。

10. 2014年，新加坡政府投资公司（GIC），投资规模：176亿比索（5亿零700万新元）；投资领域：购买了菲律宾酒业巨头皇胜酿酒公司（Emperador）的9.64%股权。

全球重点国家农业发展情况系列研究报告

亚洲·东南亚篇

泰国

Thailand

农业农村部对外经济合作中心　编著

中国农业出版社
北　京

图书在版编目（CIP）数据

全球重点国家农业发展情况系列研究报告．亚洲．东南亚篇．泰国/农业农村部对外经济合作中心编著．—北京：中国农业出版社，2019.12

ISBN 978-7-109-26304-8

Ⅰ．①全… Ⅱ．①农… Ⅲ．①农业发展-研究报告-世界 ②农业发展-研究报告-泰国 Ⅳ．①F313
②F333.63

中国版本图书馆CIP数据核字（2019）第284977号

亚洲·东南亚篇　泰国

YAZHOU·DONGNANYA PIAN　TAIGUO

中国农业出版社出版

地址：北京市朝阳区麦子店街18号楼

邮编：100125

责任编辑：张丽四　黄曦　程燕　张丽　丁瑞华

责任校对：巴红菊

印刷：中农印务有限公司

版次：2019年12月第1版

印次：2019年12月北京第1次印刷

发行：新华书店北京发行所

开本：787mm×1092mm　1/16

总印张：55

总字数：1350千字

总定价：180.00元（共8册）

《亚洲·东南亚篇　泰国》编写委员会

主　　编：杨　易

副 主 编：周　勇　杨　光　陈瑞剑

参编人员：陈祥新　祁梦超　刘　兰　谭砚文　张玲玲

姜　晔　于　敏　柏　娜　茹　蕾　龙　盾

刘　晴　刘建玲　许　勇　张　琦　肖金明

赵婕羽　宁攸凉

摘要

泰国地处东南亚，是世界主要的粮食生产和出口国之一。作为东盟（东南亚国家联盟，Association of Southeast Asian Nations, ASEAN）创始国之一，泰国积极推动东盟开展国际及区域合作，在东盟一体化的过程中发挥着举足轻重的作用。由于历史、地理位置的缘故，自古以来，中泰两国始终保持着频繁的经济贸易往来。泰国是东盟十国中农业资源非常丰富的国家，而且与中国的农产品贸易发展迅速。2005—2018年，中泰两国农产品贸易总额从2005年的12.83亿美元增长到2018年的90.62亿美元。随着中国“一带一路”倡议的推进，以及中国–东盟自由贸易区“升级版”的逐步落实，中泰两国农业贸易与经济合作将前景广阔。

本书对泰国宏观资料、农业资源生产与政策制度建设情况、农业对外合作政策及发展现状、中泰两国农业合作发展潜力进行了较为全面的分析，得出的主要结论如下：

（1）泰国是一个多民族、多宗教的君主立宪制国家，奉行独立自主的外交政策，重视周边外交和区域合作。泰国共有30多个民族，其中，泰族（暹罗族）为其主要民族且人口数量最多，占泰国总人口数量的75%。民众大多信仰佛教，占泰国总人口90%以上。中国与泰国自1975年正式建立外交关系以来，一直保持着稳定的发展关系，中国–东盟自由贸易区以及21世纪海上丝绸之路的建设和发展进一步提升了双方的合作关系和经济往来。

（2）自2010年以来，泰国社会经济发展水平不断提高。一是经济总量不断增加，通货膨胀率和利率水平较为平稳。2016年泰国GDP在东盟位居第二，仅次于印度尼西亚（10 376.88亿美元），人均GDP为5 901.88美元。二是工业化水平日益提升，形成了以制造业、矿业及公共事业为主导的产业体系，其增加值占泰国GDP增加值的30%以上。三是对外贸易规模不断扩大，货物与服务贸易总额从2005年的2 620.71亿美元增长到2017年的5 428.08亿美元，增长近一倍。但也存在贫困人口比例大，交通基础设施发展缓慢，社会局势较为动荡等风险。

（3）农业是泰国支柱产业。2017年，泰国农业产值增加值占GDP的比重为8.33%。稻米、橡胶、木薯、玉米、甘蔗、热带水果等农产品是泰国具有生产和贸易优势的农产品。目前，泰国是世界第二天然橡胶生产国、第三木薯生产国、第六糖料生产国，同时还是世界第一大米和木薯出口国、第二天然橡胶出口国，其中出口的大米和木薯分别占世界出口总量的25%和85%。泰国农业收入的60%来自农作物，其余来自水产养殖业、畜牧业、农产品粗加工和农业服务。

(4) 泰国重视农作物品种改良及病虫害防治。目前，泰国水稻育种重点是选育米质优、需肥少、需药少、抗病、抗虫性强的品种。相比之下，泰国木薯品种资源非常有限，遗传多样性较低。为了改善这些地方品种，并扩大遗传基础，泰国还积极从国外引种。此外，泰国在玉米、蔬菜等种质改良上也有长足的发展。

(5) 泰国农产品加工业处于发达水平。泰国农产品加工业的发展主要得益于泰国政府在产业、经济、技术和环境等方面提供的扶持政策。同时，由于泰国在土地、水源、食品加工方面具有优势，使得其在农业和农产品加工业上发展潜力较大。然而，泰国农业技术含量较低，农产品质量监督不到位，使得其发展受到限制。

(6) 中泰两国农产品贸易互补性强，双边农产品贸易发展迅速。2005—2018年，中泰两国双边农产品贸易总额从12.83亿美元增长到90.62亿美元，年均增长率达16.23%。自2010年起，中国从泰国进口大米、木薯，以及榴莲、山竹等热带水果的数量呈增长态势。目前，中国是泰国稻谷、木薯和天然橡胶的最大出口市场，2016年中国从泰国进口的稻谷和木薯数量分别占中国稻谷和木薯进口总量的32.88%和80.38%。

(7) 农业物流体系趋于完善，但物流信息技术管理相对滞后。近年，泰国基础设施建设发展愈发成熟，逐渐形成以中南半岛区内为主的物流体系。泰国除了道路及高速公路网络发展完善外，还有三大深水港与国际航运路线接通。然而，泰国农产品物流信息技术管理相对滞后，缺乏必要的公共物流信息平台，且泰国政府对农业信息技术的投入资金不大。

(8) 农业市场准入机制较为严格，投资新政策有望促进泰国农业FDI（国际直接投资）流入。受投资准入政策的影响，泰国农业领域的外商直接投资规模小，发展速度慢。2003—2014年，泰国农业投资年均仅166.68亿泰铢。泰国农业投资主要来自日本、东盟内部国家，中国对泰国的农业投资波动较大。为改观长期以来泰国农业投资低迷的现状，2015年1月，泰国促进投资委员会（BOI）出台了投资新政策，推出更多优惠政策和有利条件以吸引外资。

(9) 农业资源优势互补性强，中泰两国农业合作前景广阔。目前，双方已在水稻生产、农业技术推广体系、农业机械、农业政策等多个领域开展了广泛而深入的合作。然而，泰国近年来的动荡政局及全球经济的不景气对泰国农业国际合作产生了不利影响。为推动中泰两国农业进一步合作，建议中泰两国在中国-东盟自由贸易区相关合作框架协议的基础上，进一步优化双边农业合作机制。另外，我国还应发挥华人经济在农业合作中的“桥梁作用”，加大农业国际人才的培养力度，建立和完善企业境外投资风险防控机制。

目 录
CONTENTS

一、泰国宏观资料

（一）泰国国家概况

泰国（Thailand），全称泰王国（泰语：ประเทศไทย，英语：the Kingdom of Thailand），旧名暹罗，首都位于曼谷，是君主立宪制国家。1945年5月11日，泰国人将“暹罗”改为“泰”，代表“自由”，从而成为今天所熟知的泰国。

1. 地理及行政区划

（1）地理位置。泰国国土面积为51.4万平方公里，与法国国土面积相当，地处北纬5°37′～20°27′、东经97°22′～105°37′，位于中国和印度之间的中南半岛之心脏地带，其东北以湄公河为界，东北部与老挝毗邻，东南部、南部狭长半岛、西部及北部分别与柬埔寨、马来西亚及缅甸接壤，西南部濒临安达曼海，南部为泰国海湾。边境线总长为7 941公里，陆地边境线为5 326公里，海岸边境线为2 615公里，其中泰国湾海岸线1 660公里，安达曼海岸线955公里。泰国国内东南沿海海岸线曲折，近海有阁昌岛、阁骨岛、阁西昌岛等岛屿；南部半岛地区西海岸为下沉海岸，大陆架狭窄，海岸线曲折破碎且多为岩岸，主要岛屿有普吉岛（泰国最大岛屿，面积500多平方公里）、象岛、苏梅岛、PP岛、沙美岛、涛岛和希米兰岛等；东海岸平坦开阔，多沙滩，少海湾。

（2）地形地貌。泰国分为中部、南部、东部、北部和东北部五个地区，地形复杂，地势北高南低，由西北向东南倾斜。北部和西部为内陆山区，北部山区山脉、河流众多，是湄公河的发源地，主要山脉有登劳山、坤丹山、匹邦南山和琅勃拉邦山，平均海拔1 600米，是全国地势最高地区。清迈的因他暖山海拔2 576米，是全国最高峰。西部山区多为山岭、峡谷；东北部多为高原（柯叻高原），整个高原由西向东南方向倾斜，构成柯叻、沙功那空两个盆地；中部为流域平原，包括湄公河流域及夜功河、他真河和挽巴功河流域的中下游地区，是泰国最大的冲积平原和水稻主要产区，素有“泰国粮仓”之称。东南为沿海地区，包括巴真武里、差春骚、春武里、罗勇、占他武里和达叻6个府的狭小地区；南部为南部半岛，包括马来西亚半岛的一部分及连接半岛和大陆的克拉地峡。

（3）行政区划。泰国中央政府下的行政区划分为府、县、区和村四级，目前全国有76个府，878个县，7 255个区，74 955个行政村，曼谷是泰国唯一的府级直辖市。府是泰国最大的地方行政区划，由中央政府直接管辖。府的行政机构是府公署，地方行政长官称为“府尹”，由中央政府的内政部直接任命，并向内政部负责。中央政府各部在全国各府都派驻有官员，这些官员在府尹的领导和协调下执行中央各部所赋予的任务。在府的地区分布上，北部有9个府，东北部有20个府，中部有21个府，东部有7个府，西部和南部各有5个府和14个府。府级别之下是县，县长是由内政部直接任命，在府尹的领导下管理本县事务；其次是区和村，区的级别在行政村之上，区长由村长会议选举产生，行政上归县长管辖，而村长是由全村居民直接选举产生，没有固定的任期。泰国中央政府为给地方一定的自治权利，在地方实行地方自治制度，设立地方自治管理机构，其中在全国76个府各设立一个府的自治管理机构，各府内根据所辖各居民区规模大小、人口数量和经济发展水平分别为都市级自治市、城镇级自治市和区级自治市三类进行管理。目前泰国共设有2 110个市自治管理机构，其中都市级自治市26个，城镇级自治市244个，区级自治市1 840个。在区一级行政区划内泰国还设立有区自治管理机构共5 765个。此外，泰国还分别设立曼谷和芭提雅为中央直辖市和特区。

2. 历史概要

泰国是一个历史悠久的国家。最早历史可以追溯到史前时期，距今50万年至100万年前的远古旧石器时代已有人类居住。五千年前，泰国已有青铜器文明，此后，泰国先后历经罗涡国（Lavo）时期、素可泰王朝时期、大城时期、吞武里王朝时期、曼谷王朝时期，在1932年6月，泰国人民党发动政变使泰国从君主专制政体转变为君主立宪政体。泰族人在13世纪时开始成为泰王国地区的统治力量。1949年5月11日，泰国人用其民族的名称，把“暹罗”改为“泰”，取其“自由”之意。

泰国自古与中国保持紧密的关系。在中国秦汉时期，泰国就已被滇国纳入势力范围；隋唐时代已有早期泰国人生活在今云南至阿萨姆一带；元朝时期，强盛的国势使包括泰国在内的东南亚国家纷纷向元朝廷朝贡；明永乐元年（1403年），明成祖曾赠予暹罗王金银大印，暹罗王也遣使谢恩。郑和七下西洋，暹罗（今泰国）位于越南至马来西亚的海程之中，为郑和下西洋的必经之地，当时留在暹罗的人有很多。从16世纪起，泰国也遭到西方列强的入侵，先后遭到葡萄牙、荷兰、英国和法国等殖民主义者的入侵，但泰国始终没有沦为殖民地，其也是东南亚唯一一个没有沦为殖民地的国家。时至今日，泰国人仍以此为傲。

第二次世界大战后，泰国成为美国在东南亚的主要军事盟国。在东南亚地区，泰国亦是一个举足轻重的国家，首都曼谷是该区域中国际化程度很高的大都会区。另外，泰国是东盟始创国之一，并在东南亚事务中发挥着重要的影响作用。

3. 政治制度

在1932年革命结束后，泰国开始实行君主立宪制。军队在泰国的政治当中占有非常重要的地位，对稳定政局、平息动乱起着重要作用。泰国的宪法规定：泰国实行以国王为元首的民主政治制度；国王为国家元首和国家武装部队最高统帅，神圣不可冒犯，任何人不得指责或控告国王。国王通过国会、内阁和法院分别行使立法、行政和司法权。

泰国国会是国家最高立法机构，实行上、下两院制。上议院设150个议席，其中76个议席是由全国76个府直接选举产生，剩余的74个议席由专门委员会选举产生，任期为6年。下议院设480个议席，其中400个议席由选举产生，剩余的80个议席根据各党的选票比例按区域分配，任期为4年。

泰国所执行的法律体系为大陆法系，以成文法作为法院判决的主要依据。司法系统由宪法法院、司法法院、行政法院和军事法院构成。宪法法院主要是对部分议员或总理质疑违宪，国会已经审议的法案及政治家涉嫌隐瞒资产等案件进行终审裁定，以多数决定裁决结果。宪法法院由1名院长及14名法官组成，由上议院议长提名呈交国王批准，任期为9年。行政法院主要审理涉及国家机关、国有企业及地方政府间或公务员与私企间的诉讼纠纷。行政法院分为最高行政法院和初级行政法院两级，并设有由最高行政法院院长和9名专家组成的行政司法委员会。最高行政法院院长任命需经行政司法委员会及上议院同意，由总理提名呈国王批准。军事法院主要审理军事犯罪和法律规定的其他案件。司法法院主要审理不属于宪法法院、行政法院和军事法庭审理的所有案件，分最高法院（大理法院）、上诉法院和初审法院三级，并设有专门的从政人员刑事厅；另设有司法委员会，由大理院院长和12名分别来自三级法院的法官代表组成，负责各级法官任免、晋升、加薪等事项。司法法院下设有秘书处，负责处理日常行政事务。

截至2011年10月，泰国共有61个政党在选举委员会登记注册，其中为泰党和民主党势力较为强大（表1-1）。

表1-1 泰国主要政党情况

政党名称	成立时间	执委人数	下议员人数	党支部个数	党员人数
为泰党	2007年9月20日	21人	264人	5个	2.8万人
民主党	1946年4月6日	19人	160人	194个	287.5万人
自豪泰党	2008年11月5日	12人	32人	5个	13万人
发展党	2008年4月18日	9人	32人	6个	1.6万人
为国发展党	2007年10月3日	11人	7人	4个	1.6万人
春府力量党	2011年5月4日	8人	7人	–	–
爱泰党	2010年2月18日	8人	4人	4个	5 866人
祖国党	2008年11月3日	15人	2人	8个	8 014人
大众党	1998年2月10日	13人	1人	9个	118.6万人
新民主党	2011年4月21日	8人	1人	–	–

注：按照下议员人数排序。

数据来源：陈晖，熊韬．泰国概论[M].北京：中国出版集团，2012；中国外交部网站。

4. 国际关系

泰国一直奉行独立自主的外交政策和全方位外交方针，重视周边外交，积极发展睦邻友好关系，维持大国平衡。第二次世界大战后泰国与美国一直保持着传统盟友关系，在经济、军事等领域联系密切。泰国重视周边外交和区域合作，作为东盟（ASEAN）成员国，积极参与东盟一体化建设，并参与签订了东盟-中国、东盟-日本、东盟-韩国、东盟-印度、东盟-澳大利亚-新西兰自由贸易协定。目前尚在谈判的有：泰国-文莱自由贸易协定，泰国-孟加拉湾多边技术经济合作协定，泰国-欧盟、泰国-巴林、泰国-美国自由贸易协定，东盟+3（中国、日本、韩国）自由贸易协定，东盟+6（中国、日本、韩国、印度、澳大利亚、新西兰）自由贸易协定等。此外，泰国还积极参与澜沧江—湄公河合作与大湄公河次区域经济合作；发起并推动亚洲合作对话（ACD）机制，2016年主办ACD第二次领导人会议；积极参加亚太经济合作组织（APEC）、亚欧会议（ASEM）、世界贸易组织（WTO）、东盟地区论坛（ARF）和博鳌亚洲论坛（BFA）等国际组织活动；积极发展与穆斯林国家关系；谋求在国际维和、气候变化、粮食安全、能源安全及禁毒合作等领域和国际事务中发挥积极作用①。

中泰两国于1975年7月1日正式建立外交关系，并长期保持稳定的发展关系。2001年8月，中泰政府发表《联合公报》，就推进中泰两国战略性合作达成共识。2012年4月，正式建立全面战略合作伙伴关系，并于2013年10月，双方政府联合发表《中泰关系发展愿景规划》。

泰国在东盟国家中具有较高的战略地位，地处东盟中心地区，具有天然的区位优势。另外GDP在东盟国家中位居第二，经济发展水平相对较高，在东盟国中具有一定的话语权。

5. 社会治安

泰国社会治安情况总体较好，根据联合国毒品与犯罪问题办事处（UNODC）数据显示，2014年泰国共发生谋杀案件2 649起，每10万人比率（下同）为3.9；袭击案件12 675起，比率为18.7；绑架案件19起，比率为0；抢劫案件1 431起，比率为2.1。泰国允许其公民申请持枪证并购买枪支，是东南亚国家中平民拥有枪支数量最多的国家，枪杀案件居亚洲之首。据调查显示，泰国6 900万人口当中，已有620万人拥有持枪牌照，2000—2013年共缴获3.4万支枪支。但相关法律很严厉，泰国法律规定，20岁以下的公民无权持枪，在公开场合带枪违法，非法持枪可被判10年监禁。2016年泰国国内爆炸事件较多，2016年8月11日至12日发生将近10起爆炸案，至少4人死亡。对此，泰

① 中国外交部。

国国家警察总长差提·猜津达表示，袭击凶手为泰国新宪法的反对者。另外，自2008年以来，由于政局问题，泰国持续发生党派冲突，红衫军和黄衫军举行多次大规模游行示威活动，这给其国际形象、旅游业产生了负面影响。此外，泰国国内毒品犯罪情况也较为严重，近年来泰国加大了打击毒品犯罪的力度，并积极参与区域联合扫毒行动。2016年11月28日，由中国、老挝、缅甸、泰国、柬埔寨、越南六国代表的联合扫毒行动总结会议在云南召开。在此行动中，六国的禁毒执法人员开展了大量的工作，截至2016年11月20日，共破获毒品刑事案件6 476起，抓获犯罪嫌疑人9 927名，缴获各类毒品12.7吨，以及大量的枪支弹药[①]。

6. 国内政局与对外关系风险总评

目前，泰国对外关系稳定发展，2014年政变以来，国内局势趋于缓和，政局基本稳定。2016年8月，泰国新宪法草案及其附加问题在公民公投中获得通过。该宪法将取代泰国2014年政变后采用的临时宪法，这也成为了泰国第20部宪法。整体来看，目前泰国军政府有能力保持国家稳定，使泰国经济社会在相对正常的轨道运行。

泰国未来政局仍面临一定的挑战。一方面，泰国当前政治的主导性力量是军方及泰王室，军队—皇室合作关系的延续对其政局稳定至关重要，但2016年10月13日，被公认为泰国国家团结象征的普密蓬国王的去世，导致泰国失去了一个稳定的力量，加之国内的党派斗争，使泰国在政治领域面临着发生冲突和动荡的可能性；另一方面，泰国社会分化对立以及局部安全稳定性对社会稳定仍存挑战。早前泰国前总理他信·西那瓦争夺国家主导权的激烈斗争，导致泰国社会被严重撕裂，形成高度对立的城市精英阶层和农村草根民众两大阵营，社会分化严重，仍需时日弥合；此外，泰国南部长期存在马来穆斯林分离主义运动。分离主义势力还参与毒品交易、走私等活动，使南部省份犯罪率高居不下[②]。

（二）泰国社会发展情况

泰国是一个多民族国家，大多数人信仰佛教。人口规模的扩大并没有给泰国社会发展带来很大的阻碍，相反，泰国劳动力人口大幅增加，贫困率持续下降，医疗水平和教育水平也有明显的改善。

① 新华网。

② 中国商务部《国别投资经营便利化状况报告2016》。

1. 人口规模与年龄结构

泰国人口规模较小，人口增长速度低。根据世界银行数据显示，2017年泰国人口总数为6 903.75万人，在全球264个国家和地区中排名第20位，在东盟国家中排名第四，低于印度尼西亚（2.64亿人）、菲律宾（1.05亿人）和越南（9 554万人），占东盟人口总数的10.66%。

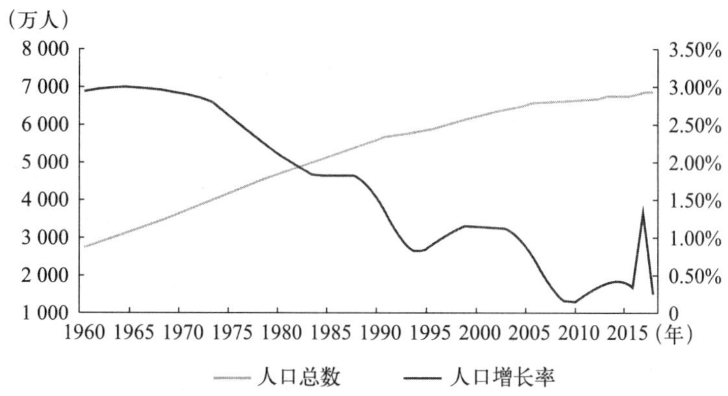

图1-1　1960—2017年泰国人口总数及人口增长率情况

数据来源：世界银行数据库。

泰国人口总数呈增长趋势，但人口增长率呈下降趋势。从图1-1可以看出，1960—2017年的57年间，泰国人口增加了4 164.03万人，而其人口增长率从1960年的2.95%下降到2017年的0.25%，下降2.70个百分点，其中2009年的人口增长率仅0.14%，为该时期的最低值。

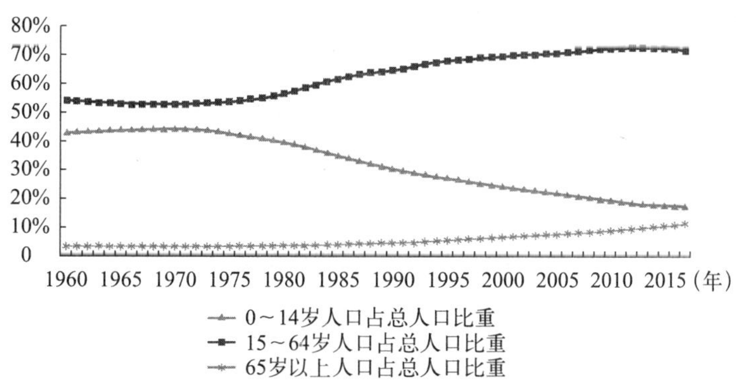

图1-2　1960—2017年泰国人口结构变化情况

数据来源：世界银行数据库。

泰国人口年龄结构年轻化。从图1-2可知，1960—2017年，泰国0～14岁人口占总人口的比重呈下降趋势，从1960年的42.73%下降到2017年的17.32%，下降近25.41

个百分点；同期，15～64岁人口与65岁及以上人口占总人口的比重分别增长了17.36%和8.06%，其中2017年泰国15～64岁人口占总人口的比重达71.31%。因此，泰国目前正处于成年型的“钟形”人口年龄结构，具有“低出生率、低增长率、低死亡率”的特点，存在较大的人口红利。但随着65岁及以上人口的增长，泰国老龄化问题也会愈加突出。

2. 民族构成

泰国共有30多个民族，泰族（暹罗族）为主要民族且人口数量最多，占总人数的75%，华族和马来族分别占14%和3%，其余的是缅族、高棉族、苗族、瑶族、桂族、汶族、克伦族、赛芒族、沙盖族和孟族等。泰国的主体民族主要由泰族和老族构成，统称为泰人，旧称“暹罗人”，属汉藏语系泰语族民族，与中国的傣族、壮族族源相近，与古代的百越人有密切的渊源关系。西方一些学者认为泰人源自中国南部的傣族，在南迁过程中，他们散居在从缅甸到越南的中南半岛大部分区域。

如果按照语言的语系进行归类，可分为南亚语系民族，以孟-高棉语族民族为主，包括孟族、高棉族、克木族、佤族等；侗台语系民族，包括泰族、佬族等；汉藏语系民族，包括华族、克伦族、傈僳族、拉祜族、阿卡族；南岛语系民族，主要集中在泰国南部沿海一带，如马来族、莫肯族等；苗瑶语系民族，大部分居住在北部地区，包括苗族、瑶族等。五个语系民族中，侗台语系民族人口最多①。

3. 宗教信仰

泰国不仅是一个多民族的国家，还是一个多宗教国家。根据泰国宪法规定，泰国公民享有宗教信仰自由的权利。泰国信仰的宗教主要有佛教、伊斯兰教、基督教、婆罗门教（印度教）、锡克教等，其中佛教是泰国的国教。泰国信仰佛教的人口占泰国总人口90%以上，素有“黄袍佛国”之称，而其他宗教，如信仰伊斯兰教的人口仅占总人口4%，其中基督教仅占0.7%。泰国盛行佛教，特别是小乘佛教。公元6世纪，小乘佛教由锡兰传入泰国。据中国典籍记载，当时泰国境内的孟人国家“皆持佛，有数千沙门”。13世纪的素可泰王朝时期，佛教被尊为“国教”。1902年，《佛教制度法》出台，新的佛教等级制度因此被“正式而永久地确定下来”。这部法典构成了现代泰国僧侣行政制度的基石。二战后，多部泰国宪法规定，国王必须是佛教徒，因此佛教实际上仍是泰国的国教。僧侣在泰国的地位十分崇高，凡政府和民间的重大庆典活动，都须邀请僧侣到场颂经。泰国男子，上至国王下至平民，一生中均须剃度出家一次②。

① 陈晖，熊韬．泰国概论［M］．北京：中国出版集团，2012。

② 黄莺．《中国周边民族宗教概况》专题之十五·泰国民族宗教概况［J］．国际资料集息，2003（11）：18-23。

4. 贫困程度

泰国的城市化进程发展缓慢。截至2017年，仍有51.0%的人口居住在农村（ASEAN数据）。泰国历届政府都将经济发展的重点放在城市，特别是首都曼谷及周边地区，所以农村经济一直比较落后，农民生活水平相对较低。

2000—2016年，泰国贫困人口比例大幅下降（表1-2），从42.3%下降到8.6%，下降幅度达33.7个百分点。其中农村贫困人口下降比例最大，从2000年的51.4%下降到2013年的13.9%，下降37.5个百分点；同期城市贫困人口比例下降幅度为14.5个百分点。尽管泰国贫困人口比例大幅下降，农村与城市贫困人口比例的差距也在极大地缩小，但其贫困人口比例仍然较高，且贫困差距大。根据世界银行资料显示，虽然2016年泰国国内的贫困人口比例低于印度尼西亚（10.9%）和越南（9.8%），但与高度工业化的马来西亚的贫困人口比例（0.4%，2015年的数据）相比，仍相差甚远。

表1-2　2000—2016年泰国贫困人口比例情况

年份	贫困人口比例	城市贫困人口比例	农村贫困人口比例
2000	42.3%	22.2%	51.4%
2001	–	–	–
2002	32.4%	17.0%	40.2%
2003	–	–	–
2004	26.8%	14.6%	33.6%
2005	–	–	–
2006	21.9%	11.8%	28.3%
2007	20.0%	11.3%	25.9%
2008	20.4%	10.7%	27.3%
2009	17.9%	10.2%	23.6%
2010	16.4%	8.7%	22.4%
2011	13.2%	9.0%	16.7%
2012	12.6%	8.8%	16.0%
2013	10.9%	7.7%	13.9%
2014	10.5%	–	–
2015	7.2%	–	–
2016	8.6%	–	–

注：国家贫困率是生活在国家贫困线以下的人口的百分比；城市贫困率是生活在国家城市贫困线以下的城市人口的百分比；农村贫困率是生活在国家农村贫困线以下的农村人口的百分比；“–”表示相应年份数据缺乏。

数据来源：2000—2016年数据来源于世界银行数据库。

5. 教育水平

泰国教育分普通教育、职业教育和成人教育三大类。普通教育又分学前幼儿教育、初等教育（分初小和高小）、中等教育（分初中和高中）、高等教育4个阶段。泰国人一般要接受12年的基本教育，其中6年是初等教育，3年是中等教育，3年是高等教育，其中初等教育是强制性的义务性教育。

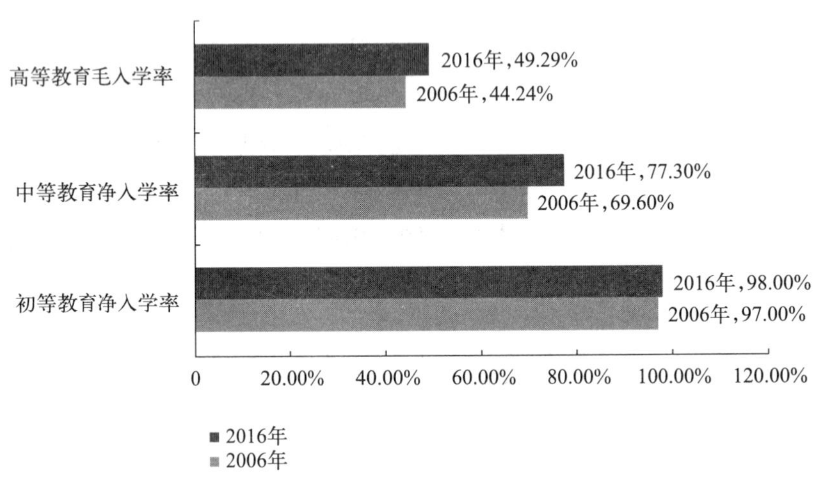

图1-3　2006年和2016年泰国各级教育入学率情况

注：净入学率是指符合官方入学年龄的已入学人口与该学龄人口总数的比率；高等教育毛入学率是指高等教育在读人数与适龄人数之比。

数据来源：联合国科教文卫组织数据库。

从图1-3可知，泰国初等教育属于强制性义务教育，因此其净入学率较高，2016年为98.00%；其次是中等教育入学率，2016年为77.30%，比初等教育入学率低20.70个百分点；高等教育毛入学率最低，2016年为49.29%。2016年泰国各级教育入学率均比2006年有所上涨，其中高等教育毛入学率上涨了5.05个百分点。虽然泰国初等教育和中等教育水平均较高，但根据联合国科教文卫组织数据显示，2015年泰国失学儿童人数为45.44万人，比2014年增加7.42万人，直接导致2015年泰国初等教育入学率下降，而2015年泰国失学青少年的人数也达19.17万人，与2014年相比略有下降。

6. 劳动力与就业

泰国劳动力呈增长趋势，失业率下降。从表1-3可知，1995—2017年，泰国劳动力从1995年的3 195.23万人增加到2017年的3 925.53万人，年均增长率为0.99%，高于同期人口增长速度；同期，泰国劳动力占总人口的比重也明显上升，从53.91%上升到

56.86%，增长2.95个百分点。1997年亚洲金融危机爆发后的两三年，泰国失业率一度在3%以上，但随着经济的发展，泰国劳动力增长的同时，失业率也呈下降趋势，2017年失业率仅为1.2%①。

表1-3　1995—2017年泰国劳动力数量及失业率情况

年份	劳动力总数（万人）	劳动力占总人口比重	失业人数占劳动力比重
1995	3 195.23	53.91%	1.2%
1996	3 271.51	54.64%	1.1%
1997	3 346.56	55.27%	0.9%
1998	3 364.76	54.93%	3.4%
1999	3 376.47	54.48%	3.0%
2000	3 469.79	55.35%	2.4%
2001	3 549.14	55.97%	2.6%
2002	3 602.67	56.17%	1.8%
2003	3 647.06	56.27%	1.5%
2004	3 715.75	56.81%	1.5%
2005	3 763.16	57.14%	1.3%
2006	3 777.43	57.08%	1.2%
2007	3 859.89	58.17%	1.2%
2008	3 889.43	58.53%	1.2%
2009	3 890.24	58.46%	1.5%
2010	3 901.65	58.50%	1.0%
2011	3 930.94	58.76%	0.7%
2012	3 961.80	58.99%	0.7%
2013	3 987.35	59.11%	0.7%
2014	4 005.58	59.14%	0.9%
2015	3 899.63	57.38%	0.9%
2016	3 913.64	56.83%	1.0%
2017	3 925.53	56.86%	1.2%

数据来源：世界银行数据库。

目前泰国就业结构仍然以农业为主。从表1-4可知，2015年泰国就业人数最多的是农业、林业、渔业等传统农业部门，从业人员达1 294.07万人，占总就业人口的33.73%；其次是制造业，就业人数为640.96万人，占总就业人数的16.70%；批发和零售贸易及汽车摩托修理行业的就业人数所占比重也较大，为15.90%；其他行业占总就业人

① 数据来源于《2018年东盟统计手册》(*Asean Statistics Leaflet* 2016)。

数的比重相对较低。从就业人员地区分布来看，农业就业人口主要分布在东北部地区，就业比重为42.95%，其次是北部地区，占23.25%；中部地区和曼谷地区是泰国制造业就业人口分布较为集中的地区，这两个地区的批发和零售贸易及汽车和摩托车修理、运输和存储等行业的就业人口优势也较为明显。

表1-4 2015年泰国就业结构及地区分布情况

单位：万人

总就业人数及行业	全泰国	曼谷	中部	北部	东北部	南部
总就业人数	3 837.10	528.42	1 164.14	649.15	990.35	505.05
	100%	13.77%	30.34%	16.92%	25.81%	13.16%
农业、林业、渔业	1 294.07	3.46	216.94	300.90	555.81	216.96
	33.73%	0.27%	16.76%	23.25%	42.95%	16.77%
制造业	640.96	104.19	356.74	64.81	76.85	38.37
	16.70%	16.26%	55.66%	10.11%	11.99%	5.99%
批发和零售贸易及汽车和摩托车修理	610.10	119.43	190.13	94.52	122.44	83.59
	15.90%	19.57%	31.16%	15.49%	20.07%	13.70%
住宿和食品服务活动	266.94	53.47	85.80	37.41	47.38	42.88
	6.96%	20.03%	32.14%	14.01%	17.75%	16.06%
建筑业	204.73	24.94	64.44	40.87	47.07	27.42
	5.34%	12.18%	31.47%	19.96%	22.99%	13.39%
公共行政和国防及强制性社会保障	159.93	22.20	42.55	28.44	45.77	20.97
	4.17%	13.88%	26.60%	17.79%	28.62%	13.11%
运输和存储	122.67	48.67	46.34	7.61	8.81	11.24
	3.20%	39.68%	37.77%	6.21%	7.18%	9.16%
教育行业	119.65	17.00	32.97	19.88	32.13	17.67
	3.12%	14.21%	27.55%	16.62%	26.85%	14.77%
其他服务活动	74.11	14.13	24.79	11.39	12.60	11.20
	1.93%	19.06%	33.45%	15.37%	17.00%	15.11%
人类健康和社会工作活动	72.23	14.18	19.86	12.79	15.97	9.43
	1.88%	19.63%	27.50%	17.70%	22.11%	13.05%
其他行业和活动	271.71	106.76	83.58	30.53	25.51	25.33
	7.08%	39.29%	30.76%	11.23%	9.39%	9.32%

注：全泰国的百分比为各行业人数占全国就业人数的比重；各地区比重为各行业人数占全国相应行业人数的比重，行业根据泰国行业划分标准归类。

数据来源：根据泰国统计局网站（http://web.nso.go.th/en/survey/lfs/lfs_main.htm）数据整理。

7. 医疗卫生条件

泰国医疗保险覆盖率高。根据泰国统计局数据显示，2015年泰国拥有健康医疗保险的人数占总人口的98.5%以上，其中拥有通用医疗卡的人数占总人数的74.2%，享有社会保障和工人保障基金的人数占16.15%。

泰国拥有国际先进水平的医疗队伍和现代化的医疗器械，在国际上赢得了很高的声誉。除公立医院外，泰国共有400多家私人医院，其中曼谷康民医院（Bangkok Bumrungrad Hospital）、曼谷国际医院（The Bangkok International Hospital）等都是兼具高科技设施和高水平医护队伍的国际化私立综合医院。据世界卫生组织统计，2014年泰国全国医疗卫生总支出占GDP的6.5%，人均医疗健康支出950美元。2000—2010年全国平均每万人拥有医生3名、护理和助产人员15人、牙医1人、药师1人、医院床位22张。

在医疗保障方面，主要分为三类保障制度：一是社会福利型的医疗保障制度，包括针对政府公务员及其家属免费医疗的国家公务员医疗保障制度，对于低收入家庭、6~11岁的小学生、60岁以上老年人、和尚、退伍军人等实行免费医疗；二是强制性的医疗保险，即对正式部门、私营企业雇员的强制性社会保障计划以及对雇员因工受伤的工人补助计划；三是自愿医疗保险，包括私人健康保险和健康卡制度。

泰国经过改善，卫生设施覆盖人口占总人口的93%左右，远高于世界平均水平67.53%（世界银行），但是传染病，尤其是艾滋病和肺结核，仍然是泰国严峻的公共卫生问题。在泰国，人类免疫缺陷病毒/获得性免疫缺陷综合症（艾滋病毒/艾滋病）是一个严峻的问题[①]。泰国主要传染病还包括细菌性腹泻、肝炎、登革热、疟疾、日本脑炎、狂犬病，还有钩端螺旋体病。

（三）泰国宏观经济情况

作为发展中国家，泰国经济基础薄弱，既没有马来西亚丰富的石油资源，又没有新加坡作为国际重要通商口岸的优越地理位置。泰国人口和农业资源优势决定了其长期以来都以农业为经济支柱产业，这使其成为全球重要的粮食和原料供应国家。自20世纪60年代，尤其是80年代全球化浪潮以来，泰国大力发展工业，通过分阶段的“进口替代”和“出口导向”战略发展经济，并积极参与有关地区事务。大量外资投入，促进了泰国经济结构的调整和国民经济的快速发展。

① 世界卫生组织http://apps.who.int/gho/indicatorregistry/App_Main/view_indicator.aspx?iid=12。

1. 总体宏观经济及其变化情况

自20世纪90年代以来，泰国经济快速发展，经济总量不断扩大。2016年泰国GDP在东盟位居第二，仅次于印度尼西亚（10 376.88亿美元）[①]。自1990年以来，泰国GDP总体不断增长，人均GDP不断上升，利率和通货膨胀率也呈下降趋势（表1-5）。1990—2018年的29年间，泰国GDP从1990年的853.43亿美元增长到2018年的5 049.93亿美元，翻了两番多。GDP增长率仅在1997年亚洲金融危机期间的1997年、1998年以及2008年国际金融危机期间的2009年出现负增长。泰国人均GDP也呈现逐年上涨的趋势，从1990年的2 502.71美元增长到2018年的7 273.56美元，增长了近3倍。与20世纪90年代相比，自2000年以来，泰国通货膨胀率和利率水平有所降低。

表1-5　1990—2018年泰国主要宏观经济指标情况

年份	GDP（亿美元）	人均GDP（美元）	GDP增长率（%）	利率（%）	存款利率（%）	通货膨胀率（%）
1990	853.43	2 502.71	11.17	5.86	12.25	5.86
1991	982.35	2 684.85	8.56	5.71	13.67	5.71
1992	1 114.53	2 872.80	8.08	4.14	8.88	4.14
1993	1 288.90	3 081.75	8.25	3.31	8.63	3.31
1994	1 466.83	3 297.87	8.00	5.05	8.46	5.05
1995	1 692.79	3 530.29	8.12	5.82	11.58	5.82
1996	1 830.35	3 688.93	5.65	5.81	10.33	5.81
1997	1 501.80	3 545.39	−2.75	5.63	10.52	5.63
1998	1 136.76	3 235.73	−7.63	7.99	10.65	7.99
1999	1 266.69	3 345.16	4.57	0.28	4.77	0.28
2000	1 263.92	3 458.05	4.46	1.59	3.29	1.59
2001	1 202.97	3 544.21	3.44	1.63	2.54	1.63
2002	1 343.01	3 731.03	6.15	0.70		0.70
2003	1 522.81	3 969.42	7.19	1.80		1.80
2004	1 728.95	4 190.03	6.29	2.76	1.10	2.76
2005	1 893.18	4 337.26	4.19	4.54	1.65	4.54
2006	2 217.58	4 525.16	4.97	4.64	4.34	4.64
2007	2 629.43	4 744.33	5.44	2.24	2.84	2.24
2008	2 913.83	4 800.81	1.73	5.47	2.54	5.47
2009	2 817.10	4 743.69	−0.69	−0.85	1.02	−0.85
2010	3 411.05	5 075.30	7.51	3.25	1.20	3.25
2011	3 708.19	5 093.58	0.84	3.81	2.46	3.81

① 资料来源于世界银行数据库。

（续）

年份	GDP（亿美元）	人均GDP（美元）	GDP增长率（%）	利率（%）	存款利率（%）	通货膨胀率（%）
2012	3 975.58	5 437.24	7.24	3.02	2.60	3.01
2013	4 203.33	5 561.29	2.73	2.19	2.43	2.18
2014	4 073.39	5 589.70	0.91	1.90	1.75	1.90
2015	4 012.96	5 733.92	2.94	−0.90	1.43	−0.90
2016	4 123.53	5 901.88	3.24	0.19	1.30	0.19
2017	4 552.76	6 578.19	4.02	2.31	1.29	0.67
2018	5 049.93	7 273.56	4.13	2.70	1.29	1.06

注：GDP年增长率基于不变价本币计算，总额计算基于2010年不变价美元；人均GDP也按照2010年不变价美元进行计算；按消费者价格指数衡量的通货膨胀（年通胀率）。

数据来源：世界银行数据库。

2. 经济结构构成及其变化情况

矿业、制造业和公用事业构成了泰国经济最主要的部分，农业在国民经济中的比重不断下降（图1-4）。2006—2016年，制造业、采矿业和采石业增加值占泰国GDP的比重总体呈下降趋势，从2006年的36.23%增长到2016年的36.84%，但这3个行业始终占据泰国经济最主要的部分。同期，农业在泰国国民经济中的比重呈现先增加后降低的趋势，先从2006年的9.40%增长到2012年的11.50%，然后又下降到2016年的8.5%。相比之下，建筑业、批发和零售贸易、运输和储存、住宿和食品服务业、信息和通信业等行业的增加值占GDP的比重波动幅度不大。

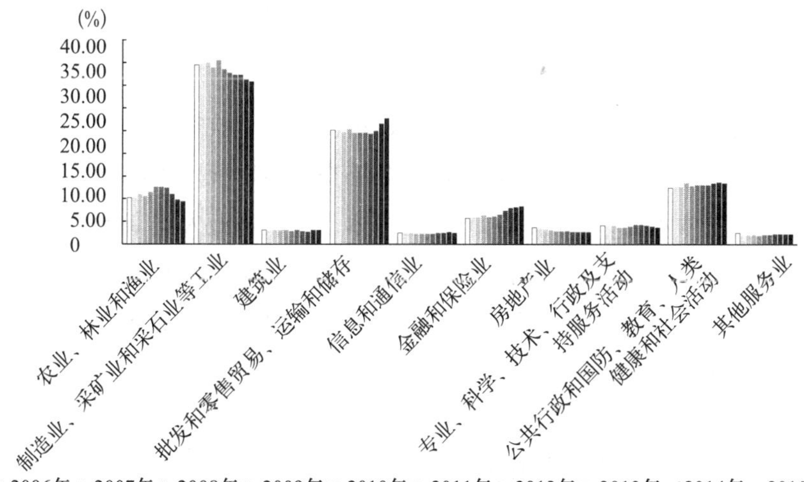

图1-4 2006—2016年泰国各行业增加值占GDP的比重变化情况

注：按现行价格计算的行业增加值（ISIC第四修订版）。

数据来源：联合国数据库。

表1-6 2010—2015年泰国经济结构构成及其变化情况

单位：亿美元

年份	国内生产总值	农林牧渔业增加值	矿业、制造业和公用事业增加值	建筑业增加值	零售、批发、住宿和餐饮业增加值	运输、仓储和邮政业增加值	其他经济活动增加值
2010	3 409.23	359.02	1 269.29	95.56	593.48	241.94	849.94
2011	3 706.08	429.95	1 311.24	100.56	648.80	258.95	956.58
2012	3 972.91	457.47	1 378.30	109.69	704.57	275.83	1 047.04
2013	4 198.89	478.39	1 438.91	113.80	739.15	292.32	1 136.32
2014	4 043.20	413.64	1 382.27	104.56	728.56	283.59	1 130.55
2015	3 951.68	361.28	1 300.68	110.75	768.65	286.77	1 123.52
2010—2015年平均	3 880.33	416.63	1 346.78	105.82	697.20	273.23	1 040.66

数据来源：联合国数据库。

从表1-6泰国各行业短期具体产值变化情况来看，2010—2013年各行业均呈增长趋势，其中，泰国矿业、制造业和公用事业增加值从2010年的1 269.29亿美元增长到2013年的1 438.91亿美元，农林牧渔业增加值从2010年的359.02亿美元增长到2013年的478.39亿美元，增长幅度分别为13.36%和33.25%；但2014年、2015年泰国各行业增加值均呈下降趋势，2015年与2013年相比，矿业、制造业和公用事业增加值下降幅度为5.89%，农林牧渔业下降幅度为24.48%，其他行业均有不同程度的下降。

3. 交通、通讯、能源等基础设施建设情况

泰国交通网以曼谷为中心，由河运、海运、公路、铁路和航空五部分组成。河运是泰国历史上最主要的运输方式，20世纪后逐渐被陆路交通所取代。中部平原密集的天然河道和河运是泰国的主体水网，以湄南河河运为主体，其次是汇入湄南河的巴塞河、挽巴功河、他真河和夜功河。泰国东临暹罗湾可出太平洋，西濒安达曼海何西进入印度洋，泰国95%的国际贸易货运由海运承担。目前泰国的公路网已覆盖城乡各地，公路运输承担全国货运量的87.5%和客运量的90%。铁路发展落后于公路，以曼谷为中心的4条总长3 825公里的铁路是泰国目前铁路的主干线。泰国有8个国际机场，分别是素万那普国际机场、廊曼国际机场、普吉岛国际机场、清迈国际机场、清莱国际机场、乌塔堡国际机场、芭提雅国际机场、甲米国际机场。

从表1-7可以看出，2004—2017年，泰国铁路总长度、港口和机场数量变化均不大，而公路总长度增长较为明显，从2004年的215 876公里增加到2017年的284 729公里，

13年间的增长幅度为31.89%，同期，每千人拥有车辆的数量年均增长率为47.80%。根据世界银行2014年公布的《物流绩效指数报告》显示，泰国综合评分排名第35位，落后于新加坡（第5位）和马来西亚（第25位）。

表1-7　2004—2017年泰国交通设施建设情况

年份	公路总长度（公里）	车辆数量（每千人）	铁路总长度（公里）	国内港口（个）	国际港口（个）	国内机场（个）	国际机场（个）
2004年	215 876	307.1	4 043	317	6	29	5
2005年	216 048	333.8	4 043	285	6	29	5
2006年	222 360	365.4	4 043	235	6	29	6
2007年	223 564	374.6	4 043	322	7	29	6
2008年	223 859	383.7	4 043	235	7	29	6
2009年	224 493	392.5	4 044	212	7	29	6
2010年	229 435	409.0	4 044	215	7	29	6
2011年	230 926	432.0	4 044	216	7	29	6
2012年	231 620	463.0	4 044	242	7	29	6
2013年	232 196	491.1	4 044	242	7	29	6
2014年	233 175	505.1	4 044	242	7	29	6
2015年	234 072	515.3	4 044	242	7	30	6
2016年	234 754	536.0	4 034	242	8	31	6
2017年	284 729	548.0	4 034	246	8	31	6

数据来源：根据《东盟统计年鉴2018》（*ASEAN Statistical Yearbook, 2018*）整理。https://www.aseanstats.org/wp-content/uploads/2019/01/asyb-2018.pdf。

泰国目前正在加大对交通基础设施的投资力度。根据泰国交通部公布的2017年基础设施投资行动计划显示，泰国在2017年内投资8 957.5亿铢建设海、陆、空运输领域的36个基础设施项目，使泰国GDP在2017年增长3.9%①。通信行业是泰国经济发展的重要支撑行业，虽然泰国通信行业起步晚，但发展速度较快。目前，泰国各种形式的通信网络已经覆盖全国各地，包括固定电话、移动电话、ADSL宽带互联网、卫星调制调解器及拨号入网服务等②。

① 资料来源于商务部。

② 邹春萌，罗圣荣．泰国经济社会地理［M］．北京：中国出版集团，2014。

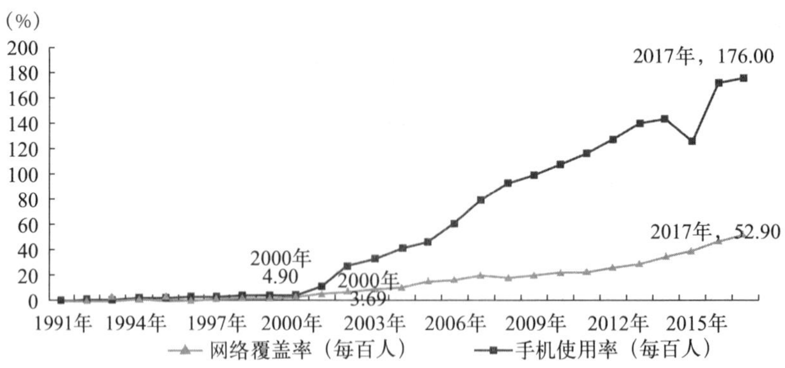

图1-5 1991—2017年泰国网络覆盖率及手机使用率变化情况

数据来源：2018年《东盟统计年鉴》。

从图1-5可以看出，1991—2017年，泰国每百人互联网覆盖率从1991年的0.00%增长到2017年的52.90%，每百人手机使用率也从1991年的0.22%增长到2017年的176.00%，分别增长了52.90个百分点和175.78个百分点。

泰国矿产资源丰富，但能源严重不足。目前，泰国已探明储量的矿产资源超过39种，并且多数产品用于出口。根据世界银行数据显示，2013年泰国能源净进口量占能源消费量的比重达41.76%，2014年泰国单位GDP能源消耗为7.53美元/千克。为改善基础设施状况，泰国财政部2012年3月实施了《泰国基础设施发展五年规划》，以加大对泰国基础设施的财政投入（表1-8）。

表1-8 泰国基础设施发展五年规划（2012—2016年）

名称	财政预算投入（10亿泰铢）
国道与重要城市公路连接	187
改进旧铁路，建设新铁路	298
高铁	481
公共轨道交通	321
发展公路及物流网络	182
航空及水路运输	149
能源	499
电子通讯	35
基础设施	117
预算总计	2 270

数据来源：泰国财政部，泰国社会与经济发展厅。

4. 国际贸易及其变化情况

2005年以来，泰国货物与服务贸易总体呈增长态势（图1-6）。2005—2013年，泰国货物与服务贸易总额从2005年的2 620.71亿美元增长到2013年的5 576.42亿美元，年均增长率为7.84%，其中进口额、出口额年均增长率分别为5.57%和7.75%；2014年、2015年、2016年，泰国货物与服务贸易总额连续三年下降，2016年与2013年相比，下降幅度为12.04%，其中进口额下降幅度为21.12%，出口额下降幅度为3.29%；2017年，泰国货物与服务贸易呈现增长态势，从2016年的4 905.18亿美元增长到2017年的5 428.08亿美元。2005年，泰国货物与服务贸易逆差34.88亿美元，但随着出口额的快速增长，泰国从2006年开始就维持贸易顺差状态，且贸易顺差总体呈扩大态势。2010年以来，顺差规模首先从2010年的189.64亿美元下降到2012年的33.45亿美元，下降82.36%；但2013年开始连续大幅增长，2017年，泰国贸易顺差达到671.64亿美元，比2012年增长了19.08倍。

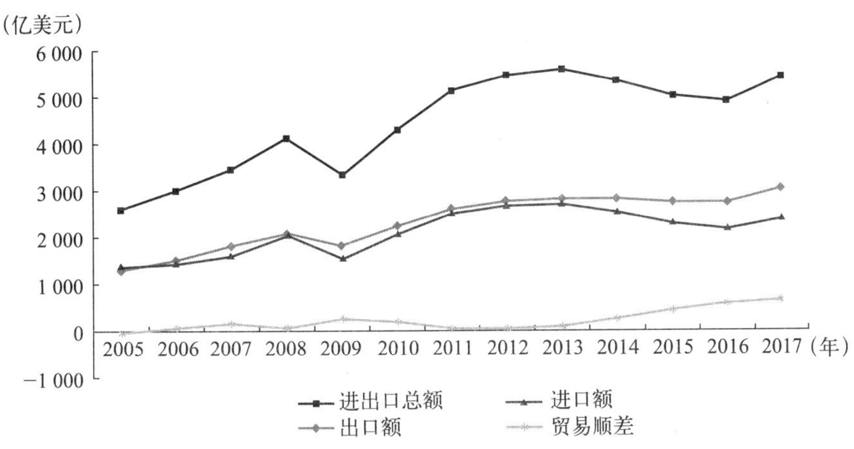

图1-6　2005—2017年泰国商品与服务贸易额变化情况

数据来源：联合国贸易和发展会议（United Nations Conference on Trade and Development, UNCTAD）数据库。

5. 对外债务状况及其变化情况

泰国外债波动性大，且以短期外债和私人外债为主。从表1-9可知，20世纪90年代，尤其是1997年亚洲金融危机前后，泰国外债总额较大，且私人外债一度占外债总额的40%以上；进入2000年后，至2004年，泰国外债规模大幅下降，2004年泰国外债存量下降到584.17亿美元，但私人外债占外债总额的比重上升到47.74%；2005—2013年，泰国外债规模再次呈现出逐年扩大的趋势，2013年与2005年相比，外债总额增加了1.35倍，2014年、2015年和2016年，泰国外债总额连续三年小幅下降，到2017年才有所增加。从外债构成来看，泰国私人外债占外债总额的比重始终较大，短期外债占外债总额的比重则呈现出一定的阶段性，公共外债占外债总额的比重相对较稳定，从国际货币基金组织获得的贷款占外债总额的比重最小，近年来维持在1%左右。

表1-9 1990—2017年泰国外债及构成变化情况

单位：亿美元，%

年份	外债总额	私人外债占比	公共外债占比	国际货币基金组织贷款占比	短期外债占比
1990	281.65	25.96	44.49	0.00%	29.55
1991	377.72	31.69	35.24	0.00%	33.07
1992	418.64	32.90	31.92	0.00%	35.18
1993	527.17	29.04	28.03	0.00%	42.94
1994	655.96	30.72	24.80	0.00%	44.48
1995	1 000.93	39.08	16.86	0.00%	44.05
1996	1 128.80	42.73	15.00	0.00%	42.27
1997	1 097.31	42.96	20.34	2.21%	34.48
1998	1 049.44	41.86	26.79	3.09%	28.26
1999	969.03	39.85	32.32	3.66%	24.17
2000	798.30	40.48	36.91	3.97%	18.64
2001	672.97	38.74	38.96	2.66%	19.65
2002	629.22	42.53	37.72	0.80%	18.94
2003	584.53	45.61	35.43	0.22%	18.74
2004	584.17	47.74	32.37	0.23%	19.67
2005	584.67	42.55	29.85	0.21%	27.39
2006	624.93	44.60	26.69	0.20%	28.50
2007	627.79	46.99	23.66	0.21%	29.14
2008	666.19	47.04	22.06	0.20%	30.71
2009	808.24	38.69	18.24	1.88%	41.18
2010	1 063.58	31.03	19.94	1.40%	47.63
2011	1 099.43	31.55	24.08	1.35%	43.01
2012	1 342.57	29.66	25.89	1.11%	43.34
2013	1 373.53	29.06	24.79	1.09%	45.06
2014	1 352.92	32.78	24.73	1.04%	41.45
2015	1 296.54	35.80	23.63	1.04%	39.53
2016	1 214.97	36.39	19.09	1.07%	43.45
2017	1 297.65	35.08	18.85	1.07%	45.00

注：外债总额指按现价美元计算的外债存量，短期外债指所有原定偿还期一年（含）以下的所有债务和长期债务的拖欠利息。

数据来源：世界银行数据库。

泰国主权债务评级状况良好。目前，穆迪对泰国的外币、本币主权信用评级均为Baa1。标准普尔公司对泰国主权信用评级展望为稳定，泰国外币长短期主权信用评级分别为BBB+/A－2；本币长短期主权信用评级分别为A－/A－2。惠誉公司对泰国外币发行人长短期违约评级为BBB+/F2，本币发行人长期违约评级为A－，展望稳定；国家信用评级为A－[①]。

6. 外国直接投资及其变化情况

泰国的外国直接投资（FDI）流入量与流出量总体呈增长趋势，但波动比较大。2010—2017年，泰国的外国直接投资（FDI）年均流入量为75.88亿美元，在东盟成员国中FDI年均流入量排第三，仅次于新加坡和印度尼西亚，这两个国家的FDI年均流入量分别为613.03亿美元和170.50亿美元；泰国FDI流入量占其GDP的比重不大，2010—2017年FDI流入量占GDP的比重在2.00%～3.00%[②]。

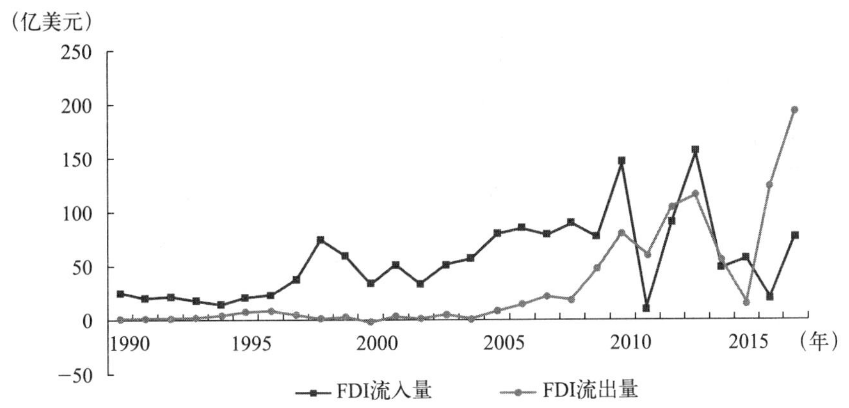

图1-7　1990—2017年泰国FDI流入与流出情况

数据来源：根据联合国数据库数据整理。

从图1-7可知，20世纪90年代，泰国FDI流入量总体较小，流入值最高为1998年的74.92亿美元。进入21世纪以来，泰国FDI流入量规模总体扩大。但从2010年开始，泰国FDI流入量开始大起大落，先是从2010年的145.68亿美元下降到2011年的32.71亿美元，随后上升至2013年的166.52亿美元，但于2014年又下降至35.37亿美元，2015年又增长至108.45亿美元，2016年又下降至20.68亿美元，2017年又上涨到76.35亿美元。1990—2004年，泰国FDI流出量总体规模较小，但从2005年开始增长速度明显加快，投资规模大幅扩张。

① 资料来源于中国商务部《对外投资合作国别（地区）指南——泰国（2016年出版）》。

② 资料来源于联合国数据库。

表1-10 2004—2017年泰国外商直接投资的主要投资来源地

单位：百万美元

年份	日本	美国	欧盟28国	中国	东盟内部	加拿大	韩国
2004	2 750	540	701	-4	689	29	94
2005	3 047	750	580	12	1 447	-11	30
2006	1 956	468	914	26	4 581	-1	79
2007	3 232	1 184	1 738	73	2 455	33	74
2008	2 458	19	297	8	508	27	82
2009	1 362	-491	993	25	1 463	199	110
2010	3 355	1 039	1 128	707	1 237	799	177
2011	-948	451	565	295	-51	48	180
2012	5 070	1 135	1 655	561	-342	254	236
2013	6 890	1 589	-411	479	1 257	286	285
2014	3 834	1 969	1 222	1 061	654	359	378
2015	3 006.3	1 083.1	1 065.1	238.1	433.6	241.2	142.6
2016	2 986.8	438.6	-4 378.9	1 071.9	2 003.4	76.5	27.2
2017	3 256.5	-99.4	891.8	78.9	1 824.1	-127.4	188.8

数据来源：根据《东盟统计年鉴2018》（*ASEAN Statistical Yearbook, 2018*）整理。

从表1-10可知，日本、美国、欧盟和中国是泰国前四大投资来源地，2017年这四大经济体的投资额占泰国吸引的FDI总额的比重为67.74%。2008年以前，泰国FDI来源地主要是日本和东盟内部，但随着美国、欧盟、中国、加拿大等经济体对泰国投资额度的加大，日本和东盟内部对泰国的投资额度占泰国FDI流入量总额的比重迅速下降，其中中国对泰国的投资起步晚，发展速度快。2011年开始，中国已成为泰国FDI的第四大来源地。泰国对日本和欧盟等国的外资依赖性较大，随着日本和欧盟等泰国FDI流入主体投资波动的加剧，导致泰国整体FDI流入量的波动幅度也加大。

表1-11 2012—2014年外国申请对泰国的投资行业

单位：个，亿泰铢

行业	2012年		2013年		2014年	
	项目数	投资金额	项目数	投资金额	项目数	投资金额
农产品	85	323.90	64	240.14	116	719.83
矿产与陶瓷业	34	159.81	28	369.98	60	1 037.89
轻纺工业	80	340.93	59	105.67	80	313.91
机械与金属加工业	532	2 343.74	378	2 479.96	458	2 746.61

（续）

行业	2012年		2013年		2014年	
	项目数	投资金额	项目数	投资金额	项目数	投资金额
电子电器行业	289	1 560.56	207	900.46	267	1 361.52
化工与造纸行业	228	841.38	124	233.52	260	2 428.60
服务业	336	909.43	272	917.97	332	1 621.61
总计	1 584	6 479.74	1 132	5 247.69	1573	10 229.96

数据来源：泰国投资促进委员会（BOI），http://www.boi.go.th/index.php?page=statistics_foreign_direct_investment。

机械与金属加工业、服务业、电子电器行业是泰国外国直接投资的主要行业。从表1-11可知，2012—2014年，机械与金属加工行业是外国对泰国申请项目最多、投资额度最大的行业；其次，申请项目较多的是服务业、电子电器行业和化工与造纸行业；相比之下，农产品是外国对泰国申请项目和投资金额都较小的行业。

7. 经济发展总体风险评价

近年来，泰国宏观经济运行呈现出明显的波动性，经济发展风险总体较大。从2008年的全球金融危机到2011年泰国暴发的50年罕见的特大洪灾，导致泰国经济增速明显下滑；在2012年的大规模灾后重建及政府财政支出刺激之下，经济呈现快速恢复性增长；但2013年泰国国内需求疲弱，出口增速放缓，固定资本投资也大幅下降，加之政治危机带来的冲击，导致全年经济增长呈现颓势；2014年的军事政变也明显阻碍了当年经济的增长；自2015年以来，泰国经济整体呈温和复苏态势，经济基本面总体向好，但仍面临一些现实挑战，例如，内需乏力、农业产值下降、出口不振和投资不足等。另外，国际市场大宗商品价格下跌，国内旱灾、农民收入大幅下降等问题也为泰国经济发展带来了严峻挑战[①]；2016年，泰国政府继续致力于发展经济和改善民生，出台了一系列经济刺激措施，包括加大吸引外资力度、政府主导投资大型基础设施建设和恢复出口等。因此，各方对其经济发展还持较为乐观的态度。

① 中国商务部《国别投资经营便利化状况报告2016》。

二、农业资源生产与政策制度建设情况

第二次世界大战前，泰国是一个非常落后的农业国，以种植稻谷为主，后来逐渐发展起了橡胶、甘蔗、烟草、木薯和玉米种植业。近30年来，泰国工业比重逐年增加，国民经济结构发生了重大变化。1990年以前，泰国经济增长速度相对较快，经济增长率一度在10%以上；1991—1995年，增长率仍高居8%以上；1997年亚洲金融危机前后，泰国经济下滑严重，但1999—2007年经历了一段时间的恢复期；2008年泰国经济再次下滑，进入2010年以来，受国内政局及气象灾害等不稳定因素的影响，其经济增长速度较慢。随着泰国工业化战略的推进，泰国农业产值占国民经济的比重总体下降。

（一）农业经济地位

20世纪90年代以来，泰国农村人口占总人口的比重大幅下降，但农业劳动人口仍是泰国劳动人口的主要构成。从表2-1可知，1990—2017年，泰国劳动力总数从1990年的3 248.56万人增加到2017年的3 879.34万人，增长幅度为19.42%；同期，农业劳动力从2 108.7万人下降到1 199.49万人，下降幅度为43.12%，农业劳动力占劳动力总数的比重也从64.91%下降到30.92%，下降33.99个百分点。随着20世纪90年代泰国工业化与城镇化的推进，泰国农村人口占总人口的比重大幅下降，1990年，泰国农村人口占总人口的比重达70.58%，到2017年，该比重下降到49.20%，下降幅度达21.38个百分点。

表2-1　1990—2017年泰国农业劳动力人口变化情况

年份	劳动人口（万人）	农业劳动人口（万人）	农业劳动力占劳动力人口比重	农村人口占总人口的比重
1990	3 248.56	2 108.7	64.91%	70.58%
1991	3 240.92	2 085.1	64.34%	70.41%
1992	3 218.35	2 051.1	63.73%	70.24%
1993	3 184.83	2 010.1	63.11%	70.07%
1994	3 145.60	1 966.3	62.51%	69.90%
1995	3 206.77	1 981.6	61.79%	69.72%
1996	3 285.84	1 997.4	60.79%	69.55%
1997	3 361.80	2 004.4	59.62%	69.38%
1998	3 382.47	1 990.5	58.85%	69.21%
1999	3 388.96	1 967.2	58.05%	69.03%
2000	3 482.43	1 982.6	56.93%	68.61%

（续）

年份	劳动人口（万人）	农业劳动人口（万人）	农业劳动力占劳动力人口比重	农村人口占总人口的比重
2001	3 561.80	1 992.9	55.95%	67.43%
2002	3 613.51	1 992.9	55.15%	66.22%
2003	3 662.55	1 990.6	54.35%	64.99%
2004	3 735.22	1 989.9	53.27%	63.74%
2005	3 788.55	1 984.1	52.37%	62.48%
2006	3 799.46	1 956.7	51.50%	61.20%
2007	3 882.45	1 932.4	49.77%	59.90%
2008	3 915.60	1 906.7	48.69%	58.58%
2009	3 863.67	1 880.0	48.66%	57.26%
2010	3 940.43	1 853.7	47.04%	55.92%
2011	3 978.32	1 828.2	45.95%	54.61%
2012	4 013.04	1 803.2	44.93%	53.32%
2013	4 044.64	1 778.1	43.96%	52.06%
2014	4 073.56	1 752.1	43.01%	50.83%
2015	4 100.04	1 724.6	42.06%	49.63%
2016	3 867.80	1 205.21	31.16%	48.45%
2017	3 879.34	1 199.49	30.92%	49.20%

数据来源：1990—2015年数据来源于联合国UNCTAD数据库。2016—2017年的数据来源于世界银行。

自20世纪90年代以来，农业增加值占GDP的比重呈下降趋势。从图2-1可知，20世纪90年代，泰国农业增加值总体规模较小，但农业增加值占GDP的比重大，其

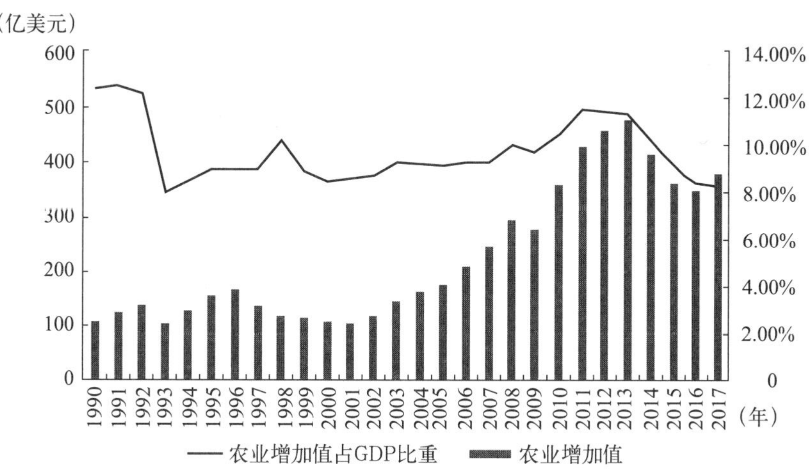

图2-1　1990—2017年泰国农业增加值及其占GDP的比重变化情况

数据来源：根据世界银行数据整理。

中1991年农业增加值占GDP的比重为12.65%；进入2000年以来，泰国农业增加值稳步增长，从2000年的107.47亿美元增长到2013年的478.39亿美元，年均增长率为12.17%；2014年、2015年和2016年，泰国农业增加值连续两年下降，2016年与2013年相比，下降幅度为27.16%；2017年，泰国农业增加值又呈现增长趋势，从2016年的348.47亿美元增长到2017年379.08亿美元。2003—2011年，泰国农业增加值占GDP的比重呈增长趋势，但从2012年开始又趋于下降，至2017年，该比重下降到8.33%。

（二）农业资源禀赋情况

泰国地处热带地区，自然资源丰富，充足的热量、肥沃多样的土壤类型以及众多的河流湖泊，为泰国农业的快速发展提供了先决条件。

1. 气候条件

泰国地处热带，以热带季风气候和热带雨林气候为主，热带季风气候区的气候可分为三季，即热季（2月中旬至5月中旬）、雨季（5月中旬至10月中旬）和凉季（11月至翌年2月中旬）。泰国凉季和热季少雨，因此也合称为干季或旱季。泰国南部半岛地区属热带雨林气候区，终年炎热多雨。全国年均降水量约为1 550毫米，比其他东南亚国家相比较少（季风吹过的地区降水较多，年均降水量为3 000毫米），年均气温为24～30℃。

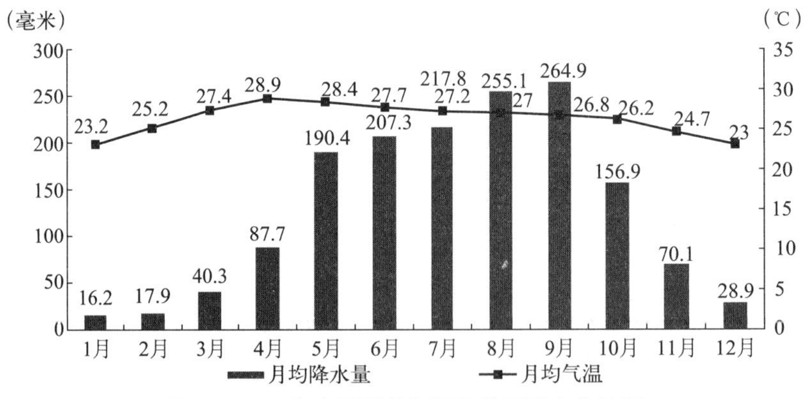

图2-2　2015年泰国月均气温和降雨量变化情况

数据来源：世界银行网站，http://sdwebx.worldbank.org/climateportal/index.cfm?page=country_historical_climate&ThisCCode=THA 。

由于地形不同，泰国国内各地的降水、气候有较大区别。中部地区全年气候较为炎热，凉季时长时短，热季气温约为24.6～35.5℃，凉季气温约为21.1～31.7℃；南部为海洋性气候，全年有海风吹过，因此热季气温相对不高，热季与凉季温差不大，南部地区雨季降雨频繁，每年7月至翌年2月，降雨达8个月之久，年均降水量为2 220毫米；东部地区紧靠大海，全年气候宜人，热季气温在25～33℃，凉季气温在21～31℃，降雨频繁，年均降水量为1 860毫米；北部地区高山居多，离赤道远，因此北部地区平均气温比泰国其他地区都低，热季气温在21～35℃，凉季气温在17～30℃，降水量为1 240毫米；东北部地区主要是高原，离海洋远，热季和凉季温差很大，热季时天气炎热（23～35℃），而凉季时天气凉爽（19～26℃），年均降水量为1 370毫米。

2. 土地资源情况

2010—2016年，泰国的耕地面积呈扩大的发展态势，从2010年的1 576万公顷，增长到2016年的1 681万公顷（表2-2），增长了6.66%。泰国耕地面积占国土面积的比重较高，2016年所占比重为32.76%。由于泰国耕地面积的扩大，其占国土面积的比重从2010年的30.71%增长到2016年的32.76%，增长了2.05个百分点。2016年，泰国人均占有耕地面积0.25公顷，而中国人均耕地面积只有0.08公顷[①]。

表2-2　泰国耕地资源及人均占有情况

年份	耕地面积（万公顷）	耕地面积占国土面积比重	人均耕地面积（公顷）
2010	1 576	30.71%	0.24
2011	1 576	30.71%	0.24
2012	1 656	32.27%	0.25
2013	1 681	32.76%	0.25
2014	1 681	32.76%	0.25
2015	1 681	32.76%	0.25
2016	1 681	32.76%	0.25

数据来源：耕地面积和国土面积数据来源于FAO数据库，人口数据来源于联合国数据库。

3. 土壤类型

泰国土壤分类采用的是美国土壤系统分类法，分为10大土纲，由于泰国地处热带

① 中国耕地面积数据来源于FAO数据库，人口数据来源于联合国数据库。

季风和热带雨林气候区，因此没有干旱土土纲，其余的九大土纲均有分布。九大土纲中，泰国分布最为广泛的是老成土，其中又以潮湿老成土、半湿润老成土和湿润老成土最常见；其次是淋溶土，主要分布在泰国中北部平原和中央平原；始成土在泰国也分布广泛，适合种植水稻；其他土壤类型，如新成土、变性土、软土、灰土、氧化土、有机土等土壤类型在泰国均有分布，受泰国气候的影响，各土壤类型均以潮湿和湿润土质为主。

4. 河流分布及水利设施情况

泰国有大小河流66条，总长15 262公里，湄南河、麦功河和蒙河三条主要河流的流域面积占泰国国土总面积的65%，各地区河流分布具体情况如下：

(1) 北部地区。北部地区共有8条河流，分别是宾河、汪河、庸河、难河、麦果河、录河、因河、白河，其中最长的是难河，全长740公里，并建有两座水坝，一座是位于乌达勒滴府的诗丽吉水坝，另一座是位于彭世洛府的纳黎萱水坝。此外，泰国政府在宾河上建有普密蓬水坝，在汪河上建有吉隆水坝。

(2) 东北部地区。东北部地区共有3条河流，分别是蒙河、栖河、颂堪河，其中栖河全长765公里，是东北部地区最长的河流，该河流上有两座水坝，分别是南称水坝和南坡隆水坝；其次是蒙河，全长641公里，泰国政府在蒙河上建有10余座水坝，入巴蒙水坝、邦谷痕水坝、披麦水坝、邦空春水坝和萨拉披第水坝等。

(3) 中部地区。中部地区有湄南河、素攀河、麦功河、邦巴功河、巴萨河、萨盖干河6条河流，其中最长的是麦功河，全长550公里，共建有四座水坝，分别是考廊水坝、色拉克林水坝、塔吞拉水坝、河瓦奇拉隆功水坝；湄南河建有猜纳水坝；素攀河建有伽肖水坝；巴萨河建有巴萨春瑟水坝和帕廊霍水坝。

(4) 南部地区。泰国南部地区共有克哩拉河、达比河、朗宜河、董里河、北大年河、哥洛河、甲武里河7条河流，河流长度均相对较短、水坝较少，最长的是达比河，全长约为232公里，建有邦库水坝和邦兰水坝；其次是北大年河，全长190公里。

5. 种质资源情况

泰国热量资源丰富，为农作物种质的培育提供了良好的基础条件。目前泰国已发展了水稻、玉米、木薯、橡胶、甘蔗、蔬菜、绿豆、麻、烟草、咖啡豆、油棕、椰子等主要作物。在农用土地中有59.12%用于稻谷生产；有23.18%用于种植高地旱地作物（玉米、木薯、高粱等）；有9.16%用于种植果树。泰国畜牧业通过从国外引进优良品种并建立国营牲畜站，实现了畜牧业的规模化发展；泰国渔业是仅次于种植业的重要农业部门，主要的渔业资源有跳鱼、金枪鱼、沙丁鱼、鲈鱼、墨鱼、鲳鱼、对虾和龙虾等。

6. 主要农作物、畜产品和水产品品种情况

(1) 主要农作物品种。泰国水稻主推品种都是常规籼稻品种，具体包括有彭士洛601、彭士洛602、彭士洛2号、KDML105，当前几个主要的推广品种是RD6（1977年育成）、KDML105（1959年育成）、SPR60（1987年育成）、RD23（1981年育成）、RD10（1981年育成）；泰国木薯品种较为单一，RAYONGl号大幅推广，仍在开发的新木薯品种包括：RAYONG3、RAYONG60、RAYONG90、RAYONG5、KASET SART50和SRIRACHAL等；泰国玉米主要是杂交种，其中又以单交种的种植范围最广，其含量和利润都比自由授粉品种高。

(2) 主要畜产品品种。泰国养殖业从20世纪60年代才开始快速发展，形成了以牛、猪、鸡养殖为主的生产布局。泰国主要的禽畜产品品种有：水牛肉、牛肉、鸡肉、全脂鲜牛奶、鸭肉、鸡蛋、猪肉。

(3) 主要水产品品种。泰国是世界主要的水产品生产国之一，是仅次于日本和中国的亚洲第三大海洋渔业国。泰国渔业由海洋渔业、淡水渔业和水产养殖业三部分构成，其渔场经济鱼类品种多，共计850多种，其中中上层鱼类有小沙丁鱼、羽鳃鲐、青干金枪鱼、马鲛鱼、大甲鲹等；经济底层鱼类有大眼鲷、金线鱼、狗母鱼、石首鱼等；另有对虾、梭子蟹、乌贼、鱿鱼等经济价值较高的海洋生物。泰国淡水鱼类主要有无须鲃、鲶鱼、尼罗罗非鱼等。泰国水产养殖鱼类主要有对虾、贝类、鲈鱼、罗非鱼、罗氏沼虾等。由于水产品易腐，所以泰国水产品一般都经过速冻或罐装，也有部分加工成了鱼粉、鱼油和鱼干等。

7. 流行的病虫害情况

(1) 水稻病虫害。高温、高湿地区是水稻病虫害高发的区域，泰国地处热带，且主要种植水稻，因此，其水稻病虫害较为严重。泰国水稻流行的病虫害主要有稻飞虱、螟虫、稻叶蝉、稻瘟病、白叶枯病、细菌性条斑病和草矮病毒病等。其中，稻飞虱，如褐飞虱、白背飞虱是主要的病虫害。另外，常见的螟虫有三化螟、稻纵卷叶螟；稻叶蝉有大青叶蝉、电光叶蝉。

泰国水稻病虫害的防治的主要措施有：一是培育和种植抗病虫性品种，但稻飞虱等病虫害对植物品种具有较强的适应性，抗性品种经过一段时间的种植后抗性下降或丧失，导致病虫害的再次发生；二是大力推广应用物理和生物防治技术，如灯光诱测、黄盘诱测、黄板诱测等物理技术和以菌治虫的生物技术；三是以农药（除草剂、杀虫剂、杀菌剂）为主的化学防治方法；四是在田地周边种植诱集植物，培育天敌种群等方式，发挥天敌的控制害虫的作用。

（2）**木薯病虫害**。泰国木薯主要病虫害包括：木薯细菌性枯萎病、细菌性角斑病、木薯褐斑病、木薯花叶病毒病、枯萎叶斑病、木薯朱砂叶螨、蛴螬、蔗根锯天牛、地老虎等。其中，危害最严重的是木薯细菌性枯萎病。虫害也是泰国木薯生产的一大问题，其中，马哈沙拉堪府是泰国重要的木薯产区，但2010年和2011年分别受到粉蚧虫和蚜虫的侵害，其中2011年有超过2.7万莱（泰国土地计量单位）木薯地受灾。

（3）**热带水果病虫害**。泰国是世界热带水果主产国，龙眼、荔枝、芒果遭受的病虫害侵害尤为突出。虫害包括蝽科虫、蚜虫、粉蚧虫、胶虫、蛾类害虫、螨虫等；病害包括龙眼叶斑病、冠瘦病、藻斑病、荔枝（龙眼）煤烟病、果腐病、荔枝霜疫霉病、荔枝炭疽病、芒果白粉病、灰色膏药病、芒果膏药病等。

表2-3 泰国部分龙眼、荔枝、芒果害虫名录

编号	害虫所属目	害虫种类	害虫名称	危害产品、部位
1	缨翅目 Thysanoptera	蓟马科 Thripidae	茶黄硬蓟马 *Scirtothrips dorsalis* Hood.	龙眼、芒果叶枝、花、果实
2			单管蓟马 *Haplothrips* sp.	龙眼花
3			黄胸蓟马 *Thrips Hawaiiensis*	龙眼花
4			色蓟马 *Thrips coloratus* Schmulz	龙眼花
5			端大蓟马 *Megalurothrips distalis*（karny）	龙眼花
6	半翅目 Hemiptera	蝽科 Pentatomidae	荔蝽 *Tessaratoma papillosa*（Drury）	荔枝、龙眼叶、梢
7			叉角厉蝽 *Cantheconidae furcellata*（wolff）	龙眼叶
8	同翅目 Homoptera	叶蝉科 Cicadellidae	龙眼扁喙叶蝉 *Idioscopus clypealis*（Lethierry）	芒果叶、枝、花
9			扁喙叶蝉 *Idioscopus niveosparsus*（Lethierry）	芒果叶、枝、花

（续）

编号	害虫所属目	害虫种类	害虫名称	危害产品、部位
10	同翅目 Homoptera	蜡蝉科 Fulgoridae	龙眼鸡 *Fulgora candelaria* L.	龙眼、荔枝、芒果枝、梢
11		蛾蜡蝉科 Flatidae	蛾蜡蝉 *Flatidae Colobesthes* sp.	荔枝、龙眼枝、梢、果实
12				
13		木虱科 Psyllidae	龙眼角颊木虱 *Cornegena psylla sinica* Yang et Li	龙眼幼叶、新梢、嫩芽、花穗
14		蚜科 Aphididae	刺蚜 *Cervaphis rappardi*	龙眼叶、梢、花
15			芒果声蚜 *Toxoptera odinae*	芒果叶、梢、花
16			橘声蚜 *Toxoptera aurantii*	龙眼叶、梢、花
17			毛管蚜 *Greenidea schouteden.*	龙眼叶、梢、花
18		珠蚧科 Margarodidae	吹绵蚧 *Icerya signoret.*	龙眼、荔枝叶、梢、花、果实
19		粉蚧科 Pseudococcidae	鳞粉蚧 *Nipaecoccus sule.*	龙眼、荔枝果实

数据来源：李伟丰．泰国龙眼、荔枝、芒果病虫害名录[J]，广西热带农业，2008（2）:18-21。

（三）农业生产发展及粮食安全状况

1. 农业产值规模、构成及其变化情况

联合国UNCTAD数据库的数据显示（表2-3），2010—2017年，泰国农林牧渔业产值呈先升后降的变化态势，从2010年的359.02亿美元扩大到2013年的478.39亿美元，但随后下降到2017年的394.02亿美元。泰国农林牧渔业产值占GDP的比重从2010年的10.53%增长到2012年的11.60%，随后下降到2017年的8.65%。

根据FAO的数据显示，泰国的种植业和畜牧业的产值总和从2010年的368.79亿美元增长到2011年的468.62亿美元，随后下降到2013年的409.44亿美元。其中，种植业产值从2010年的292.68亿美元增长到2011年的381.99亿美元，随后下降到2013年的317.56亿美元；畜牧业总体上呈增长态势，从2010年的76.11亿美元增长到2013年的91.88亿美元，年均增长6.78%。

表2-4 2010—2017年泰国农林牧渔业产值及其构成的变化情况

单位：亿美元

年份	农林牧渔业产值	农林牧渔业产值占GDP的比重	种植业和畜牧业产值之和	种植业产值	畜牧业产值
2010年	359.02	10.53%	368.79	292.68	76.11
2011年	429.95	11.60%	468.62	381.99	86.62
2012年	457.47	11.51%	432.69	347.91	84.78
2013年	478.39	11.39%	409.44	317.56	91.88
2014年	413.64	10.23%	–	–	–
2015年	361.28	9.14%	–	–	–
2016年	350.19	8.50%	–	–	–
2017年	394.02	8.65%	–	–	–

注：表中“–”符号表示缺乏相关数据。

数据来源：农林牧渔业及其占GDP的比重数据来源于联合国UNCTAD数据库；种植业和畜牧业产值数据来源于FAO数据库。

2. 粮食人均占有量及其变化情况

泰国是世界重要的粮食生产国，其稻谷的产量和出口量位居世界前列，这使得泰国的粮食人均占有量较高。2010—2016年，泰国粮食人均占有量年均为560.0千克，而中国为421.8千克，全球为416.1千克，因此泰国的粮食人均占有量较高（表2-5）。

表2-5 2000—2016年泰国粮食人均占有量及其与中国和全球的比较

单位：千克/人

年份	泰国	中国	全球
2000	498.5	366.1	394.1
2005	533.3	371.3	403.8
2010	602.5	408.7	410.6
2011	627.8	425.2	427.9
2012	653.0	436.5	418.8
2013	630.3	443.5	443.3
2014	565.4	444.9	447.1
2015	482.5	453.2	400.0
2016	446.6	447.0	399.6
2010—2016年平均	560.0	421.8	416.1

注：泰国和世界的粮食人均占有量根据《中国农村统计年鉴》关于粮食人均占有量的计算方法计算得出，即用粮食（谷物、豆类和薯类）产量除以人口总数。

数据来源：中国数据来源于历年《中国农村统计年鉴》；泰国和世界数据根据FAO数据库相关数据计算得出。

3. 粮食安全水平情况

根据FAO的粮食安全指标，营养不足发生率（Prevalence of Undernourishment）、营养不良人口数（Number of People Undernourished）和膳食热能供应量（Dietary Energy Supply）是应用较为广泛的粮食安全衡量指标。

营养不足发生率是指热量摄取不足的人口比例。2000—2002年至2016—2018年，泰国的营养不足发生率呈下降态势，从18.4%下降到7.8%，下降了10.6个百分点。2000—2002年至2002—2004年，泰国的营养不足发生率高于全球与中国，但从2004—2006年起低于全球的营养不足发生率。到2016—2018年，泰国的营养不足发生率比全球低2.9个百分点，比亚洲低3.6个百分点，比中国低0.7个百分点。因此，泰国的营养不足发生率相对较低（表2-6）。

表2-6 2000—2018年全球、亚洲、中国和泰国营养不足发生率变化情况

年份	全球	亚洲	中国	泰国
2000—2002	14.9%	17.6%	16.0%	18.4%
2001—2003	15.0%	17.8%	15.9%	17.5%
2002—2004	15.1%	18.0%	15.9%	16.3%
2003—2005	15.0%	18.1%	15.8%	15.0%
2004—2006	14.7%	17.9%	15.6%	13.4%
2005—2007	14.3%	17.3%	15.3%	11.7%
2006—2008	13.7%	16.5%	14.8%	10.4%
2007—2009	13.0%	15.5%	14.1%	9.7%
2008—2010	12.5%	14.7%	13.3%	9.5%
2009—2011	12.1%	14.0%	12.5%	9.3%
2010—2012	11.8%	13.5%	11.7%	8.9%
2011—2013	11.4%	13.0%	11.0%	8.6%
2012—2014	11.2%	12.7%	10.4%	8.3%
2013—2015	11.0%	12.4%	9.8%	7.9%
2014—2016	10.7%	11.8%	8.8%	7.9%
2015—2017	10.7%	11.5%	8.6%	7.8%
2016—2018	10.7%	11.4%	8.5%	7.8%

数据来源：FAO数据库。

自2000年以来，泰国的营养不良人口呈下降态势，从2000—2002年的11.6百万人下降到2016—2018年的5.4百万人，下降了53.45%。2016—2018年，中国的营养不良人口为122.4百万人，占全球营养不良人口的15.11%，远高于泰国。因此，泰国的营养不良人口相对较少（表2-7）。

表2-7 2000—2018年全球、亚洲、中国和泰国营养不良人口变化情况

单位：百万人

年份	全球	亚洲	中国	泰国
2000—2002	929.6	636.6	211.2	11.6
2001—2003	943.8	652.3	211.3	11.2
2002—2004	959.2	669.1	211.4	10.5
2003—2005	966.2	679.4	211.9	9.7
2004—2006	961.7	679.3	210.5	8.7
2005—2007	942.3	665.6	207.3	7.7
2006—2008	913.8	640.1	201.7	6.9
2007—2009	883.8	610.5	193.8	6.4
2008—2010	857.9	583.6	183.7	6.3
2009—2011	838.0	563.2	173.4	6.2
2010—2012	820.6	547.0	163.2	6.0
2011—2013	807.8	535.1	154.4	5.8
2012—2014	800.3	526.8	146.6	5.5
2013—2015	795.5	519.0	139.8	5.3
2014—2016	790.2	520.1	125.0	5.4
2015—2017	797.9	514.5	123.1	5.4
2016—2018	809.9	512.9	122.4	5.4

数据来源：FAO数据库。

2000—2002年至2013—2015年，泰国的膳食热能供应量呈上升态势，从每人每天260.4万卡路里（1卡路里=4.186焦）增长到282.1万卡路里，增长了8.33%，因此，泰国的膳食热能供应能力持续上升（表2-8）。泰国的膳食热能供应量高于亚洲平均水平，2013—2015年每人每天高出2.5万卡路里。泰国的膳食热能供应量远低于中国，但已逐步接近全球平均水平，2000—2002年，泰国每人每天的膳食热能供应量比全球平均水平低11.7万卡路里，但到了2013—2015年，泰国每人每天的膳食热能供应量比全球平均水平低7万卡路里，缩小了4.7万卡路里。

总的来说，根据FAO的粮食安全衡量指标，泰国的粮食安全水平不断提升，泰国粮食人均占有量较高，是世界重要的粮食生产和出口国家，这为保障全球的粮食安全也做出了重要贡献。

表2-8　2000—2015年全球、亚洲、中国和泰国膳食热能供应量变化情况

单位：万卡路里/（人·天）

年份	全球	亚洲	中国	泰国
2000—2002	272.1	256.9	282.4	260.4
2001—2003	272.3	256.5	283.1	261.7
2002—2004	273.0	256.9	284.5	264.1
2003—2005	274.1	258.0	286.0	267.1
2004—2006	275.6	259.7	287.7	272.3
2005—2007	277.6	262.5	289.7	276.1
2006—2008	279.6	265.8	292.8	277.3
2007—2009	281.1	268.5	296.5	275.2
2008—2010	282.4	270.9	300.5	274.9
2009—2011	283.9	273.2	303.9	275.0
2010—2012	285.6	275.3	307.4	276.7
2011—2013	287.0	276.8	309.5	277.6
2012—2014	287.9	278.0	311.2	280.3
2013—2015	289.1	279.6	313.2	282.1

数据来源：FAO数据库。

4. 农畜渔业发展的潜力及限制因素

泰国优越的气候条件、地理条件为其种植业、畜牧业和渔业的发展提供了良好的基础，丰富的农业资源更是有利于其农业潜力的进一步发挥。

（1）种植业发展潜力及限制性因素。20世纪60年代后，泰国外向型经济和“农业多元化”战略使泰国种植业结构趋于优化，不仅稻谷、木薯、玉米等粮食作物已形成规模，而且橡胶、甘蔗、烟草、蔬菜、水果等经济作物也迅速发展。目前，泰国是世界第一稻米、木薯、新鲜热带水果出口国、第二天然橡胶生产国、第三木薯生产国、第六糖料生产国、第四热带水果生产国[①]。泰国重视国内产品品种改良、质量改善及有机农业的

① 根据FAO数据库、联合国UNCTAD数据库计算得出，其中热带水果出口数据为2013年FAO数据。

发展，由于泰国有良好的气候条件和廉价劳动力，美国、日本、台湾等国家和地区均在泰国繁育种子，其蔬菜种业较为发达，泰国从事蔬菜种子繁育、经营的种子公司主要有13家（如正大集团、东西种子公司等），这些公司控制着泰国蔬菜种子生产、销售和出口的92%以上[①]。泰国农业法律法规系统较为完善，涉及种植业的法律法规主要有：《橡胶防治法》《植物品种保护法》《植物新品种法和植物检疫法》《土地法》《灌溉法》等。虽然泰国种植业发展具备一定的潜力，但也面临诸多限制性因素，如种植业病虫害较多，自然灾害频发（干旱、洪涝、台风等），集约化经营程度不高等。

（2）**畜牧业发展潜力及限制性因素。**20世纪70年代开始，泰国畜牧业迅速发展，生产规模扩大并向集约化经营转变，改变了以往家庭分散经营和自给性消费为主的生产传统。良好的政策条件为泰国畜牧业的发展提供了保障。畜牧业是泰国政府大力扶持的产业，配套基础设施不断改善，国外的猪、鸡、蛋等畜牧产品无法渗透到泰国市场，使泰国的养殖业、饲料业得到平稳发展。泰国重视畜牧业技术的引进以及可持续发展战略，在饲料生产、畜禽养殖和畜产品加工等领域开展循环利用和节约资源生产，提升了泰国畜产品的市场竞争能力。但泰国畜牧业小农经营仍较为普遍，且近年来随着饲料加工业的主要原料，如玉米、黄豆等价格持续上涨，导致饲料业成本增加，生产价格波动，加之泰国劳动力成本的上升，禽流感等畜禽疾病的高发都制约了泰国畜牧产品国际竞争力的提升。

（3）**渔业发展潜力及限制性因素。**泰国渔业发展条件得天独厚，拥有泰国湾和安达曼海两个天然海洋渔场以及1 100多平方公里的淡水养殖场。泰国的76个府中有23个府临海，以渔业为主，曼谷、宋卡、普吉等地是其重要的渔业中心和水产品集散地，位于那空沙旺府的波拉碧湖是泰国最大的淡水鱼苗养殖地和渔业技术培训中心。由于泰国拥有品种丰富、品质优良的海产品原料，加上完善的海产品加工基础设施和低廉的劳动力，其水产加工品在国际市场中占有较大比重，主要出口的水产品有虾类制品、金枪鱼罐头、头足类制品、鱼糜制品等，其中金枪鱼罐头和虾产品的出口量居世界第一[②]。根据联合国粮农组织数据显示，目前泰国海水鱼产量在45万吨左右，位居全球第七；远洋渔业产量56万吨左右，全球排名第18位。随着泰国邻国陆续实施200海里专属经济区制度，泰国本土渔业作业范围极大压缩。不仅造成近海捕捞过度，而且容易引发区域渔民冲突。此外，泰国渔业发展资金不足、海产品加工技术亟待提升等都限制了泰国渔业的进一步发展。

① 邹春萌，罗对荣. 泰国经济社会地理［M］. 北京：中国出版集团，2014。

② 陈晖，熊韬. 泰国概论［M］. 北京：中国出版集团，2012。

（四）泰国有机农业及其经营模式

1. 有机农业发展及认证

有机农业是泰国于20世纪80年代由地方组织和非政府组织发起的农业运动的一部分。有机农业网络于1984年成立，主要用于开展有机农业与持续农业的经验交流、政策倡导的讨论和论坛等。泰国的第一例有机农产品产生于1991年由意大利的认证机构Bioagricert认证。当时，泰国国内还没有有机农产品的相关机构，甚至对有机农产品的概念还一无所知。随后的几年中，有机农产品的发展速度仍然很慢，1995年泰国第一家私营有机农产品认证机构——泰国有机农业认证署（ACT）诞生，其制定了泰国的第一部私营有机作物种植标准，为所有的有机农业生产、加工提供专业认证和指导。近年来，泰国推广有机农业迅速，出现了很多有机农业的专业机构、生产组织、私营公司、出口单位甚至非政府组织，相继开展了很多有机农业生产项目。到目前为止，泰国获得有机农产品认证的土地面积约15 300公顷，约占全国可耕作土地面积的0.07%。

2. 经营模式

泰国的有机农业大多以集体合作社形式和农场形式组织生产，单家独户实施有机农业很难成功。农场主要有五大类：具有经济实力的单个农户农场、公司农场、政府农场项目、农户与公司合作农场和农户与非政府组织合作农场。

（1）单个农户农场。这种农场的农户一般单打独斗，成本较高，一般都由具有经济实力的农户单独实施有机农业，这种情况并不多。

（2）公司农场。没有农户的参与，由公司操作，聘请当地农户作为劳动力，农户与公司属于雇佣关系。

（3）政府农场项目。主要由政府部门组织实施，是自上而下的泰国国王项目。泰国国王还亲自在国家级保护区内及周边建立了多处皇家有机农场，希望能够利用有机农业的理念来开发和保护农业资源。此外，政府还通过这些项目来达到农民增收的目的。

（4）农户与公司合作的农场。就是“公司+农户”的方式，农户提供自己的土地和劳力，公司提供资金和技术，风险共担，具有扶贫性质。

（5）农户与非政府组织合作农场。这种农场在泰国也具有相当重要的作用。由于农户的分散性，单个农户很难参与市场竞争，而通过非政府组织或农民协会的参与，将分散的农户进行有效的联合，对农户进行统一培训，对产品进行统一销售。这种方式的组合既可以有效地保护农民的最大利益，同时也可以保证有机产品的质量。如位于Kanchanaburi省Nong Prue地区的帕库郎村（Pa Khoo Lang），是一个克伦族自然村，长期以来克伦族一直居住在泰国北部和西部的泰缅边境山区，克伦族人一般习惯于轮歇农业，种植各种各样的作物。1995年，Pa Khoo Lang村被灌溉局建设的水库淹没，水淹7年以来政府都未兑现补贴承诺，村民生活困难。2002年，当地的非政府组织AGRECO/PGRC协助村民在他们自己的部分土地上实践有机农业，获得ACT的认证，村民有更多的机会出售产品，现在越来越多的村民愿意转型为有机生产。

3. 泰国有机农业涉及的作物

有机农业涉及的作物有大豆、各种蔬菜及嫩玉米、传统药材、蘑菇及水稻、热带水果、石刁柏等。

泰国的有机农业也在传统药材的生产上实施。建于1941年的Chaophraya Abhaibhubejhr医院在位于曼谷附近Prachinburi省的Dong Bang村实施了社区扶贫项目有机药材栽培。目前该医院已开发了22种药品及化妆品，传统药材的原材料由Dong Bang村获得国家有机农业认证署（ACT）认证的16户农户按照医院的订单进行生产提供，这些农户接受过有机农业培训。有机农业也在Sa Kaew省Wang Somboon区Wang Suriya村出口的石刁柏上实施。该村很多村民曾经单独种植玉米、木薯、甘蔗和桉树等均未能成功，并且因无力还债而逐渐失去土地。2000年，有机农业被介绍到该村，村民们与一家出口蔬菜的Swift公司合作，公司支付认证费用，实行有机生产，产品出口欧洲和日本，每年这些国家的认证机构会来检查。苏凡布里（Suphanburi）省Tung Ka Mo村的稻农也开展有机蘑菇生产，由于蘑菇生产需要使用稻草，所以水稻生产也必需符合有机标准①。

（五）泰国主要农产品生产状况

目前，农业仍然是泰国的支柱产业之一，农产品也是泰国外贸出口的主要商品，泰国生产的主要农产品包括稻米、橡胶、木薯、玉米、甘蔗、热带水果等。

① 李裕荣，董颖苹，黄萍，等. 泰国有机农业的发展及现状 [J]. 贵州农业科学，2007，35（4）：174-176。

1. 水稻生产发展状况

根据FAO数据显示，2017年泰国水稻收获面积共计1 061万公顷，占耕地面积的60%以上；从事水稻生产的有400万户（约2 400万人），占农业总人口的3/4。稻米年产量近3 000万吨，占全球稻米总产量的7%～9%，稻米产业在泰国农业乃至整个国民经济中具有相当重要的地位。

从图2-3可知，2000—2012年，泰国水稻生产规模总体不断扩大，其中水稻收获面积从2000年的989万公顷增长到2012年的1 200万公顷，增长幅度为21.33%；同期，水稻产量从2 580万吨增长到3 800万吨，年均增长率为3.28%；从2013年开始，泰国水稻生产规模连续下降，2016年水稻收获面积和产量分别比2012年下降11.58%和12.16%；2017年，泰国水稻生产规模相比上一年有所增长，收获面积和产量分别从2016年的934万公顷和2 665万吨增长到2017年的1 061万公顷和3 338万吨。虽然泰国水稻生产规模大，但水稻单产较低，根据联合国粮农组织数据显示，尽管泰国水稻单产从2000年的2 608.38千克/公顷（173.89千克/亩）提高至2017年的3 145.00千克/公顷（209.67千克/亩），但单产水平仍然较低。

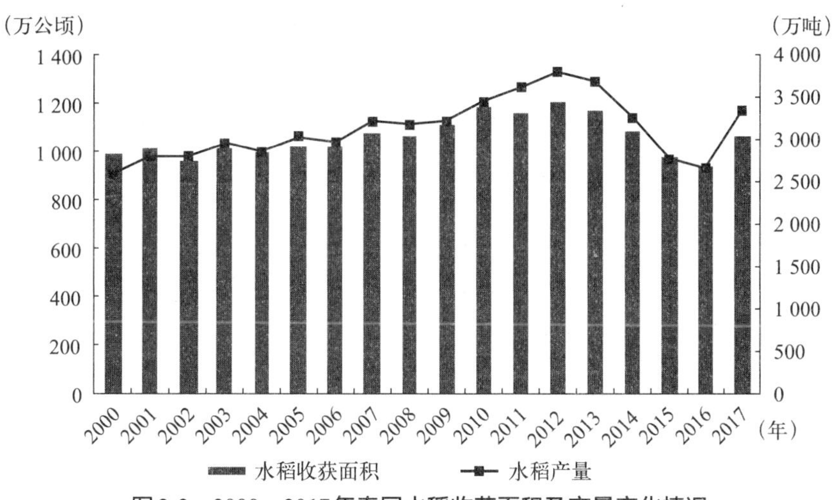

图2-3 2000—2017年泰国水稻收获面积及产量变化情况

数据来源：根据FAO数据库数据整理。

泰国水稻生产分成雨季和旱季两个季节，雨季从5月到10月，旱季从11月到翌年4月。水稻播种时间主要取决于灌溉条件。头季稻（雨季）中的低洼雨养稻田5～6月播种，有灌溉条件的稻田7～8月播种，因而收获期很长，有的地方品种到12月才收割；二季稻（旱季）一般在12月下旬播种，翌年3～4月收割。雨季大约有50%的稻农种植传统的高秆水稻品种，平均产量为1 900千克/公顷；旱季大部分采用高产的半矮秆改良品种，平均产量为3 700千克/公顷。

2. 木薯生产发展状况

泰国是全球第三大木薯生产国（仅次于尼日利亚和巴西）和第一大出口国，全国木薯种植总面积120万公顷，主要产区在东北部、北部和中东部，其中东北部产量占全国总产量的一半多。木薯特别耐旱，可以在泰国几乎所有类型的土壤中生长，而且对养分需求不高。泰国木薯播种时间有两季，一季在11月到翌年1月，称为旱季前作物；另一季在2～4月，称为雨季前作物，其生产期为10～12月。

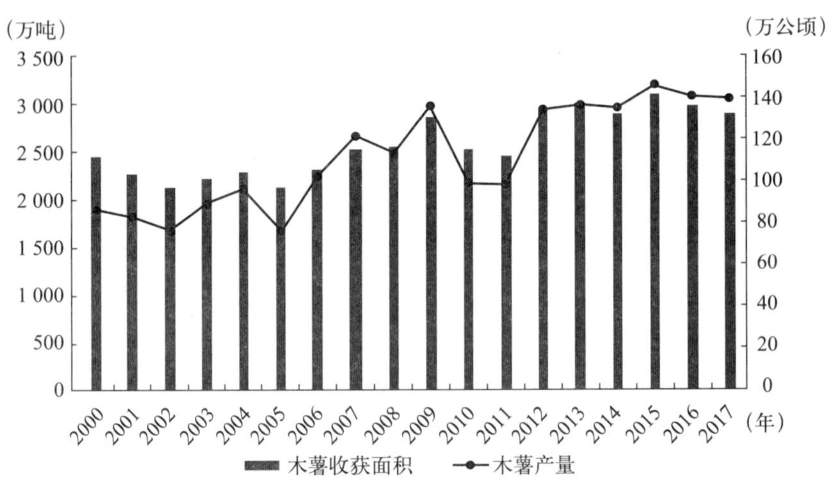

图2-4　2000—2017年泰国木薯收获面积及产量变化情况

数据来源：根据FAO数据库数据整理。

从图2-4可知，2000—2017年，泰国木薯收获面积和产量在波动中增长，其中木薯收获面积从2000年的113.09万公顷增加到2017年的134.24万公顷，增加幅度为18.70%；同期木薯产量大幅增长，从1 910万吨增长到3 097万吨，增长幅度为62.15%。从联合国粮农组织公布的泰国木薯单产来看，2000年泰国木薯单产为16 888.58千克/公顷，到2017年，单产已增长到23 073.10千克/公顷。

3. 糖料生产发展状况

泰国目前是世界第六糖料生产国，排在巴西、印度、欧盟、中国、美国之后，产糖量约占世界总产量的5%。泰国现有46个制糖厂，分布在北部（10个）、中部（18个）、东北部（5个）、东部（13个）。甘蔗单产约76吨/公顷，甘蔗含糖量约12%，制糖期在每年11月至翌年1月。

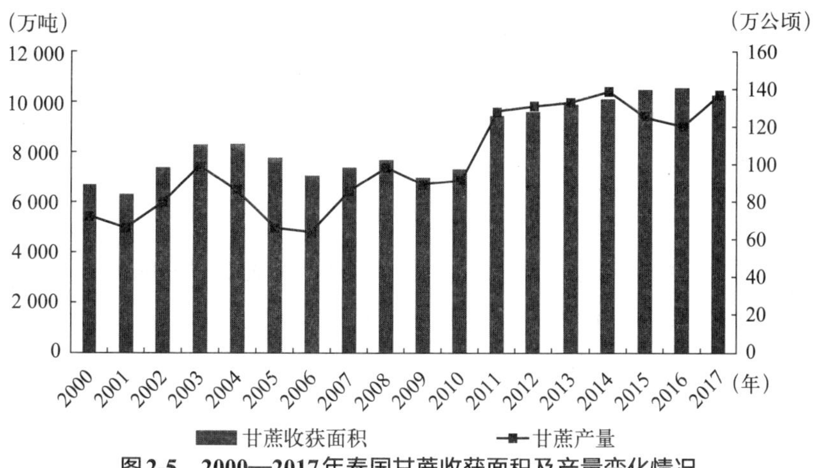

图2-5　2000—2017年泰国甘蔗收获面积及产量变化情况

数据来源：根据FAO数据库数据整理。

从图2-5可知，2000—2017年，泰国甘蔗生产规模总体呈扩大趋势，尤其是从2010年开始，规模扩大较为明显。其中甘蔗收获面积从2010年开始连续增长，年均增长率为4.91%；甘蔗产量则从2009年的6 680万吨增长到2017年的10 295万吨，年均增长率为5.56%。同期，根据面积和产量计算的甘蔗单产也从2010年的71 638.08千克/公顷增长到2014年的75 231.00千克/公顷，增长幅度为5.02%。

4. 玉米生产发展状况

泰国是东南亚玉米主要进口国之一。20世纪90年代，随着泰国国内饲养业的迅速发展，玉米需求不断增加，因此，逐步从中国、阿根廷、美国等国家进口玉米。泰国80%左右的玉米是在雨季初期（3～5月）播种，少部分在雨季后期（7～8月）播种，可灌溉的水田也可以在干旱季节（11月至翌年2月）播种。

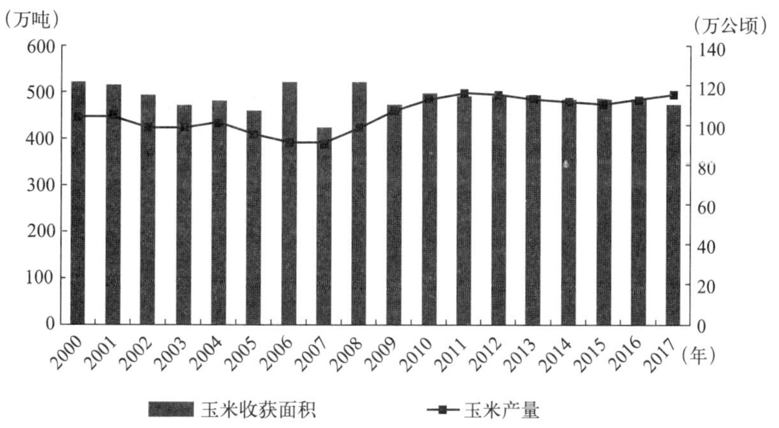

图2-6　2000—2017年泰国玉米收获面积及产量变化情况

数据来源：根据FAO数据库数据整理。

2000年以来，泰国玉米生产规模比较稳定。2000—2017年的18年时间里，泰国玉米年均收获面积为111.78万公顷，年均产量为453.14万吨；从单产来看，2010年开始，泰国玉米单产维持在4 484.9千克/公顷，约298.99千克/亩的产量水平。

5. 橡胶生产发展状况

泰国是东盟第二也是全球第二天然橡胶生产国，仅次于印度尼西亚。泰国传统的橡胶种植区主要分布在南部和中部，近年来，逐渐开始在北部和东北部扩大种植，在泰国77个府中，有超过52个府种植橡胶。

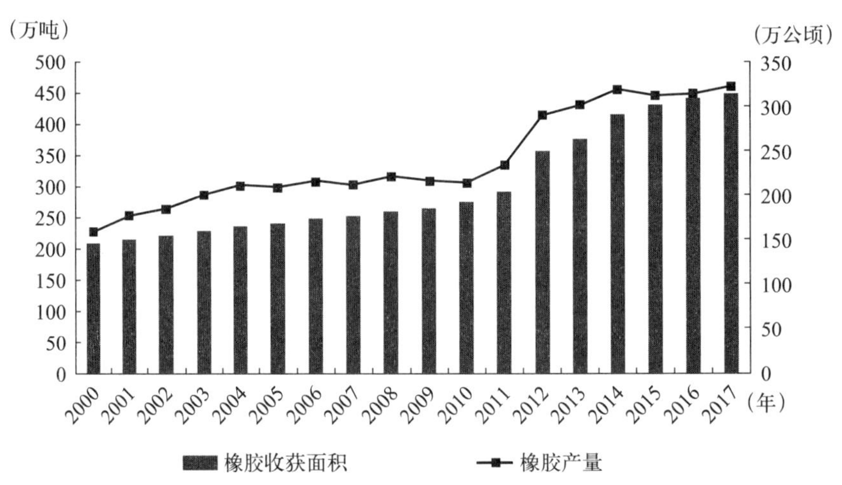

图2-7　2000—2017年泰国橡胶收获面积及产量变化情况

数据来源：根据FAO数据库数据整理。

从图2-7可以看出，2000—2017年，泰国橡胶生产规模不断扩大，尤其是从2011年开始，规模扩大较为明显。其中橡胶收获面积从2010年的192.93万公顷增加到2017年的314.63万公顷，增加100多万公顷，年均增长率为7.24%；橡胶产量也从2010年的305.18万吨增长到2017年的460.00万吨，约增产150万吨，年均增长率为6.04%，虽然收获面积和产量均出现增长，但橡胶单产基本维持在1 500千克/公顷左右。

6. 蔬菜生产发展状况

由于气候原因，泰国蔬菜种植的品种较为单一，产量偏低，种植面积有限。泰国主要种植辣椒、茄子、大白菜、空心菜、芦笋、玉米笋、豇豆、苦瓜、南瓜、黄瓜、西瓜等。十字花科喜冷凉蔬菜、莲藕和部分喜温蔬菜主要从中国进口。

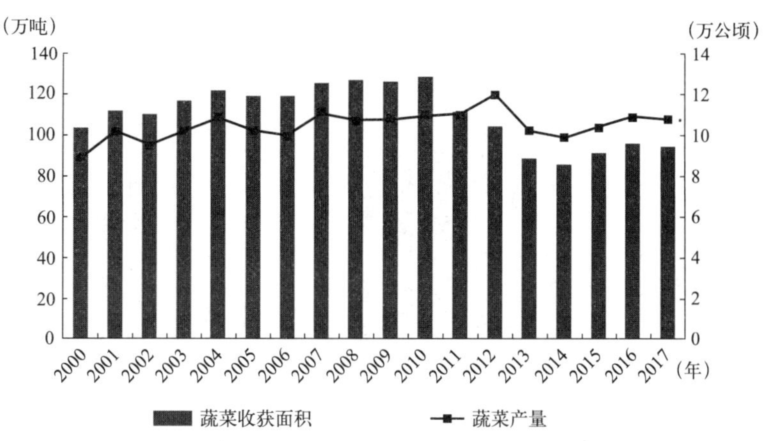

图2-8　2000—2017年泰国蔬菜收获面积及产量变化情况

数据来源：根据FAO数据库数据整理。

从2000—2010年，泰国蔬菜收获面积稳定在12万公顷左右，但从2011年开始逐年下降，从2010年的12.82万公顷下降到2014年的8.6万公顷，下降幅度为32.92%；2015—2017年，泰国蔬菜收获面积又有所增长，2017年收获面积和产量分别增长到9.43万公顷和107.77万吨。泰国蔬菜产量同样比较稳定，2000—2017年，蔬菜产量波动幅度较小，产量始终在100万吨左右。

7. 热带水果生产发展状况

东盟是世界热带水果重要产地之一。泰国的热带气候非常适宜热带水果的生产，榴莲、山竹、荔枝、龙眼等是其主要热带水果品种，泰国的水果罐头、果干和果汁也是其重要的农业加工产品。2000年以来，东盟椰子收获面积和产量占全球椰子收获面积和产量的60%左右，香蕉收获面积和产量占全球香蕉收获面积和产量的17%左右。根据中国海关网数据显示，中国进口的榴莲、山竹等热带水果主要来自泰国。

2000—2017年，泰国热带水果收获面积总体呈扩大趋势，从2000年的32.64万公顷扩大到2017年的56.35万公顷，18年里约扩大23.71万公顷，增长幅度为72.66%，同期，泰国热带水果产量波动较大，产量维持在200～270万吨（图2-9）。

8. 其他农产品生产发展状况

除了水稻、木薯、玉米、橡胶、甘蔗、热带水果等农产品外，泰国畜产品以鸡、鸭、蛋等产品为主，是冻鸡、鸡蛋的主要出口国家。此外，泰国有2 600公里长的海岸线，是亚洲主要的海洋捕鱼国，也是亚洲重要的鱼产品出口国，其中冷冻虾、冷冻鱼、鱼罐头等渔业加工产品的出口量位居世界前列。

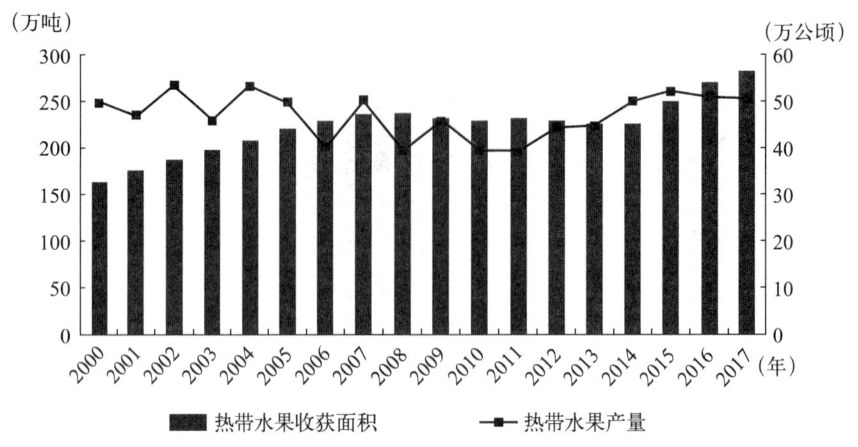

图2-9　2000—2017年泰国热带水果收获面积及产量变化情况

数据来源：根据FAO数据库数据整理。

（六）泰国主要农作物品种改良状况

泰国农作物的品种改良主要涉及水稻、木薯、玉米和蔬菜等农作物。

1. 水稻品种改良

泰国水稻主推品种都是常规籼稻品种。北方稻区推广的品种有彭士洛601、彭士洛602、彭士洛2号，特别是彭士洛2号，这是一个有香味的籼稻品种，在北方稻区的种植面积超过50%。KDML105是一个米粒细长、透明、香型的籼稻品种，在清迈已经种植35年，在全国种植面积很大，是加工出口米的原料。科研单位选育的新品种，会邀请稻农参与品尝米质，把稻农评价作为衡量品质审定的依据。更重要的是，泰国在水稻技术推广上坚持抓好种子生产，在全国建立了23个水稻种子生产中心，种子生产中心按照技术要求提纯复壮，严格做好除杂去劣的种子繁殖，以保持品种优良性状。有的品种在生产上使用年限长达50年，但仍受稻农青睐，而且是加工出口大米的最佳原料。目前，泰国水稻育种重点是选育米质优，需肥少、需药少，抗病、抗虫性强的品种。

泰国水稻主要是常规稻品种，占水稻品种的98%以上，杂交水稻不足2%。尽管如此，由于杂交水稻产量高和种子的经济利益大而促使杂交水稻推广开始增长，但是由于杂交稻品质相对较差，推广的进度较慢。20世纪60年代以前，泰国的水稻育种主要是采用纯系选择法从地方农家品种中选优培育，目标主要是提高稻米品质，尤其是米粒长度。20世纪60年代中期，杂交育种和突变育种等方法应用到水稻育种上，主要是选育适合灌溉稻区的非感光品种，并应用国际水稻研究所（IRRI）的品种材料来提高单产和抗病虫能力。自20世纪90年代初开始研究杂交水稻，但进展缓慢。90年代末水稻生物技术研究起步，科学家试图通过分子技术导入抗病性基因，但由于考虑到安全性问题，目前还停留在产品试验和观察阶段。当前几个主要的推广品种是RD6（1977年育成）、KDML105（1959年育成）、SPR60（1987年育成）、RD23（1981年育成）、RDl0（1981年育成）。尤其是KDML105是1959年从泰国地方农家品种中选育出来的，耐旱、耐酸碱土壤，米粒细长、透明，食味香，在国际市场上十分畅销。该品种已在生产上应用了近50年，仍然占有相当大的比重，其主要原因是米质特优。但由于长期种植，品种退化严重，抗病能力下降，目前研究的重点是增强其抗病性。另外，鉴于种子市场小和利润低，仅有很少的农业公司从事种子生产和提纯，大部分种子由农民自己提纯。由于泰国地处高温、高湿的热带地区，病虫害发生严重，但同时又需要强调稻米的品质，因此，抗性品种的选育已经引起高度重视。

在品种改良上，泰国始终注意品质优先，符合品质标准的才能进入市场，否则即使产量提高再多也不应用于生产。为了防止“好茉莉（hom mali）品种”退化，泰国的水稻研究中心、试验站非常注重品种的提纯复壮工作，每2～3年更新1次，从而确保高档优质大米的品质。

2. 木薯品种改良

泰国木薯品种单一，只有RAYONGl号，导致木薯单产下降；目前，泰国正在努力开发新的木薯品种如RAYONG3、RAYONG60、RAYONG90、RAYONG5、KASETSART50和SRIRACHAL等。泰国木薯品种资源非常有限，遗传多样性较低。为了改善这些地方品种，并扩大遗传基础，该国从国外引进了许多品种，主要来自拉美维尔京群岛。此外，国际热带农业中心每年为其提供资源，这大大增加了该国木薯的遗传多样性。

3. 玉米品种改良

1987—1996年的10年，泰国玉米杂交种特别是单交种产量比过去10年明显提高，产量联合试验表明杂交种的产量每年都在增加，最高产量对照Suwanl增产28.1%～61.0%。在这10年中，头两年产量最高的是三交种，但后几年产量最高的一直是单交种，其平均产量为9.0～9.5吨/公顷。单交种用种量少，产量也比自由授粉品种高35.4%，比其他杂交种高4.2%；其纯收益为6 445铢/公顷，比自由授粉品种高52.7%，比其他杂交种高7.3%。另外，单交种的发芽率、幼苗活性都很好，用机械单粒播种很少产生弱苗。

4. 蔬菜改良状况

虽然泰国蔬菜产量较低，但蔬菜种质资源十分丰富。泰国的蔬菜研究主要集中在泰国农业大学等部属大学和科研院所，泰国农业大学园艺系在蔬菜有机栽培与推广方面有较丰富的经验，全国近1/3的有机蔬菜种植技术来源于该校；蔬菜新品种的选育主要是泰国热带蔬菜研究中心、泰国正大集团、正泰公司等单位，蔬菜生产有农民自发和农场主承包两种形式，农民使用的蔬菜种子多数来源于种子公司。

泰国热带蔬菜研究中心隶属于泰国农业大学，专门负责征集全世界蔬菜种质资源，并进行资源的评估、鉴定与保存。同时，建立了全国最大的蔬菜种质资源库，该库现存有117个种类，14 448份蔬菜种质资源。建有50年长期库和10年中期库，长期库为−196℃的种子库。

（七）泰国农产品加工业发展状况

1. 农产品加工业发展总体情况

根据泰国农业部网站和泰国农业合作社资料可知，泰国的农产品加工业一直以来都处于发达水平，首先，这得益于泰国政府在产业、经济、技术和环境等方面提供的扶持政策；其次，得益于泰国农产品加工业独特、专业的组织形式，其中农业推广公司和农业合作社组织功不可没[①]；再次，得益于泰国成熟的农产品商业化渠道，主要表现在泰国国内具有便捷、优越的农产品交易市场，比如达莱泰市场和诗曼市场等。另外，泰国国内建立起来的风险防范机制，在一定程度上提高了抵御外部冲击的能力；泰国推广的积极“走出去”的战略也是泰国农产品商业化的一个重要渠道，积极的战略政策为其农产品走向国际市场保驾护航。

2. 农产品加工业供应链状况

2016年，泰国大力推崇2007年国家提出的“一府一特色农产品”项目，在巴育政府主推的“泰国4.0”政策，即大力发展高附加值产业的政策条件下，137家中小型企

① 王海波．泰国农产品加工业发展的经验与启示[J]．东南亚纵横，2012（4）：21-25。

业共200个部门参与，涉及大米、木薯、海产品、蔬菜、水果等重要农产品，加上当地农民积极配合，2016年泰国农产品加工业的经济创收高达32.6亿泰铢[①]。

泰国财政部还在“一府一特色农产品”项目中成立专组人员协助项目进展，在物流、生产、效率提高、劳力、成本、产品质量、市场政策、金融7个方面进行统筹规划，形成完善的农产品加工业供应链体系，其中每个环节在不同程度上都带来巨大的收益(表2-9)。

表2-9 泰国农产品加工业供应链收益情况

序号	名称	涉及部门（个）	效益（泰铢/年）
1	物流	18	31 879 291.50
2	生产	56	85 851 993.58
3	效率提高	35	37 297 631.88
4	劳力	19	13 516 088.48
5	产品质量	31	70 500 000.00
6	市场政策	28	77 373 750.00
7	金融	13	10 000 000.00

数据来源：泰国财政部网站。

3. 重点农产品加工企业

泰国重点农产品加工企业涉及大米、面粉、植物加工、豆制品加工、饲料加工等领域。表2-10列出了10家泰国重点农产品加工企业。泰国积极推动并融入东盟经济共同体的建设和发展，随着2015年12月31日东盟经济共同体的正式成立，泰国农业经济发展迅速。根据联合国贸易与发展组织（UNCTAD）数据显示，泰国农业增加值从2015年的360.97亿美元增加到2017年的394.02亿美元，增幅为9.16%。但与此同时，泰国面临的来自东盟成员国内部的竞争也在加剧，2015年至2017年，东盟整体农业增加值的增幅为9.30%，稍大于泰国。

① 泰国工业部官网，2016年10月。“泰国1.0”是传统农业发展战略、“泰国2.0”是轻工业发展战略、“泰国3.0”是重工业发展战略。“泰国4.0”战略下，传统优势产业：新一代汽车制造、智能电子、高端旅游与医疗旅游、农业和生物技术、食品深加工及五大未来产业，包括工业机器人、航空和物流、生物能源与生物化工、数字经济、医疗中心将成为泰国经济发展新引擎。

表2-10 2016年度获得泰国工信部奖项的12家杰出农业企业名单

序号	企业名称	地点	主要农产品加工
1	Saratoga Marketing Co., Ltd.	碧差汶府（北部）	罗望子、盐、梅子、蜜饯
2	Arun Rice Trading Co., Ltd.	碧差汶府（北部）	大米
3	Roong Ruang PartnershipCo., Ltd.	黎逸府（东北部）	面粉、粿条
4	Boon Charoen Commodity Co., Ltd.	巴吞他尼府（中部）	豆腐、豆奶、黄豆
5	Mei Tak Co., Ltd.	呵叻府（东北部）	呵叻粿条（呵叻府特产）
6	Thai Quality Starch Co., Ltd.	北碧府（中部）	淀粉
7	Sirirukhumrong Co., Ltd.	清迈（北部）	香料、草药
8	Namchai Power Supply Co., Ltd	素攀武里（中部）	大米、碾米
9	Jumbo Factory	素可泰（北部）	甜品
10	Wang Maen Agriculture Co., Ltd.	叻丕府（中部）	面粉、植物加工、种子、有机饲料

数据来源：根据泰国工信部官网整理，http://www.industry.go.th/industry/index.php/th/component/k2/item/38405-opoai，公司名根据泰国工信部泰文名称译成英文名称。

（八）农产品进出口贸易情况

1. 泰国农产品进出口贸易总体情况

泰国的农产品生产基本能够满足国内需求，对国际农产品的依赖较少，同时还向国外出口国内生产的主要农产品，这些农产品包括天然橡胶、稻谷和大米、木薯等。2014—2018年，泰国农产品贸易额占总产品贸易额的比重为9.0%～9.8%，而且贸易趋势比较稳定，农业工业产品的贸易额占总产品贸易额的比重为7.2%～8.0%（表2-11）。

表2-11 2014—2018年泰国农产品贸易额占总产品贸易额的比重情况

单位：十亿泰铢，%

名称	2014	占比	2015	占比	2016	占比	2017	占比	2018	占比
所有产品	7 313.1		7 227.2		7 550.7		8 006.3		8 108.3	
农产品	719.5	9.8	680	9.4	683	9.0	777.1	9.7	744.4	9.2
农业工业产品	547.3	7.5	561.1	7.8	602.9	8.0	577.3	7.2	584.8	7.2
工业产品	5 645.6	77.2	5 686.2	78.7	6 030	79.9	6 359.2	79.4	6 422.7	79.2
矿产品和燃料	400.7	5.5	300	4.2	234.8	3.1	292.7	3.7	356.3	4.4
其他	0	0	0	0	44.6	0	0	0	0	0

注：农产品指“农业、牧业和渔业产品”。
数据来源：泰国贸易网，http://www2.ops3.moc.go.th/。

2. 泰国主要农产品出口情况

（1）泰国天然橡胶出口变化情况。 泰国是世界主要的天然橡胶出口国，根据联合国商品贸易数据库数据显示，2010—2016年，泰国的天然橡胶年均出口量为326.15万吨，占全球天然橡胶年均出口量（866.47万吨）的36.99%。从变化情况看，泰国的天然橡胶出口量呈增长态势，从2010年的273.36万吨增长到2018年的352.60万吨，年均增长3.62%。

中国、马来西亚、日本、韩国和美国等国家是泰国天然橡胶的主要出口贸易伙伴。其中，中国是泰国最大的天然橡胶出口贸易国，2010—2018年泰国向中国出口天然橡胶的数量年均为138.05万吨，占泰国天然橡胶年均出口总量的41.90%；其次是马来西亚，同期泰国向其出口天然橡胶的年均数量为61.71万吨，占泰国天然橡胶年均出口总量的18.73%；泰国向日本、韩国和美国出口天然橡胶的数量相对较少，其中出口日本天然橡胶的数量在2010—2018年年均为26.51万吨，占泰国天然橡胶年均出口总量的比重为8.05%。

从2010—2018年，泰国向中国出口天然橡胶数量呈增长态势，从80.91万吨增长到149.77万吨，年均增长8.61%；泰国向其他主要天然橡胶出口贸易国的天然橡胶出口量呈现出波动变化态势（表2-12）。

表2-12　2010—2018年泰国天然橡胶主要出口国家变化情况

单位：万吨，亿美元

年份	全球		中国		马来西亚		日本	
	出口量	出口额	出口量	出口额	出口量	出口额	出口量	出口额
2010	273.36	78.96	80.91	24.46	62.49	12.81	32.39	10.92
2011	299.70	131.76	109.06	50.92	51.99	15.21	32.65	17.20
2012	299.89	87.46	122.72	36.13	54.74	11.67	27.37	9.39
2013	343.70	82.34	150.72	37.68	66.15	11.09	28.70	8.20
2014	340.94	60.22	152.83	27.53	60.42	8.10	25.13	5.28
2015	365.35	49.77	178.22	24.58	60.95	6.25	23.11	3.74
2016	360.08	44.15	160.16	20.78	70.74	5.82	21.05	3.10
2018	352.60	46.02	149.77	19.60	66.21	6.58	21.66	3.46

数据来源：联合国UNCOMTRADE数据库。

（2）泰国稻谷和大米出口变化情况。 泰国是全球第二稻谷和大米出口国，根据联合国商品贸易数据库数据显示，2011—2016年泰国大米年均出口量为911.70万吨，占全球稻谷和大米年均出口量（3 936.29万吨）的22.76%。泰国稻谷和大米出口规模具有一定的波动性，其中2011—2018年，泰国稻谷和大米出口量从2011年的1 070.62万吨下降到2018年的1 108.9万吨，减幅3.58%。2016年，泰国大米出口988.3万吨，同比增长0.9%，出口额为4 443.8亿美元，出口量仅次于印度的1 043万吨，位居世界第二。目前对泰国大米出口影响最大的是泰铢的相对坚挺，相比其他大米出口竞争国如越南的货币，泰铢仍过于坚挺，这也让泰国大米在价格竞争中处于劣势。

表2-13　2011—2018年泰国稻谷和大米出口规模及其主要出口国家变化情况

单位：万吨，亿美元

年份	出口规模	全球	尼日利亚	贝宁	科特迪瓦	南非	中国	美国	印度尼西亚	喀麦隆	菲律宾	日本	马来西亚
2011	出口量	1 070.6	151.2	20	60.3	58.5	30.3	39.5	90.1	20.7	18.6	29.2	33.1
	出口额	65.1	7.8	1	3.3	3.3	2.4	5	4.8	1	0.9	1.6	2
2012	出口量	673.4	118.3	33.5	35.7	36.7	17.6	36.3	33.8	27.8	0.3	19.7	7.1
	出口额	46.3	6.8	1.9	2.4	2.3	1.5	4.1	1.9	1.4	0.03	1.1	0.7
2013	出口量	661.3	17.6	91.9	31	41.9	32.8	38.8	8.4	28.3	6.6	26.8	14.4
	出口额	44.2	0.9	4.7	2	2.3	2.5	4.6	0.5	1.4	0.3	1.4	0.9
2014	出口量	1 096.9	124	111.3	72	53.6	73.5	48	36.6	51.8	35.3	33.7	42.2
	出口额	54.4	5.3	4.9	2.7	2.4	3.8	4.5	1.6	2	1.4	1.4	1.9
2015	出口量	979.6	64.4	80.6	54.3	56.9	95.8	43.3	27.4	44.9	82.1	28.3	44.3
	出口额	45.4	2.5	2.9	2	2.2	4.7	4.1	1.1	1.6	2.9	1.1	1.8
2016	出口量	988.3	58.3	142.1	69.6	57.4	103.4	47.3	40	50.2	30.9	32.5	43.0
	出口额	43.8	2.2	5.1	2.5	23.2	4.8	3.8	1.6	1.7	1.1	1.2	1.7
2018	出口量	1 108.9	0.7	160.3	28.6	77.0	100.3	50.8	81.3	41	103	22.3	47.5
	出口额	56.2	0.03	6.3	1.3	3.2	5.5	5.5	3.7	1.6	4.06	0.9	2

数据来源：联合国UNCOMTRADE数据库。

泰国稻谷和大米主要出口到尼日利亚、贝宁、科特迪瓦和南非等非洲国家，2010—2018年泰国稻谷和大米出口到这些国家的年均出口量分别为76.36万吨、91.39万吨、50.21万吨和54.57万吨，其占泰国稻谷和大米出口总量的比重分别为8.12%、9.72%、5.34%和5.81%。2010—2018年泰国向中国出口稻谷和大米的年均数量仅次于上述非洲国家，年均出口量为64.81万吨，占泰国稻谷和大米出口总量的6.9%。美国、喀麦隆、日本以及印度尼西亚、菲律宾和马来西亚等东盟国家，都是泰国稻谷和大米主要出口国。2016年，中国进口泰国大米103.35万吨，占中国进口大米总量的21.33%，成为泰国第二大的稻谷和大米出口国（表2-13）。

（3）泰国木薯出口变化情况。泰国是世界最为主要的木薯出口国，根据联合国商品贸易数据库数据显示，2010—2016年，泰国木薯年均出口量为557.71万吨，占全球木薯年均出口量（593.08万吨）的91.67%。从2010—2016年，泰国木薯出口量从427.34万吨增长到641.80万吨，年均增长7.01%。据泰国开泰银行研究中心数据显示，2016年泰国鲜干木薯出口总值为11.09亿美元，年同比下降25.1%；鲜干木薯出口价格为每吨180美元，年同比下降15.9%；出口量约为641.80万吨，年同比下降10.9%。

表2-14　2010—2018年泰国鲜干木薯出口规模及其主要出口国家变化情况

单位：万吨，亿美元

年份	全球		中国		出口中国占比	
	出口量	出口额	出口量	出口额	出口量占比	出口额占比
2010	427.34	8.15	420.26	8.02	98.34%	98.40%
2011	373.52	9.79	369.75	9.69	98.99%	98.98%
2012	469.72	10.95	460.77	10.75	98.09%	98.17%
2013	581.69	13.18	575.46	13.02	98.93%	98.79%
2014	680.03	15.23	677.84	15.17	99.68%	99.61%
2015	729.90	15.39	728.74	15.36	99.84%	99.81%
2016	641.80	11.09	640.57	11.06	99.81%	99.73%
2018	399.27	8.92	398.03	8.88	99.69%	99.55%

数据来源：联合国UNCOMTRADE数据库。

泰国出口的鲜干木薯几乎全部出口到中国。从表2-14可知，2010—2018年[illegible]国鲜干木薯出口到中国的年均出口量为533.93万吨，占泰国鲜干木薯年均出口[illegible]99.26%。2010—2018年，泰国向中国出口鲜干木薯数量从420.26万吨下降到3[illegible]吨，年均下降0.68%。

表2-15　2014年至2017年1月泰国木薯制品出口贸易的主要贸易伙伴贸易额变化情况

项目	年份	全球	东盟	日本	美国	欧洲
贸易总额（百万泰铢）	2014	114 638.0	13 316.6	8 946.5	2 117.5	1 987.9
	2015	117 566.3	16 465.2	8 837.7	2 235.7	1 723.7
	2016	103 128.8	15 810.5	8 313.0	2 332.6	1 607.2
	2016（1月）	8 641.0	1 519.9	641.6	178.9	126.7
	2017（1月）	7 640.8	1 253.9	612.8	191.4	134.5

（续）

项目	年份	全球	东盟	日本	美国	欧洲
增长率（%）	2014	16.57	14.48	−0.70	6.99	14.80
	2015	2.55	23.64	−1.22	5.58	−13.29
	2016	−12.28	−3.98	−5.94	4.34	−6.76
	2016（1月）	−11.65	−6.78	−25.57	18.17	−1.91
	2017（1月）	−11.58	−17.50	−4.49	6.97	6.11
占比（%）	2014	100.00	11.62	7.80	1.85	1.73
	2015	100.00	14.01	7.52	1.90	1.47
	2016	100.00	15.33	8.06	2.26	1.56
	2016（1月）	100.00	17.59	7.42	2.07	1.47
	2017（1月）	100.00	16.41	8.02	2.50	1.76

数据来源：泰国商务部信息中心，http://www.ops3.moc.go.th/infor/menucomth/stru2_Import/import_market/default.asp#。

从表2-15可知，泰国木薯制品主要出口到东盟，其次是日本、美国和欧洲。2014年至2017年1月，泰国出口至全球的木薯制品总体呈下降趋势，其中主要是对日本和欧洲这两大出口市场的出口额下降。

（4）泰国水果出口变化情况。2014年至2017年1月，泰国水果出口额呈逐年增长趋势。从表2-16可知，2016年与2014年相比，泰国水果出口额增长幅度为34.13%，2017年1月，泰国水果出口额再次大幅增长，同比增长47.91%。从泰国主要水果出口贸易伙伴来看，东盟其他国家是泰国主要水果出口地，占泰国水果出口总额的30%以上，其次是美国，占泰国水果出口总额的4%左右。此外，欧洲和日本也是泰国水果的主要出口市场。

表2-16　2014年至2017年1月泰国水果出口贸易的主要贸易伙伴贸易额变化情况

项目	年份	全球	东盟	日本	美国	欧洲
贸易总额（百万泰铢）	2014	40 725.7	12 767.4	693.0	1 720.1	689.4
	2015	44 635.5	13 821.6	628.6	1 920.4	727.3
	2016	54 627.2	21 832.9	670.5	2 185.0	858.8
	2016（1月）	3 856.1	1 475.7	34.0	113.7	49.1
	2017（1月）	5 703.7	2 792.7	34.0	124.3	43.7

（续）

项目	年份	全球	东盟	日本	美国	欧洲
增长率（%）	2014	27.22	63.77	6.26	20.72	20.67
	2015	9.60	8.26	−9.28	11.64	5.50
	2016	22.39	57.96	6.66	13.78	18.08
	2016（1月）	43.00	46.22	32.14	24.07	22.83
	2017（1月）	47.91	89.25	−0.01	9.33	−11.01
占比（%）	2014	100.00	31.35	1.70	4.22	1.69
	2015	100.00	30.97	1.41	4.30	1.63
	2016	100.00	39.97	1.23	4.00	1.57
	2016（1月）	100.00	38.27	0.88	2.95	1.27
	2017（1月）	100.00	48.96	0.60	2.18	0.77

数据来源：泰国商务部信息中心，http://www.ops3.moc.go.th/infor/menucomth/stru2_Import/import_market/default.asp#。

（5）泰国渔业产品出口变化情况。2012—2015年，泰国渔业产品出口额总体呈下降趋势（表2-17）。2013年，泰国渔产品出口额从2012年的871.99亿泰铢锐减至637.17亿泰铢，下降幅度达26.93%，主要是因为泰国渔产品出口前四大市场的出口额均不同程度的下降，其中对东盟其他国家出口额下降34.91%，对欧洲、日本和美国出口额的下降幅度也分别高达30.93%、29.94%和28.84%。日本是泰国渔产品的最大出口市场，2015年泰国出口日本的渔产品金额占泰国渔产品出口总额的比重为27.34%；其次是美国，2015年出口额占比20.81%。2015年，泰国出口欧洲和东盟其他国家的渔产品金额占泰国渔产品出口总额的比重也分别高达9.68%和9.97%。

表2-17　2012—2015年泰国渔业产品出口贸易的主要贸易伙伴贸易额变化情况

项目	年份	全球	东盟	日本	美国	欧洲
贸易总额（百万泰铢）	2012	87 198.6	7053.5	28 241.6	18 796.6	12 018.8
	2013	63 717.2	4591.4	19 787.4	13 376.1	8301.5
	2014	67 959.4	6543.3	17 732.0	13 007.3	10 244.9
	2015	59 214.3	5902.0	16 187.2	12 323.9	5729.9

（续）

项目	年份	全球	东盟	日本	美国	欧洲
增长率（%）	2012	−6.33	34.81	−1.18	−23.13	−15.75
	2013	−26.93	−34.91	−29.94	−28.84	−30.93
	2014	6.66	42.51	−10.39	−2.76	23.41
	2015	−12.87	−9.80	−8.71	−5.52	−44.07
占比（%）	2012	100.00	8.09	32.39	21.56	13.78
	2013	100.00	7.21	31.06	20.99	13.03
	2014	100.00	9.63	26.09	19.14	15.08
	2015	100.00	9.97	27.34	20.81	9.68

数据来源：泰国商务部信息中心，http://www.ops3.moc.go.th/infor/menucomth/stru2_Import/import_market/default.asp#。

（6）泰国植物种苗出口变化情况。植物种苗也是泰国重要的出口农产品之一。从2013—2016年，泰国出口的植物种苗金额在23亿泰铢以上，4年里的年平均出口额为25.28亿泰铢（表2-18）。其中欧洲是泰国植物种苗的最大出口市场，且出口至欧洲的金额占泰国植物种苗出口总额的比重呈增长趋势，2016年达39.55%；其次是美国，所占比重从2013年的20.33%下降到2016年的9.34%。

表2-18　泰国植物种苗进口贸易的主要贸易伙伴贸易额变化情况

项目	年份	全球	东盟	日本	美国	欧洲
贸易总额（百万泰铢）	2013	2 527.6	314.6	104.0	513.9	608.9
	2014	2 633.5	272.9	94.3	529.1	765.7
	2015	2 322.4	171.7	107.3	201.8	758.8
	2016	2 626.6	210.7	101.0	245.3	1 038.8
增长率（%）	2013	13.34	−15.89	−12.26	2.22	76.58
	2014	4.19	−13.26	−9.32	2.97	25.74
	2015	−11.81	−37.08	13.74	−61.86	−0.90
	2016	13.10	22.68	−5.82	21.57	36.91
占比（%）	2013	100.00	12.45	4.11	20.33	24.09
	2014	100.00	10.36	3.58	20.09	29.08
	2015	100.00	7.39	4.62	8.68	32.67
	2016	100.00	8.02	3.85	9.34	39.55

数据来源：泰国商务部信息中心，http://www.ops3.moc.go.th/infor/menucomth/stru2_Import/import_market/default.asp#。

3. 中国与泰国农产品贸易发展情况

（1）**总体发展状况**。2001年以来，中泰两国农产品贸易迅速发展，农产品贸易规模不断扩大。虽然中国向泰国出口农产品发展迅速，但始终处于逆差状态。

表2-19　2001—2018年中国与泰国农产品贸易金额变化情况

年份	中国出口泰国农产品贸易额（亿美元）	中国从泰国进口农产品贸易额（亿美元）	中泰农产品贸易额（亿美元）	占中国农产品贸易总额比重
2001	1.09	–	–	–
2002	1.67	–	–	–
2003	2.22	–	–	–
2004	2.47	9.75	12.22	–
2005	3.04	9.79	12.83	2.30%
2006	3.64	12.87	16.51	2.62%
2007	5.16	13.51	18.67	2.41%
2008	7.33	11.90	19.22	1.95%
2009	8.55	17.64	26.19	2.87%
2010	11.86	24.35	36.20	3.00%
2011	17.37	29.24	46.61	3.03%
2012	20.45	38.92	59.37	3.41%
2013	25.79	43.00	68.79	3.72%
2014	28.50	50.15	78.65	4.08%
2015	38.07	49.98	88.05	4.73%
2016	35.26	42.76	78.02	4.86%
2017	31.11	46.33	77.44	5.15%
2018	33.38	57.24	90.62	5.71%

数据来源：中国商务部历年《中国农产品进出口月度统计报告》。

从表2-19可知，2001年中国出口泰国的农产品贸易金额仅1.09亿美元。但随着2002年11月中国–东盟自由贸易区建设的启动，以及2003年10月1日中泰两国《〈中国–东盟全面经济合作框架协议〉“早期收获”方案下加速取消关税的协议》的率先实施，自2005年以来，中泰两国农产品贸易规模迅速扩大。2005—2018年，两国农产品贸易总额从12.83亿美元增长到90.62亿美元，年均增长率为17.11%，其中，中国向泰国出口、进口农产品金额年均增长率分别为21.63%和16.02%。中国-东盟自由贸易区正式建成以来的2010—2018年，中泰两国农产品贸易发展显著，两国农产品贸易总额从36.2亿美元，增长到90.62亿美元，年均增长率为12.89%，双方农产品贸易额占中国农产品贸易总额的比重也提高了2.71个百分点。

（2）**主要农产品贸易情况**。中国-东盟自由贸易区正式建成以后，有效推动了中国与泰国主要农产品贸易的发展。从表2-20可以看出，自2010年起，中国从泰国进口大米、木薯以及榴莲、山竹等热带水果的数量呈增长态势。泰国是中国从东盟乃至世界进口大米的主要国家。2010—2017年，中国从泰国进口大米的数量呈增长态势，从29.91万吨增长到111.66万吨，增长了3.7倍。中国的木薯进口大部分来源于泰国。2010—2017年，中国从泰国进口木薯的数量从2010年的459.69万吨增长到2017年的661.28万吨，增长了43.85%。泰国是世界重要的热带水果生产和出口国家，中国进口的榴莲和山竹绝大部分来源于泰国。其中，中国从泰国进口榴莲的数量从2010年的17.22万吨增长到2017年的22.44万吨，增长了30.31%；同期，中国从泰国进口山竹的数量从7.92万吨下降到7.17万吨，下降了9.47%。

表2-20　2010—2017年中国从泰国进口主要农产品数量变化情况

单位：万吨

年份	大米	木薯	榴莲	山竹
2010	29.91	459.69	17.22	7.92
2011	32.56	340.26	21.09	7.54
2012	17.54	486.19	28.64	8.2
2013	29.98	575.22	32.2	10.95
2014	72.78	698.92	31.55	7.72
2015	93.14	742.06	29.88	9.72
2016	92.84	619.17	29.24	5.93
2017	111.66	661.28	22.44	7.17

数据来源：中国海关信息网，http://www.haiguan.info。

（九）农业产业链建设情况

1. 种子生产规模状况

2015年泰国农业部关于《推进国家政策力争成为国际种子中心》报告中指出，目前，泰国优良农作物种子总产值为每年93.25亿泰铢，其中每年用于国内生产种子的产值为49.65亿泰铢，种子出口产值为43.60亿泰铢①。

根据泰国农业部的报告，作为国际种子中心的泰国有4个方向目标，一是未来5年泰国出口种子产值将增加100亿泰铢；二是其中50%的出口种子全由泰国国内生产；三是国内优质大米、豆科作物种子、牲畜饲料产值足够使用5年；四是提高玉米和蔬菜的种子国际竞争力。

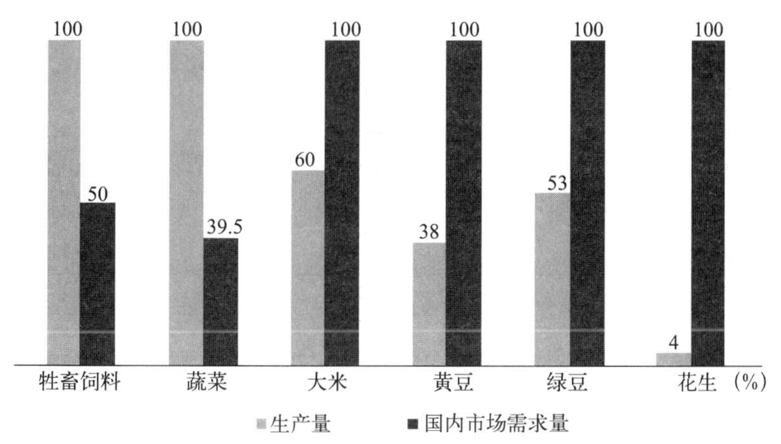

图2-10　泰国优质种子生产和国内市场需求情况

数据来源：根据泰国农业部资料整理。

2. 农作物种子进出口情况

2016年6月8日泰国农业部更新的泰国2015年泰国种子出口量和总值一览表显示如下（表2-21，表2-22）：

① 《推进国家政策力争成为国际种子中心》，泰国农业部网站，2016年。

表2-21 2015年泰国主要农作物种子进口量和总值一览表[①]

种类	重量（千克）	总值（泰铢）
黄秋葵	28 179.40	12 314 030.64
花菜	9 518.55	37 874 582.08
卷心菜	19 742.19	62 390 648.44
玉米	494 600.00	35 641 508.58
小黄瓜	22 810.52	60 750 452.16
西瓜	6 656.74	5 641 884.91
黄瓜	3 821.62	10 087 134.30
绿豆	124 980.00	3 795 801.48
豆角	42 660.00	1 633 366.95
豌豆	32 125.00	1 971 727.67
黄豆	48 000.00	6 645 048.86
葵花籽	531 735.85	144 437 319.89
椰菜花	20 521.80	1 252 999.06
角瓜	21 323.00	25 263 928.95
青菜	295 958.05	36 162 581.59
白菜	105 578.70	32 001 496.16
芥菜	57 422.00	6 311 043.82
生菜	48 763.19	32 857 544.90
菜头	195 408.82	32 675 826.72
香菜	1 592 955.30	104 000 464.62
空心菜	201 025.00	13 409 233.18
辣椒	1 880.36	14 737 178.76
南瓜	18 542.70	34 457 302.61
西葫芦	1 063.85	1 377 576.40
西红柿	2 654.69	34 963 794.65
茄子（绿色）	2 847.85	3 869 016.14
苦瓜（短圆锥形）	4 991.25	9 980 717.81
苦瓜（长圆锥形）	3 188.85	8 750 588.79
洋葱	3 149.80	17 354 612.15
总计	4 272 096.13	849 124 097.23

表2-22 2015年泰国主要农作物种子出口量和总值一览表

种类	重量（千克）	总值（泰铢）
黄秋葵	19 955.07	16 506 156.17
花菜	2 261.16	20 051 848.00
卷心菜	6 094.20	26 896 608.93

① http://www.thasta.com/。

（续）

种类	重量（千克）	总值（泰铢）
玉米	21 803 786.85	1 882 806 836.41
甜玉米	3 140 180.73	218 146 707.52
芥蓝菜	2 004.07	1 064 216.40
哈密瓜	10 697.86	35 620 780.15
小黄瓜	1 725 387.76	189 651 317.71
香瓜	630.50	1 218 986.00
西瓜	1 017 977.75	554 667 664.75
黄瓜	23 393.61	79 803 582.57
绿豆	66 385.02	103 381.20
豆角	172 479.41	67 131 383.00
豌豆	4 275.51	995 939.00
葵花籽	1 448.96	231 096 352.00
椰菜花	282.88	3 998 597.00
丝瓜	21 380.45	45 571 756.00
广东白菜	41 742.59	8 254 812.00
大白菜	10 468.52	2 755 827.00
芥菜	10 455.04	2 263 999.88
生菜	10 350.84	7 682 572.00
菜头	685 889.17	8 555 071.75
香菜	203 711.08	18 951 819.00
空心菜	1 490 113.80	125 008 162.50
辣椒	65 749.61	319 012 261.49
冬瓜	2 059.96	1 974 554.00
南瓜	77 799.62	109 763 200.20
西葫芦	2 194.43	6 837 878.00
西红柿	68 292.04	754 745 333.53
脆茄子	141.00	1 770 317.00
茄子	4 564.54	15 218 718.35
白茄子	4 429.88	23 680 384.00
苦瓜	79 070.02	113 874 041.00
中国苦瓜	11 240.51	30 376 514.70
木瓜	863.82	14 246 128.47
甜瓜	320 888.40	109 827 956.31
总计	31 108 656.62	5 050 194 363.98

数据来源：Thai Seed Trade Association（泰国种子贸易协会）网站http://www.thasta.com/ 2015/ปริมาณและมูลค่าการนำเข้าฯรายเมล็ดพันธุ์2558.pdf。

3. 种子生产企业名单

在泰国，一共有126家注册经营的种子企业和公司，表2-23列出了10家泰国种子企业。

表2-23 泰国十大种子生产企业名单

序号	企业名称	企业网址	企业简介
1	CHIA TAI Co.,Ltd.	www.chiataigroup.com	企业提供各类蔬菜种子生产和销售，提供温室、设备和灌溉系统，具有先进的种子研发团队
2	Monsanto Thailand Co.,Ltd.	www.monsanto.com	泰国主要的玉米种子生产企业
3	LION SEEDS CO., LTD.	www.lionseeds.com	狮子种子有限公司是泰国最早的种子公司，是全球著名的蔬菜种子分销商
4	Real Seeds Agro Co.,Ltd.	–	公司成立于2006年，提供出口的蔬菜、玉米等农作物种子
5	Charoen Pokphand Produce Co.,Ltd.	–	泰国著名农作物种子生产、销售企业，尤其玉米、有机肥、化肥的生产和销售量最为突出
6	TSA Co.,Ltd.	www.thaiseed.co.th/	TSA有限公司成立于1981年，致力于全球热带农作物种子研究与生产，包括蔬菜、花卉、树木等种子
7	East–West Seed Co.,Ltd.	www.eastwestseed.com	公司成立于1982年，主要研发和提供热带蔬菜杂交种子，目前正致力于开发东南亚育种中心
8	Dynamic Seeds Co.,Ltd.	www.dynamicseeds.com	公司成立于1995年，主要提供蔬菜、树木和豆类种子
9	Pacific Seeds (Thai) Ltd.	www.pacthai.co.th	该公司是一家泰–外合资公司，主要提供东南亚国家的各类玉米种子
10	Known–You Seed (Thailand) Co.,Ltd.	www.knownyouthai.com	该公司是一家泰国–台湾合资公司，公司成立于1984年，是泰国著名的种子生产和销售公司

数据来源：http://www.thasta.com/web/index.php/seed-company-directory。

4. 化肥进出口状况

泰国农业部2016年公布的《泰国未来20年（2017—2037年）农业发展规划书》中总结了2011—2015年泰国化肥、有机肥的进出口情况。数据显示，近几年泰国化肥进口量逐渐下降，其中一部分原因是泰国政府鼓励农民生产和使用有机肥料，相反，化肥出口量呈上升趋势（表2-24）。同时，泰国使用的有机化肥在逐年增加，鉴于有机肥是本国自行生产和使用，所以近几年泰国有机肥进口量逐年减少，出口量逐年增加，主要面向越南、中国、马来西亚、菲律宾和印度尼西亚等国出口有机肥（表2-25）。

表2-24　2011—2015年泰国化肥进出口额情况

单位：百万泰铢

年份	进口	出口
2011	83 168	3 772
2012	85 135	4 120
2013	75 901	3 529
2014	67 334	4 753
2015	60 557	4 472
增量(%)	−10.73	4.81

数据来源：根据泰国农业部数据整理。

表2-25　2011—2015年泰国有机肥进出口额情况

单位：百万泰铢

年份	进口	出口
2011	268	206
2012	1 415	193
2013	1 378	212
2014	258	374
2015	154	463
增量(%)	42.54	124.76

数据来源：根据泰国农业部数据整理。

2015年5月7日泰国农业部在网站上公布了泰国2011—2015年重要化肥进口量情况，具体如表2-26所示，从表中可以看出，泰国对重要化肥的需求量每年都不相同，但2012年同比需求有所降低，这是因为受到当时水灾因素的影响。

表2-26 2011—2015年泰国重要化肥进口情况

单位：吨，百万泰铢

化肥种类	2011年		2012年		2013年		2014年		2015年	
	总量	总值	总量	总值	总量	总值	总量	总值	总量	总值
46−0−0	2 087 879	27 758	2 153 690	30 240	2 170 237	24 483	2 132 266	23 770	1 865 722	19 031
18−46−0	395 044	7 939	536 806	10 198	550 257	8 606	690 656	7 712	326 571	5 403
0−0−60	755 120	10 895	586 155	9 825	657 578	8 798	553 592	8 753	608 920	7 277
21−0−0	276 558	2 047	282 782	2 266	191 674	1 154	143 345	678	116 991	602
16−20−0	571 528	7 147	549 688	7 587	575 112	6 885	466 321	5 034	351 106	3 933
16−16−8	42 736	616	71 223	1 050	102 448	1 345	61 589	752	6 570	87
15−15−15	379 906	5 691	400 776	6 511	534 378	7 483	466 929	6 208	414 946	5 673
13−13−21	23 672	402	31 325	512	26 601	399	28 415	402	12 383	210
其他	1 106 948	17 803	764 854	13 060	830 606	13 106	889 097	13 066	949 851	14 493
总计	5 639 392	80 297	5 377 298	81 249	5 638 890	72 259	5 432 211	66 375	4 653 060	56 709

数据来源：泰国农业部，http://www.oae.go.th/ewt_news.php?nid=8119&filename=index。

（十）农业机械投入情况

相对美国、日本等国而言，泰国的农业机械化水平比较低。除手扶拖拉机和水泵在本国生产能力较强、应用较广外，其他农业机械大部分靠进口，保有量也较低。近几年来，泰国的农业机械化也获得较大程度的发展，其原因是泰国国内劳动力缺乏，农业劳动力成本大幅度提高，并且泰国从事农业者老龄化明显，再加上气候的变化，鉴于此，泰国政府出台了发展和加大农业机械投入建设的政策，包括：调整政策法规，促进发展适合泰国农业生产的方法；重视农业发展的科学研究，充分使用和发挥农业研究机构作用；加强国内自给生产和使用农业机械能力，努力成为东盟国家农业机械的服务中心。

此外，在国家政策和政府的扶持下，泰国农业机械使用率增大，机械水平也不断提高，除了基本满足国内生产需求外，还向外出口机械产品。如表2-27所示，2011—2015年，泰国农业机械出口量逐年增加。

表2-27　2011—2015年泰国农业机械进出口总量

单位：百万泰铢

年份	进口	出口
2011	17 524	7 748
2012	22 119	11 722
2013	19 979	13 319
2014	17 355	15 686
2015	16 984	20 327
增量(%)	−8.31	20.01

数据来源：根据泰国农业部数据整理。

（十一）市场体系建设情况

1. 主要的大型批发市场

（1）**达拉泰市场**（ตลาดไท）。泰国达拉泰市场成立于1997年，距离曼谷北部42公里，占地72公顷，是泰国最大的批发市场。该市场坐落在泰国北部与东北部两个农产品产区交汇处，地理位置十分优越，为产品进入曼谷以及泰国南部提供了便利。

目前市场有固定商户3 000多家，主营产品为果蔬、肉类和鱼类、花卉以及宠物。市场日交易量为1.2万吨，年交易额45～50亿美元。达拉泰市场水果和蔬菜在泰国全国的经销量市场占有率分别为30%和20%。该市场已经发展成为现代供应链的一个集中中心。市场每天车辆流量超过3万，从业人口超过10万，他们主要负责包装、运输、交易和配送。目前有11家银行在该市场设立分行，还拥有光纤上网服务。

（2）诗曼市场（ตลาดศรีเมือง）。诗曼市场位于泰国西部的叻丕府，建立于1994年，占地面积约480亩，是泰国第19个获泰国商业部批准的农产品批发市场[①]。

2. 农产品物流体系建设情况

（1）泰国物流体系的发展战略。为提高泰国的物流业的发展水平，降低物流成本，泰国政府制定了第二版《泰国物流系统发展战略（2013—2017年）》[②]。该战略计划制定了宏观目标和一系列细节目标，其中包括，战略定位（Strategic Position）：将泰国建设成为湄公河流域国家的贸易与服务中心及亚洲贸易门户，充分利用所具有的相对优势，以此配合地区的合作与发展。战略目标（Strategic Objectives）包括三方面：一是提升物流服务系统的潜能及效率，以满足客户对国内外物流的需求；二是加强泰国企业的竞争力，创造更高附加值；三是在发展的同时降低国家乃至区域的贫富差距。最终目标（Ultimate Goal）：提升区域竞争力，发展经济，强健企业经营，分散发展机遇，同时考虑到保护资源、环境与能源，提升生活质量，重视各阶层人民的福祉，从而改善区域内人民的生活水平。战略计划（Strategic Plan）要求：至2017年，物流成本占GDP比例不超过12%；物流业创造的经济价值从2011年的3 100亿铢升至3 500亿铢；跨国贸易指标（Trade Across Borders Indicator）排名从第20位逐年上升，货物放行时间研究（Time Release Study，TRS）排名同样逐年升高，在2016年内将电子货运系统（e-Freight）和国家单一窗口系统（National Single Window，NSW）联网，并在2017年内通过国家单一窗口系统以电子操作方式办理业务。

2017年，在运输方式方面，泰国要求水路运输占比提升至10%，海岸运输占比提升至6%。在发展物流服务业者和物流业务网络方面，要求在邻国或区域内提供服务（或其业务网络可以在邻国或区域内提供服务）的物流服务业者数量有明显增加，获得与物流相关的国际认证的从业者数量明显增加。此外，在管理能力方面，还要求培养通过正规机构卡车驾驶培训的人员每年达到10 000人，通过物流及供应链管理培训的专业管理

① 市场网址：http://ontolox.com/about.php。

② 中华人民共和国驻宋卡总领事馆经济商务室，泰国物流业发展状况及未来战略。

级人员每年达到5 000人等。

(2)泰国物流建设的发展重点[①]。首先，需要尽快提高物流从业者，尤其是基层操作人员的专业素质和从业水平，并培训大量技术熟练的劳工。同时，通过使用各种工具和技术，以及制定物流职业标准规范，协助物流企业确定适合自身的劳工数量，有助于提高企业经营效率，缓解不断升高的劳工成本。政府有关部门和民间企业须密切配合，共同担负长期培养人才、培训劳工的责任，才能解决长期以来物流业劳工短缺的问题。

其次，推动36个与发放证明文件、进出口许可证和物流服务许可证程序相关的机构和部门的合作，加速使用全电子国家单一窗口系统，做到信息交流互通。各机构和部门尽快完善各自内部相关的法律法规，减少进出口流程中出现的繁冗、重复手续和作业，早日实现全电子化流程（Paper-free Transaction）。

再次，加速发展物流服务供货商（Logistics Service Providers，LSPs）的服务质量，并建立物流服务供货商服务质量标准认证系统。支持物流服务业者建立广泛的业务合作网络，涵盖邻国范围，并扩展至整体区域。此举不仅可以强健企业自身，还可以提升竞争力。此外，还应继续加强物流系统在工业需求供应链优化（Supply Chain Optimization）中的效率，以及通过对农产品收成后的有效管理，达到为农产品增值，最终提高农民收入的目的。

最后，从多个方面加速发展支持泰国物流系统的基础设施建设，旨在有效节能，充分利用物流成本。其发展重点为铁路运输和水路运输，以提高国家竞争力。

(3)泰国物流建设的挑战。泰国物流企业在东盟经济共同体成立后面临的挑战主要有三个方面。其一，统一市场的成立将推动各国将生产基地转移至生产成本较低的地区，因此对公路运输的需求将会有较大增长，同时推动泰国成为区域货物集散中心之一；其二，对泰国人力资源而言，物流人才和劳动力方面的竞争将更为激烈，将会有更多外国相关劳动力进入泰国；其三，泰国物流服务企业聘用外国人才和劳动力的人数将会进一步提高，甚至部分外国物流企业可能会与本地企业进行合并或直接并购。

(4)物流基础设施建设。泰国基建发展成熟，加上位处大湄公河次区域（GMS）中心，因此，逐步形成以中南半岛区为主的物流体系，这对于在区内设立生产基地及销售网络的跨国公司来说十分重要。此外，泰国有10多条高速公路连接邻国，在“东西经济走廊”“南北经济走廊”及“南部经济走廊”亦有主要路线连接邻国。

泰国被公认为东南亚公路运输最广泛的国家，全国公路运输线超过390 026公里，其中384 176公里，98.5%是混凝土或沥青马路，有66 266公里构成全国的高速公路网，连接全国每个地区[②]。虽然泰国的物流成本在过去10年持续下跌，但依然偏高，占其国

① 中华人民共和国驻宋卡总领事馆经济商务室，泰国物流业发展状况及未来战略。

② 数据来源：泰国促贸局，2015年11月。

内生产总值约15%，远高于美国的8%，而且物流业仍然侧重陆路运输。

近年，泰国政府也在中泰两国国际贸易及物流方面加大了基础投资建设，尤其是在昆-曼高大通道（Route R3A）连接贯穿了泰北清孔-云南昆明，已经在2014年启用。在高速增长的泰国与云南的进出口贸易及旅游业方面，通过昆-曼大通道产生的出口贸易额达到2.512亿美元，进口贸易为7.232 8亿美元。仅通过昆-曼大通道，年度进出口贸易额达到了9.745亿美元。同时，泰国除了全国道路及高速公路网络发展完善外，并有三大深水港（林查班港、曼谷、宋卡）和接通国际航运路线。泰国共有8个国际机场，其中素旺纳普机场（Suvarnabhumi Airport）为最大及最繁忙的机场，内有过百家航空公司及货运营运商提供服务。

（5）**泰国农产品物流政策与服务。**鉴于东盟各国生产成本较低，越来越多的跨国公司在该区从事制造、零售及商业活动。为更有效地节省成本及分散风险，不少外资零售商、电子产品及汽车制造商均选择把运输外包给第三方物流公司，而多数物流公司均选择在泰国设立据点，以便向已经进驻东盟市场的客户提供更佳服务。资料显示，泰国的物流业由德铁信可（DB Schenker）、邮船物（Yusen Logistics）、敦豪（DHL）及嘉里物流（Kerry Logistics）等外资公司主导，这些公司提供广泛的货运代理及供应链服务。在泰国，数家跨国物流企业通常把运输及物流环节外包给第三方物流公司，由物流公司或代理商处理东盟多个市场的各项海关及申报手续。

过去10年，泰国政府积极改善国内贸易及物流效率，部分措施包括简化报关程序，以及设立电子报关系统，后者提供无纸化及更全面整合的报关平台，让贸易商、报关行及船务公司使用。同时向有意投资物流业务和设施的外资公司提供多项税务及非税务优惠，例如货柜场或内陆货柜站、海运货物装卸设备、铁路、空运及海运服务、冷冻储存及国际配送中心。

（6）**泰国农产品物流信息技术管理及人才建设方面。**泰国农产品物流信息技术管理相对中国滞后，信息意识淡薄，信息运用水平不高，部分电子设施在泰国各大港口也才使用2～3年，还没有完善的信息系统，缺乏必要的公共物流信息平台。泰国政府非常重视信息技术的发展，健全农业信息网络，但是投入资金仍然有限。泰国的物流信息处理技术还比较落后，技术处理手段不够先进，直接导致泰国的部分农户无法获得及时有效的全球信息和农产品价格信息，以及农产品物流在传递过程中滞后。泰国的电子商务近年来有所发展，但是在合作和规模上仍不完备，一些中小型企业甚至还没有使用信息网络技术①。

在泰国，物流还算是新的领域，对从事物流的相关人员的培训才陆续开展起来，教育体系仍较落后，具有专业物流知识的专家也不足，从事物流工作的人员缺乏且实际操作经

① Research team of transportation and logistics (The Thailand Development Research Institute). Thai logistics preparing for the ASEAN Economic Community 2015[J]. logistics Thailand, 2011(112): 32-36。

验少，这些从事物流的人员没有经过系统培训亦没有获得职业资格证书。高校中也还未设有专业物流实验室，毕业生缺乏实操技能，对物流的理论、信息技术、物流供应链的相关知识还很匮乏，在农产品物流中没有发挥具体作用。

（十二）农业技术推广体系建设状况

1. 农业科研推广机构状况

泰国的农业推广体系分为中央、省和区三级。泰国农业合作部是行政和科技合一体制，设4个研究中心和1个农业经济研究中心，行政上设农业、推广、畜牧、渔业、林业、灌溉、土地开发等局①。

泰国农业合作部农业局和农业推广局各自都有比较完整的体系，而且分工明确。农业局主要负责农业行政管理，如政策制订、农药登记、项目确定与审批等事务，农业技术推广局负责农业技术推广。以优质稻米的科研和技术推广为例，农业局主要负责原始材料的收集、品种选育、植保、耕作、土壤等方面的科学研究。它将水稻研究部门取得的成果交给农业推广系统进行推广。如一个新品种选育成功，经鉴定后，由试验中心提供原种，再交农业推广局种子中心对其进行繁殖、推广。

农业推广局下设6个大区推广局，73个省级推广局，802个专业推广局，分区、村也设有推广单位或人员。另外，全国还有30个植保站，均为农业推广系统。每站有技术干部和技工约15～20人，分管2～3个省范围的病虫预测预报、植保技术服务、植物检疫等工作。各植保站通过省以下的区（相当于县），分区（相当于乡）的农业技术推广站和乡村农民植保点，把病虫动态信息和防治技术措施传授给农民。种子中心是设在乡村的基层服务组织，是合作项目投资建成的，每个种子中心由一个分区或村农技员负责管理，选取掌握了一定农业技术的农户作为示范户。种子中心是直接向农民传播农业信息、讲授农业科学技术、进行现场示范和培训的一种有效形式，被称之为农业推广站的卫星站。

2. 主要农业科学研究机构

目前，从事农业科学研究工作的机构主要分成以下三个部分②。

（1）农业部属研究中心。泰国农业部下设立许多研究中心，一些中心又下设试验

① 陈波. 泰国农业推广体系和农民培训情况介绍［J］. 农业科技管理，2009（4）：89-91。

② 闫慷. 泰国的农业技术推广体系［J］. 中国农业信息，2004（1）：18-19。

站。研究中心和试验站主要从事与农业有关的各类研究和开发工作，为生产提供有关土壤、水、肥、植物、农业投入物等农业生产要素方面的分析、检疫和咨询。

（2）**高等学府研究机构。**朱拉隆功大学、卡色萨大学、清迈大学都是泰国著名高校，它们在农业研究领域皆取得了显著的成绩。目前，泰国有78所综合性大学和17所公立学院，其中一半以上设立了农业类专业。以卡色萨大学为例，该校下设农学院、兽医学院、林学院、水产学院、农业机械学院等13个学院以及作物基因工程、水稻科学、蔬菜科学等17个专业研究中心，是泰国农业科研领域的一支重要力量。从研究领域来看，公立高校的科研工作大多是一些上游领域，以基础研究和应用基础研究工作较多。

（3）**私营科研机构。**泰国企业非常重视技术的研发，农业企业也不例外，稍具规模的企业都会有独立的研发部门。这部分机构的研究重点主要集中在农业科研的下游领域，多从事应用科技研究或科技成果的推广转化。这些企业集聚了一大批农业科技人员，为农业科技力量的壮大做出了贡献。正大集团就是其中的成功代表，该集团在畜禽品种选育、饲料研发、玉米育种等方面的研究在全国居举足轻重的地位。

此外，泰国还有部分私立高校、国有企业和非营利机构从事农业科研工作，从研究人员数量和资金投入来看，这部分力量在整个农业科研体系中所占比重较小。

3. 农民受技术培训状况

泰国农民受教育水平较低，虽然文盲率已下降到5%左右，但农民文化知识构成以小学文化为主，约占农民总数的50%，其次是中学文化层次的农民约占农民总数的12%，高中及以上文化层次的农民所占比重较低（表2-28）。

（1）**农业推广队伍建设。**泰国政府鼓励高等农业院校毕业生到基层工作，从而充实了推广人员队伍，使推广人员与农民数量比例达到1∶1000。在县、区两地设置工作机构，这样推广人员能了解农民的实际需求，方便指导生产。政府还十分重视对推广人员的培训，使他们能及时掌握新的农业技术。此外，农业推广人员一般都被列入公务员行列，与其他行业的同级公务员享受同等待遇，免除了他们的各种后顾之忧。

（2）**农民培训方法。**首先，农业推广人员对当地农业生产中存在问题进行了解和分析，并拿出合理的改进意见；其次，在当地寻找思想先进的农户作为示范户，说服他们采用新技术和新方法；最后，在生产季节组织周围的农民来参观示范户的生产，让农民亲眼看到新技术、新方法带来的变化。政府甚至采取奖励措施来激励农民对新技术、新方法的使用。通过这种方式，农民逐渐接受了新事物，农业生产方式逐步得到改进。

（3）**培训课程设置。**对农民的培训由各府农业推广部门组织进行，通常一轮培训时间为5天，共30课时，培训地点一般安排在各府下属的培训基地，培训采用课堂教学和田间实践相结合的方式（表2-29）。

表2-28 泰国从事农业劳动力分布及受教育情况表

名称	2001年	2006年	2011年	2014年
人口（万人）				
总人口（万人）	6 231	6 283	6 408	6 513
从事农业人口（万人）	2 504	2 272	2 369	2 476
占总人口比重	40.19%	34.14%	36.97%	38.02%
非从事农业人口（万人）	3 727	4 011	4 039	4 037
占总人口比重	59.81%	63.84%	63.03%	61.98%
劳动力（万人）				
劳动力总人数（万人）	3 664	3 624	3 892	3 858
从事农业劳力人数（万人）	1 932	1 584	1 698	1 778
占劳动力比重	52.73%	43.71%	43.62%	46.09%
非从事农业劳力人数（万人）	1 732	2 040	2 194	2 079
占劳动力比重	47.27%	56.29%	56.38%	53.91%
农业家庭成员（%）				
年龄＜15岁	24.00	21.15	18.68	17.06
15～64岁	69.01	69.75	71.38	31.95
年龄＞64岁	4.99	9.10	9.94	10.99
教育程度（%）				
文盲	9.03	8.75	6.80	5.25
小学	65.65	60.77	57.44	48.31
中学	11.15	11.76	12.32	12.62
高中	5.85	7.05	10.29	11.80
职业技校	3.36	4.59	5.69	6.50
高等教育	2.05	3.42	5.07	6.80
其他	2.90	2.76	2.39	8.72

数据来源：根据泰国农业部资料整理，http://www.oae.go.th/download/journal/development_plan2559.pdf。

表2-29 农民培训课程表①

单位：小时

课程名称	课时
农场管理基本原则	5
如何改进农业生产	3
农业贸易和农产品市场销售	3
生产记录和数据收集	2
生产计划制定（实践课）	6
农场财务管理（实践课）	6
种植、养殖、水产技术	3
讨论课	6

（4）**生产效益培训**。政府建立的农牧结合的生产系统，有助于提高土地和劳动力的使用效率。农民都希望生产给他们带来更多的收入，那么关于生产效益的培训就显得尤为必要。首先是让农民学会计算投入和产出，其次是让农民学会制订生产计划和预算。在农民确信这种农牧结合的系统能够带来收益时，这种系统才能逐渐被接受和采用。

① 泰国农业推广体系的现状及其对中国农业推广的启示，《世界农业》。

4. 农业政策及发展规划情况

（1）**农业扶持与保护政策**。泰国对具体农产品的市场扶持政策有一套完整的运行机制，一般包括鼓励种植并实行适当的免税政策，征收产品出口税用以支持该产品在国内的生产；实施收储政策，如橡胶价格持续下滑时，泰国政府就会以保护价从农民手中收购橡胶，以保护胶农的正常农业生产；对农民提供低息且便利的银行贷款；实施农业补贴政策，泰国主要农业补贴政策有农田补贴、橡胶园补贴、旱灾补贴和资金补助等。根据泰国农业合作部社资料显示，泰国农田补助为1 000泰铢/莱，每户不超过15莱，截至2016年已扶持360万户；橡胶园补助为1 500泰铢/莱，每户不超过15莱，其中农场主补贴标准为900泰铢/莱，割胶工人补贴标准为600泰铢/莱，截至2016年，共补助710 016户农场主，合计63.90亿泰铢，共补助672 685户，合计40.59亿泰铢；旱灾资金补助，2015—2016年共计2 049.85千亿泰铢。

（2）**最新农业发展规划**。泰国重视对农业领域进行阶段性的发展指导规划，农业发展规划分为年度发展规划、五年发展规划、十年发展规划及二十年农业发展议程。为应对国内经济、政治、社会、环境、区域发展变化及全球农业发展变化，泰国制定了2017—2021年五年的农业发展规划，这是“泰国经济4.0”政策指导下的农业发展规划，也是泰国的第十二个农业发展规划，是泰国未来十年（2017—2027年）农业发展的关键五年，被认为是泰国农业发展的里程碑。该规划旨在通过技术创新促进农业生产，实现泰国农业从传统农业向现代农业转变，其目标包括农业年均增长率保持在3%，农民年均净收入每户提高到59 460泰铢，农业资源得到恢复并实现均衡性和持续性的开发利用等（表2-30）。

表2-30 2017年泰国农业发展政策及目标

政策	2016年	2017年（目标）
1.扩大农业发展网络中心政策	882处	按照1：10扩大农业发展网络中心，变成8 820处
2.大型农业用地转换政策	600处转换地 （153.8万莱）	发展为1 512处（其中大型标准转换地76个，普通转换地466个，国家现代模式转换地58个）
3.农用地区域管制政策	143 311莱	300 000莱
4.农产品质量监管政策 －农场 －工厂	 －155 900个农场 －1 700家工厂	 －192 700个农场 －1 860个工厂
5.有机农业覆盖政策	192 017莱	211 219莱
6.新科技农业覆盖政策	210 000莱	211 050莱
7.农产品银行政策	253家	155家

（续）

政策	2016年	2017年（目标）
8. 农业贸易市场扩大政策 －实体 －网络	77+50个 −3个 −8个	77+50个 −20个 −10个
9. 根据第44条条例 发展农用地面积政策 －退还 －分配	 －退还443 501莱 －无	 －无 －分配100 000莱
10. 水利灌溉政策 －灌溉面积 －蓄水量 －受惠农户	 −3 157万莱 −804.13亿立方公顷 −158万农户	 −3 195万莱 −808.33亿立方公顷 −160万农户
11. 减少职业农业人员发展政策	人数87万人	人数4.430 6万人
12. 职业工作人员政策	2 000人	2 000人
13. 提升农业合作社综合水平政策 －从2阶段进入1阶段 －从3阶段进入2阶段	 −646处 −207处	 −1 731处 −291处

数据来源：泰国农业与合作社部 http://www.opsmoac.go.th/ewt_dl_link.php?nid=13694。

三、农业对外合作政策及发展情况

（一）农业主要对外合作政策[①]

1. 土地政策

为了适应经济与社会发展的需要，泰国内务部于1999年5月19日颁布了《土地法》修订版（《Land Code Amendment Act No.8》），其中对有关外国人及外籍法人问题作了修改，允许外国人及外籍法人在符合某种规定的条件下可以拥有泰国土地产业。其规定主要内容包括：

“凡需在泰持有土地的外国人，必须按内务部规定从国外携入不少于4 000万铢，并经内务部长批准，可以拥有不超过1莱（泰国面积单位，1莱=1 600平方米）的土地，作为其居住用地”。“上述外国人还必须满足以下条件：（1）其在泰国投资必须是有益于泰国经济社会发展或满足泰国投资促进委员会（BOI）规定可予以投资促进的项目；（2）投资持续时间不少于3年；（3）持有的土地应在曼谷市区、芭提雅或其他《城市规划法》规定的居住用地范围内。”

对于在泰投资可以使泰国经济受益的外国农业企业，其在泰国经营期间若适用《泰国投资促进法》第27条、《泰国工业园管理局法》第44条规定，在持有泰国土地方面可享受一定特权和豁免。具体法律条款如下，一是《泰国投资促进法》第27条：在获得董事会批准的情况下，投资人可拥有超出其法律规定范围的土地用于投资活动；在投资人是外籍人的情况下，若其在泰投资活动停止或将土地转让给他人，土地局有权收回土地。二是《泰国工业园管理局法》第44条：在获得董事会批准的情况下，工业经营者可在工业园区内拥有超出其他法律规定范围的土地用于工业活动。在投资人是外籍人的情况下，若其在泰国商业活动停止或转让给他人，须将所有用土地退还给泰国工业园管理局或转让给其企业受让者。

2. 税收政策

（1）**税收种类**。泰国关于税收的根本法是1938年颁布的《税法典》，财政部有权修改《税法典》条款，税务厅负责依法实施征税和履行管理职能。外国公司和外国人与泰

---

① 根据商务部《对外投资合作国别（地区）指南：泰国（2016年版）》及《国别投资经营便利化状况报告2016》整理。

国公司和泰国人一样同等纳税。目前，泰国的直接税有三种，分别为个人所得税、企业所得税和石油天然气企业所得税，间接税和其他税种有特别营业税、增值税、预扣所得税、印花税、关税、社会保险税、房地产税和消费税等，没有资本利得税、遗产税和赠与税。

（2）**各种税收税率情况**。在泰国具有法人资格的公司都须依法纳税，纳税比例为净利润的30%，每半年缴纳一次，基金、联合会和协会等须缴纳净收入的2%～10%；企业研发成本可以作双倍扣除，职业培训成本可以作1.5倍扣除；注册资本低于500万泰铢的小公司，净利润低于100万泰铢的，按照20%计算缴纳所得税；净利润在100～300万泰铢的，按照25%计算缴纳；国外来泰投资的公司如果注册为泰国公司，可以享受更多的税收优惠。泰国个人所得税的税基为所有应税收入减去相关费用后的余额，按从5%到37%的五级超额累进税率征收。泰国增值税的普通税率为7%，年营业额超过120万泰铢的个人或单位都须缴纳增值税免征营业税。

（3）**外国优惠政策**。泰国根据行业类型对不同企业给予税收优惠。A类按照行业类别给予免企业所得税，免机器进口税、免征用于生产出口产品的原材料进口税及其他非税收优惠权益。A_1类产业，免8年企业所得税，并且无上限；免征机器进口税、免征用于生产出口产品的原材料或必要材料进口税及其他非税收优惠权益。A_2类产业，免8年企业所得税，免税上限为投资额的100%（不包括土地费用和流动资金），免征机器进口税，免征用于生产出口产品的原材料或必要材料进口税及其他非税收优惠权益。A_3类产业，免5年企业所得税，免税上限为投资额的100%（不包括土地费用和流动资金），免征机器进口税，免征用于生产出口产品的原材料或必要材料进口税及其他非税收优惠权益。A_4类产业，免3年企业所得税，免税上限为占投资额的100%（不包括土地费用和流动资金），免征机器进口税，免征用于生产出口产品的原材料或必要材料进口税及其他非税收优惠权益。

B类仅能享受给予免机器、用于生产出口产品的原材料进口税及其他非税收优惠权益，分为两个子类别，B_1类免征机器进口税，免征用于生产出口产品的原材料或必要材料进口税及其他非税收优惠权益。B_2类产业免征用于生产出口产品的原材料或必要材料进口税及其他非税收优惠权益。

基于项目价值进行的投资促进政策，包含享受额外的一年免企业所得税，在前3年，满足要求的投资或者费用支出不少于该项目全部收入的1%或不少于2亿泰铢，但与原有的免企业所得税期限合计不超过8年；在前3年，满足要求的投资或者费用支出不少于该项目全部收入的2%或不少于4亿泰铢，可额外免除企业所得税两年，其享受优惠总年限不超过8年；在前3年，满足要求的投资或者费用支出不少于该项目全部收入的3%或不少于6亿泰铢，可享受增加免企业所得税3年，其享受优惠总年限不超过8年。值得注意的是，只有某些特定的B类产业适用以上政策，而且投资者必须在提交项目申请的同时提交计划。此外，享受A_1类和A_2类投资促进优惠的项目，免缴法人所得税期满后，再获减免上述税项50%，为期5年。其中，科技和创新研发项目增加额外享受免企业所得税的上限为200%，其他可获得额外优惠政策的行业，额外享受免企业所得税的上限则为100%。在非税收鼓励政策方面，还可以实现外国投资者可拥有土地所有权，为外国专家和技术员3小时内办理完成工作许可证和签证服务政策。

新政策的另一个变化体现在鼓励投资地区由之前的58个府，降至现在收入较低的20个府，它们分别是加拉信府、猜也奔府、那空帕农府、难府、汶干府、武里喃府、帕府、马哈沙拉堪府、莫达汉府、夜丰颂府、也梭吞府、黎逸府、四色菊府、沙空那功府、沙缴府、素可泰府、素林府、廊磨喃蒲府、乌汶叻差他尼府、安纳乍能府。位于上述地区的项目可以享受额外3年企业所得税优惠，但是总年限不超过8年。但若属免企业所得税8年的A_1和A_2行业，则在免8年企业所得税期满后，增加减免该税项正常税率的50%，期限为5年。自项目有收入之日起，允许把运输费、电费和水费的两倍作为成本在净利润中扣除，期限为10年。自项目有收入之日起，允许把基础设施的安装和建设费的25%作为成本从净利润中扣除，自项目有收入之日起期限为10年。企业可选择一年或者多年扣除上述费用。资产的折旧仍按常规扣除。

3. 投资政策

泰国素以其廉价劳动力和高产能制造业吸引投资，但随着泰国步入中等偏上收入国家行列，其面临着越来越激烈的来自周边落后国家廉价劳动力的竞争。因此，泰国需要采取战略调整促进其经济发展，调整的最终目的是要通过以生产增值产品而不是出口原材料、以提升研发水平而不是廉价劳动力为基础的知识经济来促进经济增长，并推出更多优惠政策和有利条件以吸引外资。

2015年1月，泰国促进投资委员会（BOI）公布了由泰国总理巴育上将签署的涉及泰国吸引外资新政策，内容如下①。新政策鼓励投资以提高国家竞争力，通过鼓励研发、创新，推动农业、工业和服务业创造价值，促进中小企业发展，公平竞争，实现全面增长；鼓励环保节能和使用可替代能源的行业投资，以促进平衡的可持续发展；为提升产业链的稳定性，政府还促进新区域产业集群的形成，与具有潜力的地区相结合；积极促进南部边境地区的投资，加强地方经济发展，提高地区稳定性；重点促进经济特区的发展，尤其是边境地区的发展，以支持东盟经济共同体一体化进程；加强企业海外投资的

① 泰国BOI官网，http://www.boi.go.th/upload/content/Book%20BOI%202014%20final_73352.pdf。

引导，提高商业竞争，加强泰国在国际舞台上的影响力。

新政策将根据特别重视程度和国家受益程度将生产活动分类，企业将享受无上限的免征所得税的优惠，其中包括：经济林种植（不包括桉树）；创意产业的设计和发展中心；从事机身、机身零件和大型机上设备的制造业，例如飞机引擎零件，螺旋和航空电子设备；电子设计行业；软件行业；以废弃物或者垃圾产生的燃料为动力的电力和蒸汽制造业；节能服务公司（ESCO）；产业园区或技术工业区（产业园区）；地产服务业；研究和发展行业；生物工程业；工程设计业；科学实验；校准服务业；职业培训中心。

4. 融资政策

目前，在泰国大部分商业银行已开办人民币业务，包括中国银行曼谷分行、工商银行（泰国）、泰华农民银行等。

（1）银行体系。泰国的银行体系完善，其中中央银行主要负责监管国内的金融体系、维护金融体系的稳定、制定货币及汇率政策、发行货币等。目前，泰国当地的主要商业银行包括盘古银行、开泰银行、暹罗商业银行、大城银行、军人银行、泰京银行等。外资银行主要有花旗银行、汇丰银行、大华银行等。中资银行有中国银行曼谷分行、中国工商银行（泰国）有限公司。泰国的银行业较为发达，根据世界经济论坛（WEF）发布的《2016—2017全球竞争力报告》，泰国的银行稳定性在参与排名的138个经济体中位列第35位。

（2）融资条件。在融资方面，外资企业与当地企业原则上享受同等待遇，具体贷款条件由各商业银行根据其对贷款企业及项目的分析及风险控制情况而定，泰国央行对商业银行存贷款利率不做硬性限制。

5. 外汇管理政策

泰国外汇管制法规定，对所有居民持有的外汇在携带入泰国时没有数量限制，但在带入境内后的7天内须出售或者存入泰国的商业银行；对投资者带入泰国的外汇如投资基金、离岸贷款等没有限制，但这些外汇在收到或者进入泰国7天内出售或者兑换成泰铢，或存入一家授权银行的外汇账户。外资公司向其海外总部汇出利润将征收10%的汇款税，汇出款项的公司在7天内须付清税金。

泰国进口商可以为进口支付而自由购买或从自己的外汇账户上提取外汇，进口商无须得到泰国银行的许可，但在进口货物或交易价值超过50万泰铢时，须提交F.T.2表格以及货物提单给客户；泰国出口可不受任何外汇管制，但出口收入或者交易超过50万泰铢以上时，须自出口之日起的120天内收到外汇并交予一家授权银行或在收到外汇7天内将其存入授权银行的外汇账户。

6. 劳工政策

（1）主要劳工（动）法。泰国目前实施的《劳动保护法（Labour Protection Act）》制定于1998年，其中明确了雇主和雇员的权利和义务，建立了关于一般劳动、雇用女工和童工、工资报酬、解除雇佣关系和雇员救济基金等方面的最低标准。相关立法还有1975年颁布的《劳动关系法（Labour Relation Act）》；1979年的《工会法（Act on Establishment of Labour Courts and Labour Courts Procedures）》；1990年的《社会保险法（Social Security Act）》以及《工人抚恤金法（Workmen's Compensation Act）》等。

（2）劳工限制情况。泰国对外国企业经营存在严格的用工限制。由于泰国是劳务输出国，泰国政府对外国人在泰投资、经商、从教等申请工作许可基本持积极态度，鼓励在泰外国人通过合法程序申请工作许可，但对一般工种的外籍劳务和经营管理类人员的输入均有严格限制。主要在以下39类工种中限制外籍人，其中普通劳工、制砖、木匠或其他建筑工种、建筑规划设计（专业技术专家除外）已然在列。泰国对于引入外国普通建筑劳务人员严格限制，对于输入的国外经营管理类人员也实行严格的配额限制，一般规定，对于泰国缺少的工种，注册资本金在1亿泰铢以上的企业，每输入1名外国人员需雇用4名当地劳工；注册资金在1亿泰铢以下的企业，每申请1名外籍人员则需雇用5名当地劳工。

7. 保险政策

泰国主要保险机构多为外资保险公司，主要有AIA泰国保险公司，险种有医疗、人寿、房屋、汽车保险等；泰人寿保险公司（Thai Life Insurance），险种有人寿、退休、意外伤害险等；Premier International Healthcare，专营医疗保险；The Navakij Insurance Public，提供汽车、房屋、旅行、事故、健康保险等。

（二）接受农业援助的规模情况、项目清单以及典型案例

1. 国际农业发展基金组织贷款与援助项目

自1978年以来，泰国接受国际农业发展基金援助的贷款项目有4个：分别为1978年泰国东北第二期水利枢纽（Second Northeast Thailand Irrigation Project）共计1 000万美元；1980年国家农业研究计划（National Agricultural Research Project）2 020万美元；

1983年农业信贷项目（Agricultural Credit Project）1 500万美元；1987年农业多样化与泰北灌溉工程（Agricultural Diversification and People's Irrigation Project in the North）1 750万美元。2006—2013年，国际农业发展基金组织援助泰国区域发展的项目有5个（表3-1）。除此之外，国际农业发展基金还在2009年援助泰国10万美元开展“加强办公室监督和评估能力方案”培训。

表3-1　国际农业发展基金援助泰国区域发展资金项目

单位：万美元

项目名称	起止时间	援助金额
湄公河区域水治理项目（Programme for Enhancing Mekong Region Water Governance）	2006年5月30日至2010年12月31日	90
通过金融创新推进农村贫困地区在亚太地区的金融授权项目（Programme for Accelerating the Financial Empowerment of Poor Rural Communities in Asia and the Pacific Through Rural Finance Innovations）	2007年1月11日至2012年9月30日	120
提高湄公河次流域农民家庭农业竞争力项目（Programme for Enhancing Agricultural Competitiveness of Rural Households in Greater Mekong Sub-region）	2007年9月20日至2013年3月31日	60.9
大湄公河次流域生物燃料与农村可再生资源减贫项目（Strategy and options for integrating biofuel and rural renewable energy production into rural agriculture for poverty reduction in the GMS）	2007年6月13日至2008年6月13日	20
亚太、拉美和加勒比地区综合融资项目（Programme for Designing Integrated Financing Strategies for UNCCD Implementation in Selected Countries of Asia and the Pacific, and Latin America and the Caribbean）	2008年7月16日至2010年10月24日	12.5

数据来源：国际农业基金组织下的泰国，http://www.opsmoac.go.th/download/BOFAA/IFAD-20NOV54.pdf。

2. 中国对泰国的援助项目

自2004年以来，中国对泰国的援助项目主要是援外青年志愿者项目、“走出去”项目和开发计划项目。2005年2月23日，由中国商务部主办、团中央所属中国青年志愿者协会承办的向泰国派遣潜水员志愿者项目开始实施，在泰南部海啸灾区协助泰方打捞及清理南部受灾区近海区域大件物品及垃圾[①]；“走出去”培训项目是指根据两国政府换文和受援国要求，中方派遣专家到受援国举办的中短期培训项目。中方负担专家的所有派出费用，有时还负责培训场地租赁和参训学员的食宿费等。自2004年以来，已向泰国、埃塞俄比亚、塞内加尔、乌干达等国家派出专家举办培训项目。主要的开发项目有，

① 中国商务部国际合作司。

2012年中国政府援泰国国王山地开发计划项目；2014年“援泰国国王山地开发二期技术合作项目——水稻合作子项目”；2014年，云南物产进出口集团股份有限公司代表中国政府与泰国皇家基金会签署无偿援助农业技术实施合同。

（三）农业吸引外商投资发展状况

1. 农业吸引外商投资总体发展状况

泰国农业有严格的市场准入机制，根据泰国《外籍人经商法（Alien Business Act）》（1999年）规定，有关农业领域的如“种稻、旱地种植、果园种植、牧业、林业、原木加工”都是因特殊理由禁止外国人投资的业务；“碾米业、米粉和其他植物粉加工，水产养殖业，营造林木的开发与经营”都属于需要经过泰国商务部商业注册厅根据外籍人经商营业委员会决定批准后才可以进行投资的行业。

受投资准入政策的影响，泰国农业领域的外商直接投资规模小，发展速度慢（图3-1）。2003—2014年的12年里，泰国农业投资年均仅166.68亿泰铢，最高值为2013年的256.62亿泰铢，最低值为2003年的95.4亿泰铢。与各领域的投资总额相比，农业投资比重低且呈下降趋势。2003—2014年，泰国农业外商投资额占泰国外商投资总额的比重在5%左右，2009年受泰国各行业外商投资额均较小的影响，该比重攀升至11.38%，2010年又迅速回落至6.28%，且呈进一步下降趋势，至2014年，该比重仅为2.02%。

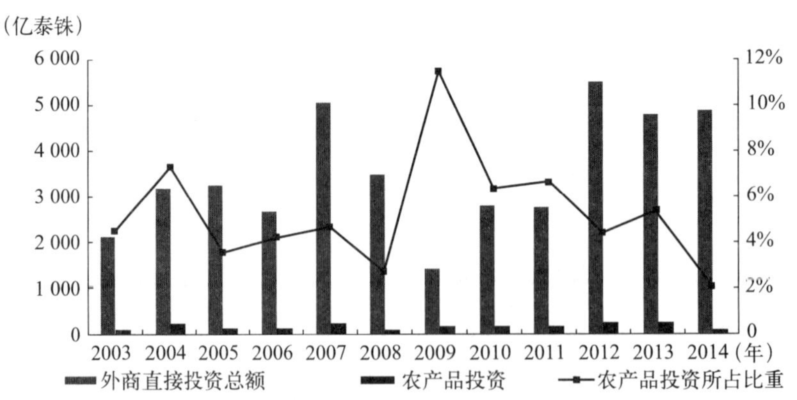

图3-1 2003—2014年泰国农业外商直接投资变化情况

数据来源：根据泰国投资促进委员会（BOI）资料整理。

2. 主要农业外资来源国及主要行业

泰国农业外资主要来自日本、东盟内部。从表3-2可知，2008—2013年，日本是泰国最大的农业外资来源国。2009年，日本对泰国的农业投资额占泰国农业外商投资总额的比重达62.87%，但从2012年开始，该比重逐年下降，至2014年，美国（占比18%）超过日本成为泰国农业外资的最大来源国。东盟其他国家也是泰国农业外资的主要来源地，2013年的投资占比达23.95%，2014年下降到11.50%。2010年以前，中国对泰国农业投资的规模很小，2010年以后投资规模有所扩大，其中2011年投资占比达到20.09%，2014年的投资占比为9.04%。泰国农业外资主要集中在食品行业，如2014年，日本对泰国谷物加工行业的投资额为692.5万泰铢，占日本对泰国农业投资额的39.98%；其次是即食及半即食食品加工业（投资额为254万泰铢），占日本对泰国农业投资额的14.67%。

表3-2　2008—2014年泰国农业外资主要来源地

单位：百万泰铢

年份	日本	投资占比	东盟内部	投资占比	中国	投资占比
2008	4 800.2	49.62%	970.8	10.04%	312.0	3.23%
2009	10 166.8	62.87%	1 110.1	6.86%	321.5	1.99%
2010	4 322.5	24.65%	4 323.9	24.66%	1 685.9	9.61%
2011	8 102.4	44.13%	1 432.3	7.80%	3 688.4	20.09%
2012	7 916.8	32.71%	1 690.2	6.98%	1 844.7	7.62%
2013	7 405.2	28.86%	6 145.7	23.95%	916.7	3.57%
2014	1 732.0	17.70%	1 125.4	11.50%	884.4	9.04%

数据来源：根据泰国投资促进委员会（BOI）资料整理，http://www.boi.go.th/index.php?page=statistics_foreign_direct_investment。

根据泰国商业部资料显示，2016年共有352家外资企业获准在泰国生产经营，投资总值74.43亿泰铢，日本继续位居泰国首要投资来源国，投资价值占总额的40%左右；其次是新加坡约14%，以及中国约7%。以产业划分，向关系企业提供服务的服务业投资额19.69亿泰铢，相当于投资总值约33%的比重；其次是商务代理办事处，投资额约3.03亿泰铢，比例为27%；零售及批发业约32.48亿泰铢，比例为15%；与官方或国营企业签定合同的服务业约32.48亿泰铢，比例约14%；以及向客户提供服务的服务业约13.49亿泰铢，比例为11%。这些行业的投资为泰国创造了7 000个就业岗位，不但有助于提高国民生活素质，培养技能及增加知识，外资还向泰国厂商传授生产技术及创新科技，特别是汽车、能源、建筑及信息科技四大产业，例如云端体系的开发和与电子支付

（e-Payment）相关的数据保安系统。泰国商业部发展厅数据预测，2017年外资将增加来泰投资与电子商务相关的服务业，原因是泰国政府出台的“泰国4.0”政策，侧重在经营中增加创新科技及创意元素，而且目前企业经营也趋向电子化。

泰国正大集团（CPF）是泰国诸多涉农企业中最为有名的企业。正大集团是泰籍华人创办的知名跨国企业，在中国以外称作卜蜂集团（Charoen Pokphand Group）。正大集团是一家以农牧食品、零售、电信三大事业为核心，同时涉足金融、地产、制药、机械加工等10多个行业领域的多元化跨国集团公司，业务遍及100多个国家和地区，员工超30万人，2015年集团销售额430亿美元。

作为中国改革开放后第一家在华投资的外商企业，30多年来，正大集团秉承“利国、利民、利企业”的经营宗旨，积极投身中国改革开放事业，并不断加大在华投资力度。截至目前，正大集团在中国设立企业300多家，下属企业遍及除西藏、青海以外的所有省份，员工超8万人，总投资超1 100亿元，年销售额近1 000亿元。拥有正大饲料、正大食品、正大鸡蛋、正大种子、卜蜂莲花、大阳摩托、正大广场、正大制药、《正大综艺》等具有广泛知名度的企业、品牌和产品。目前，正大集团已成为在华投资规模最大、投资项目最多的外商投资企业之一。

3. 农业吸引外资成效

（1）**有效弥补了农业资金和技术的不足。**泰国农业发展过程中，农业资金投入不足是其农业发展的一大短板。但随着泰国对外投资政策的宽松化、便利化，其农业生产资金不断充实，农业成为FDI流入的主要领域之一。2003—2014年，外国投资者向泰国投资促进委员会（BOI）申请的农业投资项目金额从122.62亿泰铢增长到719.83亿泰铢，增长了近5倍。

（2）**产业结构优化，壮大了相关产业的发展。**泰国传统农业产业结构主要是以丰富的农业资源、生产原料型农产品为主。但随着泰国从传统农业国向新兴工业国的转变，为适应其经济转型和产业发展的需要，继续保持和发挥农业在国民经济中的基础地位和传统优势，泰国政府在20世纪后期实施了“农业工业化”的发展方针。农产品加工业成为泰国吸引农业外国直接投资的重点领域，早期通过吸引日本、欧盟等农业企业投资、办厂，引进了先进的技术设备和管理经验，优化了农业产业结构的同时，农业产业技术水平也得到了极大的提高，增强了农产品国际市场竞争力。目前，泰国已形成了以稻米、玉米和木薯为主的粮食加工业，以水果、制糖、水产品和禽畜冷冻为主的食品加工业，已跻身世界食品加工业强国。

（四）中国对泰国的农业投资与合作

1. 中国在泰国投资的重点产业

中国在泰国投资的重点产业有7个，分别是农业、矿物和陶瓷业、轻工业、金属和机械制造业、电子电器行业、化工制品和造纸业、服务业。这7大产业在2010—2014年和2015年通过泰国促进投资委员会（BOI）审批的项目总数分别为172个和57个，带来投资金额分别是2 439.21百万美元和656.59百万美元[①]。

其中，2010—2014年，通过BOI审批的中国项目有：农业30个，投资金额257.71百万美元；矿物和陶瓷业5个，投资金额283.57百万美元；轻工业16个，投资金额83.43百万美元；金属和机械制造业51个，投资金额1 276.01百万美元；电子电器行业28个，投资金额197.96百万美元；化工制品和造纸业34个，投资金额107.61百万美元；服务业8个，投资金额232.92百万美元。

2015年通过BOI审批通过的中国项目有：农业6个，投资金额34.97百万美元；矿物和陶瓷业2个，投资金额10.02百万美元；轻工业1个，投资金额8.43百万美元；金属和机械制造业18个，投资金额260.24百万美元；电子电器行业10个，投资金额277.69百万美元；化工制品和造纸业11个，投资金额38.94百万美元；服务业9个，投资金额26.30百万美元。

2. 中国在泰国的农业投资与合作的典型案例

中泰两国同为农业大国，处于相近的发展阶段，都面临着实现农业现代化、新农村建设、提高农民收入的迫切任务。2016年6月25日，中国援助泰国的国王山地开发项目二期实施协议正式签订，是两国在农业领域合作的典型示范项目。受中国商务部委托，袁隆平农业高科技股份有限公司举办“国际杂交水稻技术培训班”，泰国建立了科技合作和文化交流关系，并建立了合作项目。

案例一：中国杭州中策橡胶有限公司。该公司将在泰国投资设立其首个海外汽车轮胎生产工厂，总投资额10亿元人民币，厂区占地面积六七百亩。建成投产，将使用泰

① 泰国促进投资委员会（BOI）官网，www.boi.go.th, 2016。

国的橡胶片作为原材料。该公司最终选择在泰国投资设厂是因为泰国拥有高质量的原材料，泰国是全球最大的橡胶出口国之一。

案例二：云南物产进出口集团股份有限公司在泰国开展的“泰国国王山地开发计划二期技术合作项目”，实现了食用菌、蔬菜、草莓等种植技术示范培训推广成果，及冷库、组织培养实验室和大棚等配套设施建设成果。该技术合作项目期限两年，自2015年1月28日起至2017年1月27日止。

由中国云南国际经济技术合作公司承建的援泰国国王山地开发计划项目于2011年7月18日正式竣工并上报商务部合作局，商务部派出3名专家及商务部合作局代表组成的援泰国国王山地开发计划项目竣工验收组，于2011年8月18日至2011年9月2日对援泰国国王山地开发计划项目进行了竣工验收，项目圆满通过验收并获商务部竣工验收组好评。

由中国云南国际经济技术合作公司承担实施的中国政府援泰国国王山地开发计划项目在经受了泰国50年未遇水灾的严峻考验后，2012年2月20日年正式向泰国王室猜帕塔那基金会进行移交。

案例三：2016年12月6日，中国铁建国际集团东南亚公司与泰国双赢地产开发有限公司在泰国曼谷正式签订泰国生态农业工厂项目施工总承包（EPC）合同，该项目为目前东南亚最大的生态农业工程项目基地，合同金额193.563亿泰铢，约合37.3亿元人民币。

合同内容主要包括设计和建造预制装配式钢结构种植养殖厂房300栋，总建筑面积约270万平方米。按照规划，该项目每栋厂房室内封闭，将采用最新的发电和空调技术以及中国制造的LED。底层养殖家禽、水产，2～4层种植蔬菜、水果、花卉；屋面开放，设透明的大棚，自然采光，种植水稻。该项目的实施，有利于提高泰国农业生产科技含量和现代化水平，增强泰国农业的多样性，提高泰国农业产品的经济效益和附加值。

四、中泰两国农业合作的发展潜力分析

（一）中泰两国农业合作发展的SWOT分析

本研究进一步应用SWOT分析法，从优势（Strengths）、劣势（Weaknesses）、机会（Opportunities）、威胁（Threats）四个维度对中泰两国农业的合作发展予以研判，进而有针对性地提出加强两国农业合作的政策建议。

1. 优势分析

中泰两国农业合作的突出优势表现在：双方地理位置毗邻、文化相通，农业资源优势互补等。

（1）中泰两国地理位置毗邻、文化相通。泰国在地理位置上处于东盟国家的核心区域，海陆均连接东盟各国，区位优势得天独厚。中泰两国地理位置毗邻，且水、陆、空立体交通体系正趋于完善。陆路交通方面，目前有南宁–曼谷走廊和昆明–曼谷走廊两条通道，其中南宁–曼谷通道是中泰两国最畅通便利的陆路交通，途经南宁–河内–越南东河–越南老保口岸–老挝沙湾拿吉口岸–泰国穆达汉口岸–孔敬–曼谷，全长1 934公里；另一条是昆曼国际公路（Kunming－Bangkok Road），即昆明–曼谷通道，全长1 809公里，全线由中国境内段、老挝段和泰国境内段组成，将中泰两国的公路运输缩减到3个小时。铁路有泛亚铁路，全长5 500公里，是连通中国和包括泰国在内的东盟国家的陆上大动脉。水路交通方面，中泰两国主要依托湄公河航道进行水路运输。航空运输方面，北京、上海、广州、云南、广西、黄山、西安等城市均开通了直飞曼谷的航线，包头、太原等城市也开通了直飞泰国甲米的航线。随着“一带一路”倡议的推进，尤其是亚洲投资银行的正式运作，有利于进一步完善中泰两国基础设施建设。

中泰两国在文化和宗教具有较强的相似性。泰国是海外华人分布最多的国家之一，泰国华人是中泰两国文化交流的纽带，而泰国许多民族和我国西南少数民族本是同宗，文化相同，语言相通。在宗教信仰方面，佛教均为中泰两国重要的宗教之一，佛教教徒众多，这种文化和宗教上的相似性有利于加强和促进双边交流与合作。

（2）农业资源优势互补。中泰两国自然条件差异，尤其是气候条件的差异导致两国农产品互补性较强，泰国天然橡胶、热带水果、蔬菜、木薯等农产品在中国占有较大的市场，而中国的温带水果、蔬菜也是泰国进口的主要农产品。土地、劳动力、资本、技术是决定农业生产效益的四大资源要素，两国在这四个方面具有一定的资源互补优势。

表4-1　2015年中国和泰国农业土地资源情况

国家	农业用地占土地面积比重（%）	永久性作物用地占土地面积比重（%）	耕地面积占土地面积比重（%）	人均耕地面积（公顷/人）
中国	56.22	1.70	12.68	0.09
泰国	43.28	8.81	32.90	0.24
世界平均	37.27	1.28	10.99	0.19

数据来源：世界银行数据库。

泰国农业土地资源优势较大。从表4-1可以看出，泰国农业土地资源的各项指标均远远高于中国和世界平均水平。其中，泰国农业用地面积占土地面积的比重接近一半，耕地面积占土地面积的比重约为1/3，人均耕地面积0.24公顷/人（3.60亩/人）；相比之下，我国农业土地面积缺乏，耕地面积占土地面积的比重和人均耕地面积均仅为泰国的1/3。因此，泰国土地资源优势为中泰两国农业合作提供了土地资源基础。

泰国农业劳动力资源较中国丰富。虽然随着工业化的发展，中泰两国农业劳动力人数均呈现出减少的趋势，但总体而言，泰国农业就业人员占劳动力的比重要远远高于我国约四个百分点（表4-2）。泰国高就业率和低失业率也为其农业的发展提供了良好的就业环境，且其就业人口人均GDP高于中国，劳动力具备一定的创造价值。

表4-2　2017年中国和泰国劳动力就业情况

国家	劳动力就业率（%）	劳动力失业率（%）	就业人口人均GDP（美元）	农业就业人员比重（%）
中国	65.71	4.56（2015年）	27 152.83	17.51
泰国	67.82	0.69	28 303.40	32.80
世界平均	58.52	5.71（2015年）	34 592.78	26.48

注：就业率是指15岁及以上劳动力就业率；就业人口人均GDP以2010年不变价格计算。
数据来源：世界银行数据库。

中国雄厚的财政资金可以有效填补泰国农业投入的不足。泰国农业财政资金缺乏，中国农业财政支出力度相对较大。根据泰国商务部资料显示，2016年泰国财政预算支出金额为22 140.33亿泰铢，其中农业支出额为405.83亿泰铢，仅占1.83%；而根据中国财政部资料显示，2016年中国财政支出总额为187 841亿元，其中农业支出18 442亿元，占比9.82%。从图4-1可以看出，2007—2016年中国和泰国农业财政支出占财政总支出的比重呈相反的变化趋势，其中，泰国农业财政投资占比呈逐年下降趋势，中国农业财政投资总体呈增长趋势。因此，中国农业资金优势的发挥，将有利于促进中泰两国农业合作发展。

中泰两国农业技术优势互补。我国农业科技在农业机械研发与推广，种植与养殖技

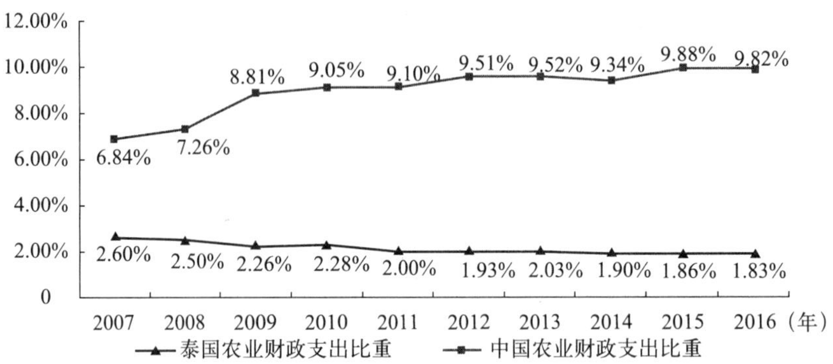

图4-1 2007—2016年中国和泰国农业财政支出占财政总支出的比重

数据来源：根据泰国财政部及中国财政部资料整理。

术、良种繁育、农业生物开发、农业病虫害综合防治、畜牧业检测检疫、农资产品（化肥、农药等）等方面具有较强的优势。此外，中国还在科技人员数量、基础研究以及航天技术等方面优于泰国，水稻育种技术也先进于泰国，农业生物技术和网络技术的发展也远超泰国。受益于其优越的热带气候条件，泰国在水稻、木薯等作物育种方面具有独特的优势，泰国国家科技发展署的种子研究计划还联合泰国70余所国企和私企，开展整个种子价值链研究，加强新品种育种，推动泰国品牌种子出口创汇；采用生物技术开展种子育种和品种改良研发计划，包括开发和利用DNA分子量标准开展作物育种。

（3）**中泰两国间发生政治风险的可能性低。**虽然20世纪50年代至70年代早期，受泰国亲美政策的影响，中泰两国一度交恶，但1975年7月1日中泰两国建交之后，两国关系日益改善。随着20世纪80年代柬埔寨问题的解决以及90年代冷战的结束，中泰两国间的睦邻友好关系进一步发展。美国重返亚太战略的实施，加剧了中国与周边邻国的领土尤其是领海争端。东盟国家中，越南、菲律宾、马来西亚等国与中国南海问题争端较大，发生外交问题引发的政治风险也较大。相比之下，泰国与中国不存在领土（领海）争端，在现有的两国和平外交政策下，两国间发生政治风险的概率小，两国间的投资保护政策也有利于促进双边农业投资合作的发展。

表4-3 中泰两国投资合作保护政策情况

签订时间	协定（协议）名称
1985年3月12日	《中华人民共和国政府和泰王国关于促进和保护投资的协定》
1986年10月27日	中泰两国政府《关于避免双重征税和防止偷漏税的协定》
1994年3月16日	中泰两国政府《关于民商事司法协助和总裁合作的协定》
2000年3月10日	《中华人民共和国政府与泰王国关于中国加入世界贸易组织的双边协议》
2012年4月	《中华人民共和国和泰王国经贸合作五年发展规划》
2013年10月	中泰两国政府《中泰关系发展远景规划》

数据来源：根据中国商务部《对外投资合作国别（地区）指南：泰国（2016年版）》整理。

其中，《中泰关系发展远景规划》将促进两国在橡胶产业、生物塑料业和绿色产业的投资合作；双方还同意加强合作社发展、农产品加工与贸易、农业企业投资和粮农政策协定方面的合作，提升两国农业合作水平。两国间农业商会与合作社的交流也有利于两国农业的进一步发展。2017年5月12日，中国东盟农资商会与泰国全国农业合作社总社签署合作谅解备忘录，双方将在农资、农产品贸易与投资、农业企业与合作社管理交流、农业技术创新与推广等领域展开合作。

2. 劣势分析

（1）**两国间农产品物流迟滞性较大。**虽然中泰两国地理位置相邻，但两国既没有陆地的连接，也没有海洋的连通，一定程度上制约了两国农产品贸易，尤其是生鲜农产品。目前，中泰两国最便捷的交通运输方式是航空运输，但这也直接增加了榴莲、山竹等生鲜热带水果的运输成本，削弱了其产品价格优势。中泰两国陆地交通运输途经老挝、越南等国，且运输里程较长，存在运输风险，而海洋运输的时效性则更无法保障。此外，泰国国内交通基础设施建设较为落后，一方面导致了泰国国内市场无法充分满足蔬果、鱼虾等生鲜农产品的需求，另一方面，农业供求信息和物流的滞后和不完善，常出现龙眼、菠萝、芒果的滞销问题。

（2）**泰国农业气象灾害较为严重。**泰国地处热带季风气候区，洪涝与干旱频发，农业发展面临的气象灾害严重。2010—2011年，泰国暴发50年一遇的严重洪涝灾害，洪水持续3个多月，数百万人受灾，全国近1/3的府被淹。根据泰国农业部数据显示，该洪水造成泰国约600万吨稻米受损。近年来，对泰国农业生产，尤其是农作物生产阻碍最大的气象灾害是旱灾，且经常伴随着虫害。自2012年以来，泰国基本上年年干旱，给其国内农业生产带来了极大影响。2015年、2016年，泰国连续两年遭遇特大干旱，根据泰国《全国干旱综合损失报告》显示，从2015年10月至2014年4月的干旱导致泰国165万莱农耕地无法正常耕种，农产品直接损失99.65万吨，折合经济损失70.92亿泰铢。而由于抵御旱灾水平的欠缺，使泰国目前还在接受其他国家的灾后技术援助。

（3）**农业投资资金分散性制约。**缅甸、老挝、越南在地理位置上与中国陆地接壤，中泰两国之间的陆路运输必经过这三个国家，越南还与中国海域相邻，因此这三个国家与中国农业合作的交通更便利。缅甸、老挝和越南三国都是以农业为主的国家，在中国-东盟自由贸易区及其“升级版”框架下，农业将是传统农业国贸易和投资增长的一个关键领域。一方面，这三个国家较中泰两国有更为廉价的劳动力，更利于吸引中泰两国的农业资本；另一方面，这三个国家有很多农产品和中泰两国存在竞争关系，更加具备农产品贸易优势。以越南为例，越南农业外资准入相对宽松，中、越两国的农业贸易规模逐年扩大，根据中国海关信息网数据显示，中国火龙果的进口全部来自越南，随着中国与越南农产品贸易与投资的进一步深入，势必给中泰两国农业领域的投资与合作形成竞争压力。因此，其他东盟国家农业投资优势容易造成中国在东盟国家农业投资的资金较为分散，不利于中国对泰国农业投资资金的壮大。

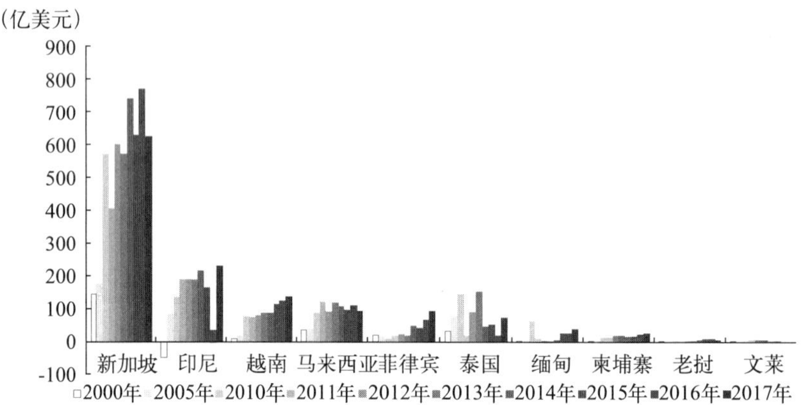

图4-2 2000—2017年东盟各成员国FDI流入量的变化情况

数据来源：联合国贸易和发展会议数据库（United Nations Conference on Trade and Development，UNCTAD）。

表4-4 2010—2016年中国从泰国、越南进口的大米和木薯数量及价格情况

单位：万吨，美元/吨

年份	泰国				越南			
	大米数量	大米价格	木薯数量	木薯价格	大米数量	大米价格	木薯数量	木薯价格
2010	29.91	758.94	459.69	210.14	5.61	392.16	103.64	202.62
2011	32.56	786.24	340.26	281.26	23.38	530.37	150.91	266.38
2012	17.54	883.69	340.26	255.87	154.51	441.40	220.93	237.63
2013	29.98	783.86	575.22	251.38	148.10	415.94	146.47	232.81
2014	72.78	549.60	698.92	245.71	135.20	463.02	145.35	234.94
2015	93.14	509.46	742.06	229.75	179.43	408.15	183.28	210.35
2016	92.84	497.74	619.17	184.00	161.84	453.47	140.78	167.67

数据来源：根据中国海关信息网资料整理，http://www.haiguan.info。

3. 机会分析

（1）中国-东盟自由贸易区建成及“升级版”的打造。中国-东盟自由贸易区（China and ASEAN Free Trade Area，CAFTA）是继欧盟和北美自由贸易区之后的世界三大区域经济合作区之一，也是世界上覆盖人口最多，由发展中国家组成的最大的自由贸易区。

东盟农业资源丰富，有“世界粮仓”的美誉。农业也是中国与东盟国家投资、贸易合作的重要领域之一。CAFTA框架下，中泰两国农业合作进展迅速，自2003年10月1日起，中泰两国率先对188种蔬菜和水果实现零关税，有效推动了中国-东盟自由贸易区的建设。2010年中国-东盟自由贸易区正式建成以来，中泰两国农业合作，尤其是两国农产品贸易进一步发展。

表4-5 2010—2017年中国农产品在东盟国家的进出口市场结构变化情况

	出口市场结构				进口市场结构			
国家	2010年	2015年	2016年	2017年	2010年	2015年	2016年	2017年
泰国	18.09%	25.80%	24.75%	19.64%	22.74%	31.62%	29.49%	28.70%
越南	15.90%	23.25%	22.31%	28.93%	32.03%	25.60%	25.71%	29.07%
马来西亚	22.48%	17.83%	17.11%	15.20%	6.88%	17.19%	19.57%	18.20%
印度尼西亚	23.82%	12.40%	11.90%	14.72%	27.16%	15.81%	14.90%	14.41%
菲律宾	10.34%	11.31%	10.85%	12.87%	3.74%	4.38%	4.26%	4.80%
新加坡	7.40%	6.57%	6.30%	5.16%	4.73%	2.91%	2.97%	1.99%
缅甸	1.33%	2.21%	2.12%	2.97%	2.39%	1.09%	1.18%	1.17%
柬埔寨	0.30%	0.35%	0.34%	0.25%	0.28%	0.71%	1.11%	0.86%
老挝	0.20%	0.20%	0.19%	0.15%	0.04%	0.67%	0.81%	0.77%
文莱	0.14%	0.08%	0.07%	0.10%	0.00%	0.00%	0.01%	0.02%

数据来源：根据2010—2017年中国商务部《中国农产品进出口月度统计报告》整理。

泰国已成为中国在东盟区域的最大农产品进出口贸易伙伴。从表4-5可以看出，2010年中国-东盟自由贸易区建成以来，中泰两国农产品贸易快速发展。2015年，泰国已取代越南成为中国在东盟的最大农产品出口贸易伙伴；2013—2016年，泰国始终是中国在东盟的最大农产品进口来源国，且中国从泰国进口的农产品占中国从东盟进口农产品的比重接近1/3，2016—2017年中国从泰国进出口占东盟比重又有所下降。因此，随着中国-东盟自由贸易区升级版的打造，中泰两国农业合作还存在一定的增长空间。

(2) **“一带一路”倡议的持续推进。**“一带一路”倡议契合中泰两国的国家利益。泰国地处东南亚的中心位置，坐拥太平洋和印度洋，战略意义非同一般。泰国是中国主导的亚洲基础设施投资银行的57个意向创始国之一，亚投行的成立，有利于改善泰国国内的基础设施建设，为两国农业投资合作提供便利。“一带一路”倡议的持续推进，有利于中泰两国多层次、宽领域、全方位的战略双边合作关系的进一步发展，有利于平衡中、美、泰三国的政治经济关系以及降低泰日政治经济关系的热度，从而为中泰两国农业投资合作拓展空间。

4. 威胁分析

（1）泰国国内政治风险较大。泰国是世界上军事政变最多、政权交替最频繁的国家之一。泰国前任国王普密蓬继位以来，泰国权力更迭频繁，共经历了26位总理，发生过19次年事政变[①]。泰国政治受军人集团的影响大，军事政变时有发生，2014年，泰国军方发动政变，推翻英拉领导的为泰党政府。原陆军司令巴育领导成立全国维持和平秩序委员会，担任总理并执政至今。2019年3月24日泰国举行大选，但这次大选制度是泰国现任总理巴育透过宪法所量身打造的。因此，泰国未来政治局势仍然不明朗。其国内局势的不稳定，给建设周期长、资金消耗大的投资项目增加了风险，因此，中国投资泰国农业不仅要面临自然灾害风险，还要面临由其国内政权不稳定导致的政治风险和政策风险。此外，近年来，东南亚已成为恐怖主义的多发地区，随着欧洲和俄罗斯对伊斯兰国（ISIS）军事打击力度的加大，伊斯兰国圣战分子向东南亚转移并开始形成体系。加之泰国南部部分地区民族关系错综复杂，暴力事件不断，不利于泰国南部地区局势的稳定及农业投资贸易的发展。

（2）国际农业竞争引发的市场风险加大。日本、韩国和美国都是中泰两国农产品的主要出口市场，同时又是中泰两国外商直接投资（FDI）的主要来源国，作为全球两大食品和农产品进口国，日本和韩国对中国和泰国均进行了农业领域的投资与合作。此外，近年来，随着许多国家的消费者对食品安全和环境等关注越来越密切，日本和韩国也被认为是中泰两国新兴的有机食品产业主要市场，日本的私人投资被认为将与中泰两国综合农业协作，并会首先对有机水果、蔬菜和鲜花等生产进行投资。日韩两国农业企业有比中泰两国更为成熟的管理模式和市场经验，因此这就给中泰两国农业合作带来一定的竞争压力。在中泰两国农业合作的过程中，难免遇到竞争对手，有来自两国间的市场竞争、农产品竞争，也有来自外部条件的制约，比如日渐成熟的区域机制，带来泰国和中国周边国家的农产品竞争、劳动力竞争，再加上日本和美国在东南亚地区战略的布局，中泰两国农业合作需要持续深入，未来两国农业合作面临新挑战。

5.SWOT 矩阵分析

中泰两国农业合作策略组合的一般性原理是通过优势、劣势、机会、挑战的两两组合使优势最大化、劣势最小化，并把握机会、消除威胁。通过构建中泰两国农业合作的SWOT矩阵，可以有针对性地提出两国农业合作的相关政策建议，并深入挖掘两国农业合作的潜力。

① https: //www.ydylcn.com/zjgd/330127.shtml.

表4-6　中泰农业合作的策略组合

外部环境 策略选择 内部环境	优势（S） 1.地理毗邻、文化相通； 2.农业资源优势互补； 3.两国间发生政治风险可能性小	劣势（W） 1.两国间农产品物流迟滞性大； 2.泰国气象灾害严重； 3.农业投资资金分散性制约
机遇（O） 1.CAFTA的建成及升级版的打造； 2."一带一路"倡议的持续推进	S+O策略选择：利用优势，把握机遇。 SO_1：建立和完善两国农业合作互惠互利机制； SO_2：合理分工，整合两国农业产业区域价值链	W+O策略选择：利用机遇，摆脱劣势。 WO_1：拓宽双边农产品物流体系； WO_2：投资优势产业，开展农业气象监测的研究合作
威胁（T） 1.泰国国内政治风险较大； 2.国际农业竞争引发的市场风险加大	S+T策略选择：利用优势，应对威胁。 ST_1：发挥华人经济在农业合作中的"桥梁作用"； ST_2：鼓励企业积极实施"本土化"战略	W+T策略选择：摆脱劣势，应对威胁。 WT_1：建立和完善境外农业企业投资风险预警机制； WT_2：加强农业战略互信，建立农业企业风险补偿基金

（二）推进中泰两国农业合作的相关建议

1.建立和完善两国农业合作互惠互利机制

中泰两国同为发展中国家的农业大国，农业在其国民经济中占据基础性地位，且均处于农业现代化的重要发展阶段。两国农业资源极强的互补性，为两国农业合作创造了内生条件。1975年中泰两国建交以来，两国关系发展迅速，中泰两国在推动中国-东盟自由贸易区的建设及"一带一路"倡议的实施过程中，均发挥着积极作用，为两国农业持续深入合作提供了良好的外部条件。因此，两国应把握双方优势和重大历史机遇，建立和完善两国农业合作的互惠互利机制。在农产品进出口贸易政策上，简化双边农产品出入境手续，建立合理的农产品检验检疫机制，以有效规避贸易壁垒；在两国互补性强的农产品进出口方面，给予本国企业适当税收优惠及奖励；在农业双边投资政策上，简化投资企业手续，在土地、税收和融资等方面给予适当优惠，鼓励国内涉农企业投资双边农业优势产业等；在农业合作交流方面，加强两国在农业科技领域的交流与合作；为政府、企业及民间团体定期开展农业交流与合作（包括各类研讨会）提供政策指引和鼓励。

2.合理分工，整合两国农产品区域价值链

中泰两国由于资源差异，优势农产品各有不同，但产业结构发展也具有一定的相似

性。因此，有必要梳理两国存在竞争性和互补性的农产品，运用国际农产品分工理论，整合两国农业产业的区域价值链。目前，中国出口泰国的农产品主要以温带水果、温带蔬菜、肥料、农药、水产品、畜牧产品、咖啡、茶叶、面粉、冬虫夏草以及未加工的中草药等为主；泰国出口中国的农产品则主要是大米、橡胶、木薯、热带水果、白砂糖、水产品及其加工品、畜牧产品以及鲜花（主要是兰花）等。因此，在农作物生产方面，两国应根据市场需求，鼓励国内农业生产经营者生产双边互补性强的农产品；在具体农产品的研发上，基于两国农业产业升级的需要，大力开发具有高附加值的农产品和创新农产品，例如把农产品和药品生产制造相结合，研发绿色产品，或者生产高附加值的天然橡胶品；在两国存在竞争性的农产品加工品生产方面，鼓励资本向国内需求大，且对方具备一定优势的农产品加工产业流动。

3. 拓宽双边农产品物流体系

泰国农产品物流运输便利化程度要滞后于东盟其他主要农业国，但其农业产业发展成熟度明显高于越南、老挝和缅甸，且与中国的农产品物流便利化程度相对优于马来西亚、印度尼西亚和新加坡等国。泰国地处东盟核心区，在“一带一路”倡议下，尤其是“亚投行”的成立，将有效改善东盟农业投资基础设施不配套的约束，有利于CAFTA物流中心的构建，泰国的战略位置也将明显提升。从两国良好的农业合作发展前景及农产品运输便利化的现实需求来看，亟待拓宽双边农产品物流体系。目前，鉴于中国与泰国农产品物流成本高、效率低的问题，建议两国政府继续积极贯彻落实《中华人民共和国和泰王国关于建立全面战略合作伙伴的联合声明》的有关意见和决定，推进陆路和铁路交通合作，加快中泰两国高铁项目的建设进程，利用好包括昆明至曼谷公路、南宁至莫拉限公路和南宁至那空帕侬公路等现有连接中泰两国的陆路交通网络以及湄公河航道，打造快捷便利的农产品物流体系，尤其是生鲜农产品物流体系，有效降低两国间农产品的物流成本，保证农产品的质量和新鲜程度。

4. 投资优势产业，开展农业气象监测的研究合作

近些年，泰国鼓励资本向农产品加工品领域流动，且其农产品加工品产业处于发达水平。因此，中国涉农企业投资泰国农业时，应当着重投资泰国鼓励发展的农产品加工品领域，并投资国内需求大的精细米加工、木薯加工、橡胶加工等产业。针对近年来泰国水灾、旱灾频繁的农业自然灾害状况，两国有必要加强在农业自然灾害监测预警方面的合作。中国政府可以利用中国气象卫星监测等领域的优势，帮助泰国建立和完善农业自然灾害监测预警体系。此外，两国还可以加强在农田水利灌溉工程与技术方面的合作，共同研发农作物抗旱、抗病虫害品种等。

5. 发挥华人经济在农业合作中的“桥梁作用”

泰国华人约占东南亚华人总数的1/4左右，其在泰国社会经济中发挥着举足轻重的作用。数千万海外华侨、华人拥有巨大的人才、资本优势及成熟的商业网络，熟悉所在国的历史、民俗、语言、文化、社会和法律等，具有融通中外的独特优势[①]。华商大企业广泛分布在泰国的制造业、农业、房地产、建筑业、金融业、百货零售、贸易、媒体及其他各类服务业，泰国最大的跨国多元化商业集团及最大的商业银行都控制在华商手中[②]。泰国华人经济的发展壮大，也极大降低了两国间外交交恶引起的政治风险。泰国华人是东南亚国家中，受排华影响较小的华人群体，我国涉农企业通过与泰国华人开展农业投资合作，有利于规避泰国因政权频繁更迭带来的政治风险，也有利于避免暴动引发的打砸抢烧中资企业事件的发生。

6. 鼓励企业积极实施“本土化”战略

我国开展境外农业投资合作既是利用国内外两个市场、两种资源突破国内农业资源瓶颈制约的迫切需要，又是以涉农资金流动形式参与国际农业合作及全球农业分工的必然选择。自2014年以来，泰国国内政权局势保持相对稳定，但不稳定因素尚存。与美国、日本等国家相比，我国对泰国农业投资起步晚，在泰国当地农产品市场占有率方面存在一定劣势；另一方面，自“冷战”结束以来，泰国始终与美国、日本保持同盟关系，受美国“重返亚太”战略的影响，美国对泰国的投资，包括农业投资增长明显。总之，对中国在泰国的农业投资企业而言，不仅要面对泰国国内的政治风险，还要规避因与美国、日本等国竞争导致的农产品市场风险。但在地理位置、华人经济、市场潜力等方面，中国投资泰国农业具有美、日等国无法比拟的优势，因此，对于中国在泰国的涉农企业而言，应有效利用中泰两国农业合作的优势，立足当地、服务当地，积极实施企业“本土化”战略，从而有效减低经营风险。

7. 建立和完善泰国农业投资风险评价与预警机制

境外农业投资风险评价是一种事前的风险评估，即在企业投资前就对东道国的投资环境进行全方位的评价，以估算各投资风险的大小。境外农业投资风险预警体系则注重的是对企业投资过程中的风险发出预警信号以及如何识别风险、规避和应对风险。境外投资引导机制的不健全，境外农业投资风险评估机构的缺乏，使中国境外农业投资企业在应对东道国投资风险时处于被动地位。目前，东盟已成为中国最大的农业境外投资

① 林跃勤，张小欣．“一带一路”连接海外华侨华人[J]．中国社会科学报，2015（3）：1-5。

② 张兴无．“一带一路”沿线国家经济：泰国经济[M]．北京：中国经济出版社，2016。

经济体，对泰国的农业投资也总体呈增长趋势，但泰国农业投资风险仍然较大且较为复杂，亟需建立泰国农业投资风险评价与预警体系。

构建泰国农业投资风险评价体系需要在选取恰当指标的基础上，运用合适的评估方法进行投资风险评价。其中风险指标的选取不仅要包含企业境外投资时的外在宏观风险（政治风险、政策风险、市场风险和资源环境风险），还要包含企业自身的经营管理风险。泰国农业投资风险预警体系的建立，除了要对各企业投资可能遇到的风险进行识别并预警之外，更需对企业投资的方式、领域等进行规范引导并建立泰国农业投资保险制度，以规避和分散风险。

8. 加强农业战略互信，设立农业企业风险补偿基金

中泰两国农业合作是建立在互助互惠、互利共赢的基础上的，强化两国农业战略互信，符合两国未来农业的可持续发展及农业现代化的切实利益。但目前两国政府层面的直接与两国农业相关的协议主要是1997年的关于两国农业技术合作的《中泰农业合作备忘录》以及2004年的关于两国农产品质量与标准的《中泰SPS合作备忘录》。中国与泰国仍然缺乏政府层面的关于两国农业合作的政策协议，以有效提供指导和规避相关农业投资风险。因此，两国政府一方面要加强农业战略互信，加强对两国农业交流合作的政策指导；另一方面还需设立农业企业风险赔偿基金，尤其是针对政治风险、自然灾害风险等，将其纳入市场化运作，以有效提高涉农企业投资合作的积极性并帮助其规避相关农业投资风险。

全球重点国家农业发展情况系列研究报告

亚洲·东南亚篇

缅甸

Myanmar

农业农村部对外经济合作中心　编著

中国农业出版社
北　京

图书在版编目（CIP）数据

全球重点国家农业发展情况系列研究报告．亚洲．东南亚篇．缅甸/农业农村部对外经济合作中心编著．—北京：中国农业出版社，2019.12
ISBN 978-7-109-26304-8

Ⅰ．①全… Ⅱ．①农… Ⅲ．①农业发展-研究报告-世界 ②农业发展-研究报告-缅甸 Ⅳ．①F313 ②F333.73

中国版本图书馆CIP数据核字（2019）第284966号

亚洲·东南亚篇 缅甸
YAZHOU·DONGNANYA PIAN MIANDIAN

中国农业出版社出版
地址：北京市朝阳区麦子店街18号楼
邮编：100125
责任编辑：张丽四 黄曦 程燕 张丽 丁瑞华
责任校对：刘飚雨
印刷：中农印务有限公司
版次：2019年12月第1版
印次：2019年12月北京第1次印刷
发行：新华书店北京发行所
开本：787mm×1092mm 1/16
总印张：55
总字数：1350千字
总定价：180.00元（共8册）

《亚洲·东南亚篇　缅甸》编写委员会

主　　编：杨　易

副 主 编：周　勇　杨　光　陈瑞剑

参编人员：陈祥新　祁梦超　刘　兰　孔志坚　张玲玲

姜　晔　于　敏　柏　娜　茹　蕾　龙　盾

刘　晴　刘建玲　许　勇　张　琦　肖金明

赵婕羽　宁攸凉

摘要

缅甸，全称为缅甸联邦共和国（The Republic of the Union of Myanmar），面积676 578平方公里，是东南亚仅次于印度尼西亚的第二大国家。自2011年民选政府执政后，缅甸政府大力推进政治转型、经济改革和对外开放。2016年，民盟新政府上台，着重保护国家的利益、安全、经济发展、司法稳定和环境可持续性，致力于国内的民生发展，降低缅甸的贫困率，提高人民的生活水平，促进与邻国合作，维持区域和国际和平。

缅甸是一个以农业为基础的国家。2018财年，缅甸GDP为712.15亿美元，增长率为6.2%，经济增长快速。2018年，农业增加值174.87亿美元，在GDP中的占比为24.56%，农业占比较高。2018年，总人口5 370.84万人，农村人口3 728.49万人，农村人口占总人口的69.42%。

缅甸农业资源相对丰富，土地肥沃、面积较广，适合多种动植物生长。缅甸物种资源丰富，农业生产种植的农作物有60多种，沿海鱼虾500多种。潜在合作的领域广泛，且缅甸新政府重视农业发展，发展农业的潜力巨大。

近年来，马来西亚、韩国、泰国、日本、新加坡、法国、印度和中国等国与缅甸开展了各方面的农业合作，取得了一定成效。中国可以从粮食生产、加工、农业技术培训、疫病防疫、农机生产与维修、生物燃料的开发与利用等方面与缅甸进行合作。针对缅甸发展不足的领域，加大投资与援助力度，以中缅油气管道为依托，重点加大沿线农业投资及援助，统筹好资源，加快农业走出去的步伐。

目录
CONTENTS

一、缅甸宏观概况

（一）国家概况

1. 地理及行政区划

缅甸，全称为缅甸联邦共和国（The Republic of the Union of Myanmar），面积676 578平方公里，位于中南半岛西部，是东南亚仅次于印度尼西亚的第二大国家。东北与中国毗邻，西北与印度、孟加拉国相接，东南与老挝、泰国交界，西南濒临孟加拉湾和安达曼海。海岸线长3 200公里。

从地形上看，缅甸北高南低，西北东三面环山，呈马蹄形，构成与邻国之间的天然屏障。西北面以喜马拉雅山余脉与孟加拉国及印度隔开；北面以横断山的南麓为界，与中国的云南、西藏相邻，中缅国境线长约2 185公里。东面是掸邦高原以及缅甸与泰国之间的自然边界。缅甸的南边是印度洋和安达曼海，西南的若开邦、东南的德林达依省有着漫长的海岸线[①]。

缅甸官方语言为缅语、英语，主要的民族语言包括缅语、克钦语、克耶语、克伦语、钦语、孟语、若开语、掸语等，英语是流行的主要外国语。

全国分为七省七邦和两个中央直辖市，仰光市是缅甸最大城市。2005年11月7日缅甸政府宣布迁都内比都。自此，仰光虽然逐渐失去政治中心的地位，但是其经济中心的地位依然是不可撼动的。缅甸人口最多的前五位城市分别是仰光、曼德勒、毛淡棉、勃固和勃生。

七个邦的基本情况如下：

克钦邦面积89 042平方公里，占全国总面积的13%。人口122.5万人。下辖18个镇区。首府密支那市。主要民族有克钦族、缅族、掸族、傈僳族。

克耶邦位于缅甸东部。北接掸邦，东与东南部毗邻泰国，西南与克伦邦相连。面积11 753平方公里。人口25.3万人。全邦下辖6个镇区，首府为垒固市。主要民族有克耶族、缅族、掸族、克钦族、克伦族。

克伦邦位于缅甸东南部。东接泰国，北连克耶邦，南和西南部与孟邦相接。东北与曼德勒省、掸邦交界，西与勃固省接壤。面积30 383平方公里。人口14.1万人。下辖

① 施洪．缅甸农业发展与现状探析，缅甸研究，2015年第1期，P38。

7个镇区，首府为帕安市。主要民族有克伦族、孟族、缅族、勃欧族、掸族、克耶族。

钦邦位于缅甸西部。北和西北部与印度接壤，东与实皆、马圭两省相接，南部与若开邦相邻，西部与孟加拉国交界。面积36 019平方公里。人口46.5万人。下辖9个镇区，首府为哈卡市。主要民族有钦族、若开族、那加族、缅族。

孟邦位于缅甸东南部。北连勃固省，东接克伦邦，南与丹那沙林省相连，西临莫塔马湾，东南角与泰国交界。面积12 297平方公里，人口239.1万人。下辖10个镇区，首府为毛淡棉市。主要民族有孟族、缅族、克伦族、勃欧族、掸族。

若开邦位于缅甸西部。北接钦邦、东与东南部与马圭省、勃固省，伊洛瓦底省相连，西濒孟加拉湾，西北部与孟加拉国毗邻。面积36 778平方公里，人口265.4万。下辖17个镇区，首府为实兑市。主要民族有若开族、钦族、缅族、帖族。

掸邦位于缅甸东部。北部、东北部与中国接壤，东与老挝交界，东南毗邻泰国，南与克耶邦相连，西与曼德勒省，西北与克钦邦、实皆省相邻。面积155 801平方公里，约占全国总面积的1/4。人口470.2万。下辖52个镇区，首府为东枝市。掸邦又分为东掸邦（首府景栋市）、北掸邦（首府腊戌市）和掸邦东部（首府东枝市）三部分。主要民族有掸族、勃欧族、缅族、拉祜族、克钦族、佤族、果敢族、傈僳族等。

缅甸独立后由于长期的内战，形成了多个少数民族武装管辖的地方政权，给外界留下了“国中之国”的印象。1988年9月缅甸军队接管政权后，先后与17股少数民族武装达成和解协议，基本上结束了持续半个世纪的内战。为了将少数民族武装管辖的地区纳入缅甸联邦统一的管理，缅甸新宪法中增设了6个民族自治区和自治县，具体为：

（1）实皆省拉伊希镇区、拉赫镇区及楠荣萨甘镇区组成那伽族自治县。

（2）掸邦耶岸镇区和班达亚镇区组成德努族自治县。

（3）掸邦和榜镇区、锡森镇区及平朗镇区组成勃欧族自治县。

（4）掸邦楠散镇区和曼栋镇区组成崩龙族自治县。

（5）掸邦的贡冈镇区和老街镇区组成果敢族自治县。

（6）掸邦的霍班、孟冒、班歪、那坊、万曼、邦桑（邦康）等6个镇区组成两个县，这两个县组成佤族自治区。

缅甸的城市化程度较低，人口在10万以上的城市有仰光、曼德勒、勃生、勃固、毛淡棉等。

表1-1 缅甸各省、邦情况统计表

序号	省（邦）	英文名称	首府	面积	区位	人口	所辖镇区	Wards	Village groups	村
1	克钦邦	Kachin State	密支那	89 042	东北部	1 224 846	20	116	606	2 630
2	克耶邦	Kayah State	垒固	11 753	东部	252 795	6	29	79	624
3	克伦邦	Kayin State	帕安	30 383	东南部	141 377	7	46	376	2 092
4	钦邦	Chin State	哈卡	36 019	西部	465 361	9	29	475	1 355
5	实皆地区	Sagaing Region	实皆	94 625	西北部	5 280 362	37	171	1 769	6 095
6		Tanintharyi Region					10	63	265	1 255
7	勃固地区	Bago Region	勃固	39 404	中南部	4 930 146	33	246	1 424	6 498
8	马圭地区	Magway Region	丰洪	44 820	中部	4 328 182	26	160	1 543	4 774
9	曼德勒地区	Mandalay Region	曼德勒	37 024	中部	6 313 918	29	259	1 611	5 472
10	孟邦	Mon State	毛淡棉	12 297	东南部	2 390 681	10	69	381	1 199
11	若开邦	Rakhine State	实兑	36 778	西部	2 653 529	17	120	1 041	3 871
12	仰光地区	Yangon Region	仰光	10 171	南部	5 382 051	20	685	634	2 119
13	掸邦	Shan State	东枝	155 801	东部	4 701 669	54	336	1 626	15 513
14	伊洛瓦底地区	Ayeyarwady Region	勃生	35 138	南部	6 548 241	29	219	1 912	11 651
		总计					312	2 548	13 742	65 148

资料来源：维基百科缅甸，https://en.wikipedia.org/wiki/Myanmar#2015_Myanmar_，general_elections 以及投资东盟·缅甸，云南省商务厅，云南出版集团，2008年5月P4.（经整理）。

2. 历史概要

5000年前，缅甸的伊洛瓦底江边的村庄已有人类居住。1044年形成统一的国家后，经历了蒲甘（1044年建立）、东吁(1531—1752年）和贡榜（1752—1885年）三个封建王朝。19世纪英国发动三次侵略战争后占领缅甸，1886年将缅甸划为英属印度的一个省。1937年缅甸脱离英属印度，直接受英国总督统治。1942年5月被日本占领。1945年3月全国总起义，缅甸光复。1948年1月4日，缅脱离英联邦宣布独立，实行多党民主议会制。1962年，缅国防军总参谋长奈温将军发动政变，推翻吴努政府，成立革命委员会。1974年1月，颁布新宪法，成立人民议会，组建了“社会主义纲领党”（简称“纲领党”），奈温任“纲领党”主席，定国名为“缅甸联邦社会主义共和国”。1988年7月，因经济恶化，全国爆发游行示威，“纲领党”主席吴奈温和总统吴山友因此辞职。1988年9月18日，以国防部长苏貌将军为首的军队接管政权，成立“国家恢复法律与秩序委员会”，宣布废除宪法，解散人民议会和国家权力机构，23日将“缅甸联邦社会主义共和国”改名为“缅甸联邦”。1992年4月，丹瑞大将出任“恢委会”主席。1997年11月15日，“恢委会”更名为“国家和平与发展委员会”。2005年11月7日缅甸政府突然宣布由仰光迁都至内比都。2008年5月，缅甸就新宪法草案举行全民公决并获得通过。2010年11月7日，缅甸依据新宪法举行多党制全国大选。全国民主联盟抵制联邦巩固与发展党（巩发党）获胜。2011年1月31日，缅甸联邦议会举行首次会议，新宪法生效，国名更名为“缅甸联邦共和国”。2月初，联邦议会选举吴登盛为总统，吴丁昂敏乌、赛茂康为副总统。3月30日，新政府宣誓就职，原“和发委”宣布停止运作。2012年4月1日，缅甸举行议会补选，昂山素季领导的民盟赢得多数补选议席，成为议会第一大反对党。7月2日，副总统吴丁昂敏乌因健康原因辞职并获得总统批准。8月15日，海军司令年吞被联邦议会选举为副总统。2015年11月9日，缅甸全国民主联盟获得70%选票，执政党承认败选。2015年11月20日，缅甸选举委员会公布大选最终结果，昂山素季领导的缅甸全国民主联盟在缅甸大选中赢得近八成议会席位。2016年3月15日，缅甸联邦议会经投票选举全国民主联盟（民盟）资深成员吴廷觉为总统。新政府将原有36个政府部门合并为21个，包括国防部、内政部、边境事务部、外交部、宣传部、资源与环保部、计划与财政部、商务部等。3月30日，新政府宣誓就职。在新政府中，全国民主联盟主席昂山素季担任外交部长并兼任总统府部长。4月，缅甸联邦议会通过议案并经吴廷觉总统批准生效，昂山素季被任命为国务资政，主要负责联系内阁部长、各部委、机构、组织和个人并就相关工作提出建议。2018年3月28日，温敏在缅甸联邦议会选举中赢得选票超过半数当选总统，敏瑞和亨利班提育分别为第一、第二副总统。[①]

3. 政治制度

缅甸现在实行议会选举制度。2012年4月1日，缅甸举行议会补选(克钦邦区因安全原因取消投票)。民盟获得联邦议会45个可选空缺议席中的43个，成为议会第一大反对党。5月2日，昂山素季与其他新当选议员宣誓就职。2015年11月8日，民盟在全国大选中获得人民院440个席位中的255个，以及民族院224个席位中的135个。2016年2月1日，民盟组建新一届议会并召开首次会议。

1974年缅甸制定了《缅甸社会主义联邦宪法》。1988年宣布废除宪法，1993年起召开国民大会制订新宪法。2008年5月，新宪法草案经全民公决通过，并于2011年1月31日正式生效。

总统为国家领导及政府首脑，政府管理机构共设34个部，其中经济主管部共有17个，缅甸投资委员会负责外商投资企业的审批工作。

① 摘自《缅甸大选》，http://baike.baidu.com/link?url=11u8_RYpbur885sCeKMl0rEJL3HPnny8BIYZpkJNsq4VlOFAsyvISX−vyXDyjyLjNUVPjTWU1Td0xJb−2mNzVO9ZAlhsEE1KvDZunv8Couqhvnb2X−h4lRYgJXbuVPci。

缅甸的法院和检察院共分4级。设最高法院和最高检察院，下设省邦、县及镇区3级法院和检察院。联邦最高法院为国家最高司法机关。最高检察院为国家最高检察机关。

缅甸主要政党有联邦巩固与发展党（巩发党，Union Solidarity and Development Party）和全国民主联盟（民盟，National League for Democracy）。巩发党是由1993年5月军政府领导集体成立的联邦巩固与发展协会演变而来，2010年5月正式注册成为政党。1993年，军政府成立了一个“联邦巩固发展协会”，该组织挂靠在各级行政机构之下，通过大量吸收青年人，将组织铺向全国城乡，成为军政府执政的群众基础。缅甸领导人一直是巩协名誉主席，多名政府部长长期担任巩协中央执委。2010年8月21日，巩发党挂牌参加缅甸选举。2010年11月，在全国多党制大选中，巩发党赢得各级议会大多数议席。2013年5月2日，缅甸执政党（联邦巩固与发展党）证实，总统吴登盛已经正式辞去党主席职务，现任联邦议会人民院议长吴瑞曼接任执政党主席。①

全国民主联盟成立于1988年9月27日，其领导人是昂山素季。缅甸全国民主联盟因2010年抵制缅甸议会选举，失去合法政党资格，2011年12月重新注册为合法政党。2013年3月8—10日，该党举办了首次全国代表大会，昂山素季再次当选党主席。2015年11月9日，缅甸全国民主联盟发言人称该党已在大选中获得70%选票，执政党承认败选。2015年11月13日，昂山素季领导的缅甸全国民主联盟（简称民盟）赢得大选，依法获得单独组建新政府的权力。

4. 国际关系

民盟大选获胜后，缅甸日益成为大国博弈的焦点。民盟认同西方民主价值观和发展模式，为发展经济对西方的需求更为突出，与美国等西方国家在理念、情感上更为亲密。同时，缅甸奉行独立、积极、不结盟的外交理念，坚持大国平衡，其外交排序是“先邻国、后地区、再域外”。在加强与美日等西方国家关系的同时，也注重发展与中国、印度、东盟等地区大国和组织的关系。发展与中国的友好关系是其主要政治力量的基本共识，中缅务实合作关系仍将有望保持。

新政府的外交政策，着重保护国家的利益、安全、经济发展、司法、稳定和环境可持续性，同时突出自由、主权、文化、传统和民族团结等。新外交政策的目标是，致力于促进与邻国合作，维持区域和国际和平。

昂山素季政府的外交政策包括以下几个要点：一是延续传统，与所有国家保持友好关系。自从独立后，缅甸就与所有国家交好，这是缅甸引以为傲的外交传统。缅甸认

① 摘自《联邦巩固与发展党》，http://www.baike.com/wiki/联邦巩固与发展党&prd=so_1_doc。

为，尽管自己是小国，之所以能得到国际社会的尊重，就是因为缅甸人民在激烈的社会变动中具备韧性，展示了才智。二是注重保护国家利益、安全、经济发展、正义、稳定和环境可持续。缅政府的外交政策尊重自由、主权、文化、传统与国家团结。三是缅甸外交政策的重点已经从“双边关系”转变到“区域一体”以及“多边主义”。根据缅甸宪法，国家依据和平共处五项原则，实行独立、积极和不结盟的外交政策。包括互相尊重领土和主权完整、互不侵犯、互不干涉内政、平等互利、和平共处。昂山素季强调外交的重要性，强调外交必须确保缅甸与其他国家人民之间本着友好与合作的方式相处，求同存异、和而不同。

缅甸与中国关系　1950年6月8日中缅建交。近年来，中缅两国各领域友好交流与合作进一步加强。2011年4月，中国全国政协主席贾庆林对缅甸进行友好访问，成为缅甸新政府成立后到访的首位外国领导人。2011年5月，缅甸总统吴登盛访华，两国宣布建立全面战略合作伙伴关系。2011年10月，缅甸副总统吴丁昂敏乌来华出席第八届中国－东盟博览会，中国总理温家宝在南宁会见了他。2012年2月，缅甸联邦议会人民院议长吴瑞曼访华。2012年9月，中国全国人大常委会委员长吴邦国对缅甸进行正式访问。2012年9月，缅甸总统吴登盛应邀出席在中国广西南宁举行的第九届中国－东盟博览会并赴陕西和广东参观，中国国家副主席习近平会见了他。2013年，中国副部级以上官员访缅共13次。2013年4月，缅甸总统吴登盛正式访华，并出席博鳌亚洲论坛2013年年会。2013年9月，缅甸总统吴登盛应邀出席在中国广西南宁举行的第十届中国－东盟贸易会。2013年10月，缅甸国防军总司令敏昂莱访华。2014年4月，缅甸联邦议会人民院议长吴瑞曼访华。2014年5月，中国全国人大常委会副委员长严隽琪对缅甸进行友好访问。2014年6月，缅甸总统吴登盛来华出席和平共处五项原则发表60周年纪念活动并对华进行国事访问，11月再次来华出席加强互联互通伙伴关系对话会。2014年9月，缅甸副总统年吞应邀出席在中国广西南宁举行的第十一届中国－东盟博览会。2014年11月，中国国家总理李克强访缅并出席东亚峰会。2014年12月，中国国家副主席李源潮赴缅甸出席中国－东盟文化交流年闭幕式。2015年大选结束以后，中缅关系平稳发展，高层互访频繁，双边关系实现了新政府执政以后的平稳发展。与此同时，中国对缅投资中一直悬而未决的问题，因吴登盛总统发布的搁置决议到期与昂山素季访华，再次成为缅甸国内热议问题。中缅双方如何共同建立更加健康的关系，成未来双方努力的方向。2016年4月5日，应缅甸外长昂山素季邀请，中国外长王毅对缅甸进行正式访问。王毅表示：“在缅甸新政府刚刚成立即应邀访缅，充分显示了中缅的‘胞波’情谊，也充分体现双方对进一步发展彼此关系的高度重视。缅甸正站在新的历史起点上，我们希望并相信缅新政府将团结缅国内各党派，带领缅人民开辟国家发展进步的新时代。”昂山素季表示：“缅中两国是近邻，彼此利益关联。我去年访华时亲身感受到两国人民的深厚友谊及对双方关系的重视。缅方不会忘记中方给予的支持和帮助，特别是在缅重要时刻的帮助更加弥足珍贵。当前缅新政府正致力于推进国家的和平和解，实现稳定发展，中方继续在各个方面给予缅方大力支持和帮助，对缅意义重大。”2016年8月17—21日，缅甸国务资政昂山素季正式访问中国。访问期间，中国国家主席习近平会见了昂山素季国务资政。中国国家总理李克强同昂山素季国务资政举行会谈。张德江委员长也会见了昂山素季国务资政。双方高度评价中缅“胞波”情谊，作为和平共处五项原则的共同倡导者，始终秉持上述精神，推动双边关系在相互尊重、相互信赖、平等互利的基础上取得长足发展。双方表示将继续奉行睦邻友好政策，优先发展双边关系，提升两国人民福祉，推进两国的稳定发展。双方重申将以两国人民利益为重，从战略高度和长远角度出发，推动中缅全面战略合作伙伴关系不断取得新进展。11月1日，缅甸国防军总司令敏昂莱访问中国。中国国家主席、中央军委主席习近平在人民大会堂会见了敏昂莱。习近平强调，中方尊重缅甸主权和领土完整，高度关注中缅边境安全稳定，希望缅早日实现民族和解，国家各项事业持续向好发展。希望中缅两国世代友好，深化互利合作，造福两国人民。中方愿继续为推进缅和平进程发挥建设性作用。习近平积极评价中缅两军关系，希望两军深化务实合作，为维护两国共同利益和地区和平稳定做出积极贡献。敏昂莱说，缅方高度重视两国关系，致力于推动两国各领域关系全面发展，愿与中方一道不断深化两军友好合作，共同维护缅中边境地区稳定，为缅中“胞波”友谊长久发展积极贡献力量。

缅甸与日本关系 如果说缅甸与中国和美国关系都是机遇与挑战并存，那么缅甸与日本关系，从某种程度而言是合作多于挑战，且缅甸自主性能更大得到发挥。

缅甸新政府成立后，来访缅甸的有关国家和国际组织络绎不绝。日本首先派出了外相岸田文雄访问缅甸。5月3日，吴廷觉总统在内比都会见了日本外相岸田文雄，双方就缅甸改革进程、金融、财政相关事宜及迪洛瓦特区、日缅联合倡议（Japan-Myanmar Joint Initiative）等事项进行了讨论。同时，日本外相还会见了缅国务资政昂山素季与敏昂莱总司令。

应日本首相安倍晋三邀请，2016年11月1—5日，缅甸联邦国家顾问昂山素季对日本进行了正式访问。昂山素季与日本首相安倍晋三进行了双边会谈，内容包括经济合作、防务合作、缅甸人力资源发展和日本对缅甸民族和解进程等。安倍还公布了日本政府和日本私企将为缅甸提供总价值8 000亿日元的发展援助，通过缅日合作项目，支持缅甸政府5年期内解决城乡贫富差距等问题。昂山素季感谢日本政府和私人企业、民众的支持，并强调这些资金将得到有效和透明利用，呼吁日本提供更多有效的支持，特别是在农业、交通、能源、人力资源发展方面。安倍表示支持缅甸民主化进程，通过人员往来发展人力资源，鼓励更多来自日本的投资，支持缅甸和平进程。8 000亿日元的援助中，日本将提供超过400亿日元的5年期经济援助，用以帮助缅甸解决少数民族冲突问题，支持缅甸政府的政策。

昂山素季与日本外相岸田文雄，就双边、区域问题，如有关缅甸批准全面禁止核试验条例、促进区域互联互通、促进区域和平与安全、促进湄公河国家互联互通等问题进行了交流。

缅甸与印度关系 印度是缅甸周边外交的另一个重要邻国。2010年7月，缅甸最高领导人、国家和平与发展委员会主席丹瑞大将对印度进行国事访问，与印度总理辛格举行了会谈，双方签署了五项有关反恐、能源和发展援助等领域开展合作的具体协议，印度承诺向缅甸提供发展援助。对于2010年11月举行的缅甸大选，印度发表声明，称缅甸的这“一小步”会带来“一大步”的变化。

由于印度对缅政策与西方制裁政策一样有着不尽如人意之处，客观上是把缅甸军人政权推向了中国的怀抱。因而，印度政府希望通过促进印缅贸易这一新方式，为缅甸提供新的合作选择，希望降低缅甸对中国各方面的依赖，印缅关系随之有所恢复。印缅边境贸易2005—2006年阶段与2013—2014年阶段相比，后者较前者成三倍的增长，从1 541万美元到4 863万美元。莫迪上台后，再一次将目光落在了东南亚，特别是缅甸。从1990年后开始施行“向东看”(Look East) 政策开始，印度政府旨在加强与东南亚国家的经济、战略关系。

2016年10月16日至18日昂山素季对印度进行了为期3天的国事访问，印度方面给予了昂山素季“国家元首级别”的待遇，包括检阅三军仪仗队和鸣礼炮等仪式。昂山素季先后会见了印度总统慕克吉、外长斯瓦拉杰和印度总理莫迪。此次访问中，昂山素季同莫迪就反恐、边境安全、农业和能源合作等领域进行了会谈，之后签署的三项备忘录，分别是能源合作，以及印度在银行和保险业帮助缅甸培训人才等项目。对于此次访问，缅甸和印度媒体皆认为是，缅甸减少对中国依赖，平衡发展缅甸与中印两国关系的举动。如缅甸媒体《伊洛瓦底》表示：“缅甸新政府重新发展与印度的关系，显然是为了努力平衡与强大中国的战略关系。”《印度时报》刊登了印度学者查兰尼的评论文章，论证了“缅甸是印度的一个重要盟友，印度应该出具积极的政策和具体的项目，促进两国之间的经贸关系，从而帮助缅甸降低中国对其的影响力”。①

缅甸与孟加拉国关系 自1947年印度次大陆第一次分治以来，东巴基斯坦和缅甸的政治、经济关系良好。1974年，吴奈温访问孟加拉国，1977年孟加拉国总统回访缅甸，两国关系逐步发展。1978年，由于住在缅甸若开邦的穆斯林大量逃入孟加拉国境内，两国关系一度紧张。1978年两国谈判达成协议后，遣返难民近20万人，并就扩大双边贸易达成协议，关系恢复正常。1991年，两国边界发生武装冲突，关系再度紧张。孟加拉国独立后，孟缅双边关系历经不同发展态势和维度。1972年1月13日，孟加拉国和缅甸正式建交，两国签署了多份贸易和商业协定，如1973年8月3日签署的《一般贸易协

① 摘自《2016年东南亚国情报告》。

定》；1980年签署的《边境协定》；1988年签署的《纳夫河陆界划定协定》；1989年签署的《经济合作谅解备忘录》。1995年9月5日，孟缅两国开启官方贸易关系。此后，为增加缅甸对孟加拉国商品需求，孟加拉国于1995年和1996年在缅甸仰光举办了贸易展览会。然而，这种良好的双边经济关系并没有持续很长时间，不久后就因为缅甸长期实行独裁统治和推行孤立主义经济政策而中断。孟缅间悬而未决的罗兴亚人危机、双边互联互通设施匮乏、边界紧张、边境地区非法走私毒品和武器猖獗、海上边界争端、跨境叛乱分子运动都影响了双边经济关系的发展。

进入21世纪，在以下两个重要因素的驱使下，孟缅关系朝着更广阔的方向发展。首先，2011年缅甸的民主领袖昂山素季取得胜利，为孟缅经济关系展开了新的篇章。此前的1962—2011年，缅甸处于军政府的直接统治下。1962年，奈温将军执政的军政府实行闭关锁国的经济政策，致使缅甸在经济上与世隔绝。1962—1988年，缅甸的对外贸易仅限于出口。缅甸政治经济转型后，扩大了与外界的贸易关系。美国放宽了对缅甸的投资限制，并恢复了与缅甸的贸易关系。日本、中国、印度甚至欧盟对发展与缅甸的经济关系也产生了兴趣。这样的转型也增强了孟缅经济关系的新发展。

随着2012年孟加拉国和缅甸在孟加拉湾的海上争端和平解决，两国双边经济关系进入了新层面。虽然从1974年开始，孟加拉国就针对海上划界问题与缅甸展开和平对话，但缅甸不愿意通过双边谈判解决，所以孟加拉国的举措并没有取得成功。然而，1974—1986年，孟缅就未划界的水域、专属经济区和大陆架问题举行了一系列的双边谈判。2008—2010年，又展开了第二阶段的六轮谈判。由于缅甸拒绝承认与孟加拉国就海上划界问题签订的任何正式协定，谈判进程再次中断。这些失败的双边尝试后，2009年12月13日，为和平解决争端，孟加拉国政府向《联合国海洋法公约》呈请孟缅海上争端仲裁。2012年3月14日，国际海洋法法庭就两国海上划界问题做出裁决。近年来，双方致力于改善关系，在各领域开展合作。两国举行多次海界谈判和难民遣返问题磋商，但未取得实质性进展。

5. 社会治安

缅甸超过85%的人信仰佛教，社会治安总体较好，特别是仰光的犯罪率较低，目前缅甸官方尚未公布社会刑事犯罪率等有关数据。2013年6月至今，缅甸北部克钦邦境内武装冲突不断。2015年3月，缅甸北部掸邦果敢第一特区与政府军冲突升级。据缅甸《七日新闻》日报报道，2015年仰光抢劫案明显增多，年初至8月23日仰光境内共发生43起抢劫案，同比增加了14起。43起抢劫案中尚有14起未破案，抢劫多发地为北部县的莱达牙、敏加拉洞及东部县的达贡镇区北面和达贡码头等地，嫌犯多为20岁左右的青年人，以团伙作案居多。

6. 国内政局与对外关系风险总评

国内爆发局部武装冲突的风险依然存在。缅甸国内一直存在几十支少数民族地方武装，这些武装彼此之间为争夺地盘和利益冲突不断，也经常与政府军武装争夺地方事务控制权。2015年，发生在缅北果敢地区的缅甸政府军与果敢同盟军的交火，造成400多人伤亡，严重影响边境地区的安全与稳定。2015年10月，缅甸政府与8个少数民族武装签订全国停火协议。由于一些拥有较强实力的“民地武”未参与其中，停火协议的作用有限。短期内政府与“民地武”在武装整编、权益分配等问题上难以达成一致，且军方与执政党在停火、分权、联邦制等具体解决方案上难以形成共识。因此，缅甸政府与“民地武”重发冲突的风险依然存在，甚至基础设施项目也可能成为被袭击的目标。此外，美欧等国家的介入，也使该问题进一步复杂化。

罢工和示威活动可能对产业形成冲击。自2011年缅甸允许创建工会后，近年来缅甸工人抗议通货膨胀和要求增加工资的示威和罢工威胁有所增加。随着缅甸民主化进程的加快，政治示威活动可能暂时减少，但涉及土地没收、环境和不公正的劳工待遇等的抗议示威活动可能会增加。

毒品生产和走私对社会秩序影响大。缅甸是世界主要鸦片生产地，也是冰毒主要产地。毒品贸易是部分武装组织的主要收入来源，使得缅甸毒品走私较为猖獗，成为影响边境地区安全的一大主要因素。根据世界经济论坛（WEF）发布的《2015—2016年全球竞争力报告》中对恐怖主义影响以及暴力犯罪影响进行的调查，缅甸的恐怖主义影响指标得分为3.23，排名第136/144位；暴力犯罪影响指标得分为3.36，排名第125/144位，恐怖主义与暴力犯罪影响得分均高于世界平均水平，表明缅甸社会治安状况堪忧，对该国社会稳定形成一定冲击。

恐怖主义威胁较小。目前缅甸尚未发生由伊斯兰极端主义者发动的严重恐怖袭击，但佛教徒与穆斯林少数民族之间的紧张关系使恐怖主义危险上升。

（二）社会发展概况

1. 人口规模

据世界银行统计，2018年，缅甸人口为53 708 395人，其中，农村人口为37 284 905，占总人口的69.42%，城镇人口16 423 490人，占总人口的30.58%，农村人口和城镇人口的年增长率分别为0.24和1.45，女性占总人口的51.16%，每平方公里约居住着79人（2018年，中国的人口密度为146人/平方公里）。

2. 民族构成

缅甸共有135个民族，主要有缅族(约占65%)、掸族（约占8.5%)、克伦族（约占6.2%)、若开族（约占5%)、孟族（约占3%)、克钦族(约占2.5%)、钦族（约占2.2%)、克耶族（约占0.4%)等。各少数民族均有自己的语言，其中缅族、克钦族、克伦族、掸族和孟族等族有文字。

3. 宗教信仰

缅甸是个信仰自由的国家，不同宗教享有平等发展的权利。每年都有许多各种宗教的仪式、节日。信仰佛教人数最多，缅甸佛教是上座部佛教(俗称小乘教)，与中国的佛教（大众部，俗称大乘教）是同一宗教，不同教派。85%以上的缅甸人信仰佛教，且十分虔诚，每天早晚均要念经一次，每逢缅历初一、十五或斋戒日都要到寺庙朝拜，布施钱财、物品。遇有红白喜事或做生日等，也常请僧侣到家供斋或到寺庙布施。佛教传入缅甸已有上千年历史，宗教思想已深入到社会生活的各个角落，形成缅甸人民根深蒂固的思想体系。另外，还有约8%的人信奉伊斯兰教。

缅甸为佛教国家，视佛塔、寺庙为圣地，任何人上至国家元首、外国贵宾，下至平民百姓，进入佛寺一律赤脚，否则将被视为对佛教不敬。

4. 贫困程度

缅甸是中低等收入国家。2013年5月20日，缅甸总统吴登盛访问美国，在与美国总统奥巴马的会谈中，谈及了改善缅甸贫困等议题。贫困是全球性的问题，也是当前缅甸政治经济转型中面临的最大挑战之一，如何消除贫困，既是一个经济问题，更是一个社会问题，直接关系到缅甸的社会稳定和民主进程。

自20世纪60年代初至2011年缅甸新政府成立，军人统治缅甸长达40多年，一度实行闭关锁国政策。20世纪90年代始，以美国为首的西方国家实施了对缅甸长达20年的制裁，1990年至2010年，缅甸被称为全球“援助孤儿”，[①]而且有二十多年的时间内世界银行、亚洲开发银行、国际货币基金组织等国际机构几乎没有给予缅甸援助。由于缅甸国内存在多支少数民族地方武装，与缅甸政府的冲突不断，民族宗教矛盾相互交织，缅甸的经济状况远远落后于二战前后不如自己的泰国。联合国2012年人类发

① *NGOS and Aid:special report in Myanmar*. November, 2012。

展报告表明，缅甸在全球182个国家中排名138；缅甸的GDP达到500亿美元，人均收入在800至1 000美元之间；缅甸26%的人口生活在贫困线以下，估计每天的花费是1美元，远远低于每天消费1.25元的标准，无法满足基本的食品与非食品需求；5岁以下的儿童32%的属于营养不良，导致其儿童死亡率0.98%，41%的儿童发育“生长迟缓”；国内人均寿命62岁。缅甸每个家庭平均在食品的消费占其收入的72%，高于邻国，泰国是32%，孟加拉国是52%，柬埔寨是57%，老挝是61%。

当前缅甸约5 400万人口中，有70%居住在农村，贫困人口主要集中在农村，但是城市也有大量的贫困人口，仰光460万人口中，贫困人口占16%。缅甸分为7个省，7个邦，其中在7个邦中，由于历史因素和现实条件，贫穷率最高的地区是钦邦（Chin State）（钦邦与印度和孟加拉国接壤），贫穷人口占73%，其次依序是若开邦（若开邦与孟加拉国接壤），贫穷人口占44%，掸邦（掸邦与泰国、老挝、中国接壤），贫穷人口占33%。

5. 教育水平

目前，缅甸的基础教育实行五四二学制，即小学5年，初中4年，高中2年。小学教育5年分为两个阶段：初小（包括以幼儿园为主的1年学制的学前教育、一年级和二年级）、高小（三年级和四年级），小学教育属于义务教育。2017年，小学的入学率为97.71%，中学的入学率为59.45%，高等院校的入学率为15.96%。

近年来，随着缅甸新政府上台后对教育尤其是对基础教育的重视，缅甸政府提出加大投入教育经费的计划，拟将基础教育学制增加到12年，以与东盟地区其他国家及国际社会接轨。在缅甸，高等教育由教育部高等教育司负责管理。缅甸高等教育学制为4～6年制，大多数专业为4年学制，专业性较强的，如农业、法律、计算机等为5年学制，工业、林业、医药、畜牧等要求更高的专业则为6年学制。现有基础教育学校40 876所，大学与学院108所，师范学院20所，科技与技术大学63所，部属大学与学院22所。著名学府有仰光大学、曼德勒大学等。（来源外交部缅甸国别概况）

2016年，缅甸的成人识字率为75.55%，其中，成人男性的识字率为80.01%，成人女性的识字率为71.85%。2017年，在初等教育阶段任教教师有233 815人，在中等教育阶段任教教师有150 309人。

缅甸缺少技术人员的现实是外国投资者踌躇不前的主要原因之一。为了弥补这一不足，缅甸新政府公布了培养技术人员的2年计划：政府将在缅甸各省各邦开设相当于中专程度的职业与技术培训学校，凡具有缅校初中文凭的学生均可以报名就读，诸如此类的学校，缅甸各地共有33所，每所学校可接纳160名学员，教授课程均包括建筑工程、汽车机动车、机械、电工、电子学、冰箱与空调、铸造业等近10个门类的科目，授课方式为30%的课程学习和70%的实习，2年学制毕业生的技术水平必须要达到国家的技术人员标准水平，可以自由到国有和私人企业工作，或继续接受高等教育。

为了改善劳动技能差距，经合组织为缅甸的改革提出了建议，建议缅甸的教育与技能培训要适应劳动力市场需求，加大职业技术教育与在职培训。目前，缅甸有超过一半的公司没有在职培训投入。①

6. 医疗卫生条件

缅甸地处热带，气候炎热潮湿，为热带病多发地区，饮食卫生条件较差，肝炎、肠道病也较普遍。常见传染疾病有疟疾、霍乱、肝炎、登革热等，以蚊虫传染为多。缅甸医院分公立与私立两种。在缅甸医院就诊程序与我国基本相同，外国人就医需支付美元或外汇券。仰光条件较好的医院有亚洲皇家医院（私立）和仰光市总医院（公立）。曼德勒条件较好的医院有人民医院（公立）、儿童医院（公立）、城市医院（私立）、皇宫医院（私立）等。所用药品，多从印度等国进口，也有本国药。②到目前，缅甸已经建立了14所医科大学，46所护士和助产士培训学校，相应培训出来的卫生工作人员数量也逐年增多。医生总数至2013年已增至31 542人，比1988年增长了一倍多。

2014—2015财年，国家向医疗卫生拨款的预算为6 520亿缅元，占政府总预算的3.84%，占GDP的0.94%，在医疗支出中，民众个人负担的比率达69%～80%。除了社会保险，没有其他任何保障计划。目前全国的卫生支出来源于卫生部的财政拨款，这些财政拨款除了直接用于民众医疗支出，还用于支付职工薪水、住房、电费、油费等。扣除上述开支，缅甸年人均医疗卫生方面的支出仅有11美元。目前，全缅共有公立医院1 068所，农村医院1 696所，村级卫生所8 700所。其中，农村医院仅能覆盖全缅12%的农村地区，而仅有13%的农村地区设有村级卫生所，全国医疗卫生设施的覆盖率堪忧。

2016年，组建新政府的民盟表示，政府首要目标是改善和扩大基础医疗，其他目标还包括减少看病时以现款支付的支出——这种现款支出主要是在私立医院。还表示民盟将在法律上放开私立医院和诊所建设，以扩大公共卫生范围。

据世界银行资料统计，1980年，缅甸人口出生时的预期寿命是55岁，到2013年则为65岁，其中男性为63岁，女性则为67岁。政府持续增加医疗卫生的投入，2010年，医疗卫生总支出占GDP的1.92%，2014年，增加到2.28%。2014年，公共医疗卫生支出占医疗总支出的45.91%，私营医疗卫生支出占GDP的1.23%，人均医疗卫生支出20.29美元。2010年，在熟练医护人员护理下分娩的婴儿占70.6%（表1−2）。

① 经合组织为缅甸改革提出建议，2015−01−16。

② 缅甸的医疗卫生情况，http://www.fmprc.gov.cn/ce/cemm/chn/lsfw/d/t911369.htm。

表1-2　缅甸医疗卫生指标（2010—2015年）

指标	2010年	2011年	2012年	2013年	2014年	2015年
医疗卫生总支出（占GDP的百分比）	1.92	1.87	2.22	2.16	2.28	
公共医疗卫生支出（占GDP的百分比）	0.30	0.30	0.82	0.83	1.04	
公共医疗卫生支出（占政府支出的百分比）	1.77	1.79	3.28	3.28	3.59	
公共医疗卫生支出（占医疗总支出的百分比）	15.58	15.93	36.95	38.31	45.91	
私营医疗卫生支出（占GDP的百分比）	1.62	1.57	1.40	1.33	1.23	
人均医疗卫生支出（现价美元）	15.25	19.07	23.67	17.93	20.29	
个人自付的医疗卫生支出（占个人医疗卫生支出的百分比）	90.75	93.72	93.72	93.72	93.72	
个人自付的医疗卫生支出（占总医疗卫生支出的百分比）	76.61	78.79	59.09	57.81	50.69	
按购买力平价（PPP）衡量的人均医疗卫生支出（2011年不变价国际元）	63.38	66.16	85.15	90.38	103.47	
外部卫生资源（占卫生总支出的百分比）	9.42	7.12	6.72	12.31	21.81	
内科医生（每千人所占百分比）	0.50	0.58	0.61			
护士和助产士（每千人所占百分比）	0.86	0.97	1.00			
社区卫生服务人员（每万人所占百分比）	0.19	0.21	0.21			
城市改善的卫生设施（获得经改善卫生设施的城市人口所占百分比）	83.40	83.90	84.30	84.30	84.30	84.30
农村改善的卫生设施（获得经改善卫生设施的农村人口所占百分比）	73.50	75.30	77.10	77.10	77.10	77.10
经过改善的卫生设施（获得经过改善的设施的人口所占百分比）	76.60	78	79.40	79.50	79.50	79.60
在熟练医护人员护理下的分娩（占总数的百分比）	70.60					
婴儿死亡率，男性（每千名活产婴儿所占百分比）	50.80					43.80
营养不良的发生率（占人口的百分比）	20.20	18	16.50	15.50	14.90	14.20
新生儿破伤风预防（占新生儿百分比）	93	93	93	87	87	87
结核患病率（每十万人所占百分比）	384	380	376	373	369	365
肺结核病例检出率（百分比，所有形式）	66	69	71	68	70	70
肺结核治疗成功率（占登记病例百分比）	88	88	89	87	87	
儿童急性呼吸道感染治疗率（接受医疗救治的5岁以下儿童所占百分比）	69.30					
接受产前护理的孕妇（百分比）	83.10					
麻疹免疫接种率（占12～23个月年龄组的百分比）	88	88	84	86	86	86
DPT免疫接种率（占12～23个月年龄组的百分比）	90	84	84	75	75	75

数据来源：http：//data.worldbank.org/country/myanmar。

（三）宏观经济概况

1. 2010年以来经济总量、经济结构构成及其变化情况

多年来，缅甸经济发展缓慢，1987年12月被联合国列为世界上最不发达国家之一。缅军人执政后，废除“社会主义计划经济”，实行以建立市场经济为目标的经济体制改革，鼓励发展私人企业，积极引进外资，通过各项政策，经济发展提速。

根据国际货币基金组织数据，2010—2011财年，缅甸国内生产总值（GDP)为523.11亿美元，增长率为5.59%，人均GDP为1 025.89美元；2011—2012财年，缅甸国内生产总值增加到561.47亿美元，增长率达7.33%；2012—2013财年，缅甸国内生产总值为608.78亿美元，增长率为8.43%；2013—2014财年，缅甸GDP为657.42美元，增长率为7.99%；2014—2015财年，缅甸GDP为703.4亿美元，增长率为6.99%；2015—2016财年缅甸GDP为744.63亿美元，增长率为5.86%。到2017—2018财年，缅甸GDP已达到844.25亿美元。详见表1–3。

表1-3 缅甸宏观经济数据（2010—2018年）

财政年度	GDP		GDP增长率	人均GDP	
	（十亿缅币）	（百万美元）	（%）	（万缅币）	（美元）
2010—2011	42 001	52 311	5.59	82.37	1 025.89
2011—2012	45 081	56 147	7.33	87.68	1 092.06
2012—2013	48 879	60 878	8.43	94.27	1 174.05
2013—2014	52 785	65 742	7.99	100.96	1 257.48
2014—2015	56 476	70 340	6.99	107.20	1 335.20
2015—2016	59 787	74 463	5.86	112.71	1 403.77
2016—2017	63 828	79 496	6.76	119.57	1 489.17
2017—2018	67 785	84 425	6.20	126.21	1 571.91

注：按2010年不变价计算。

资料来源：缅甸国家计划与经济发展部统计数据。

2014年，缅甸GDP中，农业占36.1%、工业占25.3%、服务业占38.6%。2014年，缅甸消费占GDP的85.8%，投资占GDP的19.6%，净出口占GDP的−5.4%。2015年GDP中，农业占27.4%、工业占26.5%、服务业占46.1%。2015年，缅甸消费占GDP的66%，投资占GDP的36.4%，净出口占GDP的−2.4%。

2. 交通通讯能源等基础设施建设情况

交通 缅甸交通以水运为主，铁路多为窄轨。

公路 近年来，政府大力修筑公路和铁路，陆路运输有了较大发展。缅甸交通和铁道部门数据显示，截至2013年底，缅甸全国公路里程为34 177.6公里，在建2 922.2公里。

铁路 缅甸铁路全长约5 762.2公里，在建约2 862.6公里，有926个站点和436列火车。拥有蒸汽机车43台、柴油机车270台、客车厢831节、货车厢3 906节。

空运 主要航空公司有缅甸航空公司、缅甸国际航空公司、曼德勒航空公司、仰光航空公司、甘波扎航空公司、蒲甘航空公司、亚洲之翼航空公司、金色缅甸航空公司等。全国有大小机场73个，主要机场有仰光机场、曼德勒机场、内比都机场、黑河机场、蒲甘机场、丹兑机场等。仰光、内比都和曼德勒机场为国际机场。截至2014年底，缅甸已与20多个国家和地区建立了直达航线，主要国际航线可达曼谷、清迈、北京、昆明、广州、南宁、香港、台北、新加坡、吉隆坡、达卡、暹粒、金边、河内、胡志明、柏斯、伽雅、加尔各答、达卡、首尔、多哈、法兰克福等城市。

目前，中国前往缅甸的主要航线有：中国国际航空公司的北京—仰光、昆明—仰光航线，东方航空公司的昆明—仰光、昆明—曼德勒、南宁—仰光、昆明—内比都航线，南方航空公司的广州—仰光航线。

缅甸有国内航线17条，大城市和主要旅游景点均已通航。

水运 主要港口有仰光港、勃生港和毛淡棉港，其中仰光港是缅甸最大的海港。缅甸交通部数据显示，截至2013年底，内河航道约14 842.6公里，国内码头111个，可供远洋货轮停靠的港口28个，各种船只537艘，目前仅有缅甸五星轮船公司经营远洋运输。

通信 据缅甸邮电通讯部公布的数字，截至2013年底，缅甸全国共有邮局1 379个、电报局515个和电话交换台922个。电话交换台中392个为自动交换台，296个为人工接线台；缅甸移动电话用户占33%、座机电话用户占4.8%、电脑用户占3.5%；在国际通讯方面，缅甸不仅开通了国际卫星电话，而且可以通过亚欧海底光缆2万条线路与33个国家直接连通，并能通过这些国家与世界其他国家进行通话。

据《缅甸今日商报》报道，截至2015年8月，缅甸移动电话使用率已达65.35%，比

2010—2011财年的2.33%有大幅提高。缅甸政府计划，到2015—2016财年结束时，实现全国75%～80%的移动电话使用率和50%的网络覆盖率。

能源 截至2014年12月底，外国企业在缅甸石油和天然气领域投资140个项目，投资额达169.92亿美元，占外商在缅甸投资的32.16%。目前有16个国家在17个内陆天然气开采区块经营，有15家公司在20个近海天然气区块进行勘探和生产。2014年3月，缅甸能源部招标了10个浅海油气开采区块和10个深海油气开采区块。中国石化（SINOPEC）、中国石油(CNPC)、中海油（CNOOC)、北方石油(NORTH PETRO）以及泰国的（PTTEPI)、韩国的大宇（DAEWOO)、法国的道达尔（TOTAL)、越南石油（PETRO VIETNAM ）等公司都已与缅甸签署油气勘探开发区块协议。

3. 国际贸易及其变化情况

2011—2012财年，缅甸进出口总额是2010—2011财年的近3倍，为181.7亿美元；2013—2014财年，增加到249.63亿美元；2014—2015财年，缅甸进出口大幅增长，达到272.6亿美元，较2013—2014财年增长17.1%。其中出口110.3亿美元，同比下降1.8%；进口162.3亿美元，同比增长34.7%。2015—2016财年，缅甸进出口总额为250亿美元。(详见表1–4)。

表1-4 缅甸进出口总额（2010—2016年）

单位：亿美元

财年	2010—2011	2011—2012	2012—2013	2013—2014	2014—2015	2015—2016
进出口总额	64.12	181.70	182.42	249.63	272.60	250

资料来源：缅甸商务部。

亚洲国家是缅甸主要贸易伙伴，缅甸外贸总额的90%是来自与邻国的贸易。根据缅甸中央统计局最新数据显示，中国为缅甸第一大贸易伙伴。位居前5位的贸易伙伴依次为中国、泰国、新加坡、日本和印度。(详见表1–5)。

2015年，缅甸与中国的进出口总额为11 263.17百万美元，其中进口额为6 432.33百万美元，出口额为4 830.84百万美元；2016年缅甸与中国的进出口总额有所下降，为10 169.78百万美元；2017年和2018年，缅甸与中国的进出口总额上升较快，分别为11 513.83百万美元和11 782.52百万美元，平均每年上升800百万美元。详见表1–6。

表1-5　缅甸主要贸易伙伴（2015—2018年）

单位：百万美元

国家	年份	进口额	出口额	进出口总额
中国	2015	6 432.33	4 830.84	11 263.17
	2016	5 403.10	4 766.68	10 169.78
	2017	6 115.76	5 398.07	11 513.83
	2018	6 222.92	5 559.60	11 782.52
泰国	2015	1 957.26	3 359.36	5 316.62
	2016	1 985.91	2 241.50	4 227.41
	2017	2 166.68	2 698.66	4 865.34
	2018	2 595.08	3 056.89	5 651.97
新加坡	2015	3 659.40	670.36	4 329.76
	2016	2 268.28	890.76	3 159.04
	2017	2 931.13	735.22	3 666.35
	2018	3 691.91	490.41	4 182.32
日本	2015	1 534.26	486.59	2 020.85
	2016	1 254.70	663.43	1 918.13
	2017	1 055.1	903.03	1 958.13
	2018	696.08	1 387.65	2 083.73
韩国	2015	412.19	292.66	704.85
	2016	473.80	334.82	808.62
	2017	528.26	300.66	828.92
	2018	439.93	445.83	885.76
马来西亚	2015	529.86	185.80	715.66
	2016	690.67	144.36	835.03
	2017	999.1	187.79	1 186.89
	2018	814.8	262.81	1 077.61
印度尼西亚	2015	587.19	151.18	738.37
	2016	593.40	116.82	710.22
	2017	918.50	118.65	1 037.15
	2018	936.19	123.05	1 059.24

资料来源：UN Comtrade。

表1-6 近年来缅甸常规/边境出口、进口、贸易情况（按财政年度）

单位：百万美元

序号	年度	出口			进口			贸易额		
		航运	边贸	总数	航运	边贸	总数	航运	边贸	总数
1	2012—2013	6 843.044	2 133.971	8 977.015	7 830.359	1 238.555	9 068.914	14 673.403	3 372.526	18 045.929
2	2013—2014	8 442.767	2 761.190	11 203.957	11 932.603	1 826.904	13 759.507	20 375.37	4 588.094	24 963.464
3	2014—2015	8 230.733	4 292.984	12 523.717	14 139.006	2 494.140	16 633.146	22 369.739	6 787.124	29 156.863
4	2015—2016	6 587.948	4 548.930	11 136.878	13 973.007	2 604.941	16 577.948	20 560.955	7 153.871	27 714.826
5	2016—2017（至9月）	3 428.393	2 265.084	5 693.477	6 032.828	1 404.655	7 434.483	9 461.221	3 669.739	13 130.960

来源：缅甸商务部。

表1-7 同期缅甸出口贸易状况比较

单位：百万美元

序号	出口门类	2016—2017（2016-12-26）			2015—2016（2015-12-26）			增加/减少		
		国有	私人	贸易额	国有	私人	贸易额	国有	私人	贸易额
1	农产品	0.043	1 894.634	1 894.677		1 704.981	1 704.981	0.043	189.653	189.696
2	动物制品		5.628	5.628		5.237	5.237		0.355	0.355
3	船舶用品		365.698	365.698		305.148	305.148		60.55	60.55
4	矿产	382.293	298.733	681.026	426.512	431.497	858.009	−44.219	−132.764	−176.983
5	林产品	1.740	164.787	166.527	4.138	134.822	138.96	−2.398	29.965	27.567
6	生产资料	1 875.814	1 533.815	3 409.629	3 105.486	898.329	4 003.815	−1 229.672	635.486	−594.186
7	其他	200.556	998.608	1 199.164	136.275	218.666	354.941	64.281	779.942	844.223
	总计	2 460.446	5 261.903	7 722.349	3 672.411	3 698.716	7 371.127	−1 211.965	1 563.187	351.222

来源：缅甸商务部。

缅甸对外贸易主要用美元、英镑、日元以及后来的欧元进行结算。主要出口商品有天然气、农产品（大米、玉米、各种豆类等）、矿产品、水产品、木材、橡胶、珍珠、宝石等，主要进口商品有燃料、工业原料、机械设备、零配件、五金产品和消费品等。

4. 财政和对外债务关系及其变化情况

缅甸缺乏持续的、稳定的财政和债务政策来支持宏观经济的稳定发展。2012年，缅甸负债率约为48.4%。2015年，缅甸公共债务为177.4亿美元，占GDP比例为30%，财政赤字占GDP比例为3.3%。

通货膨胀方面，2018年为6.8%，考虑到缅元持续贬值，国内物价上涨，以及可能的国际原油价格回升，预计缅甸2019年通胀率为5.9%。

由于近年来缅甸政府严格控制财政赤字，其公债规模逐年下降。2015年公共债务为177.4亿美元，占GDP的30%，为2010年以来最低点。

国际收支方面，经常账户长期赤字，但外汇储备较为充裕。缅甸近年来经常账户持续赤字，且占GDP的比重持续增加，2015年为2.6%。其主要原因是外国投资大量涌入，导致进口需求快速增长，特别是机械等资本品，以及原材料进口的增长。尽管随着油气的出口以旅游业快速发展在一定程度上会弥补贸易逆差的影响。但整体看，未来缅甸经常账户赤字占GDP的比重仍较高。不过，由于外资和国际援助不断进入，缅甸国际储备较为充裕，2015年达到94.2亿美元，能够满足7.2个月进口用汇需求，国际收支失衡问题能够得到有效控制。

债务偿付方面，债务负担较轻，压力不大。2015年，缅甸外债总额为68.4亿美元，占GDP比重为11.8%，其中短期外债1.5亿美元，占债务总额2.1%，中长期外债63.6亿美元，占债务总额92.9%。从三大债务指标来看，2015年缅甸负债率为11.6%，债务率45%，偿债率0.4%，债务负担相对较小。①

随着FDI的大量流入，缅甸外汇储备水平不断提升。2015年，达到94.2亿美元，同比增加7.9%，可满足7.2个月的进口用汇需求。随着经济特区项目稳定发展，FDI流入将显著增加。

5. 外国直接投资及其变化情况

据缅甸统计，截至2014年12月底，共有36个国家和地区在缅甸12个领域投资860个项目，总投资额528.41亿美元。其中，电力投资193.25亿美元，石油和天然气投资169.93亿美元，制造业投资51.68亿美元，矿业投资28.69亿美元，酒店与旅游业投资21.57亿美元，农业投资2.41亿美元，其他领域60.88亿美元。对缅甸投资的前五位国家分别为：中国（含中国香港、中国澳门）（216.32亿美元）、泰国（102.15亿美元）、新加坡(82.21亿美元）、韩国（37.71亿美元）、英国（35.84亿美元）。主要投资领域为：电力、石油和天然气、矿产业、制造业和饭店旅游业。其中，2014年，缅甸新批外国投资项目217个，同比增长92.0%；新批外国协议投资金额85.7亿美元，同比增长208.1 %。外资主要来自新加坡（50个项目，55.6亿美元）、中国香港(31个项目，4.82亿美元）、英国（10个项目，4.37亿美元）、荷兰（5个项目，4.31亿美元）、中国（32个项目，2.95亿美元）。据联合国贸发会议发布的2015年《世界投资报告》显示，2014年，缅甸吸收外资流量为9.5亿美元。在农业方面的项目数为16个，批准外资额2.41亿美元。（详见表1–8）

表1-8　2014年外商在缅甸投资情况

排序	行业名称	项目数	批准外资额（亿美元）	占比
1	石油天然气	140	169.93	32.16%
2	电力	8	193.25	36.57%
3	矿业	70	28.69	5.43%
4	制造业	451	51.68	9.78%
5	酒店和旅游业	56	21.57	4.08%
6	房地产	28	21.20	4.01%
7	畜牧业和渔业	32	4.43	0.84%
8	交通运输业	28	30.33	5.74%

① 摘自《缅甸国家风险分析》，http://www.xmofdi.org/xinxi_fengxian.php?id=56。

（续）

排序	行业名称	项目数	批准外资额（亿美元）	占比
9	工业	3	1.93	0.37%
10	农业	16	2.41	0.46%
11	建筑业	2	0.38	0.07%
12	其他服务业	25	2.62	0.5%
	总额	860	528.41	100.00%

资料来源：缅甸投资委员会。

6. 经济发展总体风险评价

缅甸经济增速波动上升。近年来缅甸经济持续快速增长，西方国家取消制裁和缅甸政府不断推进经济改革，吸引了大量外资投资于油气开采和基础设施建设、贸易自由化、区域经济一体化以及中缅油气管道建成，促进出口的增加。由于缅甸最大的贸易伙伴中国经济放缓，以及全球大宗商品价格持续疲软，缅甸贸易逆差扩大。民盟新政府执政，推行经济转型，经济发展前景良好，外商投资的大型项目是经济增长的主要驱动力。

缅元不断贬值对宏观经济稳定构成威胁。2015年，由于持续财政刺激、扩张的货币政策和宽松的信贷条件，缅甸进口强劲增长，通胀上升，导致官方汇率呈显著下行趋势。2015年7月，缅甸央行重新调整参考汇率来稳定缅元，使其更接近平行市场汇率，但政策效果十分有限。同时美元走强也加剧了缅元贬值，2015年末缅元对美元汇率较年初大幅贬值26.2%。未来缅甸贸易逆差可能有所扩大，在美元继续走强预期下，缅元将呈持续贬值趋势，给宏观经济稳定性带来较大负面影响。

失业率逐步降低。吴登盛总统执政期间，由于外资企业吸收了大量就业，失业率保持稳定并逐步降低。2015年，缅甸的登记失业率为5%。民盟新政府承诺改善民生，增加就业。随着外商投资显著增加以及经济特区的发展，未来缅甸的失业率可能进一步降低。

防范缅甸执法效率低可能带来的不利影响。缅甸腐败现象较严重，执法过程中普遍存在拖延和执法不公现象，需加以防范，并妥善利用各种资源解决法律争端。

重视缅甸“民地武”问题所带来的潜在风险。缅甸“民地武”相关的问题由来已久，各方势力相互纠缠，具体形势十分复杂。新政府在处理“民地武”问题上面临多重压力，难度较大。目前不排除缅甸各“民地武”之间，以及“民地武”与政府之间爆发冲突的可能性。一旦爆发冲突，将给相关投资项目带来较大影响。应密切关注缅甸“民地武”问题相关的形势变化。

（四）农业在缅甸国民经济中的地位

1. 农业人口占总人口规模比重及其变化情况

缅甸是一个以农业为基础的国家。农业人口占总人口的70%左右，2013年，缅甸总人口5 185.25万人，农村人口3 657.83万人，农村人口占总人口的70.54%；2014年，总人口5 228.08万人，农村人口3 677.95万人，农村人口占总人口的70.35%；2015年，总人口5 268.07万人，农村人口3 695.13万人，农村人口占总人口的70.14%；2016年，总人口5 304.52万人，农村人口3 708.82万人，农村人口占总人口的69.92%；2017年，总人口5 338.26万人，农村人口3 719.59万人，农村人口占总人口的69.68%；2018年，总人口5 370.84万人，农村人口3 728.49万人，农村人口占总人口的69.42%农业人口在总人口中的比重在逐渐减少，呈下降趋势（图1–1）。

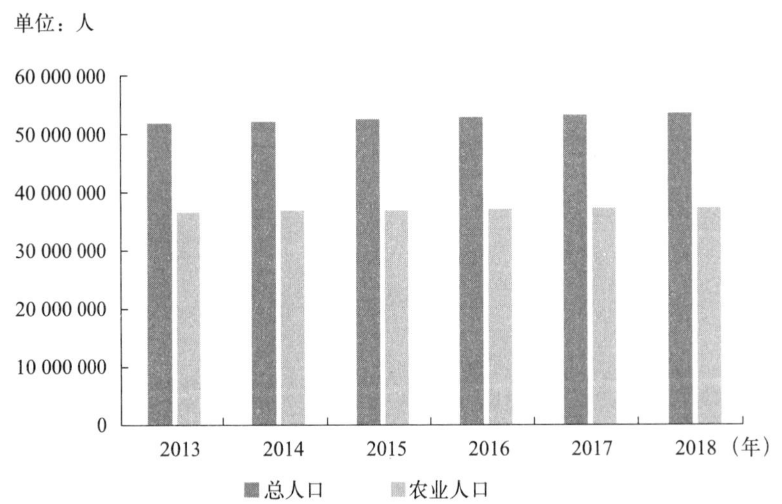

图1-1 缅甸农业人口占总人口规模（2013—2018年）

数据来源：粮农组织数据库，http://www.fao.org/faostat/zh/#compare，经整理。

2. 农业产值及其占国民经济比重的变化情况

缅甸农业产值占国内生产总值的30%左右。2013年，农业增加值在GDP中的占比为29.53%，工业增加值为32.36%，服务业增加值为38.11%；2014年，农业增加值在

GDP中的占比为27.83%，工业增加值为34.49%，服务业增加值为37.68%；2018年，农业增加值在GDP中的占比为24.56%，工业增加值为32.29%，服务业增加值为43.15%，农业在国内生产总值中的比重比较高，但日渐下滑，工业和服务业在国内生产总值中的比重日益上升，其中服务业上升较快。

二、缅甸的农业资源、生产与政策制度

（一）农业资源禀赋

1. 土地资源丰富

2014年，缅甸的国土总面积67 659千公顷，其中土地面积65 308千公顷，耕地和永久性作物面积12 339千公顷，耕地面积10 789千公顷，（详见表2–1）。

缅甸森林面积29 587千公顷，森林覆盖率达到52.28%，其中，原始森林面积319万公顷（详见表2–1），森林主要分布在北、西、南部。中部勃固山脉是柚木的主要产区。缅甸林业种类有2 300种，其中乔木1 200余种，世界60%的柚木储量和国际市场上75%的柚木均产自缅甸，柚木成材需80至150年，质地坚固，耐腐蚀，膨胀和收缩系数极小，花纹美观，可用其造船及建桥梁、码头、房屋，制家具等。缅甸可供采伐的柚木面积约610万公顷。此外，缅甸还盛产檀木、乔木、鸡翅、铁力、酸枝木、花梨木等各种硬木和名贵硬木。

竹类品种97种，竹林面积9 630平方公里，主要分布在若开、缅中地区。藤木32种，年产量约7 600万根，主要分布在克钦、掸邦，有水藤、红藤，只有小部分出口。由于多年的过度采伐，昂山素季政府上台之后，明确加大了对林业产品出口的限制和提高了准入门槛。根据联合国农业组织的报告，从2010年起，缅甸每年丧失的森林面积约为54万公顷，每年森林覆盖率下降约2%，森林丧失速度排名世界第三。

表2-1 缅甸土地资源情况表（2010—2014年）

单位：千公顷

类别 \ 年份	2010	2011	2012	2013	2014
总面积	67 659	67 659	67 659	67 659	67 659
土地面积	65 326	65 329	65 315	65 308	65 308
有机农业种植面积	0.06	0.2	0.9	0.9	5.3
耕地和永久性作物面积	12 217	12 250	12 242	12 281	12 339
耕地面积	10 811	10 786	10 751	10 772	10 789
灌溉总面积	2 329	2 292	2 295	2 295	2 295
内陆水域面积	2 333	2 330	2 344	2 351	2 351

（续）

类别＼年份	2010	2011	2012	2013	2014
原始森林面积	3 192	3 192	3 192	3 192	3 192
森林面积	31 773	31 226.6	30 680.2	30 133.8	29 587.4

数据来源：http://data.worldbank.org/country/myanmar，经整理。

2. 气温、湿度、降雨量

属热带季风气候，年平均气温27℃。①一年可分凉、干、雨三季。凉季为每年的10月至翌年的2月，是缅甸五谷丰登的季节，同时也是旅游旺季；干季为每年的3～5月，是缅甸气温最高的季节，月平均气温达30℃以上，最高可达40℃；雨季是每年的6月中旬以后，尤其是7、8月，瓢泼大雨随时而至。②缅甸降雨量因地而异，内陆干燥区500～1 000毫米，山地和沿海多雨区3 000～5 000毫米。(详见表2–2)。

表2-2 缅甸主要省和城市气象

序号	气象台	年降量（毫米）	气温（℃）		平均相对湿度（%）
			最高平均气温	最低平均气温	
1	密支那	2 206	29.3	19.2	79.0
2	垒固	972	25.9	14.7	68.7
3	巴安	4 032	35.7	25.4	76.5
4	法兰	1 518	22.3	14.6	52.8
5	杰沙	1 387	29.5	20.3	77.9
6	茂叻	1 514	30.7	20.1	64.6
7	望濑	647	33.3	21.5	63.0
8	坎迪	4 387	29.3	18.4	84.0
9	毛淡棉	4 758	31.9	22.4	76.3
10	土瓦	5 080	31.5	22.0	78.2
11	勃固	3 199	32.5	17.2	70.2
12	榜地	1 138	30.3	18.1	78.0
13	马圭	796	30.9	14.5	68.0
14	曼勒	733	33.6	21.5	65.1
15	内比都	1 165	33.4	21.2	68.9
16	实兑	4 533	27.6	18.9	63.4
17	仰光	2 678	33.1	26.3	73.5

① 来源：缅甸国家简况，中国驻缅甸大使馆网站，http://mm.china–embassy.org/chn/ljmd/abad/t924657.htm。
② 云南省商务厅，投资东盟·缅甸，云南出版集团，2008.5。

（续）

序号	气象台	年降量（毫米）	气温（℃）		平均相对湿度（%）
			最高平均气温	最低平均气温	
18	腊戌	1 216	29.1	15.1	71.8
19	东枝	1 454	24.3	15.7	66.8
20	勃生	2 880	30.4	24.3	58.3

来源：施洪，缅甸农业发展与现状探析，缅甸研究，2015年第1期，P40。

3. 河流分布及农田水利设施建设

缅甸国内河流密布，主要河流有伊洛瓦底江、萨尔温江、钦敦江和湄公河，支流遍布全国。其中伊洛瓦底江、萨尔温江和湄公河均发源于中国。伊洛瓦底江为缅甸第一大河，在缅甸流域全长2 030公里，流域面积为43万平方公里。水量充沛，水流平缓，从北向南依次流经克钦邦、曼德勒和仰光等六个省份，最后从仰光注入印度洋，总落差4 768米，全河平均比降为2.13%，入海口平均流量为13 600米^3/秒。萨尔温江是缅甸的第二大江，同样发源于中国西藏地区，在云南境内叫怒江，在缅甸境内为1 660公里，流域面积约20.5万平方公里，经过掸邦、克耶邦、克伦邦和孟邦，最后由莫塔马湾归入印度洋。湄公河由西双版纳进入缅甸，主要流经缅甸掸邦与老挝、泰国的边境线。

缅甸利用水力发电潜力很大。据西方国家和国际组织勘测，缅甸蕴藏水力的装机容量为1 800万千瓦。①

缅甸水利资源丰富，大小河流纵横交错，农业种植大部分依靠天然的降水、蓄水功能，政府对农业灌溉水利投入不多。

4. 种质资源和主要农作物

缅甸农业生产种植的作物有60多种。主要农作物有水稻、小麦、玉米、芝麻、花生、棉花、豆类，主要经济作物有甘蔗、油棕、橡胶、烟草和黄麻等。水果有芒果、山竹、榴莲、西瓜、椰子、香蕉、石榴、柚子、酸橙、橘子、菠萝蜜、柠檬、荔枝、杏、菠萝、葡萄等。

5. 畜产品和水产品品种

缅甸海岸线长达2 832公里，内陆湖泊众多，渔业资源丰富，沿海的鱼虾捕捞总面积约为22.5万平方公里，专属经济区48.6万平方公里，鱼虾储藏量约176万吨，平均年捕捞量105万吨，是东南亚渔业资源最丰富的国家之一，渔业也是缅甸出口创汇的重要

① 摘自《缅甸国情报告—2015》，商务部。

行业之一。

缅甸沿海鱼虾500多种，具有经济价值的石斑鱼、鲳鱼、龙虾、黄鱼、带鱼、鲨鱼、比目鱼、块鱼、虎虾、琵琶虾等约105种，820万公顷的内陆江湖内也有大量淡水鱼虾。缅甸水产档次高、品质优。缅甸现有淡水鱼塘18.24万英亩，虾塘20.5万英亩。因受资金、技术、捕捞、加工、养殖水平等条件限制，对外合作开发潜力大。

1990年，缅甸政府颁布《缅甸海洋渔业法》，1993年颁布《缅甸海洋渔业法修正案》，1994年撤销国家渔业公司，所有鱼塘、冷库、加工厂转让给个人，国家只保留示范鱼塘、苗塘。水产已成为仅次于农业、工业的第三大主要经济产业和重要创汇产业。2013—2014财年，缅甸水产出口30.82万吨，出口额为4.2亿美元，缅甸海产品主要出口中国、新加坡、泰国、韩国、孟加拉国等国和中国台湾、中国香港等地区。

2016年4月1日至2017年1月31日，畜牧与水产部门吸收外国直接投资（FDI）0.97亿美元。[①]

6. 病虫害

缅甸病虫害可分为植物病虫害和动物疫病。

据云南出入境检验检疫局调查，在云南境外罂粟替代种植区位于缅甸、老挝与中国的边境地区，替代种植区主要作物玉米、水稻、烟草、香蕉、西瓜等，该地区的主要病虫害种类和发生情况为：有害生物295种，包括检疫性有害生物26种，危险性非检疫性有害生物47种，发现了2个新纪录种。[②]缅甸柚木的病害有菌核性的根腐病、青枯病、锈病等。

缅甸牲畜易患O型口蹄疫98谱系毒株。缅甸98系谱毒株毒力最强、致病力最高、流行广、传播快，哺乳仔猪100%发病，死亡率高达80%以上；保育猪发病率也很高，死亡率可达30%~50%；育肥猪发病死亡率可达20%左右；妊娠母猪发病引起流产，少数可发病死亡。[③]

① 来源：缅甸本财年前十个月吸收外资超过58.1亿美元，http://mm.mofcom.gov.cn/article/jmxw/201702/20170202516313.shtml。

② 来源：南境外毒品替代作物病虫害控制技术研究与应用，http://www.ynstc.gov.cn:8080/kjjl/c/detail/2012AC102/0/0。

③ 来源：口蹄疫防控技术，http://www.wenkuxiazai.com/doc/007c602c0722192e4536f672.html。

（二）农业生产发展情况

1. 农业产值规模

缅甸是一个农业国家，农村人口约占全国总人口的70%，农业从业人口占全部劳力的64%，农业占出口创汇的41%，农业对GDP的贡献率约为30%。

2. 主要农业、畜牧业、渔业产品产量及其变化

缅甸主要的畜牧种类有鸡、牛、羊、马。在缅甸人的生活习惯中，鸡肉比猪肉、牛羊肉更受欢迎。

2013年，缅甸共饲养牛1 435万头，马1.6万匹，山羊393万只，绵羊86.2万只，猪1 053万头。肉类总产量212.6万吨，其中牛肉26.2万吨，羊肉4.8万吨，猪肉62.1万吨，禽肉119.6万吨；蛋类42.5万吨，其中鸡蛋38.2万吨；奶类170.8万吨，其中牛奶138万吨；鱼类产量460.5万吨，其中海域鱼类产量243.3万吨，内陆水域鱼类产量217.2万吨。

2016—2017财年中，从4月1日至8月底，缅甸通过出口畜牧及畜牧产品获得16 494.5亿缅元收入，共出产肉7.896 82亿缅斤[①]、奶6.269 47亿缅斤、蛋51.03亿个。[②]缅甸每年从国外进口5 000多万美元的牛奶和奶制品。

缅甸向国外主要出口的养殖鱼种类有71种。2014年，缅甸共有116家海产品加工厂，其中绝大多数加工厂获得许可向中国出口海产品，20家获得许可向欧盟出口海产品。联合国工业发展组织将帮助缅甸8家海产品加工厂向欧盟和美国市场出口海产品。[③]

因捕捞销售野生鳝鱼导致缅甸鳝鱼数量减少，2016年，缅甸鳝鱼出口量锐减，仅7 000吨，而此前出口量达12 000吨。

3. 粮食人均占有量及其变化

近年来，随着缅肉、蛋、奶等畜产品产量的增加，缅甸人均消费大米有所下降，从

① 1缅斤≈1.67千克——作者注。

② 来源：缅甸计划从畜牧和畜牧产品领域创收4万亿缅元，http://www.ynoiec.gov.cn/htmlswt/nobody/2016/1117/news_5_298329.html。

③ 来源：王丽珍，21世纪以来缅甸农产品出口发展研究，云南大学硕士学位论文，2015.5，P23。

2011年的239千克下降到2016年的155.14千克。

2011年，世界粮农组织（FAO）统计的数据为，缅甸人均年消费大米为239千克。[①]

2014年，缅甸农业、畜牧和灌溉部统计的数据为，缅甸人均年消费大米176千克。

2015年，美国农业部门统计结果为城市居民人均年消费大米180公斤，农村人口人均年消费大米200千克。

2016年3～6月，缅甸大米协会与农业大学联合统计的数据称，缅甸年消费大米约800万吨，人均年消费超过155.14千克，其中城市居民人均年消费约132千克，农村人口人均年消费约176千克。

4. 粮食安全水平

缅甸的粮食生产受多种因素的影响。粮食生产的增长主要依靠种植面积的扩大，也与制度、技术、组织和价格、农民种粮积极性等因素息息相关。在劳动力、土地等因素不变的情况下，粮食生产的增长取决于农业科技的投入和农业生产技术的应用，如优良品种、杀虫剂、农业机械以及灌溉技术的使用，这些都需要大量的资金投入。2010年前后，缅甸政府对农业的投入年均只有50万美元，远远满足不了缅甸农业生产发展的需要，虽然政府早在1953年就成立了为农业部门生产提供专门贷款的缅甸农业发展银行，但由于存在效率低下等问题，没有发挥应有功能，而其他商业银行也没有为农业综合经营和农耕部门提供中长期贷款服务，在很大程度上限制了农业生产的发展。其次，在组织、行政方面，缅甸农业部以及省、县农业管理部门缺乏应有的组织和管理、计划和统计能力、机构人员分工不明确，导致效率低下，粮食生产的市场化程度不高。此外在缅甸北部许多地区，还存在粗作粗放，刀耕火种等原始、低下的农业生产方式，极大地影响了粮食的增产增收。

缅甸政府主要从三个方面保障粮食的消费安全：

一是使消费结构与生产结构相吻合。在消费结构中，大米是缅甸人的主粮，国内平均每年大米需求量为1 700万吨。豆类在缅甸人民的食物构成中亦十分重要，当地居民，因生活水平低下或是因宗教关系，不食用肉类而以豆类为摄取蛋白质的重要来源之一。缅甸粮食消费结构与生产结构相吻合。

二是实现消费方式与方法的科学化。从消费方式和方法看，人们为了获得营养和能量，可以采取直接消费粮食的方式，也可以采取消费动物性食品而间接消费粮食的方式。究竟采取哪一种方式与人们的生活息息相关，同时也要考虑两个方面，一是有利于健康，二是有利于粮食的营养效率最大化，这就是所谓的饮食科学化。由于气候和宗教

① 来源：缅甸人均年消费大米超过150千克，http://mm.mofcom.gov.cn/article/jmxw/201607/20160701352825.shtml。

的原因，缅甸人素食者多，荤食者少，大米是主要的消费品。鱼类产品是除大米外缅甸饮食中最常见的。粮食不但是缅甸人民直接消费的农产品，而且还是饲养家禽、畜牧、鱼类等养殖业的主要饲料来源之一。因此，对于缅甸人民的消费方式而言，无论采取哪种方式，缅甸粮食消费系数还是在增长。

三是保证消费在不同地区、不同收入水平人群中的满足。自1998—1999财年至2008—2009财年的10年时间里，缅甸人均每年消费的肉食量增长了3倍。1998—1999年，缅甸人均每年消费肉类6.5千克、牛奶11.4千克、鸡蛋31个。至2008—2009年，增长到肉类26千克、牛奶22千克、鸡蛋105个。2007—2008年，人均消费鱼类28.2缅斤、肉类15.5缅斤、蛋93个、奶13缅斤。平均消费牛肉、猪肉、羊肉、鸡肉、鸭肉150万吨，奶类130万吨，鸡蛋、鸭蛋共60亿个。缅甸人民人均消费的肉、蛋、奶量较之20年前，有了长足的发展。但与周边邻国相比较，仍存在差距。以消费鸡蛋为例，缅甸年人均消费鸡蛋93个，中国人均232个，韩国人均191个，美国人均258个。[①]

5. 农场数量及经营规模变化

近年来，缅甸逐渐从自给自足的家庭农业向现代农业转变。2011—2012财年到2014—2015财年，缅甸中央政府使用自有资金完成了32 405英亩[②]农场的现代化机械改造，各省邦政府也于同期完成1 260英亩农场的现代化机械改造。2015—2016财年，缅甸政府建设了4万英亩现代化机械农场。其中，4 500英亩使用缅甸政府资金，30 400英亩使用印度贷款，4 000英亩使用农业发展国际基金。2016—2017财年，印度还将向缅甸提供贷款用于20 400英亩现代化机械农场建设，农业发展国际基金也将为2016—2017财年4 000英亩、2017—2018财年2 000英亩现代化机械农场建设提供贷款支持。[③]

2017年，缅甸计划在伊洛瓦底省渺弥亚市的221英亩土地上为国内外投资者建立以农业、畜牧业为基础的工业区。

6. 农业、畜牧业、渔业发展的潜力及限制因素

（1）潜力

缅甸农业土地开发前景广阔。虽然缅甸政府已经出台了一系列政策鼓励垦殖空地、闲地、荒地、调动农民生产积极性的政策措施，但是由于缅甸地域广阔，可耕种土地面积还有巨大的发展空间。根据2008—2009年度土地使用情况来看，缅

① 孔志坚，缅甸的粮食安全及相关政策，东南亚南亚研究，2010年第三期。

② 1英亩=0.4 047公顷——作者注。

③ 来源：缅甸政府计划建设4万英亩现代化机械农场，http://mm.mofcom.gov.cn/article/jmxw/201505/20150500962859.shtml。

甸可耕种面积为398万公顷（市政、村落等居住用地、封山育林区以及保护区等除外），净耕种面积1 188万公顷，闲置耕地25万公顷，林地1 647万公顷，荒地568万公顷，未耕种的土地共有2 159万公顷，65.35%可耕种土地闲置，作为农业资源的土地存在极大的开发余地。

渔业资源丰富。此外，海洋沿海的浅水区面积是228 751平方公里、海洋的专属经济区面积有486 000平方公里。沿海地区有9种海草种类、多数生长在若开和德林达依海岸线。缅甸海洋内的鲨鱼多数在德林达依海岸线、丹老群岛、伊洛瓦底省、嗨基群岛和若开海岸线、皎漂市附近，缅甸的鲨鱼种类最少有35种。缅甸海洋生长的鱼种类有800多种。①

（2）制约因素

自然灾害的影响。由于受洪灾影响，缅甸被迫于2015年8～9月停止大米出口一个月，以保障国内大米供应。2015—2016财年，不仅大米出口减少，缅甸所有农产品出口均出现下滑，农产品出口总额为25亿美元，比上财年减少了3亿美元。

农业投入不足，影响了缅甸的农业生产。1988年以来，农业机械设备滞后，资金、技术、化肥投入不足严重地影响了缅甸的农业生产。随着缅甸农业种植面积的扩大，农业对化肥的需求日益增加，缅甸全国每年对肥料的总需求量达150万吨，但是目前缅甸国有及私营肥料厂每年的有机肥料和化肥的总产量还不足10万吨，只能满足全国肥料总需求量的6.6%，其中有机肥料仅占1%。在农业种植季节，虽然通过边境贸易从国外进口了大量化肥，但远远满足不了缅甸国内对化肥的巨大需求。与此同时，缅甸的农机设备单一，在数量上与缅甸的农业国地位、农业创造的产值以及从事农业种植的劳动力都不相匹配。在缅甸许多地区，还存在耕作粗放，刀耕火种等原始、低下的农业生产方式，在缅甸农业生产工具的使用中，犁、耙、铲、锄、锹等农业工具的使用占有绝对优势。

政府信贷、保险体系的不健全也影响到农业的投入。缅甸于1953年成立农业发展银行，为农业部门的生产提供专门的贷款，但贷款的数量简直就是杯水车薪；其他商业银行尚未向农业综合经营和农耕部门开通中长期贷款服务。

交通基础设施滞后，影响了缅甸的粮食运输。缅甸的产粮区主要集中在伊洛瓦底江三角洲地区，是缅甸有名的鱼米之乡，被誉为“缅甸粮仓”。粮食收购后要运往各地的储备仓库并在全国范围内进行分配，但是缅甸尚未建立全国性的运输系统。缅甸联邦分为七个省和七个邦，缅甸政府优先考虑连接各省和各邦之间的公路，但省、邦内公路之间的联通不容乐观，基本上都是一些柏油路、塘石路及土路。交通基础设施滞后、运输

① 来源：缅甸向国外出口养殖鱼种类有71种，http://www.ynoiec.gov.cn/htmlswt/nobody/2016/1020/news_5_296243.html。

系统落后，政府收购粮食后要在很长一段时间内才送达粮食供给区域，尤其是遇到粮食歉收和饥荒的年份，问题更加明显。

加工技术和政策的制约，影响了缅甸的大米出口。缅甸的大米出口限制直至2003年4月才放开，但是出口的前提条件是必须满足国内需求，有剩余的省、邦只有仰光、勃固、实皆、伊洛瓦底省和若开邦，在满足国内大米需求后才能出口。缅甸每年的稻谷产量与邻国泰国相比较，大致相当，接近3 500万吨。然而，泰国每年的大米出口量却是缅甸的8～10倍。缅甸稻米干燥技术落后，收获的水稻在脱粒、干燥时损耗相当严重，损失的稻米产量达全国稻米产量的10%。特别是夏季稻在收割时正值雨季，夏季稻的损耗非常大。由于缅甸稻谷缺乏深加工，其稻米质量与泰国、越南相比较，质量较差。①

原料供应不足，畜牧养殖业发展受限。缅甸国内生产力不能满足国内市场，饲料原料主要依靠进口，因国内市场供不应求导致饲料价格上涨。以仰光省为例，目前，仰光省有8家饲料生产厂，5家是国内公司、3家是外国公司，由于这8家公司生产的饲料远远不能满足国内养殖业需求，必须从国外进口饲料原料，国内用的饲料原料大多是玉米、碎米、糠。2017年，这些原料价格平均每吨比之前上涨了7 000缅元。

（三）农产品消费及进出口贸易情况

1. 主要农产品的国内消费水平

2015年9月，超市售大米平均价格1 000缅元，每千克约合人民币8元，每千克猪肉5 000缅元，每千克约合人民币40元，食用豆油价格约1 800缅元/升，每升约合人民币13元，鸡蛋价格一般为1 200缅元/12个，平均每个鸡蛋100缅元，每个约合人民币0.8元。

2. 主要农产品进出口贸易规模、主要贸易伙伴关系国家和区域及其变化

农产品是其重要的出口创汇产品，出口占其国内出口额的20%。其中，粮食作物大米、玉米、豆类及经济作物橡胶是其主要的出口创汇农产品。

（1）大米

稻谷是缅甸传统的、主要的粮食作物。缅甸历届政府都十分重视稻谷的生产。缅甸

① 孔志坚，缅甸的粮食安全及相关政策，东南亚南亚研究，2010年第3期。

大米出口的70%是通过木姐口岸出口到中国，也通过仰光港口海运出口到非洲、欧洲国家和东盟国家。

2012年，缅甸的稻谷种植面积有1 800万英亩，2012年4月至2013年2月底，缅甸出口大米130万吨，2012—2013年度，缅甸出口大米是153.75万吨，创汇7.76亿美元，主要出口市场是中国、非洲、孟加拉国和印度尼西亚等国。2013/2014年度前6个月，缅甸共出口大米45.17万吨。2014年，缅甸共出口大米168.8万吨，同比增长49.1%，出口额6.13亿美元，总比增长36.7%。2014—2015财年，缅甸共出口大米180万吨；2015—2016财年，共出口大米150万吨。

缅甸大米主要通过边贸出口中国，以往边贸出口占了80%，海上贸易占了20%。但近年来，边贸出口占了60%，海上贸易占了40%。①

据缅甸农业与市场数据统计协会（AMIA）介绍，缅甸出口的大米种类是智亚/额玛塔25号大米。目前缅甸国内大米市场的额玛塔大米价格为每袋86～89元。2016年4月份，缅甸国内大米市场的博山大米价格为每袋168～223元，目前价格稳定在每袋157～213元。额玛塔5号糙米价格每袋为117元，现在为104～119元。（按197缅元=1元人民币换算得出）

2016年7月，缅甸农业畜牧灌溉部副部长吞温表示，珍珠米等杂交稻由于稻种成本和种植成本高加之市场不易接受，缅计划在本届政府期间停止种植。珍珠米虽然产量高，但种植成本较本土稻要高出3倍，由于食用者少，难以出口。缅甸要加强本土杂交稻的研发和推广。

（2）豆类

缅甸的豆类出口居世界第二，年均出口量在100万吨以上。缅甸出口的豆类产品主要为黑素豆、绿豆、木豆和印度豆等，以出口至印度、中国、新加坡、越南、印度尼西亚等国家为多。②缅甸的豆类作物品种繁多，主要有马豆、扁豆、木豆、鹰嘴豆、绿豆、腰豆、小红豆、豌豆等。1988—1989年度，缅甸豆类的种植面积仅为180万英亩，到2004—2005年度达到了900万英亩，2007—2008年度达到987万英亩。2009—2010年度，缅甸扩大豆类种植面积达到1 083万亩。2013—2014年度前6个月，缅甸共出口豆类66.03万吨。目前缅甸出口的豆类72%销往印度，其余28%销到印尼、巴基斯坦、马来西亚、新加坡、日本和部分中东国家。2014年，缅甸出口各种豆类共计121万吨，同比下降8.3%，出口金额9.08亿美元，同比下降0.2%。2014—2015财年，缅甸出口各种豆类共计135.62万吨，同比增长45.3%，出口金额3.93亿美元，同比增长37.4%。2015—2016财年雨季豆类种植面积为414万英亩，凉季种植面积为747万英

① 来源：缅甸将出口中国10万吨大米，http://www.mhwmm.com/Ch/NewsView.asp?ID=21943。

② 来源：缅甸绿豆调研目的及对象，http://www.sci99.com/special/sp592.html，2016-01-12。

亩。农作物所创的25.47亿美元外汇收入中豆类种植收入为12.05多亿美元。目前缅甸豆类面向高级市场出口，质量要求更加严格。缅甸农业局正编写出版包括豆类在内的14种作物的种植指南（Myanmar GAP Guideline）。

缅甸国内还没有种子生产公司，在种植优质种方面还很薄弱，所以缅甸将在澳大利亚国际农业研究中心（ACLAR）的帮助下建立各种豆类的种子银行，促进国内豆类种植业发展。

（3）玉米

缅甸种植的玉米分为旱季玉米和雨季玉米两茬，缅甸旱季玉米种植地主要分布在克钦邦、实皆省、勃固省、马圭省、曼德勒省、若开邦、仰光省、掸邦、伊洛瓦底省，雨季玉米种植地主要分布在克钦邦、克耶邦、克伦邦、钦邦、实阶省、若开邦、马圭省、曼德勒省、掸邦和伊洛瓦底省，其中掸邦种植面积最多。近年来，缅甸玉米种植生产出口情况逐年看好。2005—2006财年，缅甸玉米种植总面积为79.28万英亩，出口11.46万吨。2017—2018年度，缅甸玉米经云南省的姐告和清水河边贸口岸，共向中国出口玉米22.8万吨。

（4）橡胶

缅甸的地理气候环境适宜种植橡胶，缅甸的14个省（邦）中，都有一定的橡胶种植面积。近年来，缅甸鼓励私营企业种植橡胶，并直接出口，同时，在橡胶用地以及技术等方面给予支持。缅甸的橡胶种植以及出口大幅度上升。2010—2011年度，缅甸橡胶种植面积达到124.653 1万英亩，割胶面积是46.076 7万英亩，产量是12.792 1万吨，出口量是9.135万吨，出口创汇3.028 9亿美元。2011—2012年度，缅甸橡胶种植面积达到134.220 2万英亩，割胶面积是49.015 1万英亩，产量是14.961 9万吨，出口量是7.884万吨，出口创汇是3.111 1亿美元。缅甸的橡胶出口国按顺序排列前五位是中国、马来西亚、新加坡、韩国、泰国。2017—2018年度，缅甸出口到中国的橡胶是6.34万吨。

（5）水果

缅甸水果进口量逐年增多，在进口方面，苹果进口量最多。苹果进口量达11 000吨，进口额为5百万美元。此外还进口在缅甸国内也种植的榴莲、酸角、芒果、山竹、菠萝蜜、大枣、火龙果、菠萝、红毛丹、柠檬、番石榴、李子、梨、甜橙等。2013—2014财年的水果进口额为3 000万美元；2015—2016财年水果出口量为70多万吨，出口额是9 300万美元，水果进口量是12万吨，进口额为4 400万美元。2016—2017财年，截至1月20日，缅甸水果进口量为9.7万吨，进口额有3 441.2万美元，出口50多万吨，出口额超过7 958万美元。

3. 中国与缅甸的农产品贸易

农产品贸易规模

中国出口缅甸的农产品在其全部农产品出口中所占比例很低，2015年仅为0.62%，2015年全部农产品出口为407.07亿美元，出口缅甸农产品仅2.54亿美元。之前的年份所占比例更低，2014年为0.54%，2007—2012年不足0.2%。中缅农产品贸易对中国农产品对外贸易的影响很小。

参考WTO《农业协定》对农产品的界定，结合UNCTAD统计数据库中的产品具体分类、数据的可获得性及缅甸农产品生产和中缅农产品贸易的实际情况，共有43类。2006—2015年，缅甸出口中国的农产品贸易额呈现出总体向上但中途波折的发展态势，2010年较之前有较大增长，2015年与2014年基本持平略有减少。2015年两国农产品贸易总额为3.55亿美元，2006年这一数据为0.72亿美元，十年间两国农产品贸易增长率为393.06%。

2015年，缅甸对世界各国农产品出口总额为18.82亿美元，其中出口中国的农产品金额为1.79亿美元，占其农产品总出口额的9.53%，这一比例在2010年以后基本保持平稳。[①]（详见图2−1）。

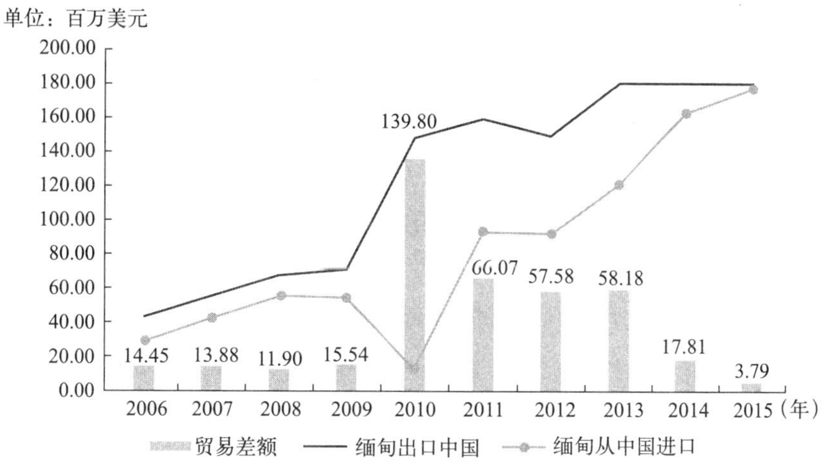

图2-1　中缅农产品贸易变化趋势

数据来源：根据联合国贸易和发展会议统计数据库（United Nations Conference on Trade and Development）的数据整理而得。

① 刘务，金莉苹，中缅农产品贸易存在的问题及几点思考，印度洋经济体研究，2016年第6期。

（四）农业产业链建设情况

1. 农作物种子生产情况

缅甸在种植优质种方面还很薄弱，国内还没有种子生产公司。[①]缅甸优质种子缺乏，农作物的种子主要靠农民自留种和购买走私的种子，良种的缺乏在一定程度上影响了农业高产。如西瓜种子的情况：缅甸不能自产西瓜种子，每年需求的12吨西瓜种子都从中国以及其他国家非法进口，进口的种子带有种传疾病（Seed-borne Disease）以及其他疾病。

2. 化肥农药生产及使用

缅甸化肥、农药生产落后，产量不足，不能满足国内市场需求，大部分依靠进口。目前政府控股的少数化肥厂和小型化肥生产企业的生产量仅能满足缅甸国内市场需求的30%。2010年，缅甸平均每千公顷耕地上化肥施用量6.8万吨，其中氮肥5.0万吨，磷肥0.9万吨；2012年，平均每千公顷耕地上化肥施用量15.7万吨；2013年，缅甸的化肥施用量为18.2万吨，其中氮肥13万吨，磷肥2.2万吨，钾肥3.0万吨。缅甸全国每年对肥料的总需求量达150万吨，但是缅甸有机肥料和化肥的总年产量不足10万吨，只能满足本国肥料总需求量的6.6%。

缅甸农药的使用不平稳，2011—2013逐年下降，2013年以后，有逐年增长的趋势，以杀虫剂的使用为例，2010年，缅甸共使用杀虫剂1 812.27吨，2011年，上升到2 369.76吨，2012年有所下降，为1 677.34吨，2013年，降到1 245.1吨，2014年，上升为2 211.5吨，2015年，上升到3 143.98吨，2016年，再次上升到4 293.43吨，2017年，达到5 956.74吨。详见图2-2。

缅甸的杀虫剂主要依靠进口。据粮农组织统计，2010年，缅甸杀虫剂的进口额为8 126.48千美元，出口额仅为24.8千美元。[②]

---

① 来源：缅甸将在澳大利亚国际农业研究中心的帮助下建立种子银行，http://www.ynoiec.gov.cn/htmlswt/nobody/2016/1124/news_5_299262.html。

② 来源：粮农组织数据库. http://www.fao.org/faostat/zh/#data/RT。

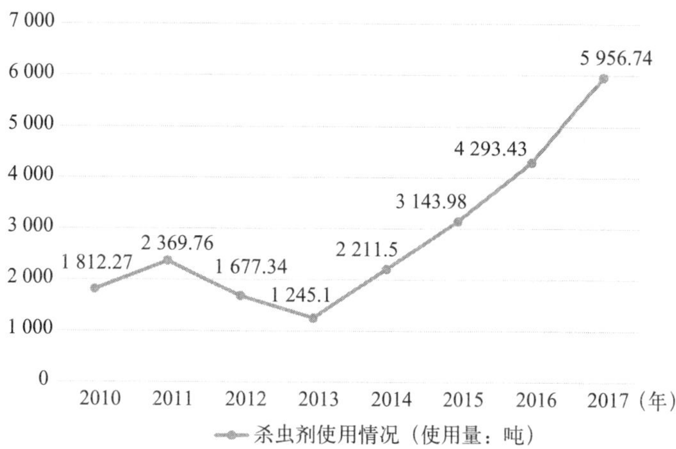

图2-2 缅甸杀虫剂的使用情况表（2010—2017年）

资料来源：粮农组织数据库，http://www.fao.org。

3. 农业机械发展情况

目前，缅甸的农机普及率很低，农民多采用手工耕种，手工收割的方式进行农业生产。2008年，缅甸有农用拖拉机1.2万部，收割－脱粒机2.4万部。平均每千公顷耕地上拖拉机使用量3.9部。①为推动以农业为基础的各产业发展，缅甸正采取措施加速农机化进程，计划将农机化水平从现在的23.34%提高到2030年的75%。通过不断进口和生产农机具，农业机械化作业程度逐年增加。

农机的国内生产情况：缅甸现有8家国有农机厂，已建成铸造生产、齿轮加工、锻造加工、主轴加工和金属热处理5条生产、加工、装配线，主要产品有手扶拖拉机、动力耕整机、割晒机、旋耕机和脱粒机，柴油机、主轴、齿轮等主要部件都从中国浙江四方集团进口，以进口装配为主。现每年能生产手扶拖拉机3 000台、动力耕整机等机具6 000台，由农机局统一销售到全国99个分销中心，农民可分期付款购买。但还远不能满足农机化发展需求，对小型农机需求非常大，需大量进口，缅甸政府已免除了农机等农用物资的进口关税。缅甸私人农机销售企业也很多，其中的007、Gooebrother、Yeeshin等华侨公司规模较大，主要销售中国、印度、日本的小型农机。中国产品价格占优，市场份额约占80%。近几年，缅甸年均从中国进口工农牌手扶拖拉机6 000余台。②

农机的进口情况：缅甸农机市场品牌主要来自日本、韩国和中国。因为政府接受的

① 国际统计年鉴2015.中国统计出版社。

② 摘自彭彬，缅甸农业与农机化发展概况及中缅合作前景初探，现代农业装备。2006年第6期。

援助主要来自日韩两国，所以政府主要推广日韩的农机。日本久保田在泰国建有工厂，距缅甸很近。在缅甸国内建有了4S店。配件经过陆路可以及时送达用户手里。久保田在缅甸有20名维修工程师，能够及时满足维修需求。培训方面，久保田对农户的培训从零做起，教他们学驾驶和操作技能。而经销商主要接受农机维修保养的培训。例如久保田强制要求每台新用收割机在使用50小时后必须更换机油，若不执行，就取消这台农机的维修保养服务。按要求做到位后，久保田农机的寿命就很长，虽然价格高，但还是赢得了缅甸农民对久保田农机的信任。

近年来，缅甸政府高度重视农业机械化，特别是水稻生产的机械化问题。缅甸政府除争取来自日本的援助和韩国政府的贷款援助外，还与中国政府积极开展合作，培训官员和农民。2017年1月，仰光省政府表示，将动用80亿元作为发展农业基金，逐步将仰光省农业从手耕操作转变成机械操作。

中国农机企业很早就进入了缅甸市场，中国的农机企业与缅甸开展了许多合作。如中国的中联重机未来将重点推进水稻耕种收管和烘干机械的推广，计划于2016年3月在缅甸建设第一个中心配件库，并与当地经销商在缅甸全境建设分配件库，来满足未来中联重机农机的维修和保养需要。配件体系建成后，能够保证在缅甸全境做到20公里内有配件库并及时送达配件。服务方面，中联重机将对合作伙伴的人员进行培训，并在收获期派遣国内的技术人员进行特服。2016年10月26～28日，在中国国际农业机械展览会上，缅甸客商与四川省佳信机械制造有限公司签订了微型联合收割机和玉米剥皮脱粒机的供货销售协议。由于没有建立起完善的配件供应体系和服务体系，中国农机在缅甸发展面临重重困难。

4. 市场体系建设情况：大型批发市场数量及分布情况

目前，缅甸的农产品交易有专门的交易市场，但整体的市场体系还有待完善。针对大米批发，有4个稻米批发市场，分别是仰光巴映囊大米批发中心、仰光瓦但大米批发中心、曼德勒大米批发中心和木姐大米批发中心；针对豆类等杂粮，有仰光杂粮交易市场、曼德勒杂粮交易市场，主要批发豇豆、黑豆、绿豆、芸豆、竹豆、芝麻等豆类及杂粮；玉米交易主要是依靠腊戌交易中心向泰国出口、通过木姐105码边贸中心向中国出口。

曼德勒是缅甸第二大城市，位于缅甸中部的内陆，是几个古代王朝曾经建都的地方，是华侨大量聚集的城市，也是农产品的重要中转站。作为缅甸重要的交通枢纽，曼德勒到各地的货物公路运输价格如表2–3。

表2-3　曼德勒至各地的货物公路汽车运输价格表（2017年3月）

从	至	距离（英里）	重货（缅元/缅斤）	泡货（缅元/缅斤）
曼德勒	木姐	288	75	76
曼德勒	腊戌	175	50	55
曼德勒	皎脉/迪波	129	45	50
曼德勒	东枝	204	30	55
曼德勒	毛淡棉		30	40
曼德勒	仰光	390	30	40
曼德勒	勃固	380	28	40
曼德勒	内比都	186	20	25
曼德勒	密铁拉	96	18	25
曼德勒	木格具	125	25	30
曼德勒	抹谷	115	33	65
曼德勒	克勒	210	50	20
曼德勒	卑缪	373	25	50
曼德勒	蒙育瓦	85	20	23
曼德勒	德母	295	70	90

来源：中缅商贸信息网。（注：货车供求关系或季节物产变化会影响价格变动）

5. 农产品加工业发展情况

缅甸的农产品加工业还处于低水平状态，有待进一步发展。如生物乙醇生产情况：缅甸的生物乙醇主要来自木薯、甘蔗、玉米、甜高粱、农业残渣（如稻壳、稻草、甘蔗渣和甘蔗叶子）等。但是目前缅甸的生物乙醇发展还比较落后，木薯的种植主要是中国、泰国、韩国等国与缅甸政府签订相关协议后，在一个特定的区域开展种植，主要是示范，并没有全面铺开。中国在缅甸的木薯种植主要是在缅北地区的替代种植，与其他经济作物甘蔗、橡胶等相比较，替代种植规模不大。缅甸生物燃料资源十分丰富，但由于受制于经济、技术发展水平，生物燃料很少用作生物乙醇和生物柴油，主要是食用。但是许多国家却盯上了缅甸这块生物燃料的宝地。早在2008年7月，韩国与缅甸农业水利部农业公司签署了一项合作谅解备忘录，据此，韩国到缅甸租赁土地15.5万英亩，主要从事小桐子、甘蔗和木薯种植。目前已在曼德勒省、马圭省、勃固省和实皆省选择土地进行试种，成功后再推广。韩国投资项目还包括在仰光建一占地面积约1 000平方米的实验室开展从小桐子籽提炼生物柴油，从玉米和大豆中提炼乙醇等科研内容。一旦试验成功将开展商业性投资种植与生产加工。

缅甸的甘蔗种植规模发展快，但甘蔗种植主要是生产糖，很少用于生产乙醇。甘蔗种植从1988—1989年度的49 870公顷增加到2009—2010年度的160 120公顷，产量从2 161吨增加到9 561吨，2010—2011年度种植面积167 008公顷。

6. 缅甸的农业技术推广体系

（1）农业科研机构

缅甸的农业研究主要依靠政府的农业部门、主要农作物的发展协会、农业方面的大学等。政府的农业部门主要是缅甸农业与灌溉部（Ministry of Agriculture and Irrigation in Myanmar）及其下属的部门；农作物的发展协会有缅甸甘蔗和糖品销售和生产者协会（Myanmar Sugarcane & Sugar Related Products Merchants & Manufacturers Association）、缅甸橡胶种植与生产协会（Myanmar Rubber Planters and producers Association）、缅甸牲畜资源发展所（Myanmar Livestock Resources Development）等。农业方面的大学有缅甸农业大学、耶津农业大学、缅甸农林牧渔科学院等。

（2）农业技术研究推广机构

缅甸的农业技术推广主要依靠缅甸农业与灌溉部及其下属各部来进行，另外一些大型的农业公司也会针对公司的业务范围对农民进行培训，推广先进的农业技术。如缅甸农业股份有限公司、缅甸工业用农作物发展公司、缅甸农业综合股份有限公司、缅甸亚洲农业有限公司、缅甸农业水利部推广司等。

下面介绍两个主要公司的情况：

缅甸农业股份有限公司，简称MAPCO公司（Myanmar Agribusiness Public Corporation)主营大米和农机生产、贸易。公司主页：http://mapco.com.mm. 2015年，缅甸农业股份有限公司计划在苗妙市兴建的农产品工业区占地约300英亩，包含货物装卸港口、谷糠焚烧发电厂、饲料生产厂、碾米厂和农产品升级加工厂等。[①]该现代化农业示范区建设项目中农田改良费、平整费、灌溉设施建设费、产品运输道路修建费等费用由农户承担。农户可持农田使用证到缅甸先锋银行（Myanmar Apex Bank）进行抵押贷款，农户可自由决定是否参与。缅甸大米总协会负责购买示范项目所需机械设备安置土地，灌溉用地等非种植类用地。[②]

（3）农民接受技术培训情况

缅甸农民接受农业技术培训比较欠缺，目前开展的培训主要是政府农业部门开展的培训，另外一些与缅甸有农业方面的交流合作，也会组织一些培训，以提高缅甸农民

---

① 来源：缅甸农业股份集团计划在苗妙市兴建农产品工业区，http://www.ynoiec.gov.cn/htmlswt/nobody/2015/0324/news_5_256573.html。

② 来源：缅甸大米总协会与缅甸农业经济联营公司将在15个镇区建现代农业示范区，http://www.ynoiec.gov.cn/htmlswt/nobody/2015/0331/news_5_256911.html。

的农业生产技能。如2016年12月，缅甸的农业部门为农民提供农业技术培训，此次项目培训主题为“良好农业规范GAP（Good Agricultural Practices）系统培训”。培训的目的是帮助农民种植蔬菜和绿豆的过程中运用良好农业规范（GAP）系统，利用GAP系统管理认证，教育农民如何使用天然肥料，如何喷洒及如何插种，使8 000余亩蔬菜和80 000余亩的绿豆实现优质生产。这将有助于提高缅甸农产品的国际竞争力，确保食品达到消费者的质量和安全的认证水平，让缅甸农产品更容易进入出口市场。①

2015年11月22日至12月11日，由中国商务部主办、农业部对外经济合作中心承办的“2015年缅甸农产品加工及流通海外培训班”在缅甸首都内比都成功举办，该培训班为期20天，培训学员30名。②为缅甸学员介绍了现代农产品加工技术及流通的相关知识。

（五）农业生产基本制度

1.缅甸的农地制度

缅甸的土地制度主要是根据《土地法》的规定来实施。缅甸《土地法》的主要内容如下：

缅甸土地为国家所有，1991年11月13日缅甸政府颁布《缅甸关于中央空地、闲地、荒地管理委员会的职责与权力的命令》，同年12月12日，颁布《缅甸空地、闲地、荒地管理实施细则》。细则规定：

土地使用权申请　任何组织和个人只要符合条件并履行必要的程序，均可申请投资空地、闲地和荒地，从事种植业和养殖业，并根据相关规定享受一定的地税和利润税减免。申请者必须是缅甸公民，申请的组织，其成员必须全是缅甸公民，该组织必须是依现行法律成立的组织；提出申请的个人或组织，必须出具为拟申请从事的种植/养殖业拥有足够资金的证明；提出申请的个人或组织，必须出具拟申请从事的种植、养殖业实施细则。

地税和利润的减免对投资使用的土地将按以下规定免收地税。

①种植业　种植长年果树地，从开始种植之年起，8年内免收地税；种植园林作物，从开始使用之年起，6年内免收地税。

① 来源：Agriculture department to offer GAP training to farmers，http://www.mmtimes.com/index.php/business/24294-agriculture-department-to-offer-gap-training-to-farmers.html。

② 来源：“2015年缅甸农产品加工及流通海外培训班”在缅甸首都内比都成功举办，http://mm.mofcom.gov.cn/article/todayheader/201512/20151201211494.shtml。

②养殖业　用于养鱼业的土地，从开始使用之年起，3年内免收地税；用于家禽牲畜饲养业的土地，如用于饲养水牛、黄牛和马，从开始使用之年起，8年内免收地税；饲养绵羊和山羊，从开始使用之年起，4年内免收地税；饲养猪，从开始使用之年起，3年内免收地税；饲养鸡、鸭，从开始使用之年起，4年内免收地税。已投资用于种植业和养殖的土地，其生产或服务性行业的利润税，自生产或服务业创造利润之年起至少3年内免征利润税。

土地使用期限的规定　已投资使用土地期限的规定：用于长年果树种植和园林作物种植的土地，只要不违反规定，从批准使用之年起，30年内有效；季节性作物，只要不违反规定，使用期无限；用于饲养鱼的土地，只要不违反规定，从批准使用之年起，30年内有效；用于饲养家禽及牲畜的土地，只要不违反规定，从批准使用之年起，30年内有效。

关于外资企业获得土地的规定如下：

外资企业在缅投资项目一般以BOT形式运营，缅甸政府将批给外资企业一定规模项目建设开发用地进行项目建设和经营，经营期满之后，缅甸政府将项目收归国有。

1998年9月28日，缅甸荒地空闲地中央管理委员会颁布1998年1号法令，宣布农业与灌溉部有权批准由本国公民或外国人参与的组织提出的在规定非发展区内进行农业开发的申请，在对批准的农业用地上，只能进行与农业有关的经济发展项目，不得进行地上和地下资源的开采。

根据缅甸最新外国投资法，外资企业可向农业与灌溉部申请租用缅甸闲置土地进行农作物种植和开发利用项目投资，租用年限一般为50年，可根据项目情况进行协商延长土地租期。

根据现行的缅甸土地法，任何外国的个人和公司不得拥有土地，但可以长期租用土地用于其投资活动。新投资法规定，土地使用期限为50年并视情况延长2个10年。

2. 农业支持保护制度

缅甸是一个农业为基础的国家，政府采取了多项措施来支持、保护农业生产。如：

(1) 对缅甸国产大米实行最低保护价

2011年8月，缅甸稻谷企业家协会中央执行委员会决定，对缅甸国产大米实行最低保护价，一箩（为21.6千克）基本保护价为3 250缅元（约合4美元）。国家拿出资金来保护农民的利益，这在缅甸独立60多年的历史上尚属首次。

(2) 降低贷款利息，增加贷款额

为了发展农业，缅甸农业发展银行从2012年1月1日起，将农村贷款利息由15%下调至13%，贷款额也由原来的1英亩2万缅元增至4万缅元。自2012—2013财年开始，

对农民的贷款利息下降到8.5%。同时，缅甸合作社部以每村5 000万缅币（约合人民币36万元）为标准，将来自世界银行、亚洲银行及其它国家提供的3万亿缅元（约合人币216亿元）贷款于2012年上半年发放给全国6 100多个村庄。

（3）实施小额贷款服务

缅甸新政府成立后，积极呼吁国际社会加大对缅甸小额贷款援助力度，同时对内实施了一系列的政策措施，积极发展本国的小额信贷业。截至2013年8月9日，缅甸共批准166个国内外机构经营小额金融业务。其中，国际非政府机构6个、国内民间组织13个、合作社75个、外国有限公司5个、国内有限公司67个。小额信贷业务覆盖缅甸160个镇区6 200个村庄的65万低收入者。

（4）豁免相应的农业税收

为发展农业，缅甸财税部宣布2012年7月1日至2013年3月31日，免除进口化肥、杀虫剂、农用工具、农业机械等的商业税及免除上述物资的国内生产销售环节商业税。

3. 农业对外开放制度

农业是缅甸政府主要促进其发展的部门之一。2015年，缅甸投资委员会（MIC）秘书昂乃乌称，在全国范围内，缅甸投资委员会促进三个领域的投资：制造业、基础设施以及农业。[①]目前，虽然农业各行业的吸引外资能力不佳，但也说明政府对农业的对外开放持支持的态度。

另外，缅甸还举办农业展会来宣传农业。如近年来每年举办的国际畜牧及农业展会、缅甸国际农业机械展等，这些展览的展品范围包括杀虫剂、农业机械配件、生态农药、施肥相关的机械设备、转基因产品、土壤添加剂、杀菌剂、除草剂、排水机械设备、微量元素肥、农用塑料、农化生产设备、农业工程技术、肥料、种子、果蔬、粮食种植收获机械、植物生长调节剂等。

展会的举办让各国企业有机会充分了解缅甸农业市场，并发掘投资合作的机会，是缅甸农业对外开放的重要举措。

4. 农村金融制度

针对农村的发展，缅甸有专门的农业发展银行以及为农民提供小额贷款的公司。缅甸农业与农村发展银行的前身是1953年成立的国家农业银行，1976年更名为缅甸农业银行。根据1990年颁布的《缅甸农业与农村发展银行法》成立的缅甸农业与农村发展银行，其任务是为国内农牧业的发展，为地方经济社会的繁荣进步，每年向农民发放年

① 摘自《缅甸投资委员会对缅甸吸引外资表示乐观》，2015-11-09。

度、短期和长期贷款。该行在缅甸国内已形成全国性网络，共有14个省邦级分行、164个支行和48个办事处，从1993—1994年度开始实施乡村储蓄动员计划，根据计划向所有农民提供储蓄和贷款服务业务。

5. 农业农村法律制度

《缅甸森林法》 为了环境保护的需要，保证林产品的产量，经政府批准，林业部可以建立以下类型的储备林：①商业采伐储备林；②供应当地储备林；③分水或集水储备林；④保护环境和生物差异储备林；⑤其他类型储备林。同时，为保护水资源和森林资源，保护旱地森林和红树森林，运输林产品应当持有有效的运输通行证，并接受林业局设立的税务站的检查和收费。违反森林法相关规定者，将会受到一定金额的罚款和6～36个月的监禁。

（六）农业政策及发展规划

1. 农业、畜牧业、渔业发展政策

农业是缅甸国民经济的基础，出口农产品将带动国民经济其他各行各业的全面发展。1988年上台的缅甸军政府对农业实行了改革，而农业改革又分为1988—2003年和2003年至今两个时期。尽管奈温政府对经济工作非常重视，但是取得的成效甚微，经济常处于停滞状态。

2011年缅甸政府为提升农业生产率、加大农产品出口和增加农民收入，强调要充分利用土地资源发展农业，并提出在发展农业的基础上，带动与农业相关的农业机械制造业的发展，出台了《农业土地法》《空地、闲地和荒地管理法》等一系列法律，促进农业发展。

2011年7月，缅甸政府制定了发展农业的三大基本方针和五大战略措施。三大基本方针是：①按照市场规律促进农业和食品生产，争取大米生产盈余，食用油供应自给，同时积极发展主要用于出口的农产品和食品加工业；②扩大耕地面积，保护农民权利；③鼓励私营经济参与农业发展。五大战略措施为：①保证并继续扩大农业用地；②多方筹措资金修建农田水利设施；③加快农业机械化发展步伐；④指导并鼓励农民掌握先进的农业生产和管理技术；⑤培育和引进并举，扩大良种种植面积。[①]

① 来源：缅甸农业促进政策成效显著，http://roll.sohu.com/20110719/n313874678.shtml，2011-07-19。

2012年3月19日，登盛总统签署法令，颁布2012—2013财年《国民经济计划法》，提出农业产值按正常市场价格计算要增长1.9%。① 2012年7月1日开始，缅甸政府免除农业机械与设备、化肥和农药的商业税和进口关税。②

缅甸新政府上台后，各个部委陆续发布了“百日计划”。农业与灌溉部的计划涉及技术培训、农业补助及贷款、基础设施的升级改建等。如提高农田补助50%并拟增9 000亿缅元（约合7.7亿美元）农业贷款。③

缅甸农业政策的制定主要目的在于促进农业高产及优质种子的利用；对农民和推广人员进行农业先进技术的培训和教育；实施可持续的农业发展研究和发展活动；保护农民权益；协助农民获得公平的农产品价格；协助降低生产成本，提高作物产量，拓展市场；鼓励由传统农业向机械化农业转变，种植适应环境发展的农作物；对旧的灌溉、抽水及地下水系统进行翻新及维修工程；通过发展农业，发展农村经济和减轻贫困；鼓励农业投资，发展先进农业技术和促进农产品贸易；依据现行经济形势，对现行的农业法律法规进行论证和修改。④

2. 主要农业政策清单

1989年3月31日，缅甸联邦政府颁布《国营企业法》；

1990年5月11日，缅甸农业，畜牧业与水利灌溉部出台《农药法》；

1993年6月16日，缅甸农业、畜牧业与水利灌溉部颁布《植物病虫害检疫法》；

1993年11月25日，缅甸农业、畜牧业与水利灌溉部颁布《动物健康与发展法》；

2012年3月30日，缅甸农业、畜牧业与水利灌溉部颁布《缅甸农业土地法》；

2012年3月30日，缅甸农业、畜牧业与水利灌溉部颁布《空地、闲地和荒地管理法》；

2012年8月31日，缅甸农业、畜牧业与水利灌溉部颁布《缅甸农业土地法实施细则》；

2012年8月31日，缅甸农业、畜牧业与水利灌溉部颁布《空地、闲地和荒地管理法实施细则》，

2015年9月24日，缅甸计划财政部颁布《缅甸税收法》；

2016年10月18日，缅甸投资与外资事务联络部颁布《缅甸投资法》；

2016年1月20日，缅甸议会通过《缅甸联邦共和国植物新品种保护法》。

① 来源：廖亚辉，缅甸经济社会，中国出版集团，2014年12月出版，P49。
② 来源：廖亚辉，缅甸经济社会，中国出版集团，2014年12月出版，P120。
③ 来源：缅甸百日新政“平淡”好开头，http://www.rmzxb.com.cn/c/2016-08-20/988576.shtml。
④ Myanmar Agriculture Policies，http://www.fao.org/myanmar/fao-in-myanmar/myanmar/en/。

三、农业对外合作政策及发展情况

（一）农业对外合作的相关政策及发展情况

1.引进外资的总体态度及相关政策条文

缅甸政府重视农业发展，支持外资进入缅甸，并颁布了相关的法律保障外资顺利进入农业。

2012年12月2日，缅甸联邦议会颁布了《外国人投资法》。其中关于农业有以下几点值得注意：

第二章：有关的经济企业。第4条，以下投资企业被定为限制性或禁止性的企业：(f) 根据有关规章规定只允许本国公民才能经营的生产企业和服务业。(h) 根据有关规章规定只允许本国公民才可进行的短期和长期的种植业。(i) 根据有关规章规定只允许本国公民经营的饲养业。(j) 根据有关规章规定只允许本国公民经营的缅甸领海捕鱼业。

第三章：宗旨。第7条：促进开发国家的丰富资源，让广大民众充分享用；将多余的资源输出国外；……让民众获取更多的就业机会；开发更多的人力资源；……包括现代信息与技术在内的高新技术的进一步发展；……促使国民与国际接轨，共同参与工作；能按国际标准发展经济企业及投资企业。

第四章：基本原则。第8条：以下列基本原则为基础来批准投资企业。

②能够增加出现更多的就业机会；③能够扩大增加出口之产品；⑥能获得高级精湛的技术，能够利用高新技术使生产企业得到发展；⑨能使各地区获得发展；

第十一章："关于聘用职员和工人"。第24条。投资者：(a) 在聘用本国公民技术员工时，于企业开始启动的第一个两年内必须最少聘用25%的缅甸公民；第二个两年内最少聘用50%；第三个两年内最少聘用75%的缅甸公民。但是对于以知识为基础的企业，执行委员会可适当增加规定期限……

关于中缅农业合作方面，要特别注意第二章："有关的经济企业"，第4条中的 (h, i, k)，关于受到限制性或禁止性的企业中包括：根据有关规章规定只允许本国公民才可进行的农业、短期和长期的种植业、饲养业、以及领海捕鱼业。也即是说，在缅甸进行农业合作的项目必须是缅甸公民所不能做、无法做的，如：高新技术的引入、庞大的资金与市场的提供。①

缅甸贸易主管部门为缅甸商务部，下设贸易司和边贸司。1988年以来，缅甸政府实行市场经济，允许私人从事对外贸易，对外贸易实行许可证管理制度。1989年3月31日，政府颁布《国营企业法》，宣布实行市场经济，并逐步对外开放，军政府放宽了对外贸易的限制，允许外商投资，农民可自由经营农产品，私人可经营进出口贸易，并开放了同邻国的边境贸易。

2014年4月，缅甸商务部宣布废除出口许可证取消罚金。缅甸以前规定产品出口要先申请出口许可证，若此笔出口交易最终没达成或出口金额不足许可证申请金额，要缴纳一笔出口许可证取消罚金。

缅甸商务部于2015年7月宣布对鲜花、豆类、水果、咖啡豆、胡椒、玉米、药品、畜牧水产与农村发展部允许出口的鱼类、服装、水产品以及传统食品的出口将无需再申请出口许可证。

自2006年以来，在中缅边境地区出口的木材及矿产品贸易，需获得缅甸商务部、林业部木材公司出具的证明及中国驻缅使馆经商参处的证明。

缅甸已于2014年4月1日起停止原木出口，木材必须经加工后方可出口。2012—2016年，缅甸将逐年递减15%的柚木和20%的硬木采伐量，并分别减少75%和22%勃固山脉的柚木和硬木采伐量。

根据现行的缅甸土地法，任何外国的个人和公司不得拥有土地，但可以长期租用土地用于其投资活动。新投资法规定，土地使用期限为50年并视情延长2个10年。

缅甸的财政税收由5个部所属的6个局管理（图3−1）。

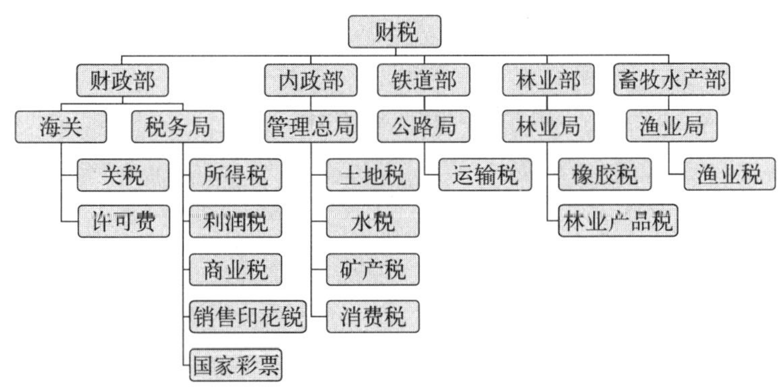

图3-1　缅甸财政和税收管理部门及相关税收

资料来源：商务部《对外投资合作指南——缅甸2015》，P58。

① 资料来源：中缅农业合作的意义和注意事项（李祖清），http://www.mhwmm.com/Ch/Search.asp?Page=3&Range=&KeyWord=ũπц。

缅甸财政税收体系包括对国内产品和公共消费征税、对收入和所有权征税、关税、对国有财产使用权征税4个主要项目下的15种税费。以上税收由不同部门管理，其中89%以上的政府各项税收由缅甸国家税务局管理。缅甸纳税实行属地税制，企业每月按照财税部要求纳税。

缅甸主要赋税和税率的基本情况如下：

A．所得税　根据2014年颁布的《缅甸税收法》，个人、企业、公司及其他团体产生的源于缅甸的所得缴税，非缅甸居民只对在缅甸的所得缴税。所得税主要包括企业所得税、个人所得税和资本所得税。具体税率见表3–1。

表3-1　缅甸所得税税率

项目	税种	纳税人	税率（%）
1	企业所得税	本地公司	25
		外资企业	35
		外资企业依照缅甸《外商投资法》成立的公司	25
2	个人所得税	个人	0～25，收入超过3 000万缅币按25%
3	资本所得税	本地	10
		非本地	40

资料来源：缅甸财税部国税局。

B．利润税　1976年《利润税法》颁布，税基是私人公司和自营者的收入、利润、资本所得，《所得税法》没有征收项目的适用于该法，当选择两种税赋之一时，公民必须提供相关证明给当地财税部门。税率从3%～50%不等。

C．商业税　1990年制定了《商业税法》，代替了原来的货物和服务税法，适用于所有部门，是在产品生产和销售过程中征收的税赋，既适用国内产品，也适用进口产品。具体税率见表3–2。

表3-2　缅甸商业税税率

项目类号	商品表	税率（%）
1	72	免税
2	58	5
3	134	10
4	91	20
5	55	25
6	19（特殊商品）	30～200
7	10种服务	5～30

资料来源：缅甸财税部国税局，2008年9月。

2015年4月颁布的《缅甸税收法》修正案对一些特殊商品做了具体税收规定：

表3-3　缅甸商业税税率（部分商品）

商品	进口商品税率%（以到岸价为基础）	国产商品税率%（以销售价为基础）
香烟	120	120
烟草、烟丝、雪茄烟、槟榔、酒类等	60	60
柚木与柚木木材	25	25

资料来源：缅甸财税部国税局。

新税法规定，免征贸易税商品共102种，主要为农副产品、特定部门用品及服务类行业的项目等。除石油、天然气、柚木、硬木、玉石和珍贵宝石外，其他出口商品免征商业税。

D．印花税　1935年颁布了《印花税条例》，印花税包括确定（根据法院收费条例）和非确定（根据缅甸印花税条例）的印花税。

E．关税　新的《关税法》共四章，将商品按统一代码（H–S）分成6 062个税目。具体税率见表3–4。

表3-4　缅甸关税税率

第一章	进口税	由24个税率组成，税率范围为40%
第二章	特许税	免税或最高为10%
第三章	出口税	一般商品出口不计税，但以下商品须计税：大米及其制品，按每公吨100元计征；豆类及其他作物、油籽饼、生皮和皮，5%;竹，5%
第四章	边境出口税	0～15%

资料来源：缅甸财税部国税局，2008年9月。

投融资缅甸与投资合作相关的主要法律有：《缅甸外国人投资法》（2012年11月颁布）、《缅甸外国投资法实施细则》（2013年1月颁布）、《缅甸联邦外国投资委员会1989年第一号令》及《缅甸联邦贸易部关于国内外合资企业的规定》《外国对缅甸联邦投资程序及优惠政策》《缅甸公民投资法》《缅甸公民投资法实施细则》《缅甸允许私人投资的经济项目》等。

缅甸投资委(Myanmar Investment Committee)是主管投资的部门。其主要职能为根据《缅甸联邦共和国外国投资法》《缅甸公民投资法》的规定，投资委对申报项目的资信情况、项目核算、工业技术等进行审批、核准并颁发项目许可证，在项目实施过程中提供必要帮助、监督和指导，同时也受理许可证协定时限的延长、缩短或变更的申请等。

为提高外商在缅投资注册效率，于2013年在仰光、2014年在曼德勒开设国内外投资注册等业务的一站式窗口。窗口单位有计划发展部、商务部、税收部门、缅甸央行、海关、移民局、劳工部、工业部、投资与公司管理局、投资委等，为获准的国内外企业提供注册、延期及其他服务。

根据缅甸现行投资法，外国企业家能100%投资的只有种子和农资用具，其他均需与缅甸公民合作投资。

缅甸劳工（动）法的核心内容包括：

A．聘用程序　超过5人的公司在招聘员工时，须向镇区劳动办登记备案。之后雇主可请镇区劳动办通过后备人才库向其推荐适合人选，也可通过劳务中介或直接在媒体刊登招聘广告招聘员工。

B．签订劳动合同　雇主和员工之间须签订劳动合同，方能确立雇佣关系。劳动合同分为有固定期限劳动合同和无固定期限劳动合同，合同类型以及合同期长短由劳资双方协商确定。劳动合同中通常会规定员工的试用期，一般不超过3个月。劳动合同签订后，副本要交镇区劳动办备案。

C．解除劳动合同　如果雇佣双方任何一方提前解除劳动合同，须提前一个月通知对方。雇主提前解除固定期限劳动合同时，如果员工的工作期限在3年以下，须向员工支付3个月工资作为补偿，如果工作期限大于3年，则须向员工支付5个月的工资作为补偿。也有部分劳动合同规定，如果员工主动提出提前解除劳动合同，须向雇主支付一定数额的违约金。

D．劳动条件及报酬　雇主须为员工提供安全、环保的工作环境，保证员工身心健康。公司、商店、贸易中心、服务型企业、娱乐场所的员工每天工作8小时，每周48小时；工厂、油田、矿井工人每天工作8小时，每周44小时，但流水线作业的工厂工人每周可工作48小时，井下作业工人每周工作40小时。

为私人企业工作的员工每年可以享受6天临时请假，30天病假、10天带薪假期，21天公共假期。

E．劳动的薪金　根据工作的不同可分为计件制、计时制、日薪制和月薪制。缅甸政府于2012年将实行月薪制的劳动者最低工资标准定为2美元/日，2013年增加至3美元/日。

保险　根据缅甸议会通过的《社会保险法(2012年)》，自2014年4月1日起，聘用2名员工以上的缅甸制造、娱乐、交通、港口、开采、金融等企业以及外国公司，须按照员工工资比例向社保理事会缴纳社会保险。社会保险的缴存比例和受益金额将根据企业所处行业不同而有所区别，在发生工伤事故时，社保有助于雇主降低赔偿风险。对于未被纳入社会保险及福利计划的劳动者，如劳动者因公受伤或患有职业病，雇主有责任向劳动者支付补偿金。社会保险及福利基金主要有两大资金来源，一是企业和员工上缴部分，总额度为员工工资的4%（其中企业负担2.5%，员工负担1.5%），二是政府每年划拨2亿多缅元，用于支持该项保险及福利计划。

2016年10月18日，《缅甸投资法》（新法）正式生效。该法案是在缅甸《外商投资法》（2012）及《缅甸公民投资法》（2013）两部旧法的基础之上升级修订而来，并以吸引外资和促进国民经济稳健发展为主要目标。新投资法在对外资企业的准入门槛、税收优惠、扩大生产规模、经营管理和扩大直接投资等方面赋予了与本国企业同等的待遇优惠，提升了对外资在缅甸的保障力度，但同时也对外资在缅甸的投资行为有了更高和更规范化的要求，例如更强调环保及资源的可持续开发、重视评价体系的建设、强调高科技技术含量及知识产权的保护、人才及行业标准的国际化水平提升等。

据缅甸《声音日报》3月12日报道，为了便于省邦之间的投资合作，缅甸投资和公司管理局（DICA）将在省邦设立分局。缅甸投资和公司管理总局副局长吴丹昂爵表示，在省邦设立投资和公司管理分局可以为第一次在省邦开展投资的投资者提供帮助。目前已经在14个省邦中设立了10个分局，接下来还会在克钦邦、克耶邦、钦邦和若开邦等地区建立DICA分局。

2016年上半年，缅甸商务部又将化肥、种子、杀虫剂、医疗设备和建筑材料列入许可合资贸易公司的进口经营范围。

2017年，缅甸将在伊洛瓦底省渺弥亚市的221英亩土地上为国内外投资者建立以农业、畜牧业为基础的工业区。①

2. 接受国际组织或者主要国家农业援助的规模情况

近年来，随着缅甸政治经济的转型，缅甸成为世界国家投资的热土，国际社会也加大了对缅甸的援助力度。近年来，一些国家和国际组织对缅甸农业援助案例如下：

（1）瑞士发展合作基金对缅甸克钦邦及掸邦共581个村庄进行援助

《缅甸新光报》2014年11月2日刊，缅甸边境事务部与“瑞士发展合作基金”于2013年签署农村项目合作备忘录，项目实施期限为2013年1月3日至2016年1月2日，预算投入303万美元。2013年1月至2014年8月，共兑现资金206万美元，涉及缅甸克钦邦及掸邦共581个村庄，项目内容包括种植业、小额信贷、农村基础设施建设、增加农民收入项目及开办各类培训班等。②

（2）韩国农村社区发展公司对缅甸100个村庄实施援助

据《全球缅甸新光报》2015年7月25、26日报道，韩国农村社区发展公司（KRC）与缅甸农业与灌溉部签署协议，将为在缅100个村庄实施的农村发展项目提供支持，包

① 来源：2017年伊洛瓦底省将打造以农业、畜牧业为基础的工业区，http://www.ynoiec.gov.cn/htmlswt/nobody/2017/0119/news_5_302990.html。

② 来源：缅甸与瑞士合作开发缅北地区农村项目，http://cccla.mofcom.gov.cn/article/i/jyjl/j/201411/20141100786067.shtml，2014-11-05。

括技术援助和低息贷款。[①]

(3) 日本援助缅甸建立电子村系统

据缅甸《7日新闻》报道，为了方便农村居民上网查询相关信息和技术，日本与缅甸国内的技术组织合作，协助缅甸建立电子村(e-village)系统。该项目的试点工作于2015年6、7月份在仰光省的一个村庄展开，项目组将通过网络向村民提供一些NGO组织的研究成果、农业知识和其他实用信息。如果试点工作顺利，一年后该项目将向其他农村地区展开。[②]

(4) 越南肯特大学（Can Tho University）将扶持缅甸鳝鱼养殖

据缅甸《雅达那蓬》2017年2月14日报道，缅甸因捕捞销售野生鳝鱼导致鳝鱼数量减少，计划人工养殖鳝鱼。以前有过尝试，但没有成功。目前越南肯特大学（Can Tho University）计划传授养殖技术，保证全年养殖。相比捕获野生鳝鱼，人工养殖鳝鱼更能获取经济效益，且能保证出口质量，企业家对此非常感兴趣。

(5) 日本计划为缅甸种植芝麻的马圭省和其他地区芝麻及橡胶种植提供技术和资金协助

据缅甸《声音日报》2017年3月9日报道，为改善芝麻产品质量和提高其价格，日本计划为缅甸种植芝麻的马圭省和其他地区提供技术和资金协助。日本政府将从缅甸购买橡胶产品，为此计划对缅甸橡胶产业进行投资，并为其提供技术支持。

(6) 荷兰将协助缅甸进行农业科技学校升级项目

2017年2月20日，缅甸农业司司长叶丁涂博士及相关负责人在缅甸农业、畜牧与灌溉部联邦部长办公室会议厅与荷兰Aeres机构代表苏珊尼·梵女士，就缅甸与荷兰合作实施农业科技学校发展项目的计划以及合同签署工作进行了会面交流，并签署了谅解备忘录，计划先升级5所农业科技学校，接下来再升级信息与通讯技术（ICT）领域，主要通过改进教学课程、邀请荷兰农业专家到缅甸授课的方式进行合作。根据谅解备忘录，该项目将持续四年，计划第一批升级的分别是瑞波、彬马那、达亚瓦迪、黑河、穗葛斌的农业科技学校，只要缅甸十年级的化学和物理及格且年龄未满22岁就能申请到这些学校学习，毕业时还将颁发农业学位证书。缅甸农业科技学校在彬马那市、达通市、渺弥亚市、瑞波市、勃登市、彬普市、达亚瓦迪市、塔维市、黑河市、密支那市、迪莫索市、穗葛斌市、皎多市和钦邦隆比等地开校教学。通过此项目，将提高缅甸的农业科技水平。

(7) 世界银行曼德勒、勃固东部及实皆省等进行项目援助

据《缅甸环球新光报》报道，2014年10月10日，缅甸农业与灌溉部部长吴敏莱与

① 来源：韩国将助缅甸发展农业，http://www.scagri.gov.cn/ywdt/gjzx/201507/t20150729_351321.html，2015-07-29。

② 来源：日本将协助缅甸建立电子村系统，http://www.mofcom.gov.cn/article/i/jyjl/j/201404/20140400562185.shtml，2014-04-24。

世界银行代表会谈。双方讨论了缅甸农业领域发展情况，以及农业发展援助项下的项目进展。吴敏莱表示，感谢世界银行在曼德勒、勃固东部及实皆省开展农业发展项目，保障粮食供给。世界银行代表解释了关于开展符合国际标准的项目实施计划。①

（8）亚洲发展银行对缅甸东部农业进行援助

2016年，缅甸已确定使用亚洲发展银行提供的1亿美元贷款实施包括灌溉水渠在内的农业全面发展项目，使用国际种植发展组织的5 680万美元贷款实施缅甸东部农业经济开发项目，使用世界银行提供的1亿美元贷款实施农业发展援助项目。②

3. 农业吸引外商投资的总体情况

在缅甸，农业吸引外资的情况不容乐观。2011—2016年，缅甸农业、畜牧与灌溉部与外国投资者签署了15份谅解备忘录。外国在缅甸投资农业主要是在农机生产、畜牧养殖等方面。

（1）中国对外经济贸易部投资缅甸农机生产

2001年，中国对外经济贸易部投资1.48亿元帮助缅甸建立一座年产1万台手扶拖拉机及配套柴油机、农机具的生产线。

（2）新西兰奶牛养殖业的开发与合作项目

新西兰相关畜牧设计规划组开发经理于2016年10月份带领代表团到内比都，就奶牛养殖开发事宜和新项目事宜，与缅甸农业、畜牧与灌溉部的常委会进行商讨。两国就奶牛养殖业的开发与合作项目展开讨论，计划建立技术与职业培训中心（Technical and Vocational Training），颁发职业资格证书，此外将会实施新项目。③

（3）中国和巴西将对缅甸的农业与畜牧业进行投资

据缅甸农业、畜牧和灌溉部消息，2017年，中国和巴西将对缅甸的农业与畜牧业进行投资。中国的投资以乳品业为主，还有部分投资于肉鸡业。而巴西将在黄豆、咖啡种子和玉米的培育方面进行投资。农业、畜牧和灌溉部相关负责人对此表示，缅甸将会从中国和巴西获得农业技术援助，此次投资不仅会满足缅甸国内市场，还将有助于缅甸农产品及畜牧产品打入国际市场。④

（4）缅甸水产养殖可持续项目

据缅甸《雅达那蓬》2016年11月24日报道，缅甸渔业局与欧盟－德国国际合作机

① 摘自《缅甸环球新光报》，2014年10月10日。

② 来源：缅甸拟使用国际贷款实施4个农业发展项目，http://www.ynoiec.gov.cn/htmlswt/nobody/2016/0823/news_5_292727.html。

③ 来源：缅甸与新西兰计划合作发展奶牛养殖业，http://www.ynoiec.gov.cn/htmlswt/nobody/2016/1124/news_5_299223.html。

④ 来源：中国和巴西将投资缅甸农业与畜牧业，http://www.scagri.gov.cn/ztzl/gjhz/201609/t20160923_488125.html，2016-09-23。

构（EU-GIZ）合作开展缅甸水产养殖可持续项目（Myanmar Sustainable Aquaculture Program-MYSAP）。该项目实施时间为2016—2022年，项目资金来自欧盟援助的2 000万欧元和德国经济合作与发展部（BMZ）援助的250万欧元，共计2 250万欧元。通过该项目不仅有助于保护自然渔业资源，还能促进缅甸水产动物与渔业养殖开发，帮助以渔业谋生的缅甸人获得更高收入和更多就业机会。

（5）文莱与缅甸洽谈购买缅甸大米和稻米的事宜

2016年10月6—8日在新加坡举办的第38届东盟国家农林部长会议上，缅甸农业、畜牧与灌溉部部长昂都博士和文莱农业部部长H.E Dato Ali Apong会面后，两国部长洽谈了文莱购买缅甸大米和稻米的事宜。11月底，文莱代表团到缅甸讨论购买缅甸优质大米及稻米种，并在杂交水稻增殖事宜方面与缅甸进行合作。①

（6）缅、荷、日企业合资兴建BMMM化肥厂

缅甸农业股份有限公司、荷兰Behn Meyer农产品进口集团公司和日本三井（Mitsui）公司计划在缅甸迪拉瓦经济特区投资1 000万美元合资兴建年产量10万吨的BMMM化肥厂，项目土建工程年内开工，2017年建成运营。多年来，缅甸一直靠从中国和海外进口化肥。

（7）缅、日、德企业合资兴建化肥厂

2016年4月，日本三井集团、德国Behn Meyer和缅甸农业合作社（Myanmar Agribusiness Public Corporation）签署合作协议，在迪洛瓦经济特区合资建设化肥厂项目。三家企业将首先成立合资公司Agri First Company，由合资公司负责化肥厂项目的建设和运营。化肥厂项目总投资一千万美元，计划于2017年投产，年产化肥十万吨。②

（8）澳大利亚国际农业研究中心助缅建立豆类种子银行

为促进缅甸国内豆类种植业发展，缅甸将在澳大利亚国际农业研究中心（ACLAR）的帮助下建立各种豆类的种子银行。

4. 中国对缅甸的农业援助情况及典型案例

（1）举办培训班，提供技术援助

缅甸官方统计显示，在各个为缅甸提供短期培训项目的国家中，中国所提供培训项目的数量以及为缅方培训的人员数量位列各国之首。2016年，缅甸有超过700名人员在中国接受了教育、文化、经济等领域的培训。根据中国驻缅甸大使馆经商处的统计，2016年，缅方有超过600人前往中国参加各类研讨班，超过100人参加了技术培训课程，

① 来源：文莱代表团将就合作杂交水稻增殖事宜访缅，http://www.ynoiec.gov.cn/htmlswt/nobody/2016/1124/news_5_299275.html。

② 来源：德、日、缅三国合资在迪洛瓦经济特区建化肥厂，http://mm.mofcom.gov.cn/article/jmxw/201603/20160301286123.shtml。

涉及的培训领域包括文化、卫生、经贸、金融、行政、工业、农业、渔业、林业、通信、航空、媒体、警察、法律、环境保护、城市管理、中文、灾害预防和管理等。[①]涉农方面的培训如：2016年6月16—30日，缅甸杂交水稻育种技术研修班在云南昆明举办，来自缅甸农业灌溉部农业司的15名学员参加了培训班。[②]

这些培训班的举办进一步加强了中缅语言、文化、民俗等方面的交流，增进了友谊，为下一步开展农业合作奠定了良好的基础。

(2) 针对现实情况，提供资金、物品援助

2013年6月25日，中国佛教代表团向缅甸政府和人民捐赠了45台拖拉机、5台卡车、2台大型拖拉机以及联合收割机、插秧机和育秧流水线等一批农业机械，受到缅甸农民欢迎。[③]

2013年11月2日，应缅甸佤邦勐冒县人民政府邀请，沧源县人民政府派技术人员赴缅甸佤邦勐冒县协助开展动物疫情调查。通过现场调查及对当地养殖农户的询问，对疫情进行了诊断，作出了相应的处置措施并为该县提供了价值19 000元的防疫物资及药品。[④]

5. 中国在缅甸农业投资的重点产业及典型案例

中国在缅甸农业投资的重点产业主要是替代种植、农业科技推广、粮食种植与加工等。如昆明朗恩公司与缅方合作经营的大米、饲料加工厂，种子研发生产基地、四川安吉瑞公司与缅合作开发的水稻生产研发基地和农机基地、云南省孟连县援助佤邦特区农业科技推广、云南农业大学与缅甸耶津农业大学合建中缅农业研究院等。具体项目如下：

(1) 云南省孟连县援助佤邦特区农业科技推广项目

缅甸第二特区（佤邦），是缅甸联邦的一个重要组成部分。其由南、北两块地区组成。北面地区位于缅甸东北部，东北面与中国云南省临沧的耿马县、沧源县，普洱市的澜沧县、西盟县、孟连县，西双版纳州的勐海县接壤。北面与缅甸第一特区（果敢）相连。南面与缅甸第四特区（掸邦）相邻。西面至缅甸第二条大江——萨尔温江（怒江），与滚弄、当阳等城镇隔江相望。南面地区与泰国接壤。自2012年以来，云南省孟连县启动援助佤邦特区政府农业科技推广项目。2013—2015年，试种、示范、推广粮食作物面积累计达6 688亩，收获粮食总产量209.26万千克，产值460.1万元；平均单产312.89千

① 来源：缅甸官方统计：中国为缅提供短期培训项目数量位列各国之首，http://www.mhwmm.com/Ch/NewsView.asp?ID=20829，2017-01-19。

② 来源：缅甸杂交水稻育种技术研修班圆满结业，http://www.moa.gov.cn/sydw/nybgjjlfwzx/swpx/201607/t20160706_5198307.htm，2016-07-06。

③ 来源：廖亚辉：《缅甸经济社会》，中国出版集团，2014年12月出版，P49。

④ 来源：沧源县人民政府派技术人员赴缅甸佤邦勐冒县协助开展动物疫情调查，http://www.cy.lcagri.gov.cn/lc/cy/news5934/20131107/4435106.shtml，2013-11-07。

克，比对照单产172.27千克，净增140.62千克。增加粮食产量94.05万千克，增加产值212.33万元，有力地带动当地粮食生产发展。其中，水稻新品种、新技术示范种植200亩；陆稻－玉米间种示范样板100亩；玉米新品种、新技术示范种植样板200亩。①

（2）成立中缅农业合作委员会

根据2014年11月中国总理李克强访问缅甸期间签署的《中缅关于深化两国全面战略合作的联合声明》，双方决定成立中缅农业合作委员会，作为中缅农业合作的重要机制。中方支持缅甸农村和农业发展，决定继续向缅方提供小额农业优惠贷款，为缅农村地区民生改善提供帮助。中方鼓励中资企业参与缅甸农业开发，将继续帮助缅方培训农业技术管理人员。双方同意加快中缅农业示范中心建设。2016年6月，中国农业农村部副部长余欣荣在缅甸首都内比都与缅甸农业、畜牧与灌溉部副部长吞温共同主持召开了中缅农业合作委员会第一次会议，并签署了会议纪要。

（3）云南农业大学与缅甸耶津农业大学合建中缅农业研究院

2016年1月18日，云南农业大学与缅甸耶津农业大学在昆明签订战略协议。两校将开展食品科学研究、农业科技教育等多领域合作，并共同建立中缅农业研究院。云南农业大学将支持耶津农业大学建立食品科学工程学院，围绕食品科学与技术的关键问题，联合开展教学与科研工作，组建两校农业科技教育中心。重点围绕水稻、玉米、马铃薯、豆类、甘蔗、花生等缅甸主要农作物进行品种选育、精准施肥、生物技术等领域的科学研究与教学工作。实施农业交换生项目；针对缅甸农业科技人员进行培训；实施教师互换培训项目等。②

（4）云南省临沧市在缅甸果敢自治区建设替代种植示范园项目

云南省临沧市在缅甸果敢自治区建设替代种植示范园项目由临沧南华原料发展有限公司负责实施，示范园项目总投资610万元人民币。示范园项目占地605亩，建技术服务站、仓库、卫生院、道路等基础设施项目。通过建设替代种植示范园项目，可增加群众经济收入，提高生活水平，从源头上根除罂粟种植，巩固禁种成果，促进原罂粟种植区域经济和社会发展。③

（5）云南省临沧市与缅甸合作建设百万亩特色农业基地

2013年8月，云南临沧与缅甸合作建设104万亩高原特色农业基地，未来的援助合作将使种植规模达到300万亩，产品包括咖啡、橡胶、澳洲坚果等。

① 蔡林华，孟连县援助佤邦特区农业科技推广及效果，交流园地，2017（01）。

② 来源：云南农业大学与缅甸耶津农业大学合作共建中缅农业研究院，http://news.ifeng.com/a/20170118/50596440_0.shtml。

③ 来源：临沧市境外罂粟替代种植缅甸果敢自治区甘蔗示范园项目启动，http://www.lcagri.gov.cn/lc/news628/20150227/5485377.shtml，2015-02-27。

（6）缅甸粮食产业化基地项目

缅甸粮食产业化基地项目由四川省好耕农业集团有限公司与缅甸金源国际公司合作在缅甸共同建设1万亩水稻种植基地，项目合同金额161.29万美元，中方投资112.9万美元，目前项目正在建设中。

（7）中缅粮食产业示范区项目

中缅粮食产业示范区项目由四川安吉瑞科技发展有限公司于2012年与缅方签订，项目合同金额5亿元人民币。项目地点主要在缅甸曼德勒、密支那、八莫等地，在曼德勒有500亩示范区，进行农机展示和体验式销售；在八莫有10万亩土地，已开发4万亩；在陇川建养牛场。项目主要是传授中国农业生产种植技术，传播中国杂交水稻种子，提升当地粮食生产能力，覆盖粮食、种子、畜牧、农机、加工全产业链。

6. 中国与该国签署的涉及农业的多双边协定情况

（1）国家层面

1971年，中缅签署贸易协定，双方给予最惠国待遇；1994年，签订了《关于边境贸易的谅解备忘录》；1995年6月29日，签订了《中华人民共和国政府和缅甸联邦政府关于农业合作的协定》；2000年2月3日，签订了《中华人民共和国政府和缅甸联邦政府农业合作谅解备忘录》；2001年12月12日，签订了《中华人民共和国政府和缅甸联邦政府渔业合作协定》；中国与缅甸于2001年12月12日，签订了《投资促进和保护协定》。2004年3月24日，签订了《中华人民共和国政府和缅甸联邦政府关于促进贸易、投资和经济合作的谅解备忘录》。2014年9月24日，中国农业部部长韩长赋和缅甸畜牧水产和农村发展部部长吴翁敏共同签署了《中华人民共和国农业部与缅甸联邦共和国农业与灌溉部关于加强农业合作的谅解备忘录》。[①]2014年11月，中国和缅甸合作发表《中华人民共和国与缅甸联邦共和国关于深化两国全面战略合作的联合声明》，决定成立中缅农业合作委员会，为深化双边农业合作构建了一个国家层面的对话协调机制。2014年11月14日，中国农业部部长韩长赋和缅甸畜牧水产和农村发展部部长吴翁敏共同签署了《中缅畜牧渔业合作谅解备忘录》。承诺未来5年，中方将为缅培训300名农业技术与管理人员，在云南设立中缅农业技术培训中心，在缅甸建设中缅农业技术示范中心和无规定动物疫病区，中方向缅甸提供小额农业贷款，推动中缅农业合作深入发展。[②]

（2）地方层面

云南省临沧市人民政府与缅甸掸邦政府签署了农业开发合作备忘录，累计合作开发

① 来源：韩长赋分别会见缅甸农业部部长和畜牧部部长，http://www.moa.gov.cn/zwllm/zwdt/201409/t20140925_4065791.htm，2014-09-25。

② 来源：中缅签署《中缅畜牧渔业合作谅解备忘录》，http://www.gov.cn/xinwen/2014-11/15/content_2779275.htm，2014-11-15。

特色产业基地114.5万亩。2013年6月24日，云南省孟连县农业和科学技术局与缅甸第二特区邦康市农林水利部签订《孟连县援助缅甸第二特区（佤邦）政府农业科技推广项目协议书》，全面启动实施孟连县援助佤邦农业科技推广项目。[①]2015年6月11日，云南省农业科学院与缅甸亚洲农业有限公司在充分协商基础上，在农业科技交流合作方面达成共识并签署了合作协议。

（二）农业吸引外资情况和成效

1. 农业整体吸引外资的情况

农业吸引外资对本国农业生产水平的增加、就业的增加、农业竞争力的提升等发挥作用。缅甸近年来吸引了很多海外投资者，据联合国贸发会议发布的2016年《世界投资报告》显示，2015年，缅甸吸收外资流量为28.24亿美元；截至2015年底，缅甸吸收外资存量为204.76亿美元。联合国贸易与发展会议报告称，截至2016年5月底，缅甸吸收外资总额达630亿美元，缅甸位列全球吸收外国直接投资目的地前15位。

根据缅甸国家计划与经济发展部下属的投资和公司管理委员会数据，缅甸从2011—2012到2015—2016的5个财年中，共吸引超过238.4亿美元外国直接投资。截止2014年11月底，缅甸吸引外资协议金额506亿美元，协议项目828个。外资的70%进入了油气和矿产等能源领域，但是进入农业领域的外资很少，仅为1%。

外商对缅投资主要集中在油气、电力、制造、交通、通讯、房地产、矿业、酒店旅游、畜牧渔业、农业、工业地产、建筑及服务业等领域。其中，交通及通讯领域吸引投资最多。[②]

根据缅甸投资和公司管理委员会的数据，2015—2016财年缅甸共吸引外资94.82亿美元，较2014—2015财年增长10亿美元。2015—2016财年吸引外资领域主要为农业、畜牧和水产业、矿业、制造业、能源、运输和通信业、酒店和旅游业、房地产、工业和服务业。截至2015年9月底，共有39个国家和地区在缅甸12个领域投资993个项目，总投资额574.97亿美元。其中，农业投资2.43亿美元，排在第10位，占0.42%；畜牧业和

① 来源：孟连县农业和科学技术局与缅甸第二特区（佤邦）签订农业科技推广协议，http://www.cxymagri.gov.cn/cx/ym/news8428/20130927/4304780.shtml，2013-09-27。

② 来源：新加坡和中国列对缅甸投资前两位，http://mm.mofcom.gov.cn/article/jmxw/201612/20161202417787.shtml。

渔业投资4.46亿美元，排在第7位，占0.78%。外国对缅甸投资排第一位的是中国(不含中国香港、中国澳门)，为150.54亿美元。缅甸农业灌溉部已从多个国际组织和友好国家获得农业援助项目21个，金额7 800多万美元，用国外贷款开展的农业项目4个，金额为3.7亿美元。[①]世界银行在曼德勒、勃固东部及实皆省开展农业发展项目，保障粮食供给。[②]

缅甸国内政策和法律不完善是造成农业投资少的主要原因，另外，缅甸农业依赖于良好的天气，投机行为导致地价过度上涨，耕地被随意征收，空地、荒地管理法与投资法缺乏有效衔接等原因阻碍了外资进入农业领域。

2. 各国在缅甸的农业投资情况

据缅甸7日新闻报道，对缅甸农业投资最多的八个国家分别为：马来西亚、韩国、泰国、日本、新加坡、法国、印度和中国。1988—1989财年至2016年10月，马来西亚是在缅甸投资农业最多的国家，累计对缅甸的农业投资为7 600万美元。韩国对缅甸的投资额为6 700万美元，泰国为2 200万美元，日本为2 000万美元，新加坡为1 800万美元，法国为500万美元，印度和中国分别为400万美元和200万美元。[③]

① 摘自《法律和政策因素阻碍外资进入缅甸农业领域》。

② 摘自《世界银行在缅三个省邦开展农业开发项目》，2014−10−17。

③ “Malaysians top investors in agriculture”, http://www.elevenmyanmar.com/local/6795, 2016−11−26。

四、中缅农业合作的发展潜力判断

（一）中缅农业合作的发展前景判断

缅甸政府重视缅中农业合作，认为农业合作能够帮助缅甸社会发展，减轻贫困。2012年9月19日，缅甸总统吴登盛访问中国西北农林科技大学发表演讲时指出："缅甸是一个农业国家，尽管是一个鱼米之乡，但缺乏的却是先进技术，希望缅甸的农业在中国的大力支持下得到蓬勃发展，这样就能更好地为缅甸社会真正消除贫困。"

1. 有利方面

（1）缅甸的土地资源丰富，进一步发展农业的空间巨大

土地是农业发展的基础，缅甸的土地资源十分丰富，缅甸的耕地面积占国土面积的17.7%，而且有大量闲置的空地、耕地，土地利用率有待提高，相比之下，云南省96%是山地，仅有4%为平原地区，云南省的人均耕地面积仅为0.09公顷。

（2）缅甸生物资源丰富，可以合作的领域宽

缅甸农业生产种植的作物有60多种，沿海鱼虾500多种，生物资源丰富，发展农业生产的潜力巨大。

（3）缅甸新政府重视农业发展，具有农业合作基础

缅甸上一届吴登盛政府在其执政的五年中，经济整体发展的趋势是十分迅猛的，缅甸一跃成为全球最吸引人的投资圣地之一。也正因此，2016年12月，缅甸前总统吴登盛荣获由东盟研究中心授予的亚洲国家特别奖。而在昂山素季政府上台之前，缅甸国内舆论普遍寄希望于国际社会（尤其西方）的经济援助和技术支持，认为改善经济水平将会是昂山素季政府面临的执政难题之一。在2016年3月昂山素季面向公众发表的首次新年演讲中，明确表示要走"以人为本"的经济发展模式，而不是以"资源为导向"的发展模式。从2016年3月起，缅甸各部委陆续发布了"百日计划"。农业与灌溉部的计划包括技术培训、农业补助及贷款、基础设施升级改建。2016年7月29日，缅甸政府对外公布了新的国家经济政策，其中第6点是使农业、畜牧、工业平衡发展。

2016年10月18日，《缅甸投资法》（新法）正式生效。该法案是在缅甸《外商投资法》（2012）及《缅甸公民投资法》（2013）两部旧法的基础之上升级改造而来，并以吸引外资和促进国民经济稳健发展为主要目标。新投资法在对外资企业的准入门槛、税收优惠、扩大生产规模、经营管理和和扩大直接投资等方面赋予了与本国企业同等的待遇

优惠。[1]在新一届政府“以人为本”的经济发展模式的促进下，通过实施农业改革措施，进一步吸引外资，缅甸农业将获得进一步的发展。

（4）减贫是缅甸政府的目标之一，农业合作有助于减轻缅甸的贫困

缅甸是中低等收入国家，26%的人口生活在贫困线以下，每个家庭平均在食品方面的消费占其收入的72%。政府将农业发展与减贫相联系，缅甸是澜湄合作机制的重要节点国家。当前，农业减贫合作是澜湄合作机制的优先领域项目，中国政府也从国家层面通过发展缅甸的“三农”（农业、农民、农村），帮助其脱贫。为落实中国总理李克强提出的“东亚减贫合作倡议”，东亚减贫合作示范项目启动会于2016年12月7日在老挝首都万象举行，根据项目设计，未来三年中国将在老挝、柬埔寨、缅甸6个村合作开展道路、供水等基础设施建设，扶持种植、养殖等农业产业，并开展社区环境整治，提供物资支持和派遣专家开展培训等活动，通过上述措施切实改善村民的生产生活条件，增强村庄的发展活力，减轻缅甸的贫困问题。

（5）多双边合作机制为中缅农业合作搭建平台

目前，中缅双边及多边合作机制有澜沧江－湄公河区域合作（大湄公河次区域经济合作机制）、“云南－缅北”工作组合作机制、孟中印缅地区合作等。2008年以来，在中国倡议实施的“粮食综合生产能力提升行动计划”框架下，中国与GMS国家合作开展了优质高产农作物示范田建设，并为当地农户提供了农业生产实用技术培训。3年共投入950余万元人民币，为GMS国家举办了各类农业技术培训班27个，培训技术人员220余人次。实施了中越、中缅、中老跨境动植物疫病防控合作项目，提升了GMS跨境联防联控水平。“云南－缅北”工作组合作机制，积极推动昆明－皎瞟经济走廊的建设，初步形成了以湄公河次区域各国为基础，多层次、宽领域的区域性国际合作框架。

（6）境外替代种植影响较好，为中缅农业合作树立了良好的形象

中缅两国有2 000多公里的边境线，其中云南与缅甸段就有1 997公里，两国农业有许多互补性。近年来，中国政府通过政府援助、企业合作、贸易合作等方式与缅甸政府和企业在农机、杂交水稻、热带作物等领域都有不同程度的合作，其中尤以云南企业在缅甸北部地区开展的替代种植成效显著。中国企业在缅甸北部开展的替代种植面积达200万亩，涉及的企业达100多家，替代种植区域主要在缅甸北部地区。中国在缅甸开展替代种植的区域大部分在“民地武”管辖区域内。在缅甸北部种植的作物是橡胶、玉米、水稻、麻风树、芝麻、茶叶和香蕉等40个品种，但尤以橡胶种植居多。境外替代种植提高了农民的收入，减少了社会矛盾，对地区的和平稳定发展提供了良好的基础，得

① Kate Taylor，Burma’s disappointing new investment law，The Irrawaddy, 20 Oct 2016 http://www.irrawaddy.com/opinion/guest–column/burmas–disappointing–new–investment–law.html。

到了社会的认可。

2. 不利方面

(1) 缅甸自然灾害频发，影响农业生产

近年来，缅甸风灾、洪灾、地震等自然灾害频发。2008年5月发生的“纳尔吉斯”风灾，造成77 738人遇难，55 917人失踪，250万灾民处境十分艰难，造成的损失高达100亿美元，对农业和生态破坏严重；2011年3月24日在缅甸东北部大其力附近地区发生7.2级地震，造成75人死亡，110多人受伤，200多栋房屋倒塌，给农业造成了巨大损失。频发的自然灾害、防灾控灾系统不健全，不仅影响了国内的农业生产，也阻碍了外国资金的进入。

(2) 缅甸法律法规不完善，给中缅农业合作带来影响

缅甸法律法规不健全，政策变动大，增加了农业合作的风险。如缅甸土地资源十分丰富，土地属于国有，国民不能拥有土地，但是国民可以获得政府赠地或拥有自有保有土地的权利。因此，虽然土地是国有的，但国民可以长期持有土地，并可以较为容易地更新、出售或是继承。20世纪90年代初，缅甸政府为了增加粮食产量，扩大种植面积，接连颁布了系列法规。1991年11月颁布《缅甸中央关于空地、闲地、荒地管理委员会的职责与权力的命令》，同年12月又颁布《缅甸空地、闲地、荒地管理实施细则》，鼓励农民利用空地、闲地、荒地从事种植、养殖业及相关项目。1998年又颁布了《缅甸修改空闲地管理条例》，把允许种植的作物面积扩大为“完成种植后每次可再批5 000英亩”，直至累计为50 000英亩。在2011年缅甸新政府成立之前，军政府又将许多土地转交给私人，造成了土地所有权的混乱。目前，缅甸国内地价上涨，土地纠纷严重。持续上涨的地价使土地的所有权已成为严重问题，外国投资人很难去确定谁是真正的土地所有人，因为政府没有一个有效的管理系统，来确保不会出现地契重复发放的问题。因此，增加了在缅甸投资农业的风险。

2008年，缅甸允许出口活畜到国外，但在2010年12月缅甸INTANFARM公司出口180头牛和489只活羊到马来西亚后，至今水牛、肉牛、绵羊、山羊合法出口事宜一直处于暂停中。牛贩子从农民手上购买的牛价一般是每头70万缅元至100万缅元，但通过中缅边境销售能卖到每头250万缅元的价格。因此，亟待合法化出口给农民带来更多的实惠。巨大的利益，使得非法贸易活动在中缅边境屡禁不止。因此，需要完善相关的政策法规。

(3) 缅甸农业投入不足、农业配套落后，影响了农业发展

缅甸新政府成立后，制定了相应的政策和措施发展农业，但缅甸农业发展中长期积

累的老问题，例如农业机械设备滞后、资金、技术、化肥投入不足严重影响了缅甸的农业生产。众所周知，在劳动力、土地等因素不变的情况下，农业生产的增长主要取决于农业科技的投入、先进的农业灌溉设施、农业机械设备、优良品种以及化肥、杀虫剂的使用。然而，缅甸的农业投入不足严重的制约了缅甸的农业发展。

(4) 缅甸交通基础设施滞后，农产品运输耗时长、费用高

缅甸67万平方公里的国土面积，总人口5 400多万，各类公路仅为13万公里，相当于每1 000人拥有2公里公路，缅甸国内的路况大部分都是柏油路、塘石路及土路。由于缅甸的运输系统落后，农产品运输耗时长、费用高，农产品收获后要在很长一段时间内才能送达各消费区域，限制了农产品的流通。

(5) 缅甸国内的民族、宗教冲突严重，影响外资进入

目前，从缅甸的远北端到缅甸南部，尤其是在克钦邦、掸邦和克伦邦等地，仍有一些少数民族地方武装在活动，不时与政府军发生小规模的武装冲突。2011年6月，由于缅甸克钦独立军与缅甸政府军发生冲突，我国蕉农在缅甸投资种植的香蕉无法运回国内，导致蕉农损失惨重。2012年年底，缅甸政府军与克钦独立军的武装冲突不断升级。2013年3月，曼德勒密铁拉也发生了佛教徒与穆斯林的冲突。2016年昂山素季上台以来，虽然召开了“21世纪彬龙会议”，但成效甚微。2016年11月20日，果敢、德昂、若开和克钦四家武装近十个混合营的联合部队对缅军在勐古地区的勐古城郊、棒赛、彭线、木姐等多处驻点进行围点打击，战争导致大批缅甸边民停工停产，涌入中国避难。2017年3月6日，缅甸掸邦北部果敢地区发生军事冲突，一支民族地方武装攻击果敢自治区首府老街等地，造成包括平民在内大约30人死亡。无论是缅甸国内的经济发展还是对外投资建设都需要有一个稳定、祥和的政治、经济、社会环境，民族、宗教冲突不仅影响到缅甸的政治经济改革，也严重影响到外国企业对缅甸农业的投资。

(6) 国际社会加大对缅甸的农业投资，增加了中国与缅甸农业合作的竞争

由于缅甸得天独厚的气候、地理条件适宜种植水稻、玉米等粮食作物，韩国、日本等企业纷纷到缅甸进行农业投资。当前，新加坡部分企业计划来缅甸投资种植大米，并帮助缅甸米业公司拓展国外市场。此外，缅甸新政府成立后，确立了市场经济体制的发展目标，在由政府控制重要经济部门的同时，开始发挥市场的作用，对一些国有企业实行私有化改革；在宪法中明确了“国家将全力提供技术、资金、设备、原料等条件，使手工业能向机械化农业转型”。随着缅甸政治经济的发展，周边国家与缅甸的经济联系更为紧密；随着世界粮食危机的加剧，国际社会将加大对缅甸的农业援助与合作，虽然缅甸是中国的近邻，在农业合作上有一定互补性和差异性，但与缅甸的农业合作也面临多元化的竞争。

（二）推进中缅农业合作的相关建议

农业是缅甸的基础产业，农村和农业的发展是缅甸能否实现现代化的关键，对缅甸经济和社会发展意义重大。中缅两国的农业合作是两国经济合作的重点领域，中国改革开放以来的农业发展政策与经验对缅甸有较大的借鉴和参考价值。在中国耕地日益紧张，粮食安全问题日益凸显的情势下，加强对缅甸农业发展现状和发展趋势的了解，深入推动中缅农业合作，对于夯实中缅关系基础有着重要的现实意义。建议从以下方面推进中缅农业合作。

1. 统筹好资源，加快走出去的步伐

农业是中国与缅甸进行合作的重要方面，在中国与缅甸的整体外交中，将中缅农业、工业、文化、教育合作全面考虑，避免单方面“作战”，要统筹协作，齐头并进，协同合作，才能相互作用，持续发展。

2. 针对缅甸发展不足的领域，加大投资与援助力度

（1）缅甸粮食生产空间大，可开展中国与缅甸的粮食贸易

近年来，中国的粮食消费需求呈现逐年上升趋势。以云南为例，云南人多地少，粮食缺口大，因此中国应加大与缅甸的农业合作，充分利用中国云南与缅甸接壤得天独厚的地理优势，开展粮食贸易，调剂余缺，弥补中国的粮食缺口，缓解我国的粮食安全压力。

（2）缅甸化肥缺口大，中缅合作空间较大

目前，缅甸种植农作物面积约3 000万英亩，主要农作物有大米、豆类、葵花、棉花、芝麻、花生、玉米等7种，年需化肥400万吨。缅甸国内年产化肥33万吨，年进口化肥34.5万吨，占需求量的17%，尚有较大缺口。

（3）缅甸农业科技水平滞后，中国应加大对其援助并培训农业科技人员

与缅甸的农业相比较，中国的农业科技优势明显。中国在杂交水稻育种、病虫害防治、肥料生产、农机具加工，以及水土保持等科技研发方面不断取得进展，部分技术指标已达到或接近国际领先水平，相较于缅甸而言优势更为明显。

(4) 缅甸稻米加工水平低，应扩大中方稻米加工设备出口

缅甸依托丰富的耕地资源和优越的气候条件，生产出大量的稻谷，但加工水平低，加工后的大米米粒不均匀、碎米含量大、易受潮和发黄，达不到国际市场需要的标准。同时，缅甸稻米干燥技术落后，收获的水稻在脱粒，干燥时损耗相当严重，损失的稻米产量达全国稻米产量的10%。特别是夏季稻在收割时正值雨季，夏季稻的损耗非常大。缅甸从2006年才开始使用干燥机，缅甸每年的稻谷产量与邻国泰国相比较，大致相当，接近3 500万吨，然而泰国每年的大米出口量却是缅甸的8至10倍。目前缅甸的碾米厂80%不符合加工优质大米要求。因此，应扩大中方稻米加工设备的出口。

(5) 缅甸畜牧养殖水平低，应加强中缅双方疫病防疫的合作

缅甸是一个佛教国家，畜牧业有着其独特性，对鸡肉的消费量很大，但是由于饲养条件和管理水平还有待进一步提高，所以疫病特别是急性感染性疾病时有发生。因此，兽药、疫苗特别是家禽方面，中缅双方都有着较大的合作空间。

(6) 缅甸农业机械化水平低，中方可配套援助与出口农机

缅甸的农机设备单一，在数量上与缅甸的农业国地位、农业创造的产值以及从事农业种植的劳动力都不相匹配，农业机械化水平仅为10%。在缅甸许多地区，还存在粗作粗放，刀耕火种等低下生产力的农业生产方式，在缅甸农业生产工具中，犁、耙、铲、锄、锹等农业工具的使用占有绝对优势。中缅可在农机方面开展合作。目前，国内农机生产企业普遍存在生产能力过剩，但在缅甸，这些产品消费还处在起步上升阶段，市场需求量相对较大。同时，通过农机技术援助，逐步培育起缅甸的生产消费习惯，有利于我国该类产品的出口。在农机援助的过程中要成系统援助，要配套有维护及零部件。

(7) 缅甸生物燃料丰富，中方可投资建设生物乙醇厂

2011年5月，缅甸总统吴登盛访问中国，两国建立了全面战略伙伴关系，两国政府重申加强能源、交通、农业等领域的合作。生物燃料产自含有高糖或高淀粉的植物或者油料作物，缅甸生物燃料丰富，同时，生物燃料是一个涉及能源、农业等多个领域的问题。加强中缅两国在生物燃料领域的合作也就是加强了两国在农业、能源、环境等方面的合作。目前，缅甸的玉米主要出口到中国云南省，由于缅甸交通基础设施条件差，在玉米运输途中存在许多浪费，一旦碰到下雨天，许多玉米发霉、变质。对此，中国可以利用在技术、资金上的优势，在缅甸投资建设生物乙醇厂。

(8) 缅甸农业信息传播不畅，应加强中缅双方在农业信息推广方面的合作

中国可以帮助缅甸建设一个农业电视台，作为农业技术、世界农产品价格、市场信息、病虫害防治、畜牧疫病防治及中缅农业合作的宣传平台。

3. 充分发挥现有机制的平台作用

(1) 利用多边合作平台开展农业合作，促进区域共同发展

中国与缅甸的农业合作可以利用多边合作平台和机制加强合作。2008年3月29日，大湄公河次区域农业科技交流合作组成立，合作组包括中国、柬埔寨、老挝、缅甸、越南和泰国的农业科研机构和相关政府部门。截至2015年，通过7年的努力，该平台六国交换、试验品种264个，示范适宜品种34个，示范面积近6 500公顷，培训科技人员和农户3 156人次。适宜品种中，陆稻平均增产31.1%，大豆11.1%，甘蔗33.3%，马铃薯10.5%；最高增产陆稻达到146.8%，大豆最高增产达105.3%，甘蔗增产达49%。[①]1999年成立的孟中印缅合作组织目前已经召开了12次会议，并由“二轨”合作上升到了“一轨”合作，在四国签署的联合声明中，多次提出要加强四国的农业合作，特别是四国毗邻地区的农业合作。

(2) 利用好现有的双边合作平台，推动农业合作

目前，中缅双边有“云南－缅北”工作组合作机制，并且建立了“中缅农业技术合作示范园区”“中缅粮食产业示范区”等园区，中缅间可以利用这些现有的合作机制和平台，加强农业合作，特别是农业科技人员的培训，培养一批农业人才，不仅能促进缅甸的农业科技水平，同时也培养了一批与中国“民心相通”的农业领域人才，为将来的农业合作打下基础。

4. 加强对中国与缅甸毗邻地区农业合作的支持力度

云南与缅甸的边境线长达1 997公里，有畹町、瑞丽等多个口岸与缅甸进行贸易，历史往来密切。目前云南省有近200个企业在缅甸进行投资，进行农业投资的占大部分，国家要支持与缅甸毗邻地区的对缅农业合作力度，给地方以协调保障措施，如降低关税、加大配额等。

5. 以中缅油气管道为依托，重点加大沿线农业投资及援助

中缅油气管道在缅甸境内长约771公里，从南到北穿越了缅甸的腹地，涉及了缅甸4个邦（省），如果管道沿线地区的群众没有参与到中缅油气管道的建设中，没有分享中缅油气管道带来的好处，就很难得到广大民众的支持。中缅油气管道的核心是以地缘、能源优势形成通道优势，以通道优势形成经济优势，以开放型的通道网络形成开放型的经济网络。确保中缅油气管道平稳运行的关键是管道沿线经济的发展，利用

① 来源：MS国家农业科技合作渐入佳境仍面临挑战，http://finance.ifeng.com/a/20151119/14079779_0.shtml，2015-11-19。

沿线的资源优势，重点加强管道沿线地区的农业投资及援助，让管道沿线老百姓富起来，培育潜在的利益共同体（社区、民众、企业、政府），增加保障，确保管道的平稳运行。

农业合作是“接地气”的民生工程，农业合作要进入我国的外交活动中，与其他产业的宣传同时进行。做好农业合作，中国的其余产业才能顺利地进入缅甸。农业先行，做好民心工程才能让缅甸人民欢迎中国的工业、中国的高铁。

6. 加强中缅两国间农作物种质资源交换，实现双赢

缅甸物种资源比较丰富，日照和积温充足，适宜育种。缅甸有许多优质水稻品种，在国际市场很受欢迎，其耐高温和渍涝特性，对培育优质杂交水稻品种，发展我国水稻生产和种子产业非常有益。因此，加强中缅两国间农作物种质资源交换，共同促进品种的繁育有广阔空间。

附录：其他资料

1. 中国驻缅甸和缅甸驻中国的大使馆领事馆信息

（1）中国驻缅甸大使馆

地址：缅甸仰光联邦林荫路1号（NO.1，Pyidaungsu Yeiktha Road，Dagon Township，Yangon）

电话：0095−1−221280，221281(总机)，传真：0095−1−227019

使馆值班手机：0095−943209656

使馆对外邮箱：chinaemb_mm@mfa.gov.cn

网址：http：//mm.china−embassy.org/chn/ljmd/zzjj/

（2）中国驻缅甸大使馆经商参处

地址：缅甸仰光联邦林荫路53号（No.53，PydaungsuYeikthaRoad，Yangon，Myanmar）

电话：0095−1222800，0095−1222803，0095−1215424

传真：0095−1220386，0095−1215423

邮箱：mm@mofcom.com.cn

网址：mm.mofcom.gov.cn（中文）mm2.mofcom.gov.cn（英文）

(3) 缅甸中国企业商会

地址：RoomNo.03053rdFloor，BussinessSuit，SedonaHotel，

YangonNo.1KabaAyePagodaRoad，YankinTownship，Yangon，Myanmar

电话：0095−16669007904

传真：0095−16669007904

(4) 缅甸驻中国大使馆

地址：北京市东直门外大街6号

电话：010−65321488

传真：010−65321344

邮箱 info@myanmarembassy.com

(5) 缅甸联邦驻昆明总领事馆

负责云南、四川和贵州省

地址：云南省昆明市东风东路96号茶花宾馆主楼2楼

电话：0871−63165976

传真：0871−3177568

2. 联合国粮农组织驻该国代表处信息

联合国粮农组织驻缅甸代表处（FAO Representation in Myanmar）

地址：FAOR Building，Seed Division Compound，Myanmar Agriculture Service，Insein Road，Gyogon，Yangon

电话：+95−1−641672

传真：+95−1−641561

邮箱：FAO−MM@fao.org

3. 缅甸农业、畜牧业与灌溉部组织结构

Minlstry of Agrlculture and lrrlgation of Myanmar

缅甸农业、畜牧业与灌溉部（Union Minister for Agriculture, Livestock and Irrigation）部长：Dr Aung Thu 昂都博士；副部长：吴拉觉。

4. 缅甸主要涉农外资企业投资项目清单

(1) 洋马缅甸公司（Yanmar Myanmar）

洋马缅甸公司由日本柴油引擎制造商洋马公司与三井国际贸易集团（Mitsui & Co.）合资，2017年2月21日，开设在迪拉瓦经济特区。公司不仅批发销售农业用具和传授农

业知识，还将为缅甸农业发展提供协助。洋马缅甸公司将从国外进口农机设备并在缅甸国内各大店面销售，还为消费者提供教学服务中心、展览厅和储存室。

（2）缅甸银海养殖与水产有限公司

缅甸银海养殖与水产有限公司，是专门从事畜牧和水产养殖的一家公司，在缅甸从事肉牛改良养殖、水产养殖及饲料开发生产等项目。

5. 中资企业和他国企业在缅甸农业投资案例

（1）中国四川省农业厅与缅甸农业与灌溉部的合作

中国四川省农业厅与缅甸农业、畜牧和灌溉部的密切合作已有十多年的历史。从2002年在中国成都举办的“缅甸坡改梯技术培训班”到2010年执行的中国农业部无偿援助缅甸农业部“中缅农业技术合作示范园”建设项目的成功实施，四川省农业厅与农业、畜牧和灌溉部建立了良好的合作关系。四川省农业厅共邀请缅甸农技人员44人来川进行农业技术培训，在缅甸仰光坎塔亚农场建成面积为10公顷具有国内先进水平的“中缅农业技术合作示范园”，共组织派遣专家团15批次，派出专家57人次，专家工作日达316天，其中长期专家13人次，专家工作日244天，在“中缅农业技术合作示范园区”为缅甸培训农业技术人员上千人次。

（2）中缅粮食产业示范区

中缅粮食产业示范区由中国川农大高科、和久集团、吉峰农机合资组建的“四川安吉瑞科技发展有限公司”，从2014年开始，在缅甸曼德勒和密支那地区投资建设。经与农业、畜牧和灌溉部密切接触磋商，该示范区拟通过试验示范，传授中国农业生产种植技术，传播中国杂交水稻种子技术，辐射带动当地农民进行杂交水稻种植，提升当地粮食生产能力，提高当地粮食产量以解决粮食安全问题。中国农业农村部张桃林副部长和余欣荣副部长先后到园区考察指导。园区杂交水稻种植技术试验示范、农机技术推广取得良好效果，相关工作正在有序开展。